# 曹心研究資料

袁勇麟　主编

海峡出版发行集团 | 福建人民出版社
THE STRAITS PUBLISHING & DISTRIBUTING GROUP | FUJIAN PEOPLE'S PUBLISHING HOUSE

**图书在版编目（CIP）数据**

曾心研究资料 / 袁勇麟主编. --福州：福建人民出版社，2024.4
ISBN 978-7-211-09243-7

Ⅰ.①曾… Ⅱ.①袁… Ⅲ.①曾心—人物研究—研究资料 Ⅳ.①K833.365.6

中国国家版本馆 CIP 数据核字（2023）第 251717 号

**曾心研究资料**
ZENGXIN YANJIU ZILIAO

| | | | |
|---|---|---|---|
| **主　　编：** | 袁勇麟 | | |
| **责任编辑：** | 季奎奎 | | |
| **责任校对：** | 林乔楠 | | |
| **出版发行：** | 福建人民出版社 | **电　　话：** | 0591-87533169(发行部) |
| **网　　址：** | http://www.fjpph.com | **电子邮箱：** | fjpph7211@126.com |
| **地　　址：** | 福州市东水路 76 号 | **邮政编码：** | 350001 |
| **经　　销：** | 福建新华发行（集团）有限责任公司 | | |
| **印　　刷：** | 福建新华联合印务集团有限公司 | | |
| **地　　址：** | 福州市晋安区福兴大道 42 号 | **电　　话：** | 0591-88208420 |
| **开　　本：** | 700 毫米×1000 毫米　1/16 | | |
| **印　　张：** | 31.5 | | |
| **字　　数：** | 538 千字 | | |
| **插　　页：** | 4 | | |
| **版　　次：** | 2024 年 4 月第 1 版 | **印　　次：** | 2024 年 4 月第 1 次印刷 |
| **书　　号：** | ISBN 978 7-211-09243-7 | | |
| **定　　价：** | 80.00 元 | | |

曾心近照（摄于 2020 年 9 月 29 日）。

1964 年 2 月，厦门大学《鼓浪》编委会合影，第二排中间为曾心。

1995 年 6 月，白翎、司马攻、李润新、梦莉、曾心合影于泰国。

2001 年 11 月 3 日，曾心与曾敏之合影于香港。

2002 年 4 月 6 日，曾心与庄钟庆、陈慧瑛合影于厦门大学。

2012 年 10 月 2 日，曾心与刘再复合影于泰国小诗磨坊。

2015 年 4 月 5 日，曾心与朱文斌合影于泰国怡心苑。

2015 年 11 月 7 日，于小诗磨坊合影。左起：曾心、龙彼德夫妇、洛夫夫妇、杨玲。

2017 年 4 月 23 日，曾心出席东南大学人文学院国际小诗暨小诗磨坊作品研讨会合影。

2017 年 10 月 27 日，曾心出席第六届华文诗学名家国际论坛，与吕进、乔延凤合影于重庆。

2018 年 7 月 22 日，晓雪、袁勇麟、叶霈琪等与小诗磨坊同仁合影于泰国小诗磨坊。

2018 年 7 月 22 日，曾心与袁勇麟合影于泰国小诗磨坊。

曾心一家（摄于 2022 年 5 月 4 日）。

# 序

饶芃子

作为20世纪80年代才逐渐兴起的世界华文文学研究，史料问题一直是大家关注的焦点。广东、福建两省学者首先关注台港文学并倡导此项研究时，不少人是在毫无准备的情况下被推进这一研究领域的。由于资料缺乏，早期的开拓者都是从最原始的基本资料积累做起，而响应者则基本上是手头有什么资料就写什么，难免存在一些人所说的“瞎子摸象”“失衡”“误读”等现象。后来，随着中外文化、文学交流多了，兼之两岸直接交往的逐步实现和最初这批学者奠基性工作的扩展，研究者拥有较多的资料，能够比较自由地选择自己的研究对象，研究热潮迅速展开，研究范围不断扩大。

在世界学术史上，每一个新的学科的建立，都必须做若干奠基性的学术工作，如创办杂志、出版理论专著、成立相应的学术组织、召开国际性的研讨会等，还应该有推动学科建设的辞书和工具书问世。中国本土的华文学者和海外华文文学界的同人通力合作，广泛收集资料，编撰出包括各个国家、地区华文文学作家、作品、文学期刊、文学社团、重大文学活动的大辞典，以客观的资料展示海外华文文学的历史和现状，这对中国本土有志于研究海外华文文学的学者，对各个国家、地区华文文学作家、专家和读者，都具有铺路架桥的重要意义；从世界华文文学这一学科的建设来说，也将发挥基石和传媒两大作用。

2002年5月28日，我在“中国世界华文文学学会”成立大会上说：“现在，中国内地的世界华文文学研究已有了良好的基础，具体表现在：形成了一批包括老中青几代学者的跨世纪研究队伍；出版了一批学术成果，包括作家作品的专题研究和地区、国别华文文学史；建立了世界华文文学研究的初步学术规划；完成了世界华文文学研究基础性的资料准备。”但也特别指出：“要加强资料建设。20年来，这一领域研究成果虽多，但在资料建设方面却不尽如人意，显得薄弱。而资料建设是一个学科健全发展的根基，也是各项研究的前提和基础，为了更好地推动世界华文文学研究的深入发展，大力加强这一领域的科学建设，已是当务之急。”

福建师范大学袁勇麟教授是这一学科的后起之秀，他自1997年博士毕业进入复旦大学从事博士后研究以来，就一直关注世界华文文学史料学的研究。他不仅在历次世界华文文学学术研讨会上呼吁“创建世界华文文学史料学”，还撰写了《一个宏大的系统工程——世界华文文学史料学管窥》《诗学研究·文化视角·史料建设——“第二届世界华文文学中青年学者论坛”综述》《关于世界华文文学史料学的再思考》《世界华文文学史料学的回顾与展望》《创建世界华文文学史料学的思考》《〈文讯〉：史料保存与历史建构》等一系列文章，提倡“有组织、有计划、全面而系统地开展史料建设，加强海内外学术交流与协作，共同组织编撰一系列世界华文文学史料丛书，包括作家作品资料的搜集、整理和鉴别，编辑各地区华文文学总集、各文体选集和作家文集等；理论批评资料的发掘和辑佚，选编各种文体论、作家论、作品论、思潮论、社团论、流派论等；专业辞书的编撰，包括文学辞典、作家辞典、作品鉴赏辞典等；目录索引的编制，包括文学总书目、期刊副刊目录、研究专著和论文索引等；此外，还有编写文学大事记、作家年谱和传记，搜集整理作家手稿、书信日记、影像资料等”。他的这些建议得到世界华文文学研究界的大力肯定和响应，山东大学黄万华教授就认为：“史料建设显然是世界华文文学这一新兴学科得以科学构建的最重要基石，袁勇麟近年来对建立华文文学史料学提出了许多很好的思考。”

众所周知，从事史料的收集、考证、整理和研究工作，需要付出艰辛的劳动，要甘于寂寞，还要面临经费不足、学术成果不被社会承认的窘境，没有奉献精神是很难胜任这项工作的。袁勇麟教授2004年主持霍英东教育基金会第九届高等院校青年教师基金项目“世界华文文学史料学研究”后，组织带领一批有志于此的博士生、硕士生从事这项工作，目前完成“世界华文文学史料丛书”的编撰工作，索序于我。我为此感到高兴，信手写下这些，权且当序，除了表示祝贺之意，同时也相信丛书的面世将有助于推进世界华文文学研究的深入开展。

# 目　录

## ·曾心创作谈·

## ·印象与专访·

## ·评论文章选辑·

## ·曾心文学年表和评论资料索引·

# ·曾心创作谈·

# 炼字·炼句·炼意*

## ——我的读书笔记

平时我爱读诗，也学写点似诗非诗的东西。近来，换换口味，读点古诗论也颇觉有一番滋味。

炼字、炼句、炼意，简称“三炼”。有关的言论，散落在不少的古诗论的篇章中。我觉得古人还有不少真知灼见的高论，故做点“爬罗剔抉”的工作，加以归纳集中，并融入一些不成熟的看法。

### 一

炼字，或曰“炼字面”。唐代诗人作诗意求工于一字。这“一字”，往往是诗中的奇字，称作“字眼”，或称作“诗眼”。

杨仲弘曰：“诗要炼字，字者眼也。”① 胡应麟亦云：“句中有奇字为眼。”②

古人所讲的“炼字”，有的说炼数字，有的说炼一字。所谓“句眼”“字眼”“响字”“诗眼”“一字眼”等，都是指诗中锤炼的某一个光辉的字。这个字是在句中的关纽之处，从诗意出发，选择最能开拓境界的字、敲打得响的字。用上这个字，能起到画龙点睛的作用，使整个句子皆活起来。

北宋宋祁在《玉楼春》中有“红杏枝头春意闹”。此句妙在“闹”字，因为一个“闹”字写尽了春意盎然的情致。故王国维说：“着一‘闹’字而境界全出。”③

炼句。赵翼云：“所谓炼者，不在乎奇险诘曲，惊人耳目，而在乎言简意

---

* 原载泰国文学艺术会丛书之一《风铃》，1994 年版。

① ［清］仇兆鳌：《杜少陵集详注》。

② ［明］胡应麟：《诗薮》。

③ 王国维：《人间词话》。

深，一语胜人千百，此真炼也。”①

古人把锤炼出来的寓意深刻、富有哲理的精妙句子，一般不称为“句眼”，而称作“佳句”“惊句”“警策”“秀语”“胜语”等。

古诗中的佳句例子很多，可以把它细分为以下三种：一是佳在意上。如文天祥的《过零丁洋》：“人生自古谁无死？留取丹心照汗青。”二是佳在情景交融上。如晏殊的《浣溪沙》：“无可奈何花落去，似曾相识燕归来。”三是佳在写景上。如王维的《使至塞上》：“大漠孤烟直，长河落日圆。”

现代诗，也很讲究炼句。臧克家认为：“诗要有警句。如果把诗中的每一个字比作砖瓦，那么，警句就是梁柱。”②

现代诗的警句，多半在结尾，如宗鄂的《归帆》：“啊，雨中的帆影近了、近了，/那只船儿正向她心上靠岸。”诗评家向明认为：“宗鄂的《归帆》，前面只是平平的叙述，最后一句突然来个异峰突起：‘那只船儿正向她心上靠岸。’一句话，就把渔妹子等待、盼望、焦急、欣喜的种种复杂心情，全透露出来了，真是画龙点睛的神来之笔。”③

炼意。古诗论的“意”，一般是指文意，即诗的思想内容。本文讲的“意”，偏重于“意境”。所谓“炼意”，不是一般所指的对诗作主题的提炼，而是指对诗作意境的拓造。

诗贵意境。意境，原是佛经用语，指某种悟道之境界。艾青给“意境”所下的定义是：“意境是诗人对于情景的感兴；是诗人的心与客观世界的契合。”④ 换句话说，“意境是诗的思想感情与它所描写的生活画面的和谐统一”⑤。

请看韦丘的《瀑》：碧玉溪，/清水泉，/环山绕石，/迂回曲折，/潺潺要下平原。//峭壁巉岩拦去路，/一怒化作龙泉剑。/劈开山，/钻破石，/直泻深潭。/就算粉身碎骨，/也像珍珠宝玉，/向阳飞溅。/瑰丽雄奇非夙愿，/只为灌溉平川万顷田。这是一首借景言志诗，开拓了较高的境界。向明在分析这首诗时说：“在诗人的笔下，瀑布是有抱负的——‘瑰丽雄奇非夙愿，只为灌溉平川万顷田。’瀑布是勇敢坚定的——‘峭壁巉岩拦去路，一怒化作龙泉

---

① ［清］赵翼：《瓯北诗话》。

② 臧克家：《在民歌、古典诗歌基础上发展新诗》，《文汇报》1978 年 7 月 11 日。

③ 向明选析《抒情短诗》，花城出版社，1985。

④ 艾青：《诗论》，人民文学出版社，1980。

⑤ 陈绍伟：《诗歌辞典》，花城出版社，1986。

剑。’瀑布是有高尚品质的——‘就算粉身碎骨，也像珍珠宝玉，向阳飞溅。’这是闪光的瀑布！这是有生命的瀑布！”①

无怪乎，朱承爵在《存余堂诗话》中云：“作诗之妙，全在意境融彻，出音声之外，乃得真味。”

## 二

“三炼”的成败，主要取决于什么呢？

能否炼出句中的光辉字眼，主要取决于文字功底。

王安石写《泊船瓜洲》这首诗时，正坐船停泊在瓜洲。诗中写道：“春风又绿江南岸，明月何时照我还。”其中“绿”字，是公认的“字眼”。据洪迈在《容斋续笔》中记载：初云“又到江南岸”，圈去“到”字，注曰“不好”，改为“过”；复圈去而改为“入”，旋改“满”；凡如是十许字，终定为“绿”。诗人经过仔细推敲，锤炼出“绿”字。此字比其他的字色彩鲜明，唤起一片江南春色。

因此，古诗人炼字，是坐在书斋里很费一番功夫的。故卢延让在《苦吟》中道：“吟安一个字，捻断数茎须。”

能否炼出惊人的佳句，不仅取决于文字功底，还取决于“躬行”感受的深浅。

我是比较赞赏清代袁枚取得佳句的蹊径。他说：“村童牧竖，一言一笑，皆吾之师，善取之皆成佳句。”他举了两个例子。一是：“随园担粪者，十月中，在梅树下喜报云：‘有一身花矣！’余因有句云：‘月映竹成千个字，霜高梅孕一身花。’”二是：“余二月出门，有野僧送行，曰：‘可惜园中梅花盛开，公带不去！’余因有句云：‘只怜香雪梅千树，不得随身带上船。’”②

这种从生活实践中炼得佳句的做法并不少见，不仅是袁枚，李贺也常“骑驴觅诗”。据《李贺小传》云：李贺“恒从小奚奴，骑距驴，背一古破锦囊，遇有所得，即书投囊中”。陆游也不主张“闭门觅句”。他说：“纸上得来终觉浅，绝知此事要躬行。”③

因此，炼句，看来不仅是坐在书斋里遣词造句的东西，而且要走出书斋之门去“躬行”，扩大生活视野，激发诗人的灵感，使“诗和生命合而为一”。

---

① 向明选析《抒情短诗》，花城出版社，1985。

② ［清］袁枚：《随园诗话》。

③ ［宋］陆游：《冬夜读书示子聿》。

陶行知说："等到你是诗，诗是你，你和诗分不开了，才有好诗出来。"[①] 那时诗中的佳句、警策之类也会随之而来。

能否炼出高"意境"，不仅取决于文字的功底和"躬行"，而且还取决于人的感情、情绪。

"诗言志，歌咏言。"自然界的人、事、物、景等，一经诗人摄入笔墨，就会带上一层诗人的感情色彩。这就是常说的"寓情于景""情景交融""见景生情""借景言情"之类。

荀子云："性之好、恶、喜、怒、哀、乐谓之情。"情就是诗人的感情、情绪。

因此，一首诗的意境，则由"物境"和"情境"高度融合而成。它往往以两种状态出现，一种"无我之境"，另一种"有我之境"。如龚自珍的"落红不是无情物，化作春泥更护花"。王国维把这意境叫作"无我之境"。如晏殊的"槛菊愁烟兰泣露"。王国维把这意境称作"有我之境"。但不管什么意境，朱光潜的结论是："诗在任何境界中都必须有我，都必须为自我性格、情趣和经验的返照。"[②] 这话是很有道理的。请看几首咏菊的诗（野菊开花，多数是黄花，故也称黄花），由于诗人的感情和情绪不同，所拓造的意境也不同。

陶渊明的"采菊东篱下，悠然见南山"，借菊花独立寒秋的品格，"明"自己超尘脱俗、高风亮节之"志"。

李清照的"莫道不消魂，帘卷西风，人比黄花瘦"，借菊花萧索、寂寞的孤魂，喻自己凄凄惨惨的愁情。

郑燮的"十日菊花看更黄，破篱笆外斗秋霜"，借菊花独傲霜雪、宠辱不惊的风骨，寓自己富贵不能淫、威武不能屈、贫贱不能移的高尚人品。

由此可见，诗人的感情与情绪直接影响所开拓的诗的意境或境界。而感情与情绪如何，又取决于人的思想品德。故古诗人多数强调"人品"与"志高"。范开在《稼轩词序》中云："器大者声必闳，志高者意必远。"刘熙载在《艺概·诗概》曰："诗品出于人品。"徐增在《而庵诗话》亦云："人高则诗亦高，人俗则诗亦俗。"

---

① 陶行知：《行知书信集》，安徽人民出版社，1981。

② 朱光潜：《诗论》，生活·读书·新知三联书店，1984。

## 三

如果把“三炼”作比较，究竟哪“一炼”重要些？历来诗论界有几种说法。

“炼句不如炼字”之说。这可能由于唐代以后研究“炼字”法盛行，有的诗也因一字改动而打响。如贾岛的“僧敲月下门”的“敲”字，杜甫的“身轻一鸟过”的“过”字，欧阳修的“绿杨楼外出秋千”的“出”字等。因“一字眼”，而活了全诗。但这种说法，似略有偏见，太过强调“炼字”的作用，而似抑“炼句”的作用。

“炼意不如炼句”之说。这可能如宋朝葛立方在《韵语阳秋》中所云：“唐朝人士，以诗名者甚众，往往因一篇之善，一句之工，名公先达为之游谈延誉，遂至声闻四驰。”他举了许多例子。如“曲终人不见，江上数峰青”，钱起以是得名。“故国三千里，深宫二十年”，张祜以是得名。“野火烧不尽，春风吹又生”，白居易以是得名。因此，当时杜甫提出了“为人性僻耽佳句，语不惊人死不休”之说。但这种说法也是略有偏见的，过于强调“炼句”的作用，看不到诗中的立意与意境的主导作用。

“炼句不能离开炼意”之说。此论颇有见地。《珊瑚钩诗话》说：“诗以意为主，又须篇中炼句，句中炼字，乃得工耳。”薛雪加以阐释：“篇中炼句，句中炼字，炼得篇中之意工到，则气韵清高深渺，格律雅健雄豪，无所不有，诗文之能事毕矣。”①

如果真的在诗中能做到这“三炼”，必定能出现“句中有余味，篇中有余意”的好诗篇。

以上的归纳，只是作为我的读书笔记，其中一些看法与引证，是否有所偏颇，能否经得起推敲，还有赖于求教读者！

---

① ［清］薛雪：《一瓢诗话》。

# 泰华散文苑里的蓓蕾*

泰华文艺进入 20 世纪 90 年代，谁都不会想到，居然有一批年轻作者奋笔而起，愿在没“利”的文坛上大显身手，如晓云、蓝焰、波子、诗雨、李经艺、李维罗、蔡欣逸、孔小梅、梦凌、刘耘、林运东、刘南龙等。他们埋头业余创作，经常在几家报纸文艺副刊上发表文章，其数量可能占去十分之一的泰华文艺的天。他们的诗文有生气有特色，令人瞩目。其中晓云与诗雨最近还获得“春兰·世界华文微型小说大赛”鼓励奖。

我所涉猎到以上年轻作者所写的作品，既有小说，又有散文，还有大量的新诗。就几种文体的比较，我觉得写得较出色的，可读性较高的还是散文。

从这些散文中，大略可窥见这批年轻作者性灵之敏拙、襟怀之宽窄、才识之高下、阅历之深浅。

最近，我翻阅自己平时从报纸副刊中剪贴的一些较好的文章，发现有几位青年作者的散文也被剪贴在里面，比如晓云的《那一年，你十七岁》、蓝焰的《空中降落伞》、波子的《艺术，你是什么?》等。不管这些文章大家看法和评价怎样，既然我把它们剪贴了，当然就视为和老作家的“精品”一样，当作心中的佳作来阅读，来欣赏了。也许这是我个人的偏爱！

现在就让我来谈谈对泰华几位年轻作者的散文的看法吧。

散文，素有“文学轻骑”之称。从内容和表达上划分，散文可分为记叙散文、描写散文、抒情散文、说明散文、议论散文等五种。从结构和体式上划分，散文又可以分为杂文、随笔、日记、书信、序跋、传记、回忆录、速写、特写和报告文学等。倘若我们把泰华年轻作者所发表的散文略为归纳，

---

* 本文为在泰华作家协会召开的年轻作者座谈会上的讲话稿，也是第七届世界华文文学国际学术研讨会的发言稿。原载小说散文集《大自然的儿子》，云南民族出版社 1995 年版。

多数作品还是属于记叙散文、描写散文、抒情散文及游记等。如晓云、蓝焰、波子、诗雨等，由于个人阅历不同、环境不同、灵性不同、嗜好不同、笔调不同，在散文的王国里，自己不知不觉也在某类散文中显露出一些自己的灵性、自己的颖悟、自己的才华。

晓云的作品，几乎都是以爱情为题材，不是写少女怀春，就是写少男钟情之类的东西。她的作品“爱情味”甚浓，多数是甜蜜蜜的爱、纯真之爱、梦中的爱。虽然这种“爱”在现实中是难找到的，近乎是一种超现实的爱、伊甸园般的爱，但这种纯洁之爱，读了叫人心灵得到暂时的“净化”。这也是一种艺术的感化、艺术的享受！晓云的抒情散文《那一年，你十七岁》，是一篇写少女怀春较好的力作。该作品用诗般的语言，描绘一个情窦初开的少女，对心中朦胧“王子”的爱慕、思念、追幻，但又处处充满着含羞、悸动、茫然的微妙的内心意蕴，颇有点“犹抱琵琶半遮面”的韵味。有些痴情的读者，也许会捧读再三，爱不释手。

蓝焰的作品是多方面的，但我觉得在他多种文体的作品中，值得拿出来谈的，首先应当是他的游记，发表在“大众文艺”上的《空中降落伞》《人妖与高大伯》《尽在不言中》三篇导游手记，读了印象颇深。蓝焰的手记很有特色，不仅细腻描写静止景观的实体和旅行踪迹，而且着重写旅游人本身的典型人和典型事，使其人其事在客观景物中构成一个“动景”。如他的《空中降落伞》，不仅写芭提雅海滨的“自然美”与海浪的“壮观”，而且更着墨写了在珊瑚岛乘空中降落伞的两个旅游者的生动“活景”。一个是邱大婶惊奇的心态以及紧张得“双脚一直在空中跑动”的可笑动作。一个是穿短裙的朱小姐，在半空中，她的迷你裙演出一幕“上面一只大伞，下面一只小伞”的活剧景。这两个有趣的“动景”与“活景”，顿然使原有的自然“静景”与“固景”大放异彩，绮丽夺目。

波子的作品不多，但她的散文与小说都富有现代人的特色，即力求写出现代人的思维、生活、嗜好、爱情、追求、梦幻……这样的作品，对一些上了知天命之年的作者和读者，也许存在一定的距离。正如现代青年人喜欢吃西餐，而上了年纪的人想吃中餐一样。但没关系，波子的作品多少代表一部分现代的新思潮、新观念。她的《艺术，你是什么?》，写她在台湾参观了市立美术馆中的好几个不同派别的艺术展之后的观感。她用现代人的欣赏眼光，试探现代艺术的标准。她认为：“好的现代艺术能让你看好久，让你想，究竟作者要表现什么：孤独、伤感、冷漠、噪音、欲望，或者是宁静、怜悯、狂喜？它只有一个大的设定，让观者也参与成为该艺术品的最后完成。”这多元化的思维与技法，无疑是一种向传统的创作观念和手法的“挑战”!

诗雨是个土生土长的年轻作者。她的散文感情真挚，题材多是普普通通的生活琐事，充满着家情、世情、人情、亲情之类的人伦“情味”。她的《一片爱心》，用顺叙笔法写她回到泰南老家探望亲人的所见所闻，感情饱满，散发出浓浓的“乡土味”。她在祖孙情、父女情、母女情中，着眼点和着力点在写爷爷的面貌、品德以及爱孙女之情，把爷爷写得栩栩如生，充满浓重的爷爷爱孙女的亲情。尤其写到爷爷送行到镇上替孙子买清凉药和可口的特产时，似有点像朱自清名篇《背影》那样真切!

以上谈及的四位青年作者，竟有三位是女的，只有一位是男的，请别骂我“重女轻男”。因为泰华文学20世纪90年代后出现的新作者，有一个奇怪的现象：女多男少。倘若借用一句中医术语，那就是在泰华文坛上，出现一种“阴盛阳虚”的现象。人们说：“文如其人。”女者，阴柔也！既然女性居多，其散文就往往显出其“柔”的一面，符合“其人”的“柔性”。虽然诗雨女士另有一个笔名——黑掌，看似好凶，具有“武功”，似个“黑打手”，不过由于她天生是女性，在气质上，在文章上依然是“柔”抑“刚”，显出“柔性”。当然社会上也有些女强人，却以“刚”制“柔”，显出“刚性”。可惜在我们文坛出现的新作者中，还没有发现“柔性刚化”的女作者。

钟子美先生在“天涯草”专栏发表《小将点将录》，给几位小将定型，说晓云是“纯真型”，蓝焰是“激性型”，波子是“思维型”。这多少都有一定的道理。而诗雨又是什么型呢？请钟先生给她一“型”。如定不了，再请大家定！或请诗雨自己定！如果要我定，她似属“温柔型”。

从以上的分析，泰华散文苑里似乎已出现不同类型的年轻作者。他们多少代表了泰华文艺创作的未来。一方面，我为他们取得的初步成绩而鼓掌；另一方面，我也想和他们共同研讨散文创作的心路。现在让我谈谈自己在阅读散文和习作散文中的一些不成熟的看法与体会。

## 一、散文要有“神”

中国当代作家贾平凹说过这样一句话：“文之神妙是在于能飞，善断之，善续之，断续之间，气血流通，则生精神。”在这句话里，他提出作品中要存有一种“无迹可寻”而“流动”的“气”。这种“气”在文中的“流通”，则使文章产生“精神”。

这个观点与中医理论的“气”与“神”的观点大致相似。中医理论认为：“气是体内流动着的富有营养之精微物质。”气行则血行，气血相行，则产生了“神”。故《素问》强调：“得神者昌，失神者亡。”

一篇好散文，应当有一种令人神往的“流动”的“气”。这种“气”在字里行间飞动，凝聚而散发出“神”。我读了中国与泰华一些名家的散文，尤其那些称得上范文的，读它几遍，深入玩味，当脑子与作品融为一体时，就会隐隐约约领悟到文中存在一种微妙的“灵气”，一种不可言喻的“灵气”。它似有迹可循，又似难以捉摸。

我自己也说不清楚，只是一种感悟而已。贾平凹认为这种“神”是文字中的“诗意”，我却觉得那可能是属于散文心的升华，是一种“传达出生命的不息运动，灵魂的顽强拼搏和内心的深沉呼唤”的力量。

## 二、散文要贴近生活

在文艺作品中，散文是最接近生活的，诚如有艺术性的说话一般。生活本身就是生动的、真实的。因此，写散文必须亲临其境，深入生活，理解生活，把握真正的感情，用艺术技法把所见所闻，所思所想，用自己独特的五寸铁笔记录下来。正如夏征农所说：散文“靠艺术手腕，描写现实生活中间真正发生过的事”。

有人说：“作家需要两双眼睛，一双是肉眼，向外看世界，一双是心灵眼，用来探索自己的内在世界。”这句话是很有见地的。一个喜欢从事写散文的作者，必须要有一双比一般人更大更亮的“眼睛”，要善于从生活中观察到一般人见不到的东西，或者从司空见惯的东西中，发现隐藏其中的“奥秘”。写事，不要光写现象，要发掘事物的本质。写人，不要光写外貌和举动，要深挖人物的内心世界，让灵魂曝光。写景，不要光写“静景”与“固景”，要结合自己的思想活动，写出“动景”和“活景”。

我觉得一篇散文贴近生活，真实地反映生活，那么五彩缤纷的生活就会在自己的散文中闪光。

## 三、散文的语言要自然

周作人把散文说成是“文学发展的极致”，称散文为“美文”。之所以称之为“美文”，我觉得最起码应该包括两层意思，一层应是“感情之美”，另一层应是“语言之美”。

谈到“语言之美”，有人喜欢引用古典诗词。我认为在一篇散文中，假如经过消化，自然而然地引用一两句诗词在文中，往往会使之顿时生辉。假如生搬硬套，囫囵吞枣，滥引古诗词，往往也会使之佶屈聱牙，欲美却反而失色。

有人也喜欢用一些艰涩难懂的文字，甚至是“死”了的文字，要到《康熙字典》里才能找到。这样的文字并不美，反而会使读者兴味索然。

我觉得，最美的语言，还是要还原于自然。李广田在《谈散文》中说：“散文的语言，以清晰、明畅、自然有致为其本来面目。”自然本身是美的。能穷形尽相地描摹事物、人物、景物的语言也是美的。在写作过程中，当我们写得入神时，就会完全进入我们所要写的境界，顺其生活的真实，充分地表现情绪，自然而然地流露出纯真的语言。那种“以情御言”的语言，不仅在自然中显出修辞的技巧，而且往往荡漾着一种飞动的灵气！

## 四、散文中要有“我”

散文不同于小说、戏剧。它是作者的自我表现，尤其是作者人格和感情的自我表现。林语堂说：“凡在写作中不敢用‘我’字的人，决不能成为一个好作家。”写散文更是如此。因为“就内容上讲，散文必须围绕着作者的生活经验和生活体验来写；就主题上讲，散文作品往往把作者对事物的认识、观念、意见直接诉之于读者；就风格上讲，散文作品往往是作者人格、品格的自然流露”。因此，写散文最好用第一人称，以“我”为线索，由此就很容易把思路撒开去。

比如写景物，绝不能脱离我的感受去写景物。没有我的景物，就只是一幅没有感情的图景。须将我的特殊感受，寓感情于景物，使景物随着我的感情的不同而不同，随着我的感情的变化而变化，即我笑景也笑，我哭景也哭，我孤独景也孤独。当然，还有一种反衬法，即我笑景却哭，我哭景却笑，我孤独景却欢乐。这样才能把景写得生动，写得活起来。

清代龚自珍在《已亥杂诗》中写道：“落红不是无情物，化作春泥更护花。”借用这句诗来描绘泰华一些老作家的心境也是很适合的。老作家虽以“落红”自喻身世，但都不幽怨哀叹，都愿以自己的“落花”化为“春泥”，成为培养新生者的“护花”人。我虽不是老作家，只是一个先走了一步的普普通通的作者，但我也愿尽杯水之力，参与灌溉泰华文艺园地的新蓓蕾，让其早点开花结果！

# 《大自然的儿子》自序*

我不曾写过自序，不知怎样写。觉得对书中的作品，不必再“提纲挈领”了，读者自有鉴赏眼力。想来想去，还是掏出我心灵的一些东西，勾勒一个内在自我的“形象”，以便让读者“解剖”。

《大自然的儿子》既是我所见所闻的真实记录，也是“自我性格情趣和经验的返照”。我很想像“大自然的儿子”那样，逍遥自在，恬淡自然地安度自己的晚年。

也许我从小在泰国农村长大，对田野的稻谷、花草、树木、瓜果、虫鸟等，都有一种特殊的情感。随着年龄的增长，家庭经济负担的减轻，这种情感越积越深，以致常常自我流露出那种“久在樊笼里，复得返自然”的陶渊明的崇尚自然的思想。每当我有机会到闹市之外、商场之外的农村，身心如释重负，有如鸟儿得天空、鱼儿得水那样欣欣然、陶陶然、怡怡然。在广阔天地间的“小我”，顿觉尘世间的烦冗的琐事被汰除得干干净净，仿佛融入明净、高远的大自然中，成为“大自然的儿子”了。

我的生命，假如分作四等分，那么四分之三的生命，除了学习、工作、劳动之外，也曾写过一些医学论文、医史随笔等，但更多的时间是为生存，为立足于社会而搏命，算辛辛苦苦地过去了。且留下四分之一的生命，如何安排呢？也许我是念过汉语言文学专业的，总觉得“文学是我的理想国”（海伦·凯勒《自传》），是“人类的精神家园”。因此，自从20世纪80年代末，便断断续续提笔写点东西，从“理想国”里寻找一点精神的享受与寄托，从“精神家园”里寻找一些心灵的温馨和“回归”的情趣。

由于我从小喝过湄南河之水，年轻时又喝过龙国之水，加上血液里还流

---

* 原载小说散文集《大自然的儿子》，云南民族出版社1995年版。

动着炎黄子孙的基因，因此，我虽身在泰国，是泰国的公民，热爱这里的一草一木、一山一水、一丘一壑，腔里那颗跳动的心，时时系在这块热带温润的黑土地上，但中国的锦绣山河，温馨的友情，浓烈的亲情、乡情，也时不时像个“恋人”，“偷”去我一瓣的心。故此，在我的作品里，几乎都是经过我的艺术加工而反映了我的一颗赤热心两边跳的心迹。

在作品里头，还存在一个较明显的倾向：赞咏“真善美”的多，鞭挞“假恶丑”的少；写“亮色”的多，写“暗色”的少；写“嬉笑”的多，写“怒骂”的少，更没写带“刺”的东西。甚至在小说中，处理矛盾冲突时也往往如司马攻先生在序中所说：“采取人性美好的高尚情操来化解冲突，从对立状态走向和谐。”

追溯这种思想倾向的渊源，似乎是进了“知命之年”才有。记得年轻时，我也和一般年轻人一样“血气方刚”。但经过几番岁月的“浪淘沙”，棱角销蚀，热血冷却；“刚”变成“柔”了，对人对己渐渐地“宽容”起来了。感到一个人从呱呱坠地算起，数十年间，只不过是到地球走一圈，从起点到终点，只是大小不同的一个“圆”而已。地球是圆的，太阳是圆的，星球是圆的，一切生灵的眼珠子都是圆的。“圆”是完满的象征，最美丽，最极致。因此，我想做人也要“圆”，把“圆”作为圭臬，把老子的“上善若水，水善利万物而不争”之类的话记在心里。清代刘熙载在《艺概·诗概》中说：“诗品出于人品。”也许由于此种缘故，深藏在我心灵的这种东西，便有意无意地在作品中流露出来了。

“圆”的思想，似乎会导致走“中庸之道”。“中庸”并不是“骑墙”，也不是“随风转舵”。它是取“中和”而行之。《礼·中庸疏》云：“中庸者，以其记中和之为用也；庸，用也。”斯言是也！有好友笑指说我走“中庸之道”。我倒笑而应“诺”！《围炉夜话》说，把自己太看高了，便不能长进，把自己太看低了，便不能振兴。这是对自己“中庸”。人的生命能进行正常活动，也要互相调节阴阳，使之维持相对平衡。《素问·生气通天论》云：“阴平阳秘，精神乃治。”这是人体的“中庸”。当然，“中庸”并非如四大皆空的出家人，对周围一切视而不见，听而不闻。偶遇违心之事，只念着“阿弥陀佛”“善哉”而了却。有碍眼的尘沙则顺手洗涤，有碍脚的路石则顺脚踢掉。因此，我觉得中庸之道是正道，只恐自己还常走得偏左偏右而歪歪斜斜呢！

在书中，我讴歌日出而作、日入而息的“大自然的儿子”。他们与大自然为伴，与人无争，顺其自然，脚踏实地，默默地耕耘，只想把田耕好，把地种好，日复一日，便有收获。我也没有多大抱负，只利用剩余时间，在自己心灵里开辟一块小小的文艺园地，默默地以笔为犁，不管烈日当空，不管风吹雨打，也不管何时“眼里飘来一道鞭影”，只愿像一头已没出息黑老水牛慢慢地不停歇地耕耘。

# 给泰华文学把脉*

中医诊病，没有现代化仪器，只凭望、闻、问、切“四诊”。切脉，也叫把脉，可以测知人体阴阳盛衰、邪正消长的情况。古代由于男女授受不亲，在小说或电影里，我们见到医生给妇人把脉，是按在一条牵出蚊帐外的红绳子上。我想那是不可能的，至少我没这个本领，那是文学家故意夸张的手法。

在诊病之余，我三个按脉的指头似乎还有“余兴”，也试给泰华文学把把脉。由于我不是个高明的医生，也可能把错脉、诊错病，请别见笑！

## 一、洪脉

进入20世纪90年代，由于政治转向开明，经济快速发展，泰中友好往来，泰华文学创作环境宽松自由，原来改行从商，或封笔多年的老、中作家，纷纷“上岸”与“出山”。这批人在经济上、生活上、家庭上，多数无后顾之忧，精力尚充沛，伏在案上，手中那管笔，还能较自如地以笔写心，以笔写大千世界。

与此同时，文学组织也应运而生。如泰华写作人协会改为泰华作家协会，会员迅速发展，至今已有了一百三十多人。

泰国原有六家华文日报，后再加一个《曼谷时报》，都开辟或增加文艺副刊，每周共有二十多个文艺版，可容纳二十多万字。文艺副刊是培养作家的园地，作家又促使文艺副刊丰富多彩。

这些作家的作品在文艺副刊“亮相”后，有一部分作家又把它们印成书，还有的文艺组织也编辑一部分作品出版。于是出书有如雨后春笋，真忙坏了

---

* 本文为1998年6月6日至8日召开的第六届“亚细安华文文艺营”发言稿。原载《世界华文文学论坛》1998年第3期。

写序人——司马攻。据不完全统计，近十年来，泰华出版书籍的总和，在七十本以上，超过前七十年泰华作家出书的总和。其中泰华作家协会出版集体文集共有十二本。

其间，泰华作家还加强了与世界华文文学界的交流，如在泰举办两届“亚细安华文文艺营”及“第二届世界微型小说研讨会”，也参加世界华文文学国际学术研讨会等。

与世界华文文学界的交往，又加快泰华文学发展的步伐，不少作家的作品走出湄南河，加入世界华文文学之林。如司马攻、陈博文、老羊、黎毅、范模士、刘扬、曾心的微型小说被选入《世界华文微型小说名家名作丛编》，陆留、梦莉、司马攻、李洵、白令海、曾心的散文被选入《二十世纪中国散文英华》，孤鸿、李经艺、岭南人的诗歌被选入《世界华人诗歌鉴赏大辞典》等。

最近，鹭江出版社还出版了司马攻主编的司马攻、梦莉、姚宗伟、陈博文、佟英、黎毅、倪长游、老羊、马凡、曾心等的文集。北京语言文化大学出版社选了梦莉的《在月光下砌座小塔》、司马攻的《明月水中来》、姚宗伟的《寄给家乡的明月》、曾心的《蓝眼睛》，收入“汉语普通话教程”。

记得20世纪90年代初，司马攻曾说：“近几年来，中国出版了好几本世界华文微型小说选集。这些‘微型大成’、‘大观’、‘荟萃’等选集，其中所选的作品遍及世界五大洲，五六十个国家、地区，可是却没有选收泰华的微型小说。”① 可是到了20世纪90年代末，泰华文学不仅微型小说选入“名家名作丛编”里，而且散文、诗歌也选入“英华”“大辞典”里，甚至选入教材里。

因此，20世纪90年代泰华文学的寸口脉搏，呈现洪脉。脉象：脉来如波涛汹涌，来势盛于去势。主病：热盛。

## 二、细脉

20世纪90年代末，泰华文学逐渐出现一个隐忧：“泰华作家老化，有黄无青。”②

---

① ［泰］司马攻：《泰华微型小说概观》，载杨振昆等主编《世界华文文学的多元审视》，云南大学出版社，1996。

② ［泰］司马攻：《美丽的马尼拉湾有文学之舟靠岸》，载《人妖·古船》，泰国八音出版社，1998。

司马攻在《多是人间六十翁》一文中说："经常写文章的人，百分之八十是年过半百了!"这话是八年前讲的，时至今日，该是"年过六十了"! 就以一百三十九名作家协会会员来说，平均年龄已在"六十岁"以上。本届的二十一名理事，平均年龄为62.4岁。他们虽然老化，但却有"老黄忠"的气概与精神。"他们苦苦地拉着一条历史的绳，绳的一头是时势的现实，'老黄忠'苦拉着的一头是古老的文化。他们苦心地拉着，恐怕把绳头一放，七十年来的'泰华文学'就要中断了。"①

"老化"本来是新陈代谢的自然发展规律，问题在于缺少一批"新血"来补充。

当前，若论土生土长的青年作者，寥寥无几。说句半开玩笑的话："只有小猫三两只。"幸好，近年来还有一个"突变"，来了一些"新移民"，也聘请了一些中国来的教师，否则报纸的文艺副刊将出现稿荒了！然而，这些外来的新作者，多数还处于"游离"状态。教师终究要回去。而"新移民"有小部分找到了"停泊点"，大部分还像吉卜赛女郎，漂泊不定。他们虽然受过较高的华文教育，对文学有爱好，有创作的才华，但生活尚未安定，事业尚未有成，加上搞这"劳什子"的文字工作，又不能帮他们脱贫致富，因此，他们时而出现，显得很有朝气，时而如泥牛入海——无影无踪。这批"新血"，经过"浪淘沙"之后，能剩下多少还很难说。

因此，进入21世纪的前五年至十年间，泰华文学的寸口脉搏，将呈现细脉。脉象：细小如线，沉而软弱。主病：气血两虚。

## 三、缓脉

华文教育是华文文学的根。当今华文教育正在植这个"根"。

1994年，泰国政府对华文教育解除管制，随后，一些大学与商业学院纷纷办起中文系，有的华侨学校办了华文学习中心与夜校。原来一些慈善机构管辖的民办学校，政府又给百分之百补助，华文授课从每天一节增至两节。有的华侨学校已办了中学，也有的拟办华文幼儿园。学生人数正在增加，目前全国有一百多家民办华侨学校，学生总数在数万人以上。

尤其今年以来，还有一些振奋人心的新"突破"，如新编的《华文课本》采用简体汉字与汉语拼音，教育部还允许以中文作为高考入学的选科语文。

---

① ［泰］司马攻：《多是人间六十翁》，载《踏影集》，泰国八音出版社，1990。

据说，今年朱拉大学已将选用中文试题了。

另外，中国每年在曼谷东方文化书院、博仁大学与泰北南邦如诺大学三地同时举行初、中、高等三类汉语水平考试。今年已举行第四届了，据最近报道：“考生年龄最大者为四十三岁，最小者为十四岁，多为公司企业高中级职员及泰国大专院校学生。”可见，汉语水平考试已受到泰国各界重视。

为此，有人欢呼：“华文教育的春天来到!”

当然“华文教育的春天来到”，并不等于“华文文学的春天来到”！这中间还有一个相当长的“中间地带”，但它却预示着“华文文学春天”迟早会来到!

中国有句话：“十年树木，百年树人。”我想，既然“根”植了，就要抱着乐观的态度，盼它在十年内能逐步开花结果。

因此，进入21世纪前十年末期，泰华文学的寸口脉搏，可能呈现缓脉。脉象：一息四至，来去怠缓。主病：湿热。但要说明，此属有病而脉转和缓，多是正气恢复的征象。

总之，泰华文学从20世纪90年代直至21世纪10年代间，其脉搏从“洪脉”进入“细脉”，又从“细脉”转为“缓脉”。也就是说，从“蓬勃”中步入“危机”，又从“危机”中有所“转机”。

这个诊断，是确诊还是误诊，有待事实进一步验证。

# 《心追那钟声》自序*

有人说：诗是青年人的艺术，小说是中年人的艺术，散文是老年人的艺术。因为诗需要激情，小说需要社会经验，散文需要人生阅历。也许这话有些道理。随着年龄的增长，自己也越来越爱散文，而且也多写散文了。

收入这个集子里的散文，若从内容和表达上划分，可分为记叙（事）散文、描写（写景状物）散文、抒情散文、议论散文等。

目录编定后，除序与附录外，共有二十九篇。篇数有“九”字尾，虽属巧合，倒给我一个意外的“动力”。因为泰国人喜欢“九”字，音意为“九那”——“进步”。我想借此勉励自己：不要停步，更不要退步，要继续进步！

《一千零一夜》中有句格言：“人生有两面：这一面是幸福，那一面却是痛苦。”在我的笔下，不管是写他人还是写自己，总是比较乐于写幸福的一面，因而颂歌式的文章比较多。即使是我的童年，单靠父母两双手在田里劳动来养活一打孩子，那痛苦诚然多于幸福，然而我还以乐天派的心眼去审视农村的天地，则显然觉得苦中有乐。于是，在《农村旧事情趣》中，我专挑那些看似苦却有乐的趣事，写出一家子在热带村野的天伦之乐。

当然，这样的文章，有所得，也有所失。得者，正如著名诗人晓雪在《赠曾心》一诗中所说：“让世界充满爱，对万物皆有情。”而失者，也如评论家翁奕波在《中庸：人性美的极致——论曾心文学创作的审美追求》中所指出的：“由于文学与生活的密切关系和文学的前瞻性，它往往更为迫切地呼唤着悲剧之美，呼唤起震撼人心叩击天地的充满悲天悯人忧患意识的悲剧之美。”

---

* 原载散文集《心追那钟声》，泰国泰华文学出版社 1999 年版。

在处理国与国的感情上，我出生于泰国，属泰籍华裔，但祖籍的根又在中国。自己不仅体内有龙的血液，而且又曾到龙国读过书，那种“曾饮龙国水，不忘养育恩”的思想，不因岁月的流逝，总深深地埋藏在自己的灵魂深处。因而，我虽然不是双重国籍，却似乎有双重感情，双重分忧。如《心追那钟声》，正反映我这种心绪。一旦获悉寒山寺的古钟被日本人窃走，就有如自己祖国的“国宝”被窃走那样怅然若失，总巴望能早日完璧归赵！

人是有感情的，尤其是一个喜欢拿笔杆子的人，对人对物对事对景，易于“触”而生情，甚至有如某种穴位，一经触动，便产生连锁反应。情感似乎可燃烧、可燎原！但我习惯于“坐禅”，在“入定”时，让这种情感沉淀，沉淀，再沉淀！沉淀是冷的，情感是热的，冷热相碰与融合，有时会“悟”出一些超出情感的“理”来，表层里面有更深层的东西。但每每“悟”之“悟”之，呈现一片空白，一切归于“无”，在方格子里没写下文字，即使写下了，也弃之纸篓。

写散文，常常离不开一个“我”，而原生形态的“自我”不能当成艺术，艺术中的“自我”都是“人格的自我提炼、自我突破和自我净化”。在这个集子里，除了《距离》一文用第三人称外，其他的也都用第一人称，即写我所见所闻，所思所想所得的东西。在选材上，我偏爱写大自然的景观、人间的仁爱、亲友的情结等。写游记，喜欢在诸多的“景点”中，寻找与追求最引起兴奋的“点”。也喜欢带有较浓厚的个人的主观色彩，一面写外景，一面写自己内心的景，使内外两景同时交叉进行，并用心灵的思绪穿成一条线，绕着文中的“内核”，让内外景达成“光合作用”。

毕达哥拉斯曾转引《古希腊罗马哲学》的一句话：“一切立体图形中最美的是球形，一切平面图形中最美的是圆形。”在我的人生旅程中，在我创作的心路里，我总想沿着圆形的边沿走，即使力不从心，走出来的轨迹歪歪扭扭，似圆非圆，也毫不抱憾！

三年前，我出席在南京召开的第八届世界华文文学国际研讨会，回来写了一首《雨花石》，坦露我生命所追求的境界。

没上雨花台
却带来一盒赠送的雨花石
大如雀卵
圆滑滑

溜溜圆

有高山
有流水
有乌云
有彩虹
有残叶
有红花
有冰川
有雪飘……

哦！我读懂了
它似人生
人生就似一枚雨花石
——一个圆
“圆”里有各种图案

# 《蓝眼睛》自序*

1993年泰国《新中原报》刊登"春兰·世界华文微型小说大赛"的消息后，我才开始尝试写微型小说。当时只知它是小说一族的小弟弟。于是，我心中默守小说三要素——环境、人物、情节，便做起微型小说来了。

我断断续续爬了近十年的"微型"格子，慢如蜗牛，只写下这四十篇，集为《蓝眼睛》。其中有的不太像"微型"，也舍不得割爱，想让它留着，这样才能反映我这段心路的"真迹"。

十多年来，微型小说理论从零散到比较系统，初步构筑了一个"微型小说学"的雏形。如"以小见大，以不全求全"；"以不写之写，在没有背景中见背景"；"多用'横'写，少用'纵'写"；"有头无尾，有尾无头"，或"无头无尾，只取'腰'的一段"等。这无疑给我一把创作微型小说的理论新钥匙。但由于我的"思维库"积存太多固念，老在原来的藩篱中踟蹰。写来写去，除《古董》外，每篇几乎都有一个相对完整的、有头有尾的故事情节。咳！既没有什么流派，也没有什么新潮的写法，未免有时陷入不能"自我突破"的苦恼。

写"微型"，我不擅长"无中生有"。我偏重在自己的现实生活中、家族和亲友的经历中，去找创作素材的"胚胎"。这些素材，有的似陨星，稍纵即逝，有的像金子，闪亮不灭，甚至渐渐擦亮储存在我脑海里某些类似记忆的火石；通过想象，调动自己的视觉、听觉、嗅觉、味觉、触觉等全部的感受以及与此相关的全部想象力，有如滚雪球，越滚越大，重新唤起另一种相互渗透而改头换面的具体感受，从而进入一个似曾见过又未曾亲身体验过的真实。在这过程中，往往由表及里，由注入情感到疯狂追求，甚至随着人物酸

---

* 原载微型小说集《蓝眼睛》，泰国时代论坛出版社2002年版。

甜苦辣的经历，情不自禁泛起喜怒哀乐的心绪。若是写到了关键处，突然心灵一亮，好像见到文中的“眼睛”，即主题思想坐标的显露。那时往往有一种自信与惊喜——“结晶儿”即将诞生了。

我经常徘徊在一个窘境中，觉得一般的素材到处都有，有内涵的素材真难找。也许我的选材太注重社会效能了，偏重选些人生现实际遇、社会现实与历史遗留的碰撞，如写华文教育式微、道德沉沦、思想代沟、经济危机，也喜欢写些有民族意识的，或由民族意识生发出世界意识与国际意识的东西。显然，这种选材有利于主题的深化，但也是一种自我设限与束缚。

《家庭内部》试图在方寸之地展现多对矛盾，塑造几个人物形象，描绘较复杂的人物关系。这路子虽早被一些评论家否定了，但我还是想在创作实践中试试。如行得通，也许能借“微型”这小舞台而演大戏呢！

我对人物性格的塑造，多是单重性格，只有少数是多重性格。如《三愣》中的张亚牛既有吝啬的一面，又有慷慨的一面。《老店主》中的老店主，既有诚实的一面，又有软弱的一面。在现实生活中，我觉得多重性格的人比单重性格的人多。然而，在文字有限的“微型”中，如何展现多重性格的人物，倒是我近年苦寻的焦点。

诚然，我曾到中国留过学，受中国小说的影响比西洋小说更多更深，喜欢用描写的表现方式，尤其喜欢用“白描”勾勒人物。然而中国现在一些文学理论家对老祖宗的描写技巧淡化了，而对西洋的叙述手法推崇备至，说什么叙述是小说“将一个作为素材的事件（按时间顺序排列的）进行艺术处理和调整，从而构成一个结构完整的情绪（或称叙述结构）”。用时髦的话说，这是当前非常“酷”的叙述论了。

“酷”的东西是不是就代表正确的潮流？中国的《红楼梦》《三国演义》《水浒传》等传世的不朽名著，岂不都是对人物、事件、环境、景物及形态特征作具体描绘与刻画，使之生动传神、历历在目吗？岂不是用“白描”——不着颜色，也不画背景，只“寥寥几笔，而神情毕肖”吗？

拙作《老泪》有一段这样的“白描”：

> 一天傍晚，陈五打开钱柜，正要伸手拿钱去买烟酒时，站在店前的陈雄斜视着他，儿媳蓦地捅了自己丈夫，努着尖尖的嘴唇暗示着：“那老头子又拿钱了！”陈五思想毫无准备，伸出的手一时僵在那里。在嗡嗡作响的脑袋里，响起儿子战栗而哆嗦的声音：“爸！现在生意竞争，钱难

赚，今后拿钱也得先说一声!”陈五把眼睛一瞪，那两道光波似两把利刀，刺得儿子垂下头来，儿媳却把脸朝外看。这时三副脸孔都很难看。最难看是陈五，整个神色即刻似枯萎了，脸型只剩下巴掌般大。

以上的“白描”，我曾试用叙述表述方式改写，结果都无法把这三者的内心、举止和纠葛关系表现出来。为此，我深深地陷入苦思：是我思想太传统，赶不上时代“潮流”？还是“潮流”抛弃了中华民族的艺术传统？

作品中的“我”，多数是虚构的，也有少数是真真假假的“我”。多数的“我”，其目的在于穿针引线，使之显得有如身临其境。但作品中所寄托的个人感受、领悟、审视、意识等，往往渗透在“我”中。如《蓝眼睛》中的“我”说了这样一句话：“当今世界变了，情人眼里已没有国家和民族的界限了。”就是我脑里存有地球村思想的反映。所以，与其说作品中的“我”不是我，不如说作品中的“我”有我心灵的影子。

有人担心“微型”会短命。我倒觉得这位小弟定能与哥姐们并存。但千万不要给它套什么“模式”。如欧·亨利式的结尾，本是一种成功手法，但一旦成为“模式”，也将失去意外结尾“最后打击力量”的效能。

有句成语叫“笨鸟先飞”，我这只笨鸟既没有“先飞”，又飞得很慢，只跟着在微型小说的天空中鸣几声。

# 移民意识在泰华文学的取向*

## 一

泰国是早期中国移民于东南亚的重镇之一。泰华文学的源头，则在中国先辈的移民。有了早期的中国移民，才产生了泰华文学。

据《汉书·地理志》记载，远在西汉武帝年间，中国与泰国地区的国家就有使节往来。之后，便有中国移民陆续南来，直到辛亥革命之前，移民几乎都是“外出谋生”的。之后，便有一批知识分子到泰国开展文化工作，办学办报，相继出现了《汉境日报》《湄南公报》《华暹新报》《中华公报》等，发表在副刊上的作品（文言文），既是泰华文学的发端，也开启了“移民文学”的先河。

中国五四运动期间，泰国出现了第一次“移民潮”。一批南来的知识分子，包括侨生，逐渐成为一支以中国为母体血缘关系的文学生力军。他们纷纷成立各种文艺团体，如林蝶衣等人的“彷徨学社”，郭枯等人的“柳文学社”等。首次在湄南河畔出现了华文作家群与诗人群，出版了一批华文诗文集。1933 年，出版了林蝶衣的《破梦集》（新诗集）、《扁豆花》（小说集），符开先的《孤霞》（小说集），铁马的《梅子》（杂文集）等。林蝶衣的《破梦集》是泰华文学最早的自由诗集，明显烙着中国五四文化印迹，揭开了泰华自由诗的新页。

由于这些作家在中国历尽世故苍变，备尝人生艰苦，在对新的环境还不

---

* 本文为 2003 年 2 月 22 日至 23 日新加坡国立大学艺术中心与新加坡作家协会举办的“当代文学与人文生态——2003 年东南亚华文文学国际学术研讨会”上的发言稿，原载《当代文学与人文生态——2003 年东南亚华文文学国际学术研讨会论文集》，台湾万卷楼图书股份有限公司 2003 年版。

太适应的情况下，提笔创作时，或记述自己在家乡酸甜苦辣的生命故事，或书写寄寓他乡异国落魄的复杂心绪，作品多数具有“身在泰国，心在中国”的双重性。

林蝶衣的《破梦集》是诗人自画“一幅灰暗阴沉的人生图画”，“诗中皆是忧愁而没有喜悦”。① 如《夕阳与落英》，前节写在树底下“拾到几片落英”，后节写着：“我没有爱人可赠，我没有花瓶可供，我只得放在袋里，明天我掏出来一看，呵！这是不是我昨晚拾来的落英？为何憔悴得这般快？”这反映了当年客居异国他乡的知识分子，在人生道路上找不到前途，找不到属于自己的“家”而苦恼，而惆怅，而迷惘，而憔悴。当年这些移民都有着较深沉的“中国情结”，深埋着“叶落归根”的“固念”，在意识形态上大都有着特定的“回唐山”的取向。

## 二

第二次世界大战结束后，泰国出现了第二次“移民潮”。当年南来的新移民，一到泰国，几乎很快都能领到合法的“随身证”，没有无身份证之忧。有志从文者，多数还年轻，文化水平较高，又有学习的欲望，加上受到“老移民”作家的牵引、指导，一批新移民作者便活跃在文坛上。由于有两支队伍（一支南来谋生的新移民作家，一支原先在泰生长的作家）的结合，“泰国的华文文学在五十年代达到了前所未有的全盛期。长中短篇小说、散文、诗歌获得全面丰收，戏剧（这里主要指的是剧本）也有可观的收获”②。尤其以长篇小说为强项，如陈仃的《三聘姑娘》，谭真的《座山成之家》，接龙小说《破毕舍歪传》、《风雨耀华力路》（20 世纪 60 年代）等。

《三聘姑娘》是以古老的唐人街为背景，写唐人爱情、家庭、商场的纠纷，展示了泰国华人社会的生活习俗、思想潮流。《破毕舍歪传》是写曼谷一个华裔“阿舍”，花天酒地，弄得家破人亡，沦落街头当乞丐。《风雨耀华力路》是写从泰南来到曼谷寻找职业的一对青年，流落在耀华力路求生、拼搏、奋斗的艰苦历程，反映了泰华下层民众生活的风风雨雨。

以上的作品很值得注意的是，题材上已有蜕变，以前那种以描写寄人篱下与怀念家乡为主的“叶落归根”的思想内容，已向以描写泰国当地现实生

---

① ［泰］林蝶衣：《破梦集》，泰国泰华文学出版社，1998。

② 陈贤茂主编《海外华文文学史》第二卷，鹭江出版社，1999，第 318 页。

活为主的“落地生根”的思想内容转变。但应该看到，这“根”还不是扎在广袤的泰国土地上的，多数只扎在华人、华裔较集中居住的地方，尤其是在唐人街一带。

从“叶落归根”到“落地生根”，反映了华人从寄寓客居到融入居住国的社会历史变迁，也反映了侨民意识向公民意识的巨大转变，使泰华文学有了较浓的本土化特色。

## 三

20世纪80年代末至90年代初，泰国出现第三次“移民潮”。虽然此时此地文学并不受重视，但也有一些新移民执着地握起笔杆，白天工作，晚上写作，比一般人多做了一份有益的工作。

由于泰国华文教育断层了整整一代人，泰华文学出现了青黄不接、土生土长的新作者寥若晨星的局面。有了这批新移民，泰华文学便有了一部分新鲜活泼的血液，使泰华文坛不会显得太过于寂寞。

近十年，泰华文学界出版了十一本新移民著作：李经艺的《白中白》《升起来》，钟子美的《飞天》《天涯草随笔选集》，陈雨的《一线情丝两地牵》《幽娴的紫莲》，蓝焰的《小木船的传说》，晓云的《问情为何物》，梦凌的《织梦的人》，莼子的《莼子随笔》，林云的《三脚马》等。

由于这些新移民到异地，脚跟尚未扎稳，好像“水莲漂浮”，既要为立足社会而奔波，又要为寻找精神生活而熬煎，在各种矛盾聚焦中“磨难”“苦斗”，过着“不确定感”的日子；情绪时有孤寂、躁动、悲怆、起落、超越等现象，因而他们的作品，对社会、对人生、对生命、对人性、对命运都有个人的感受和取向。

1. 反映新移民的新处境与遭遇。蓝焰的短篇小说《燃不尽的火焰》写一对情侣和一位老师到了湄南河畔，由于人地生疏，语言不通，一切得从零开始。这对情侣共同攻克了第一道语言关，但第二道身份证关却无法解决，时常遭到警察“抓捕、恫吓、罚款”。为了取得身份证，女的嫁给一位泰国男士，生了一个孩子，不幸那男的有了新欢，女的被一脚踢开，落得母子相依为命。那位老师原是这对情侣的老师，能拉一手小提琴，对集邮“废寝忘食”。他跟随与泰籍女子结婚的儿子而到泰国来，不幸儿子死于车祸。在寄人篱下的生活中，他受尽儿媳一家人虐待，因心脏病发作而死。更令人痛心的是，他一生辛辛苦苦收集的珍贵邮票也被儿媳“全部烧掉”了。因而“我”

发出这样的慨叹："难道这就是新移民的生活，难道这就是新移民的梦想，命运在戏弄人，时代在欺骗人，现实在摧残人。"这反映了新移民在新环境中的普遍的遭遇和痛苦的心声。

2. 袒露内心复杂的情感与志向。陈雨从云南只身来到泰国，在风风雨雨的人生道路上，她复杂的内心世界在《一线情丝两地牵》和《幽娴的紫莲》里袒露无遗。她的《雨渡》这样写道："敞开的沙浪/打着感悟与忘记的手势/在黑暗的审视与谛听中独白/岁月的高度/将红尘的碎片飘散/于是/天边有了纷飞的蝶影/脚下有了流动的诗泉/就向水中的鱼儿展示/今生今世/最后的飞翔。"这种或甜或苦，或喜或悲，或凄或美的经历，正反映出新移民在困惑、苦斗中内心的执着意向与追求。从这些情感思绪中，似乎见到新移民心灵深处有个共同点：蕴藏在抑郁孤寂的背后，有一身要展示自己拼搏的"功夫"。在浮沉荣枯中，在消沉时时袭来时，他们要"飞翔"，要自由，要冒尖。

3. 解剖丑恶、贪婪、虚假、猥琐等人性。钟子美从东半球到西半球，又从西半球到湄南河畔，经商起起落落，人生坎坷。他写的"《天涯草》展现了'天涯人'的心路历程和天涯轨迹"①。他的另一部科幻微型小说《飞天》，用丰富的想象力对人性的丑恶、贪婪、虚假、猥琐等进行解剖。如《夜店》写男女之间的"幽会"被改为"明会"。"明会"的地点一律都在夜店。在"明会"里，约翰的情人甘扎娜是个非法的假人——只要将"指甲揭开，泛着暗红色荧光的零件"便"历历在目"。更使人感到意外的是，作为"全球委员会委员"的约翰也是机器人，他的"黄金吉（吉即卡）也是假的"。甘扎娜的"泪囊里的泪水准是假牌子货"，全银河系最壮丽的店的牌照也是假的。作品的结尾："夜店蒂克的故事，其中真真假假莫辨。"作者显然是有感于现实中假的东西太多，"打假"打不胜打，故意用"真真假假莫辨"的非现实手法，反映社会现实中存在的严重问题。

4. 书写人生的悲怆和生命的感悟。李经艺的两部诗文集，《白中白》的主旋律是悲怆的美丽，《升起来》的主旋律是生命的感悟。《雨季重来》的最后一段写道："雨季重来/想你时便没有界限了/目光如水悠远成岸/却总找不到/那只载渡的船/如何在你的汛期里回应/天苍地茫/轻泣一声/丝发皆白。"这首诗叫人"跌落在深沉的'悲惨世界'的情境里"②。我想只有在这样的"悲惨

① 《天涯芳草拥紫荆》，香港日月星制作公司，2001，第7页。

② 林焕彰：《梦，漂泊和远方的雪花》，载李经艺：《白中白》，泰国万通文化事业社，1994，第3页。

世界”中，才能用眼泪写出这样凄美的诗境。李经艺的《白中白》几乎是在消沉、苦恼中完成的，因而有一种一般人无法理解的深层次的内涵。她的《升起来》是在“消沉”之后，盘腿而坐，“悟”到心灵向往的那块“静土”：“这是一条路，它干干净净地通到上面，没有语言，每个日子都像开花的小女孩。”“里面，一种喜悦满满地漫延，在很远很远的尽头。忽倏一下，你升起来！你在升起来，它说，你解脱了。”这不是光靠写诗的想象力，而是“坐禅”人修炼到一定层次所出现的生命“悟境”。

5. 记述乡情、爱情、亲情、友情与社会的关爱。晓云的《问情为何物》和梦凌的《织梦的人》多属这类题材。他们的作品“得以从普遍的‘新移民文学’作品中那种压抑、郁闷的气氛下解脱出来，以一份轻松惬意的心情享受作品中所流露出来的愉悦和欣慰”①。如晓云的微型小说《黑影》写“我”到夜校学电脑，必须走过幽静的小巷，每晚回家，总有个黑影子若即若离地跟着。“我”很害怕，在老师的帮助下，终于“捉”到了他。原来他名叫“猜纳伯”，妻子曾在这条黑巷里夜归时遇上了坏人，一时想不通而跳河。现在他暗地里充当“我”的“护花使者”。这篇作品闪烁着一抹“爱”的亮色，让人看到当今社会还有像那位“护花使者”的好人。

总之，移民意识文学只是一种“过客”。随着作者闯过一个陌生的背景和语境，在生存、温饱、爱情、家庭、事业问题得到解决之后，他们文学意识的取向必然会向当地现实社会“靠岸”，找到自己扎根的土地。其文化意识的取向也会与当地本土文化磨合，其作品的移民意识特色也将逐渐消失，渐渐融入泰华文学中。但不管新移民、老移民，甚至是他们的后裔，在他们的文化、文学磨合后，也并不是完全“无根”的。他们的作品中还会或明或暗，或深或浅，隐埋着一条不随时光推移而消失的“根”：“中国人无论被西风吹到天涯海角，那片华山夏水还是永远留在心中。人往往是文化的人。对于新移民来说，纵然是失落文化身份，也总逃不脱‘中国性执念’。‘中国情结’已作为一种集体无意识不停地唤起飘零游子心灵深处的家园记忆和乡土情感。”② 这是因为文化是血液里面的东西，任何输血的办法都改变不了它的血质与血型。

---

① 刘华：《论“新移民文学”的文化意蕴》，《汕头大学学报（人文社会科学版）》2002 年第 1 期。

② 刘华：《论“新移民文学”的文化意蕴》，《汕头大学学报（人文社会科学版）》2002 年第 1 期。

# 诗，要走向群众*

中国自古就是个诗国，炎黄子孙血液里是有诗的基因的。他们爱读古诗，如唐诗宋词；也爱读新诗，如艾青的《大堰河——我的保姆》、臧克家的《有的人》、余光中的《乡愁》等。他们的诗走向群众，找到广大读者，因而诗集能一版再版。而现在的诗，多数群众不爱看，出版数量很少。

三年前，我到深圳书城买书，找了很久，才在一个书架不显眼的角落，见到几本现代诗，和其他浩如烟海的书籍比起来，好像被弃在路边的婴儿，真是可怜之至了。

问题出在哪里呢？我想，主要在于现代新诗远离群众，拒绝多数群众的观赏，只满足少数人孤芳自赏。如20世纪80年代出现的朦胧诗——当然有的也写得很美，如水中之月，只迎合少数人的口味。20世纪90年代又出现许多“主义”与“流派”，否定传统，全盘西化，胸中缺乏那种对国家和民族乃至全人类的责任感。既没有中国民族风格，又过多沉湎于个人的喜怒哀乐，宣泄个人的阴暗心理。有的把一些生理名词，如月经、精液等，甚至大小便也都写进诗里，很粗俗，玷污了诗的殿堂美。

台湾老诗人钟鼎文大声疾呼：“纯种的中国诗正在被杂种诗侵犯，殆有灭种之虞。诗亡即民族之亡！诗人乎？罪人乎？”这是振聋发聩之言。

因此，近几十年来，诗与群众之间渐渐地筑起一堵墙。我写了一首《墙》来表达：

墙内，
是诗。

---

* 原载泰国《世界日报》2003年6月9日。

墙外，
是群众。

凿个洞，
看——
是一种诗。

推倒墙。
看——
是一团见不到坐标的迷雾；
是一堆嚼而无味的文字……

于是，
又把墙砌起。
墙内，
是诗。
墙外，
是群众。

时代在发展，群众的口味也在变化，要撤除这堵墙，关键在于新诗如何继承传统，面向现代。

古人云："诗贵意境。"意境是诗的灵魂。一般群众欣赏诗，往往先从形象入眼，继而领悟意境的高低。古诗之所以能千古流传，主要在于诗中有两个因素：一是形象，二是意境。如果把意境分为初境—拓境—凌境三个层次的话，那么"凌境"的诗，几乎都出在"位卑未敢忘忧国"的诗人手里。意境愈高的诗，愈能获得群众的喜爱，愈能广泛流传。

我读诗，往往也是从诗的形象步入，在脑中逐渐构成一幅图画，品味其意境的奥妙，便觉得那是一种艺术享受，从而手不释卷。现在有些诗不讲形象和意境之类了，太个人化，忽略了客观形象。如不了解诗人的处境，不了解他的内心意识，又遇上些生造的紊乱的词语，就看不下去。思想一分散，就想打瞌睡。

诗人沙鸥在《谈诗的意境》中说："形象到意境得通过一座桥，这座桥就是诗中的感情和情绪。如果一首诗虽有形象，而无感情和情绪，形象就会停留在原地不动，而不能出现意境。"新诗倘能捕捉到富有现代生活色彩的闪光形象，又能把握住隐藏在形象和画面后边的饱满的思想感情和情绪，使形象拓出较高意境，力求达到“凌境”，同时随着内容而采用较灵活的现代诗的形式来表现，便既能使读者心灵为之一亮，获得一点人生哲理，又在形式上不觉古老、呆板。我想，这样的新诗，群众是会喜欢看、喜欢读的。诗与群众之墙，定然会被推倒。

诚然，当前新诗走向低谷，很不景气。但诗最终是会兴旺的。正如诗人、翻译家屠岸说：“许多青年热衷于诗。诗就像一座火山尚未真正爆发。”

我相信：当群众拥抱诗之时，就是诗走向群众、走向群众心灵之日。那时，诗的火山就真正爆发啦！

# 《给泰华文学把脉》自序*

书中选入我从1990年以来发表的五十九篇拙作，多数是文学评论。为了保存自己十几年来的文艺观和审美观，此次成集，没作什么删改。

严格来说，我的文学评论是不合格的，没有什么前瞻性的"理论"，多是老调重弹，有些"理论"还属于个人的感受，尚未上升成为站得住脚的"理论"。

当年在厦门大学中文系读书时，我虽读了一些文艺理论，但走出校门，就一直做些与之无关的工作。直至20世纪80年代末期，偶尔写了短篇小说《杏林曲》参赛而获奖。这一意外的惊喜，调动了我冬眠已久的文艺细胞，觉得自己在诊病之余，还可以挥动我原来爱好的文艺之笔。

分析当年泰华文坛的动向，觉得最弱势的环节是文学评论。泰华文学要发展，主要靠"三套马车"——作者、创作、评论。如果缺少文学评论，是"缺腿"或蹩脚的不正常的现象。于是我在写小说、散文、新诗的同时，侧重写些文学评论。

写文学评论涉及对作家及其作品的评估，过于褒扬，有点违心；过于苛求，容易伤感情。有位好心人劝我：搞文学评论是吃力不讨好的苦差事。这话多少凝集着他人生体验的真言。

像我这样一个不是专业搞文艺理论的业余作者，一来没有深厚的文艺理论基础；二来没有来自中国与世界各地多渠道的文艺信息；三来没有太多时间再三阅读原文和与之有关的参考资料；四来"看别人的作品，也很有难处，就是经验不同，即不能心心相印。所以常有极要紧，极精彩处，而读者不能感到，后来自己经验了类似的事，这才了然起来"（鲁迅语）。为此，我觉得

---

* 原载评论集《给泰华文学把脉》，厦门大学出版社2005年版。

写一篇评文，比写一篇短篇小说或写一篇散文还难。写出一篇评文，即使“冷冻”一段时间才发表，心里还时有忐忑不安——不知读者与被评者有什么意见。

的确，要把准文艺理论的脉，比中医切脉还难。

正当我陷入此种“理还乱”的苦恼旋涡时，泰华作家协会原会长方思若正好兼管泰国《新中原报》的副刊“大众文艺”，我的评文，他总是把它登在头条上，尤其在发表拙文《窥到下层人物心灵的作品——读黎毅短篇小说集》时，还亲笔加了《编后随谈》（1993 年 8 月 25 日）：“曾心先生：拜读阁下探讨文艺作品的大作，立论精辟，言之成理，可见对文艺理论及鉴赏修养了得，请给本版多撰写这方面的文章。”并指出：“泰华文坛缺乏文艺批评为时已久，这方面的工作如不多做，泰华文艺水平要提高很难想象。是的，文艺批评在此间尚未能形成风气，作者间接受批评的雅量有限。但文评只褒而不敢贬评，那于事无补，相反，倒是对被捧者有害。愚见以为，面对目前这种情况，最可以发挥的，是对圈中写作上多种多类的不良倾向提出探讨批评，而不针对某人某文，这样可以减少一些是是非非的谩骂，这对泰华文艺水平的提高，可能有很大的助益。”这段随谈我全引了，目的不在于方先生褒扬我，而在于他看出泰华文坛文艺批评存在的问题与发展方向。这给我极大的鼓舞和精神的充电。方先生逝世至今已五个年头了，但他这段话依然印在我脑海里，记在我的本子里。

也许是我到过中国留学，经过种种左左右右的运动，对好走极端的思潮没有好感。我总结自己坎坷不平人生的经验教训，越来越偏向于“中庸之道”。“中庸”为不左不右的纯正之道。因此，我写评文，也无时不流露出这种思想。我的评文追求平稳，防止走极端，因而缺乏战斗的锋芒。评作家和作品时，视角不是盯在他们的短处，而是着重盯在他们的长处，这并不意味着“只褒而不敢贬评”，有时也略点些“短处”。这样做，既可起鼓励作用，又可避免伤文友的感情，变“吃力不讨好”为吃力而讨好之乐事。

搞文学评论，我不喜欢跟风唱哗众取宠的调调。在不知唱什么新调的情况下，我却宁愿唱些老调。如，一、文学创作，要敢于冲破一切传统思想和手法，但要吸收前辈所做的一切，然后再往前走。正如不能没有妈妈，而有新生儿。二、生活是文学艺术的唯一源泉，但文艺作品比普通的实际生活更高、更强烈、更有集中性、更典型、更理想。三、好的题材等于作品成功了一半。选材要严，开掘要深，不可将一点琐屑的没有意思的故事填成一篇。

四、作品的命脉是人物塑造。要极省俭地画出一个人的特点，最好是画他的眼睛。五、主题是文艺作品的灵魂。无论什么作品，总有个中心内容，即文章的骨干。有灵魂的主题，应是“胸怀高，立志高，见地高，则命意自高”（方东树语）。六、有细节，作品才有血肉。区别一部作品技巧的高低，识别一个作家的才能，最重要的衡量标准就是要有详尽的细节描写，以及细节描写的真实、准确和鲜明。七、语言是文学创作的第一要素。随着作家的不同气质而用不同的语言，最好要简洁、和谐、熨帖、自然，以及追求它的色彩、声调、感触等。八、海外华文文学的天平，一头是当地文化，一头是中国文学。它的支撑点应是中国文化的源头。如此等等，不一而足。

以上“老调”，新潮的作家与理论家，都不再“唱”了，我还拿起来“重弹”。这些“老调”，是不是还有它们的现实价值，或是已属“过时货”？那就“仁者见仁，智者见智”了。

别林斯基有句名言：“读者群是文学的最高法庭、最高裁判者。”拙著出版，就待读者群“裁判”吧。

泰华作家协会会长司马攻先生、厦门大学教授庄钟庆老师、北京语言大学教授李润新学兄，曾多次鼓励我出评论集，并在百忙中为本书写序，给本书增添光彩。序中诸多褒扬，是对我莫大的鼓励与鞭策。在此，我表示衷心的感谢！

# 《凉亭》自序*

编入此集子的一百八十首小诗，大部分都发表在泰国《世界日报》副刊“湄南河”的刊头诗版面上。

三年前，林焕彰主编在该副刊左上角开辟一个“刊头诗”专栏，每天刊登六行以内的小诗一首。开始我有怀疑：这块小豆腐干，能让诗歌的想象翅膀飞起来吗？当时我正好事务缠身，没时间写长文章，便试试写点小诗，以免让我的创作生命停止。于是，我把这些在饭前饭后，在驾车路上，甚至在梦中偶尔心灵瞬间闪现的，连自己也不知道是不是小诗的东西寄去凑热闹。不料得到主编林焕彰与诗评家落蒂诸多的鼓励，给我勇气和力量。

世上的事，有时就这么蹊跷：祈求的，没有收获；并非期冀的，却收获了。我这个开始持着怀疑态度的人，竟然能在这块小小的园地，骑着小马儿从探路到走路再到有如走火入魔，如痴如醉地“驰骋”，并出了这本小诗集。这是我梦想之外、意外之外的收获。

写小诗，看来是写一个生活的镜头，写一朵感情的浪花，写一点缥缈的思绪与顿悟，写一地一时的景色与情调。但在编辑此小诗集过程中，我却发现自己所写的小诗，既有现实的也有非现实的，多数写闭上眼睛心灵闪现的“现实”。但不管哪种“现实”，都隐隐约约渗透着支配我生命单纯而强烈的四种感情：对大自然的热爱，对情爱的渴望，对知识的追求，对人类苦难不可遏制的同情。

退休之年，我的人生又来了一个大转弯：从悬壶治病，到做社会团体工作。之前，我接触到的人群，多数是病人，因而我写的散文，多数与病人有

---

* 原载泰国《泰华文学》2006 年 9 月号（总第 39 期）；小诗集《凉亭》，泰国留中大学出版社 2006 年版。

关，被称为“医学散文”。现在接触的范围大了，有各种各样的人，尤其是大大小小的侨领，这可以大大丰富我创作生活的体验。但体验人生也是痛苦的。有的侨领，出钱出力，可歌可敬，但往往财大气粗，咄咄逼人，给人很大的压抑感。这时不时让我心中憋着一团“火”，似“爆”又非“爆”，有如在《火山》所写的“使我一直处于/忍与爆之间”。生活和时间渐渐磨掉我的“火性”，情绪沉淀再沉淀，净化再净化，日复一日，在我的《日记》中发现自己“已铸成一个汉字/——忍/可缩短——拉长/压扁——搓圆”。“忍”还是静态的、被动的。要如何从静态转为动态，从被动转为主动。现实教育我，要学会做乌龟，即“遭受欺辱时/把头缩成一块硬石/过后/继续走路”。由此看来，我平时所思所想、所作所为、所爱所恨，无形中已在心灵中铺垫了创作基石，只要有心去“寻”去“磨”，脑壁的天空就会闪光，亮出诗之路。

写诗，评诗家很强调“意象”，甚至有人说“没有意象就没有诗”。当然，写小诗，寻找别致而有趣的“意象”是很重要的。但我觉得一首诗，即使有很多立体的“意象”，它还是孤立的一个个，只有渗入诗人的意识、情感和情绪，并以之为经纬，把“意象”串连起来，重新铸造有诗人心灵影子的“意境”，诗才能有“眼睛”，才能闪亮起来、鲜活起来。

写小诗，受到字与行数的限制。在托物言志、借物抒情时，我喜欢把死物注入生命，把无情“物”转化为有情“物”，甚至自己钻到“物”中去，变成“物”的主人翁。如写石，我就是石，石就是我，我有什么意识和什么情感，石也有什么意识和情感。因此，我笔下的石，有思想和情绪，有喜怒哀乐，能唱歌跳舞。

诗贵曲。写“曲径幽深”的诗是诗人们所追求的，写小诗也不例外。也许由于我生性坦直，有些小诗想尽量写得“曲”些，但老是“曲”不起来。有时甚至原谅自己，认为写一望无际的绿草、鲜花、羊群、白云、蓝天，如“天苍苍，野茫茫，风吹草低见牛羊”的大草原景色，不也很美吗！

文友说我的诗看得懂。当然，看得懂的诗不一定是好诗，看不懂的诗也不一定是坏诗。但晦涩深奥的诗，会让人有种“隔”的感觉。当前新诗会走向谷底，我认为，其中一个原因就是新诗还没有完全找到“自己”。那些群众看不懂的新诗，远离群众，拒绝多数群众的观赏，只满足少数人孤芳自赏。因此，我的小诗尽量避开难懂的字句，追求情绪“场”流出自然而朴实的语言，即使近乎口语化，也在所不弃。

有人写诗不用成语，但我认为：成语内涵精深，凝聚着龙国人的智慧，在关键处，自然流溢出来的一个成语，往往比一打形容词还强。

泰国华文作家协会会长司马攻、《世界日报》副刊主编林焕彰在百忙中为此书写序，诸多褒扬，令我汗颜，又令我振奋。诗人岭南人，诗评家落蒂，评论家李润新、古远清与赵朕教授等，时常给我鼓励，给我充电，让我不敢怠慢。翻译高手陈思鸿花了半年多时间，一丝不苟地做了翻译，叫我感动。北京大学教授、书法家张振国（翁图）不仅为书名题字，还书写篇名与插页，值此一并表示衷心的谢意！

# 《杏林拾翠》新版自序*

1982年前，我在广州中医学院（今广州中医药大学）教“中国医学史”时，经常到各图书馆翻阅古籍。看多了，竟发现在“医”与“史”之间，存在一个中间地带，尚少有学者去进行“开垦”。这地带既涉及“医”，也涉及“史”，还涉及“文”，可谓“边缘科学”。于是我钻了这一“空子”，写了《杏林拾翠》（医学随笔），1983年5月由广东科技出版社出版，印数15000本。当时社会上正缺乏有“知识情趣”的读物，便很快售罄。

事隔二十五年后，百花文艺出版社经我的母校——厦门大学的老师辗转来一封信，说要新版《杏林拾翠》。真是一个惊喜！一本在我脑子里已进入“历史”的书，在今日很不容易出书的“市场”还要新版，这是万万没想到的。

我想，一本书没有随着飞逝的岁月而过时，其中必蕴藏着一些有价值的东西。我想了好几个昼夜，才略有所悟：关键在中医药本身。

中医药是炎黄子孙在历史长河中所共同创造的精神和物质财富，其严谨的治学，“仁术”医德，精湛的医术，“整体—平衡”的中心思想，“天人合一”“阴阳平衡”“辨证施治”等理论，以及卷帙浩繁的医书专著、震古烁今的研究成果，宛如颗颗明珠翠玉，永远不过时。我只不过在前人整理部分资料的基础上，做点“爬罗剔抉”的工作，把淹没或半淹没在汗牛充栋的古医书堆中的明珠采撷和汇集起来，经过一些“刮垢磨光”的功夫，使之更加光彩熠熠。

当年在编写时一再考虑，怎样帮助读者克服读“史书”时常有的硬着头皮、苦啃硬吞的困境。除了从根本上加强古汉语的学习外，我进行了这样的

---

* 原载医学随笔《杏林拾翠》，百花文艺出版社2009年版。

小尝试：以较多的史实为基础，选择一些小题目，或写一件事，或写一个人，穿插一些妙趣横生的故事、神话、轶事、趣闻，使严肃庄重的历史性、学术性题材，寓于通俗易懂的闲话、随笔之中。全书虽没有什么系统性，尽是些历史上吉光片羽的东西，除可助茶余饭后谈资外，还可作为一种辅导读物，借以扩大历史知识面，开阔眼界，启迪思想，从不同侧面了解中国这个中医药宝库是何等辉煌夺目，中华民族的祖先创造了何等令人自豪的奇迹，从而激发后来者继续攀登中医药的高峰。

书中只在引用原文时注明出处，以便读者进一步查阅。至于一些有关研究成果的出处，则恕从略。

# 谈小诗情景“零距离”*

写诗，尤其写抒情诗，其中一个创造“意境”的巧妙艺术手法，就是“景为情用，寓情于景”。

李白的《静夜思》：

床前明月光，
疑是地上霜。
举头望明月，
低头思故乡。

这里，“明月”是“景”，“思故乡”是“情”。通过一“举头”，一“低头”，使景与情“妙合无垠”。此诗达到景中有情，情中有景，情景交融的美妙境界。

这种手法的特点：“情”与“景”开始是分开的，之间是有个位置“距离”。由于作者的“七情，应物斯感”，寻找到一种“景”作为“载体”——“寓情于景”，才渐渐地“情景交融”。

写小诗，其行数受到制约，如写六行以内的小诗，能否一开始就消除“情”与“景”的距离呢？

先举一首拙作《浪花》：

跳出母亲的怀抱
追风逐雨

---

* 原载新加坡《新世纪文艺》2009 年第 2 期。

咯咯的笑声
突然撞到山脚
碎了
洒下尽是泪

诗中的情与景，一开始就是“零距离”，都同在一体中。“浪花”既是自然界的，也是作者本身。在这里通过“浪花”本身的行为和表现，来表达在特定环境中寻找自由的心绪、追逐欢乐的情感以及在实际生活中受到挫折的血泪。

再举一首《油条》：

本来软绵绵
熬煎后
赤裸裸
紧紧相抱

不管外界多热闹
此时，只有他俩

请大家想想，这首诗最后两个字，是写“他俩”好，还是“我俩”好？如果写“他俩”，作者是站在“煎油条”之外，是“旁观者”，属“有距离”。如果是写“我俩”，作者本身也是油条。故食物的“油条”，与情感的“油条”融为一体，它们之间是“零距离”。对《油条》的领悟，实际主义者可能认为：那只是一根普通的油条在自言自语；浪漫主义者可能认为：这不是一根普通的油条，它是通过油条“在议人生”，“在谈爱情”（吕进语）。

写诗，尤其写抒情的小诗，可凭个人的喜爱和熟练的表达技巧，选择有距离“寓情于景”书写，也可选用情景“零距离”书写。

也许由于我个人偏爱，喜用“零距离”书写。我喜欢把眼前的“死景”看成“活景”，注入有意识的生命，把无情“景物”转化为有情“景物”，甚至自己钻到“景物”中去，变成“景物”的主人公。这样写“景物”，就容易摆脱所谓“自然物外部形貌声色的复制”，而变成深刻反映现实生活的“人化的自然”（马克思语）。如写石，我就是石，石就是我，我有什么心绪、情感和思想，石也有什么心绪、情感和思想。因此，我笔下的石，往往有心绪、情感和思想，有喜怒哀乐，还能唱歌跳舞呢！

这种情景“零距离”的艺术手法，我觉得对写小诗爱好者是很值得研究的。因为写小诗，尤其是写六行以内的小诗，字数不多，行数受到制约。如果采用“寓情于景”的手法，必须写“景”的外表形状，引起作者“情”的共鸣。它们之间须有一段文字“距离”的“搭桥”，如遣词造句不精妙，或文字用得不经济，往往写到“情景交融”时，字数已太多，行数已超过。而采用情景“零距离”手法，没有“情景名为二”，“情”即“景”，“景”即“情”，“情景”在同一景物中。在呈现景物的同时，也都把“情”流露出来了。这样写，往往就会觉得写小诗，尤其写六行以内的小诗，所承载的内涵，“一样可以做到无限宽广而又深邃”（林焕彰语）。

# 方块字浇铸的心影*

## 一

出生是不能选择的，但走什么路却可以由自己选择与决定。

我很羡慕有些人，出生书香门第，禀赋早慧，什么三岁能背唐诗，六岁能看《红楼梦》，八岁能阅《古文观止》……由于我出生在农民家庭，父母不识字，孩子又多达一打，到了八岁，我还不识一字，只懂得耕地、锄草、戽水、养鸡、养鸭、养鹅、养猪……到了九岁，爸妈要我进华校念书，说是“九龙吐珠”。可能我没有拜“孔老夫子”，进了联侨学校，只读两个月，学校被封了，结果我又在家里跟着爸妈在蓝天底下拿锄头了。

有一天，来了一名不速之客，自称卢先生，问村童要学习华文吗？学费随意。经他口头“宣传”，不到三天工夫，卢先生手下便有七八个“小兵”。我们的课堂设在一棵大榕树下，每天中午上两小时，自带凳子，没有课本，老师在小黑板上写，我们就把簿子放在腿上抄。抄得歪歪斜斜，老师不管。但抄错了，老师非要你改到对不可。这样的上课，不到半年时间，也学了几个方块字。奇怪，这位不知从什么地方来的卢先生，又不知道到什么地方去了。

十二岁那年，我才算入了光华学校。当时学校离家很远，需要走一段铁路，还要越过一片坟地荒野，往返步行需要两个多钟头。中午吃饭成问题，大姑丈同意中午到他家里用午餐，问题才解决。

学校虽名为华校，但实际上是以学泰文为主，每天只有两节华文课。而我偏偏对方块字情有独钟，每次考试华文成绩都在前三名，而泰文却在十名

---

* 原载《曾心作品评论集》，泰国留中大学出版社 2009 年版。

以下。于是，我这只不知天高地厚的“笨鸟”，为了实现自己对方块字的求知欲望，于1956年中元节，乘着大伟货轮，背着父母亲，偷偷“先飞”了，在海上“飘”了七天七夜，终于到达龙的国土——汕头，几天后再到集美侨校补习。

## 二

由于在泰国念的方块字不多，别说会写，就连听也有一定困难。刚到那里，便先进行文字“扫盲”。在集美侨校补习后，便考上集美中学，后又考上重点中学——厦门一中。记得有一次，学校开“树雄心，立壮志”的演讲比赛，我被推荐为班上的代表，不知天高地厚，一时雄心高于天，誓言要当“中国的鲁迅”。

从此，一言既出，驷马难追，我一心便扑在文艺的书堆里，开始与文学“恋爱”了。1962年高考时，我填的三个志愿都是中文系，结果被厦门大学汉语言文学专业录取。

大学二年级，系刊《鼓浪》举行征文比赛，我以短篇小说《展翅飞向光明》获奖。第一次获奖的我，走上领奖台犹如走上文学宫殿，顿觉文艺天空亮丽，群星闪耀！

不久，我便被《鼓浪》聘为编委，当时的主编是刘再复（著名文学家、学者），编委共有十二名。现在还有联系的如香港诗人、《文学报》主编张诗剑，中国散文家、厦门作家协会主席陈慧瑛，福建论坛杂志社副总编包恒新，厦门大学中文系教授林兴宅等。

“文化大革命”前，因工作需要，我提前毕业，被调到广东外事办工作。“文化大革命”后期，因有海外关系，我被下放到韶关桂头干校劳动两年，1972年调到广州中医学院宣传办工作。

本来搞宣传，对我学“文”的，还是“对口”的。无奈当年宣传这碗饭很难吃，上面说什么，下面就得“紧跟”，几乎不能有自己的“思想”。因此，我要求去搞业务。当时学院正缺少教古文与中医史的教师，我便选了“医史”。由于工作需要，我不得不去学习中医。

没想到，我发现在“医”与“史”之间，有一个中间地带，尚少有学者去“开垦”。这中间地带可谓是“边缘科学”，既涉及“医”，也涉及“史”，还涉及“文”。于是，我便钻了这一“空子”，写了医学随笔《杏林拾翠》，共13万字，由广东科技出版社出版，印数1.5万册，很快便售罄。同时，我与叶岗合写了《名医治学录》，共 15 万字，由广东科技出版社出版，印数 1 万册。

事隔 25 年，百花文艺出版社给我一个惊喜：新版了《杏林拾翠》，这是万万没想到的。

## 三

不知是命运的注定还是嘲弄？这两本书出版后，我又回到出生地。唉！一切又重新开始。

大家都知道，在泰国靠笔杆子吃饭，饭碗是会跳舞的。为了立足于社会，我只好弃文经商、从医。三十六行，我不知干了几行，自己也记不清了。

直至后来生活较宽裕，孩子也长大，没有后顾之忧，我被生活所迫而久弃之于头脑冷僻处的那颗文艺种子，不安处顺，又似乎在渴望破土而出！

适逢 1988 年，泰国《新中原报》举办泰华短篇小说创作金牌奖征文比赛。我的心顿时“痒”起来，写了《杏林曲》，并用笔名曾心。因为那时候我正好与同仁合办一所泰中医疗服务中心，我便取其尾字“心”，凑成笔名。此文是用冷冻得近乎僵化了的笔，写成的第一篇文艺作品，虽然获奖，但我总觉得除内容还可取外，其他都不值一提，尤其是文字呆板得很！

人要有自知之明。那时我已进入知天命之年，自知搞文学也不会有什么名堂的，目的只想不要丢掉自己的爱好，能从“理想国”里寻找一点精神的享受与寄托，从“文学原乡”中寻找一些心灵的温馨和“回归”的情趣罢了！

于是，我重拾旧爱，又与文学续缘，既写小说、散文，又写诗歌、评论，再度“沉醉不知归路”。

## 四

我写散文比写其他文体要晚些，真正投入写散文是从 20 世纪 90 年代第三春才开始的。那年，我回到第二故乡——福建。那里既是我获得智慧的源泉，也是燃烧我的青春、告别我的青春的地方。

回到老地方，有许多感受，我手中之笔又摇动起来。回来后写了几篇散文，如《一飞冲天的白鹭》《猴面鹰哀思》等，受到文友的好评与鼓励。自己也觉得写散文更能直接抒发人生感受。之后，我渐渐爱上它，不仅喜欢读，而且也喜欢写了。不到五年，出版了《大自然的儿子》《心追那钟声》等散文集。

我的散文偏重于写人、写事、写自然，记下我与亲戚朋友的一些人生经历，对某些人的相识相知，对大自然的热爱和崇尚。在我的散文里可以见到我所走过的足迹，可谓是一篇篇公开的带有文艺笔调的日记。

写散文要贴近生活、深入生活、理解生活，最好亲临其境。生活本身是生动的、真实的，用艺术手腕把它描写出来，文章自然会生动活泼。

我不反对写个人心灵，但自己几乎没有写个人心灵的抒情散文。我喜欢把个人的心灵与感情融入所叙述的事、人和自然中，使之有我的心灵和情感的"脉搏"跳动。与其说在写事、写人和写自然，不如说在写对事、对人和对自然的感受。

我觉得感受越深刻越好，倘若感受能升华到感悟境界，那就妙不可言了。

十多年前，我的学兄刘再复在给我的信中说："你的散文展示的正是一个平实而美丽的有情世界。"他还说："你的散文是有童心在的。"这虽是鼓励我的美言，但"有情"与"童心"却是我心灵"双轨"的追求。我觉得有爱对世界才有情，情是从爱中漫溢出来的琼浆；有童心，尤其是"在拥抱知识之后又能返回孩子的状态"，才有纯爱、纯情。

因此，推动这"双轨"追求的动力是爱："爱是文学的最初的源头，又是文学最后的实在。"（刘再复语）爱，在我的散文中，甚至在我的生命里是一个最美的方块字。

由于职业关系，我经常跟病人接触。有的病人喜欢认定某个医生，一有病就来找，甚至家里几代人一患病也带来看。现在我虽然没开诊所了，但他们还喜欢找我问病谈天，有的还带来他们自己制作的"手艺"，包括小礼品相赠。我把这些往来，当作是对我劳动的"尊重"，也是人间难用金钱买到的"爱"。于是在我的笔下常出现一些病人与医生的交往与情谊，如《一坛老菜脯》等。故评论家古远清把这一类的作品称为"医学散文"。

我的散文，有不少是游记。写游记，我喜欢带有较浓厚的个人主观色彩。一面写客观存在的外景，一面写自己感受的内景，使内外二景交叉展现，并用心灵的思绪串成一条围绕着"文心"的伏线，在内外景聚焦之处，起"光合作用"。

如《与心灵接轨的阳关道》，既写我一路上所见的一个个实景，又写我对这一个个实景的内心感受，但文中始终隐隐约约埋着一条伏线，即王维《渭城曲》的诱惑力。而到达内外景接轨之处——阳关故址，眼见的外景是"一堵半坍废的黄色土墩"。这分明没有什么看头，但由于我心中几十年来一直深藏着那阙《渭城曲》，并想对诗境实地踏访，故此，那“土墩”在我眼里不只是“烽燧”，而且是一团不灭的诗魂！

这样，在内外景的聚焦处就有一个闪光点，读者便不会那么“扫兴”，也许还会诱惑一些像我这么“傻”的文人也去实地踏访。这篇散文如果没有这条心灵的伏线，非丢入纸篓不可。因为光写外景，读者不如看旅游手册更好。

在应用语言上，我觉得不仅与作者的个性、情感有关，而且与其出身、环境、经历、职业、日常用语有关。比如我是曾在两个国度生活过的，不仅能用两国的语言与文字，还会一种方言——潮州话。所以，在我用方块字写作时，有意无意便会在顺其生活的真实中，流露出一些“杂色”来。

## 五

1993年泰国《新中原报》刊登“春兰·世界华文微型小说大赛”的消息后，我才开始尝试写微型小说。当时只知它是小说一族中的小弟弟。于是，我心中默守小说三要素——环境、人物、情节，便做起微型小说来了。

我断断续续爬了十多年的“微型”格子，慢如蜗牛，只写下四十多篇，出版了《蓝眼睛》。

十多年来，微型小说理论从零散到比较系统，初步构筑了一个“微型小说学”的雏形。如“以小见大，以不全求全”；“以不写之写，在没有背景中见背景”；“多用‘横’写，少用‘纵’写”；“有头无尾，有尾无头”，或“无头无尾，只取‘腰’的一段”等。这无疑给我一把创作微型小说的理论新钥匙。但由于我的“思维库”积存太多固念，老在原来的藩篱中踟蹰。写来写去，除《古董》外，每篇几乎都有一个相对完整的、有头有尾的故事情节。

咳！我的“微型”既没有什么流派，也没有什么“新潮”的写法，难免有时陷入不能“自我突破”的苦恼。

写“微型”，我不擅长“无中生有”。我偏重在自己的现实生活中、家族和亲友的经历中，去找创作素材的“胚胎”。这些素材，有的似陨星，稍纵即逝；有的像金子，闪亮不灭，甚至渐渐擦亮储存在我脑海里某些类似记忆的火石：通过想象，调动自己的视觉、听觉、嗅觉、味觉、触觉等全部的感受以及与此相关的全部想象力，有如滚雪球，越滚越大，重新唤起另一种相互渗透而改头换面的具体感受，从而进入一个似曾见过又未曾亲身体验过的真实。在这过程中，往往由表及里，由注入情感到疯狂追求，甚至随着人物酸甜苦辣的经历，情不自禁泛起喜怒哀乐的心绪。若是写到了关键处，突然心灵一亮，好像见到文中的“眼睛”，即主题坐标的显露。那时往往有一种自信与惊喜——“结晶儿”即将诞生了。

我经常徘徊在一个窘境中，觉得一般的素材到处都有，有内涵的素材真难找。也许我的选材太注重社会效能了，偏重选些人生际遇、社会现实与历史遗留的碰撞。如写华文教育式微、道德沉沦、思想代沟、经济危机，也喜欢写些有民族意识的，或由民族意识生发出世界意识与国际意识的东西。显然，这种选材有利于主题的深化，但也是一种自我设限与束缚。

我对人物性格塑造，多是单重性格，只有少数是双重性格。如《三愣》中的张亚牛既有吝啬的一面，又有慷慨的一面。《老店主》中的老店主，既有诚实的一面，又有软弱的一面。在现实生活中，我觉得多重性格的人比单重性格的人多。然而，在有限文字的“微型”中，如何展现多重性格的人物，倒是我近年来苦寻苦思的焦点。

曾到中国留学的我，受中国小说的影响比西洋小说更多更深，喜欢用“白描”勾勒人物。现在有些文学理论家对中国老祖宗的描写技巧淡化了，而对西洋叙述手法推崇备至，而我还自觉或不自觉地多用“白描”。如《老泪》有一段这样的“白描”：

> 一天傍晚，陈五打开钱柜，正要伸手拿钱去买烟酒时，站在店前的陈雄斜视着他，儿媳蓦地捅了自己丈夫，努着尖尖的嘴唇暗示着：“那老头子又拿钱了！”陈五思想毫无准备，伸出的手一时僵在那里。在嗡嗡作响的脑袋里，响起儿子战栗而哆嗦的声音：“爸！现在生意竞争，钱难赚，今后拿钱也得先说一声！”陈五把眼睛一瞪，那两道光波似两把利刀，刺得儿子垂下头来，儿媳却把脸朝外看。这时三副脸孔都很难看。最难看是陈五，整个神色即刻似枯萎了，脸型只剩下巴掌般大。

以上的“白描”，我曾用叙述表达方式改写，结果都无法把这三者的内心、举止和纠葛表现出来。为此，我深深地陷入苦思：是我思想太传统，赶不上时代“潮流”？还是“潮流”抛弃了中华民族的艺术传统？

小说中的“我”，多数是虚构的，也有少数是真真假假的“我”。小说中的“我”，其目的在于穿针引线，使之显得有如身临其境。但作品中所寄托个人的感受、领悟、审视、意识等，往往渗透在“我”中。如《蓝眼睛》中的“我”说了这样一句话：“当今世界变了，情人眼里已没有国家和民族的界限了。”就是我脑里存有地球村思想的反映。所以，与其说作品中的“我”不是我，不如说作品中的“我”有我心灵的影子。

有句成语叫“笨鸟先飞”，我这只笨鸟既没有“先飞”，又飞得很慢，只跟着在微型小说的天空中鸣几声。

## 六

诗歌是一切艺术的入场券。

我在厦门一中读高中时，就开始写现代短诗，笔名田日。上大学及出来工作后也写了一些，但没发表。记得写了两本手抄本，“文化大革命”中，怕惹“祸”，在一个晚上偷偷把它烧了。到了湄南河畔，最早重拾写作之笔是写短诗。在各种文体中，写得数量最多的要数短诗。2003 年，香港银河出版社要出版一套“中外现代诗名家集萃”（中英对照），我的学兄张诗剑负责主编龙香诗丛系列，便筛选了我的部分短诗，出版了《曾心短诗选》。我的好友李润新教授多次鼓励我再出一本诗集，但是，我总是心中存疑：我的现代诗像不像诗？拿得出去吗？

2003 年伊始，泰国《世界日报》副刊主编林焕彰在该副刊左上角开辟一个“刊头诗”专栏，每天刊登六行以内的小诗一首。开始我有怀疑：这块小豆腐干，能让诗歌的想象翅膀飞起来吗？当时我正好事务缠身，没时间写长文章，便试试写点小诗，以免让我的创作生命停止。于是，我把这些在饭前饭后，在驾车路上，甚至在梦中偶尔心灵瞬间闪现的，连自己也不知道是不是小诗的东西，寄去凑热闹。不料得到主编林焕彰与诗评家落蒂诸多的鼓励，给我勇气和力量。

世上的事，有时就这么蹊跷：祈求的，没有收获；并非期冀的，却收获了。我这个开始持着怀疑态度的人，竟然能在这块小小的园地，骑着小马儿从探路到走路再到有如走火入魔，如痴如醉地“驰骋”，并在泰华文艺界出版了第一本小诗集《凉亭》。这是我梦想之外、意外之外的收获。

写小诗，看来是写一个生活的镜头，写一朵感情的浪花，写一点缥缈的思绪与顿悟，写一地一时的景色与情调。但在我的二百多首小诗中，却发现所写的小诗，既有现实的也有非现实的，多数写闭上眼睛心灵闪现的“现实”。但不管哪种“现实”，都隐隐约约渗透着支配我生命单纯而强烈的四种感情：对大自然的热爱，对情爱的渴望，对知识的追求，对人类苦难不可遏制的同情。

退休之年，我的人生又来了一个大转弯：从悬壶治病，到做社会团体工作。之前，我接触到的人群，多数是病人，因而我写的散文，多数与病人有关，被称为“医学散文”。现在接触的范围大了，有各种各样的人，尤其是大大小小的侨领，这可以大大丰富我创作生活的体验。但体验人生也是痛苦的。有的侨领，出钱出力，可歌可敬，但往往财大气粗，咄咄逼人，给人很大的压抑感。这时不时让我心中憋着一团“火”，似“爆”又非“爆”，有如在《火山》所写的“使我一直处于/忍与爆之间”。生活和时间渐渐磨掉我的“火性”，情绪沉淀再沉淀，净化再净化，日复一日，在我的《日记》中发现自己“已铸成一个汉字/——忍/可缩短——拉长/压扁——搓圆”。“忍”还是静态的、被动的。要如何从静态转为动态，从被动转为主动。现实教育我，要学会做乌龟，即“遭受欺辱时/把头缩成一块硬石/过后/继续走路”。由此看来，我平时所思所想、所作所为、所爱所恨，无形中已在心灵中铺垫了创作基石，只要有心去“寻”去“磨”，脑壁的天空就会闪光，亮出小诗之路。

写小诗，受到字与行数的限制。在托物言志、借物抒情时，我喜欢把死物注入生命，把无情“物”转化为有情“物”，甚至自己钻到“物”中去，变成“物”的主人公。如写石，我就是石，石就是我，我有什么意识和什么情感，石也有什么意识和情感。因此，我笔下的石，有思想和情绪，有喜怒哀乐，能唱歌跳舞。

文友说我的诗看得懂。当然，看得懂的诗不一定是好诗，看不懂的诗也不一定是坏诗。但晦涩深奥的诗，会让人有种“隔”的感觉。当前新诗会走向谷底，我认为，其中一个原因就是新诗还没有完全找到“自己”。那些群众看不懂的新诗，远离群众，拒绝多数群众的观赏，只满足少数人孤芳自赏。因此，我的小诗尽量避开难懂的字句，追求情绪“场”流出自然而朴实的语言，即使近乎口语化，也在所不弃。

## 七

2005 年 3 月，厦门大学出版社出版我的文论集《给泰华文学把脉》。这本书选录我从 1990 年以来发表的五十九篇作品，多数是文学评论。为了保存自己十几年来的文艺观和审美观，成集时，几乎没作什么删改。

泰华作家协会会长司马攻在序《厚重》中说：“文学评论是曾心十八般武艺中的一个强项。”这是对我的鼓励和褒扬。但我总是怀疑自己，我的文学评论是不是合格的？因为没有什么前瞻性的“理论”，多是老调重弹，有些“理论”还属于个人的感受，尚未上升成为站得住脚的“理论”。

分析当年泰华文坛的动向，觉得最弱势的环节是文学评论。泰华文学要发展，主要靠“三套马车”——作者、创作、评论。如果缺少文学评论，是“缺腿”或蹩脚的不正常的现象。于是我在写小说、散文、新诗的同时，也写些文学评论。

写文学评论涉及对作家及其作品的评估，过于褒扬，有点违心；过于苛求，容易伤感情。有位好心人劝我：搞文学评论是吃力不讨好的苦差事。这话多少凝集着他人生体验的真言。

像我这样一个不是专业搞文艺理论的业余作者，一没有深厚的文艺理论基础；二没有来自中国与世界各地多渠道的文艺信息；三没有太多时间再三阅读原文和与之有关的参考资料；四“看别人的作品，也很有难处，就是经验不同，即不能心心相印。所以常有极要紧，极精彩处，而读者不能感到，后来自己经验了类似的事，这才了然起来”（鲁迅语）。为此，我觉得写一篇评文，比写一篇短篇小说或写一篇散文还难。写出一篇评文，即使“冷冻”一段时间才发表，心里还时有忐忑不安——不知读者与被评者有什么意见。

的确，要把准文艺理论的脉，比中医把脉还难。

也许是我到过中国留学，经过种种左左右右的运动，对好走极端的思潮没有好感。我总结自己坎坷不平人生的经验教训，越来越偏向于“中庸之道”。“中庸”为不左不右的纯正之道。因此，我写评文，也无时不流露出这种思想。我的评文追求平稳，防止走极端，因而缺乏战斗的锋芒。评作家和作品时，视角不是盯在他们的短处，而是着重盯在他们的长处，这并不意味着“只褒而不敢贬评”，有时也略点些“短处”。这样做，既可起鼓励作用，又可避免伤文友的感情，变“吃力不讨好”为吃力而讨好之乐事。

搞文学评论，我不喜欢跟风唱哗众取宠的调调。在不知唱什么新调的情况下，我却宁愿唱些老调。如生活是文学艺术的唯一源泉，但文艺作品比普通的实际生活更高、更强烈、更有集中性、更典型、更理想。又如好的题材等于作品成功了一半。选材要严，开掘要深，不可将一点琐屑的没有意思的故事填成一篇。再如作品的命脉是人物塑造。要极省俭地画出一个人的特点，最好是画他的眼睛，等等。

以上“老调”，现在新潮的作家与理论家，都不再“唱”了，我还拿起来“重弹”。这些“老调”，是不是还有它的现实价值，或是已属“过时货”？那就“仁者见仁，智者见智”了。

别林斯基有句名言："读者群是文学的最高法庭、最高裁判者。"我的文学评论能否站得住，就待读者群"裁判"吧。

## 八

2006年7月1日，林焕彰和我一起发起成立了"小诗磨坊"，成员"7+1"，即泰国的岭南人、曾心、博夫、今石、苦觉、杨玲、蓝焰，中国台湾的林焕彰，象征着"八仙过海，各显神通"。诗社以写六行以内的小诗为宗旨，先后出版了诗集《2007小诗磨坊》《2008小诗磨坊》。诗集由林焕彰主编，每集筛选刊登每位成员的小诗30首，共240首，配上插画，附有"诗外"；《2008小诗磨坊》还加上点评，读者评价颇高。举行两次新诗发布会，出席的文友、诗友达100多人。

为了让小诗磨坊有个集会、切磋的固定场所，我在新建的小红楼艺苑盆景园中建了一座六角凉亭，取名"小诗磨坊亭"。

2006年9月18日，我们还在新浪网开了"小诗磨坊博客"，图文并茂地推出小诗磨坊八位成员的小诗，非常受读者欢迎。小诗磨坊参加了100个圈子，成为75个圈子的资深圈友，在多个圈子的精华博客排名榜上荣登前十名。两年多来，点击率已破8万人次大关。

2008年2月5日，中国驻泰王国大使张九桓莅临指导，在小诗磨坊亭喝茶谈诗。我即席写了一首欢迎张大使的小诗，题为《石磨飞转》：

八位志愿者
把五千年的石磨推动
日日夜夜

春风迎来名师指点
石磨飞转
迎来一个小诗的春天

张九桓大使也即席在留言簿上写了《咏小诗磨坊》：

精彩佳篇何处寻，
繁华市井巧藏幽。
吟章咏句多风雅，

做事作诗岁月稠。

并赐题墨宝："精彩在多磨"。一个"磨"字，是点睛之笔，道出写小诗的历练与艰辛。

## 九

回顾自己加入湄南河畔文艺队伍以来，手中的笔，便没停过，工作忙时少写，闲时多写，写了近 20 年，共出版了 8 部文学著作，即小说散文集《大自然的儿子》（云南民族出版社，1995 年 12 月），《曾心文集》（鹭江出版社，1998 年 4 月），散文集《心追那钟声》（泰国泰华文学出版社，1999 年 6 月），诗文集《一坛老菜脯》（泰国泰华文学出版社，2000 年 11 月），微型小说集《蓝眼睛》（泰国时代论坛出版社，2002 年 7 月），中英对照《曾心短诗选》（香港银河出版社，2003 年 3 月），文论集《给泰华文学把脉》（厦门大学出版社，2005 年 3 月），中英对照小诗集《凉亭》（泰国留中大学出版社，2006 年 12 月）。

十年前，我写了一首小诗《六十自吟》，回顾自己走过的道路：

爬天梯
摘星星
揽日月
已成烟云

在风雨中
在泥泞里
趑趄不前地走着

既走不出一条发财路
又找不到一方净土

惘然回首
在湄南河畔
还印有几步清痕
——用方块字浇铸的心影

# 自传小诗与点诗眼*

## ——《曾心小诗点评》自序

### 一

这本集子能出版，我首先想到一个“缘”字。

2007 年 10 月 19 日，韶关学院召开第二届东南亚华文诗人笔会，我第一次见到敬重和仰慕已久的吕进教授。那晚我与他同桌用餐，顺便赠送他一本自己的诗集《凉亭》。第二天吃早餐时，吕教授一见到我就说：“昨晚看完了《凉亭》，觉得写得很不错。”此话出自一位诗歌界权威之口，我顿觉全身热乎乎，仿佛充了电。闭幕时，吕教授即席做了总结性发言，讲得非常精彩，在座的几百位听众为之倾倒。他的发言不仅征服了我，也让我萌生一个念头：如能到西南大学听他的课，是人生的一大福气。

第三天到丹霞山采风，我见到白塔、毛翰、王珂等诗评家。谈论中，让我大吃一惊的是，他们都是吕教授的学生。其中一个说：“哪里有诗群，哪里就有吕老师的学生。”从他们的表情可以看出来，能当吕教授的学生是多么骄傲和自豪。不知怎么的，一时我忘记了自己的年龄，猛然又产生一个念头：能当他的学生，该多幸福！于是我跟他的学生叫起“吕老师”来。

2008 年 10 月，越南胡志明市举办第三届东南亚华文诗人大会。在此之前的 2 月 28 日，吕老师发来电邮说：“第三届东南亚华文诗人大会来信，要我评论一位诗人，我说评曾心。”看到这惊喜的消息，本来不想出席大会的我，立即改变初衷，决定赴会。可惜临近开会，吕老师却发来电邮说“已交了 750 元办理签证，预定了飞机票”，但有更重要的会议，“只好放弃，真遗憾”。我也很遗憾，但到了大会又叫我惊喜。他向大会提交的论文《寓万于一，以一

* 原载《曾心小诗点评》，泰国留中大学出版社 2009 年版。

驭万——漫说曾心》收入《本土与母土——东南亚华文诗歌研究》论文集里。该文写得很独到，故此次出书征得作者首肯，且当代序。

“惊喜”过后，当冷静下来时，我梳理了心头思绪，觉得自己已近古稀，到西南大学听课是不现实的，当“胡子学生”更是如“梦”中事，不如寄几首小诗请吕老师批改。于是我壮着胆子，用电子邮件传去六首小诗。真没想到，过了几天，就收到吕老师的点评。我如获至宝，马上传给小诗磨坊的七位同仁看，他们都赞赏有加。后来我又传去三十二首，吕老师又很快点评。此时，我便产生了一个念头：如能点评到一百首，出一本《吕进点评曾心小诗一百首》，多好啊。

这个念头老是藏在心窝里。2009 年 4 月，我收到西南大学中国诗学研究中心、西南大学中国新诗研究所论坛主席吕进发来的一份“第三届华文诗学名家国际论坛预备邀请函”，我欣然答应参加，并把久积的念头告诉他，又传来一个“惊喜”：“给你写点评我是乐意的。”于是我把收集在《凉亭》中的一百八十首，加上近两年来写的一百五十四首小诗，全部送给吕老师。不到半个月，他分两批点评回来，并附了短信，建议书名另取，且说：“国际诗坛你就小诗问题作大会发言。你的小诗成就是大的。至少我个人很佩服。要让更多人了解你。”一时间，我虽有些汗颜，但全身又是热乎乎的，如获得高性能的精神“电源”。

吕进是中国现代诗歌评论界的大家，中国当代主流诗体的扛大旗者。他的点评，我觉得最大的特点，就是“诗内谈诗”“诗中点诗”，言简意赅，或片言只语，或简短数语，用诗般的语言，如“点穴法”，“点”醒了诗中的眼睛，给人以理论的启示和美的享受。

这本集子里，收入了吕老师先后五次的点评，共一百六十首，超出了一百首的初衷。其中有几首还点评了两次，遵照吕老师“不妨都列出，这样反而活跃些”的建议，便都列出来了。

## 二

中国著名诗人蔡其矫说：“写作无论什么形式，都带有自传的性质。”可能有的诗人不同意，认为写诗“可以有翅膀飞上天空”（雨果语）。但我很同意，因为我觉得自己写来写去，总离不开一个“自我”。原生形态的“自我”不能当成艺术，艺术中的“自我”都是“人格自我提炼自我突破和自我净化”。这个“自我”，有直接的“我”、间接的“我”、无形的“我”、“出世”

的“我”、梦中的“我”，甚至灵魂出窍的“我”。

我越来越坚信：“我”的心就是诗之心，“我”的灵魂就是诗的灵魂。

收在集子里的小诗，有写社会、写大自然、写情爱、写生的渴望、写人的心态、写风花雪月、写日常生活、写念经坐禅等。这些东西，都是我“那双脚留在地上”（雨果语）所踏及的现实，是充满自我个性化的现实、感觉化的现实。我力图将这些踏及的现实，借助想象的翅膀，飞入潜意识的天空，让“现实”经过潜意识的过滤、感应、化合，升华为一种既有贴近“现实生活”的影子，又探寻“生命深层意义”的想象和理念。禅诗，因通达心灵感应，能产生空灵境界。而我的心灵还有“尘埃”，还摆脱不了佛家所说的“贪、瞋、痴、妄”诸念，因此不能产生那种完全脱离“观照人生”“审视世界”“不食烟火”的空灵境界。

我的学兄刘再复曾提出一个观点：“作家在创作过程中，常常突破原来的设想。因为一旦进行创作，作家笔下的人物就有独立活动的权利，这种人物将按照自己的性格逻辑和情感逻辑发展，作家常常不得不尊重他们的逻辑而改变自己的安排。”写小诗，尤其是写六行以内的抒情小诗，没有人物的“独立活动”，是否也常有“突破原来的设想”？我觉得一首小诗的形成，往往是在日常生活中，或视觉、听觉，或触觉、味觉、嗅觉等外在感官有所触动。这种“瞬间”或“刹那”的“触动”，会立刻“转向”“内在的感官”“内在的眼睛”。因为最高的美不能靠肉眼而要靠心眼，要靠“收心内视”（普洛丁语）。只有从“外视”转向“内视”，从停留在意识层的“感觉”，进入潜意识层的“感悟”，才能进入心灵世界创设的审美境界。在这种用“心灵视点，精神视点”（吕进语）的运作中，往往出现三种微妙情况：一是按照原来捕捉的意象，凭“刹那的感悟”，产生“灵感的激流”“灵感的爆发”，被缪斯所俘虏，成了诗的奴隶，不经意地产生一首好的诗；二是按原来外在感官所捕捉到的意象，进入“内视”的运作后，随着内在感官的认识，有更为复杂得多的美的彻悟，出现一个“突破原来的设想”的意境；三是在进入“内视”任意飞翔的状态中，诗出了“轨”，飞到另一个意象“星球”，构成一首不是原来“意象”而是属于另一种意境的诗。

## 三

“小诗的特征是它的瞬时性：瞬间的体验，刹那的感悟，一时的景观。”（吕进语）这是一般小诗的特征。但一首带有浓厚的自传性质的小诗，它并不像人的“十月怀胎，一朝分娩”。它的“瞬时性来自长期的情感储备和审美经验的积淀”（吕进语）。有的诗“怀胎期”很长，如我写过一首练功“悟境”诗，仅仅六行，共二十个字，却“怀胎”了二十余年，才在瞬间“分娩”。

话要从1981年说起，当时中国掀起练气功热潮。究竟人体有没有“气”的存在，引起了不同观点的争论。为了探索体内是否有“气”的存在，我从中国到泰国一再拜师，不同的师父用不同的手势和口诀来导引“气”。我在练功的过程中，既有寻找玄之又玄的“气”的欢乐，如“情不自禁，动不由人”等；又遇到过一言难尽的心灵“颤动”，如“错觉”“哭笑”“翻病”等。这些是初期修炼气功出现的“异常”现象。到了中期就有“灵异”出现，在黑夜静坐时，仿佛可见十指射出光束，有点像武侠片里武打时指尖射出灵光。到了后期，便是“万法归宗”，不论用哪种方法，甚至不用方法，只要一闭上眼睛，就身心即静，连自己也不知道在哪里，只有一个“空”。

经过二十多年亲临“气场”的体验，悟到“空”境后，我于2003年7月25日写了小诗《入定》：

盘腿静坐

坐到肌肤
骨骼躯干
五脏六腑
归于无

空

白居易有一首诗《在家出家》：“中宵入定跏趺坐，女唤妻呼多不应。”这是写静坐敛心、不起杂念的入定前的心境。我这首是写入定后“空”的境悟。

吕老师点评：“一心正持以入定，正观明了以开慧。”

“入定”后，能否“开慧”呢？我有一点体验和感悟：就是平时积存在心里深处解不开的“难点”或“疑点”，如写一首小诗半途“卡住”，或因一句诗，或因一个字，偶尔也会在“空”中闪现“不空”，跳出意想不到的闪光的“字眼”或“佳句”。这也许就是“开慧”吧。

吕老师的艺术人生寄语：“寻求出世的境界，创造入世的事业。”盘点吕老师的点评，首先让我出乎意料的是，平时我修炼气功时所悟到的似梦似幻的点滴“悟境”，所写下的“出世”小诗，都被选出来点评了。

## 四

如何安度晚年？我有一个嗜好，就是养花种树。我从小在泰国农村长大，对田野的稻谷、花草、树木、瓜果、虫鸟等，都有一种特别的亲和感。随着年龄的增长，家庭经济的好转，这种情感越积越深，以致常常流露出陶渊明“久在樊笼里，复得返自然”的崇尚自然的思想。我常做着一个“梦”：造一座盆景园。五年前，我在家旁边买了一块空地，经过几年的耕耘，栽培了一百多盆盆栽，近百个品种，其中也有百年树桩盆栽，庭园里还盖了小红楼和凉亭，供文友来喝茶谈天，命名为“艺苑”。每当工作之余，进入此地，顿觉尘世间的烦冗琐事被淘汰得干干净净，仿佛溶入明净、高远的大自然中，成为大自然的儿子了。我有一首小诗《大自然的儿子》，就是写在庭园里的体验和感悟：

天空下
在地球一方耕耘

闲时
看看地上的花木

累了
瞧瞧天外的飞鸟

吕老师的点评：“相看两不厌，只有敬亭山。”

对一盆盆盆栽浇水、剪枝、中耕、培土等劳作，有含饴弄孙的愉悦。

我又有一首小诗《盆景》：

远看是个小不点
近看是幅画

它会悄悄告诉你：
在艰苦的岁月
怎样活得更美！

中国诗人艾青写过一首《盆景》诗，把怪相畸形的“盆景”描写成“不幸的产物”，发出“自由伸展发育正常”的呼声。这是诗人“自由被践踏，个性被压制，人性被扭曲”的痛苦情绪的流露。但我结合自己人生的体验，觉得正因为它们经受得起“被践踏”“被压制”“被扭曲”的“艰苦的岁月”，因而“活得更美”。

吕老师的点评：“只‘离’不‘即’，轻薄浮滑，捕风捉影；只‘即’不‘离’，粘皮带骨，平庸无诗。此诗的火候恰到好处：若即若离。”

在庭园里，我又寻觅到一些平时没想到的感悟和诗句。如花为什么会人人爱呢？我写了《问花》：

人人爱你的秘密
丽质＋芬芳？
——摇头

丽质＋芬芳＋无语？
——点头

吕老师的点评：“‘无语’是诗眼。”

没错，我写这首诗就想表达这种“无语”的感悟。俗话说：“病从口入，祸从口出。”世上凡是会说话的，哪会没有对立面？美女虽有“丽质”加“芬芳”，但由于会说话，也不能得“人人爱”。假设花会说，也必会得失一些人。

还有一首《休闲》：

步入庭园
与花谈话

好话　情话　梦话　废话
怪话　诳话　谎话　坏话
风凉话　牢骚话　枕边话

总是心有灵犀一点通

吕老师点评：“倾诉对象是花，诗人雅致。”

我觉得心里有话，尽可与花“诉衷情”，自由自在，轻轻松松，思想不用有负担，不用怕被人捉辫子，打小报告。听者“容华绝代，笑容可掬”。此时此刻，如遇到“知音”，真是“雅致”矣。

## 五

从点评来看，吕老师最喜欢我写的一首《油条》：

本来软绵绵
熬煎后
赤裸裸
紧紧相抱

不管外界多热闹
此时，只有他俩

吕老师对此诗作了两次点评。第一次：“从油条而悟出爱情，智慧！”第二次：“身置象内，意达于外。我第一次读到此诗就击节赞叹，此是人间深爱的赞曲。”他还在《漫说曾心》的评文中写道：“诗人在议人生，诗人在谈爱情。他议了吗？他谈了吗？他只给了我们一根最普通不过的油条啊！”

究竟他是以什么审美观点来欣赏诗的呢？最近我读了吕老师的《中国现代诗学》才略有所悟，他认为诗歌的审美视点有三种存在方式：“第一种基本方式是以心观物，即现实的心灵化”；“第二种基本方式是化心为物，即心灵的现实化”；“第三种方式是以心观心，即心灵的心灵化”。

我有一首《雨如是说》：

雨下着

风说：
我把你带到天边

雨说：
不行
我的归宿——土地

吕老师点评：“化心为物。”

还有一首《变色》：

蔚蓝的海洋
突然翻个身

滚动的浪花
一片白

吕老师点评："以心观物。"
再看，前面吕老师评点的那首《入定》，似属"以心观心"。
在此请教吕老师，并感谢他在百忙中为我点评小诗！

# 谈六行内的小诗*

## 一

第三届华文诗学名家国际论坛主席吕进教授要我在会上从理论的角度谈小诗诗体重建问题，由于我不是搞诗歌理论研究的，只能结合自己创作小诗的过程谈点感受。

中国小诗的源头在北京，最早扛大旗者是冰心。改革开放以后，小诗的重镇转移到重庆，扛大旗者是西南大学博士生导师吕进教授。

在泰华文学 80 多年的历史中，也不断有人写小诗，但未成气候，既没有写小诗的群体出现，也没有小诗的专著流传。泰华小诗群体的出现是在 2003 年初，当年台湾诗人林焕彰主编泰国《世界日报》的副刊“湄南河”，他精心策划，在副刊上增设了一个“刊头诗 365”专栏，即一年 365 天，每天在刊头左上角刊登一首 6 行以内的小诗。此专栏像一双有魅力的眼睛，吸引了不少诗人投入写小诗的行列，形成一个写小诗看小诗的热潮。短短三年，专栏内刊登了 1000 多首“刊头诗”，也发表了不少有关六行以内的小诗的评论和点评。这是泰华文学史上前所未有的。

2006 年 7 月 1 日，在林焕彰和我的共同策划下于曼谷艺苑小红楼的凉亭成立了“小诗磨坊”，成员“7＋1”，即泰国 7 人：岭南人、曾心、博夫、今石、苦觉、杨玲、蓝焰，中国台湾 1 人：林焕彰，象征着“八仙过海，各显神通”，共同探讨六行小诗的新美学。中国驻泰王国大使张九桓获悉后也欣然前来凉亭喝茶谈小诗。四年多来，小诗磨坊每年出版一本诗集，已出版四集，还开了四次发布会，出席会议的嘉宾都在 100 人以上。“小诗磨坊”还开设了

* 原载《诗学》第二辑，巴蜀书社 2010 年版。

博客，正式向全球华文诗坛展开六行小诗的传播工作，点击已超过 10 万人次。在这种环境下，我出版了泰华第一本个人小诗集《凉亭》。2009 年 10 月中旬，由吕进教授点评的《曾心小诗点评》，在中国台湾和泰国同时出版，台湾版取名为《玩诗，玩小诗——曾心小诗点评》。

近四年来，在林焕彰先生的推动下，按泰国小诗磨坊的模式，先后在新加坡、马来西亚、菲律宾等地成立了小诗磨坊，共同探讨六行以内小诗诗体。新加坡和马来西亚也先后出版了《小诗磨坊》（新加坡卷）和《小诗磨坊》（马来西亚卷）小诗集。实践证明：“在六行以内的有限篇幅，展现个人内在蕴含的能量，存在着极大的可能性，而大多数诗人也都乐于接受挑战。”（林焕彰语）几年来，六行以内小诗诗体在东南亚各地得到认可、推广和发展，充分显示了“诗体重建”的成功实践。

## 二

六行以内的小诗诗体与一般小诗的基本特征相同，主要在于“它的瞬时性：瞬间的体验，刹那的感悟，一时的景观”（吕进语）。的确，我的许多小诗都是在“瞬间”写成的。比如“油条”，我们经常当早餐配豆浆吃，习以为常，没有灵感。有一天，我经过唐人街——耀华力路，看到路边有小摊贩在炸油条，我买来吃时，突然想起潮州人常形容两人相爱如“油条”，于是便捉住这个意象，暗喻“爱情”，写了一首小诗《油条》：

本来软绵绵
熬煎后
赤裸裸
紧紧相抱

不管外界多热闹
此时，只有他俩

吕进教授对此诗很欣赏，作了两次点评。第一次：“从油条而悟出爱情，智慧！”第二次：“身置象内，意达于外。我第一次读到此诗就击节赞叹，此是人间深爱的赞曲。”他还在《漫说曾心》的评文中写道：“诗人在议人生，诗人在谈爱情。他议了吗？他谈了吗？他只给了我们一根最普通不过的油条啊！”

六行以内小诗诗体的“瞬时性不是对小诗的生命的描述。瞬时性来自长期的情感储备和审美经验的积淀”（吕进语）。如我写过一首练功“悟境”诗，是经过二十多年亲临练功“气场”的体验，悟到“空”境后，才写了小诗《入定》：

盘腿静坐

坐到肌肤
骨骼躯干
五脏六腑
归于无

空

仅仅六行，二十个字，却“储备”和“积淀”了二十余年，才在瞬间“分娩”。

白居易有一首诗《在家出家》：“中宵入定跏趺坐，女唤妻呼多不应。”这是写静坐敛心，不起杂念的入定前的心境。我这首是写入定后“空”的境悟。

## 三

回顾中国小诗历史，多数写的是“晓畅自然、富于情趣的小诗”。但六行以内的小诗诗体，能否以小见大，滴水见太阳，写出一些大体裁，具有重大社会意义的小诗呢？我也做了一些尝试，如写咏史诗、政治诗、形势诗等。先看我写的《家史》：

三代沧桑
藏存于尘封的老烟斗

岁月的过滤
待我吐出时
依然是一缕缕的血丝
如烟似雾

在历代诗坛上，写咏史诗，一般都用叙事长诗，洋洋几百行，甚至上千行。我试只用六行来书写。能表达清楚吗？我当时心中没底，直至看到吕进教授的点评：“欲知诗的精炼，请赏此诗。”我才踏实了。

2008 年中东多处起战争烽火，又爆发全球金融海啸。这样错综复杂的全球性问题，如从正面来写，非上百行不可。但我选用两只逃难的“蚂蚁”的对话，来反映这一重大题材，写了《哭诉》：

一只说：
“我的老家被导弹击毁了。”
一只说：
“我生的蛋都被人挖去吃了。”

两只逃难的蚂蚁
跪在地球上向天哭诉

吕进教授点评：“言此意彼，诗在诗外。”

泰国历来是以微笑的国度著称。但自从军方发动政变，前总理他信流亡海外后，群众中出现“黄衫军”和“红衫军”两大对立派别，造成极大的社会动乱。于是我用洪灾后留存无数的“沉渣”，写了《局势》一诗：

洪灾之后
给大地留下无数的沉渣

我追问青天：
如何把它打扫干净？

天无语
顿时下着倾盆大雨

吕进教授点评：“泪飞化作倾盆雨。”

看来六行小诗，体积虽小，但只要“扭捏”得法，就可达到“一花一世界，一叶一佛来”的境界。

## 四

六行以内的小诗诗体，在东南亚许多国家虽然还处于“摸石过河”阶段，但已得到不少诗人的响应，并以自己的创作实践来推动其在该地区的发展。为了使这一新诗体能健康发展，审美艺术观念须进一步共同探讨。我想提供一点创作的初步体会。

1. 创造意象。

“无象则枯”（吕进语）。小诗也“忌直、忌白、忌空、忌玄”。“有象”即可避免以上“四忌”。一首小诗有好的意象，而且饱含暗示，就会给人“意象之外，有好开阔的天地”的感觉。如在泰国社会上，常见有的侨领出钱出力，可歌可敬，但往往财大气粗，咄咄逼人，家长作风很重，搞“一言堂”，只许自己滔滔不绝，不许别人讲话。我借用“雷声”的意象来书写这种“霸气”。请看小诗《雷声》：

不许风说话
不许雨说话

刹那
闪电亮相
整个天地
只有一种声音

吕进教授的点评很有意思：“想起一首诗：‘独坐池塘如虎踞，绿荫树下养精神。春来我不先开口，哪个虫儿敢作声。’这是写‘蛙’的。意象虽有别，霸气相类。”

这首绝句写得如此形象，霸气十足，就是因为捕捉到了“蛙”的意象。

2. 情景零距离。

写诗，尤其写抒情诗，其中一个创造“意境”的巧妙艺术手法就是“景为情用，寓情于景”。这种手法的特点是：“情”与“景”开始是分开的，之间是有“距离”的。由于作者的“七情，应物斯感”，寻找到一种“景”作为“载体”——“寓情于景”，才渐渐地“情景交融”。写小诗，其行数受到制约，能否一开始就消除“情”与“景”的距离呢？

举一首拙作《浪花》：

跳出母亲的怀抱
追风逐雨

咯咯的笑声
突然撞到山脚
碎了
洒下尽是泪

诗中的情与景，一开始就是“零距离”，都同在一体中。“浪花”既是自然界的，也是作者本身。在这里通过“浪花”的行为和表现，来表达在特定环境中寻找自由的心绪、追逐欢乐的情感以及在实际生活中受到挫折的血泪。

吕进教授对《浪花》作了很长的评语，其中说“它在多义性、多感性、多时性里获得永无终结的美学效应”。

3. 若即若离。

吕进教授点评我的 160 首小诗，几次提到若即若离问题。他在点评《大自然的儿子》时说：“只‘离’不‘即’，轻薄浮滑，捕风捉影；只‘即’不‘离’，粘皮带骨，平庸无诗。此诗的火候恰到好处：若即若离。”

现举一首拙作《老柳》：

长大了
越来越看清楚
天空比不上土地

越老越把头低下
——吻自己的根
吻养育的土地

吕进教授点评：“妙！不即不离，又即又离，乃咏物诗的特征。老柳是老柳，老柳非老柳，诗味正在‘非’中，令读者去思索，去寻得个中真味。”

4. 侧面切入。

从正面写一些重大的社会题材，六行诗是难以容纳的。如 2008 年 9 月 25 日中国“神舟七号”上天，载人飞行 68 小时 27 分，并于 28 日安全着陆中国大地。这一开创中国航空历史的壮举，如何用小诗来表达呢？当时，我采用侧面切入的写法，写了《月亮日记》。

深更半夜，
月亮从窗口爬进来
坐在我椅上

喜滋滋伏案疾挥：
与“神七”对话的日记
——1、2、3 则

诗中不写我看“神七”上天的情景和心情，也不写我写日记，而写月亮喜滋滋地伏在我案上写日记。因为“神七”上天的目的是勘探月球的奥秘，月亮是最了解和最欣喜的。而诗中写“1、2、3 则”则暗示“神七”飞行三天。

吕进教授点评：“诗出侧面。”

小诗诗体的重建，任重道远。以上的体会和感受，提出来与同仁共探讨，有错的地方，敬请教正。

# 写游记的“秘诀”*

作文老师常要学生写游记，但游记怎么写呢？可能老师会说，写下旅途中的所见所闻。所谓“所见所闻”，一是写“见”到有特色的景观和有代表性的事物；二是写“闻”到景点的人文资料，如神话传说、乡风民俗、名人轶事、诗词典故、碑文楹联等。这样写出来的游记，虽是一篇蛮不错的游记，但要给我打分，还不能得到很高的分数，最多是 75 分。

为什么呢？因为写游记，以我个人的体会，还有以下“秘诀”。

一篇游记最重要的，要寻找文心。“文心”近乎是神圣的，但通俗地说，是以爱为圆心，以所见所闻为半径所画的圆。在智慧、信仰、爱这三个人间精神高塔中，爱是最重要的。有爱，才能酝酿并漫溢出真情、纯情的琼浆。

如父母带你回家乡，要写一篇游记，千万要记住，不仅要写所见所闻，而且还要写所思所想。在写景色变迁、人物场景时，一定要把家乡养育父辈成长的乳汁之恩、自己热爱乡土的情感，化成流动的字、流动的词、流动的句，注入一景一物中。

一篇好游记，应当有一种令人神往的流动的“气”——“爱”与“情”，在字里行间飞动、凝聚而氤氲出一种“神”。这种“神”似有迹可循，又似难以捉摸。它是文中运动的生命和神圣的灵魂。

写游记，离不开写景物。写景物不要光写“静景”与“固景”，还要结合个人的所思所想，选择写一些喜爱的“动景”和“活景”来写。

如果你到泰国芭提雅海边玩，不仅要写海滨的自然美，还要寻找写一些与游人有关的典型人、典型事，使其人其事在客观景物中构成一个“动景”。如写一个穿牛仔裤的帅哥，玩着降落伞，在半空中双脚一直“跑动”的可笑

---

* 原载叶刚主编《作文有秘籍》，中国少年儿童出版社 2010 年版。

动作，或写一个穿短裙的美女，驾着游艇，她的长发被风梳得像海浪般飘动起来的生动画面。像这样有趣的“动景”与“活景”，会使原有的自然“静景”和“固景”顿然生辉，大放异彩，绮丽夺目。

写游记有法又无法。我写游记，喜欢带有较浓厚的个人主观色彩。一面写客观存在的外景，一面写内心感受的内景，使内外二景交叉展现，并用心灵的思绪串成一条围绕着“文心”的伏线，在内外景聚焦之处，起“光合作用”。

我有一篇游记，题目叫《与心灵接轨的阳关道》，既写我一路上所见的一个个的实景，又写我对这一个个实景的内心感受，但文中始终隐隐约约埋着一条伏线，即王维《渭城曲》的诱惑力。而到达内外景接轨之处——阳关故址，眼见的外景是“一堵半坍废的黄色土墩”。这分明没有什么看头，但由于我心中几十年来一直深藏着那阙《渭城曲》，并想对诗境实地踏访，故此，那“土墩”在我眼里不只是“烽燧”，而且是一团不灭的诗魂！

这样，在内外景的聚焦处，就有一个闪光点，读者便不会那么“扫兴”，也许还会诱惑一些像我这么“傻”的文人也去实地踏访。这篇散文如果没有这条心灵的伏线，非丢入纸篓不可。因为光写外在景物，读者不如看旅游手册更好。

以上“秘诀”，可以归为三个“要”：一是要见“爱”与“情”；二是要写“活景”和“动景”；三是要有心灵的“伏线”。

# 从著作书目看泰华文学发展脉络*

泰华文学有近百年的历史，究竟出版了多少本著作呢？由于泰国没有华文图书馆，出版的著作又散落各处，至今没人做过统计。1997 年，在顾问吴佟的倡议下，泰华作家协会召开第九届第一次理事会时，会长司马攻提议建立图书室，理事们一致通过，并推选我当图书室主管。

近二十年来，我花去较多时间做了两次整理工作：第一次是 2000 年，整理了《泰华著作书目一览表》(1)，并在泰国《世界日报》副刊发表（2000 年 11 月 28 日起连载）；第二次是 2016 年，继前次的书目搜集，整理出《泰华著作书目一览表》(2)。两次总共搜集到 988 本著作，其中小说类（长、中、短、微型）141 本，散文类（散文、游记、杂文、随笔、小品）237 本，诗歌类（新诗、古体诗）130 本，综合类（文集、合集）144 本，文史类 179 本，理论类（评论、论著）79 本，翻译类（泰译中）78 本。

资料的主要来源：作家、文友私人藏书，泰华作家协会图书室，潮州会馆图书馆，东南亚研究中文书目，新加坡国立大学中文图书馆藏，泰国留学中国大学校友总会图书室，百度、谷歌网等。

为了便于查阅，我把所收集的著作进行分类，并按出版时间编排成一览表。从一览表中可看出泰华文学发展的脉络。

1. 泰国出版华文文学著作是 20 世纪 30 年代初期才出现的。“早期寓居暹罗的中国移民都是‘出外谋生’的劳动人民，他们中没有高级知识分子和‘作家’。”① 在 20 世纪 20 年代以前，虽然有报纸，也有副刊，但“多属文言文”，至今尚未发现有著作留存。最早出版的著作虽是 1927 年林黄魂的《泰

---

* 原载泰国《泰华文学》2016 年 7 月号（总第 83 期）。

① 犁青：《泰华文学的历史文化背景》，香港《文学世界》1991 年第 12—13 期。

族简史》，但它是史书；而最早的文学著作应是1933年林蝶衣的新诗集《破梦集》、短篇小说集《扁豆花》，符开先的新诗集《萍》，铁马的杂文集《梅子》。这4本同一年出版的文学著作都是白话文体。由此可以说明两个问题：一是泰华文学受到中国轰轰烈烈的五四新文化运动的影响。当年呱呱落地的新生儿主要是新诗，这与中国五四时期“诗体解放成了这场文学革命的开路先锋”① 大体上相似。二是泰华文学与泰国文学不是同时期产生的。泰国文学在700多年前于素可泰时期便诞生了，分期为古代文学、近代文学、现代文学。而泰华文学是自20世纪20年代末至30年代初才初步成型的。这与泰国文学史的分期——1928年以后为现代文学是一致的，因此，泰华文学没有古代文学、近代文学，只有现代文学。

2. 泰华文学的发展经过三起二落。

第一“起”：20世纪20年代末至30年代末，泰华文学处于萌芽蓬勃期。出版有新诗、短篇小说、杂文、文史、短评等，其中以新诗为强项。

第一“落”：20世纪30年代末期至40年代末，泰华文学处于地下苦战期。此十年间，原来强项的新诗变成弱项，未见有新诗集出版，只见有几本小说、散文、文史等。

第二“起”：20世纪50年代初至60年代中期，泰华文学处于潮涨波峰期。在小说、散文、诗歌、文史、翻译等方面，以长篇小说见长。

第二“落”：20世纪60年代末至80年代初，泰华文学处于沉潜寂静期。因为出版著作受到严查，只有少量著作在泰国出版，一部分小说、散文、译作转到中国香港、台湾地区以及新加坡出版。

第三“起”：20世纪80年代中期至2016年，泰华文学处于金秋丰收期。这一时期出版的著作超过泰华文学之前出版著作的总数。“无论从数量看，还是从质量上看，都应该说是登上了一个历史的新高度。”② 这期间，20世纪80年代至90年代以散文的成就最为突出，20世纪90年代中期至21世纪初期微型小说风靡起来，继之是闪小说和小诗的崛起，成为泰华文学的新“亮点”。

3. 泰华文学于20世纪50年代走出湄南河，20世纪90年代加入世界华文文学之林。20世纪50年代在中国香港、台湾地区出版著作12本。20世纪60年代在中国香港、新加坡出版著作24本。20世纪70年代在中国香港、台

---

① 艾青：《艾青谈诗》，花城出版社，1982，第3页。

② 栾文华：《泰国文学史》，社会科学文献出版社，1998，第364页。

湾以及新加坡出版著作 19 本。20 世纪 80 年代在中国、新加坡出版著作 30 本。20 世纪 90 年代在中国、新加坡出版著作 57 本。2001 年至 2016 年，在国外出版著作 103 本。至 2016 年，泰华文学著作总共 245 本。20 世纪 90 年代，泰华文学不少作品被海峡两岸选入“大成”“大观”“英华”“荟萃”“鉴赏大辞典”等丛书，甚至选入大学教材。鹭江出版社还出版了司马攻主编的司马攻、佟英、梦莉、姚宗伟、陈博文、黎毅、老羊、曾心、倪长游、马凡等十本文集，作为“东南亚华文文学大系·泰国卷”。2013 年，四川文艺出版社出版了“世界华文微型小说经典”丛书，其中有司马攻、老羊、陈博文、曾心、杨玲等五本集子。

4. 泰华文学作家群体流动性较大。20 世纪 40 年代末至 50 年代初，有一大批作家回中国去了。20 世纪 60 年代末期又有一批作家投笔从商。20 世纪 80 年代中期，这批投笔从商的作家又多数“归队”，加上有一批从中国学成归来的作者，还有从中国聘请来的教授、专家、教师，以及在泰留居较久的“新唐”。进入 21 世纪，虽面临青黄不接、后继乏人的问题，但“新唐”变“老唐”的作者在文坛上逐渐活跃和强劲；同时也出现了一些从中国留学归来的新作者，而老作家和中年作家处于成果丰收期，出版了不少著作。

5. 泰华文学主要反映泰国华侨、华裔在不同时代的不同特色。有人把泰华文学按不同时期划为“侨民文学”“华侨文学”“华文文学”三条“分界线”。但不管哪条“分界线”，泰华文学主要还是反映泰国华侨、华裔的生活，随着不同的时代而有不同的特征和色彩。“虽然也有一些作品是写中国的，属于怀念故国、思念家乡的作品。但是，这些怀故之作不同于身在中国的作者所写的同一类型的文章。”① 尤其是随着泰国华侨、华裔家庭结构的重新组合，如嫁娶的融合，使得一个家族中几乎没有纯种的三代华裔。因此，现在的泰华作品很少再去反映“叶落归根”的问题了，而着重写“落地生根”。这“根”已延伸到政治、经济、文化等方面，而且有逾越或突破华侨、华裔题材之势，扩展到整个泰国社会和泰国人（包括华人、华裔）。

6. 泰华小说有相当数量夹杂着方言词汇。在泰华作家群中，有相当一部分是潮州华侨、华裔，他们“喜欢在作品中夹入潮汕方言词语，其中小说使用的潮州方言最多，散文次之，诗歌除潮州方言诗外，一般较少使用方言”②。

① ［泰］司马攻：《桴鼓相应，将伯助予》，香港《文学世界》1991 年第 12—13 期。
② 陈贤茂主编《海外华文文学史》（第二卷），鹭江出版社，1999，第 341 页。

尤其是20世纪80年代以前的部分小说，还使用潮州方言语法、修辞表达方式。虽具有地方性与形象生动性，但也造成一些人有“隔”的感觉。进入21世纪，随着一批潮州籍老作家去世，泰华文学已趋于跟中国、世界的中文书写接轨，几乎再也见不到使用方言写作的作品。

7. 泰华文学的作品与篇幅有“以长缩短”的趋向。20世纪50年代至60年代是泰华文学中、长篇小说的黄金时代，但20世纪90年代几乎没有一部长篇小说。有人说：“有人写，恐怕也没人看。”这也许可以“归因于时代节奏急促”[①]。20世纪90年代开始流行写“微型小说”，至21世纪近10年，又进入写“闪小说”和六行内小诗的年代。

8. 泰华文学评论已出现一点新机。以前，泰华文学批评几乎都是中国的作家与学者写的，而泰华作家很少写评论，造成泰华文学的发展历来缺一条“腿”。但进入21世纪，尤其近10年来，随着泰国学生到中国留学或在泰国学习中文，文科生写的硕士和博士学位论文，已出现不少以泰华文学为选题，对泰华长篇小说、短篇小说、微型小说、闪小说、散文、诗歌、小诗以及作家个案进行研究，有些论文已被纳入中国硕士、博士学位论文全文数据库，或正式出版。一支颇有潜力的本土研究队伍崭露头角，可拭目以待。

---

① 柯灵：《序一：小说行中最少年》，《春兰·世界华文微型小说大赛获奖作品集》，上海文艺出版社，1994，第3页。

# 捕捉“物象”，创造“意象”*

## ——谈写小诗的技法

吕进先生在谈到小诗时说：“无论哪一路数，小诗都不好写。或问，制作座钟难，还是制作手表难？答曰：各有其难。但是制作手表更难，原因就是它比座钟小。”① 这种说法是对的，讲出了一般的道理。但反过来说，对一个制作“手表”的人，掌握了解它的制作，把到了它的“脉搏”，当然也就不难了。“手表”有固定的结构，而小诗没有固定的“模式”，千变万化，写小诗要比制作手表更复杂、更难了。它永远处于“难”—“易”，“易”—“难”的交替中。

### 一

2015 年，当小诗磨坊成立十周年时，作为召集人的我，很想写一首小诗作为纪念。如何下手呢？要是用诗歌的形象的语言，正面写总结性的现代诗，我想别说六行诗，就是用六十行诗，还是很难写成的。如何在六行以内就表达出来呢？我想了又想，它实在是一个难题。有一天，我在看电视时，见到长江边拉船的纤夫，脑中闪现小诗磨坊同仁 10 年来的历练，就如“纤夫拉船”般艰辛，充满着“向前”的精神，突然茅塞顿开，苦苦放在心底而找不到“象”的“意”，顿然与纤夫的“象”“邂逅”，灵感由此爆发。之后好几天，我围绕这个“物象”，融入我思想上所要表达的情感，“收心内视”，从“外视”转向“内视”，从意识层次的“感觉”，进入潜意识的“感悟”。清代学者纪昀说：“意象所在，方圆随造。”于是，写就了这样一首小诗《诗的纤绳——为“小诗磨坊”成立 10 周年而作》：

---

* 原载《世界华文文学论坛》2017 年第 4 期。

① 吕进：《寓万于一，以一驭万——漫说曾心》，载《吕进文存》（第四卷），西南师范大学出版社，2009。

十一位赤脚的纤夫
拉着一架古老的石磨

和着3650个日夜星辰
顺着天地“呼隆”旋转

十年磨出一条诗的纤绳
——2410首小诗的连线

我捕捉到这个“纤绳”的意象时很高兴，心想可用它来凸显10年来小诗磨坊的纤夫之“力和美”啦。

“意象是神似之象，产生于诗的想象，是内心观照的产物。意象的核心在‘意’。象化于意，象生于意。”① 在这首小诗里，我连用了几个意象。如“纤绳”客观上是拉船的，我主观上是拉“磨”的。在江上，纤夫们弓着身子，背着缰绳，拉着船，喊着节奏有力的号子，在河滩乱石中艰难前行。而小诗磨坊同仁是“和着3650个日夜星辰/顺着天地‘呼隆’旋转”艰难地往前走。再看“纤夫们长年累月劳作而在坚硬的岩石上留下印迹——‘纤夫石’”，而小诗磨坊经过“十年磨出一条诗的纤绳——2410首小诗的连线”。

我觉得这些“意象”能较好地处理客观的“纤夫”与主观的“磨坊”，客观的“纤绳”与主观的“小诗连线”等之间情感的牵连，达到“沟通、交错与应和”的境地。

刘熙载曾在《艺概》中说：“山之精神写不出，以烟霞写之；春之精神写不出，以草木写之。”② 套用这种说法，我这首小诗是因“磨坊之精神写不出，以纤夫写之”，是不是能达到“立象以尽意”呢？只好让别人评说。

## 二

写六行以内的小诗，如带着“镣铐”在小舞台上跳舞。我跳了十几年，觉得要写一般“瞬间的体验，刹那的感悟，一时的景观”的小诗，只要有感受，获得诗的灵感，诗泉畅流，一首小诗往往就能“瞬间”欣然而得。但觉得最难写的是歌颂、赞颂之类的小诗。这类内容的小诗，要有一个的酝酿与

① 吕进：《〈预言〉：何其芳的第一部个集》，载《吕进文存》（第四卷），西南师范大学出版社，2009。

② ［清］刘熙载：《艺概》，上海古籍出版社，1978。

孕育的阶段，关键是要捕捉到能融入自己思想情感的客观“物象”，创造意象，借以抒发内心想要赞颂的思想情感。

举个例子，2014年，我的《曾心自选集——小诗三百首》获得首届国际潮人文学奖诗歌奖。颁奖评语如下：“《曾心自选集——小诗三百首》诗集以短诗形式，意象诠释千姿百态的存在镜像，以此表达对生活乃至生命的热爱。其语言精简、质朴，有情趣，可归类为老诗人借物抒情言志的咏怀诗。”

作为一个出生在海外、与“潮州”有血缘关系的我，感到这是国际潮人给我的“掌声”。这次获奖的诗集全是六行内小诗，因此，我感到此奖的获得，不仅是我个人的荣誉，也是泰华小诗磨坊的荣誉，说明六行以内新诗体“创格”的尝试，获得了诗学界、评论界的认可。为此，我很想写一首小诗来表达内心的“大喜”。从何入手？很长一段时间，我都找不到一个能很好表达我思想情感的“物象”。想不到，一个清晨，我在翻阅一本旧杂志时，偶然见到一个“风向球”。我眼前一亮，觉得“风向球”就是我心中想要描绘的具体形象。于是选取“风向球”为具体“物象”，加以大胆的想象，对原有生活的“风向球”进行分解、拆卸、省略，对心中的“风向球”进行着色、组装，使之融合，创造出有主观情感的意象。于是，我写了一首《诗的风向球》：

湄南河畔高高升起
10+1风球
六行充沛的气体

测测诗界的气候
无风无雨
半圆彩虹飞起

大家都知道，风向球是充满氦气或氢气，放置高空中测量气压、气温、湿度、风向与风速等气象数据的气球。我在这里捕捉气球“测量”的特征，使“风向球”与“心中球”融合起来，再加以想象，超脱了现实的“风向球”，塑造出一个似乎违背生活形象“虚”的“风向球”。“‘以心击物’，‘物’在‘心击’之下变声、变色、变味、变形了。”① “风向球”是从湄南河升起，搭载“10+1”，即小诗磨坊的成员，10位泰华诗人，加一位中国台湾诗人，

① 吕进：《论诗的文体可能》，载吕进、熊辉主编《诗学》第八辑，巴蜀书社，2016。

在高空中，要测量诗界的“气象”；“无风无雨”暗示着没有遭到什么排斥、异议；“半圆彩虹飞起”，显现获得评论界、诗学界的认可而笑逐颜开。

吕进先生说：“无象则枯。”小诗“忌直、忌白、忌空、忌玄”。“有象”即可避免以上“四忌”。一首小诗有好的意象，而且饱含暗示，就会给人“意象之外，有好开阔的天地”[①] 的感觉。

## 三

回顾中国小诗历史，多数写的是“晓畅自然、富于情趣的小诗”。但六行以内的小诗诗体能否以小见大，滴水见太阳，写出一些大体裁，具有重大社会意义的小诗呢？我也做了一些尝试，如咏史诗、政治诗、形势诗等。先看我写的《家史》：

三代沧桑
藏存于尘封的老烟斗

岁月的过滤
待我吐出时
依然是一缕缕的血丝
如烟似雾

在历代诗坛上，写咏史诗一般都用叙事长诗，洋洋几百行，甚至上千行。我试只用六行来书写，通过“老烟斗”的意象，写出一家三代的“血泪史”。这里没有说理，没有控诉，只是通过一支“老烟斗”，先在“视觉”上有所触动，然后转向“内在的感官”“内在的眼睛”，进入潜意识的“感悟”，使之“超脱”于现实生活形象的想象，而现实的“老烟斗”，便成为一根“虚”的烟斗。正如吕进先生说：“想象塑造出的景物形象往往似乎是违背生活逻辑的，其实正是现实生活合乎诗人感情逻辑的发展。与生活形象相比，它似是而非，又似非而是；它既异常，又寻常；它既不像，又更像；它既不真，又更真。”[②]

2008 年，中东多处起战争烽火，又爆发全球金融海啸。这样错综复杂的

① 吕进：《寓万于一，以一驭万——漫说曾心》，载《吕进文存》（第四卷），西南师范大学出版社，2009。

② 吕进：《新诗的创作与鉴赏》，载《吕进文存》（第一卷），西南师范大学出版社，2009。

全球性问题，如从正面来写，非上百行不可。但我选用两只逃难的“蚂蚁”的对话，来反映这一重大题材，写了《哭诉》：

一只说：
我的老家被导弹击毁了。

一只说：
我生的蛋都被人挖去吃了。

两只逃难的蚂蚁
跪在地球上向天哭诉

这种大题材的小诗很不好写，不能用抽象概念来表达思想内涵，而要用生动的形象启发读者思考。这就需要像吕进先生所说的：“诗人将外在现实化为主观情思，尔后又需要将主观情思化为意象，再将这个意象通过特殊的媒介传递给读者。”① 我在这里就用“意象叠加”——描述性意象和虚拟意象交错统一的技巧，将两只蚂蚁的外在现实化为我主观情思的“蚂蚁”，诗中“蚂蚁”的形象，都由我的主观感情而生发出来。两只蚂蚁代表着两种逃难的人，被“导弹击毁”是因战争逃难，“蛋都被人挖去吃了”是因经济逃难，他们到了走投无路时，只有“跪在地球上向天哭诉”。《国际歌》里有一句歌词：“从来就没有什么救世主，也不靠神仙皇帝。”此时他们“跪在地球上向天哭诉”，要靠什么呢？谁是救世主呢？

由此看来六行小诗，体积虽小，只要“扭捏”得法，“寓万于一”“以一驭万”，就可达到“一花一世界，一叶一佛来”的境界。

## 四

写诗，写抒情诗，其中一个创造“意境”的艺术手法就是“景为情用，寓情于景”。其特点是：“情”与“景”开始是分开的，之间是有“距离”的。由于作者的“七情，应物斯感”，寻找到一种“景”作为“载体”——“寓情于景”，才渐渐地“情景交融”。写小诗，字数和行数受到制约。如果采用“寓情于景”的手法，必须写“景”的外表形状，引起作者“情”的共鸣，“景”“情”之间须有一段文字“搭桥”，如遣词造句不精妙，或文字用得不经

---

① 吕进：《中国现代诗学》，见《吕进文存》（第二卷），西南师范大学出版社，2009。

济，往往写到“情景交融”时字数已太多，行数已超过。而采用情景“零距离”手法，“情”即“景”，“景”即“情”。“情景”在同一景物中，呈现景物的同时，“情”也流露出来了。

举一首拙作《浪花》：

跳出母亲的怀抱
追风逐雨

咯咯的笑声
突然撞到山脚
碎了
洒下尽是泪

诗中的情与景，一开始就是“零距离”，都同在一体中。“浪花”既是自然界的，也是作者本身。在这里通过“浪花”的行为和表现，来表达在特定环境中寻找自由的心绪、追逐欢乐的情感以及在实际生活中受到挫折的血泪。

吕进先生对《浪花》作了点评：“古今写浪花者无数，唯此诗独出机杼，余味无穷。”①

再举一首《油条》：

本来软绵绵
熬煎后
赤裸裸
紧紧相抱

不管外界多热闹
此时，只有他俩

请大家想想，这首诗，最后两个字，是写“他俩”好，还是“我俩”好？如果写“他俩”，表面看，作者是站在“煎油条”之外，是“旁观者”。其实作者也“藏”在油条里，作者在为“油条”说话。故食物的“油条”，与情感的

① 曾心：《玩诗，玩小诗——曾心小诗点评》，吕进点评，台湾秀威资讯科技股份有限公司，2010。

“油条”融为一体，它们之间是“零距离”，达到“有我之境”与“无我之境”的融合。因此，对《油条》的领悟，实际主义者可能认为：那只是一根普通的油条在自言自语；浪漫主义者可能认为：这不是一根普通的油条，它是通过油条“在议人生”“在谈爱情”①。吕进先生对这首诗作了两次点评：“从油条而悟出爱情，智慧！”“身置象内，意达于外。我第一次读到此诗时就击掌赞叹，此是人间深爱的赞曲。”② 王珂先生也说，这首诗写出了日常生活的一个场景——油条被油炸的形态，一个生活中常见的事实，然后从中寻找出某种思想，写出诗人见到炸油条的刹那间的感觉。③

当然，写诗，写抒情小诗，可凭个人的喜爱和熟练的表达技巧，选择有距离地“寓情于景”书写，也可选用情景“零距离”书写。

由于我个人偏爱，喜用“零距离”书写。我喜欢把眼前的“死景”看成“活景”，注入有意识的生命，把无情“景物”转化为有情“景物”，甚至自己钻到“景物”中去，变成“景物”的主人公。这样写“景物”，就容易摆脱所谓“自然物外部形貌声色的复制”，而变成深刻反映现实生活的“人化的自然”（马克思语）。如写石，我就是石，石就是我，我有什么心绪、情感和思想，石也有什么心绪、情感和思想。因此，我笔下的石，往往有心绪、情感和思想，有喜怒哀乐，还能唱歌跳舞呢！

写小诗还有许多技法，如虚与实，露与藏，逆反思维，不即不离，无理而妙，诗出侧面，诗家语，等等，但我讲来讲去都围绕着“意象”问题。因为“意象”对写小诗太重要了。意象包括两个观念，即“观物取象”和“立象尽意”：前一个观念表明建构意象的方式；后一个观念表明建构意象的目的。没有“意象”的小诗，往往会流于格言、警句之类。因此，可以说写小诗成败的密码在于“意象”二字。

有人说“题好一半文。”选个好的题目、好的主题，等于文章已经完成了一半。而写小诗呢？也许可以这样说：“意象好一半诗。”选个好“意象”，一首小诗基本上就完成一半了。

---

① 曾心：《玩诗，玩小诗——曾心小诗点评》，吕进点评，台湾秀威资讯科技股份有限公司，2010。

② 曾心：《玩诗，玩小诗——曾心小诗点评》，吕进点评，台湾秀威资讯科技股份有限公司，2010。

③ 王珂：《曾心小诗的文体价值》，载《曾心小诗500首》，东南大学出版社，2017。

# 散文路上的回眸*

不知是命运的注定还是嘲弄？

离开泰国 26 年的我，又于 1982 年回到出生地。那时父亲已去世，母亲瘫痪在床上，我用针灸和药物精心治疗，母亲的病情有很大的好转。左邻右舍不少病人前来求治，让我整天与病人打交道。故此，命运之神又使我走上悬壶济世之路。

到了 1988 年，我的生活较宽裕，孩子也长大了，没有了后顾之忧。我想，我的生命，除了学习、工作、劳动等外，也曾写过一点文学和医学之类的东西，但更多的时间是为生存，为立足于社会而搏命，算辛辛苦苦地过去了。且留下后半生，如何安排呢？也许我是念过汉语言文学专业的，总觉得“文学是我的理想国”（海伦·凯勒《自传》），是“人类的精神家园”。此时，偶然在泰国《新中原报》上看到征文比赛，我那久被生活所迫而弃于冷处的文艺种子，似乎在渴望破土而出！于是我写了一篇《杏林曲》，并用笔名曾心。因为那时我正好与同仁合办一所泰中医疗服务中心，便取其尾字——“心”，凑成笔名。结果那篇与医学有关的《杏林曲》得了泰华短篇小说创作金牌奖征文比赛优秀奖。同年，白翎先生介绍我加入泰华作家协会。在“作家之家”里，我认识了许多良师益友，如方思若、司马攻、梦莉、黎毅等，感受到他们“在崎岖而泥泞的小道上迈步”的精神与毅力。从此我开始关注泰华文坛，且慢慢地走上了文学之路。提笔写点东西，从“理想国”里寻找一点精神的享受与寄托，从“精神家园”里寻找一些心灵的温馨和“回归”的情趣。

1992 年冬季，我首次到福建省建瓯县探望岳父和岳母，并游览武夷山等

---

* 原载泰国《泰华文学》2020 年 1 月号（总第 98 期）。

名胜，还到厦门重寻学生时代的足迹，见那里多年不见的老师、老同学。我第一个要造访的，就是与我同窗十年的陈慧瑛。当时她已是中国作家协会会员、中国散文诗学会副会长、厦门市作家协会主席，出版了《无名的星》《归来的啼鹃》《展翅的白鹭》等十部集子，其中46篇作品在全国获奖。《无名的星》获得中国作家协会主办的全国优秀散文集大奖。她的骄人成绩，给我很大的鼓舞，也令我自觉惭愧，便下了决心要向她学习。回来后，我马上动笔写了《一飞冲天的白鹭——造访中国当代女散文家陈慧瑛》。随后，又写了一篇纪实散文《猴面鹰哀思》，写我到武夷山旅游，亲眼见到国家二级保护动物——猴面鹰被残杀，被当作腹中食、口中福的惨景。我心中愤愤不平，发出了救救那里的珍禽奇兽的呼声。写后又觉得这是一篇“揭伤疤”的作品，恐怕在中国的报刊上难以发表。不料此文获得了第一届冰心文学奖散文参赛入围奖，还编入该次比赛散文参赛文选《千花集》。随后，上海的文学刊物《萌芽》发表了这篇散文。江苏人民广播电台记者陆备在我出席第八届世界华文文学国际研讨会时采访了我，写了《泰华文学有生机》，杨槐在江苏人民广播电台“午间时空”栏目朗诵了该文和《猴面鹰哀思》一文。这给我精神上极大的鼓励，让我有信心与毅力登上人类精神家园的第一级台阶。

接着，我又写了散文《大自然的儿子》。文中记述我一次到农村去看病，亲眼见到的一位九十岁老人“热爱大自然，熟悉大自然，了解大自然，领受大自然的恩赐，成为大自然的真正儿子”的故事。文章发表后，受到评论界的“热捧”，如李润新教授写了《一曲优美的“天人合一”之歌》，龙彼德研究员写了《深度来自哲思——评〈大自然的儿子〉》等。该文还被选入吴欢章、沙似鹏主编的《20世纪中国散文英华·海外游子卷》（复旦大学出版社1997年版）。后来我将它改编为短篇小说《在水乡栖居处》，被选入第二届冰心文学奖短篇小说参赛文选《玫瑰花集》。

从此，我觉得写散文更能直接抒发人生的阅历，它是人生和现实的一种借鉴与思考。我爱上了散文，不仅喜欢读，而且喜欢写，几乎全情投入，进入了“沉醉不知归途”的境界。

那时，黎毅先生正好当泰国《新中原报》“大众文艺”栏目的主编。我几乎每个星期都向他投一篇稿。他也积极向我约稿，又认真地对拙作进行“把关”。我每投一篇稿，他都像一个高明的医生，给予“把脉”，而且把“诊断”的结果及时写信告诉我。这样一来一往，日复一日，年复一年。我把他的信件“珍藏”下来，多达101封。我真幸运，我踏上散文之路，便遇到一位好的园丁——黎毅，一块好的“寄生草”——“大众文艺”园地。

1995年，在司马攻先生的“怂恿”和鼓励下，我出版了《大自然的儿子》（云南民族出版社1995年版）一书。他在《和谐敦厚　质朴清新——序曾心〈大自然的儿子〉》中“点”出我的散文风格：“质朴清新，自然平实。”道出我的处境：“数十年来，曾心在选择环境，在选择职业，这对他来说该有几许无奈。近来曾心对文学很投入，这是他文学的回归，也是时代、环境选择了他，泰华文学选中了他。”还对我寄以期望：“为泰华文学‘分身’，曾心是责无旁贷的。”司马攻的期望，加重了我文学担子的斤两。

该文集出版后，反响较大，获得不少评论文章，如翁奕波的《论曾心的文学创作》、杨振坤的《朴素淡雅见真心——读曾心小说散文集〈大自然的儿子〉》。陈贤茂主编的《海外华文文学史》（鹭江出版社1997年版）还将我作为个案。

为了不辜负“为泰华文学‘分身’”的期望，在掌声中，我的“文学回归”欲望不断上升，时时“激活”我内在的“动力”和“潜力”，思绪和“灵感”有如湄南河之水，悠悠不断。

1999年，我出版了第二本散文集《心追那钟声》（泰国泰华文学出版社1999年版）。司马攻和梦莉在百忙中给我写序。司马攻在《真心动真情　随缘也随意——序曾心〈心追那钟声〉》中说：“曾心是一位悟性很高的散文家，他苦参儒释道三教的人生真谛。”“有深悟必有深意，有多悟必有多义；曾心的散文含蓄而深刻，情感多层次，形成了主题多义性。”还说这个散文集所收的散文，比四年前结集的《大自然的儿子》中的散文，“更有自己的亲切感与至诚，有更多的人生真谛和机趣”。此集子的散文创作“又向前迈进了一大步”。在此，要感谢司马攻先生又一次给我的掌声和鼓励！

梦莉在《以一片真心追来了一束深情——序曾心的〈心追那钟声〉》中说：“曾心善于对人生事理的洞察，对事态的感悟，对人生真谛的追求。他的散文有感情也有理性。”她还说：“追寻和追忆是这个散文集的特色。”这是很中肯的，很有眼力的。她帮我找到写游记散文的艺术特色——“追寻”，揭开我写游记散文的“秘诀”。我觉得游山玩水是一种眼见之乐，这是可得之乐；还有一种想得之而不一定能得的内心之乐，则是“追寻”之乐。这种心境，正如本生所说：“人生最大的快乐不在于占有什么，而在于追求什么的过程。”如我有一篇游记，题目叫《与心灵接轨的阳关道》，既写我一路上所见的一个个实景，又写我对这一个个实景的内心感受，但文中始终隐隐约约埋着一条伏线，即王维《渭城曲》的诱惑力。而到达内外景接轨之处——阳关故址，眼见的外景是“一堵半坍废的黄色土墩”。这分明没有什么看头，但由于我心中几十年来一直深藏着那阙《渭城曲》的追求，并想对诗境实地踏访，故此，那“土墩”在我眼里不只是“烽燧”，而且是一团不灭的诗魂！

龙彼德在《美：对永恒的趋近——读曾心散文集〈心追那钟声〉》中说到“着相”和“不着相”时，以拙作《登武当山极顶》为例，写道：“这是在精力耗尽，又过了极限，摆脱抬轿子的兜揽生意，也排除了一切俗念的干扰，冒雨登高诚心朝拜真武大帝的报偿。”

> 冒着细雨，我站在“光辉顶点”凭栏观望，既见不到“七十二峰朝大顶”的壮景，也望不到“会当凌绝顶，一览众山小”的景观，“但见万壑空烟霏”，一个云雾茫茫的清凉世界，心里头便有几许“来不逢时”的缺憾！但在云封雾锁中的我，又觉有人间未有的绝妙，似有“山顶白云千万片，时闻鸾鹤下仙坛”的境悟。此时，又不知道从哪里飘来“颇有远古巫觋乐舞之遗韵”的道教音乐——《澄清韵》。飘飘欲仙的我也跟着诵起“琳琅振响，十方肃清。河海静默，山岳吞云。大量玄玄也”来了。

“在这里，情、景、理达到了美妙的融合，甚至有些‘不可言说’的味道。作者在这一瞬间与永恒打了一个照面。”

说实在的，当时我也不懂得什么“着相”和“不着相”，只是写到“入神”时“自然”流出来一些东西。这也许跟我每晚盘腿静坐有关。当脑子得到“宁静”时，即有“真空妙有”出现。如释万行所说：“朗朗虚空中虽无一物，但超越头脑以外的那点觉知还是存在的，当外界有信息传来，这个‘空’中立即生起妙有，与此信息相应，用之即有，舍之即无，找不到也丢不掉，空有相应，周流六虚，隐现无常，鬼神莫测矣。”可以这么说：“真空妙有”的出现，就是“灵感”的到来，是可遇不可求的“黄金刹那”，要是“在一刹那上揽取”，乘兴而作，往往会“下笔如有神”，出现“神来之笔”。

我在《心追那钟声》的自序中引了毕达哥拉斯在《古希腊罗马哲学》中的一句话：“一切立体图形中最美的是球形，一切平面图形中最美的是圆形。”记得年轻时，我也和一般年轻人一样“血气方刚”，但经过几番岁月的“浪淘沙”，棱角销蚀，热血冷却；“刚”变成“柔”了，对人对己渐渐地“宽容”起来了。感到一个人从呱呱坠地算起，数十年间，只不过是到地球走一圈，从起点到终点，只是大小不同的一个“圆”而已。地球是圆的，太阳是圆的，星球是圆的，一切生灵的眼珠子都是圆的。“圆”是完满的象征，最美丽，最极致。因此，我想做人也要“圆”，把“圆”作为圭臬。在我创作的心路里，我总想沿着圆形的边沿走，袒露自己生命所追求“圆”的境界。因而，在我的笔下，喜欢赞颂真善美，喜欢写“宽容敦厚，慈爱和谐”的东西。本来三教（儒释道）存在很多矛盾，但在我心中，三教的矛盾是可统一的。我想，选择这些题材，有所得，也有所失。得者，正如著名诗人晓雪在《赠曾心》一诗中所说：“让世界充满爱，对万物皆有情。”而失者，如评论家翁奕波在《中庸：人性美的极致——论曾心文学创作的审美追求》中所指出的：“由于文学与生活的密切关系和文学的前瞻性，它往往更为迫切地呼唤着悲剧之美，呼唤起震撼人心叩击天地的充满悲天悯人忧患意识的悲剧之美。”龙彼德也指出：“圆，不该是平面的，而应是立体的。因为平面只能从起点回到终点，立体则是螺旋式上升或螺旋式下降。起点与终点不可能重合，命运不可能完全一帆风顺。”

我感到他们提出的不同意见很好，可以扩展我的思路和眼界。我应当感谢他们！

到了20世纪90年代中期，泰华微型小说崛起；进入21世纪，闪小说、小诗崛起。于是，我渐渐搁置了写散文，转而投入这三种新文体的书写，再没有出版散文集了。

嗨，这也许又是命运的注定和嘲弄吧！

# 小诗路上的回眸*

诗歌是一切艺术的入场券。

在厦门一中读高中时，我就开始写现代短诗，笔名田日。上大学及出来工作后也写了一些，但多数没发表。到了湄南河畔，重拾写作之笔，多数是写新诗；在各种文体中，写得数量最多的也要数新诗。我的好友李润新教授多次鼓励我出一本诗集，但是，我总是心有疑虑：这些现代诗像不像诗？拿得出去吗？

到了2003年，香港银河出版社推出“中外现代诗名家集萃”中英对照系列丛书。我在香港的学兄张诗剑负责主编“龙香诗丛系列”，他选出35首我的短诗，出版了《曾心短诗选》。

同年，台湾诗人林焕彰主编泰国《世界日报》的副刊“湄南河”，在副刊上增设了一个专栏“刊头诗365”，即一年365天，每天在刊头左上角刊登一首六行以内的小诗。此专栏像一双有魅力的眼睛，吸引了不少诗人投入写小诗的行列，形成一个写小诗、看小诗的热潮。开始我对写这类小诗有怀疑：这块小豆腐干，能让诗歌的想象翅膀飞起来吗？当时我正好事务缠身，没时间写长文章，便试试写点小诗，以免让我的创作生命停止。于是，我把这些在饭前饭后，在驾车路上，甚至在梦中偶尔心灵瞬间闪现的，连自己也不知道是不是小诗的东西寄去凑热闹。不料得到主编林焕彰与诗评家落蒂诸多的鼓励，给我勇气和力量。于是，我竟然带着六行以内的“镣铐”在小舞台上跳舞，跳出新舞姿、新舞步。

2006年7月1日，由我和林焕彰共同策划，在我家“悦心苑”的“小红楼”成立类似诗社的“小诗磨坊”。我当召集人，成员（按年龄排序）有：岭

---

* 原载香港《文综》2020年3月春季号。

南人、曾心、林焕彰、博夫、今石、杨玲、苦觉、蓝焰（漠凡）。因七位在泰国，一位在中国台湾，故称“7+1”，象征着“八仙过海，各显神通”，共同研讨六行以内的新诗体。

就此，吹起了小诗诗人集结号。13年来，小诗磨坊从8人发展到13人（增加了晶莹、温晓云、澹澹、范军、杨棹），每年出版一本小诗集，共出版了13本小诗磨坊诗集，收入了3008首小诗，分别由（按书的次第排列）龙彼德、计红芳、张默（中国台湾）、吕进、白灵（中国台湾）、刘登翰、刘再复、朱寿桐、周宁、沈奇、毛翰、喻大翔、萧萧（中国台湾）、洛夫（中国台湾）、杨匡汉、苏永延、晓雪、朱熹（中国台湾）、曹安娜等写序。之后又陆续出版《十年，才开始——“小诗磨坊”10年小诗选》（洛夫、白灵序，林焕彰主编，台湾秀威资讯科技股份有限公司2016年版），《小诗磨坊小诗精选》（王珂序，王珂、曾心主编，东南大学出版社2017年版），《小诗磨坊研究论文集》（曾心、范军主编，泰国留中大学出版社2017年版），《23诗论家论小诗——国际小诗暨小诗磨坊作品研讨会论文集》（王珂、曾心主编，泰国留中大学出版社2017年版），《“小诗磨坊”小诗点评》（赵朕点评，泰国留中大学出版社2016年版）等，充分展示了小诗磨坊的实力和发展前景。

在这种写六行以内小诗的热潮中，2006年我出版了泰华第一本个人小诗集《凉亭》（中英对照，泰国留中大学出版社2006年版）。因为我家“怡心苑”里有一座八角凉亭，被称为“小诗磨坊亭”，故作为书名。这是我梦想之外、意外之外的收获。

诗向来有“载道”之说，即“为人生而艺术”，也有“不载道”之说，即“为艺术而艺术”。《凉亭》中的小诗多属“载道”之类，林焕彰在《六行，天地宽广——序曾心小诗集〈凉亭〉》中向我建言：“曾心已成就了他的‘载道’的任务；下个阶段的发展，我想有必要多向‘不载道’的方向探索；仍以六行以内的‘小诗’作为一种‘自我挑战’的形式，继续攀登‘语言艺术’的更高峰。”林焕彰是倾向诗“不载道”一派的，即“为艺术而艺术”。他提出“玩诗”这个关键词，认为“诗是可以玩的”，“玩写诗，每个人都可以成诗人”。的确，林焕彰的“玩”诗，如《影子》《妹妹的红雨鞋》《花与蝴蝶》等，都“玩”出了精彩。但凭我的个性、经历、理念与爱好，还是偏重于写诗时，多多少少把人类的抱负、理想、雄心、梦想等大浪漫注入诗内，同时也喜欢注入人类心灵美好的因子，让诗中氤氲着淡淡的心灵美好的笑声和泪光。

2007年10月，我参加在广东韶关举办第二届东南亚诗人大会，见到了敬重和仰慕已久的吕进老师。我送他一本《凉亭》，第二天，他对我说："昨晚看完了《凉亭》，觉得写得很不错。"此话出自一位诗歌界权威的口，我顿觉全身热乎乎，有如充了电。

翌年10月，在越南胡志明市举办第三届东南亚诗人大会，吕进老师提交的论文《寓万于一，以一驭万——漫说曾心》中说："曾心的小诗写社会，写大自然，写爱，写同情。在他的笔下，小诗不小，真是'一花一世界，一叶一佛来'。"并分析我的小诗："小诗有它的文体的可能，也有它的文体局限。世界上没有万能的诗体。曾心的诗告诉我们，小诗的基本特征是它的瞬时性：瞬间的体验，刹那的感悟，一时的景观。给读者一朵鲜花，让读者去领悟春天的喧闹；给读者一片落叶，让读者去悲叹秋天的寂寞。瞬时性不是对小诗的生命的描述。瞬时性来自长期的情感储备和审美经验的积淀。'蚌病成珠'。优秀的小诗正是这样的情绪的珍珠。"这段赞美的话，引导人们从理论上去认识小诗的文体，对我也是极大的鼓励，好像获得一把开启小诗神盒的钥匙。

2009年，更让我惊喜的是，吕进老师欣然答应给我的小诗点评。不到两个月，他分三批点评了共160首，并附上短信："国际诗坛你就小诗问题作大会发言。你的小诗成就是大的。至少我个人很佩服。要让更多人了解你。"

吕进是中国现代诗歌评论界的大家，中国当代主流诗坛的扛大旗者。他的点评很精彩，随手拈来，皆成妙章。我觉得最大的特点，就是不即不离，"诗内谈诗"，就像他点评《盆景》说的那样："只'离'不'即'，轻薄浮滑，捕风捉影；只'即'不'离'，粘皮带骨，平庸无诗。此诗的火候恰到好处：若即若离。"他点评《影子》："此中有真意，欲辨已忘言。"他点评《水泡》："水中著盐，饮水乃知，非老年不能得此诗。"他点评《小贩》："诗家语贵在有弹性。诗含多重意，不求其佳必自佳。'担子'含多重意。"他点评《跳绳》："好诗何止于通，何止于工？好诗是无言的沉默。"有时，他以诗评诗。他这样点评《雷声》："想起一首诗：'独坐池塘如虎踞，绿荫树下养精神。春来我不先开口，哪个虫儿敢作声。'这是写'蛙'的。意象虽有别，霸气相类。"他这样点评《不倒翁》："想起画家齐白石题画诗：'乌纱白扇俨然官，不倒原来泥半团。将汝忽然来打破，浑身何处有心肝。'"等。吕进老师的"点评"，点亮我小诗的眼睛。我很喜欢，读者也很喜欢。

2010年，《曾心小诗点评》《玩诗，玩小诗——曾心小诗点评》二书皆以吕进写的《寓万于一，以一驭万——漫说曾心》为代序。《玩诗，玩小诗——曾心小诗点评》的封底还如此介绍："小诗是汉语新诗的重要品种。初期的新诗主要是从西方诗歌寻找出路，小诗开辟了向东方诗歌借鉴、向唐诗的绝句小令继承的新路。其行数在十行以内，以至一行都属于小诗范畴。本书收入泰华作家、诗人曾心六行以内小诗 159 首。这些小诗为读者创造了许多意象，具有理趣和饱含暗示。每首诗都是经过中国现代诗歌评论界大家、西南大学博士生导师吕进教授精心的筛选和言简意赅的评点。全书分六卷，既有写社会、写大自然、写情爱、写生的渴望、写人的心态，又有写风花雪月、写日常生活、写念经坐禅等。”

《玩诗，玩小诗——曾心小诗点评》在东南亚热销，《曾心小诗点评》也先后再版 3 次，销售近万册，打破了近百年来泰华新诗销售的纪录，创造了一个奇迹。

2009 年 11 月，西南大学举办第三届华文诗学名家国际论坛，我受邀参加，提交论文《论六行内的小诗》，并被选为开幕式四位主题演讲者之一。这篇论文是我根据吕进老师写的《寓万于一，以一驭万——漫说曾心》和《曾心小诗点评》文里的诗论，结合我自己写小诗的体会而写成的。此文不仅收入《第三届华文诗学名家国际论文集》，还转载在吕进、熊辉主编的《诗学》第二辑（巴蜀书社 2010 年版）中。

返泰前，我买了《吕进文存》（四册）。书很重，背得很辛苦，但的确是我大半辈子从中国背回泰国最好的一套书。

当时我给吕进老师写了一封短信："您的文存，是研究新诗学的经典。我活到古稀之年，才看到一部真正有指导意义的诗学理论。可惜目前中国诗歌界还被一些人的偏激的理论所左右，实在令人不解和痛心。"故此，我把《吕进文存》当作诗学中纠正"偏激"、排除"异化"的"正道"，一部"守住心灵阳光"而充满正气的诗学全书。

我想如能把《吕进文存》几百万字浓缩成一本小册子，如"语录""诗话"之类，让当今爱诗的人们能在较短时间内接受一次诗学的教育，岂不是很有意义吗？我把这个设想与几位吕进老师的学生（现已是大学教授）谈起，他们都很支持。终于在吕进老师的支持和指导下，经过多方筹划，邀了钟小族一起当主编，找了程海岩、董运生、李悦几位吕进老师的研究生组成编辑团队，从《吕进文存》浩繁的诗学宗卷中，精中选精，掇拾珍珠，编成一部语录体的《吕进诗学隽语》。该书出版后，引起海内外诗人与诗评家的广泛关注与好评。

2013 年 3 月 31 日，西南大学中国诗学研究中心、中国新诗研究所联合主办的“《吕进诗学隽语》研讨会”在西南大学隆重举行。研讨会肯定了吕进诗学的经典地位，并评价了《吕进诗学隽语》的学术意义。会后出版了《诗学体系与话语方式的建构：〈吕进诗学隽语〉评论集》（曾心、熊辉主编，泰国留中大学出版社 2013 年版）。

此后，我应用吕进的诗学理论和“诗学隽语”的语录，结合我与小诗磨坊的创作实践，撰写了《谈六行以内小诗的创作——以“小诗磨坊”的诗为例》《六行内新诗体“创格”的尝试——以泰华“小诗磨坊”的诗为例》《泰华六行小诗的“禅”——以“小诗磨坊”的诗为例》《捕捉“物象”，创造“意象”——谈写小诗的技法》《谈“六行体”小诗的实践》等论文。

诗磨不停，诗香遍地。近十几年来，我写的六行以内的小诗约有上千首，出版了几本小诗集，如《凉亭》（中英对照）、《曾心小诗一百首》（中泰对照）、《曾心自选集——小诗三百首》、《曾心小诗 500 首》等。其中《曾心自选集——小诗三百首》于 2014 年荣获首届国际潮人文学奖诗歌奖。颁奖语是：“《曾心自选集——小诗三百首》诗集以短诗形式，意象诠释千姿百态的存在镜像，以此表达对生活乃至生命的热爱。其语言精简、质朴，有情趣，可归类为老诗人借物抒情言志的咏怀诗。”此奖的获得，不仅是我个人的荣誉，也是小诗磨坊的荣誉，说明六行以内新诗体“创格”的尝试获得了诗学界的认可。

13 年来，小诗磨坊和我的小诗渐渐地吸引了海峡两岸暨香港、澳门的评论家、诗学家、教授、学者和读者的关注。2017 年 4 月，东南大学现代汉诗研究所、东南大学中文系等单位举办了国际小诗暨小诗磨坊作品研讨会，泰国留中大学出版社出版了《二十三诗论家论小诗——国际小诗暨小诗磨坊作品研讨会论文集》。有的大学把小诗磨坊和我的小诗选入华文文学史教材，搬上了讲坛，并引导学生写本科、硕士、博士毕业论文。初步统计，撰写有关小诗磨坊和我的小诗的论文（包括集体和个人）已有数百篇，撰写本科、硕士、博士毕业论文有几十篇。2017 年，德国慕尼黑大学汉学系的 Rebecca Ehrenwirth（叶霈琪）以研究论文《当代泰华文学——司马攻与曾心两位代表作家比较》获得博士学位。该文由 Harrassowitz Verlag Wiesbaden 出版，篇幅达 327 页，其中翻译和解读我的小诗 76 首。韩国朴南用教授也翻译我的小诗 10 首刊登于韩国《亚细亚文艺》。

我已是耄耋之年。人的生命总是会有终点的。我希望自己终老时，不要躺在病榻上，而能坐在电脑前，10 个指头僵硬地停留在键盘上，屏幕上显出最能代表我心灵深处所追求的方块字——圆了诗歌梦。

# 微型（闪）小说路上的回眸*

想起我写微型（闪）小说，一方面是受司马攻的激励，另一方面也是一种机遇。

1990 年 7 月，泰华作家协会会长司马攻在泰国《新中原报》“大众文艺”栏目上连续发表了 30 多篇微型小说，让泰华作家脑洞大开，纷纷挥笔上阵写微型小说，佳篇力作层出不穷，激起了一阵阵浪花。那时，我俗务繁多，没精力和时间去写长篇的作品，于是也像“浪花”上的水浮莲顺水而走了。

1993 年，中国微型小说学会和新加坡作家协会联合主办“春兰·世界华文微型小说大赛”，泰华作家协会与泰国《新中原报》也是大赛的联合主办单位，积极鼓励泰华作家参加这次征文比赛。说真的，那时我还弄不清“微型小说”是什么东西，只知长篇、中篇、短篇小说，心想“微型小说”也属小说，若论资排辈，该属“老四”吧！虽然是小弟弟，也应当有兄长共同的“基因”——环境、情节、人物。但微型小说篇幅短，字数少，如何在田螺壳里做道场，“纳须弥于芥子”，我学习了一些中外名篇，也学习司马攻的微型小说，便从“精、少、巧、趣”入手，大胆跟着做起微型小说来了。

我写了一篇《蓝眼睛》参加大赛，想不到获了奖。奖项虽“小”，但当时是中国微型小说学会会长江曾培亲自从上海来泰国颁奖，并签字赠书给获奖者，显得特别隆重。尤其在上海文艺出版社出版的《春兰·世界华文微型小说大赛获奖作品集》里，江曾培在题为《微型小说将走向辉煌》的序里还写了这样一段评语：“泰国作者曾心的《蓝眼睛》，写一位泰籍华人老妇，希望在美国读书的儿子能娶一个中国姑娘，可是带回来的却是一位洋媳妇。老人失望后，竟发现这位黄头发、蓝眼睛的姑娘，能讲汉语，用汉语唱中国歌

---

* 原载《世界华文文学论坛》2020 年第 2 期。

《龙的传人》，而她的黑眼睛、黑头发的子女，唱的却是英文或泰文的歌。作品从民族意识中生发出世界意识与国际意识，是吻合时代的发展的。由此可见，海外的华文作品，大都还是华人、华裔，或多或少，或这样或那样地与中华民族的‘根’联在一起。”这段话对初出茅庐写微型小说的我太重要了，让我看到自己在“摸着石头过河”中，不仅没掉进“水”里，还上了岸，感到无限的鼓舞和欢欣。于是，我搁置了当时写得正欢的散文，转身醉心于尺幅之内、恣意腾挪的微型小说了。

到了 2011 年，“微型小说处于低谷的泰华文坛，闪小说正好趁机而起，算是应运而生，顺时而发”①。司马攻先生又以身作则，不声不响一鼓作气，写了 8 篇闪小说，发表在泰国《亚洲日报》副刊上。随后他又写了《什么是闪小说》，在泰国《泰华文学》发表，提出了“闪电、闪避、闪跳、闪点”的“四闪”创见。这两个“闪”的动作：一范文，二论文，随即调转了整个泰华文坛的发展方向。我也跟着转了向。可谓“时来运转”，不仅转得自然，而且“转”得“春风得意马蹄疾”。龙彼德教授在《闪小说的弄潮儿——曾心论》中有这样一段书写：“曾心是从写微型小说自然而然地过渡到写闪小说的，这使他不必改弦更张，另起炉灶，而是严格律己，精益求精，在选材、结构、意蕴、境界、语言上狠下功夫。难怪他初试身手，便以《卖牛》一篇，在 2013 年泰华闪小说有奖征文中一举夺得冠军，并被国内外多家刊、报及闪小说作品集选载。”

初期，我写的微型小说没有“无中生有”的虚构，也没有去追什么文艺新思潮，什么新“流派”，还是老老实实地“守旧”，坚信那句老话：生活是创作的源泉。叶圣陶先生说：“生活犹如泉源，文章犹如溪水，泉源丰盈，溪水自然活泼地昼夜不息。”于是，我偏重在自己现实生活中、家族和亲友的经历中，去找创作素材的“胚胎”。这些素材，有的似陨星，稍纵即逝；有的像金子，闪亮不灭，甚至渐渐地擦亮储存在我脑海里某些类似记忆的火石。我捉住那些能擦出“火”来的素材，通过想象，调动自己的视觉、听觉、嗅觉、味觉、触觉等全部的感受以及与此相关的全部想象力，有如滚雪球，越滚越大，重新唤起另一种相互渗透而改头换面的具体感受，从而进入一个似曾见过又未曾亲身体验过的真实。

---

① ［泰］司马攻：《蹊径闪中来——序〈泰华闪小说集〉》，载《泰华闪小说集》，泰华文学出版社，2012。

回顾早期所写的作品，竟发现写我亲身经历的几篇作品，没被时间“淘汰”，反而随着时间的推移，渐渐受到中国文学界、教育界的看好，先后被选为语文考试阅读材料，被评论家重点点评。

如写于 1994 年的《捐躯》，那时我的孩子在泰国朱拉隆功大学上解剖课，晚上我驱车去接他，看到解剖室里的尸体，问他怕不怕。他说：“不用怕，这些尸体我们都拜为大恩师。他们有的原来是御官、政官、军官、博士、教师、律师等。生时，他们都留下遗嘱，自愿捐赠身躯给做实习用。”我深受感动，联想到他读高中时班主任怎样培养他，当他考上朱拉隆功大学时，激动地拉着他的手在校园里走了三圈的情景。由此，我又联想到在日常生活中常见老师“扶盲人过马路”，老师“拯救溺水学生”等事迹，便把许多“细节”揉在一起，改头换面，加以大胆想象，支撑起一位热爱并献身教育事业的女教师玛妮。她因拯救溺水学生而牺牲，嗣后——根据她的遗嘱——将自己的躯体捐赠出来给学生做解剖实习用，而解剖她的躯体的正是她的学生。

1997 年 10 月 14 日，刊登在泰国《亚洲日报》上的凌鼎年的《激浊扬清显真心——泰国曾心微型小说浅析》最先给予评价：“曾心塑造的玛妮老师是一个值得泰国人民，值得各国人民尊重的人，因为玛妮老师的精神是人类共同的美德。”“感谢曾心写活‘这一个’——因为微型小说写人最难，写活一个人更难。”到了 2014 年，龙彼德写了《留白与跳跃——评曾心微型小说〈捐躯〉》，分析了该文的“悬念有如包袱，就是这样通过怀疑—否定—见证—肯定的跳跃逐步解开的。玛妮老师虽然没有出现，但是她的形象却由隐至显，由小到大，高高地耸立在我们面前”。

此文不胫而走，走了 21 年，于 2015 年被辽宁省葫芦岛市选入普通高中三年级调研考试题，同年被选入 2015 年普通高等学校招生全国考试（新课标全国卷）语文试题。百度文库、作文网、海博学习网、雨露网等纷纷刊登试题和答案，给我极大的“掌声”，尤其是素不相识的“掌声”，更觉真诚，弥足珍贵。

又如写于 1994 年的《三愣》。当时，我在中医诊所，一天，遇到一个讨价还价的病人，令我脑子一愣。又一天，遇到一个戴黑眼镜的病人，是个独眼龙，让我找到了“导火线”。据此，我回忆了泰国华侨学校的发展历程，从 20 世纪 50 年代被封，学生转入地下，到 20 世纪 90 年代解禁，华侨学校复办，华侨、华裔热情捐助。我把这些事件进行虚构、想象、推理，塑造了张亚牛这个具有多重性格（病态、内向、亢进、吝啬、坚强、高尚）的人物形象。此文发表后，先后被五部选本选入，还被辽宁省大连市选入 2012 届高三语文双基测试卷，广东省珠海市选入 2011—2012 学年高二下学期末语文试题。2012 年 5 月 31 日，《语文报》高考版发表了谭新阳撰写的《淡妆浓抹总相宜——现代文小说阅读“人物形象”类型探究》，文章以《三愣》为典型例文。

凌鼎年说：“在高手如林的中国微型小说文坛，作为一个在海外业余创作的曾心，能有数篇被选为中国省市，以至全国‘语文高考试题’，这是不小的荣誉，甚至比某些有水分有猫腻的获奖更有说服力。”

在跌跌撞撞和鼓励声中，我一路走来，写着写着，渐渐发现自己徘徊在一个窘境中，觉得一般的素材到处都有，有内涵的素材真难找。当年，我的选材太注重社会效能了，偏重选些人生际遇、社会现实与历史遗留的碰撞，也着重写了华文教育式微、道德沉沦、思想代沟、华人“根脉”和有民族意识的，或由民族意识生发出世界意识与国际意识的东西。显然，这种选材有利于主题的深化，但也是一种自我设限与束缚。

2002 年 5 月 10 日，司马攻先生在《中文情结赤子心——序曾心微型小说〈蓝眼睛〉》一文中写了一段提醒我的话：“曾心从事微型小说创作已经九年多，作品不算多。一方面是精品意识使然，另一方面是中文情结结得太紧。如果能放松一点，凭曾心丰富的想象力和灵活机智，多写一些如《一桶水》《断臂》《古董》这类具有情趣、理趣的作品，会使他的微型小说更多彩多姿。”

自出版了《蓝眼睛》后，我有意要突破“自我设限和束缚”，便在题材上拓宽了，于是有“抗洪救灾”“社会政局”“经济危机”“城市综合征”“人兽关系”等题材，甚至出现了“寓言”式的微型（闪）小说。

2011 年底，泰国中部和曼谷遭受百年罕见的洪水，我家周围几乎成为一个孤岛，哪里都去不了。我终日守着电视，看汹涌的洪水，一有感受，便坐在电脑前，敲击键盘。被困在家二十多天，写了二十多篇抗洪救灾的闪小说。题材几乎全部取自电视新闻，加上一点灵感，进行大胆想象和推理，将社会百态、人性差异，多角度表现出来。如描写面对特大洪水的突然来袭，有的人恐惧伤心的《消失的曲声》，有的人守财如命的《与榆同归》，有的人失声痛哭的《哦！我的锦鲤》，有的人趁水打劫的《扯开蒙面巾》，有的人冒险画画的《国旗》，有的人乘机找到工作的《舢板机遇》，有的人觅得爱情的《竹筏情》，有的人死而复生的《超度时刻》，有的人声名鹊起的《水利专家》，有的人公而忘私的《改婚期》，有的人捐赠巨款的《一笔特殊赈款》，有的人写诗救灾的《猫犬诗人》，有的人舍小家顾大家的《新别墅》，有的人经灾成长的《后方》等。这二十多篇急就章的闪小说，在香港《文综》《香港文学》、泰国《泰华文学》《泰国风》等刊物发表。龙彼德撰写了《短、精、快——评曾心的抗洪救灾闪小说》一文，说："灾难催生文学，精神鼓舞斗志，这已是人类发展史上常见的现象。曾心的一组抗洪救灾闪小说再一次作了有力的证明。"

2013年，我又以抗洪救灾为题材，写了微型小说《屠鳄》。故事讲述了2011年泰国特大洪水给乃岛家带来的灾难：他的妻子为救女儿被洪水冲走，他在灾后收留的一条小雌鳄，被他疑为是妻子投胎转世，女儿格玛则把它当成"妈妈"，朝夕相伴。及至小鳄长大，格玛削芒果不慎伤了手，"鳄鱼闻到血腥味，本性发作"，一口咬断了格玛的食指，乃岛拔刀屠鳄，女儿却求父亲刀下留情……

这是我第一篇写"人兽关系"的微型小说，当时正好中国举办"黔台杯·第二届世界华文微型小说大赛"，我便投去参赛。据报道，大赛共收稿件近8000篇，经过筛选，入围270篇，最后获奖60篇。我的《屠鳄》获得三等奖。司马攻先生高兴地对我说："你这个奖不小，又排在很前头，应当去领奖。"在他的鼓励下，我独自到了上海，在颁奖典礼上，又欣然见到阔别20年的江曾培先生，他笑容可掬地与捧着奖状的我合影。评委对《屠鳄》的点评如下。蒋子龙："题材新颖，耐人寻味。"叶辛："泰国风情故事。"孙颙："比较有些意思。"郦国义："有寓意般的哲理，耐人寻味。"江曾培："生动展现了人鳄情。"司马攻："具体描出兽性的难以捉摸和人性的宽容。"希尼尔："以新闻体小说的方式，叙述了一场水灾后男主角的妻子转世为鳄与女儿相处的故事，情节在情理之中。文末'那把锃亮的尖刀停在半空中'有《雪山飞狐》结局般的耐人寻味。"

就写作素材来说，我所写的作品，几乎没有一篇涉及在中国那段生活的作品。这是为什么呢？我想可能有两个原因：一是对当时许多问题（如历次运动，包括"文化大革命"）如何正确评估，如何认识生活的真实，还没把准。有人把它写成"谴责小说"。我说NO！鲁迅先生说："谴责小说最根本的弱点是'溢美'和'溢恶'"。二是对待"祖国与我"的"位置"上，我总觉得对"祖国"如对"母亲"，应当是多些感恩和包容，不忍给予"抹黑"。有人主张作为艺术主体，"则悬搁现实的党派性而讲个性和超越性"。我也不认可。我总觉得好的作品应当如高尔基故事中的勇士丹柯——他用手抓开胸膛，拿出自己的心，高高举在头顶上。基于以上的思想和顾虑，我的人生“一半在中国”，在我的作品里，却几乎成了空白。

由于受到字数的限制，微型（闪）小说多数采用叙述手法：顺叙、倒叙、插叙。我可能受中国文学中的“白描”手法影响较深，经常写到关键处不知不觉顽强地表现出来，写了一大段“白描”。如《老泪》：年迈的陈五，将经营一生的小店交给儿子接管，开始时在“钱”的问题上还不分彼此，像父子公司。平时陈五照常在钱柜里拿些零钱买烟买酒，甚至应酬亲友。久而久之，却发生了变化：

> 一天傍晚，陈五打开钱柜，正要伸手拿钱去买烟酒时，站在店前的陈雄斜视着他，儿媳蓦地捅了自己丈夫，努着尖尖的嘴唇暗示着：“那老头子又拿钱了！”陈五思想毫无准备，伸出的手一时僵在那里。在嗡嗡作响的脑袋里，响起儿子战栗而哆嗦的声音：“爸！现在生意竞争，钱难赚，今后拿钱也得先说一声！”陈五把眼睛一瞪，那两道光波似两把利刀，刺得儿子垂下头来，儿媳却把脸朝外看。这时三副脸孔都很难看。最难看是陈五，整个神色即刻似枯萎了，脸型只剩下巴掌般大。

这段“白描”，我自责“过于传统”，也曾力图用叙述的方式来改写，但改来改去，也无法把这“三者”的神态、性格、举止和纠葛关系表达出来。

龙彼德在《精妙的叙事艺术——评曾心的微型小说》中却给予赞赏：“白描，也是曾心常用的一种手法，即抓住对象的主要特点，以极其简洁、单纯的笔墨，勾勒出生动，传神的形象。”李润新在《初论曾心的微型小说》也说：“曾心文友善用白描，这是他小说富有民族特色的成因之一。这是值得大大发扬的。”

有关微型（闪）小说的结尾问题。“诗有诗眼，文有文眼。”闪小说的“文眼”，往往在结尾。人们喜欢用欧·亨利式结尾，即在文章结尾时突然让人物的心理情境发生出人意料的变化，或使主人公命运陡然逆转，出现意想不到的结果，既在意料之外，又在情理之中。我的作品也不乏这种手法。只有《为了纪念》一反常规，将闪点设在篇中。但总的来说，我还是觉得中国小说以“悲剧”或“喜剧”作为结局，更能入木三分，打动人心。如《三个指头》，我写被人誉为“朱半仙”的老中医朱一新，在切病者脉搏时，忽觉胸闷胸痛，自知大限将至，但仍坚持为病人把脉，出乎意料地“跳”出一个这样的结尾：

> 这时候，诊所只剩下三名病号，便请他们到他卧室去。躺在床上的他，伸出三个指头，把完第一个病号的脉；又伸出三个指头，颤抖地把完了第二个病号的脉；再伸出三个指头把最后一个病号时，他的三个指头再不会动了，僵硬地停在病人跳动的脉搏上……

这个结尾，既没有“出乎意料”，也没有“戛然而止”，只是把“高潮”融进结尾中，把“悲”推向极致——“死”。我觉得这样更能深化主题，更能刻画人物性格。龙彼德点赞：“真是‘鞠躬尽瘁，死而后已’！‘三个指头’是朱一新医德、医术的全面展示，也是震撼读者心灵的神来之笔。”

有关微型（闪）小说的语言问题。凌鼎年在《激浊扬清显真心——泰国曾心微型小说浅析》一文说：“读曾心的微型小说，首先感觉文字流畅。他的华文很纯正，没有某些海外华文作家文字上‘隔’的感觉，也没有那种半生不熟的欧化式语言，与杂糅得令人费解的方言。看得出，曾心的中文受过极正规的学习与熏陶，不是那种半路出家的可与他相比。”

凌鼎年说“很纯正”，那是“相对”来说的，当年泰华不少老作家是用潮州话来写的，因此有“隔”的感觉。我自知，我的作品里并不“很纯正”，常把潮州方言和泰语的音译词融合在小说里，尤其是对话，目的就是想把泰国华文小说写得像泰国的华文小说，而不是中国的小说，或东南亚其他国家的小说。我所追求的语言并非“纯正”，而是要富有生活气息。年轻时，我用一个小本子专门记录在生活中听到的生动而有趣的语言，很可惜，我没有坚持做下来，但有些句子还藏在脑子里，时不时就会跳出来。如“她的性格变得有点古怪，喜欢用毫无表情的眼睛‘打’人”（《家庭内部》）；“她三个女儿都以为这男孩，是‘拜佛走进吕祖庙——找错了门’”（《丧礼上的陌生人》）；“而他也许由于一时太突然，思想毫无准备，如蜡像人‘僵’在冷室的真空中”（《品茗谈天》）；“李佳坤只好‘帘子脸儿——撂下来了’说：‘别叫我爸爸，你们去叫银行做爸爸好了！’”（《生日》）；“美国有句谚语说：‘婚前睁大眼睛，婚后半睁半闭’”（《盯线》）；等等。这些语言不是来自书本，而是来自群众、来自生活，是在写的过程中，写到完全进入所要写的境界时，顺着人物的个性，“以情御言”，自然而然地流露出来的。这些语言，多为可遇而不可求的。

我写微型（闪）小说时间已不短，只出版了几本书，如《蓝眼睛》（泰国时代论坛出版社 2002 年版），《消失的曲声》（四川文艺出版社 2013 年版）。有数篇微型（闪）小说在国内外获奖，如《三杯酒》获“全球华人迎奥运征文”一等奖；多篇微型（闪）小说被选入中国、泰国文学“读本”，如《微型小说鉴赏辞典》《世界微型小说经典》《最好小小说大全集》《外国微型小说三百篇》《聚焦文学新潮流——当代闪小说精选》等，还有数十篇作品被译成泰文、英文、日文、德文等。

在微型（闪）小说的道路上，与其说我碰到“好运”，不如说遇到“贵人”，如江曾培、司马攻、龙彼德、凌鼎年、李润新、黎毅、刘助桥、程思良等。在他们“鼓舞了我，让我能超越自己”，让我时不时获得散发芳香的花朵和捡到欢乐的种子。我以一颗真诚之心对他们深表感恩！

现在我已是耄耋之年，许多事情已是“心有余而力不足”了。记得我曾数次说过，随着泰国华侨、华裔家庭结构的重新组合，泰华文学应当着重写“叶落生根”，这“根”已延伸至政治、经济、文化、科技等方面，而且似乎渐有突破华侨、华裔题材之势。因此，我想写第四代、第五代的华侨、华裔，反映他们融入当地社会的生活。这个“夙愿”，我只走了“跬步”，不知在有生之年能否实现。但凭我个人意愿，只要一息尚存，就会去努力争取，不要在创作路上留下一个“遗憾”。

# 文论路上的回眸*

## 一

我已是耄耋之年，趁抗击新冠肺炎“宅”家之闲，写点回忆文章。于是，近期写了《我的前半生》《散文路上的回眸》《微型（闪）小说路上的回眸》《小诗路上的回眸》等，是否还要继续写《文论路上的回眸》呢？我有些犹疑：写文学批评是我的副业，也可说是我写作之外的附属品，好像没有什么值得“回眸”。

踌躇期间，我随意翻阅司马攻先生写的《厚重——序曾心的〈给泰华文学把脉〉》。他说：“曾心是泰华文坛一位主将，他十八般武艺都要得，短篇小说、散文、新诗、微型小说、文论都写得多，也写得好。依我看，文学评论是曾心十八般武艺中的一个强项。”司马攻先生的这句话，似乎已成为“名言”，被许多中国评论家认可。每当我读到这段话，总会深深地感激司马攻先生对我莫大的褒奖和鼓励，同时，也总会想到泰华文坛长期以来缺少一条评论之“腿”的问题。用司马攻先生的话说：“在泰华文学长河中，文学批评是一股微弱的冷流。”依我看，这股“冷流”至今依然没有变“暖”，也许变得更“冷”了。几十年前，我对文学批评有一股劲，知难而进，留下一些篇章。现在回头看看，在泰华文坛的“冷流”里，似乎有我几滴“暖意”掺入其中，这是我文学创作之外的收获。

## 二

我考上厦门大学汉语言文学专业时，领导说：我们系不是培养作家，而

---

* 原载澳大利亚《中文学刊》2021年第5期。

是培养文学理论家。我当时真正的梦想是想当作家，但文艺理论这块“骨头”是“硬”任务，考不及格，就得留级。故此，我不得不去潜心啃一啃。但走出校门，我一直做些与之无关的工作。直至20世纪80年代末，我的短篇小说《杏林曲》竟然获奖。这一意外的惊喜，调动了我冬眠已久的文艺细胞，觉得自己在诊病之余，还可以挥动我爱好的文艺之笔。于是，我写短篇小说、散文、新诗，在泰华报刊上发表，渐渐融入泰华文坛。

当时我明显感到，泰华文学最弱势的地方是文学批评。这可能有两个原因：一是泰华的作家多数是自学成材，较少是科班出身的；二是作家中存在“写文学批评是吃力不讨好”的思想。因此，泰华作家群体中从来没有专门搞文学评论的，没有形成一支文学理论队伍。泰华文学要发展，主要靠“三套马车”——作者、创作、评论。如果把创作与评论比作两条腿的话，那么泰华文学就缺了一条腿。凭外力（中国的评论家）写评论，有如安装了一条“假腿”，从长远来看，单凭这“假腿”，定然不能走得太远，更不能走出“风光”。当时在泰华作家协会的组织下，成立了评论小组，我被选为组长，刘助桥为副组长。于是在搞文学创作的同时，我也写些文学评论。

写文学评论涉及对整个文坛的审视、对作家及其作品的评估，过于褒扬，有点违心；过于苛求，容易伤感情。当时黎毅先生写信劝我：“搞文学评论是吃力不讨好的苦差事。”他是个好心人，以谨慎处人、处事，我很尊敬他，认为他这句话是真心真话，是多少凝集着他人生体验的真言。

我在大学里虽然学了一些文艺理论知识，但有些已经“过时”了。想起鲁迅的一句话：“看别人的作品，也很有难处，就是经验不同，即不能心心相印。所以常有极要紧，极精彩处，而读者不能感到，后来自己经验了类似的事，这才了然起来。”因此，我开始写些读书心得，或为梳理和诠释自己的创作理念而写的“感想”，或为深交的文友写序，多是为参加某个文学研讨会而“逼稿成篇”的论文。要写泰华作家作品的文艺批评，我总觉得压力很大。正如司马攻先生所说：“文学批评本来就不容易，泰华文坛圈子很小，作者不多，而且居多相识，在此情况下，在泰华文坛从事文学批评，是难上加难。”因此，我觉得写一篇评文，比写一篇短篇小说或写一篇散文还难。写出一篇评文，即使“冷冻”一段时间才发表，心里还时有忐忑不安——不知读者与被评者有意见否。

的确，要把准文学批评的脉，还比中医切脉还难。

正当我陷入此种“理还乱”的苦恼旋涡时，泰华作家协会原会长方思若正好兼管《新中原报》的副刊“大众文艺”，我的评文，他总是把它登在头条上，尤其在发表拙文《窥到下层人物心灵的作品——读黎毅短篇小说集》时，还亲笔写了《编后随谈》(1993 年 8 月 25 日)：“曾心先生：拜读阁下探讨文艺作品的大作，立论精辟，言之成理，可见对文艺理论及鉴赏修养了得，请给本版多撰写这方面的文章。”并指出：“泰华文坛缺乏文艺批评为时已久，这方面的工作如不多做，泰华文艺水平要提高很难想象。是的，文艺批评在此间尚未能形成风气，作者间接受批评的雅量有限。但文评只褒而不敢贬评，那于事无补，相反，倒是对被捧者有害。愚见以为，面对目前这种情况，最可以发挥的，是对圈中写作上多种多类的不良倾向提出探讨批评，而不针对某人某文，这样可以减少一些是是非非的谩骂，这对泰华文艺水平的提高，可能有很大的助益。”这段随谈，我全文引了，目的不在于方先生褒扬我，而在于他看出泰华文坛文艺批评存在的问题与发展方向。这给我极大的鼓舞和精神的充电。方先生逝世至今已 21 个年头了，但他这段话依然印在我的脑海里，记在我的本子里。

## 三

事情不出所料，尽管我小心翼翼地写评文，并进行“冷”处理，还是惹来“异论”。

1994 年 10 月 2 日，泰华作家协会在拉玛大厦四楼举办“青年作者座谈会”，我应邀在会上主讲《散文园地的蓓蕾》。《新中原报》副刊、《亚洲日报》副刊都刊登了座谈会的论文专辑。到了 11 月 29 日，《亚洲日报》的副刊“亚洲文艺”刊登了一篇署名文章《误导蓓蕾》，文中主要是说我所提出的“散文要有‘神’；要有‘我’”等问题是“无所据”的误论。“这篇《散文园地的蓓蕾》，是专为引导青年作者而写的。理论上明文而论，成为理论者都应有论据，若无所据，其论点叫失理据。以失理据的散文观去引导青年作者，真不知道如何说好。”“为文论章者，最惧怕是放野马，要知道，野马易放难收啊！”

这突如其来的“批评”，让我的心灵“震惊”不已，好在思想早有准备，一时不会被“击丧”，也不会被激怒。我想，最好的方法还是“冷”处理。别林斯基有一句话：“读者群是文学的最高法庭、最高裁判者。”我想了又想，觉得还是找机会让读者群“裁判”吧。

此时正好接到在昆明召开第七届世界华文文学国际学术研讨会的邀请函，

我就把此文（题目改为《泰华散文苑里的蓓蕾》）送交大会，作为大会的发言稿。我心想，这篇作品在泰国小舞台被人当作“误导蓓蕾”，那就让它到世界大舞台让作家们“裁判”吧，看看是“正导”还是“误导”。结果，此文获得肯定和好评，并收入第七届世界华文文学国际学术研讨会论文集《世界华文文学的多元审视》（云南大学出版社 1996 年版）。

## 四

总之，我的文学评论不是系统的，多数是结合大会的要求和泰国华文文学动向而写成的。其中无任何世俗动机，无任何世俗企求，只凭着一颗心、一种责任感，以“中庸之道”为圭臬，力求平稳，防止走极端，是不带什么“锋芒”的学术探讨。但对中国出现的各种“风派”的文学很反感，在《文艺天空的“风”》一文里，我大胆提出质疑。李润新教授把我的文学批评“概括为‘五性’，即稳定性、开阔性、鲜明性、学术性和文学性”。

可谓“十年磨一剑”，从 1994 年到 2004 年，我选出五十九篇，内容包括论文、文学随笔、短评、书信体评论、序跋体评论，集结成《给泰华文学把脉》，由厦门大学出版社出版。泰华作家协会会长司马攻为该书写了《厚重——序曾心的〈给泰华文学把脉〉》，厦门大学教授庄钟庆写了《略论曾心的论文》，北京语言大学教授李润新写了《评曾心的〈给泰华文学把脉〉》，都放在目录前，为该书增添了光彩。

司马攻先生在序中说：“曾心的文论集《给泰华文学把脉》就要和读者见面了，这是泰华文坛的一大喜讯。泰华文学已有九十多年历史，在泰华文学的各种文类中，文学评论是较弱一环。有关文学理论、文学批评的文章结集的极少。”“曾心是一位很称职的文学评论家，他才、学、识兼备，加上敏锐的嗅觉和对泰华文学的责任感，文学评论很有分量，样式也颇齐全。”“这一回，曾心给泰华文学把脉，他关注文坛，也阅读了很多泰华作品，并从感性的欣赏提升为理性的批评。曾心的评论文还是‘和谐敦厚，质朴清新’。并自出机杼，可称‘弥纶群言’‘师心独见’。”“《给泰华文学把脉》是一本很厚重的论文集。内容充实，厚也；立论甚有分量，重也。厚重是《给泰华文学把脉》的特色。”司马攻先生这篇序写得特好，不仅激励我继续像篝火般燃烧自己尚未衰老的激情，而且成为中国评论界评论泰华文学引用率极高的一篇名序。

之后，我更加关注泰华文学的动向，并且在文学评论这“较弱一环”下更多功夫，撰写了几篇较有影响的论文。如《一部泰国学生留学中国史雏形——读〈留中岁月〉〈湄南情怀〉〈窗内窗外〉》(《华文文学》2007 年第 5 期；庄钟庆主编，《东南亚华文文学研究》第十辑，泰国留中大学出版社 2010 年版)，《当前泰华文坛三个“亮点”初探》(泰国《泰华文学》2010 年 10 月，《世界文学家》2011 年 7 月，香港《粤海桥》2011 年第 4 期)，《泰华闪小说的崛起》(《当代闪小说》2014 年第 5 期)，《泰华作家笔下的和尚形象》(朱文斌、庄伟杰主编，《语言与文化研究》第十辑，光明日报出版社 2017 年版)，等等。

## 五

2006 年 7 月，泰华小诗磨坊成立，类似沙龙诗社，我当了召集人，也用了较多时间写小诗、写小诗评论和参加国际华文诗歌研讨会。

2009 年 11 月 21 日，西南大学举办第三届华文诗学名家国际论坛，我受邀参加，提交论文《论六行内的小诗》，并被选为开幕式四位主题演讲之一。这篇论文是我根据吕进老师写的《寓万于一，以一驭万——漫说曾心》和《曾心小诗点评》文里的诗论，结合我自己写小诗的体会而写成的。此文不仅收入《第三届华文诗学名家国际论文集》，而且刊登于吕进、熊辉主编的《诗学》第二辑（巴蜀书社 2010 年版）。

在会上，我购买了《吕进文存》（四册）。书很重，背得很辛苦，但的确是我大半辈子从中国背回泰国最好的一套书。

当时我给吕进老师写了一封短信：“您的文存，是研究新诗学的经典。我活到古稀之年，才看到一部真正有指导意义的诗学理论。可惜目前中国诗歌界还被一些人的偏激的理论所左右，实在令人不解和痛心。”故此，我把《吕进文存》当作诗学中纠正“偏激”、排除“异化”的“正道”，一部“守住心灵阳光”而充满正气的诗学全书。

我想如能把《吕进文存》几百万字浓缩成一本小册子，如“语录”“诗话”之类，让当今爱诗的人们能在较短时间内接受一次诗学的教育，岂不是很有意义吗？我把这个设想与几位吕进老师的学生（现已是大学教授）谈起，他们都很支持。终于在吕进老师的支持和指导下，经过多方筹划，邀了钟小族一起当主编，找了程海岩、董运生、李悦几位吕进老师的研究生组成编辑团队，从《吕进文存》浩繁的诗学宗卷中，精中选精，掇拾珍珠，编成一部语录体的《吕进诗学隽语》。该书由西南师范大学出版社、台湾秀威资讯科技股份有限公司和泰国留中大学出版社先后出版，引起海内外诗人与诗评家的广泛关注与好评。

2013 年 3 月 31 日，西南大学中国诗学研究中心、中国新诗研究所联合主办的“《吕进诗学隽语》研讨会”在西南大学隆重举行。研讨会肯定了吕进诗学的经典地位，并评价了《吕进诗学隽语》的学术意义。会后出版了《诗学体系与话语方式的建构：〈吕进诗学隽语〉评论集》（曾心、熊辉主编，泰国留中大学出版社 2013 年版）。

此后，我应用吕进的诗学理论和“诗学隽语”的语录，结合我与小诗磨坊的创作实践，撰写了“小诗磨坊”系列论文：《六行内新诗体“创格”的尝试——以泰华“小诗磨坊”的诗为例》（《华文文学》2014 年第 2 期），《泰华六行小诗的“禅”——以“小诗磨坊”的诗为例》（《华文文学》2015 年第 1 期），《六行以内小诗的“内视”》（王列耀主编，《文化传承与时代的担当：首届世界华文文学大会文选》，花城出版社 2016 年版），《捕捉“物象”，创造“意象”——谈写小诗的技法》（《世界华文文学论坛》2017 年第 4 期；王柯、曾心主编，《二十三诗论家论小诗——国际小诗暨小诗磨坊作品研讨会论文集》，泰国留中大学出版社 2017 年版），《谈“六行体”小诗的实践》（《华文文学》2018 年第 1 期）。

东南大学中文系主任、教授、博士生导师，东南大学现代汉诗研究所所长王珂说：“百年来一直都有人创作小诗，还出现了三次高潮。前两次的现代性建设都不够，写出的小诗都不足以称为‘现代小诗’，尤其没有应该有的现代精神和现代意识，也没有应该有的现代诗的技巧。在以小诗磨坊为代表的第三次创作高潮中出现的一些小诗，才配称为‘现代小诗’。这些小诗不但重视诗人的主体性、诗作的娱乐性和诗艺的技巧性，还重视小诗内容的世俗性、小诗形式的多样性和小诗体裁的混合性。”①

王珂教授对小诗磨坊作了如此高的评价，作为小诗磨坊的召集人，我深感“盛名之下，其实难副”。我试着从小诗磨坊的创作实践，从内容到形式，从体裁到技巧进行总结，提升为理论，写了近 10 篇论文，还出版了《小诗磨坊研究论文集》（泰国留中大学出版社 2016 年版）、《二十三诗论家论小诗——国际小诗暨小诗磨坊作品研讨会论文集》（泰国留中大学出版社 2017 年版）。

---

① 王珂：《王珂学术会议诗学论文集 1994—2017》，东南大学出版社，2018。

这艘小诗磨坊同仁共同划的船，已穿过14年风雨。岁月不饶人，有几位已进入耄耋之年，多数在创作上遭遇瓶颈。今后何去何从呢？我想引用洛夫先生的一段话："十年来'小诗磨坊'走得颇为稳健，每年都有一部诗选出版，但也不时面临创作。林焕彰则鼓励他们：'一要勇于改变，一要耐心坚持。'有趣的是，我在《十年诗选》中读到曾心的《一条鱼的发现》，前一节是这样的：

当走投无路时
便向水面一跃
竟发现
一个比海更宽阔的天

这不是王维'行到水穷处，坐看云起时'的白话诗的意译吗？王曾的诗，其意蕴有着惊人的相似，何尝不可视为诗歌创作面临困境时的解救之道：另辟蹊径。所谓'江郎才尽'，只是灵想一时蹇滞，但潜能仍在，这时，'变'便成了天才的另一个名词。"①

要是苍天假我以年，小诗磨坊同仁又能挖尽"潜能"，解脱瓶颈，完成"天才的另一个名词"——变，我将侧重于王珂教授所提出，"这些小诗不但重视诗人的主体性、诗作的娱乐性和诗艺的技巧性，还重视小诗内容的世俗性、小诗形式的多样性和小诗体裁的混合性"进行研究、评介和鉴赏。

① 洛夫：《小诗：一个晶莹剔透的小宇宙》，载林焕彰主编《十年，才开始——泰华"小诗磨坊"十年诗选》，台湾秀威资讯科技股份有限公司，2016。

# ·印象与专访·

# 和谐敦厚　质朴清新*

## ——序曾心《大自然的儿子》

司马攻

20 世纪五六十年代，把作品结集的泰华作家为数极少，使泰华文学在作品方面留下了一些空白。当时的作家曾创作出不少优秀的作品，但由于没有结集，不能留传下来，以致那些璀璨的文学作品，在泰华文坛上一闪而逝，这是一件令人遗憾的事。鉴于此，近几年来我总是怂恿一些泰华作家，尤其是作品较有水平的作家把作品结集起来出版，曾心便是其中之一。

1995 年 3 月，中国著名归侨女作家、“全国侨界十佳”之一陈慧瑛，因公务来泰国考察。我与陈慧瑛相识多年，曾心和陈慧瑛是老同学，他们都是中文系的，于是，我们见面时话题都离不开文学。就在这次会谈中，得知曾心将要出版个人集，这是令人兴奋的喜讯。

不久，曾心给我来信，希望我能为他的集子写一篇序，我高兴地接受了。

一天傍晚，曾心来到我家，将他的文稿交给我。我接过后，翻开目录，发觉收在这个集子里的作品，百分之八十我已经在报刊上读过。于是，我笑着对曾心说：“你这些作品，我大部分都拜读过了。其实，你不把文稿给我，我也会为这个集子写一篇序的。”

虽然对曾心说了那几句话，但是，在动笔为《大自然的儿子》写序之前，我还是将那一沓整齐的文稿，系统地细读了一遍。

曾心的作品言之有物，行文通畅，不沉闷、不枯燥。我在一个晚上一口气把曾心的文稿读完。

泰华的作家中，亦商亦文的不乏其人，而曾心不单亦商亦文，同时又悬壶济世。因此，他的作品经常掺进了一些医学常识，以及医生与病人之间的错综关系，洋溢着医学方面特有的情味，读来令人置身董奉的杏林之中。

---

* 原载泰国《亚洲日报》1995 年 5 月 4 日。

曾心是一位中医，同时也是一位奉行中庸之道的作家，他的作品处处流露出中正与和谐。在他的小说中，极少有各走极端，势不两立，冰炭永不相容的结局。在情节的发展方面，往往采取人性美好的高尚情操来化解冲突，从对立状态走向和谐。《蓝眼睛》是中西文化传统的谐调；《杏林曲》写出中西医学的矛盾与统一；《半夜鸡叫》表现了人性的宽容和反思；《母子情》将人与动物的复杂关系、人情和动物之情妥善协调。

在描写与叙述方面，曾心笔下颇有分寸。他以朴实真切的笔调，客观地、冷静地勾画生活中的人物与发生的事件。

《大自然的儿子》所收的十几篇小说，没有惊心动魄的事件，没有电闪雷鸣的大场面。曾心在芸芸众生中物色典型，以当前泰国的社会风貌和人情世故为焦点，然后从容地、不迫不露地按照人们的生活展开情节。

让美好的心灵作更高的升华，化对立为和谐，是曾心的感情内涵和表现方式。

质朴清新，自然平实，是曾心的散文风格。

质朴清新，自然平实，是宋代大文学家欧阳修的散文观，他在《代人上王枢密求先集序书》中说："事信言文，乃能表见于后世……文至矣，又系其所恃之大小。"

欧阳修强调作品是否能够流传，要"事信"，即所写之事，真实可信。"言文"，语言要有文采。"所恃之大小"，指作品所载之事的社会意义的大小。

这个集子所收的散文，大部分具有欧阳修所提出的散文三要素——真实、文采、社会效用。

曾心毕业于厦门大学汉语言文学专业，后来再到广州中医学院进修医学。回到泰国，他既经商又兼行医，度过了一段颇长的时间后，才执笔创作。数十年来，曾心在选择环境，在选择职业，这对他来说有几许无奈。近来曾心对文学很投入，这是他文学的回归，是时代、环境选择了他，也是泰华文学选中了他。为泰华文学"分身"，曾心是责无旁贷的。

宽容敦厚、慈爱和谐的文学作品，有时也能抚慰人的痛苦与创伤。

1995年5月1日于曼谷

# 真实、真挚、真诚*

## ——序曾心《大自然的儿子》

晓　雪

文学是人学。

人，最重要的是一个“真”字：真实、真挚、真诚；说真话、抒真情、求真理。

古今中外一切真正杰出的作家、艺术家，无不以“真”——真实、真挚、真诚，作为自己追求的目标。

列夫·托尔斯泰说：“艺术家的真挚的程度，对艺术感染力大小的影响比什么都大。”

匈牙利诗人裴多菲说：“诚挚是一个人的最高品格。”因此，他“宁愿以诚挚获得一百名敌人的攻击，也不愿以伪善获得十个朋友的赞扬”。

罗丹在《艺术论》中也说过：“当一个艺术家，故意要装饰自然……那他创造出来的东西是丑的——因为他说谎。”

说谎、骗人，弄虚作假，没有真情实感，只能搞出丑的东西，不可能创造出艺术的美和美的艺术。装腔作势、虚情假意，是艺术的敌人。所以真正的作家、艺术家，都必须是真挚、真诚的，都必须有一颗纯朴真挚的赤子之心。

读曾心的文集《大自然的儿子》，我最突出的感觉就是真，真实、真挚、真诚。

曾心先生平时既经商，又“悬壶济世”，治病救人，但他同时也写诗著文，是一位作家、诗人。他的道路容易使人联想到由学医转向文学而成为大师的契诃夫、鲁迅、郭沫若。曾心的成就当然无法与三位大师比，但医生和作家同样以人为研究对象和工作对象，治病救人和感染人、教育人、鼓舞人，

---

* 原载泰国《新中原报》1996 年 5 月 6 日。

同样必须懂得人，必须把人的生理和心理辩证地统一起来加以观察、研究和思考，同样必须对人有一颗热忱的同情心、责任心和爱心。这方面，我感到曾心也像契诃夫、鲁迅、郭沫若一样，有一颗诚挚的爱心，有一颗纯真的赤心。读他的作品，不论是《猴面鹰哀思》《小巷人家》《杏林曲》，也不论是《大自然的儿子》《捻耳记》《洋媳妇趣拾》《蓝眼睛》，都感到作者是那样的直面人生，“不做作，去粉饰”，那样的真实、自然，那样的坦荡、诚挚。他为“国家二级保护动物——珍禽猴面鹰”的被杀害而心情沉重、无比痛惜，以致“深夜辗转反侧，不能入眠”；他为“热爱大自然，熟悉大自然，了解大自然，领受大自然的赐予”，因而九十岁仍能健康愉快地下地劳动的老人感到崇敬和欣喜，并快乐地唱起了“一辈子唱不厌的大自然之歌”；他通过一位年近七旬的老太太捻耳的有趣故事，对社会上的种种骗人行径给予无情的揭露和有力的鞭挞；他也为蓝眼睛的儿媳妇居然“有一颗执着的中国心”感到无比欣慰，而对最初反对考上美国哈佛大学的大儿子“娶个红毛妻子回家”的老伴进行了婉转而坦诚的善意批评。

收在这个集子里的作品，有散文，也有小说；有写景抒情的散文，有写人叙事的散文，也有随笔评论式的散文。不论哪一种散文或小说，作者都把自己摆进去，都注入真挚深切的情感，都以诚动人、以情感人，都写得朴素、清新、自然、真实。这也是很难得的。

我想起古罗马诗歌评论家贺拉斯的话：“你自己先要笑，才能引起别人脸上的笑容；同样，你自己得哭，才能在别人脸上引起哭的反应。”（《诗艺》）清代学者沈德潜也说过：“以无情之语而欲动人之情，难矣！”（《说诗语》）

曾心笔下流出的都是“有情之语”，因而能“动人之情”。希望他在“闯荡商海”的百忙中继续“忙里偷闲”，写出更多更好的作品。

1995 年 3 月 19 日于昆明

# 真心动真情　随缘也随意*

## ——序曾心《心追那钟声》

司马攻

散文是一种较为自由的文体，选材自由广阔。日常生活中，散文的题材包罗万象。所以有人说："人生到处皆散文。"

李广田把诗歌喻为"浑然无迹的明珠"，将小说比作"精心结构的建筑"，散文则"行云流水"。

虽然散文似行云流水般自由，但是要写好一篇散文并不是轻松的事。以选材来说，散文的素材随处都是。由于太自由、太宽广了，散文的选材更要精细严密。一篇散文的成功与否和选材有很大关系。

而选材又和人的感悟有关，很多优秀散文皆得于"悟"。

曾心是一位悟性很高的散文家，他苦参儒释道三教的人生真谛。本来三教存在很多矛盾，但在曾心的心中，三教的矛盾是可以统一的。

儒家关心的是社会人生，其思维方式是方形的，规规矩矩。道家思考的是宇宙人生，浑浑圆圆。佛教则大彻大悟，四大皆空。曾心的"悟儒""悟道""悟禅"都有分寸，不走极端。他将三教的真谛融合，各取其优，参得"深悟"，因此，曾心的散文深得儒释道三昧。

有深悟必有深意，有多悟必有多义。曾心的散文含蓄而深刻，情感多层次，形成了主题多义性。

《心追那钟声》这个散文集，游记占了相当分量，篇章多，并且都是上乘之作。

曾心的游记散文多从"兴会"中得来。清人袁守定在《占笔丛谈》中说："文章之道，遭际兴会，抒发性灵，生于临文之顷者也。"兴会是创作激情的骤然喷发。

---

* 原载泰国《新中原报》1992 年 6 月 11 日。

兴会并不是轻易的，谁都可以得到的，要经过长时间的艺术积累和苦练，才能做到。古人说："得之在俄顷，积之在平日。"

这个集子收的《琼花何处寻》《心追那钟声》《高山的幸福花》《菊花山的风景》《护城河的桨声》《石宫沉思录》等，都是作者在游览名胜古迹、风景时兴会而来，正如袁宏道说的："机境偶触，文忽生焉。"

曾心写这些游记，笔调清淡朴素，信手写来，真情洋溢。他对一些事物有穷追其源、欲明其理的心思。但在无可奈何、不得其解的情况下，也就随意随缘，不斤斤计较，宁可多留些余地与读者同参酌。如《琼花何处录》：

> 经"明师"一点，我突然猛悟：琼，玉之美者。古诗词所写的"琼楼玉宇"都是指天上的月中宫阙。人间也许从来就没有此花，它是属于天上的花。

古代的琼花已不可见了，目前人们见到的"琼花"是虎耳草科绣球属，别名紫阳花、聚八仙。历史上有过几场扯不清的八仙和琼花之辩的文字案，"八琼之争"引出了不少"花辩""花论"。曾心不去理会这些，而是以他的心、他的意写出琼花之情。

在《高山的幸福花》中，曾心对于梅花也有随缘的心境。他见不到想要看的樱花，但是他看见了一片梅林，枝头正开着无数小白花，于是他写道：

> 人的情绪也会随着"景"而变化的。昨晚我想看樱花的情绪，顿时被眼前的"景"所掩盖，所占据了。
>
> 据记载，地球上的植物有二十多万种。我想，眼前所见的这些品种，该不是属于在"群芳谱"之中吧！
>
> ……它是人们理想之花，是一种比樱花更美之花——幸福花。

曾心深悟儒、释、道，但不迷于儒学的保守、释教的空彻、道教的无涯。曾心的散文，在随意、随缘之中处处关心世事人生和怀念家园故国。他在《高山的幸福花》中鲜明地、感情洋溢地叙说，在《心追那钟声》中则含蓄暗喻。

> 罢罢罢！我还是把心收回来！但不知怎么的，我的心还在继续追寻

着，甚至隐隐约约地听到那被“禁锢”在东洋那口古钟，似乎幽幽地发出“思乡”的悲鸣……

古钟幽幽的思乡，心追那钟声的曾心何曾不在幽思？

《心追那钟声》中的散文，除了“兴会”之作外，还有“珍藏”佳构。

《一坛老菜脯》是一篇充满着世情、人情、真情的好散文。一坛老菜脯对富有人家来说并不贵重，可是在一位家徒四壁的贫苦老妇人眼中，这一坛保藏了几十年的老菜脯是她家中的珍品，是送给曾医生唯一的最佳礼物。

曾心（曾医生）治好了老妇人，他并没有收这位穷苦病人的诊金，这是医德，是他对人类的同情心。老妇人送老菜脯是她的真情、真心。曾心收下了这坛真情，一直珍藏了七年。

曾心将珍藏了七年的旧事叙出，情真意自切，读后引人共鸣。

老菜脯能治病，《一坛老菜脯》也是一帖专治世态炎凉的药剂吧。

除了《一坛老菜脯》外，《农村旧事情趣》《礼品》《同根生》都是曾心的“珍藏”。这些怀旧题材，在曾心真心动真情的情绪下，自然、坦白地流露出来，感人至深。

《心追那钟声》这个散文集所收的散文，比曾心四年前结集的《大自然的儿子》中的散文，更有自己的亲切感与至诚，有更多的人生真谛和机趣。曾心的散文创作又向前迈进了一大步。

1999年4月于曼谷

# 以一片真心追来了一束深情*

## ——序曾心的《心追那钟声》

梦　莉

曾心是一位多产又兼有多副笔墨的作者，他写小说、写诗、写散文，也写文学评论。近十年来，他纵横于泰华文坛，以他的才华和活力，获得了很大的成就。

在文学创作方面，曾心的各个文类的作品，都有一定的水平，但我较喜欢他的散文。

曾心善于对人生事理的洞察，对事态的感悟，对人生真谛的追求。他的散文有感情也有理性。在游记里，曾心不单准确地勾勒出名山胜迹的气势与景观，同时也略为介绍一些历史沧桑，但往往是点到为止，不注重史地的记述，更不重复他人。全文的立意多是他自己的心境和思绪。因此，曾心的游记散文自然清新。

真巧，这个集子的几篇游记：《琼花何处寻》中的扬州，《心追那钟声》里的寒山寺，《登武当山极顶》中的武当山，《四面鸣沙半月泉》中的鸣沙山、半月泉，《与心灵接轨的阳关道》中的阳关，《黄鹤楼的神韵》中的黄鹤楼，这些名胜古迹，我也都曾经“到此一游”。经曾心笔下的再现，我也有重临斯地的亲切感。

尤其是鸣沙山、半月泉、阳关。当时曾心和我都是“九八泰华作协访华团”的成员，我们九个人，从北京经兰州，到敦煌，转西安，然后折回北京。经过十多天的相处，大家都认为曾心是一位敢于闯关、勇于探索的作者。

无论在创作上，或对事理的辨认上，曾心不单以心追之，同时也亲身投入，不怕艰苦，全力以赴。如《四面鸣沙半月泉》：

---

* 原载泰国《泰华文学》1999 年 7 月创刊号。

我在山脚骑着骆驼照了相之后，便悄悄离队了。我独往那壁似天倾的山坡走。由于是沙堆积的山，自然松散而不能凝固，我的双脚，一脚陷进，一脚拔出，越来越吃力……

往下望，哟！山下的骆驼与游人及景物，竟成为小人国的东西了。

此时，文友们又发现我不见了，又大声呼唤我的名字。我高兴地举起右手，张开嘴巴应了一声。谁知此时，滑沙板已“飞”到了半山腰……

又如《菊花山的风景》：

也许是平生第一次睡在野外帐篷里，辗转反侧不能入睡；我干脆从帐篷里钻出来，想看看高山上的野营夜景。

远处传来了阵阵吉他声，伴随着田园歌曲。我朝着歌声的地方走去……

由于曾心勇于追寻，他以诚挚的心追来了许多感人的篇章。

这个散文集中六个分辑的散文，都充满着真情实感。

第一辑“心追那钟声”，由六篇游中国的游记组成。从江南到塞北，曾心的心一直在追寻，而人则在攀登：他苦寻扬州的琼花，心追姑苏寒山寺的钟声，险滑鸣沙山，步上黄鹤楼，勇登武当山极顶，心灵终于和阳关接了轨。曾心不单有激情，同时又有丰富的想象力。

第二辑“高山幸福花”，包括四篇泰国境内游记。这四篇是“人文游记”，写景部分较少，他以心境代实景。在高山上，曾心游目骋怀，透过山川景色、石宫花木来抒发心中的感情和新的发现。

第三辑“一坛老菜脯”，清一色的追忆散文。曾心深厚地注入了他的感情，篇篇情真意切，洋溢着母子爱、兄弟之情、夫妻的相敬相知，以及医生（作者）的德行和病人的感恩。

第四辑“营造志趣天地者”，歌颂大自然之美，以及人与自然的关系。《失去野性的虎》，作者暗示老虎离开了大自然，结果失去了原来的野性。人类如果远离了大自然，是否也会失去人性？

第五辑“心中有座母校”，有曾心对母校的回忆，也有对目前华文教育的观察和对远景的祈望。

第六辑“观察员手记”，内容包含曾心的文学观、文学论，并以轻松的笔调，记述他几次参加文学研讨会的情况和感受。

概括地说，追寻和追忆是这个散文集的特色；亲情、友情、家国情，物缘、地缘、文学缘，是这个散文集的主旨。

《心追那钟声》是曾心以一片真心追来的一束深情，是一本很有分量的散文集。

1999年4月4日于湄南河畔

# 致曾心*

刘再复

时新兄：

读大著《心追那钟声》，如会故友，特别高兴。其中《心中有座母校》，更使我感到亲切。“鼓浪”旧事，你记忆犹新，这说明你是多么有情有心。你的散文展示的正是一个平实而美丽的有情世界。

呈上新出版的两本拙著。从中你大约可看到我虽有关怀，但已万虑澄清、万念归淡。值得高兴的是在拥抱知识之后又能返回孩子状态。这一点正好可与你的心灵相通。你的散文是有童心的。

明年秋，我将到香港城市大学担任客座教授。如果你返回路经香港，我们可见见面。

敬颂

文祺

刘再复

1999 年 12 月 15 日

---

* 原载《曾心作品评论集》，泰国留中大学出版社 2009 年版。

# 中文情结赤子心*

## ——序曾心微型小说集《蓝眼睛》

司马攻

泰华微型小说崛起于1990年，至今已有十一年时间。十一年来微型小说在泰华文学长河中潮落潮起，也曾激起了几阵浪花。

现代生活节奏加快，微型小说文体应运而生。

微型小说以篇幅短小、言有尽而意无穷的独特风格，赢得广大读者的欢迎。泰华微型小说虽然举步较迟，但进展颇为快速。目前微型小说在泰华文坛成为一个颇有影响力的文类。

曾经参加微型小说写作，并有作品发表在报刊上的泰华作家有四十多位，但经常从事微型小说创作的只有十几位，曾心是其中之一。

曾心是一位文学创作的多面手，散文、短篇小说、新诗、文论等，他都写了不少，并有一定水平。

曾心的微型小说创作一开始就居于较高的水平线上。他的微型小说名作《蓝眼睛》《三愣》《头一遭》都是早期的作品。

《蓝眼睛》以第一人称“我”来叙述。故事由“老伴”心情的波动而发展，“老伴”怕孩子娶个红毛妻回家，经常“提醒孩子这件事”；接到孩子寄来女友的照片时怀疑女友的眼睛是蓝的，“老伴急得手心渗出冷汗”；当知道孩子的女友姓李名密，“老伴嘴角露出一丝笑意”；见到李密的眼睛是蓝的，便“声音有些哽咽”；后来听到李密说中国话，唱中文歌，并曾经研究过中国历史，“老伴暗暗给我递了喜悦的眼色”。

《蓝眼睛》这篇微型小说，无论在选材方面还是在艺术策略方面都非常成功，达到了作者所要表达的华文情结。

这个集子里的微型小说有两大主题，一是华文教育，如《蓝眼睛》《三

---

* 原载泰国《泰华文学》2002年5月号（总第18期）。

愣》《互考》《李嫂》《种子》等；二是代沟及孝道沉沦，如《伏线》《生日》《窟》《品茗谈天》《老两口》《寂寞病》《老泪》《钥匙》等。

华文教育式微以及道德伦理的沉沦，是泰国华人社会的两大危机。

目前华文教育已现出生机，曾心向来热心华文教育，对华文在泰国的发展很有信心。于是，他写出了一系列以华文教育为主题的微型小说。华文教育已经热起来了，华文一定能在泰国普及，这是曾心的热望。

这个集子里那些有关孝道沉沦的微型小说，也都与华文教育有关。孩子不读中文，而到欧美留学，结果被西方习俗感染，不懂孝道为何物，使“老两口”患了“寂寞痛”，到头来“老泪”纵横，终于跌入死“窟”。

作者选择这些孝道沉沦的题材，旨在防微杜渐，希望华人懂华文，中华文化在泰国薪火相传。

七年前我在序曾心的《大自然的儿子》中写道：“这个集子所收的散文，大部分具有欧阳修所提出的散文三要素——真实、文采、社会效用。”散文如此，微型小说也这般。曾心的微型小说非常注重社会效用。

中文情结紧紧地系住曾心的心，责任感重重地压在曾心肩上。于是他的作品，无论任何文类都展露出曾心的中文情结和赤子之心。

曾心从事微型小说创作已经九年多，作品不算多，一方面是精品意识使然，另一方面是中文情结结得太紧。如果能放松一点，凭曾心丰富的想象力和灵活机智，多写一些如《一桶水》《断臂》《古董》这类具有情趣、理趣的作品，会使他的微型小说更多彩多姿。

为了泰华微型小说的繁荣发展，希望曾心在“微型”道上走得更广更远。

2002年2月1日于曼谷

# 厚　重*

## ——序曾心的《给泰华文学把脉》

司马攻

曾心的文论集《给泰华文学把脉》就要和读者见面了，这是泰华文坛的一大喜讯。泰华文学已有九十多年历史，在泰华文学的各种文类中，文学评论是较弱一环。有关文学理论、文学批评的文章结集的极少。

曾心是泰华文坛的一位主将，十八般武艺都要得，短篇小说、散文、新诗、微型小说、文论都写得多，也写得好。以我之见，文学评论是曾心十八般武艺中的一个强项。

文学创作、文学批评、文学理论是文学的三驾马车，这三者的关系是相辅相成的。

经常有人提出："泰华需要文学批评。"为了泰华文学的繁荣发展，文学批评确属重要，但由于种种原因，在泰华文学长河中，文学批评是一股微弱的冷流。

文学批评本来就不容易，泰华文坛圈子很小，作者不多，而且居多相识，在此情况下，在泰华文坛从事文学批评，是难上加难。

由于曾心对泰华文学的执着，并认识到文学批评的重要性，他知难而进。曾心勤于文学创作，也兼学评论。

一位优秀的文学评论者，必须才、学、识三兼，因为"非才无以善其文，非学无以练其事，非识无以断其义"（《文史通义》）。曾心是一位很称职的文学评论家，他才、学、识兼备，加上锐敏的嗅觉和对泰华文学的责任感，他的文学评论很有分量，样式也颇齐全。

文学评论的类别多姿多彩，评论者根据不同的文学作品，选择不同的理论样式来撰写评论文章，以达到评论的效果。

---

* 原载泰国《泰华文学》2005 年 3 月号（总第 33 期）。

文学评论的样式大体分为：论文、文学随笔、短评、书信体评论、评点、序跋体评论。《给泰华文学把脉》中的评论文章几乎包括以上六个评论样式。

为了更准确地评论泰华文学，除了文学评论样式多样化外，曾心对泰华文学作品以及作家做了点、线、面的分析和论述。

属于点的有《林蝶衣的〈破梦集〉及其“忧愁”诗的价值》《落其华芬，然后可造平淡之境——读岭南人诗集〈结〉》《琴思钢与他的叙事诗》《保持一颗年轻的心——读庄牧的诗》《黎毅和他的“苦命小说”》《情感·纯真及爱情的题材——读梦莉的散文》等二十多篇。

属于线的有《泰华散文苑里的蓓蕾》《泰华年轻女性的微型小说》《泰华微型小说的步履》《百花齐放皆大欢喜——一九九七年〈新中原报·大众文艺〉漫巡》等。

属于面的有《从著作书目看泰华文学发展脉络》《泰华文学的交接期》《给泰华文学把脉》《移民意识在泰华文学的取向》等。

在点方面，曾心对个别作者作品的评论，大多以发现、扶掖为天职，以好评来鼓舞作者，从而促进泰华文学的繁荣进步。在线方面，曾心立足于时代和文学潮流来观察泰华文学的某些文类，以及一部分作家的创作状态和动向。《给泰华文学把脉》可说是“面”的代表作。这篇评文较全面地分析了泰华文学的特性，并虑周藻密地判断出泰华文学的发展趋势。

曾心是学中医的，擅长给人把脉，这一回特地为泰华文学把了脉。他切得泰华文学的脉象——泰华文学自20世纪90年代至21世纪头十年间，其脉搏从“洪脉”进入“细脉”，又从“细脉”转为“缓脉”，也就是说从“蓬勃”步入“危机”，而“危机”中又有“转机”。

曾心客观地说：“这个诊断，是确诊还是误诊，有待事实进一步验证。”

但愿曾心这个诊断是确诊。

有关泰华文学的前景，我在《泰华文学漫谈》一书的序言——《泰华文学的加减乘除》（1994年4月）中说过：“我对泰华文学命运的推算，在加减乘除方面，是着重于加，往往从好的方面着想。我不愿当泰华的末代作者……同时也为了给泰华作家打气，加强创作热情和信心。”

曾心《给泰华文学把脉》是依脉理诊断，属于理性的、科学的判断。而我的“加减乘除”是推算，虽然其中也有一些根据，但偏于感性，好的方面可能加得多些。

也愿我的加数，加得“恰好”，推算得准。

文学批评因时而变，因地而异，也就是说文学批评具有时代性和地方性。

现阶段的泰华文学需要较为温厚、鼓励性的文学批评，评介、推荐优秀作品的思想性和艺术价值，善意地指出作品的不足之处和缺点。

现阶段的泰华文坛绝不能将文学批评作为斗争工具。

泰华文坛曾出现过不公正的、粗暴的、提高自己打击别人的文学批评。这些“文学批评”，不单不能推动泰华文学事业的繁荣发展，反而起了阻滞、扼杀作用。

我曾以《和谐敦厚　质朴清新》为题，序曾心的《大自然的儿子》，其中一段：“曾心是一位中医，同时也是一位奉行中庸之道的作家。他的作品处处流露出中正与和谐。”

这一回，曾心给泰华文学把脉。他关注文坛，也阅读了很多泰华作品，并从感性的欣赏提升为理性的批评。曾心的评论文还是“和谐敦厚，质朴清新”，并自出机杼，可称“弥纶群言”“师心独见”。

《给泰华文学把脉》书末，附一表格——《泰华著作书目一览表》，这是曾心近十年来的心血结晶。

十年前，泰国华文作家协会在一次理事会上，选曾心为图书馆主任，同时交给他一个重要任务，请他收集历年泰华著作，并整理、编号。当时曾心义不容辞地接受了，于是从零开始，经十年的汇集、查考，整理出了五百多本泰华著作。

曾心不负所托，获得了很大的成就，我代表泰国华文作家协会向曾心致以谢忱。

《给泰华文学把脉》是一本很厚重的论文集，内容充实，厚也；立论甚有分量，重也。厚重是《给泰华文学把脉》的特色。

文论谨厚，文评持重。

曾心本着尊重泰华作家的成果，和对泰华文学作品的珍爱，将他的文论结集。

《给泰华文学把脉》的出版，在泰华文学长河中将起推波助澜的作用。

2004年9月23日于曼谷

# 略说曾心的文论*

庄钟庆

曾心是泰华知名作家，创作及文论均有可观的成果。

在文论方面，我认为他在探讨泰华文学特点及其发展前景方面不乏己见，值得肯定。

曾心对泰国华文文学特点有着明确的论述，他在《从著作书目看泰华文学发展脉络》一文中指出，“有人把泰华文学按不同时期划为‘侨民文学’‘华侨文学’‘华文文学’三条‘分界线’。但不管哪条‘分界线’，泰华文学主要还是反映泰国华侨、华裔的生活”，不同的时代有着不同的特征和色彩。他又说：“现在的泰华作品很少再去反映‘叶落归根’的问题了，而着重写‘落地生根’。这‘根’已延伸到政治、经济、文化等方面，而且有逾越或突破华侨、华裔题材之势。”

以上的论述，大体说来有两个重要方面。一、不管泰华文学如何分期，说法如何不同，但主体方面却有着明确的规定性，即必须反映泰国华侨及华裔不同时期的社会生活，这同那种把泰华文学中的“华侨文学”“侨民文学”归入中国新文学的观点区别开来，这是很有见地的。不过，也应当指出，“华侨文学”或“侨民文学”是有两重性的，既属于华侨或侨民居住国的文学的一部分，同时也是中国新文学的一部分。二、泰华文学发展前景问题。曾心指出“有逾越或突破华侨、华裔题材之势”，这是有事实依据的，说明了泰华文学发展的必然性。

曾心认为泰华文学的发展与繁荣必须讲究艺术性。他在《泰华散文苑里的蓓蕾》中提出：散文要有“神”、“语言要自然”、“要有‘我’”等问题，他又在《泰华女性的微型小说》中提倡创作手法多样化，现实主义、现代主

---

* 原载《给泰华文学把脉》，厦门大学出版社 2005 年版。

义等有用的手法都可以吸取。他还认为写诗要“三炼”，即“炼字、炼句、炼意”，要求“从形象通往意境”。

为了提高泰华文学的艺术水平，曾心在自序中提出要把准“海外华文文学的天平”，这就是要求泰华文学“一头是当地文化，一头是中国文学”。唯有如此，泰华文学才能具有独特的艺术魅力！

培植新苗，这是泰华文学发展不可缺少的环节。曾心在《泰华文学的交接期》中指出，“目前泰华作家队伍中尚未形成能够接班的年轻作家群，土生土长的为数不多”，“新移民虽有一些”，但是他们的作品“较少泰国本土的特色”。因此培养接班人至关重要。除了有赖于报刊编辑及作家的培养外，华文学校的教育不可缺少。同时，要引导写作者深入大众，融入社会。

泰华文学在发展过程中思想、艺术等不可避免地存在一些问题，曾心在《给泰华文学把脉》中提出如何解决的意见。他对泰华文学的未来充满信心，呼唤“泰华文学的春天”。

曾心对泰华文学的特点及前景有着较为全面的看法，这同他熟悉东南亚华文文学，特别是泰华文学有关，同他有着精湛的文学理论素养有关，更同他有着丰富的创作实践有关。

# 句中有余味　篇中有余意*

## ——序曾心小诗集《凉亭》

司马攻

中国的小诗是在新诗初期兴起的。当时文坛流行着一种短诗，并形成一股小诗潮流。小诗作为诗歌样式之一，内容多写“刹那的印象”，形式自由，少至一二行，多则五六行，简练含蓄，注重意境。

中国的小诗受印度诗人泰戈尔的《飞鸟集》和日本的俳句影响最大。冰心、宗白华、刘大白、朱自清、王统照、何植三、徐玉诺、周作人等写了不少优秀的短诗，这些诗人被称为“小诗派”。周作人写过《日本的小诗》《法日俳谐传》《论小诗》等，大力倡导小诗。

在当时的小诗潮流中，成就较大的是冰心，她的《繁星》《春水》中的小诗清莹隽永，富哲理性，风行一时。

1923年，宗白华出版小诗集《流云》。

小诗发展过程中，有一些作家对小诗有误解，认为小诗易为，随便可写，一挥而就，于是小诗泛滥。1924年后小诗开始衰退，小诗终被“小诗”淹没。

抗日战争时期，也有诗人创作小诗，但都没有形成潮流。

台湾地区的小诗在20世纪八九十年代有了新的发展和变化。1987年，张默撰编的《小诗选读》面世，收有台湾当代68位诗人的小诗68首。这些小诗一般都在十行以内，展示了台湾小诗的创作风格。

泰华的小诗在20世纪二三十年代便在泰华文坛出现。1933年，林蝶衣出版了诗集《破梦集》。这个新诗集分为四辑，第三辑是小诗专辑，收有短诗52首。这些短诗都冠以小诗之名。可见70多年前泰华诗坛已有小诗样式了。

泰华新诗是在20世纪20年代和散文、小说等文类同步发展的。泰华第一个文学集子是诗集——《破梦集》，第二个文学集也是诗集——《萍》

---

* 原载泰国《世界日报》2006年6月10日。

（1934 年，符开先著）。

新诗在泰华文学中占据重要位置。目前泰华的作家中，诗人和写诗的人，在数量上不占第一位也稳居第二位。

在众多的作家中，写短诗的并不是没有，但较有系统或蓄意经营的似乎没有。

三年前《世界日报》“湄南河”副刊主编林焕彰先生提倡小诗创作，并将小诗置于刊首，称为“刊头诗”。

“刊头诗”抢眼显要，吸引了读者也振奋了作者。有曾心的小诗《刊头诗》为证——

总让
心头一亮
几滴清醇
沁入
干旱季节
饥渴的心田

由于林焕彰先生的倡导、筹划，小诗终于在泰华文坛萌芽壮大。

20 年来，泰华文学得道多助，有不少“刀客”拔刀相助，林焕彰先生是其中之一。1987 年 5 月 10 日，林焕彰先生和泰华 40 多位文友同上一艘文学的船，畅游湄南河，由一世皇桥到挽巴茵行宫。从此，他便爱上了泰华文学，和泰华文学结了不解之缘。

20 年来，林焕彰先生对泰华文学的真情与执着，我一直感激于怀。

曾心小诗集《凉亭》是林焕彰先生催生出来的，这个小诗集是“湄南河”副刊“刊头诗”累累成果之一。

诗难写，小诗更是难上加难。曾心知难而进，终有所成。

曾心小诗集《凉亭》中的小诗，由四行至六行，尤以六行小诗居多，占全集百分之七十。

曾心的小诗大都借景托物、拟人抒情，有些则以口语、独白手法来讽刺、揭露社会弊端。

句中有余味，篇中有余意。“忍”，是曾心小诗创作的主要题材之一，更是他内心的涌动。

请看曾心的《日记》——

翻开页页日记
才发现自己
已铸成一个汉字
——忍

可缩短——拉长
压扁——搓圆

《老缸》——

老屋后那口老缸
何时坐禅入定?

张着嘴本想说话
顿悟:
还是不说为好

《火山》——

本是心中一团火
要为人类事业燃烧

无奈受到压制
使我一直处于
忍与爆之间

曾心的“忍”还有《石头》《卵石》《问题》《蚯蚓》《龟》《暗礁》《楼梯》《入定》《忍功》《拦路石》等。

“忍之一字，众妙之门。”曾心的“忍诗”写得很含蓄，极耐咀嚼，妙在其中。

情也是曾心小诗创作的重要主题。曾心的抒情小诗具有丰富的内涵和意境。

《渡口》——

匆匆赶来
在渡口送别

双手紧紧握着
又轻轻放开

哦！忘记带来玫瑰
即从水中捧起一朵浪花

《渡口》虚实兼济，轻盈而厚重。诗中的匆匆、紧紧、轻轻，显出离别时的无奈与惆怅，最末的“捧起一朵浪花”有桃花潭水的深深情意，言有尽而意无穷。《渡口》的一朵浪花在我脑中延伸、延伸。

曾心小诗集《凉亭》是泰华第一本小诗集。其中180首小诗都是少则四行多至六行，只有《眼镜》一首是七行。

妈妈给我的眼睛
已模糊不清

请给我配副眼镜
让我的视线
延伸
延伸
再延伸

《眼镜》也可写成六行，但曾心有意将《眼镜》延伸，这意味着曾心在小诗创作领域中题材的扩大和视线的延伸。

我祝愿曾心写出更多的，让读者读后在脑中延伸再延伸的小诗来。

2006年3月于曼谷

# 六行，天地宽广*

## ——序曾心小诗集《凉亭》

林焕彰

从2003年元旦起，“刊头诗”在泰国、印度尼西亚的《世界日报》副刊同时出现，迄今已有三年七个多月；每日一首，是从未间断过。作为“小诗”的一种新形式（限六行以内）的尝试，已通过时间的考验，证明泰华、印华诗人对诗创新形式的要求，以及在六行以内的有限篇幅中，要展现个人内在蕴含的能量，存在着极大的可能性，而大多数诗人也都乐于接受挑战，纷纷尝试，主动投入“刊头诗”的写作行列。

“小诗”不一定仅限于六行之内，但“刊头诗”要求在六行之内完成，对“小诗”精致化的兴起，就六行以内的这种规范性的新形式而言，在中国、新加坡、马来西亚、美国、澳大利亚以及欧洲……所有华文诗坛上，都尚未出现过。泰国、印度尼西亚华文诗坛，因缘际会，率先提倡，形成风潮，独树一帜，在世界华文诗坛上，在21世纪，将会大放异彩。

在泰华、印华“刊头诗”写作群中，曾心不仅是率先响应者之一，而且也是一位健将。三年多来，他已创作近200首，且已积极凝集泰华“刊头诗”写作群，成立了一个具有激励性、研讨性的“小诗磨坊”（类似沙龙式的俱乐部），在固定的场所，做不定期的聚会，研讨六行以内“小诗”写作的种种艺术性的议题，探讨理论基础，以期再扩大影响、更上一层楼。

“刊头诗”在曾心的心目中，具有极重要的文学创作地位，他有一首题为《刊头诗》的作品，发表于2003年8月21日《世界日报》“湄南河”副刊，将他对六行的“刊头诗”的体会和感悟，借小诗形式表达出来。他写道：

总让

---

* 原载泰国《泰华文学》2006年6月号（总第35期）。

心头一亮
几滴清醇
沁入
干旱季节
饥渴的心田

诗人的心灵是纯真的，曾心有如此体悟，必然是他对每日一首“刊头诗”的深切期待和忠实感受。

印华诗人顾长福2003年底出版他的小诗集（108首）时，我曾为他写了一篇短文，表示祝贺。当时“刊头诗”推出还不满一年，一般写作者对六行以内的“小诗”仍存在“它能承载多少内涵”的疑惑。我写的那篇短文《六行，能承载多少内涵》，即针对这种疑惑写出了个人的看法和体会。我的看法是：六行在篇幅上虽然是一种有限的制约，但内涵一样可以做到无限宽广而又深邃。只要诗人勇于探索，在“思想”与“技巧”上多下功夫，一定会有丰硕的成果。

曾心小诗集《凉亭》（中英对照）选录了180首六行以内的小诗，从主题性质或题材做出分辑，分为“山水篇”“哲理篇”“咏史篇”“怀旧篇”“情爱篇”“隐逸篇”“心灵篇”“讽刺篇”“修炼篇”“庭园篇”“花草篇”“果木篇”“鸟兽篇”“虫鱼篇”“器皿篇”“其他”共十六类，内容丰富又多样，已经超越我当初提出六行小诗作为“刊头诗”的想象。当初我提出这个构想，旨在篇幅上对“小诗”写作有所规范，冀望在表现艺术上，比一般未经规范的形式，诗质更加凝练，表达技巧更多样化，在内涵上并未敢有太大的奢求。至于我个人的尝试，也大都局限于某些趋向于心灵方面的探索，不及曾心的多样化。因此，读曾心的诗，更觉“小诗”在六行以内，其内涵与其他不被规范的现代诗一样，天地宽广，可以凭借诗人个别才具不同内涵，展现不同风貌，这是不容置疑的。

就诗的主题内涵来看，曾心的小诗的最大成就，就在于他丰富的人生历练所得到的感悟，在这方面的杰作特别多，无论是哪一种性质的内容或题材，都有极为难得的收获，值得读者细细品尝。兹列举下列诗作为例：《峰》《火山》《网鱼》《冰》（选自“山水篇”），《老树三棵》《风与石鹰》《水泡》《窗》（选自“哲理篇”），《万年青》（选自“咏史篇”），《古井》《老路》《老柳》《茶叶》（选自“怀旧篇”），《渡口》《握手》（选自“情爱篇”），《老菜脯》

（选自“讽刺篇”），《日记》（选自“修炼篇”），《丰收》（选自“庭园篇”），《大自然的儿子》（选自“隐逸篇”），《鹦鹉》（选自“鸟兽篇”），《老缸》（选自“器皿篇”），等等。

目前，曾心的小诗最大的成就，在于警世和励志，对人生、人性有极透彻的体会和感悟。曾心的诗的风格“健康”“明朗”，容易看懂，有相当多的作品，耐人寻味！

向来诗有“载道”之说，是“为人生而艺术”；诗也有“不载道”的一派，即“为艺术而艺术”。诗是“语言艺术”，文字是它唯一的表达工具（媒介），因此，曾心已成就了他的“载道”的任务；下个阶段，我想有必要多向“不载道”的方向探索；仍以六行以内的小诗作为一种“自我挑战”的形式，继续攀登“语言艺术”的更高峰。

六六大顺，六行小诗有宽广的天地，值得诗人用心耕耘，拙文特为曾心小诗集《凉亭》祝贺。曾心的《凉亭》，是泰华现代文学史上的第一本六行以内的小诗专著，它的出版，具有领航作用。我想，很快就会有其他诗友出版第二本、第三本……小诗专集，为泰华文坛增添光彩。

# 读《曾心作品评论集》*

庄钟庆

读了《曾心作品评论集》非常高兴，获益匪浅，谨表祝贺！

曾心的作品引起中国及东南亚学者的热评，绝非偶然。

他的作品既有大中华性，又有本土性。这就是说，他的作品反映中华民族的传统习俗、现代人的生活内涵及精神特征，同时也表现泰华本土的风貌，这样才能吸引广泛的注意。如果仅有大中华性或泰华本土性，读者群就会受到影响。正是这两方面内容都具备，才构成这本书的突出特色。

具有哲学意识，这是他的作品的又一特点。许多评论者称赞他的作品有“哲理”，是“哲理辉映”，有的作品高扬“生命哲学”，主张“应身处世之道”；有的作品是“天地合一”之歌；等等。总之，评论者认为他的作品“深度来自哲思”。

曾心还非常重视文学与其他因素的化合，且在作品中有所表现，这样使得他的作品充满异彩。例如，他的作品与科技化合，被称为“科技兴业之歌”；又与医学特别是与中医化合，被称为“给泰华文学把脉”；还与宗教化合，被称为“宗教色彩与艺术个性”的结合体！

在艺术创造方面，曾心注重推陈出新，形成独立的一格。许多评论者都看到他的这一特点。他善于吸收中国文学特别是古代文学及世界各国不同文学流派在艺术方面的长处，并化为自己的血肉，创造个人风格。他还积极探索泰华文学在艺术上的独立特色，当然这方面的工作是很艰巨的，非一朝之功，有待各方面的不断努力。

《曾心作品评论集》的问世，小而言之，有助于作者倾听各种声音，总结创作经验，推进自己的创作；大而言之，有利于进一步开展中泰华文文学交流，推动东南亚华文文学发展与繁荣！

---

* 原载《曾心作品评论集》，泰国留中大学出版社 2009 年版。

# 编《曾心作品评论集》有感*

张长虹

2000年，我收集泰华作家作品之初，庄钟庆教授托厦门大学校友曾心先生帮忙。从素未谋面到初次相逢以至其后数番交往，曾先生对我查找文献资料和赴泰国考察等方面的请求，自始至终想方设法鼎力相助、多方照顾，使我得以顺利完成撰写《泰国华文新文学史》《泰国华语戏剧史》的工作。九年来，承蒙曾先生的耐心支持和鼓励，谨致深深的谢忱。

《泰国华文新文学史》是庄钟庆教授主编《东南亚华文新文学史》的一部分。在撰写过程中，我阅读了曾心的作品，后因编辑体例改变，删除了专门的介绍，而将之化整为零地散落在相关章节。厚朴宽忍的曾心是史青、司马攻、陈博文之外，泰华文坛又一能驾驭多种文学体裁且风格独特的作家。曾心细心观察、体悟敏锐、多思手勤，能从丰富的生活瞬间网罗新颖的题材，硕果累累。他的散文以写人为主，借趣眼观察人间，常常追求比现实更高的意境。其文将知性与感性相结合，笔锋常转，思考深入，颇具历史感。在写作手法上，曾心擅长描摹外景，勾勒内心，巧设悬念。中医与中国古典文学相通相辅，曾心的中医学养与行医经历使其文古韵幽幽，视角别致，构思匠心独运。2005年，曾心犀利独到的文学论著《给泰华文学把脉》出版，这是泰华文学批评史上的新成就，也展示了一位良医的济世之怀。曾心堪称杏林笔者，他灵感泉涌，宝刀不老，其源源不断的六行小诗、悯人求和的小小说亦为泰华文坛增色许多。

曾心值知天命之年方再续与文学之前缘，夙愿得偿，可谓大器晚成。其文学之种播于他在厦门大学中文系求学之际，其文学之干育于他对中华文化的执着，其文学之叶得益于他丰富的人生体验。老骥伏枥，志在千里。曾心

---

* 原载《曾心作品评论集》，留中大学出版社2009年版。

以其不辍笔耕使泰华文学更为厚重，封存多年的才华久酿弥香。同时，他还积极扶植新人，施以文养，使泰华文学血脉相承，脉象由沉弱转向和缓。

泰国华文作家协会会长司马攻先生认为曾心作品的总体风格可以用“和谐厚朴”四字概括，这已成共识的创作个性源于曾心超凡的忍功。曾心的作品虽不乏巧思奇想，却无怪异极端。我常想这除了他奉行中庸之道外，是否还有更为通透的解析。此一困惑，直至近日在观摩弘一法师遗墨展时，偶见他亲笔写下的明代四大高僧之一、净土宗九祖蕅益大师的一段话——“以慈育德，以忍养情。德育，天地万物皆归我春风和气之中；情养，乖戾妖孽皆消于光天化日之下”，方有所解。诚然，金无足赤，曾心先生以宽容之心、谦逊之怀，广纳学界先进、文友所坦言的中肯批评，并在不懈的耕耘中继续探索创新、完善自我，实属难能可贵。

2008年8月初，曾先生来函谈及收集出版有关评论其文的资料一事，我觉得这乃泰华文坛之佳音，裨于中泰文学交流。庄钟庆教授鼓励我独立承编，并表示愿作后盾。于是，我在责无旁贷与忐忑中接下重任。

盘点曾心评论，有助于客观、整体地把握曾心的文学成就与局限，进而借以窥探20世纪80年代以来泰华文学的发展趋向，促使泰华作家在不懈求索中深犁旧园，开辟新地，予人滋养。

《曾心作品评论集》凝集着关心泰华文学者的智与情。谨此也将之献给所有关心东南亚华文文学事业、推动泰国华文文学发展的人们，献给帮助过我的海内外师长亲友。

尤其感恩庄钟庆教授，是他为我提供了良好的范本，并真诚指导和总体把握。在此，一并感谢庄教授十四年来对我的帮助和关心，衷心感谢各位作者惠赐佳作、热心支持，感谢世界汉文化联合会执行会长钱明锵先生为本书亲赐墨宝并落款。

由于本人能力有限，书中还存不少纰漏。不妥之处，恳请方家不吝赐教。

# 泰华文学严冬中一枝独秀的小诗*

## ——访泰国小诗磨坊召集人曾心

计红芳　曾　心

计红芳（苏州大学文学博士、泰国朱拉隆功大学中文系客座教授，以下简称“计”）：曾先生，您好，您是泰华文坛上非常活跃的著名作家和批评家，对泰华文学的发展历程比较熟悉，请您谈谈。

曾心（泰国作家，以下简称“曾”）：泰华文学有八十多年历史，要细谈是不可能的，只能做个简单的回答。

泰华文学的源头，在于中国移民，没有大批中国移民，就不可能产生泰华文学。在中国五四运动之前，泰国虽有中国移民，但多数是出外谋生的劳动人民。五四运动以后，便有一批知识分子南来，给泰国这片黑土地播下了华文文学的种子。

最早的华文文学著作应是1933年林蝶衣的新诗集《破梦集》、短篇小说集《扁豆花》，符开先的新诗集《萍》，铁马的杂文集《梅子》等，这四本同一年出版的著作都是白话文体。此迹象可说明两个问题：一是泰华文学受到了中国轰轰烈烈的五四新文化运动的启蒙和影响。当年呱呱落地的新生儿主要是新诗，这与中国五四运动时期“新诗体解放成了这场文学革命的开路先锋”大体上相似。二是泰华文学与泰国文学不是同时期产生的。泰国文学在700多年前于素可泰时代便诞生了，分为古代文学、近代文学、现代文学。而泰华文学是自20世纪20年代末至30年代初才形成的。这与泰国文学的近现代分期，即1928年以后为现代文学是一致的。因此，泰华文学没有古代文学、近代文学，只有现代文学。

泰华文学的发展是波浪式的，经过了三起三落。

第一“起”：20世纪20年代末至30年代末，泰华文学处于萌芽成长期。

---

* 原载《华文文学》2010年第6期。

出版有新诗、短篇小说、杂文、文史、短评等，其中以新诗为强项。

第一“落”：20 世纪 30 年代末期至 40 年代末，泰华文学处于地下苦战期。此十年间，原来强项的新诗变成弱项，未见有新诗集出版，只见有几本小说、散文、文史著述等。

第二“起”：20 世纪 50 年代初至 60 年代中期，泰华文学处于潮涨波峰期。在小说、散文、诗歌、文史、翻译等方面，以长篇小说见长。

第二“落”：20 世纪 60 年代末至 80 年代初，泰华文学处于沉潜寂静期。因为出版著作受到严查，只有少量著作在泰国出版，一部分小说、散文、译作转到中国香港、台湾地区以及新加坡出版。

第三“起”：20 世纪 80 年代中期至 90 年代末期，泰华文学处于金秋丰收期。这期间出版的著作，超过泰华文学之前出版著作的总数，尤其以散文和微型小说的成就更为突出。无论从数量看，还是从质量上看，都应该说是登上了一个历史的新高度。

第三“落”：20 世纪 90 年代末期至 21 世纪前十年，泰华文学处于青黄不接期。第二代泰华作家走了一批人，剩下的“多是人间七十翁”了。第三代作家群尚未形成，因此近乎出现了“泰华文学就要中断了”的严冬现象。

计：我知道您是泰华小诗的主创人员之一，又是小诗磨坊的召集人。请您谈谈泰华小诗的大致情况及对小诗的理解，好吗？

曾：好的。在泰华 80 多年的历史中，不断有人写小诗。林蝶衣的《破梦集》里有一些小诗，但未成气候，既没有出现写小诗的群体，也没有小诗专著流传。泰国小诗群体的出现是在 2003 年初。当时整个文坛正处在寒冬季节，《世界日报》副刊主编林焕彰精心策划，从当年元旦起，对“湄南河”副刊进行改版，其中增设了一个专栏，叫“刊头诗 365”，即一年 365 天，每天在刊头左上角刊登一首六行以内的小诗。每天一首小诗，这在泰华报纸的副刊上是首创。“刊头诗”在副刊中，像一双漂亮的眼睛。它占的版面只有一块豆腐干大，却让整个副刊精神起来。首首小诗，就像苍穹里的星星、林中的黄鹂、海里的珊瑚，令人耳目一新，吸引了不少诗人投入写小诗的行列，形成一个写小诗、看小诗的热潮。当年一批老中青作家、诗人纷纷“出山”，奋笔写小诗，形成一支重新组合而崛起的新队伍，如金沙、田茵、摩南、老羊、周天晓、陈达瑜、岭南人、陈颖杜、许文谦、梁自元、马凡、曾心、杨学贤、符征、范模士、刘舟、博夫、苦觉、今石、杨玲、蓝焰、若萍、游鱼、滕子、思筑、周飏等几十位，在短短三年内刊登了 1000 多首“刊头诗”。中国诗人、评论家，如落蒂、古远清、龙彼德、赵朕、计红芳等也发表了不少有关六行以内小诗的评论和点评。这在泰华文学史上是一个令人惊喜的现象。

中国小诗的出现是在20世纪20年代初，它在中国是一种新诗体，一般在1行至10行之内。小诗的特点是短、精、深，谓之“螺蛳壳里做道场”。小诗的内容可大可小，小至一粒沙，大至一个宇宙。小诗的本质以抒情为主，表现诗人瞬间的体验、刹那的感悟，寄寓一种人生哲理或美的情思。冰心、周作人、康白情、汪静之、冯雪峰、宗白华等是推动小诗运动的主将。冰心的《繁星》《春水》奠定了小诗在中国新诗发展史上的地位。20世纪80年代，小诗再度在中国掀起高潮。近一二十年，小诗的重镇在重庆，他们提倡写三行以内的微型诗。泰华小诗由林焕彰倡导，以六行以内为基本形式的新诗体，为创作提供了可资借鉴的小诗美学。小诗磨坊就是在这种浓郁的小诗氛围中诞生的。

计：看得出来，小诗磨坊是泰华小诗的生力军，那能否给大家介绍一下小诗磨坊的来历以及各成员的情况。

曾：小诗磨坊在2006年7月1日成立，林焕彰和我是发起人，成员（按年龄排列）有岭南人、曾心、林焕彰、博夫、今石、杨玲、苦觉、蓝焰，地点在我家新落成的“小红楼”庭园中的一座六角凉亭里。由于该亭已作为小诗磨坊的诗友不定期聚会、切磋的固定场所，大家提议将该亭取名为“小诗磨坊亭”，由诗人林焕彰题字、诗人苦觉镂刻的精美横匾悬挂在亭子里。

我们自称“7+1”，是因七位住在泰国，一位住在中国台湾，并且规定这个组织只限制在八位。它象征着“八仙过海，各显神通”，共同探讨六行以内的小诗新美学。

当年，中国驻泰王国大使张九桓阁下也曾前来凉亭喝茶谈小诗，留下墨宝“精彩在多磨”，还在留言簿上写了一首即景诗：“精彩佳篇何处寻，繁华市井巧藏幽。吟章咏句多风雅，做事作诗岁月稠。”小诗磨坊成立以来，每年出版一本小诗磨坊合集，汇集每位同仁每年新作30首（附“诗外”），由林焕彰主编，至今已出版了4本，分别由龙彼德、计红芳、张默（中国台湾）等写序。在泰国留学中国大学校友总会文艺写作学会每年举办的文学讲座会和新书发布会上，同时举办年度小诗磨坊诗集发布会及小诗研讨会，共举办4次，每次出席者都达200人左右。《2010年小诗磨坊》已于今年7月1日出版，并请吕进先生写序。

计：刚才您说到小诗磨坊的成员人数限制在八位，象征“八仙过海，各显神通”。那么您能不能谈谈这八位同仁不同的艺术风格呢？

曾：谈到小诗磨坊八位同仁的不同艺术风格，中国有两位评论家都做过评介。龙彼德编审说：“岭南人的睿智，曾心的沉静，林焕彰的童趣与禅心，博夫的豁达，今石的奇峭，杨玲的清丽，苦觉的洒脱与形式美，蓝焰的哲思，恰似八花争艳，连成了一片春色。”计红芳博士认为：“岭南人的睿智、曾心的质朴、林焕彰的童趣、博夫的豁达、今石的豪爽、杨玲的清新、苦觉的潇洒、蓝焰的激情，犹如八仙过海，各显神通。”两位评论家基本上说出了我们八位的不同艺术风格，可作参考。学书法要临摹，写诗不提倡模仿，要保留自己的风格。没有自己的风格，就没有自己的好诗。风格的形成是与个人的出身、环境、经历、个性、修养、爱好、学识等分不开的。

计：您提到，小诗磨坊成立以来，每年出版一本诗集，至今已经出版了4辑，那就内容和题材来说，主要包括哪几个方面？

曾：我曾写过一篇《泰华小诗的崛起》，对内容和题材做过归类：有咏史诗、政治诗、咏物诗、爱情诗、哲理诗、山水诗、田园诗7种，现还要增加3种：环保诗、怀乡诗和怀人诗，共10种。

计：据说，这种“7＋1”的小诗发展模式已经推广到新加坡、印尼、马来西亚等地，你们对小诗的未来发展有什么构想吗？

曾：林焕彰先生说过：“在六行以内的有限篇幅，展现个人内在蕴含的能量，存在着极大的可能性，而大多数诗人也都乐于接受挑战。”因此，几年来，在林焕彰先生的推动下，六行以内小诗诗体在东南亚各地逐渐得到认可、推广和发展，并按照泰国小诗磨坊“7＋1”的模式，先后在新加坡、马来西亚、印尼等地成立了“小诗磨坊”。新加坡、马来西亚已先后出版了《小诗磨坊》（新加坡卷）、《小诗磨坊》（马来西亚卷），《小诗磨坊》（印尼卷）在编辑中。最近从林焕彰先生的电子邮件中获悉，中国台湾也成立了“小诗磨坊”。按林焕彰先生的构想，几年内将在东南亚有条件的国家都建立“小诗磨坊”，并分成几个大板块，连成一个跨国界的“小诗磨坊”网。

计：现在网络极其发达，泰华小诗有没有利用网络进行广泛的文学交流活动呢？

曾：小诗磨坊刚成立两个月（2006年9月），便决定向网络发展，把我们的小诗推出“湄南河”，与世界华文文学接轨。此任务首先交给博夫，他考察了多个网站的博客，觉得新浪网的博客较理想，贴文章的空间大，可以配图，可以评论，可以留言，便在网上注册“小诗磨坊博客”，设计了小石磨标志。

由博夫和杨玲负责把八位同仁的作品贴到博客上，配上高雅精美的图片，坚持每天更新小诗，也刊登有关小诗的评论，兼转载一些博友的小诗与评点，让博友也有参与感。博友们见到有合自己心意的小诗，经常留下“评语”，还转贴到自己的博客上，可见小诗磨坊的博客很受欢迎。现在，小诗磨坊参加了100个圈子，成为70个圈子的资深圈友，在文学博客圈子的精华博文排名榜上，荣登前十名，点击量已破10万大关。顺告小诗磨坊博客网址（http://blog.sina.com.cn/mofang2007）。借此机会谢谢各位博友对小诗磨坊的关爱，祝博友们“博”得开心！

计：博客的点击量如此之高，可见读者对小诗的喜爱，请您谈谈小诗的审美价值。

曾：审美价值在于小诗本身。我觉得，小诗磨坊的小诗含有以下七个层面。1. 大题材，从侧面切入。如今石的《官》：“乌纱帽下/张大的/两个口//一个吐/一个吞。”官场上贪官污吏众多，此诗没从正面写，只从装钱的“两个口”切入，形象、生动。2. 创造意象，饱含暗示。如岭南人的《雪人》：“精雕细刻/一尊美人如玉//太阳一出/一滩湿漉漉的/浊水。”“雪人”的意象，给人以暗示：世界万物，包括人生美好的东西，都是短暂的，都将很快成为过眼云烟。3. 含蓄，而不晦涩难懂。如博夫的《醉卧东篱》：“烛火燃尽愁绪/历史醉卧在长河的旋涡里//异国也有东篱/若干年后/我生命中/多了一个你。”这首诗写得较含蓄，尤其最后一句“多了一个你”，虽有多义，可作不同的理解，但不觉晦涩。4. 咏物，若即若离。如杨玲的《月光》：“蘸月光写诗//月光淡淡诗也淡淡/月光朦胧诗也朦胧//月光如水/诗如水上的月光。”此诗是写月光，又不是写月光；诗人借如水的月光，写出“如水的月光”之诗。5. 有情味、韵味，也有异味。如苦觉的《别》：“你走的时候/下着雨/我把墙上/挂了多年的帽子给你//在远处的钉子上/我发现/取不下来的白帽子。”整首诗有离别情味、韵味，尤其最后一句“取不下来的白帽子”，令人产生无限的离愁别绪。6. 写风花雪月，没有无病呻吟。如蓝焰的《雪》：“你告别南方而归化北国/带着云的碎片及鸟的羽毛/染白了山川野矿//一切回归于/无……”此诗写洁白的雪终归于“无”。诗人不是为雪“呻吟”，而是道出了一个佛理：人生中，一切“好”就是“了”，一切“实”就是“空”。7. 六行内，形式美。如林焕彰的《雨天》：“一只老瓮/装着全家人的/心，放在屋漏的地方/接水/弹唱一家人的//辛酸……”全诗分两段，前段五行，尾行“辛酸”是诗眼，单独一行，很显眼，很有美感。

计：您创作了大量的小诗，结集出版的就有《凉亭》等，反响很大，在中国获得了好评，请谈谈您创作和评论的具体情况。

曾：20世纪90年代初我踏入泰华文坛，开始写诗，写了不少，没有诗味，不敢出集子。写了一段时间，越写越觉得自己没有诗才，个性不浪漫，不宜于写诗，便投入写散文、微型小说和评论，出版了散文小说合集《大自然的儿子》、散文集《心追那钟声》、微型小说集《蓝眼睛》和文论集《给泰华文学把脉》等6种。2003年，香港诗人张诗剑主编“龙香诗丛系列”，选了我的35首短诗辑为《曾心短诗选》，香港银河出版社出版了中英对照本，并列为“中外现代诗名家集萃”之一。2003年初，林焕彰在《世界日报》开了“刊头诗”专栏，当时我刚应聘泰国留学中国大学校友总会办公室主任，俗务繁多，没有时间写文章，便把注意力转移到“刊头诗”上。开始是读者，渐渐成为作者，再渐渐“走火入魔”，如痴似醉。写了三年，共得180首，出版了小诗集《凉亭》(中英对照)。司马攻先生说得好：“曾心小诗集《凉亭》是林焕彰先生催生出来的，这个小诗集是‘湄南河’副刊‘刊头诗’累累成果之一。”过了两年，我又写了160多首。西南大学吕进教授在这300多首诗中选了160首进行点评，2009年11月由台湾秀威资讯股份有限公司出版了《玩诗，玩小诗——曾心小诗点评》(159首)，同时由泰国留中大学出版社出版了《曾心小诗点评》(160首)。这两本书出版后，有一定反响，在国内外报纸和杂志见到一些评论文章，如吕进的《寓万于一，以一驭万——漫说曾心》(《中外诗歌研究》2008年第3期)，吕进、周婷的《汉语新文学的“外国群落”——以泰国诗人曾心为例》(《星星》2010年第10期)，古远清的《空灵而有余味，自然而又情真——评泰国曾心的〈凉亭〉》(《华文文学》2007年第6期)，落蒂的《窥情风景，钻貌草木——读曾心短诗集〈凉亭〉》(泰国《世界日报》2006年5月29日)，赵朕的《“压缩的才是精华”——读曾心小诗漫笔》(《华文文学》2007年第5期)，李润新的《满天繁星　流光溢彩——评曾心小诗集〈凉亭〉》(《凉亭》，泰国留中大学出版社2006年版)，林承璜的《宣言立身处世之道——读泰华作家曾心小诗集〈凉亭〉有感》(《东南亚华文文学研究》第十辑，泰国留中大学出版社2010年版)，周婷的《诗香遍地——读〈曾心小诗点评〉》(香港《当代诗坛》2007年10月号)等。

计：在人类现代化的过程中，物质的侵蚀导致精神和信仰的缺失，于是诗歌承担着净化灵魂、完善人格的责任和使命，遗憾的是在消费文化流行的时代，诗歌依然是“票房毒药”。在这种形势下，小诗磨坊同仁将如何坚守这块精神家园呢?

曾:在经济飞速发展、生活节奏日益加快的今天,小诗的兴起和发展迎来了最好的契机。从好的方面想,也许在不久的将来,能一枝独秀,摆脱“票房毒药”的厄运,出现“票房灵药”的好运,给文坛一个惊喜。不过小诗磨坊是个小小的组织,目前恐怕还不能独自坚守,还要争取多方面的支持和帮助。一是聘请中国和泰国著名诗人、作家、评论家任资深荣誉顾问(张九桓、刘再复)、荣誉顾问(张默、司马攻、梦莉、吕进、周宁)、名誉顾问(龙彼德、刘登翰、陈慧瑛)、顾问(落蒂、陶然、计红芳、舒婷、白灵、范军),在精神上获得支撑;二是聘请关心支持文艺界的侨领任荣誉主席(伍启芳、蔡志伟、陈汉涛、罗宗正、廖锡麟、邓玉清、张祥盛、赖锦廷、张永青、卢瑗珊、陈惠芳),在经济上获得大力资助;三是“大树底下好乘凉”,我们八位同仁(除林先生外)都是泰国留学中国大学校友总会文艺写作学会的理事,一些活动获得该学会的大力支持,省力、省钱,效果好。以上三点对我们能坚守这块精神家园起了很大作用。我们八位同仁,目前多数还在为五斗米折腰,但他们都乐意耕耘这块精神“自留地”。我们不追求“票房”,也不问它是“毒药”还是“灵药”,只一心不停地推磨。我曾写了一首小诗《龟的决心》:“天有多高/地有多厚//龟戴着帽子/拄着拐杖/拿起测量仪器/决心做一次惊天动地的勘察”。这也许可以代表小诗磨坊八位同仁的决心吧。

# 上善若水*

## ——序《曾心自选集——小诗三百首》

吕　进

当人们谈论诗体重建的时候，经常的话题是完形格律体新诗和提升自由诗。

格律体暂且不说，“自由诗”本是田汉翻译的词。其实凡文学皆不自由，哪有什么自由诗，就像哪有什么自由小说、自由散文。放开说去，在艺术领域，哪有什么自由歌曲、自由舞蹈、自由戏剧、自由电影。每个文学品种总是被自己的文体法则制约着，都有自己的文体可能性，这才有那个文学品种的存在。文学家的才华就在于运用这种制约，创造出独特的美，所谓“只有法则能给我们自由”。

超越文体可能性去寻求无限“自由”，好似想抓着自己的头发离开地球，只是一种可爱的空想而已。

小诗是一种自由诗，但是，它又有别于其他自由诗。最基本的特点就是“小”，是三五行、七八行的即兴咏叹而已。所以小诗的艺术在于小与大、简单与丰富、完成与未完成的融合。它小，可是它抒写的生命、人生、时代、自然、宇宙却很大。它简单，可是它又常常微尘中显大千，刹那间见终古。对于诗人，它是完成品；对于读者，它却是未完成的开放式框架，等待读者的创造。小诗的品格完全用得上英国诗人布莱克说的那句话：“一沙一世界，一花一天堂。”没有大的小，不是小诗。没有丰富的简单，不是小诗。没有未完成空间的完成品，不是小诗。

对于诗人，“小”是制约，“小”也是巨大的机会。败也小，成也小。小诗以“小”带给读者无穷的审美乐趣。

读完曾心的这 300 首小诗，他真能在“小”中游刃有余啊：卷舒随意，

---

* 原载《曾心自选集——小诗三百首》，香港银河出版社 2011 年版。

挥洒自如。曾心的小诗给人们带来的是一股大大的禅意。在这争名于朝、争利于市、人情似纸的世俗世界，这股禅意太宝贵了。富有东方智慧的诗人站在高处体悟世界：见山是山，见水是水；见山不是山，见水不是水；见山又是山，见水又是水。《达摩祖师血脉论》说："性即是心，心即是佛，佛即是道，道即是禅。"禅和道的确相通：清空，静思，无争。由此我从禅想到了道。曾心的诗真像老子说的水，像极了。水是高雅的，无色无味，清明洁净。曾心的诗有着"黄袍佛国"的宁静和明澈，使我想到几千年前那位在函谷关"著书上下篇，言道德之意五千余言而去，莫知其所终"的老子的名言"上善若水"。老子特别值得当今精神迷失的人们回望，同样，曾心小诗的禅意也特别值得现世的人们珍视。

为小诗集写序，也应该求小，就此打住吧。祝曾心诗兄更上层楼，我期待着，大家期待着。

# 厚积薄发，后劲与日俱增*

## ——泰国曾心访谈录

陈　勇　曾　心

陈勇（中国作协会员、小小说作家网特约评论家，以下简称“陈”）：散文、小说、诗歌、评论等您都有所涉墨。您认为各种体裁之间的相互作用与影响体现在哪些方面？艺多会不养家吗？

曾心（泰国作家，以下简称“曾”）：我觉得作家在学习上、阅读上不可视野太窄，“博观”十分重要。作家知识视野越广阔，思路的天地也越广阔，获得创作的机缘就越多。我原来是学文的，后来又去学医，在从事中国医学史教学时，发现了“医”与“史”之间有个中间地带，它既涉及“医”，也涉及“史”，还涉及“文”。如果我没有“文”的基础，就无法去“开垦”这一领域，写出那本带有较浓厚文艺笔调的医学随笔《杏林拾翠》（广东科技出版社1983年初版，百花文艺出版社2009年再版）。如果我没有学医，后来也无法写出带有某些医学知识的微型小说《三个指头》，散文《大自然的儿子》《一坛老菜脯》，评论《给泰华文学把脉》等。

世间没有一种孤立绝缘的艺术。我觉得各种文学体裁有意或无意在互相作用、渗透和影响。小说、散文是外视点文学品种，小说的旨趣在于演绎故事，散文的钟情在于绘画外在世界。诗是内视点文学。我写叙事散文，力求情、景、议融合的同时，喜欢用白描，并掺有些情节，虽不完整，但可增加吸引力。写小说，写到关键处，我也喜欢用白描，甚至用散文笔调勾画环境、人物、情节，营造氛围。写评论，在抽象思维的基础上，也喜欢用形象思维，使语言有些情趣和文艺色彩。写诗歌（六行以内小诗），注重抒情，营造意象，必要时也用内视性的“议”，使诗自觉地从生活中升华，甚至还用上了微型小说“最后打击力量”的欧·亨利式的结尾。

---

* 原载香港《文综》2011年6月夏季号。

俗话说："百样通，米缸空。""艺多"能不能养家呢？泰国社会是个商业社会，难以单独"从艺""从文"。泰华的作家，几乎都是亦商亦文，以商养文，文是副业。我觉得在商场里"打滚"如能"百样通"，"艺多"机遇往往会更多些。单独从文，不管"艺多"或"艺精"，都难于避免"米缸空"，养不了家的困境。

如果从狭义上说，"艺"是文学，"家"是精神之家，我也说不清自己在哪个文学类型成了"家"。多数评论家、学者、作家肯定我的散文和微型小说的成就，吕进教授却说我的"主要的成就在诗，诗的主要成就在小诗"，司马攻先生还说"文学评论是曾心的十八般武艺中的一个强项"。呵呵！看来我是个随兴而至却无一技之长的"家"了。

陈：《三个指头》被中国当作"初二语文试卷"和"九年级语文统练试题"，载入《世界华文微型小说双年选 2000—2001》和《世界中学生文摘》。请您谈一下此文的创作过程。

曾：中医四诊：望、闻、问、切。"切"就是切脉，也叫把脉。把脉靠的是三个指头。三个指头，往往可判断其医术的高低。由于职业关系，我不仅与病人接触，也接触许多老中医，他们一生没有属于自己的时间。行行有退休，只有老中医没有退休，中医越老越吃香。当时泰国华文教育断层了半个多世纪，中医很难找到"徒弟"，传承似乎到了"绝路"。当年，我看到几位老中医，"硬挺着一把老骨头，死挑着这古老中华国宝的行当"，心里既感动也不好受。因此，我很想写一篇有关这个主题的微型小说。也许由于我熟悉这行业，脑子里也有不少老中医的形象，动笔很顺利，写得很投入，越写越觉得入神，好像灵感来造访。如写被人誉为"朱半仙"的老中医朱一新，在切病者脉搏时，忽觉胸闷胸痛，自知大限将至，仍坚持为病人把脉，出乎意料地"跳"出一个这样的结尾：

> 这时候，诊所只剩下三名病号，便请他们到他卧室去。躺在床上的他，伸出三个指头，把完第一个病号的脉；又伸出三个指头，颤抖地把完了第二个病号的脉；再伸出三个指头把最后一个病号时，他的三个指头再不会动了，僵硬地停在病人跳动的脉搏上……

这个结尾的出现，好像见到了文中的"眼睛"，即主题坐标的显露。当时我有一种自信和惊喜——"结晶儿"诞生了。

中国评论家龙彼德赞赏“这段”是“精彩的描述”，“真是‘鞠躬尽瘁，死而后已’！‘三个指头’是朱一新医德、医术的全面展示，也是震撼读者心灵的神来之笔。”

陈：您文医兼备，又有丰富的人生阅历。您在文学上能够取得如此骄人的成就，除此之外，还有哪些因素？

曾：我想，隐隐约约还有以下因素吧！

现在有些人不喜欢谈思想，其实什么作品都躲避不了思想，不是这种思想，就是那种思想。即使声称不谈思想的作品，作品中还是有他自己的思想。因此，思想的深度决定作品的深度。思想浅薄或平庸是作家的致命伤。

我从小在泰国农村长大，对田野的稻米、花草、树木、虫鸟等，都有一种特殊的情感。随着年龄的增长，这种情感越积越深，以至于时常流露出陶渊明那种“久在樊笼里，复得返自然”的崇尚自然的思想。

我喜欢“圆”的“学说”。地球是圆的，太阳是圆的，星球是圆的，一切生灵的眼珠子都是圆的。“圆”是完满的象征，最美丽，最极致。因此，我想做人也要“圆”，把“圆”作为圭臬，把老子的“上善若水，水善利万物而不争”之类的话记在心里。清代刘熙载在《艺概·诗概》中说：“诗品出于人品。”也许由于此种缘故，深藏在我心灵的这种东西，便有意无意地在作品中流露出来。

写作需要冲动，但更需要“冲动”之后的沉思，需要沉淀后的“冲动”。一个喜欢拿笔杆子的人，对人对物对事对景，容易“冲动”，容易生情，甚至有如点了某个穴位，产生了连锁反应。冲动的情感似可燃烧、可燎原！但我习惯于“坐禅”，在“入定”时，让这种冲动的情感沉淀沉淀再沉淀！沉淀是冷的，冲动是热的，冷热碰撞与融合，有时会“悟”出一些超出情感的“理”来，于是表层里有了更深层的东西。

写作是一种创业，是一种精神的创业。“创业难，守业更难”，同样的道理，写作难，坚持更难。从某种意义上说，精神之业，比物质之业更难。它要承受各种压力——物质的压力、精神的压力，社会评说的压力、家庭的压力、自我突破的压力。因此，有些颇有才华的作家，顶不住“压力”，只“冒尖”一时，便偃旗息鼓。我不是出生书香门第，禀赋不足，到了九岁才进学校读书。我自知自己没有什么天赋，也不是聪明人，有人说我有点“愚”，但我懂得“笨鸟先飞”的道理。既然起飞，不管风吹雨打，不管路途多远，不问何时到达“彼岸”，只问飞行，只问航程。在写作过程中，我学会忍耐再忍耐、冷静再冷静、坚持再坚持，也学会低头做人，甚至夹着尾巴做人。我喜欢乌龟的处世哲学，曾写了一首《龟》的小诗自勉：“遭受欺压时/把头缩成一块硬石//过后/继续走路”。

陈：您已年逾古稀，是否会继续给读者带来惊喜?

曾：有人说，作家从30岁到50岁是创作生命的旺盛期，之后就走下坡路。我是在下坡期——50岁才走上文学道路。我已年逾古稀，很难有什么“惊喜”之作了。

当前，随着泰国华侨、华裔家庭结构的重新组合，如嫁娶的融合，使得一个家族中几乎没有纯种的三代华裔。现在的泰华作品很少再去反映“叶落归根”的问题了，而着重写“叶落生根”。这“根”已延伸到政治、经济、文化等方面，而且有逾越或突破华侨、华裔题材之势。因此，我想写华侨第四代、第五代的华裔，反映他们融入当地社会的生活。也许这只是还有“惊喜”的梦吧。

# 不老的曾心*

陈慧瑛

2010年7月中旬参加泰国留学中国大学校友总会讲学归来，总想着曾心的人与文，想着他家的朱楼、园林和凉亭——那孕育了小诗磨坊的红尘净地，想着他的朋友、我的学长张祥盛、张永青以及神奇的龙虎园，想着他的文友、我的知交梦莉小姐，想着他那精致玲珑的办公室和身边那一群可爱的年轻人。这一份眷念，挥之不去，竟成了一段无名的相思……

曾心先生是我的学兄。1959年，我考入厦门一中高中部，他是我的同班同学；1962年，同时录取于厦门大学中文系，我们又成了同窗。人的一生，能在心底留下历久弥新记忆的人往往寥若晨星。岁月如流水，转眼半个世纪，曾心是令我难忘的一位知交。

> 细雨湿衣看不见，闲花落地听无声。
>
> ——〔唐〕刘长卿

曾心是泰国侨生，因上学晚，年纪比较大。当时，在我们班级中，东南亚各国侨生大约占了三分之一。他是最不显山露水的一个。身材不高，肤色黧黑，少言寡语，面目和善，随时随地一脸笑意，给人以木讷、持重、亲切、和蔼的印象。他学业成绩中上，但特别勤奋，没发现他有特殊爱好。三年高中，课余时间他总是抱着书本，或外语，或语文，或数学。我是班上的语文科代表，每回收取他的作业，字迹总是工工整整，一丝不苟。他担任班长，一到劳动课或春播秋收下乡劳动，总是一马当先，累活脏活抢着干，总是默默无言、汗流浃背，最后一个离开。他的憨厚与质朴，几近于迂。

---

* 原载泰国《华夏纪实》2012年4月号（总第40期）。

他乐于助人。20世纪60年代初，因为自然灾害，学生大抵清贫，他也并不富有，但只要同学间有急、难，第一个慷慨解囊的一定是他。

上大学后，他当上了班级的学习股长，为人依然谦和低调淡如秋水，为学依然认认真真一丝不苟，成绩依然中人之上。同学们喜欢他，是因为他的平和淡定，令人即之温温如和风细雨；人们很少格外关注他，是因为他从不冒尖从不张扬，就像花开花谢，云起云收，一切听之自然。

难忘的惊人之举是大三那一年暑假，留校男生发现他经常夤夜不归——想不到表面看去沉默寡言似乎不谙风情的曾心，竟陷入情网，轰轰烈烈地爱上了一位清纯可爱的高中毕业生。当然，由于年龄悬殊和缘分未到，这段恋情无疾而终，但由此我第一次体会到曾心心底的执着、浪漫和阳刚。

繁枝容易纷纷落，嫩叶商量细细开。

——〔唐〕杜甫

大学毕业正好赶上“文化大革命”，同学们风流云散天各一方。曾心被调往广东省外事办公室，后来又去了广州中医学院。我被分配到了太行山，从此地北天南音信渺茫。听说他跻身杏坛还著书立说，又听说20世纪80年代初，他重返出生地曼谷，那是后话。白驹过隙，转眼20个春秋，再相见已是1992年初夏，曾心从泰国回厦门来到我家中，把酒话桑麻，重温同窗梦，自然无限欢喜。他送我一本《杏林拾翠》，那是一本将医学和史话相结合的著作。我说：“想不到你转行了!”

他说，那是职务之余的积累，心中所爱还是文学。谈起文学，一向庄重如哲人的曾心眉飞色舞，要了我新出版的两本散文集，欣欣然而归。此时，他已是知天命之年。

不可想象，回泰之后，他竟文思如泉，不曾听说发表过文学作品的曾心，散文、小说、评论一篇篇、一本本问世。1994年我首次访泰，曾心带我至家中，当时他还在从商从医，但他家高高低低的三层小楼里，书橱、书架、书桌，密密麻麻全是书，除了少量医家典籍，竟全是古今中外文学著作，也有不少中国当代名家新作。他的桌上、椅上、床上，到处都有或整齐或凌乱的创作手稿。惊叹之余，我不禁深深折服：难得的中华之子啊，在异国他乡，仍不忘传播炎黄文化的火种!

他陪我游览曼谷寺庙，前往湄南河畔的郑王庙，我问他：“在泰国这样的商业社会，你为什么会想到步入如此艰辛的笔耕生涯而且如此执着不移呢?”

他眺望着缓缓流逝的湄南河水，微微一笑：“也许是一种责任吧！一种发自内心的‘不须扬鞭自奋蹄’的挚爱吧!”

是的，曾心在历经风霜雨露、饱尝世态炎凉的数十年间，一直怀抱赤子之心，爱大自然的壮美山川，爱社会底层的真善美，爱血脉相连的祖国故土，爱生他养他的侨居之乡。他凭借一双透视社会的锐眼，凭借一颗洞察人世秋毫的爱心，凭借一把宝刀不老的铁笔，为泰华社会描绘了一大卷人间浮世绘，为弘扬中华国学、彰显人伦礼义，奉献了众多优秀篇章。

有的人早慧，少年得志，名声大噪，但虎头蛇尾，后力不济，结果江郎才尽。曾心厚积薄发，一发则不可收拾。在人生之秋，能如长河奔腾、如高山日出，气象万千者，真是凤毛麟角！而难能可贵的曾心，就是其中之一。

苍龙日暮还行雨，老树春深更著花。

——〔明〕顾炎武

从20世纪90年代中期起，曾心不仅在泰华文坛声名鹊起，而且他的名篇名作——《大自然的儿子》《心追那钟声》《蓝眼睛》《一坛老菜脯》等，也传入中国。他的多篇作品不断在国内外得奖，并且选入中国年度选集、“文学大系”、中泰教材读本。曾心开始作为著名作家，活跃在泰华文坛；已经出版了13本著作的曾心，开始作为东南亚知名新秀，出现在中国东南亚华文文学研究人选之中。他实至名归——在20世纪之初，当上了泰华作家协会理事、泰国《泰华文学》编委、泰国留学中国大学校友总会办公室主任、厦门大学泰国校友会秘书长、厦门大学东南亚华文文学研究中心兼职研究员等。老树新花，文坛奇迹——曾心的文学之路，不仅是青年文学爱好者的榜样，也是中老年文学有志之士的楷模。

曾心是文坛上的多面手，他写散文，质朴无华，真情感人，催人泪下；他写微型小说，寓教于文，如春风化雨，润物无声；他写评论，为文客观公正，理论功底扎实。我特别喜欢他的散文，他送我的第一本散文集《大自然的儿子》，我拜读多遍，那一份人间至诚，一般江湖作家难以具备如此情怀。他的《猴面鹰哀思》，那一种对生命感人至深的珍爱，也不是扰扰红尘中人人都能拥有的心愫。面对曾心平实、真诚的散文作品，我的最大感受是文如其人。更想不到的是如老松如古玉的曾心，近年来也写诗，写如青春火焰、如电光火石、如行云流水的小诗，而且一写就是数百首，并出版了两本小诗集。那一首首令人击节赞叹的小诗，是怎样叫人爱不释手的一颗颗珍珠啊！惜墨如金，明白如话，通哲睿智。如《萤火虫》：“平凡的一生/只求做好一件事：/提着灯笼/给行人照明”。短短四句二十一个字，却过目难忘。曾心的文学成就，可谓大器晚成！古诗里有两句：“落日千帆低不度，惊涛一片雪山来。”其曾心之谓乎？

人意共怜花月满，花好月圆人又散。

——〔明〕顾炎武

十年来，泰华文学逐渐成为东南亚华文文学的主力军，曾心已然成为泰华文坛的主将。两年一度的中国厦门大学东南亚华文文学研讨会，我们总能相见。但曼谷再度握手，却是十五年后的去岁仲夏。

2010 年 7 月，应泰国留学中国大学校友总会之邀，我到曼谷讲学。前来机场接机的是曾心和新加坡诗人秦林先生。曾心在泰国留学中国大学校友总会工作多年，但凡来自母校厦门大学的校长、老师、校友，他都会迎来送往，热情诚挚的心一如他热烈如火质朴如水的文章。因此，只要与曾心相见，就不易相忘。一般人很难想象，一位已迈入古稀之年的老者，能有如此的活力与激情！

讲学之后，曾心邀我至他家的小红楼，入门即见一片盆景园，苍翠满目，美不胜收。其间有曾心多年来亲手精心培植的 100 多个品种近 200 盆树桩盆景，如富贵榕、榆树、黑杏、紫薇、福建茶、黑松、罗汉松、黄杨、中华云母、对节白蜡、白果、酸角、满天星及许多不知名的本地树种，其中数十盆移植的百年树桩更是罕见珍品。满园花树高低错落，姹紫嫣红，其形如龙、如凤、如狮、如虎、如秀女、如猛士、如倒挂金钟、如老僧入定、如浮云漾日、如白鹤临风……真是千姿百态、形神俱佳！园中有慧泉锦鲤，大可尺许，小也盈掌，欣欣然游弋嬉戏于清池之中。池边有大理石如榻，可静卧、可打坐，有小凉亭如古董，掩映于老榕飘飘长髯之中。小红楼极雅致，楼下粉墙，皆名人字画，可谓书香满屋。缘曾心亲自设计因势利导的阶梯上楼，扑面而来的是北京大学张振国教授题赠的书法“故人西辞黄鹤楼”横幅。室中，除书架之外，一竹榻、一茶几、一红木桌椅而已！清幽、脱俗、古典，令人颇有身入桃花源之感。就是这座小红楼，诞生了泰华文坛闻名海内外的诗歌圣地小诗磨坊。

曾心之家，在闹市之中——门外，大小商店鳞次栉比，红男绿女摩肩接踵，紧邻一座庞大的停车场，千车万驾，进出其中；门内，化外仙居，诗情画意、花香鸟语、禅心古韵，令人自然而然地顿悟陶渊明“结庐在人境，而无车马喧，问君何能尔？心远地自偏”的深意了！主人的胸襟情怀，由他手创的小红楼可见一斑。

承曾心盛情，又带我至其独子曾哲家中，那是一座相当宽敞的别墅，一树古柿如盘龙，两株红莲如灯笼，三盆绿宝石盆景青翠葳蕤，数棵芒果树交柯接叶，忙里偷闲的幽情雅趣颇具乃父之风。曾心的子、媳皆学医行医，也是杏坛中人、积德之家。孙儿健健、壮壮聪明活泼，见客来毫不认生，拉着我到花园中打高尔夫球，还与我计算输赢，实在讨人喜欢。曾心说，多年前他到我家中，谈话间提及孙子名健健、康康，我告之“康康”二字，闽南语、粤语均读“空空”，空空如也，不太吉利，不如改为“壮壮”，更为阳刚，他从善如流，遂改之。此行见壮壮，也算天缘吧！在曾公子家中，见到一座古色古香的红豆杉根雕台灯，人与物皆形神毕肖。我问曾心何处淘来此宝，曾说是当年在国内下放农村时闲来无事自己鼓捣的，成品还不少，大抵被人要走，就剩这一件，带到泰国来了，也算是青春时代的一个纪念吧！

联想前一日在泰国留学中国大学校友总会曾心的办公室里，看到他张贴于墙上临摹“兰亭序”“千字文”的书法，端庄、秀媚，令我赞叹不已。想不到同窗多年，竟全然不知曾心如此多才多艺！从曾心身上，我再一次体会到“有志者事竟成”这句颠扑不破的真理；相识近半个世纪，我也才第一次了解貌似粗糙的曾心，竟有如此锦心绣口的一面。

曾心家中近400平方米的盆景园林，芳名“艺苑”。凡有雅客光临，主人都会索诗求字。我有幸在“雅客”之列，又是高中、大学时代的资深同窗，自然义不容辞。于是临阵磨枪，应主人之约草就小诗一首《题赠艺苑主人》：

有一脉泉号忘川
有一种树叫苍松
有一位古哲名老聃
你是忘川的流水
你是常青的松树
你是老子胯下的青牛

岁月老去，真心不老
你是永远的报春鸟

在我眼前，在我心中，岁月老去，曾心不老！

2010年之夏短暂的曼谷之行，有许多美好的人与事充盈心间，有许多诗心画意异国风情中饱行囊，但最温馨的记忆属于老同学——不老的曾心！只是，世上没有不散的宴席，花好月圆不容易，待到花好月圆时，骊歌又起。唯有留下一段高山流水，天涯长相忆！

2011年2月12日写于厦门

2011年3月26日改定

# 田螺壳里做道场的灵光*

## ——与泰华著名作家曾心对话

凌鼎年　曾　心

认识曾心是在 1996 年，我去泰国参加第二届世界华文微型小说研讨会时，一晃有 16 年了。因为曾心懂电脑，故我与他一直有联系。我是个只要不外出，十有八九在电脑前的宅男，习惯有邮件及时回复。曾心回信勤快，我与他的联系就频繁，对他的了解也就多，总体印象是热情、实干、多才、勤奋。

最近，我应泰国留学中国大学校友总会文艺写作学会的邀请，去泰国参加文艺写作学会成立五周年庆文学讲座活动，再一次见到了曾心，并有机会拜访了他发起创办的小诗磨坊，了解加深，印象更好，于是有了与曾心就华文文学这话题进行一次对话的想法。

凌鼎年：因多年来我致力于微型小说的创作、评论，与海内外双向的交流，三句话不离本行，那就先聊聊微型小说吧。据我对泰国华文文坛的了解，泰国写微型小说的，泰华作家协会原会长司马攻既是倡导者，也是实践者，其成绩最大，影响最大，其次是现任泰国华文作家协会副会长的郑若瑟，出版了“情”字系列的多本微型小说集。平心而论，在泰国的华文作家中，你的微型小说作品不算最多，但也是一员大将。谈泰国的华文微型小说，是绕不开你的。请你谈谈你是怎么会创作微型小说的，以及写微型小说的体会。

曾心：20 世纪 80 年代末，世界华文微型小说崛起。泰华微型小说到了 20 世纪 90 年代初才起步。1993 年，中国微型小说学会和新加坡作家协会联合主办“春兰·世界华文微型小说大赛”，泰华作家协会与泰国《新中原报》为大赛的联办单位，积极鼓励泰华作家参加这次征文比赛。当时我真的不知道怎样在这样的田螺壳里做道场，只知它是小说族中的小弟弟。于是，我心

---

* 原载《华文文学》2013 年第 1 期。

中默守小说三要素——环境、人物、情节，便做起微型小说来了。

当年我写了一篇微型小说《蓝眼睛》参加“春兰·世界华文微型小说大赛”，虽然只获得鼓励奖，但给我很大的鼓励和鞭策。于是，我搁置了当时正写得得心应手的散文，转而投入写微型小说。同时我开始学习零散的微型小说的理论，如“以小见大，以不全求全”；“以不写之写，在没有背景中见背景”；“多用‘横’写，少用‘纵’写”；“有头无尾，有尾无头”，或“无头无尾，只取‘腰’的一段”等。这无疑给我创作微型小说一把理论新钥匙。但由于我的“思维库”积存太多固有观念，老在原来的藩篱中踟蹰。写来写去，几乎每篇都有环境、人物和一个相对完整的有头有尾的故事情节。十年后，我出版了一本微型小说集《蓝眼睛》。咳！书中既没有什么流派，也没有什么“新潮”的写法，未免陷入不能自我突破的苦恼。

写微型小说，我不擅长“无中生有”。我偏重在自己的现实生活中、家族和亲友的经历中，去找创作素材的“胚胎”。这些素材，有的似流星，稍纵即逝；有的像金子，闪亮不灭，甚至渐渐地擦亮储存在我脑海里某些类似记忆的火石。于是通过想象，调动自己的视觉、听觉、嗅觉、味觉、触觉等全部的感受以及与此相关的全部想象力，有如滚雪球，越滚越大，重新唤起另一种相互渗透而改头换面的具体感受，从而进入一个似曾见过又未曾亲身体验过的真实。在这过程中，往往由表及里，由注入情感到疯狂追求，甚至随着人物酸甜苦辣的经历，情不自禁地泛起自己喜怒哀乐的心绪。若是写到关键处，突然心灵一亮，好像见到文中的“眼睛”，即主题坐标的显露。那时往往有一种自信与惊喜——“结晶儿”即将诞生了。

我经常徘徊在一个窘境中，觉得一般的素材到处都有，有内涵的素材真难找。也许我的选材太注重社会意义了，偏重选些人生际遇、社会现实与历史遗留的碰撞，也着重写了华文教育式微、道德沉沦、思想代沟、华人“根脉”和有民族意识的，或由民族意识生发出世界意识与国际意识的东西。显然，这种选材有利于主题的深化，但也是一种自我设限与束缚。

凌鼎年：据我了解，你的微型小说作品在中国还挺受欢迎，譬如你有篇《三愣》，先后被选收入郑允钦、吴雁主编的《外国微型小说三百篇》（百花洲文艺出版社 2002 年版），江曾培主编的《微型小说鉴赏辞典》（上海辞书出版社 2006 年版），《星空点灯——世界经典文学故事·法律趣味案例荟萃》（中国文联出版社 2009 年版），《世界微型小说经典·亚洲卷》（百花洲文艺出版社 2009 年版），《最好小小说大全集》（中国华侨出版社 2011 年版）。这篇作品我印象也特别深，还专门点评过，发表在香港《夏声拾韵》杂志2009年第2期。你这篇作品被多种选本选入不算，还被中国的语文考试卷选用，如2012年2月被选入“2012语文全新教程精品练习”单元综合检测题，2012年4月被选入“辽宁省大连市2012届高三双基测试卷语文试题”，2012年6月被选入“广东省珠海市2011—2012学年高二下学期期末语文试题”。应该讲这是不小的荣誉，甚至比某些有水分有猫腻的获奖更有说服力。请你谈谈你怎么会创作这篇《三愣》的，原始素材是从哪儿来的，是如何加工、改造、构思、创作的？评论界有何评价？你对这篇作品的“走红”有何感想？

曾心：《三愣》是我早期的作品。那时我还在开诊所，一天，遇到一个讨价还价的病人，令我脑子一愣。这事虽小，但很新鲜，像个“地雷”，在脑子里埋藏着。又有一天，遇到一个戴黑眼镜的病人，他是个独眼龙，让我找到“导火线”。由此，我回想到20世纪50年代，泰国华侨学校被封，许多华侨子女组织“游击学习”小组，转入“地下学习”，他们屡遭种种不幸。到了20世纪90年代，适逢华文教育解禁，华侨学校纷纷复办，许多华人、华裔解囊捐助，有的全家三代上华侨学校学习。这些动人的场景，在我脑中“放电影”。于是我在这个“实”的基础上，进行虚构、想象和推理，把这些事放在一个人——“张亚牛”的身上，编造了这样的故事：李医生初见病人，在“望闻问切”过程中，让病人摘下黑眼镜。病人迟疑，李医生再次催促。待病人摘下黑眼镜，他没想到看到的是“凹陷的眼窝，不见那颗眼珠子”的独眼龙，不禁为之一愣。医生诊断开了处方，在付诊金时，病人还为区区“一百泰铢”讨价还价。李医生从医二三十年，从来没遇到过这种情况，不禁又为之一愣。三天后，张亚牛没按预约来看病，李医生却在一所被封闭近半个世纪的华文小学举行的复办典礼上见到了他。他正在讲述一段求学时的不幸遭遇：30年前，他曾在这所学校读书，不幸学校被封，他们组织地下学习小组，警察来抓人，老师被抓走，他越墙逃跑时，被一个铁钩把右眼钩坏了，成了独眼龙。说完，他慷慨解囊，捐献了一箱崭新的面值1000泰铢的纸币，并报名当个“胡子学生”，李医生第三次愣住了。李医生觉得自己写的支票数额太少了，便在数字后面加了两个零。这篇作品发表后，有单篇的评论，如柳易冰、赖廷阶的《懂得曲径通幽的建筑师——曾心的微型小说〈三愣〉》，李润新的《华教的悲歌——评〈三愣〉》，程相文的《病态　内向　亢奋　吝啬　坚强　高尚——〈三愣〉人物形象的复杂性》，凌鼎年的《曾心的〈三愣〉点评》等。

综合这些评论，大家对《三愣》有以下的看法：1. 写出了主人公张亚牛的多重性格，既有外表丑陋、古怪吝啬、人见人嫌的一面，又有内心充满理想和激情、为华文教育事业甘愿奉献一切的伟大人格；2. 借助张亚牛的讲述，把笔触深入泰国华侨学校兴衰的历史和张亚牛在华侨学校求学时的悲惨遭遇中，使作品具备了深刻的历史感和现实感；3. 采用了先抑后扬的手法，“一愣”，以独眼龙为后文埋下了伏笔，“二愣”以“吝啬”的言行，有意贬低主人公，到了第“三愣”，以捐献了“一箱崭新的面值1000泰铢的纸币”义举，尽显了“褒扬”之意，一下子使主人公的形象高大起来；4. 故事情节三起三落，一浪高过一浪，最后把故事推向高潮，结尾出人意料，产生了微型小说震撼人心的艺术效果。

一个作家要耐得孤独和寂寞，但也需要掌声。这篇作品“走红”给予我极大的“掌声”，尤其是素不相识的掌声，更觉真诚，弥足珍贵。面对浩如烟海的书籍和作品，一个作家有一两篇作品受读者喜爱，很不容易。我是一个在海外用华文写作的业余作者，作品能走进中国，受到读者的热捧，这对我是一种莫大的肯定和鼓舞。我要借此机会用泰国的礼节，向喜爱《三愣》的编辑家、评论家、教育家和读者双手合十，说声“感谢”！

凌鼎年：当然，你不只这篇《三楞》被编辑家、评论家、教育家看中，你的微型小说《三个指头》被选入《世界华文微型小说双年选（2000—2001）》（上海文艺出版社2002年版）（你可能不知道，这本选本的作品初选是我负责的），并入选《世界中学生文摘》。《三个指头》2004年被选入“九年级语文统练试题”（浙江义教版）、2005年被选入“初二语文期中考试试卷”（苏科版）和“2005—2006学年度第一学期期中考试初二语文试卷”等。你还有一篇微型小说《三杯酒》获得全球华人迎奥运征文一等奖，被收入《华盛·盛世华人　喜迎奥运：“国家电网杯”全球华人迎奥运征文活动文字作品选》（中国电力出版社2008年版）。2008年8月22日，《光明日报》把《三杯酒》刊登于“文荟副刊”。我在担任上海文汇新民联合报业集团旗下的《文学报·手机小说报》执行主编时，还把这篇选发在了创刊号上。这篇《三杯酒》后来还获得第七届中国微型小说年度评选二等奖。印象中你的《窃名》获得第六届中国微型小说年度评选二等奖。我是每届的初评委，海外参评稿参差不齐，好作品我印象特深。说实在，在高手如林的中国微型小说文坛，一个海外的作家能获奖委实不易。请问你是如何做到不断出精品的？

曾心：现在有些人不喜欢谈思想。其实什么作品都躲避不了思想，不是这种思想，就是那种思想。即使声称不谈思想的作品，作品中还是有他自己的思想。因此，思想的深度决定作品的深度。思想浅薄或平庸是作家的致命伤。

“爱是文学的最初的源头，又是文学最后的实在。”（刘再复语）爱，在我的作品中，甚至在我的生命里，是一个最美的方块字。如果以爱为圆心画一个圆，“爱”字应当是“文心”。一篇没有爱的文章犹如一个失去心脏的人，是无法获得生命的。“在智慧、信仰、爱这三项人间精神高塔中，爱是最重要的。”（刘再复语）有爱，才能酝酿并漫溢出情的琼浆。有大爱、真爱才能产生真情、纯情。把爱的乳汁和情的波涛倾入作品里，就能化成流动的文字、流动的词、流动的句，自然形成一股“正气”。这股“正气”在字里行间的飞动、凝聚，就会氤氲出一种“神”。有了“神”的作品，才会有震撼力。我喜欢把个人的心灵与感情融入所叙述的事、人和自然中，使之有我的心灵和情感的“脉搏”跳动。

我还坚信那句老话：生活是创作的源泉。叶圣陶先生说：“生活犹如泉源，文章犹如溪水，泉源丰盈，溪水自然活泼地昼夜不息。”写微型小说离不开虚构，但虚构不能完全脱离生活，不能无中生有。胡思乱想，写出来的东西难有含金量。您提到的几篇作品，几乎都是从我自己的现实生活、家庭和亲友的经历中，去找创作素材。比如《三愣》是写我与病人的关系；《三个指头》是写一个“鞠躬尽瘁，死而后已”的老医生；《三杯酒》是写家庭内部发生的趣事；《窃名》是写文坛内人际关系隐藏着的伏线。这都是来自个人的经历和所见所闻。

我为什么写《三个指头》呢？当年，我在行医中接触到几位老中医，“硬挺着一把老骨头，死挑着这古老中华国宝的行当”，心里既感动也不好受。因此，我很想写一篇有关这个主题的微型小说。也许由于我熟悉这行业，脑子也有不少老中医的形象，动笔很顺利，写得很投入，越写越觉得入神，好像灵感来造访。如写到被人誉为“朱半仙”的老中医朱一新，在切病者脉搏时，忽觉胸闷胸痛，自知大限将至，仍坚持为病人把脉，出乎意料地“跳”出一个这样的结尾：

> 这时候，诊所只剩下三名病号，便请他们到他卧室去。躺在床上的他，伸出三个指头，把完第一个病号的脉；又伸出三个指头，颤抖地把完了第二个病号的脉；再伸出三个指头把最后一个病号时，他的三个指

头再不会动了，僵硬地停在病人跳动的脉搏上……

写作需要冲动，但更需要“冲动”之后的沉思，需要沉淀后的“冲动”。一个喜欢拿笔杆子的人，对人对物对事对景，容易“冲动”，容易生情，甚至有如点了某个穴位，产生了连锁反应。往往冲动的情感似可燃烧、可燎原！但我习惯于“坐禅”，在“入定”时，让这种冲动的情感沉淀沉淀再沉淀！沉淀是冷的，冲动是热的，冷热碰撞与融合，有时会“悟”出一些超出情感的“理”来，于是表层里有了更深层的东西。

凌鼎年：如果我没有记错的话，你应该是泰国写微型小说作品比较早的作家，1993 年举办首届世界华文微型小说大奖赛时，你的《蓝眼睛》就获了“春兰·世界华文微型小说大赛”鼓励奖，这篇作品先后被收入《春兰·世界华文微型小说大赛作品集》《世界微型小说大成》《汉语普通话教程》。你的微型小说集就是以“蓝眼睛”为书名的，好像是 2002 年 7 月出版的吧。作为一个较早参与微型小说创作的资深作家，请你谈谈对微型小说这种文体的认识，以及对这种文体的展望。

曾心：微型小说在古今中外的书籍中早有出现，但未成气候。中国微型小说的崛起，应是 20 世纪 80 年代末 90 年代初。当时社会节奏加快，微型小说应运而生。江曾培在《推动微型小说发展的三套马车》中说：“作者、编辑、评论者像‘三套马车’，推着新时期以来的小小说向前飞奔。”目前，与微型小说相关的杂志、书籍在市场上异军突起，独领风骚，抢占了一定的市场。据说，《微型小说选刊》平均月发行量达 70 万册，已稳居全国同类期刊之首。可见在中国大地上，微型小说在小说家族中已可同长、中、短篇小说平起平坐了。随着时代的发展、社会的变革，在竞争激烈的市场中，微型小说犹如旭日东升，前途似锦。

而泰国微型小说起步较慢，1990 年属于“起步期”；1993 年属于“稳定期”；1995 年属于“发展期”；到了 1996 年 11 月，泰华作家协会主办了第二届世界华文微型小说研讨会，使泰华文坛掀起了一个新的微型小说创作热潮。往后的日子，后劲不足，直至目前，步履蹒跚，趔趔趄趄。但我深信，既然微型小说的根已扎在泰国这块黑土地上，一旦春风再起，即刻会嫩芽复生，芳草萋萋。

凌鼎年：你的作品在中国被收入《世界华文微型小说名家名作丛编》《2005 年世界华语文学作品精选》等权威选本，今年我主编的《亚洲华文微型小说选》又选了你的4篇，那你的作品在泰国国内有被选过吗？泰国的评论家、读者如何看待你的微型小说作品？

曾心：泰国文学和泰华文学，好像是“两套马车”，各走各的，用两种不同文字进行创作，其中也有翻译沟通，有些译作和译本，主要还是泰译中，而中译泰的多是中国古典文学和中国现当代文学，而泰华作家的作品被翻译成泰文的寥若晨星。2003年，高飞出版了《泰华短篇小说》（中译泰），收入了我的微型小说《断臂》和《土地》。同年，泰国皇家卫星远程教育电台汉语教程《实用汉语教程》第六册，收入泰华作家唯一一篇作品，即我的微型小说《如意的选择》。泰国华侨崇圣大学、中国华侨大学中国现当代文学专业有6篇硕士学位论文研究我的作品，其中3篇是研究我的微型小说：刘淑华的《曾心微型小说研究》（2009年）、郑丽文的《论曾心微型小说的现实意义》（2012年）、龙金华的《曾心微型小说的老人形象研究》（2012年），此外还有吉林大学中文系许爱联（泰国留学生）的博士学位论文《曾心文学创作与80年代以来泰华文学思潮》等。

司马攻在《中文情结赤子心——序曾心微型小说集〈蓝眼睛〉》说：“曾心的微型小说非常注重社会效用。”“中文情结紧紧地系住曾心的心：责任感重重地压在曾心肩上。于是他的作品，无论任何文类都展露出曾心的中文情结和赤子之心。”泰华作家刘助桥写了《为曾心鼓掌——〈三杯酒〉赏析》。来自国内外的“掌声”很响，单在广东校园文学网发表后，点击量便高达6000人次。

凌鼎年：据我知道，近一两年，你又写了一些闪小说，也即百字小说。这种文体比微型小说更短小，你觉得与写微型小说相比，有何异同，孰难孰易？

曾心：泰华微型小说处于低谷期，去年底，在司马攻的带领下，闪小说趁机而起，顺时而发。我又加入这个行列，正如当年我加入写微型小说那样，脑子只知小说的三大要素——环境、人物、情节。至于闪小说比微型小说“更空灵、更跳跃”，我心中实属无底。闪小说的篇幅，司马攻认为字数应“在180字到300字之间最为适宜”，后又改为350字。我就按这个严加限制的字数，写了几十篇闪小说。尤其在去年底，泰国中部和曼谷遭受百年罕见的洪水，我家周围几乎成为一个孤岛，哪里都去不了。我终日守着电视，看来势汹涌的洪水，有点感受时，就坐在电脑前，敲击键盘，写闪小说。我被困在家里二十多天，写了二十多篇抗洪救灾的闪小说。这些闪小说的“料”

几乎都来自电视，加上一点灵感，进行大胆想象和推理，一篇篇“一桩虚无事，多少真实情”的闪小说便“闪”出来。

龙彼德在《短、精、快——评曾心的抗洪救灾闪小说》中说，这些小说“总体看来保持在一个较高的水平，有歌颂，也有批判，较好地呈现了社会百态，也折射出人性的复杂性；另一方面，也包括作者捕捉细节、透视本质的能力”。

凌鼎年：你既是作家，也是诗人，你对诗歌创作的兴趣甚至超过了对小说、散文的热爱。你发起了小诗磨坊，请问你的初衷是什么？你如何看待六行小诗的前景？还有，你能否谈谈微型小说与小诗之间的关系？

曾心：说起泰华小诗，在1933年出版的林蝶衣《破梦集》里，就有一些小诗，但没有限定行数，基本上还是属于短诗。真正明确提出写六行以内的小诗是2003年初，《世界日报》副刊主编林焕彰在“湄南河”副刊上开辟了一个“刊头诗365”，即一年365天，每天在刊头左上角刊登一首六行之内的小诗。这些小诗，有如阳光下的露水、情绪的珍珠，令人耳目一新。

2006年，我和林焕彰在我家的小红楼艺苑共同策划，成立了类似诗社的小诗磨坊，成员（按年龄排列）计有岭南人、曾心、林焕彰、博夫、今石、杨玲、苦觉、蓝焰（漠凡）。因七位在泰国，一位在中国台湾，故称“7＋1”，象征着“八仙过海，各显神通”，共同探讨六行以内小诗的美学。2011年在庆祝小诗磨坊成立五周年之际，成员又增加三位（晶莹、晓云、澹澹），使队伍年轻化和壮大起来。六年来，小诗磨坊出版了六本诗集，并举办了六场新书发布会，在当今日趋式微的泰华文坛形成一个惹眼的“亮点”。

六行以内小诗有广阔的前景。2011年初，泰华作家协会和泰国《亚洲日报》联合主办的“泰华文艺”副刊，又开辟了“诗香门第”，每期选登一首六行以内的刊头小诗，还经常在副刊里发表一些小诗，并组织中国诗评家进行点评，把写六行以内为基本形式的小诗引向深入，深受广大读者的喜爱和青睐。

2012年，泰华作家协会出版了《泰华小诗集》，共选了34位诗人203首六行以内的小诗。这是在泰华延绵十年来的小诗热潮中应运而生的，作者是一群有心尝试构建六行以内新诗体的实践者。

这些小诗以抒情为主，在构思方式、表现内容、艺术技巧、语言应用上都有一定特色。“具有瞬时性、哲理性、精巧性等美学特征。”（吕进语）其表现既有一时的情调，一时的景观，刹那间心态的变迁，瞬间的个人的感应；

也有部分小诗应用暗示以突破篇幅，带给读者一个广阔无垠的诗的世界和无穷的审美乐趣。

至于小诗与闪小说的关系，我觉得“短”是他们的共同特点，凝练是他们的共同特征。但他们的不同之处在于：闪小说属于外视点文学，旨趣在于演绎故事；小诗属于内视点文学，注重抒情，营造意象。

司马攻说，闪小说坐下来就能写出来，是有一定道理的。因为闪小说是捕捉停留在意识层次的“感觉”。由于个人的生活经历已沉积许多素材在意识层次里，只要主动钩沉，加上一管生花之笔，往往就能“扭捏”成一篇闪小说。

写小诗就不同了，如果没有灵感，坐下来，甚至坐半天还是一片空白。这是为什么呢？因为小诗的产生不是意识层次的“感觉”，而是潜意识层的“感悟”。也就是说，一般人只有一双肉眼，诗人不仅有一双肉眼，还有一双心眼。单靠肉眼见到的“感觉”，往往写不成诗，只有等到肉眼闭心眼开时，闪现潜意识层的“感悟”，即灵感闪现，此时坐下来才能写出诗，有时能一口气写几首小诗。一般心眼见到的比肉眼见到的更美、更有深层境界。但心眼开、灵感来是可遇不可求的。它的基本特征是“瞬时性：瞬间的体验，刹那的感悟，一时的景观”（吕进语）。

凌鼎年：我这次来泰国才知道，你堪称实干家，你不但是泰华作家协会的秘书长，还是泰国留学中国大学校友总会的办公室主任，这两个职务都是具体管事的，说是大管家也不为过。你也是古稀年纪的人了，你如何做到工作、创作两不误，身体健健康康，作品源源不断？

曾心：是的，如您所说我是个“大管家”，每天俗务缠身，时间被切割得很零碎，无法静坐下来写东西。但我还是守望文学家园，不想停笔，只好忙里偷闲，在零碎的时间里，写不了长的就写短的，一样是作品。近十年来，我发现自己的文章越写越短，从短篇到微型，再到闪小说；诗歌从短诗到六行以内小诗。写散文、微型小说还时断时续，数量越来越少，只有小诗源源不断，先后出版了四本小诗集：《凉亭》（中英对照）、《玩诗，玩小诗——曾心小诗点评》（吕进点评）、《曾心自选集——小诗三百首》、《曾心小诗一百首》（中译泰），还主编了《吕进诗学隽语》等。

平时，我喜欢坐禅和玩盆景。20 年前，当进入知天命之年，我开始练气功。我写了一首练功“悟境”的小诗《入定》：

盘腿静坐

坐到肌肤
骨骼躯干
五脏六腑
归于无

空

这是写静坐敛心、入定后“空”的境悟，即内无身心，外无世界。无我相、无人相、无众生相、无寿者相。这种“空”景，对我来说，并不是得到真功夫，只是得到一点轻安的境界而已。

十年前，我又有感于“老之将至”，便开始自建一座自娱自乐的艺苑，种了近200盆树桩盆景，其中有几盆近百年的古树。我的假日和晚上（10点至12点），几乎都在这盆景园里度过，既浇水、剪树、中耕、换盆又做气功，既动功又静功，以静功为主，还养锦鲤，过着与大自然对话、与花草树木对话的与世隔绝的晚年生活。

2012年7月20日于中国江苏太仓先飞斋
2012年8月16日于泰国曼谷小诗磨坊

# 《曾心小诗一百首》序*

倪金华

诗歌的星空璀璨耀眼，繁星闪烁。近年来，泰华文坛上活跃着一支名为小诗磨坊的诗歌创作队伍。作为召集人和重要成员的曾心，以自己坚实的文学功底和丰富的人生阅历，老骥伏枥，壮心不已，不断地在散文、诗歌、小说、评论等领域辛勤耕耘，硕果累累。特别是他创作的小诗，融入中泰两国文化精髓，弘扬真善美的人文关怀，以佛眼观照天地人间，以诗心体察世间万物，在短小精悍的小诗中，寄寓哲理，托付情思，以形象感人，寓智慧醒人。

美国现代著名诗人佛罗斯特说过："一首完美的诗，应该是感情找到了思想，思想找到了文字。……始于喜悦，终于智慧。"读曾心的小诗，你会从中获得意外的喜人收获，犹如一位手提竹篮的拾穗者在收割后的稻田中发现了一把把金黄的稻穗。那一首首短短的五六行小诗又如一颗颗晶莹可人的珍珠，给人的是一种审美的精神愉悦。诗人居佛国，在那"笃笃木鱼声，袅袅三烛香"的氤氲氛围中，静守参禅，践行佛理。《菩提》《念经》《入定》等小诗，令人感受到佛国信众的虔诚。这是凡间生命的提升，也是心灵境界的升华。

读曾心的小诗，我们会看到一位融合了中华民族"天人合一"宇宙观的诗人在泰国这"微笑的国土"上不忘祖辈沧桑，如老柳般"越老越把头低下/吻自己的根/吻养育的土地"（《老柳》），不忘吐哺反刍、感恩报情。作为"大自然的儿子"，他的心里充满了"丰收"的喜悦，不仅是在五月收获"一树金黄的果实"（《丰收》），更是在"满天星斗"之夜，笑逗"满岁的孙子"，尽享天伦之乐（《一颗星》）！

曾心诗歌风格上的一个最大特点是含蓄隽永，寓深刻的思考和哲理于简

---

* 原载泰国《泰华文学》2013 年 3 月号（总第 65 期）。

洁朴实的诗句之中。他秉承中华传统诗歌美学的“比”“兴”传统，常常在小诗中托物寓理，凝聚人生智慧，读之让人醒心悟性。《云的软功》一诗堪称以柔弱胜刚强的老庄智慧的形象诠释，又凝聚了诗人的人生历练：

漂浮的生活
练就了我一身软功

高山挡路
一层又一层

我轻轻地绕过
一程又一程

再如《烟花》中对于人生“待机”的形象化诠释：

天空是个竞技场
我静悄悄地等待

一旦有机遇
挺身肉搏

满天五彩缤纷

作者对“烟花”意象的独特感悟与诗性诠释，体现了诗人的智慧，也给予读者以人生的哲理启迪。此外，诸如《椰子》《芦苇》《笋》等咏物诗，形象与哲理的结合可谓恰到好处，大有宋诗以理趣见长的韵味。

如果说曾心可以在小诗中抒情以感人、寓理以动人，而在短短的五六行文字中，要予人以生动的画面美感，则颇见匠心。我们知道，“诗中有画”是中华传统诗歌美学的一大特征，曾心的小诗体现了“以诗笔作画”的审美追求。他描写春天：“地球发情/一股脑儿把天吐绿”（《春来了》）；天降甘霖，“雨”在“弹奏一曲天地和谐的G大调”（《曲调》）；诗人眼中的鼓浪屿，是大自然的“农艺大师”，“在碧波荡漾的鹭江上/塑造一盆天下第一的山水盆景”（《鼓浪屿》）。我们不能不赞叹诗人的想象力。可以说，曾心的诗，不仅在诉诸你的视觉美感，而且会调动你的五官来感受大自然的美感，一起去体验大千世界的美妙，去感悟人生的真谛。

让我们再来欣赏一首曾心的新作《秋叶》：

一片黄叶
飘落一潭秋水
有声有色有形

沉淀我的心湖
无声无色无形

小诗颇有日本俳句的韵味，用秋天的“黄叶”作为季节用语，那“一片黄叶”轻轻地飘落在心湖，让人想起17世纪日本江户时代俳谐诗人松尾芭蕉的名作《古池》：“闲寂古池旁，青蛙跳进水中央，扑通一声响。”这首俳句描写了一只青蛙跳入古池的一刹那。在这一刹那，四周闲寂的静与青蛙跃入池塘的动完美地结合起来。表面上是无休无止的静，内里却蕴含着一种大自然的生命律动和无穷的奥妙，以及作者内心的激情。与《古池》相似的是，小诗《秋叶》飘溢着微妙的余情余韵和清寂幽玄的意境。一潭有形有声有色的秋水，与那一汪无声无色无形的心湖交互映衬，化实景为虚境，创形象为象征，含深蕴于言内，留余味于象外，一片空灵的意境显得幽微深远、虚静空明，从而唤起读者对于宇宙人生的无尽情思与体验。

中国唐朝诗人白居易作诗有“老妪都能解”之美誉。我想，让诗歌走入读者的视野，进入读者的心中，为广大民众所喜爱，这也是曾心诗歌创作的美学追求。我们衷心期待着！

# 半圆彩虹飞起*

## ——泰华著名诗人曾心访谈录

马 羚 曾 心

1. 请您谈谈荣获首届国际潮人文学奖诗歌奖的获奖感言。

曾心：作为一个出生在泰国的潮人后裔，我的《曾心自选集——小诗三百首》获首届国际潮人文学奖诗歌奖，我感到很荣幸，格外欣喜。

欣喜之一，我的祖籍是广东普宁圆山，父母常常向儿女们提起“家乡”二字，希望我们长大能回家看看。我有首小诗《家乡的路》：“挂在村屋的月亮/静静地盼着我回家/从胖等到瘦//我的基因与它有约/从青发走到两鬓霜白//家乡的路在血液中”。这是写我与家乡的血缘关系。我惦念着“潮人”，“潮人”也不会忘记我。这次获奖，就是国际潮人给我的“掌声”、给我的厚爱、给我温暖的期待，也是给我的推动和鞭策。

欣喜之二，这次获奖的诗集全是六行以内小诗。2006 年 7 月 1 日，我与林焕彰共同策划成立了小诗磨坊，成员现有十位泰华诗人，一位中国台湾诗人，也称为“10+1”。我们进行六行以内新诗体“创格”的尝试，如今出版了 8 本“小诗磨坊”诗集。我的诗集获奖，说明六行以内新诗“创格”的尝试获得了诗学界、评论界的认可。因此，我在领奖之时，写了一首小诗《诗的风向球》：

湄南河畔高高升起
10+1 风球
六行充沛的气体

测测诗界的气候
无风无雨

---

* 原载泰国《桐诗文学》2014 年 10 月号（总第 3 期）。

半圆彩虹飞起

2. 谈谈您创作小诗的心路和体验。

曾心：我业余创作已有30多年。20世纪90年代加入泰华作家协会，主要是写散文、短篇小说、微型小说、闪小说、文学评论、小诗，共出版19部著作。近10年来，我的主要精力投入写小诗，出版了《曾心短诗选》、小诗集《凉亭》、《玩诗，玩小诗——曾心小诗点评》（吕进点评）、《曾心自选集——小诗三百首》、《曾心小诗一百首》等。

我觉得写散文、小说是捕捉停留在意识层次的“感觉”。由于个人的生活经历已沉积许多素材在意识层次里，或是见人生情，或是见事生情，或是见景生情，只要有意无意钩沉这些素材，加上所思所想，插上想象的翅膀，往往就能“扭捏”成一篇作品。

写小诗就不同了，如果没有灵感，坐下来，甚至坐半天还是一片空白。这是为什么呢？因为小诗的产生不是意识层次的“感觉”，而是潜意识层的“感悟”。也就是说，一般人只有一双肉眼，诗人不仅有一双肉眼，还有一双心眼。单靠肉眼见到的“感觉”，往往写不成诗，只有等到肉眼闭心眼开时，闪现潜意识层的“感悟”，即灵感闪现，此时坐下来才能写出诗，有时能一口气写几首小诗。一般心眼见到的比肉眼见到的更美、更有深层境界。但心眼开、灵感来是可遇不可求的。它的基本特征是“瞬时性：瞬间的体验，刹那的感悟，一时的景观”（吕进语）。

我的许多小诗都产生于“刹那的感悟”，即在心眼开的时候写出来的。比如平时我们见到的浪花，是“波浪一个跟着一个滚来，翻着白花，冒着白沫”，或是“海浪翻着卷着白花，层层叠叠呼啸着”。这不是诗，是散文在描绘外在世界的“浪花”。但有一天醒来，我躺在床上，脑子里放映着自己所走过的人生历程，瞬时心眼开，有所感悟，写出一首若即若离的《浪花》：“跳出母亲的怀抱/追风逐雨//咯咯的笑声/突然撞到山脚/碎了/洒下尽是泪”。

3. 您坚持文学创作三十余载，最大的动力是什么？

曾心：回想自己走过的路，觉得志愿是可以自己选择的，但事业往往由命运和机遇所左右、所嘲弄。原来我在厦门大学读汉语言文学，想当个作家，却被分配到广州中医学院工作，并去学中医，只好弃文从医从教。1982年回到了出生地，一切又重新开始。除了从教、从医外，还兼从商，三百六十行，我不知干了多少行。等到生活较宽裕，孩子长大，没有后顾之忧时，我那颗被生活所迫已久弃于脑壁冷处的文艺种子又破土而出了！那时我已进入知天命之年，明知搞文学也搞不出什么大名堂，目的只想不要丢掉自己的所爱所好，能从“理想国”里寻找一点精神的享受与寄托，从“文学原乡”寻找一些心灵的温馨和“回归”的情趣罢了！

正如周宁教授在《小诗磨坊》第八集的序里所说：“他们过着富足安定的现世生活，却把灵魂寄托在方块字垒起的诗里，从晨夕之间通向永恒。”

于是，弃文二十多年的我，重拾旧爱，又与文学续缘。从此，手中的笔再没有停止过，工作忙时少写，闲时多写，既写小说、散文，又写诗歌、评论，再度“沉醉不知归路”。

我曾写过一首自画像：“在风雨中，在泥泞里，趑趄不前地走着。既走不出一条发财路，又找不到一方净土。在湄南河畔，还印有几步清痕——用方块字浇铸的心影。”

文人喜欢嘲弄自己是“傻子”。如果真的是“傻”，我却觉得那“傻”也可以。我利用生命不到十之一的时间，玩文弄墨，爱我所爱，无怨无悔。

4. 您已是古稀之年，是否会继续给读者带来惊喜？

曾心：有人说，作家从30岁到50岁是创作生命的旺盛期，之后就走下坡路。我是在下坡期——50岁才走上文学道路的。如今我虽已进入古稀之年，但似乎还有梦，还有追求。我还愿在文学三维坐标的空间里（即视野宽度、心灵深度和时间长度）继续修炼、坐禅。目前，凭我有限的时间和精力，只能继续追求两个“小”，即闪小说和六行以内小诗。

闪小说的内容可以无所不写，但我还是想偏重写些当前本土的现实题材，尤其是华侨、华裔的后代。随着泰国华侨、华裔家庭结构的重新组合，如嫁娶的融合，使得一个家族中几乎没有纯种的三代华裔。现在的泰华作品很少再去反映“叶落归根”的问题了，而着重写“叶落生根”。这“根”已延伸到政治、经济、文化等方面，而且有逾越或突破华侨、华裔题材之势。因此，我想写华侨第四代、第五代的华裔，反映他们融入当地社会的生活。这也许只是一个“梦”。

还有一个“梦”，就是写小诗的志向追求。吕进教授在《曾心自选集——小诗三百百首》的序中有这样一段话：“曾心的小诗给人们带来的是一股大大的禅意。在这争名于朝、争利于市、人情似纸的世俗世界，这股禅意太宝贵了。富有东方智慧的诗人站在高处体悟世界：见山是山，见水是水；见山不是山，见水不是水；见山又是山，见水又是水。《达摩祖师血脉论》说：‘性即是心，心即是佛，佛即是道，道即是禅。’禅和道的确相通：清空，静思，无争。由此我从禅想到了道。曾心的诗真像老子说的水，像极了。水是高雅的，无色无味，清明洁净。曾心的诗有着‘黄袍佛国’的宁静和明澈，使我想到几千年前那位在函谷关‘著书上下篇，言道德之意五千余言而去，莫知其所终’的老子的名言‘上善若水’。老子特别值得当今精神迷失的人们回望，同样，曾心小诗的禅意也特别值得现世的人们珍视。”我想，我今后还应当朝这方面去努力，多写些有禅意、禅味、禅趣的小诗。

# 磨心磨诗　耀眼十年*

## ——再访泰华小诗磨坊召集人曾心

计红芳　曾　心

计红芳：曾心先生，您好！泰华文学是海外华文文学重要的一支，大家都很关注它的现状。您是泰华资深作家，上届泰华作家协会秘书长，现任泰华作家协会副会长。请您谈谈泰华文学进入新世纪有什么新的亮点？

曾心：进入新世纪，随着中国的强盛，泰国跟世界许多国家一样，掀起了一股学习汉语的热潮，文坛的“严寒”也在悄悄走“暖”。明眼人可以发现在云雾弥漫的泰华文坛的天空中已经出现三个亮点。

第一个亮点：闪小说的崛起。

2011 年伊始，当泰华文坛曾经风靡一时的微型小说已成强弩之末时，走出了一个小说界的小弟弟——闪小说。当时，司马攻以身作则，不声不响、一鼓作气地写了 8 篇闪小说，发表在泰国《亚洲日报》副刊上。随后他又写了《什么是闪小说》，在泰国《泰华文学》上发表。这两个“一闪”的动作——一文一论，扭转了整个泰华文坛的发展方向，随后泰国《亚洲日报》副刊、《泰华文学》开辟了“闪小说”专栏。在梦莉会长的主持下，泰华作家协会于 2012 年 1 月 8 日举行了“闪小说、小诗研讨会”，会上宣读了 12 篇闪小说，给刚起“火”的闪小说煽了风，从而引起燎原之势；2012 年出版了《泰华闪小说集》，收入 36 位泰华作家 379 篇作品，展示了泰华闪小说十足的后劲，有一批老中青作家自愿为闪小说添薪加炭。2012 年，司马攻出版了第一本闪小说集《心有灵犀》。中国闪小说学会组织了针对该书的网络研讨会，程思良遴选汇编了《智慧的闪光——〈心有灵犀〉评论选》①。

2013 年，泰华作家协会举办了泰华闪小说有奖征文大赛，共收到参赛作

---

* 原载《世界华文文学论坛》2016 年第 2 期。

① 程思良主编《智慧的闪光——〈心有灵犀〉评论选》，泰国泰华文学出版社，2012。

品 270 多篇。大赛冠军：曾心《卖牛》；亚军：晓云《养子》；季军：若萍《一个油饼》、蛋蛋《同在一条船》，还有 12 篇获得优秀奖。《泰华文学》还特地为优秀作品出版专辑。大赛精彩纷呈，展示了泰华闪小说的实力与水平。

2014 年，司马攻、程思良主编《黄河湄南河上的星光》，分为泰华卷和中国卷，收入泰国、中国有代表性的 140 篇闪小说，梦莉称之为“两条母亲河在这个集子里汇聚。星光在两河上闪烁”①，影响深远。

第二个亮点：泰国留学中国大学校友总会成立。

2002 年 11 月 3 日，泰国留学中国大学校友总会成立，把 20 世纪 40 年代以来留学中国的泰国大学生聚拢起来，使他们有集体活动的“校友之家”。在这个“家”中，校友们根据不同爱好，成立了各种小组，如写作组，由老中青组成，年龄最大的是 20 世纪 40 年代大学毕业的，最小的是新世纪大学毕业的，他们成立了泰国留中大学出版社，为校友出版新书，资助一些有经济困难的知名老作家出版作品集，还有计划、有组织地出版了两套丛书共 20 本，较全面地反映了留学中国的泰华老作家创作的成果。

2007 年 7 月 8 日，写作组扩大，成立专门的文艺写作学会，组织文学活动，鼓励文学创作，采取多管齐下的形式推动泰华文学的发展。如每年举办名家文学讲座和新书发布会，还组织“文学活动之旅”，到郊外采风，每年出版一本文集，先后出版了《留中岁月》《湄南情怀》《窗内窗外》《平台试步》《湄南漫步》《河边风景》《椰林放歌》《蕉雨情浓》《水过留痕》《雨后彩虹》《湄河心语》《岁月写真》《春华秋实》13 部文集。2016 年还出版了《10 年散文选集》，作品大多抒写自己在中国的留学岁月和回到泰国艰苦创业的故事。

目前，这个组织已有 100 多个成员，动笔写文章已逐年趋向年轻化，令人鼓舞。一支既有本土情结又有中华母土韵味的泰国留学中国大学生写作群体正在逐步形成。

第三个“亮点”：小诗磨坊的成立。

2006 年 7 月 1 日小诗磨坊成立，开始只有 8 位同仁：岭南人、曾心、林焕彰、博夫、今石、杨玲、苦觉、莫凡。七位在泰国，一位在中国台湾，故称“7+1”，象征着“八仙过海，各显神通”，共同研讨六行以内的新诗体。在成立 5 周年时，小诗磨坊又吸收了三名新成员，即晶莹、温晓云、澹澹，

---

① ［泰］梦莉：《一个窗口两地情——序〈黄河湄南河上的星光〉》，载［泰］司马攻、程思良主编：《黄河湄南河上的星光》，泰国泰华文学出版社，2014，第 1 页。

都是四十几岁的中青年，成为“10+1”，队伍扩大了些，也年轻化了些。

小诗磨坊每年出版一本小诗磨坊诗集，已出版10本。前5本，每集240首；后5本，每集242首，共2410首，分别由（按书的次第排列）龙彼德、计红芳、张默（中国台湾）、吕进、白灵（中国台湾）、刘登翰、刘再复、朱寿桐、周宁、沈奇、毛翰、喻大翔、萧萧（中国台湾）等写序。《“小诗磨坊”10年选》，由洛夫、白灵写序，深受好评。

计红芳：您是小诗磨坊的发起人之一，也是召集人，见证了小诗磨坊一路上的酸甜苦辣。小诗磨坊也设在您家怡心苑的一座八角凉亭里。凉亭也因此取名为“小诗磨坊亭”，接待了众多来自海内外的知名作家、诗人、学者，影响力可谓不小。请您谈谈小诗磨坊聚首处的情况，接待过哪些名家？

曾心：小诗磨坊的聚首处最早取名小红楼，前年改为怡心苑。原来只有400平方米左右，现已扩大到800多平方米，园里栽种了200多盆树桩盆景，苑中有凉亭红楼、池沼鲤锦、小桥流水，浅池常有几株莲花点缀其中。还有仿古圆门、泰式老木屋、名家墨宝。“小诗磨坊亭”由诗人林焕彰题字，画家、诗人苦觉镂刻的精美横匾悬挂在亭子里。怡心苑里有9棵30年树龄以上不同品种的芒果树，每当芒果成熟季节，从树上摘下自然熟透的果子，开个“芒果宴”，便可大饱口福，尝到9种不同芒果的味道。品果赏诗，别有情趣！

10年来，陆续有中国、英国、法国、德国等国家的作家、诗人、评论家和书画家造访怡心苑，如孙重贵、张翁图、夏马、高伟光、计红芳、张九桓、小黑、朵拉、毛翰、陶然、寒川、吕进、陈慧瑛、俪莎·卡杜奇、何乃健、苏清强、钟子美、许绍华、许均铨、约翰·达文妮、曹安娜、马长山、程思良、龙彼德、陈仲义、舒婷、倪金华、凌鼎年、刘登翰、刘再复、戴冠青、庄钟庆、陈天助、朱寿桐、程郁缀、郭永秀、张卫东、白灵、林小东、周宁、庄伟杰、朱文斌、黄卓鸾、悟明、杨际岚、王茹、希因·爱尔路尔、王彦晖、洛夫、苏永延、卢新华、白舒荣、陆卓宁等。他们题赠了许多墨宝，写下了珍贵的留言，如刘再复的墨宝：“神瑛之园”“小诗磨坊”“善慧兼隆”，留言：“天上晨星，地上诗情”；洛夫的墨宝：“大隐隐于闹市，小隐隐于深山”，留言：“我们不但要紧紧地拥抱诗，也要让诗紧紧地拥抱我们”；吕进的墨宝：“不可说”，留言：“是人磨墨，是墨磨人，凉亭在磨坊，诗心离红尘”；陈慧瑛的墨宝：“一片冰心在玉壶”，留言：“不老的曾心，诗心永恒”；程郁缀留言：“小诗流精品，真情涌好诗”；舒婷的留言：“众手推磨，诗出如浆”；陈仲义留言：“独树一楼”；等等。

计红芳：小小怡心苑吸引众多名家前往，可见非凡！诗歌创作在全世界范围内都不被看好，而小诗磨坊却坚持不懈，每年出版一本诗集，都有名家作序，并每年举办新书发布会及名家文学讲座。请您谈谈，至今聘请了哪些海内外知名作家、诗人、学者前去学术交流？

曾心：小诗磨坊自成立以来，每年都与泰国留学中国大学校友总会文艺写作学会举办名家文学讲座和新书发布会，参加人数都近200人。曾邀请的主讲人（按邀请时间排列）有计红芳、徐晶、林焕彰、陶然、朵拉、寒川、吕进、陈慧瑛、周婷、龙彼德、舒婷、陈仲义、刘登翰、凌鼎年、庄钟庆、朱寿桐、陈天助、白灵、杨际岚、徐学、王茹等。吕进主讲《中国文学诗化特征》，陈慧瑛主讲《文学、人生、禅》，舒婷主讲《我的诗歌创作——谈谈〈致橡树〉和〈祖国〉》，陈仲义主讲《感动、撼动、挑动、惊动——好诗"四动"标准》，刘登翰主讲《华文文学的大同世界》，朱寿桐主讲《文学的"国"在哪里？——汉语新文学漫谈》，林焕彰主讲《六行小诗的抒情》，白灵主讲《磨坊诗行短，红楼树影长——泰华"小诗磨坊"在台湾诗坛引发的波澜》，等等。另外，2012年特邀著名学者刘再复专题讲授《贾宝玉论——从佛家文化视角看宝玉》，2013年特邀厦门大学人文学院院长、长江学者、特聘教授周宁专题主讲《东南亚是一个整体：华文文学的精神奠基》，2015年特邀诗坛泰斗洛夫与诗评家龙彼德进行有关"现代诗歌创作经验的对话"，都引起了泰华文坛的轰动。

计红芳：每年出版诗集，举办名家文学讲座，这着实不易，也大大提高了小诗磨坊的知名度。您是否可以谈谈究竟是什么力量支撑着你们一路走来，无怨无悔？

曾心：我想，主要的原因是小诗磨坊的同仁没有什么功利目的，全是为写小诗而聚集在一起，正如刘再复所言，"无任何世俗动机，无任何世俗企求"①。小诗磨坊的11位成员，平时都各有自己的工作，多数是从商从教，少数是编辑、侨社干事、企业职员。他们为了生活，为了立足社会，必须充当一种"世俗角色"，即"以出世的风格，做入世的工作"。然而，写小诗是他们寻找心灵的栖居处，一旦有机会参与写诗就非常高兴，一心不停地推磨，

---

① 刘再复：《"无目的"的诗人诗社最可爱——序泰华〈小诗磨坊〉第七集》，载林焕彰主编《小诗磨坊》（泰国卷）第七集，泰国留中大学出版社，2013，第2页。

一旦走出“磨坊”，就会回到“本真角色”。那是一种永远不知功用、不讲功利的纯粹情感。林焕彰自己表白：“我向来不企望写诗能为自己带来温饱，只把写诗当成活着的唯一凭借。”“活着，就写诗；写诗就活着。写诗，有时很痛苦，有时很快乐。”①

岭南人的《种梦》：“以笔当锄，耕半亩坡地/种下我的梦∥不必问：何年何月何日/才长成一片翠绿/也不必问：会不会开花/开什么颜色的花”。这首小诗形象地写出作者写诗是“无目的、无动机、无彼岸。不求诗外结果，只有写诗的过程和写诗的快乐”。刘再复在《“无目的”的诗人诗社最可爱》中还说：“‘小诗磨坊’的诗人们为写诗而写诗，不求诗外之物，不谋诗外之功，却给自身的生命价值作证，给身内的美好心灵与身外的天地宇宙作证。”② 确实如此，不讲功利，“不求诗外之物，不谋诗外之功”，就是支撑我们一路走来的主要力量。

计红芳：古代诗歌有绝句四行，律诗八行。现代小诗有一行、二行、三行、四行、五行、七行，甚至十行。你们为什么选择写六行以内的小诗呢？

曾心：写六行以内小诗，是林焕彰提倡的一种小诗品种，最初是2003年在泰国《世界日报》副刊“刊头诗365”专栏中出现的。他的想法来自他“三十多年来写小诗的体会”，“来自诗艺术性的考虑和版面的需要”③。他认为：“六行在篇幅上虽然是一种有限的制约，但内涵一样可以做到无限宽广而又深邃。只要诗人勇于探索，在‘思想’与‘技巧’的层面上多下功夫，一定会有丰硕的成果。”④

六是中国人喜欢的数字，如“六六大顺”。喻大翔在《小诗磨坊》（泰国卷）第九集的序中说：“《周易·系辞传》里有一句话，曰：‘六爻之动，三极之道也。’那些在异国的磨坊里转动着激情的诗人们，是否受到易经每一卦象均由六个爻象构成的启示呢？这个真的不得而知，但‘乾’‘坤’等六十四卦，每一卦均由‘初、二、三、四、五’直到‘上’的六爻之构型，对六行

---

① 宋雅姿：《开在生活瘠土上的晶亮诗花——专访诗人林焕彰》，台湾《文讯》2007年7月号。

② 刘再复：《“无目的”的诗人诗社最可爱——序泰华〈小诗磨坊〉第七集》，载林焕彰主编《小诗磨坊》（泰国卷）第七集，泰国留中大学出版社，2013，第4页。

③ 林焕彰主编《小诗磨坊》（泰国卷）第一集，泰国留中大学出版社，2007。

④ 林焕彰：《六行，天地宽广——序曾心小诗集〈凉亭〉》，载曾心：《凉亭》（中英对照），陈思鸿译，泰国留中大学出版社，2006。

诗体潜移默化的引导不是没有可能。”① 这种“解法”虽有些玄奥，但多少也能从理论上更深层次地帮助我们解开六行诗内部结构存在灵活空间和变化无常审美观的“密码”。

我们的同仁从来没有探索过此种内部规律的“奥妙”，但在实践创作中，写六行以内的小诗，虽在有限的篇幅内，如带着“镣铐”在小舞台上跳舞，但也能“舞”出新舞姿、新舞步，写出更精练的语言、更有诗味的作品。这是否与诗的“六爻”的内部规律运作效应有所关联呢？

计红芳：我很赞成您六行小诗是“带着‘镣铐’的舞蹈”的说法。一般来说，内容与形式是分不开的，那么你们在创作小诗时对内容有什么要求吗？

曾心：没有。诗向来有“载道”之说，即“为人生而艺术”，也有“不载道”之说，即“为艺术而艺术”。只要凭自己的个性、经历、气质与爱好，倾向哪一种都“无忌”；或者两者兼用，相互参照，相互激活，摸出一条“载道”与“不载道”的中间路线也行。我们不重视诗学理论上的“缠绕”，而提倡“八仙过海，各显神通”，自我探索，自我挑战，大胆“创格”，写出或是体验“时代的悲欢”，或是纯粹“语言艺术”的小诗来都好。

我的小诗多属“载道”之类，林焕彰在《六行，天地宽广——序曾心小诗集〈凉亭〉》中曾向我建言：“曾心已成就了他的‘载道’的任务；下个阶段的发展，我想有必要多向‘不载道’的方向探索；仍以六行以内的‘小诗’作为一种‘自我挑战’的形式，继续攀登‘语言艺术’的更高峰。”② 林焕彰是倾向诗“不载道”一派的，即“为艺术而艺术”。他提出“玩诗”这个关键词，认为“诗是可以玩的”，“玩写诗，每个人都可以成诗人”，“玩文字、把文字当工具，活用文字，玩得开心”，“一辈子玩写诗，玩文字、玩创意，玩心情”③，“撕撕贴贴，写诗，画画，都是玩玩而已。玩，为自己找一个出口”④，传播“游戏观”的创作理念。的确，林焕彰的“玩”诗，如《影子》《妹妹的红雨鞋》《花与蝴蝶》等，都“玩”出了精彩。

---

① 林焕彰主编《小诗磨坊》（泰国卷）第九集，泰国留中大学出版社，2015，第9页。

② 林焕彰：《六行，天地宽广——序曾心小诗集〈凉亭〉》，载曾心：《凉亭》（中英对照），陈思鸿译，泰国留中大学出版社，2006。

③ 石文芳：《阳春三月，遇见花与蝴蝶——台湾著名诗人林焕彰回顾》，新浪博客2014年3月25日。

④ 张晶：《一个带着东南亚华文诗坛玩“小诗”的智者——与林焕彰先生的访谈》，泰国《新中原报》2010年5月7日。

也许可以这么说，诗人的天性就是浪漫。“好玩”也是一种“浪漫”，而浪漫有大浪漫，也有小浪漫。但凭我的个性、经历、观念与爱好，还是偏重于在写诗时，多多少少能把人类的抱负、理想、雄心、梦想等大浪漫注入诗内，同时也喜欢注入人类心灵美好的因子，让诗中氤氲着淡淡的心灵美好的笑声和泪光。

计红芳：泰国是个佛的国度，人们潜心向佛，修身养性，从容和平。小诗磨坊的诗人如何受到佛教思想的熏陶？小诗最突出的特点是什么？

曾心：泰国是一个佛教国家，属小乘佛教。泰华小诗磨坊的同仁都信奉佛教。虽没有当过和尚或尼姑，也没有到寺庙参加修禅、学佛，但他们都到寺庙或在家里烧香拜佛。其佛教思想主要是受社会环境、家庭环境、学校环境影响，在修读佛书及个人禅修中潜移默化形成的。

如岭南人信奉佛教，也修读了一些佛书，钻研禅理，尤其爱读禅诗，特别是王维的禅诗，把它奉为经典。他的小诗宁静、悠深，将自性、物性、佛性巧妙融合，一派澄明寂静禅境。近几年，他写了不少可读性很高的禅诗。2013 年的小诗磨坊诗集，选入了他 22 首小诗，其中有《八十读王维》《黎明寺》《晚晴》《垂钓》《中秋过后》《游荡的风》《生命的河流》《说鱼》《四月的夹竹桃》《盆景》《雨后》《名》《碗说》等，禅诗占了一半以上。

又如苦觉，虔诚吃素。岭南人曾调侃他“吃素不吃荤；他不吃鸡，但吃鸡蛋；不吃牛肉，但喝牛奶。正如他的诗，七分月色，三分红尘”①。苦觉虽不是百分之百吃素，但由于他长期吃斋，在复杂环境中，比一般人更易获得一颗“清净心”“慈悲心”，在写诗中更常获得“悟性”。

泰华小诗磨坊的同仁在个体创作中受到“禅”的影响和体验并不是一致的，但同处在佛国这个大背景下，并且信奉佛教，有相当部分小诗蕴含着禅心、禅理、禅意、禅味、禅趣。严羽在《沧浪诗话·诗辩》中说：“然悟有深浅，有分限之悟，有透彻之悟，有但得一知半解之悟。”② 由于“悟”有深浅，因此，小诗的禅味也有浓有淡，或许近乎一杯薄酒、一杯淡茶，或许更像一杯清水。我想，不管其“深浅”“淡浓”，六行以内小诗的“禅”味，已凸显出泰华小诗磨坊创作的独特之处。

计红芳：请问您是如何潜心向佛的？您几十年坚持打坐、入定能否激活

---

① ［泰］岭南人：《妙想天开》，载［泰］苦觉：《风车》，泰国留中大学出版社，2011，第 11 页。

② ［宋］严羽：《沧浪诗话》。

灵感？

曾心：我父亲是个地道的农民，他对子女常说一句话："拜佛，要拜不会说话的菩萨。"我奉行这个家训，坚信"佛在心中"，"即心是佛，见性成佛"。我曾写过一首小诗《佛》：

在半闭半开的佛眼前
我一无所求

从心灵的书架上
掏出珍藏的佛经
念诵再念诵

我也是一尊

您曾对此诗做过点评："盘膝打坐，闭目念诵、心灵澄澈，诗人也成了佛。寥寥数行，却蕴含无限禅机。空即不空，不空即空，物我两忘，虚实相生。诗人把哲理、佛理、睿智隐藏于生动的意象中，带人进入一个澄净空明的境界。"①

进入知天命之年，我每晚在菩提树下盘腿静坐，由于有三十多年练功的体验，已经进到"空""无"的"定境"。

细读《心经》的六个字："观、行、照、度、空、无。""空""无"属于修行第五、六个层次。到了此层次，个体消失，融到整体之中，与藏传佛教讲的"证悟空性"是一样的。如何再上一层楼呢？有两种可能：一是"即心是佛"的内在超越，与虚空合二为一；二是在双眉之间打开第三只眼，既可觉照自己，也可觉照他人。我可能缺乏慧根和善根，好几年来都停在"空""无"阶段，毫无上进。不过头脑处于"空""无"状态也好，一是能得到澄净空明的"宁静"，二是有时会有"真空妙有"出现。如释万行所说："朗朗虚空中虽无一物，但超越头脑以外的那点觉知还是存在的，当外界有信息传来，这个'空'中立即生起妙有，与此信息相应，用之即有，舍之即无，找不到也丢不掉，空有相应，周流六虚，隐现无常，鬼神莫测矣。"可以这么说："真空妙有"的出现，就是"灵感"的到来，是可遇不可求的"黄金刹

① 计红芳：《六行之内的奇迹》，载林焕彰主编《小诗磨坊》第二集，香港世界文艺出版社，2008，第12页。

那”，要是“在一刹那上揽取”，乘兴而作，往往就会“下笔如有神”，出现“神来之笔”。

计红芳：在我看来，“空”“无”境界已属不易，您对自己的要求如此之高，我想也正是这种精神推动着您在“磨坊小诗”之路上不断前行，对吧？小诗磨坊诗集出了10本；你个人出了《凉亭》《曾心自选集——小诗三百首》《曾心小诗一百首》《曾心小诗点评》等，不知在文坛上反响如何？

曾心：小诗磨坊成立10年，由林焕彰主编出版了10本小诗集，今年为庆祝小诗磨坊成立10周年，出版了《“小诗磨坊”十年诗选》。洛夫先生在《小诗：一个晶莹剔透的小宇宙——序泰华〈小诗磨坊〉》中说：“‘十年诗选’中均属抒情小诗，情感内敛，意味蕴藉，笔下不沾不滞，不温不火，书写他们的生活情趣，生命感悟，以及身为海外华人那种苍茫恍然的心境。他们在诗中呈现的绝不是浮光掠影的表层现实，而是那种诉诸直接，出自纯粹心灵感应的空灵境界，有哲理的启迪而无格言的说教。”① 由于小诗磨坊的小诗本身质地与形式有如洛夫先生的评价，十年来渐渐地吸引了中国的评论家、诗学家、教授、学者和读者的眼球，有的大学把小诗磨坊的小诗选入华文文学史教材，搬上了讲坛，并引导学生写毕业论文。据不完全统计，撰写有关泰华小诗磨坊小诗的论文（包括集体和个人）已有上百篇，其中毕业论文有近10篇。近期还出版了赵朕的《〈小诗磨坊〉小诗点评》，曾心与范军主编的《〈小诗磨坊〉研究论文集》等。

有人说，中国新诗“成为游离于时代，游离于社会生活，游离于学校和家庭教育之外的‘无人赏，自鼓掌’的边缘文体”②，我觉得我们的小诗还不至处于此种尴尬境地。历来泰国华文文学书籍几乎都是赠送的。去年却出现一个特异现象，泰国一家有名的发行公司把《曾心小诗一百首》和《曾心小诗点评》两本小诗放到泰国市场试销，结果前者不怎么好卖，后者却很快售罄。于是该发行公司主动联系，购买《曾心小诗点评》1000本，随后又购了500本，再购300本，这成为泰华现代诗歌打入泰国主体市场的首部诗集。

另外，我的《曾心自选集——小诗三百首》在2014年获得首届国际潮人文学奖诗歌奖。诗集收的都是六行以内的小诗。小诗集的获奖说明泰华小诗

---

① 洛夫：《小诗：一个晶莹剔透的小宇宙——序泰华〈小诗磨坊〉》，载《“小诗磨坊”十年诗选》，台湾秀威资讯科技股份有限公司，2016。

② 吕进：《上有庙堂之高，下有江湖之远——〈中国现代诗学丛书〉总序》，《中外诗歌研究》2015年第3期。

磨坊同仁写六行以内新诗“创格”的尝试，获得了诗学界、评论界的认可。故此，我在领奖之时写了一首小诗《诗的风向球》：

湄南河畔高高升起
10＋1 风球
六行充沛的气体

测测诗界的气候
无风无雨
半圆彩虹飞起

计红芳：祝贺您获奖！祝贺您的作品打入泰国主体市场。这是对您多年坚持不懈创作的高度肯定啊！看来，小诗磨坊 10 年，整个团体和您都已取得相当耀眼的成绩。

曾心：今年 4 月，我为小诗磨坊成立 10 周年写了一首小诗《诗的纤绳——为“小诗磨坊”成立 10 周年而作》：

十一位赤脚的纤夫
拉着一架古老的石磨

和着 3650 个日夜星辰
顺着天地“呼隆”旋转

十年磨出一条诗的纤绳
——2410 首小诗的连线

我想用这首小诗作个小结，凸显 10 年来小诗磨坊的纤夫之“力和美”。

计红芳：纤夫之“力和美”，说得好，我赞同。目前还存在什么问题？

曾心：主要存在两个问题：一个是创作面临“瓶颈”的问题。有的能不断“变”，不断挑战自己，实现自我超越。有的处在“瓶颈”中，趔趄不前，为走不出“颈口”而迷茫、苦恼、气馁，常有“江郎才尽”的自叹。二是经济有些拮据，“扑满”里剩下的钱不多。记得 6 年前，你访问过我，写了《泰华文学严冬中一枝独秀的小诗——访泰国小诗磨坊召集人曾心》，当时我说“聘请关心支持文艺界的侨领任荣誉主席，在经济上获得大力资助”，这笔钱用了10年，加上今年出版四本书——《“小诗磨坊”十年诗选》《“小诗磨坊”研究论文集》《“小诗磨坊”小诗点评》《2016小诗磨坊》，几乎把钱都用光了。今后要再走下去，必须开源节流：一方面节省开支，另一面继续“厚着脸皮”，向关心文学界的侨领“化缘”。

计红芳：泰国侨界热心文学和慈善事业的侨领不少，这个问题肯定可以解决。小诗磨坊前10年已过去，后10年才刚开始。我相信，小诗磨坊再磨十年，“宝剑锋从磨砺出”，越磨越亮！祝小诗磨坊再创10年辉煌！

曾心：但愿如此。谢谢！

# 泰国诗人曾心*

吕　进

随着汉语在全球的普及，不少土生土长的老外也在用汉语写诗，形成汉语新诗中的“外国兵团”。和重庆有颇多交往的泰国诗人曾心就是这个“兵团”中突出的一位。

曾心，泰名坚谐·塞他翁，生于泰国曼谷。但是他毕业于厦门大学中文系。其实有类似经历的外国汉语新诗人不只他一位。韩国诗人许世旭的硕士和博士学位都是在台湾师范大学拿的，日本的岩佐昌暲是北京大学的访问学者。曾心从20世纪80年代开始汉语新文学创作，涉猎的领域比较多，主要成就在汉语小诗。

曾心的小诗不是首首皆佳。有些篇章还是生活的本然样态，没有得到诗的升华，好像还是五谷，没有酿出美酒。然而，曾心小诗的总体水平是相当可以的，可谓随处佳篇。

本土情结与母土诗学的融合是“外国兵团”的基本美学特征。诗歌无国界，诗人有祖国。泰国是一个“黄袍佛国”，佛教是国教，90%以上的泰国人都信奉佛教。因此，泰国文学与诗歌总是在佛光的沐浴下，在佛祖的怀抱中。曾心的小诗就显示了这一特征。他的诗，许多感悟方式和表达方式都有佛的光亮。在曾心的小诗里，“佛”是常见题材。在他的小诗里，崇尚忍让、呵护安宁、爱好和平的心态完全可以触摸。这其实就是信仰佛教的泰国人的普遍心态。

“外国兵团”既然用的文字媒介是汉语，就必然和中国新诗在“汉语”上交融，必然有共同的文化渊源。既然是汉语新诗，就必然要从汉语新诗那里吸收养分，必然要遵从汉语诗学。这里就出现了母土诗学的问题。本土情结

---

* 原载《重庆晚报》2016年8月9日。

与母土诗学的融合，这也是曾心的基本美学理想。

母土诗学有一个基本理念：诗是形式第一的艺术，对于诗来讲，形式不仅是形式，它其实也是内容。因此没有形式制约感的诗人绝对不是好诗人，甚至根本不是诗人。尤其是自由体诗人，要懂得“自由”与“束缚”、“自由”与“规则”、“自由”与“形式”的辩证关系。形式是诗的生命。失去形式，也就失去了诗。对于诗而言，从来没有郭沫若在狂飙突进时期说的那种“绝端的自由”。“绝端的自由”只能带来美好诗情的恶劣表现。当一些诗人获得了他认定的“自由”的时候，他也失去了写诗的自由。格律体像跳舞，自由体像走路，跳舞有舞步，走路有走姿，世界上没有“自由”得什么艺术规范都没有的艺术。

曾心的小诗，就承继了母土诗学的一脉，注重形式。和中国近年兴起的“诗体重建”相呼应，曾心的诗在小诗的诗体建设上做出了贡献：篇幅简约，字字必争。

曾心笔下诸多成功意象，是母土诗学的发扬。他有一首我很欣赏的《卵石》：“本来有棱有角/被岁月磨成/滑滑圆圆//无论走到哪儿/只是一个‘0’”。写卵石的诗不少，无非是说它没有棱角、圆滑。但是曾心说它走到哪里都只是个“0”，这就有了新意。这是诗人的发现，令人惊叹的发现。汉语诗学还讲究意象。无象则枯。直接说破情思的名称是一位诗人艺术能力贫弱的可靠标志。所谓“山之精神写不出，以烟霞写之；春之精神写不出，以草木写之。”（刘熙载《艺概》）而且，情感世界是用一般语言说不清、道不明的。诗人立象，以“不说出”去战胜“说不出”，“立象以尽意”（王弼《略例明象篇》）。

“外国兵团”是汉语新诗的一个组成部分。可以预期，随着中国的崛起，这个群落一定会有所发展和壮大。

# 小诗的泰华诗圣*

## ——《曾心小诗 500 首》序

吕　进

读曾心的小诗实在是一种审美享受。在泰华诗坛，我觉得岭南人是抒情诗的诗仙，曾心是小诗的诗圣，他们两位代表了当今泰华诗歌的高度。

我认识曾心是在广东韶关，可能已经有十来年了吧。那是一次东南亚诗人的聚会，从那以后，我就一直关注着这位富有才情的泰国诗人。他的职业是医生，可是他的心灵世界完全是诗的世界。就像《文心雕龙》说的那样，他“登山则情满于山，观海则意溢于海”。我每每有这样的阅读体验：世界经过曾心诗笔一点，刹那间就变成了妙不可言的诗美世界。一次普通的握手，在曾心这里，就被诗化了：

那次在鹭岛
握出一树凤凰花

这次在湄南河畔
握出一江温情

下次不知在何处
掌心早已握满思念

曾心在诗歌艺术上的成熟的标志，就是他的诗的平淡风格。他有一首《季节》：

宝贵的人生
只剩下一个

---

* 原载《曾心小诗 500 首》，东南大学出版社 2017 年版。

季节

冬
落其华芬
一个平淡之境

可以在诗歌史上看到一个普遍现象：诗人越成熟，他的作品就越平淡。镂金错彩，珠光宝气，华词满篇，扑朔迷离，是年轻诗人易犯的毛病，是写诗的幼稚病。“才大于情”绝对不是诗人高明的证明。如宋人苏轼所说，“绚烂之极，归于平淡”，也如另一个宋人葛立方所说，“落其纷华，乃造平淡之境”。读曾心的小诗，读者很容易进入响应性状态。

不要小看诗的平淡，只有拥有写诗资历并懂得诗美奥秘的人才能攀登到这个高峰。平淡的诗读者易读，但这并不表示诗人易写；反过来，读者难读的诗，并不表示诗人难写；“苦而无迹”是一切有才华的诗人的共同特征。

曾心小诗的平淡还有佛光的普照。诗歌无国界，诗人有祖国。泰国是一个“黄袍佛国”，信奉佛教的人占全国总人口的90%以上。三色国旗中的白色就象征着宗教，象征着宗教的纯净。因此，泰国文学与诗歌总是在佛光的沐浴下，在佛祖的怀抱中。曾心的小诗也显示了这一特征。他的诗，许多感悟方式和表达方式都有佛的光亮：一花一世界，一叶一佛来。在曾心的小诗里，“佛”是常见题材。且读他的《佛》——

在半闭半开的佛眼前
我一无所求

从心灵的书架上
掏出珍藏的佛经
念诵再念诵

我也是一尊

诗人“也是一尊”佛。在他的小诗里，崇尚忍让、呵护安宁、爱好和平的心态完全可以触摸，这其实就是信仰佛教的泰国人的普遍心态。曾心有一首《秋叶》，可以当作诗人的诗美追求来读：

一片黄叶
飘落一潭秋水
有声有色有形

沉淀我的心湖
无声无色无形

内视点决定一首作品对诗的隶属度。诗人“肉眼闭而心眼开”，在心灵世界漫游。因此诗是不讲理（论）、不合（语）法的艺术，诗人“情到深处，每说不出”，如禅家所言：“无数量，无形相，不可觅，不可求，不可以智慧识，不可以言语取。”诗是无言的沉默，无声的心绪，无形的体验。在这一点上，诗家的确和释家是相通的，而曾心是沟通诗家和释家的能手。

唐人司空图说：“浅深聚散，万取一收。”德国学者黑格尔说：“诗就是清风吹过竖琴发出的一阵短暂的乐音。”小诗只有短短几行，就更是短暂乐音式的诗体了。这注定了它是“以少少许胜多多许”的艺术，仰仗读者想象力的“空白艺术”，“妙于笔墨之外”的艺术。小诗诗人的基本功就是处理“一”与“万”的技法，诗人的高低、诗歌的文野的区别就在这里。小诗首先要善于从“万”取“一”。这个“一”，必须是体积小而诗的含量大的“一”；然后诗人就去最大限度地提炼“一”，去掉它的一切杂质，提升它的诗美纯度和厚度，“寓万于一”；再然后，诗人“以一驭万”，让这个“一”成为诗美世界的“一”。诗人没有权力将读者局限于原生态的“一”，而是用“一”去激发读者的想象力，让他们“精骛八极，心游万仞”。“一”是小诗的外貌，“万”是小诗的艺术容量。从这个角度，我们可以公平地说：曾心是位诗艺大家。他有足够的诗的敏感，善于从大千世界里选取、提炼那个“一”，再让“一”升华成“万”。诗是内视点的文学。曾心的小诗化心为物和以心观心的很少，基本是用以心观物作为内视点的存在方式。他留意客观世界里那些超出机制较强，也就是表现性较强的事物，以心观物，给了我们许许多多佳篇美制。

且读他的《油条》——

本来软绵绵
熬煎后
赤裸裸
紧紧相抱

不管外界多热闹
此时，只有他俩

且读他的《窗》——

众人睡了
我还醒着……

日夜睁大眼睛
因为我不放心这个世界

且读他的《浪花》——

跳出母亲的怀抱
追风逐雨

咯咯的笑声
突然撞到山脚
碎了
洒下尽是泪

且读他的《冰》——

晶莹剔透
没有一点私心

看我溶化后
一无所有

且读他的《黑瓜子》——

黑——白
阴——阳

阴的是月亮的女儿

阳的是太阳的儿子

一枚宇宙初始的胚胎

在曾心笔下，这样的诗篇太多太多了。这是油条、窗、浪花、冰、黑瓜子，这又不是油条、窗、浪花、冰、黑瓜子。像东坡居士所说："似花还似非花。"诗人带领我们巡游世界，但这已经是诗歌太阳重新照亮的世界了：到处诗意盎然，到处美不胜收。读者到了这个世界，就呼吸着诗美的幽香，张开了自己想象的翅膀，也打开了自己哲理智慧的大门。"言近而旨远者，善言也。"诗人将普普通通的"一"的可述性减至最小程度，将它的可感性增至最大程度，这就给了"一"最多的机会，让它成为丰满、丰富、丰厚的诗的"万"。

冰心的《繁星》和《春水》奠定了小诗在中国新诗史上的地位。此后的近百年，小诗一直在发展。2006 年，泰国出现了小诗磨坊：岭南人、曾心、博夫、今石、杨玲、苦觉和蓝焰，七位泰华小诗诗人吹响了集结号。加上作为指导者的台湾诗人林焕彰，这"7＋1"的队伍"十年磨一剑"，使得泰国成为汉语小诗的重镇，队伍也扩大为 13 人。2016 年初，曾心有一首《诗的纤绳——为"小诗磨坊"成立 10 周年而作》——

十一位赤脚的纤夫
拉着一架古老的石磨

和着 3650 个日夜星辰
顺着天地"呼隆"旋转

十年磨出一条诗的纤绳
——2410 首小诗的连线

小诗磨坊的诗人们运用汉语的纯熟，令人惊叹。生于泰国曼谷的坚谱·塞他翁（曾心）是"磨坊"的代表性诗人，他的《凉亭》是泰华诗坛的第一部小诗诗集。

诗是以形式为基础的文学。对于诗，形式不仅是形式，也是内容。诗体集各种形式的美学因素之大成，无体则无诗。汉语新诗到 2018 年 1 月就已经一百年了，在这一百年的探索里，许许多多的诗人进行了建设新诗诗体的探索，比如冰心、臧克家、郭小川、林庚、何其芳、卞之琳、邹绛等，都有显著的贡献。近些年，到处都有诗人在推进新诗诗体的多样化创造，格律体新诗和小诗的进展尤为令人瞩目。但是，诗体建设迄今仍是新诗文体建设的弱项。一些时髦理论家宣传什么“没有形式就是新诗的形式”“新诗的灵魂就是自由”等，非常荒唐可笑。他们总想取消一切旨在创造新诗诗体的努力，贬低这种努力，歪曲这种努力，丑化这种努力。这是诗坛上的人们应当警惕的。在这样的语境下，我们尤其应当向泰国的小诗磨坊致敬，向曾心致敬，向他们在汉语小诗诗体建设上的贡献致敬。他们的贡献是具有文学史意义的。我坚信，历史会属于中外建设新诗诗体的诗人们。

十年来，曾心和我结下了深厚的友谊。他多次来重庆参加华文诗学名家国际论坛，还发表过主题讲演。他和钟小族主编的《吕进诗学隽语》在泰国、中国同时出版，他还来西南大学出席这部书的研讨会。《曾心小诗 500 首》出版，我非常高兴，我愿意向曾心，也向小诗磨坊的朋友们合十，送上我的远方的祝福。

2016 年 12 月 13 日，于北碚静斋

# 建设一个享誉世界的小诗社*

## ——泰华小诗磨坊成立15年访问召集人曾心

王 珂 曾 心

王珂：曾心老师好，适逢小诗磨坊成立15周年，作为小诗磨坊的老朋友，我见证了小诗磨坊的发展壮大。2017年我与您编了《小诗磨坊小诗精选》，我写的序言是《磨坊为何享誉世界》，全文分为两部分，标题分别是“小诗磨坊的创作经验”和“小诗磨坊的运作经验”。2017年到现在又过了4年，小诗磨坊又取得了很多成绩。您是小诗磨坊的召集人，最了解小诗磨坊，今天想对您做较详细的采访。采访分为两个部分，一是关于您的，二是关于小诗磨坊的。

王珂：请谈谈您的人生经历，有哪些重要事件影响了您的创作和研究。

曾心：我是第三代华裔，前两代都是农民。我从小生活在泰国农村，与黑土地打交道，懂得干各种农活，与日月星辰、飞禽走兽、花鸟虫鱼交朋友。在学校读书时，也许血液里有“龙”的基因，对方块字情有独钟，加上有老师是从中国来的，我对老师讲述的中国故事非常感兴趣，开始向往到中国去读书、去看看，但父母不同意。1956年，泰国要把一批难民驱逐到中国去，我就瞒着父母，在西昌岛偷偷登上了“大伟健”货轮。在海上漂了七天七夜，终于到达中国的南方。

踏上中国国土，先在集美侨校和集美中学学习，1959年考上重点中学——厦门一中。在一次“树雄心，立壮志”会上，我竟誓言要当“中国的鲁迅”。1962年，我考入厦门大学汉语言文学系，并被系刊《鼓浪》聘为编委，为实现我的文学梦打下专业基础。在大学期间，除了学习外，我还时常到农村和工厂里劳动，在实际锻炼中学到了许多东西，收获最大的是教会我做人，做一个不要倒下的人，越是困难的时候越要坚持。1972年，我被调到

---

* 原载《小诗磨坊》第十五集，泰国留中大学出版社2021年版。

广州中医学院进行工作和深造。在教“中国医学史”时，我发现在“医”与“史”之间，存在一个中间地带，于是撰写了《名医治学录》（与叶岗合著）、《杏林拾翠》（广东科技出版社 1983 年版）。1982 年，我返回出生地。在悬壶济世期间，接触和了解到民间的疾苦，萌生文艺创作的念头。1989 年，我加入泰华作家协会，与泰国和中国作家有了交往，这为我提供了更多创作与研究的机会。2002 年，我当了泰国留学中国大学校友总会办公室主任，接触到侨领，懂得人生除了要坚持原则外，还需要学会能伸能缩的“乌龟精神”和“云的软功”。当我进入知天命之年，每晚盘腿坐“禅”，由于有 30 多年练功体验，已经进到“空”“无”的“定境”。此“境”既可让脑子得到澄净空明的“宁静”，也时有“真空妙有”的出现。这种可遇不可求的“黄金刹那”，要是“在一刹那上揽取”，乘兴而作，往往就会“下笔如有神”，出现“神来之笔”。

我的人生经历影响到我的创作和研究。同时，我的小说、散文、诗歌、论文中也有意无意、或明或隐地表现出这些履迹。

王珂：请谈谈您接受诗歌教育的经历。主要受到哪些诗论家的影响？尤其是吕进先生对您产生了怎样的影响？

曾心：诗歌是一切艺术的入场券，我最早也是从诗歌“入场”的。在读书期间，喜欢阅读中国现代诗歌，如郭沫若、闻一多、臧克家、艾青、贺敬之、何其芳、田间、郭小川、李季、曾卓、闻捷等，也读中国古典诗词，如杜甫、白居易、李白、陶渊明等，对于外国诗歌，大部分是读苏联的诗歌，如普希金、马雅科夫斯基等。在诗歌理论上，读过袁枚的《随园诗话》、朱光潜的《诗论》、艾青的《诗论》等。但影响最大、最深的，应当是吕进先生的诗论。可以这样说，近十几年来，他的诗论是指引我的诗歌创作和理论创作的“坐标”。

20 世纪末，中国诗坛出现了许多“主义”与“流派”，否定传统，全盘西化，胸中缺乏对国家和民族乃至全人类的责任感，既没有中国民族风格，又太多沉湎于个人的喜怒哀乐，多是宣泄个人阴暗心理的“非诗”。而有的诗评家不仅没把准诗的文艺天平，还掺入不少非学术因素，成了权力、金钱、人情关系的附属品，给这些“杂种诗”敲锣打鼓。当时我很苦恼，感到诗坛到了不知何去何从的混乱地步。

2009 年 11 月，我受邀参加西南大学举办的第三届华文诗学名家国际论坛。会后，我购买了《吕进文存》（四册）。回来后，我一头栽下去，就无法离开，读了一大半，情不自禁地给吕进老师写了一封短信：“您的文存，是研究新诗学的经典。我活到古稀之年，才看到一部真正有指导意义的诗学理论。可惜目前中国诗歌界，还被一些人的偏激的理论所左右，实在令人不解和痛心。”故此，我把《吕进文存》当作诗学中纠正“偏激”、排除“异化”的“正道”，是一部“守住心灵阳光”而充满正气的诗学全书。

我想如能把《吕进文存》几百万字浓缩成一本小册子，如“语录”“诗话”之类，让当今爱诗的人们能在较短时间内接受一次诗学的教育，岂不是很有意义吗？我把这个设想与几位吕进老师的学生（当时已是大学教授）谈起，他们都很支持。终于在吕进老师的支持和指导下，经过多方筹划，邀了钟小族一起当主编，找了程海岩、董运生、李悦几位吕进老师的研究生组成编辑团队，从《吕进文存》浩繁的诗学宗卷中，精中选精，掇拾珍珠，编成一部语录体的《吕进诗学隽语》。该书先后在泰国、中国出版，引起海内外诗学界的高度关注。吕进诗学体系的三个亮点：文体理论、“新诗二次革命”理论和新时期诗群组成理论都被纳入此书。

2013 年 3 月 31 日，西南大学中国诗学研究中心、中国新诗研究所联合主办的“《吕进诗学隽语》研讨会”在西南大学隆重举行。研讨会肯定了吕进诗学的经典地位，并评价了《吕进诗学隽语》的学术意义。我出席了会议，并发表了《我为什么要主编〈吕进诗学隽语〉》，《重庆晚报》于 4 月 3 日刊登了此文。5 月，《诗学体系与话语方式的建构：〈吕进诗学隽语〉评论集》（曾心、熊辉主编）出版。

此后，我应用吕进的诗学理论和“诗学隽语”的语录，结合我与小诗磨坊的创作实践，撰写了《谈六行以内小诗的创作——以泰华“小诗磨坊”的诗为例》《六行内新诗体“创格”的尝试——以泰华“小诗磨坊”的诗为例》《泰华六行小诗的“禅”——以“小诗磨坊”的诗为例》《捕捉“物象”，创造“意象”——谈写小诗的技法》《谈“六行体”小诗的实践》等论文。

王珂：您一生致力于小诗创作及推广的工作，有何经验和教训？

曾心：有一点体会：创作要宽松，写小诗要多路数。诗向来有“载道”之说，即“为人生而艺术”，也有“不载道”之说，即“为艺术而艺术”。只要凭自己的个性、经历、气质与爱好，倾向哪一种都“无忌”；或者两者兼用，相互参照，相互激活，摸出一条“载道”与“不载道”的中间路线也行。我们不重视诗学理论上的“缠绕”，而提倡“八仙过海，各显神通”，自我探索，自我挑战，大胆“创格”，写出或是体验“时代的悲欢”，或是纯粹“语言艺术”的小诗来都好。正如林焕彰说：“每个人有不同的人生，出生背景不同，命运机遇不同，性向关注不同，感觉发现不同，审美表达不同……我们需要种种不同，写各自的诗；而小诗只是一种形式，当然它的形式，也是不止一种。”[①] 还有一点值得提出来，关于经费的来源，开始我们明文规定，每位成员每月要交 500 泰铢，可是交费者寥寥无几，我们只好渐渐自我“放弃”。但如何解决经费呢？我们便转向社会上的热心者，尤其是向泰国留学中国大学校友总会化缘，获得不断赞助和支持，小诗磨坊才能一路顺利走过来。

王珂：您如何给小诗下定义？小诗应该限制具体行数吗？是否应该限制在六行以内？

曾心：小诗随新诗一起诞生，但诗行最少，属诗中的小弟弟。小诗的基本特征，既有“瞬间的体验，刹那的感悟，一时的景观”（吕进语），也有长期对生活情感的储备和审美经验的积淀，以“心眼”钩沉出来的“感悟”，往往蕴含着更深厚的哲理性和深远的意境。

在中国小诗历史上，多数诗人写的是“晓畅自然，富有情趣的小诗”（吕进语）。我觉得小诗体也能以小见大，滴水见太阳，写出一些大体裁，具有重大社会意义主题的小诗，如咏史诗、政治诗、形势诗等。小诗体积虽小，只要“扭捏”得法，“寓万于一”“以一驭万”，就可达到“一花一世界，一叶一佛来”的境界。

吕进先生说：“没有大的小，不是小诗。没有丰富的简单，不是小诗。没有未完成空间的完成品，不是小诗。”[②] 可以说，小诗是小与大、简单与丰富、完成与未完成的融合。

“小诗是汉语新诗的重要品种，初期的新诗主要是从西方诗歌寻找出路，小诗开辟了向东方诗歌借鉴。向唐诗的绝句小令继承的新路。其行数在十行以内，以至一行都属于小诗范畴。”小诗磨坊提倡写六行以内的小诗，是在特定情况下提出来的。在泰国《世界日报》副刊主编林焕彰的策划下，从 2003 元旦起，对副刊“湄南河”进行改版，增设一个专栏，叫“刊头诗 365”，即一年 365 天，每天在刊头左上角刊登一首六行以内的小诗。林焕彰说：“小诗不一定六行（含以内）不可，但我有我的想法和主张：我的想法，来自我三

---

① 林焕彰：《十年，只是一个开始——泰华〈小诗磨坊〉十年诗选编后记》，载《十年，才开始——泰华小诗磨坊十年诗选》，台湾秀威资讯科技股份有限公司，2016，第 270 页。

② 吕进：《上善若水——序〈曾心自选集——小诗三百首〉》，载《曾心自选集——小诗三百首〉》，香港银河出版社，2011，第 5 页。

十多年来写小诗的体会；我的主张，来自诗艺术性的考虑和版面的需要。”①实际上，“刊头诗”占的版面只有一块豆腐干大，但它像苍穹里的星星、林中的黄鹂、海里的珊瑚，让整个副刊精神起来。2006 年成立小诗磨坊就是写六行内小诗的延伸。林焕彰说：“六行在篇幅上虽然是一种有限的制约，但内涵一样可以做到无限宽广而又深邃。只要诗人勇于探索，在‘思想’与‘技巧’的层面上多下功夫，一定会有丰硕的成果。”② 凑巧，六也是中国人喜欢的数字，如“六六大顺”。《周易·系辞传》曰：“六爻之动，三极之道也。”意思是说，六爻无论怎么变动，都离不开三极之道，三极就是天、地、人。天、地、人三极一动，就是六爻。六爻一动就产生相对的力量，就有了阴阳。也就是说，有了向心力就有离心力。六爻的变动，蕴含着天地自然、人类社会为一体的运动普遍法则。因此，有人说“天地之变尽于六”。这种“解法”虽然有些玄奥，但喻大翔教授通过《“小诗磨坊”六行诗文化溯源》等论文进行探索，多少也能从理论上更深层次地去解开六行诗内部结构存在灵活空间和变化无常审美观的“密码”。

王珂：您如何给“诗美”下定义？诗美是否指内容的美（抒情的美和叙事的美）、形式的美（音乐形式的美和视觉形式的美）和技巧的美？小诗应该强调哪方面的美？

曾心：新诗诞生 100 多年，不断有人给新诗下定义。如吕进先生认为：“诗是歌唱生活的最高语言艺术，它通常是诗人感情的直写。”③ 王珂先生也给新诗下过定义：“诗是艺术地表现平民性感情的语言艺术。”“新诗包括内容（写什么）、形式（怎样写）和技法（如何写好）。”“用一句话来概括这个新诗观：新诗是采用抒情、叙述、议论，表现情绪、情感、感觉、感受、愿望和冥想、重视语体、诗体、想象和意象的汉语艺术。”④

我认为“诗美”应是诗人“肉眼闭而心眼开”，把他要歌颂的生活“吸收、融化到主观的内心世界来，让它分解起来，提升起来，净化起来”，然后

---

① 林焕彰：《编后记》，载《小诗磨坊》（泰华卷）第一集，台湾秀威资讯科技股份有限公司，2010，第 275 页。

② 林焕彰：《六行，天地宽广——序曾心小诗集〈凉亭〉》，载曾心：《凉亭》，泰国留中大学出版社，2006，第 8 页。

③ 曾心主编《吕进：诗学隽语与泰华诗歌》，西南师范大学出版社，2018，第 6 页。

④ 王珂：《曾心小诗的文体价值》，载曾心：《曾心小诗 500 首》，东南大学出版社，2017，第 24 页。

寻找一种精致而形象的语言，把“心灵的体验与情绪状态”营造出一种超越自己、比原生活更深远、更超脱的意象与意境的诗。这样的诗，也许可定为“诗美”之类。

当然，“诗美”应当包含“内容的美”“形式的美”“技巧的美”。小诗虽小，但五脏俱全。一首六行以内的小诗，能见到“三美”互融互见，就可算“诗美”吧。但谈何容易，它只是诗人一生追求想要达到彼岸的梦。

凭我的个性、经历、理念与爱好，还是偏重于在写诗时，多多少少能把人类的抱负、理想、雄心、梦想等大浪漫注入诗内，同时也喜欢注入人类心灵美好的因子，让诗中氤氲着淡淡的心灵美好的笑声和泪光。

王珂：小诗自诞生以来，就强调哲理，无论是冰心的《繁星》还是宗白华的《流云》，您的小诗也重视哲理，如你的著名小诗《油条》。您能谈谈这首诗的创作经历吗？

曾心：油条，潮州人经常当早餐配豆浆吃，大家习以为常，不会有创作灵感。一天傍晚，我经过唐人街——耀华力路的一个拐弯处，看到路边有个小摊贩在炸油条，许多人在排队，有的人边买边吃，甚为热闹，我也买来吃。当咬着油条时，我想起潮州人常形容两人相爱如油条，突然来了灵感。于是，我捕捉到平民生活中的这一物象，结合心中想到的爱，营造出意象，即让自己“藏”到生活的“油条”里，为油条“寻言”，为“油条”表白，使之融合成一条有情感、有深爱的“油条”。它产生的过程，首先应当是感官有所触动，“瞬间”转向“内在的感官”“内在的眼睛”。因为最高的美不能靠肉眼而要靠心眼，要靠“收心内视”（普洛丁语）。只有从“外视”转向“内视”，从停留在意识层次的“感觉”，进入潜意识层的“感悟”，才能进入心灵世界精微创设的审美境界。故写了这首小诗《油条》：

本来软绵绵
熬煎后
赤裸裸
紧紧相抱

不管外界多热闹
此时，只有他俩

吕进老师很欣赏此诗，作了几次点评。第一次：“从油条而悟出爱情，智慧!”第二次:“身置象内,意达于外。我第一次读到此诗时就击节赞叹,此是人间深爱的赞曲。”他还在《寓万于一,以一驭万——漫说曾心》的评文中写道:“诗人在议人生,诗人在谈爱情。他议了吗?他谈了吗?他只给了我们一根最普通不过的油条啊!”[①] 2020年,他在《星星》发表《诗在咸酸之外》,以《油条》为例:“‘尽意莫若象’。这也是‘象’,油条,又不是油条,像东坡居士所说:‘似花还似非花’,读者会悟出爱情,悟出情人,悟出忠贞。”[②]王珂先生也评价这首诗“写出了日常生活的一个场景——油条被油炸的形态,一个生活中常见的事实,然后从中寻找出某种思想,写出诗人见到炸油条的刹那间的感觉。这首诗可以说很雅,也可以说很俗,如奥登所说的‘淫荡而又纯洁’。”[③] 同时还说:“曾心创作小诗《油条》不仅具有老年的睿智和沉思,也具有儿童的热情和好奇,他才‘能把见惯的事物如此表达出来,使它们能够在人们心目中唤起同样的感觉’。他善于在日常生活中发现诗,赋予世俗平民生活浓郁的诗意,使自己能够‘诗意地栖居’。”[④]

王珂:写小诗的大多是老人,您能谈谈这是什么原因吗?老人写小诗是不是为了抒发被压抑的情绪,甚至是身体上的生物性情感。2011年在台湾东吴大学开的“截句”研讨会上,我提出了一个大胆的结论:小诗具有较好的诗疗功能,老人喜欢写小诗是“力比多”过剩。您对此有何看法?您也是医生,对这个问题应该有发言权。

曾心:我想有两个原因:一是老人经历丰富,人间冷暖自知,成熟彻悟,但精力不足,写小诗正适合厚积薄发,“吐”出来的诗沉甸甸的,有生活内涵、人生哲理;二是如吕进先生所说:“这是老诗人对漫漫人生路的领悟,这是老诗人对诗的‘个中三昧’的领悟。所谓‘删繁就简三秋树’,所谓‘繁华之极,归于平淡’。‘就简’是诗艺的高端,‘平淡’是人生的高端,所以,小诗实在是高端艺术。”[⑤]

---

① 吕进:《寓万于一,以一驭万——漫说曾心》,载曾心:《玩诗,玩小诗——曾心小诗点评》,台湾秀威资讯科技股份有限公司,2010,第93页。

② 吕进:《诗在咸酸之外》,《星星》2020年第1期。

③ 王珂:《曾心小诗的文体价值》,载曾心:《曾心小诗500首》,东南大学出版社,2017,第20页。

④ 王珂:《曾心小诗的文体价值》,载曾心:《曾心小诗500首》,东南大学出版社,2017,第21页。

⑤ 吕进:《寓万于一,以一驭万——漫说曾心》,载曾心:《玩诗,玩小诗——曾心小诗点评》,台湾秀威资讯科技股份有限公司,2010,第9页。

力比多即性力，是精神分析大师弗洛伊德提出的，这里的性不是指生殖意义上的性，而是泛指一切身体器官的快感，包括性倒错者（如解释为对物体、情境或其他非典型对象感到具有性吸引力）。您提出“老人喜欢写小诗是‘力比多’过剩”，是有一定见解的。

人生进入老年，由饱尝生活酸甜苦辣，目睹人世的风雨变幻而浓缩成一颗“不可说”而属于自己的“夕阳”。这颗“夕阳”就是人生的智慧和彻悟。如果说一个老人喜欢写小诗，与“力比多”过剩有关，就是他把心中的智慧和彻悟释放出来，如在天文地理、日月星辰、花鸟虫鱼、坐禅修道等方面积累的智慧和彻悟一旦能用“小诗”倾吐出来，就会感到无比的痛快。

您在《磨坊为何享誉世界》一文中说：“‘玩’与‘磨’是小诗磨坊这个诗群的写作特点。”[①] 我觉得这话说到点子上了。我出了一本《玩诗，玩小诗——曾心小诗点评》，为了突出“玩”字，编辑在封面上还题上了我写的一首《玩诗》：“寻觅生活/零散的星星//一个个吞进肚子/连梦带血/呕成/有规则有情感而成行的星星”。吕进先生点评：“从平凡生活吸入，从诗人心灵吐出。”正如您所说：“‘玩’的目的既是‘玩’出‘理’来，如同‘寓教于乐’，也是为了‘玩’出‘趣’来，追求玩味的乐趣，玩出味道来，享受味道的鲜美，从‘味’中悟出‘道’。”[②]

请大家想想，这样“玩”诗，就能玩到“走火入魔”，玩到神魂颠倒，其乐无穷。如果把快乐分成肉体的和精神两种，那么“玩”诗的精神“娱乐性”，岂不是远比“身体器官的快感”更有快感吗？更加快乐吗？

王珂：陆机在《文赋》中给诗下的定义是：“诗缘情而绮靡。”小诗除了追求哲理外，也强调要写得很美，不仅有美的情感，还要有美的语言。您是如何把小诗写得很美的？

曾心：写小诗，不能有意追求哲理，应当追求意象，在意境深处自然蕴藏着哲理，这才是哲理小诗。没有意象的小诗就会变成警句或隽语。我的小诗不刻意追求“美的语言”。我已是耄耋之年。我的心境已归于“平淡”，我写的小诗，也喜欢用“平淡语言”来表达“平淡”的心。这种语言是我“心灵体验与情绪状态”的自然流露。

---

① 王珂：《磨坊为何享誉世界——〈小诗磨坊小诗精选〉序》，载王珂、曾心主编《小诗磨坊小诗精选》，东南大学出版社，2017，第8页。

② 王珂：《曾心小诗的文体价值》，载曾心：《曾心小诗500首》，东南大学出版社，2017，第18页。

吕进老师说："曾心在诗歌艺术上的成熟的标志，就是他的诗的平淡风格。他有一首《季节》：'宝贵的人生/只剩下一个/季节∥冬/落其华芬/一个平淡之境'。可以在诗歌史上看到一个普遍现象：诗人越成熟，他的作品就越平淡。镂金错彩，珠光宝气，华词满篇，扑朔迷离，是年轻诗人易犯的毛病，是写诗的幼稚病。'才大于情'绝对不是诗人高明的证明。如宋人苏轼所说，'绚烂之极，归于平淡'，也如另一个宋人葛立方所说，'落其纷华，乃造平淡之境'。读曾心的小诗，读者很容易进入响应性状态。""不要小看诗的平淡，只有拥有写诗资历并懂得诗美奥秘的人才能攀登到这个高峰。平淡的诗读者易读，但这并不表示诗人易写；反过来，读者难读的诗，并不表示诗人难写；'苦而无迹'是一切有才华的诗人的共同特征。"①

王珂：小诗因为语言太少，句子太短，很难像格律诗那样通过节的匀称和句的均齐来完成诗的音乐美建设，也无法通过句式的参差来突出诗的音乐性。您是如何在小诗中建立音乐性和音乐美的？

曾心：写六行内小诗，就如带着"镣铐"在小舞台上跳舞。跳舞也要随着音乐才能跳得起来。我写的是现代六行小诗，句子很短，但几乎都包含着两个层次的音乐性。一是内在音乐性，即随着感情的波浪、感情的起伏，在小诗中形成"内在旋律"。二是外在音乐性，主要是讲究段式和排列美。诗是有节奏的语言。只要我们用诗的语言写诗，自然诗中就有音乐性和音乐美。

王珂：作为小诗磨坊的主要组织者，请您简要介绍它的15年历史。有哪些重要事件？

曾心：15年来，小诗磨坊主要有以下重要事件。1. 小诗磨坊成员的六行以内小诗及理论探讨的作品，除在泰国、中国及东南亚的报刊发表外，每年还出版一部小诗磨坊诗集，第一部和第二部还分别在泰国和中国台湾出版，由林焕彰主编（第十三至十五集由博夫主编），每集刊登240首小诗，每首小诗均附有"诗外"及插图。15年来，小诗磨坊出版了15部集子，约3600首小诗。还出版了《十年，才开始——"小诗磨坊"10年小诗选》（林焕彰主编，台湾秀威资讯科技股份有限公司2016年版）和《小诗磨坊小诗精选》（王珂、曾心主编，东南大学出版社2017年版），充分展示了小诗磨坊的创作实力和发展前景。2. 请诗坛名家和理论家如龙彼德、计红芳、张默（中国台

① 吕进：《小诗的泰华诗圣——〈曾心小诗500首〉序》，载曾心：《曾心小诗500首》，东南大学出版社，2017，第1—2页。

湾)、吕进、白灵(中国台湾)、刘登翰、刘再复、朱寿桐、周宁、沈奇、喻大翔、毛翰、萧萧(中国台湾)、洛夫(中国台湾)、白灵(中国台湾)、杨匡汉、苏永延、晓雪、朱熹(中国台湾)、王珂、曹安娜、陆卓宁、乔延凤、袁勇麟等写序,大大提高了小诗磨坊的知名度。3. 举办小诗磨坊新书发布会和研讨会。每年在泰国留学中国大学校友总会文艺写作学会举办文学讲座和新书发布会,同时举办年度小诗磨坊诗集发布会及小诗研讨会,邀请名家如刘再复、洛夫、吕进、陈贤茂、刘登翰、杨匡汉、晓雪、杨际岚、龙彼德、喻大翔、舒婷、陈仲义、沈奇、陈慧瑛、凌鼎年、王柯、熊辉、翁奕波、计红芳、周萍、刘红林、萧成、郭惠芬、苏永延、白灵、萧萧等做主题演讲,每次出席者都达 200 人左右。2017 年 4 月,东南大学汉诗研究所、东南大学中文系、东南大学人文学院举办国际小诗暨小诗磨坊作品研讨会,王柯教授主持了开幕式并作了"小诗磨坊为何享誉世界"的主题发言,对小诗磨坊新的起步、新的建设具有重要的指导意义。4. 重视出版评论集及点评集。先后出版了《小诗磨坊研究论文集》(曾心、范军主编)、《"小诗磨坊"小诗点评》(赵朕点评)、《曾心小诗点评》(吕进点评)、《二十三诗论家论小诗——国际小诗暨小诗磨坊作品研讨会论文集》(王珂、曾心主编)、《泰华小诗磨坊诗选研究》(曾心、苏永延编著)。这些评论和点评很宝贵,我们可借助诗评家的锐眼寻找自己创作的长短处,从而激活创作想象的张力场。

王珂:林焕彰先生为小诗磨坊做出了巨大贡献,他具体做了哪些事情?小诗磨坊如何评价他?

曾心:自 2003 年元旦起,林焕彰在泰国《世界日报》副刊"湄南河"安排了"刊头诗 365"专栏,提倡一种六行以内的小诗品种,还特邀诗评家为"六行诗"写赏析及其他部分短诗的评论,几乎每个星期都有一大版,对小诗的作者加以肯定和赞赏,起到很大的鼓动作用,泰国、印尼渐渐涌现了写小诗的群体。当年,林焕彰高兴地说:"要感谢的是,泰华、印华诗人都纷纷响应,而且时有佳作涌现,使每日必须要有的一个重要的版面从未开过天窗,让作为该版面编者的我,不必为它烦恼。"①

2006 年 7 月 6 日,我新落成的小红楼庭园中加盖起一座六角亭(现改为八角亭),为了让泰华喜爱写作小诗的诗友能有一个固定的场所可以不定期聚

---

① 林焕彰:《编后记》,载《小诗磨坊》(泰华卷)第一集,台湾秀威资讯科技股份有限公司,2010,第 275 页。

会、磋商，林焕彰与我便将该亭取名“小诗磨坊亭”，林焕彰题字并由苦觉精刻细镂在一块精美的柚木板上。当天，林焕彰与我筛选了小诗磨坊的成员，拟定成立的宗旨：在固定的场所做不定期的聚会，借以激励创作六行以内小诗，并讨论小诗写作的种种艺术性的议题，为小诗探讨、建立理论基础，开创新的美学观。之后，林焕彰在他主编的副刊增辟“小诗磨坊”专栏。当初小诗磨坊只有 8 位成员，称为“7＋1”，因为七位在泰国，一位在中国台湾。“当然，最重要的是，我们都有心想让六行小诗能够写下去，拿‘7＋1’的精神，为缪思女神服务，每年出版一本合集，也聚会一次，就是我们 8 个人给自己的最好期许和鼓励。”①

林焕彰当小诗磨坊诗集的主编，想了许多新点子，如每首诗之后附上“诗外”。他说：“我总希望写诗的人可不搞理论，但不能不弄清楚自己想写什么，要怎么写，如何使自己的作品不断精进。因此，‘诗外’附在每首诗之下，是有它的作用的，不一定要和那首诗有直接关系，可或多或少会与诗人自身的修养、人生观、诗观等有关。”②《小诗磨坊》（泰华卷）第一、二集在泰国出版后，还由他居中联络，在台湾秀威资讯科技股份有限公司出版。他主编《小诗磨坊》（泰华卷）第十二集，对每首诗都认真编审、修改，甚至提出重写意见，每集他都写了《编后记》。在小诗磨坊成立十周年之际，我委托他主编一本 10 年诗选。林焕彰很认真，重读了 10 本诗集，选出每位诗人的代表作，编成了《十年，才开始——泰华小诗磨坊十年诗选》。他还邀请洛夫先生和白灵先生撰写序文，并在台湾秀威资讯科技股份有限公司出版，反响很好。洛夫称：“十年磨一剑，十年坚持，11 位诗人的智慧和心血终成这部十年诗选，岁月见证了他们璀璨的成果，实属不易。”③ 林先生还帮我联络促成曾心、钟小族主编《吕进诗学隽语》、吕进点评《玩诗，玩小诗——曾心小诗点评》，在台湾秀威资讯科技股份有限公司出版。林焕彰是诗坛上的老将，人缘好，见识广，点子多，凡事有他参与，就能圆满实现。他是我们小诗磨坊的核心人物。

① 林焕彰：《编后记》，载《小诗磨坊》（泰华卷）第一集，台湾秀威资讯科技股份有限公司，2010，第 276 页。

② 林焕彰：《编后记》，载《小诗磨坊》（泰华卷）第一集，台湾秀威资讯科技股份有限公司，2010，第 276 页。

③ 洛夫：《小诗：一个晶莹剔透的小宇宙——序泰华“小诗磨坊”十年诗选》，载《十年，才开始——泰华小诗磨坊十年诗选》，台湾秀威资讯科技股份有限公司，2016，第 3 页。

十几年来，泰华小诗磨坊开新诗发布会和研讨会，他从没缺席，还发表相关论文，如《六行小诗的新美学》是他2008年在“小诗磨坊”诗集发布会上的讲稿，《六行小诗的基础美学初步思考——从泰华六行（含以内）小诗发想谈起》是他2014年在“小诗磨坊”诗集发布会上的讲稿，等等。2017年4月，东南大学举办国际小诗暨小诗磨坊作品研讨会，林焕彰、我和博夫作为泰华小诗磨坊的代表出席会议，林焕彰在会上发表了论文《小诗，可大可小——从一个字到六行小诗》。他从写作六行诗的经验角度总结了小诗创作的技法：“诗，就是诗；不分长短，只在乎是不是诗？是诗，还要在乎有无新意，是不是属于自己的，是不是独创的？小诗，多少才算小？六行（含以内），只是小诗的一种形式；我希望做到：不重复别人，也不重复自己。”①

总之，林焕彰的家虽然在中国台湾，但他至少有一半的心在泰国，经常和我们在一起。在小诗磨坊成立15年之际，我们不会忘记林焕彰为小诗磨坊所作出的贡献。我不多说，只用一句话来概括：“没有林焕彰，就没有小诗磨坊。”这是我多年积淀下来的心里话。

王珂：小诗磨坊已有15年的辉煌历史，未来有何计划？

曾心：“辉煌”中也蕴藏着“危机”。我就小诗磨坊面临的几个问题与大家商榷。

1. 在创作上，有部分同仁遇到了瓶颈，认为再也写不出好东西，建议停办。您认为如何？

2. 15年来小诗磨坊的费用大部分来自泰国留学中国大学校友总会的支持，而小诗磨坊内部只支付了小部分。今后的经费要如何解决？

3. 由于岁月不饶人，我已进入耄耋之年，建议另选召集人。您认为如何？

您在《磨坊为何享誉世界》一文中说：“百年来一直都有人创作小诗，还出现了三次高潮。前两次的现代性建设都不够，写出来的小诗都不足以称为‘现代小诗’，尤其没有应该有的现代精神和现代意识，也没有应该有的现代诗技巧。在以小诗磨坊为代表的第三次创作高潮中出现的一些小诗，才配称为‘现代小诗’。这些小诗不但重视诗人的主体性、诗作的娱乐性和诗艺的技巧性，还重视小诗内容的世俗性、小诗形式的多样性和小诗题材的混合性。”②

① 王珂、［泰］曾心主编：《二十三诗论家论小诗——国际小诗暨小诗磨坊作品研讨会论文集》，泰国留中大学出版社，2017，第133页。

② 王珂：《磨坊为何享誉世界——〈小诗磨坊小诗精选〉序》，载王珂、曾心主编《小诗磨坊小诗精选》，东南大学出版社，2017，第2页。

这个给小诗磨坊在中国小诗历史上的定位大胆而精准。我读后不但精神受到极大的鼓舞，而且感到肩上的历史担子很重很重！

我想目前虽然有困难，但总会有解决的办法。正如人们常说“船到桥头自然直”“车到山前必有路”。洛夫先生曾说：“十年来小诗磨坊走得颇为稳健，每年都有一部诗选出版，但也会不时面临创作遭遇瓶颈的问题。林焕彰则鼓励他们：一要勇于改变，一要耐心坚持。有趣的是，我在十年诗选中读到曾心的小诗《一尾鱼的发现》，前半部分是这样的：‘当走投无路时/便向水面一跃/竟发现/一个比海更宽阔的天’。这不是王维‘行到水穷处，坐看云起时’的意译吗？王维和曾心的诗，其意蕴有着惊人的相似，何尝不可视为诗歌创作面临困境的解救之道：另辟蹊径。所谓‘江郎才尽’只是灵思一时蹇滞，但潜能仍在，这时，‘变’便成了天才的另一个名词。”①

您说“小诗磨坊已有15年的辉煌历史”，这是对我们极大的褒扬，我代表小诗磨坊向您合十！但小诗磨坊能再“磨”15年吗？能再创15年的辉煌吗？还要等待时间和历史的回答。

谢谢！

---

① 洛夫：《小诗：一个晶莹剔透的小宇宙——序泰华“小诗磨坊”十年诗选》，台湾秀威资讯科技股份有限公司，2016，第4页。

# ·评论文章选辑·

# 朴素淡雅见真心*

## ——读曾心的小说散文集《大自然的儿子》

杨振昆

泰华作家曾心，原名曾炳兴，又名曾时新。他何以情有独钟，改用曾心之名，我不得而知。但和他相识两年多来，我的确感到，他不求炳兴，不追时新，而是以一颗真心，面对朋友，面对生活，面对社会。无论为人为医为文都坦露着一颗真诚的心。

读着他的文章，那些难以忘怀的场面不觉又浮上心头。

1995 年新年夜，曾心先生驾着私家车来到曼谷中央大酒店，接我去欣赏夜景。我没有想到曼谷的年节之夜竟会是如此迷人。街道树上布满彩灯，在主要街道上，道两旁的灯串交织到中间宛若璀璨银河，随着汽车驶动，珠帘漫卷，星光耀眼。偶尔闪过鲜亮的国王画像，灯光勾勒出的亭台楼阁恍若仙境。我用摄像机储存了这珍贵的夜晚，也储存了曾心的一片真情。

离开曼谷的中午，曾心事前未曾通报，却悄然赶来送行。等朋友们先后告别，他仍独自守在机场，一定要等我验票入内。我回望的那一瞬，他仍站在原地，挥动的手似乎凝然不动了，像是不愿挥去别离，不愿挥去美好友情的记忆。

文如其人，人品的高下往往决定着文品的高下。曾心正是以真诚的心灵去体验生活，去感悟人生，写下了一篇篇朴素淡雅、真挚感人的小说、散文。

曾心的作品最突出的一个特点是对普通人的深挚的同情。在《寂寞病》中，作家提出了老年人处境的孤独这一社会问题。“李太太”的丈夫去世了，孩子又远居国外，只有与猫相伴。借看病之名请医生聊天成了她排解孤独的一个办法。尽管医生感到自己成了“聊天医生”，但仍尽职尽责地去安慰老人。小说或许是作家本人经历的演绎，是他作为医生救人济世的同情心的

---

* 原载《大自然的儿子》，云南民族出版社 1995 年版。

反映。

作家的同情心还表现在对欺诈弱者善者的恶势力的揭露和鞭挞。《捻耳记》便是这样一篇成功的散文。王大妈年近七旬还操持家务，行骗者就利用她的善良轻信，以种种手段骗她的钱财，每骗一次，她便捻耳一次“以示要谨记，别要重犯”，但仍屡屡受骗。三年来，小本子上竟画了十二条杠杠，记下了她被骗的次数。骗子的手段十分高明，花样翻新，使人防不胜防，或以她儿子车坏了需修车费行骗，或以她儿子升迁应订报祝贺诈取，甚至以请“三保公佛”来家供奉之名要钱……面对如此众多的骗子，善良的老人只能以捻耳责己。作家虽无一句议论，但对骗子的愤怒已表现到极致。

作家深厚的同情心由社会推向大自然，由人推向动物。散文《猴面鹰哀思》便是这方面的代表作。作家满怀沉重的思绪描写了投宿福建武夷山目睹两只珍禽猴面鹰被杀食的惨景。那似婴儿的啼叫声，那像猴子的面颊有喜怒哀乐的表情，那似灰蓝宝石善解人意的眼睛，在作家的笔下栩栩如生地展示在读者面前。猴面鹰的被杀是对“国家自然保护区”的嘲讽，也是对国民素质的哀思。

作家由对自然的同情、亲近进而产生一种向往回归大自然的心情。在散文《大自然的儿子》中，作家对一位九十高龄的阿公自然的生存状态的欣羡，唱出了一支“一辈子唱不厌的大自然之歌”。阿公跌伤后不看医生，用艾叶敷伤消肿，他从不吃药，而是在田头地角挖点土人参吃，甚至洗衣服都不用肥皂，因水是含碱的。挥刀砍椰子、埋头拔杂草都显示出他动作的敏捷，证实着生命在于运动的规律。这种人与自然的和谐正是作家向往的一种生存状态。

曾心还善于发现普通人心灵中美好的感情。在《杏林曲》中，从中国来的中医专家协助泰国医生治好邻居阿狮的瘫痪病，从而消除了阿狮对中医的偏见，文中显示了一种人与人之间互相帮助的美好人情。在《三愣》中，一位对医生的诊费都要讨价还价的独眼老人，为了支持一所华文小学的复办，竟卖掉自己的一块地皮，捐献了一皮箱500泰铢的纸币。这强烈的反差显示了老人崇高美好的精神境界。在《母子情》中，女儿伊丽的病是因鸽子粪滋生的细菌引起，医生建议不要养鸽子了，而鸽子恰恰是儿子明明的宠物。面对这个难题，父母感到无计可施之时，明明却和叔叔的儿子商量好，拆下鸽笼到叔叔家去养。孩子纯真美好的心灵在这一个小小的事件中充分地表现出来。这些作品抒写的美好的心灵、美好的人性，使人读后，如嚼橄榄，清心提神，回味无穷。

无论是小说还是散文，曾心的作品中都显示出一种朴素、淡雅、真挚的风格。这是和他的文学观密切相连的。在《泰华散文苑里的蓓蕾》一文中，他提出了“四要”的散文创作观，即要有“神”气、要贴近生活、要自然、要有“我”。文章虽是谈散文创作，但也可以看成是作家创作的指导思想。这“四要”是相通的，归结起来实际就是一个要：“要真”。作家要敢于写自己真实的人生体验，敢于表现自己的人格和感情。既探索外在世界，又探索自己的内在世界。直面人生、直面自己正是曾心提倡“要贴近生活”“要有‘我’”的真谛。有了真性灵的真文字才会有神。曾心把“神”看成是一种“传达出生命的不息运动，灵魂的顽强拼搏和内心的深沉呼唤”。这一观点极有见地，它强调了作家主观的生命力量和拼搏精神对文章魅力的极端重要性。不矫揉不造作的真实的呼声才会唤起人们广泛的共鸣。由此可见，要自然也不仅仅是一个表达的问题，而是要使文章如自然流淌的泉水，从心灵的泉眼中汩汩流出。

曾心在“春兰·世界华文微型小说大赛”中获奖的作品便是他的这一创作观的体现。小说的故事十分简单：我的老伴生怕在美国求学的儿子带一个洋媳妇回来，买了枚红宝石戒指，许愿说，儿媳是黑眼睛，便送给她；是蓝眼睛便自己戴。儿媳回来了，老伴凄楚地发现是蓝眼睛，但当她发现儿媳不仅是研究中国历史的博士，而且在酒宴上，黑眼睛的孩子们唱的全是英文歌或泰国歌，唯有蓝眼睛的儿媳唱的是中国歌《龙的传人》，老伴毅然把红宝石戒指交我送给儿媳。

小说似乎是没有什么构思，但又让人感到匠心独运。在仅1000字左右的小说中，竟一波三折，引人入胜。围绕儿媳是“蓝眼睛”还是“黑眼睛”展开悬念，相片上难于判断眼睛的颜色，见人时看到是蓝眼睛的凄楚，得知她研究中国历史的转变，听她唱《龙的传人》的喜悦。这是小说的心理线索，在不露痕迹中展示了主人公的情绪变化，自然而细腻。而从买戒指，是否送儿媳到决定送儿媳又构成了作品的行为线索，前后呼应，水到渠成，自然而流畅。

这篇小说情节虽然单一，但传达的内容却十分丰富，给读者以许多值得思索的问题：东西方文化的碰撞和交融，华夏文化的世界性及吸引力，对华侨后裔西方化、缺少文化继承的忧思。这一切正是作品的“神”之所在，是作家强烈的民族文化认同感、继承责任感及保护意识的表现。取材虽小，旨意却大。这种来自内心的深沉呼唤是那样自然，那样真实，使作品具有动人心弦的力量。

曾心的作品几乎都是他的创作思想的体现。他的作品大多取材于他所熟悉的生活，这正是他的作品能写得真实自然的又一个主要原因。或者是他的亲身经历，或者是他行医所见所闻，或者是他家庭邻里中发生的事情。尤其如《杏林曲》《寂寞病》《母子情》《大自然的儿子》等篇章涉及医道中事，更是写得得心应手、细致入微，增加了作品的真实感。

著名诗人晓雪在《赠曾心》中有这样两句诗："一篇篇诗文/朴素真挚、生动感人/……/都因为你有一颗纯朴、善良、美好的心"。这诗句非常明确地说明了文如其人这一规律。列夫·托尔斯泰在《艺术论》中谈及艺术感染力的条件时说："艺术感染力的大小决定于下列三个条件：（1）所表达的感情具有多大的独特性；（2）这种感情的传达有多么清晰；（3）艺术家的真挚程度如何，换言之，艺术家自己体验他所传达的感情时的深度如何。"以这三点来衡量曾心的作品，可以看到它们大多具有这三个条件。他对普通人的同情、对恶势力的鞭挞、对美好心灵的讴歌使他的作品有了独特性，而他感情的真挚和传达的清晰性又使作品有了动人的力量。

阅读曾心的作品犹如置身一片草地，虽不如花园般鲜艳，但却清新可人。满眼令人神清气爽的绿色，隐隐闻到的香味，那是些素淡、不招惹人却耐人品味的小花。曾心用他的真心，用他忙里偷闲的时间培养了这些小草小花，汇集在一起，已经是一块引人注目的天地。但愿他保持清新淡雅真挚自然的风格，写出更有力量、更富冲击力的作品。

1995 年 8 月于昆明

# 让世界充满爱　对万物皆有情*

## ——读曾心散文小说集《大自然的儿子》

大　壑

我面前放着的，是泰国作家曾心先生的一部书稿。这是一部从形式到内容都显得相当丰富的散文小说集。论体裁，小说中有短篇小说、微型小说之分，散文中有记人、记事、记游、抒怀、论理之别；论内容，有东西方文化的碰撞与交流，有海外华人的生活和心态，有现代社会的文明病，有对生活中丑恶现象的暴露和抨击。可是，如果绕过所有这些外部特征上的区别，我们就会发现，作品涌动着一以贯之的气血，回旋或高扬着一个主旋律，那就是对健全的生活和人性的执着描绘和呼唤，对爱的专注发掘和讴歌。用云南诗人晓雪在《赠曾心》一诗中的话说，就是“让世界充满爱，对万物皆有情”。

都市的滚滚红尘，物质世界的名缰利锁，以及由此而来的人性的变异沦丧，作为现代社会的流行病，已成为许多作家着力暴露和批判的对象。长期生活在曼谷，且已近“耳顺”之年的曾心，大约是很有资格加入这支批判大军的。不过，也许正因为生活中有太多的丑恶、阴暗，健全的人性和美好的感情就显得格外的珍贵，格外地值得作家用心血去浇灌。他宁愿放弃那沉重的铅灰色的云块，而去追寻从云缝中射出的让人眼前一亮、心头一暖的缕缕阳光。

在曾心看来，健全的生活、健全的人性起码表现在两个方面。一是人与自然的关系。在现代社会，人们趋之若鹜地涌进大都市，尽享现代文明的便利舒适，却远离了大自然，遗忘了大自然。为了救治这种偏枯，曾心为我们提供了一个范本，一个与拥挤、嘈杂、污染、封闭、人工完全对立的存在。在散文《大自然的儿子》中，曾心介绍了这样一位老人：他一辈子与大自然

---

* 原载《台湾与海外华文文学评论和研究》1995 年第 4 期。

为伍，对大自然有如对自己的掌纹一般熟悉了解。他领略大自然的风风雨雨，也享受着大自然的赐予，所以尽管已九十高龄，但仍然如年轻人一般负重物、跨沟坎、下冷水，健步如飞，每日劳作不止。他与大自然的关系，甚至已无法用“热爱”这样的字眼来形容（那多多少少有一点不属于自己而去追求的意味）。对他来说，这是最自然不过的事情，是生存的第一需要，是他的空气、他的水、他的阳光，他与自然已融为一个整体。“天人合一”在他这儿不再是企求奢望，而是存在。当然，作者并无意诱使人们弃绝现代文明而回到农耕时代，事实上，老人的屋中就有电视、冰箱。作者称老人的生活环境为“桃源仙境”，称老人为“大自然的儿子”，强调的赞叹的推崇的乃是一种人与自然和谐共生的状态。

人类生存的另一个重要方面，无疑是人与人的关系，对于生活在现代社会中的人来说，也许是更迫切需要解决的问题。也许正因为此，曾心给予了更多的关注。短篇小说《过时的种子》写的是一个几乎没有希望的人，终于在他的执着精神的支持下和老师的指点下学有所成的故事，但小说所展开的是一个大夫和一个普通劳动者之间的关系的一些内容。那个头发花白的劳动者，一生从事繁重的体力劳动，没读过几年书，他步履沉重，说话粗声大气，行事不知进退，谈不上有多少知识、多少教养，一句话，他全然不懂现代社会中那种冷淡矜持、彬彬有礼却又透着虚伪的处世之道。按说，他这样的处于底层社会的人，是很难和作为社会上层的大夫发生密切持久的关系的。但只要你抛弃世俗的等级观念，本着一颗理解的、同情的、乐于助人的心，你就不会不被他那单纯质朴诚恳、纤尘不染的心灵，旺盛的求知欲和锲而不舍的精神所打动。在大夫真诚的帮助下，一颗“过时的种子终于破土发芽”。小说昭示人们，不要封闭理解的大门、不要袖起助人的手，你将会发现生活中的美好。

曾心是一位善良忠厚的长者。丰富的人生阅历，使他自然看到人性的种种弱点和生活中的阴影，譬如因财产分割而造成的夫妻失和及因此而晚景堪忧的老人（《钥匙》），现代社会中因孤独而带来的“文明病”（《寂寞病》），邻里之间因琐事而产生的龃龉（《半夜鸡叫》），等等。对于这些现象，作者并未大张挞伐，而是对他们投注理解同情的目光，进行善意的讽劝。这从《半夜鸡叫》的轻松诙谐的笔调和喜剧式的皆大欢喜的结局，以及送上解除寂寞和心病的“钥匙”的情节处理上，可以看出作者的真诚愿望，看出作者对人类之间理解和爱的呼唤。不过，曾心并不是一个低眉顺眼、随俗依违、只会打哈哈的乡愿，他有着分明的爱憎。对于那些虽然经受生活的磨难却依然保持着人性的完整和高尚的人，他绝不吝惜自己的热情。在散文《一飞冲天的白鹭》和《北飞的南燕》中，他为我们介绍了这样两个人物：一个是有着华侨背景的大陆作家，另一个是在海外出生却毅然回国参加祖国建设的归侨。在“史无前例”的年代，她们都饱受生活的磨难，但她们没有沉沦，没有让心灵的光辉蒙受尘埃，而是通过顽强的拼搏终于事业有成。所以曾心把她们誉为“一飞冲天的白鹭”，和有着高尔基笔下的“海燕”一般品格的生活的强者。而对于那种丧失人性、灵魂龌龊的人，曾心也绝不稍纵。顾城杀妻事件披露后，曾心立即撰写了《朦胧诗之树的凋零——从顾城之死谈起》一文，痛责顾城的自私、残忍、野蛮、禽兽不如。他还进一步从顾城的生活和思想上分析了这一悲剧的原因，指出顾城“未尝尽人生的苦甜酸涩”便享盛名，造成他的心理失衡，始终生活在自己的梦的王国中，不敢面对真正的人生，“既不愿放下‘诗人’的架子，又不愿与海外唐人一样干着又苦又累的活”，“虽然有追求‘返自然’情趣，但却丝毫没有‘少私寡欲，见素抱朴’的思想。在‘无米之炊’的困境下，依然奢望享受‘齐人之福’”，结果“一腔的朦胧，满脑伊甸园，在无情的现实中被碰得粉碎”。这样的分析，融入了作为“海外唐人”的曾心的切身体验，是切中肯綮的。

在曾心看来，健全的生活绝少不了爱，爱是人生的诗意的升华，是保证人性不致扭曲变异的安全阀。所以曾心以很大热情去发掘颂扬生活中的爱。但你不必把曾心当作一个爱情作家，爱在曾心那里是一个极其宽广的概念，它固然包含了男女之爱，但更主要的是一种家国之爱、生命之爱、人类之爱、自然之爱。

作为一名生活在海外的华裔，曾心对他的故国表现出深深的眷念之情。这不仅由于他在中国完成学业，也不仅由于他对中国传统医学的精通，从根本上说，这是对赋予他血脉和文化的根的一种深深的爱。正因为如此，曾心不仅写他的同学他青梅竹马的伙伴在中国的成长，写他与中国作家的热情交往，写海外华人的生活和情感，写中国医生和泰国医生之间真挚而珍贵的感情，更在小说《三愣》中，塑造了一个极其动人的形象。一个干瘦、佝偻、身患疾病的穷苦人，在看病时会为医疗费而与医生讨价还价。可是为了当地华文小学的恢复，为了“当个胡子学生”，一圆少年时代付出了惨重代价却未能实现的梦，他毅然捐出了他毕生的心血——满满一箱崭新的面额1000泰铢的纸币。这份对故国九死而未悔的痴情，是极其动人的。

在作者看来，爱是美好的，是生活中的闪光点，是人性的自然流露，无私的爱更具有一种崇高的意味。无论是母子之情，还是夫妻之爱，莫不如此。作品集中唯一的一篇涉及男女之爱的小说《命运》，并未着力于男女之间卿卿我我、死去活来的爱情游戏，也很难归之于普通意义上的爱情小说。作者对患难之中的男女相濡以沫的真情刻画，与其说表现的是男女之情，毋宁说表达的仍是作者的一贯主题：爱是美好的。最能说明作者思想的是一篇叫《捐躯》的小说。一位女教师，对学生倾注了满腔的热情和爱心，她为了拯救溺水的学生而献出了自己的生命，死后又根据遗嘱捐出自己的躯体，供学生做解剖实习。这种奉献一切的无私精神，体现着人类之爱的伟大主题。

从这种爱推广延伸开去，便是爱生活中一切美好的事物，包括爱我们生存的这片土地，这片美丽的大自然。所以当有人置国家法律于不顾，而将国家二级保护动物猴面鹰当作下酒菜时，作者不禁发出了悲哀的叹息："人有时也不可思议，为了腹中食、口中福，竟然把一只好端端的珍禽奇兽宰了，吃了，于心何忍?!"美丽的大自然和她所造就的一切珍奇，不仅可供人们观赏、陶情冶性，而她本身恰恰是人类赖以生存的基础。所以从根本上说，肆意毁坏大自然的行为，无异于自掘坟墓。

可是，作者仅仅是悲哀两只珍禽被杀戮吗？远非如此。作者更为悲哀的是在有"鸟类天堂"之称的国家自然保护区，竟然有人公然出售受国家法律保护的珍禽，更有人买来残忍地杀戮，饮其鲜血，啖其美味，却没有人出面加以制止，更谈不上对这种行为加以惩罚。更有甚者，作者对食客的描写已暗示我们，本该是国家法律的执行者、珍禽的保护者，此刻正是珍禽的杀戮者。这种心灵的自私麻木残忍，缺乏爱心、缺乏人性，是何等的触目惊心。

曾心毕业于厦门大学中文系，受过系统的中国文学的训练，这使他的作品无论叙事状物记人抒怀论理都技巧娴熟、游刃有余。但也许出自他丰富的人生阅历，也许出自他善良忠厚的性格，他并无意卖弄技巧，无论是散文还是小说，都写得相当平实自然，具有一种化绚丽于平淡的质朴之美。这里不打算展开分析，仅谈其一点，那就是笔端常带感情，不回避自我的出现。曾心在谈到散文写作时说："它是作者的自我表现，尤其是作者人格和感情的自我表现。"作者歌颂真善美，鞭挞假恶丑，爱憎分明，感情充沛，不仅真实地表现作者的所历所感所思，而且以情驭文，以情传真。作者在描写猴面鹰的遭遇时写道："它凝视着我，抖动着点点花斑的双翼，眼里还充满'生'的希望，好像遇到贵人，要我行行善，把它放出笼去。……它几次猛扑，总是枉费心机。也许它又预感到，‘天夺其魄，死期将至’，整个猴脸仿佛蒙上了一层忧愁的面纱。它的羽毛，它的尖嘴和爪子，都似乎带有一种凄凉的神气。它的眼睛还涌出晶莹而伤心的泪水！”这种拟人化情感化的笔墨，传神地表达出作者在彼时彼地的痛苦。

不仅散文，他的小说也充溢着情感的暖流。尽管这些小说大部分篇幅不长，情节紧凑，人物单纯，但从叙事者和人物合二为一的主观视角，从人物安排、情节设计以及语言叙述上，都明显地流露着作者的感情倾向。在《捐躯》的结尾，当“我”一家人出席老师的遗体火化仪式时，作者写道：“高高的烟囱，开始冒起缕缕的青烟，飘荡融入深邃的云天。我仿佛看到烟与云依稀地集拢，编织成为一幅紫影清光的佛国魂。”《蓝眼睛》讲的是华人婆婆对未过门的洋媳妇情感转变的故事，小说中有这么一段：“席间，以唱卡拉 OK 助兴。我的黑眼睛、黑头发、黄皮肤的孩子们，唱的全是英文歌或泰国歌，唯有蓝眼睛的李密唱的是一首中国歌《龙的传人》。歌声悠扬悦耳。老伴暗暗给我递了喜悦的眼色，并挪动了椅子，靠近我的身旁耳语说：‘真想不到，她却有一颗执着的中国心！’”这样的语言、感情倾向是一目了然的。只是有时作者显得过于热切，因而下笔缺乏节制，感情流露过于直白，不够蕴藉。不过，这也恰恰说明作者对于真善美的事物呵护颂扬得唯恐不周不力的心情。

曾心赖以谋生的职业并非文学，而他却能于三两年之内集成这样一部内容结实的作品集，这显示了曾心旺盛的创作力。我祝愿曾心能百尺竿头更进一步，拿出更多更好的作品。

# 曾心的美学追求*

李润新

## 一

“对友观若渔。”每每看见文友又有新作发表了，我都如看见钓鱼人钓上一条大鱼一样，为之欢跃。

曾心，就是常让我有这种“观鱼乐”的一位文友。他的小说、散文、诗歌、文评，频见报端，多受好评。单说从获奖上看吧，他的短篇小说《杏林曲》，获得泰华短篇小说创作金牌奖征文比赛优秀奖；微型小说《蓝眼睛》，获“春兰·世界华文微型小说大赛”鼓励奖；短篇小说《从广州来的小肥女》，获“《星暹日报》和暨南大学校友会联合征文比赛”优秀奖；短篇小说《焚稿》，获“第二届华侨崇圣大学征文比赛”佳作奖；诗歌《龙子龙孙的摇篮》和《鸽子群》，分获第一、二届华侨崇圣大学征文比赛现代诗佳作奖。这些获奖作品，虽然只占曾心作品的一小部分，但从中可见他文学创作的成绩是突出的，艺术水平是较高的，不愧是泰华文坛的一位后起之秀。

曾心的文学创作之高产、多产，他的作品受到泰华文学界的好评，并非偶然。早在高等学府读书时，他的小说《展翅飞向光明》就曾获得“《鼓浪》征文比赛”小说奖；他博览中外古今文学名著，尤其爱读鲁迅、赵树理、契诃夫的小说，杨朔、秦牧的散文，李白、杜甫、白居易、李季、艾青的诗，使他具有较深厚的文学修养和文化修养，为他后来的文学创作打下较扎实的基础；在文艺理论上，他肯钻研，颇有造诣；他曾在“龙的故乡”度过一段蹉跎岁月，又曾在“佛国”经历了一段艰苦创业时期，他积累的文学创作素材的“题材库”，称得上是富有的；特别是他身为中医，给各种各样的患者看

---

* 原载泰国《新中原报》1995 年 10 月 27 日。

病，使他与形形色色的人保持着千丝万缕的联系，与现实社会生活也保持着多渠道、多层面的密切联系，使他成为各种各样病人的“信息中心”，也使他的文学创作之“源泉”，清泉常涌，永不枯竭。曾心又很勤奋，很愿意“回归”到文学这一“人类的精神家园”，“在自己心灵里开辟一块小小的文艺园地”，笔耕不止。我们可以相信，这位有准备、有才能、有潜力、有作为的作家必将“大器晚成”。

## 二

每一位作家，都有自己的审美观，都自觉或不自觉地以自己的审美观为“圭臬”，支配着指导着自己进行文学创作。从这种意义上说，作家的审美观决定着作家作品的风貌和趋向。

通读曾心的小说、散文、诗歌和文学评论，我们会被其作品饱含着的人性美、人情美所感动，被其讴歌的和谐美、温馨美所陶醉，一种喜剧式的快感和一种催人向上的感召力引得读者不忍释卷，非要再细细品味一番、“反刍”一番不可。这种隽永的美感，跟曾心的审美观，跟他的美学追求是分不开的。他那执着的美学追求与广大读者的审美志趣是相通的。曾心在《大自然的儿子》一书的“自序”中自白：

> 感到一个人从呱呱坠地数十年，只不过是到地球走一圈，从起点到终点，只是大小不同的一个“圆”而已。地球是圆的，太阳是圆的，星球是圆的，一切生灵的眼珠子都是圆的。“圆”是完满的象征，最美丽，最极致。因此，我想做人也要“圆”，把“圆”作为圭臬，把老子的“上善若水，水善利万物而不争”之类的话记在心里。清代刘熙载在《艺概·诗概》中说：“诗品出于人品。”也许由于此种缘故，深藏在我心灵的这种东西，便有意无意地在作品中流露出来了。

这段话，直白地道出了曾心的宇宙观、人生观和审美观。曾心这种自我剖析式的自述自评，得到了不少研读其作品、了解其人品的文友的认同。中国当代著名诗人晓雪在《赠曾心》一诗中说：

> 做好事，写好诗，交好运，
> 都因为你有一颗

纯朴、善良、美好的心：
让世界充满爱，
对万物皆有情。

泰华作家协会会长司马攻在为曾心《大自然的儿子》一书所写的序言中，称他的作品是“宽容敦厚，慈爱和谐的文学作品”，并评论说：

他的作品处处都流露出中正与和谐。在他的小说中，极少有各走极端，势不两立，冰炭永不相容的结局。在情节的发展方面，往往采取人性美好的高尚情操来化解冲突，从对立状态走向和谐。……让美好的心灵作更高的升华，化对立为和谐，是曾心的感情内涵和表现方式。

这些论其人品、文品的话，都是很中肯的，可谓知音之评。

曾心在审美上，崇尚“圆”，把“圆”看作“完满的象征”，看作是“最美丽，最极致”的。他把“圆”作为“圭臬”，来指导自己为人为文。“圆”只是其外形，其内核是一颗爱心。“让世界充满爱，对万物皆有情”，这正是曾心创作的出发点和归宿，是贯穿于他的小说、诗歌、散文乃至评论文章的总的主题、总的基调，是他全部作品的主旋律。

一位作家的审美观跟其文化观是密不可分的。曾心的文化观，可以说是中华文化和“佛国”文化水乳交融混二为一的。由于他“从小喝过湄南河之水，年轻时又喝过龙之水，加上血液里还流动着炎黄子孙的基因”，因此，他深受中华文化，尤其是儒家思想的影响。在《杏林曲》中，他借主人公钟屏说的“曾饮龙国水，不忘济仁心”的誓言，表达了自己的心志。而那神圣的佛教城，也是他心灵中的“一片净土”。正是中泰两种都有包容性的文化渗入了他的审美观，使他写出了一系列“宽容敦厚、慈爱和谐的文学作品”。

## 三

“人是社会关系的总和。”一个作家，如何看待人，如何对待人际关系，在其审美观中是带有根本性的。孔子曰：“君子笃于亲，则民兴于仁。”（《论语·秦伯》）一个作家，应该有一颗至诚至赤的仁爱之心，他应该而且必须“泛爱众”，做一名“无不爱也，急亲贤之为务”的“仁者”。没有爱心的人，是不会成为一位真正的作家的。

曾心以“不忘济仁心”作为其行医为文之旨。他真诚地期望人与人之间和睦相处，“但愿人长久，千里共婵娟”。他的小说、散文、诗歌中都弥漫着一股浓雾般的亲情、温情、爱情，让人感受到人性美、人情美、和谐美的温馨氛围。短篇小说《母子情》中，那慈母情、那姐弟情乃至明子与鸽子的亲昵之情，都拨人心弦、沁人肺腑，使人感受到“情满人间”的美好境界。李嫂对儿女的爱，真是无微不至。当看到她“闪亮那双温柔慈祥爱意的眼睛”，把相亲相爱的姐弟双手“紧紧搂在怀里”时，谁能不被这炽热的“母子情”所感动呢？再看《命运》吧，李家夫妻和吴家夫妇是一对好邻居，在1992年5月的一个黑夜中，李兄和吴妻不幸被枪弹打死。作者没有多写这血与火交织的悲剧，却着力用浓墨重彩描画失妻的吴兄与失夫的清艺结为“连理枝”，成为一对“相敬如宾”、相爱如初恋的好夫妻，还有一个讨人喜欢的小女儿。夫妻恩爱与对女儿的慈爱，织成一个温情脉脉、亲情馥馥的幸福之家。

“愿天下有情人终成眷属”，这是千百年来人类共有的美好心愿。当人类即将告别20世纪，要迈向21世纪之时，各国、各民族互相通婚的事例也与日俱增。曾心的散文《洋媳妇趣拾》和微型小说《蓝眼睛》写的就是这种“国际婚姻”。洋媳妇的“趣事”确实令人捧腹，内中趣味很有味道。作者颇意味深长地写了一幅“家庭联合国”的动人画面：

> 我把男孩、女孩、媳妇、女婿、孙子都叫齐，在家里开了个饯行的晚会。围坐在席上的家族，有黄皮肤、黑皮肤、白皮肤；头上的毛，有黑毛、红毛、白毛。我半开玩笑说：“我们家是个不分国籍、不分种族的大家庭。”西蒂莞尔一笑，翘起大拇指说：“GOOD！是个家庭联合国！”
>
> 这句有趣的话，博得席上所有的人，不管是黄皮肤的脸、黑皮肤的脸，还是白皮肤的脸，都笑得露出一副洁白的牙齿来。

在地球村的说法盛行的今天，这个“家庭联合国”很有典型性。作者为“不分国籍、不分种族的大家庭”的出现而欢呼，而高唱。这是发自作者博爱、仁爱之心的一支深情的颂歌。如果说这里的“洋媳妇”在文化观上和价值观上与华人公婆还不同的话，那么在《蓝眼睛》中，那个“身着红色的中国旗袍，一双娇滴滴、滴滴娇的蓝水眼”的美国姑娘李密，却“有一颗执着的中国心”。“黑眼睛、黑头发、黄皮肤的孩子们，唱的全是英文歌或泰国歌，唯有蓝眼睛的李密唱的是一首中国歌《龙的传人》”。作品中的“我”说得好：“当今世界变了，情人的眼里是没有国家和民族的界限了。”曾心这位中医，不光给病人号脉，也很注意把握时代的脉搏。他像古人呼唤“大同”世界一样，呼唤着出现“没有国家和民族的界限”，人人相爱的国际大家庭。如果人世间都充满了这种爱，那我们的人世间该多么美好啊。

## 四

曾心以“圆”作为“圭臬”，认为“圆”是“完满的象征，最美丽，最极致”。这种审美观决定了他在价值取向上信奉中庸之道。他在“自序”中说：

> 有的好友笑指说我走“中庸之道”。我倒笑而应“诺”！……我觉得中庸之道是正道，只恐自己还常走得偏左偏右而歪歪斜斜呢！

孔子曾说：“中庸之为德也，其至矣乎！民鲜久矣。”（《论语·雍也》）又说：“君子中庸，小人反中庸。”（《中庸》）中庸之道，是儒家人文思想的一个基本观点。曾心称“中庸之道是正道”是很对的，这也正是他作品中“从对立状态走向和谐”的思想理论基础。在短篇小说《杏林曲》中，作者通过阿狮被中西医相结合治好病的故事，说明了中西医唯有结合起来治病才有神效，歌颂了中医慕钟百折不挠、悬壶济世的高尚医德。《半夜鸡叫》中的“肥李”和“张大妈”相互对立，“以毒攻毒”。而后“肥李”省悟，诚恳自责；“张大妈”也“忏悔自己”，两家关系得以改善。《且看文人相亲的晴朗天》更是满腔热忱地劝导文友要大兴中庸之道，共创“文人相亲”的新局面。

这里应指出，中庸之道，并非不分是非，不辨黑白，更不是八面玲珑，多方讨好。追求真善美，鞭笞假恶丑，绝非与奉行中庸之道相矛盾。被孔子称为“至德”的中庸，其本身就是一种难能可贵的君子之德，“小人”绝对是做不到的。为了追求真善美，就必须消除假恶丑，就必须跟假恶丑现象作斗争。唯有使假恶丑的现象日益减少，真善美才能得以弘扬。这本来就是事物固有的辩证法。

从曾心这位中庸之道信奉者的创作实际来看，他的作品十有八九都是歌颂真善美的，都是歌颂光明的，都闪烁着中庸思想的光辉。但是，也有一些作品，是暴露阴暗面的，是抨击假恶丑的。曾心对假恶丑现象的鞭笞是从不手软的。在微型小说《老泪》《钥匙》等作品中，作者对不肖子孙见利忘义，把父子、母子的骨肉关系变为赤裸裸的金钱关系之丑事、之恶行，进行了无情地揭露，其笔锋之利，真可谓入木三分。

一个品格正直的作家，对文艺界的创作倾向、对各种文艺思潮的出现，不能听而不闻、视而不见，更不能“人云亦云”，随风摇摆。中外文学史上，没有一位文学艺术大师对文学界的歪风邪气听之任之，置之不理；而是旗帜鲜明地迎击各种文学逆流，扫除文学之树上的害虫，使文学之树日益繁茂茁壮，结出累累的文学硕果，给人类提供健康有益的精神食粮。

曾心在华文文坛上初露头角，十分难能可贵的是，他对泰华文学界乃至整个华文文学界一直都密切关注。对文友好的创作倾向，他热情赞扬，衷心鼓励。《泰华散文苑里的蓓蕾》《老牛，也当加把劲》等文艺评论性的散文，就是他为泰华老作家和青年作家鼓劲加油的好文章。曾心对老作家的敬重和企盼，对青年作家的鼓励和希望，都是十分真诚的。文中的论点是有普遍性的，论据也是很充分很有说服力的，从中不难看出曾心对泰华文学繁荣发展的一腔热诚。

更可称赞的是，曾心写了一篇评论朦胧诗人顾城之死的长篇论文《朦胧诗之树的凋零——从顾城之死谈起》，还写了一首诗《落叶》。这一文一诗，不光是泰华文学文论的难得之作，也是整个华文文学文论的难得之作。想当初，顾城这个朦胧诗的主要代表人物“以斧头劈死爱妻谢烨，然后上吊自杀”后，海内外有多少文人对其大吹大捧啊，一时间，堕为“杀人犯”的顾城竟成了中国诗坛上的“楷模人物”。而曾心却出于一位正直作家的良知，对顾城从“少年得志”到自毁身亡的悲惨结局，从人生观、审美观上都做了一针见血地剖析，揭示他背离故乡，到异国荒岛像鲁滨孙一样度日，陷入迷惘、颓废、虚妄的深渊，乃是“追求极端自我”；他文化贫乏、精神空虚、道德沦丧、兽欲膨胀，终至用斧头劈死爱妻，其残忍野蛮令人发指。曾心发表了这篇论文后，又写了一首诗《落叶》：“顾城之死/像一片归不了根的落叶/……一个母亲生下的怪胎/一抹时代畸形的孤影/纵然有一对黑色的眼睛/也处处无法寻找到光明/……几页朦胧残篇/飘落在大地不显眼的冷处！”这一文一诗，把顾城钉在文学史的耻辱柱上。菲律宾作家将此诗文全文转载于菲律宾《世界日报·海燕》上，在按语中称曾心的诗文是对顾城“具独立见解之盖棺论”。由此可见，信奉中庸之道的曾心的是非观是多么鲜明。

## 五

除了人际关系外，最重要的就属“天”与“人”的关系了。中国儒家思想的一个重要观点就是主张“天人合一”。中国东方学的奠基人季羡林先生曾用现代的话诠释“天人合一”，即“大自然跟人类应该综合，不要为敌”。人类与大自然互为朋友，人类热爱大自然，大自然也“热爱”人类，天地万物与人间都充满了爱，这种“天人合一”的境界该有多么美好啊！

曾心就一直有这种“天人合一”的美学追求，他把自己出版的第一本书定名为《大自然的儿子》，可见其审美取向。他在自序中情不自禁地说：

> 每当我有机会到闹市之外、商场之外的农村，身心如释重负，有如鸟儿得天空、鱼儿得水那样欣欣然、陶陶然、怡怡然。在广阔天地间的“小我”，顿觉尘世间的烦冗的琐事被汰除得干干净净，仿佛溶入明净、高远的大自然中，成为“大自然的儿子”了。

曾心的这种审美志趣，使他变成一位业余的园林艺术家。他在曼谷郊外的别墅式新居的院墙内，自辟一个庭院公园，他精心栽培、精心修饰的一件件园林工艺品美不胜收，简直让人目不暇接。每一件园林艺术品，都凝聚着主人对大自然的深情热爱，都闪耀着“天人合一”的思想光辉。

如果说这个庭院公园是曾心在生活中信奉“天人合一”思想的生动体现的话，那么他的诸多歌颂“天人合一”美好境界的作品，就是他谱写的一曲曲优美的“天人合一”思想的赞歌。

曾心的散文都是以第一人称写的，他总是以自己亲身经历的事物为题材，把自己的所见、所闻、所感坦诚地诉诸读者。如《大自然的儿子》《再访“大自然的儿子”》《深深岩洞别有天》《百胜滩记险》《在那密密的森林里》等，这些作品中的“我”，确实是全身心地融入大自然之中，不愧是一位童心焕发、爱心炽烈的“大自然的儿子”。他寄情山水、寓意山水，自然之美与其心灵之美相映衬，“我笑景也笑，我哭景也哭”，完全沉浸在“天人合一”的美妙境界之中。就以可作为姊妹篇的《大自然的儿子》和《再访“大自然的儿子”》两篇散文来说吧，作者以朴实、清新、自然的语言，描画了水乡田园的风光。这里，景美、花香、果甜、水澄、草翠、风清、树绿；这里，人美、情美、心美，到处都充溢着健康之美、淳朴之美、和谐之美、天籁之美；而在这里生活、劳动了几十年的“大自然的儿子”，更是美的化身，他们“热爱大自然，熟悉大自然，了解大自然”，他们“领受大自然的赐予”，创造了一个又一个“奇迹”。这种种奇迹，无一不闪烁着“天人合一”的思想光芒，无一不是“天人合一”的思想硕果。而曾心在多次与家人、与友人同访“大自然的儿子”的过程中，不仅为那“世外桃源”般的田园风光所迷醉，而且也被“大自然的儿子”之高贵品德所倾倒。他追慕的“天人合一”的理想境界在那“世外桃源”中似乎都得以变成现实景象了。他似乎有点“乐不思蜀”，写了一篇又一篇，把自己的书名定为《大自然的儿子》，又在自序中自诩为“大自然的儿子”。曾心真可说是“大自然的忠实的儿子”。

曾心的诗作中，也有众多以大自然的一草一木、一山一水为题的诗篇。在近百首诗中，写田园、山水、花草的约占三分之一，可见曾心这位“大自然的儿子”对自然景物是多么钟爱。《绿竹赞礼》，他连唱三首，寄寓了自己的品格、志向。诗人面对绿竹，动情地吟唱道：

> 啊！面对眼前丛丛绿叶，
> 盈盈的心湖泛起无限的仰慕！
> 仰慕绿竹严于律己：一节比一节高，
> 仰慕绿竹叮咛后代：一代比一代脱颖而出。
> 仰慕绿竹心空虚，中怀谦抱，
> 片片绿叶不争春，只把春留住。

“诗言志。”曾心的不少田园诗、山水诗，如《庭园草》《血红的凤凰花》《屋后的木瓜》《庭前的石榴》《桂林的山》《瀑布》《石钟乳》等，都可以看出诗人的高洁情怀。大自然的草木山水，在他的心目中，都是与他相亲相爱的伙伴；他与它们息息相通，他可以向这些“伙伴”诉肺腑、表情怀。这些诗作，可称为抒发曾心这位“大自然的儿子”的“天人合一”之诗情的“大自然之诗”。

曾心对大自然的一草一木、一山一水、一花一鸟，都怀有很真挚的感情。一旦他看见它们受到伤害，他的哀痛之情也分外深沉。在散文《猴面鹰哀思》中，作者为目睹国家二级保护动物被残杀而万分悲痛，“声声惨叫，像根根的针，扎痛我的心”，他不禁怒斥贪吃猴面鹰的人，“为了腹中食、口中福，竟然把一只好端端的珍禽异兽宰了、吃了，于心何忍?!”当他要把另一只猴面鹰救下而终未如愿时，当他在夜里听到另一只猴面鹰也被杀的哀号声时，“我不禁打了个寒颤，心中有无限的慨叹：‘悲夫！世上又少了一只珍禽猴面鹰！’”作者为此“怅然”，悔恨不已，哀思绵绵，甚至一年后仍为之“辗转反侧，不能入眠”。这种慈悲的仁爱之情，这种“天人”相怜之情，是多么真切而又多么可贵啊！

曾心对珍禽有如此真情，对花木之情也同样深挚。《小树之泪》就是一首感人至深的哀诗。作者为一棵小树被“挖除”而哀痛，为它的“孤单”而怜悯：“每当我清晨起床的时候/还看到绿叶上挂着滴滴的泪珠!”没有“对万物皆有情”的赤诚的爱心，没有博大的“天人合一”的炽热情怀，是绝不会写出这样情真意切的诗作来的。

在泰华作家队伍中，曾心仍属“少壮派”。他朝气犹存，看上去只不过四十多岁的样子。对于承前启后的时代使命，如曾心一般年龄的泰华作家的担子是很重的。曾心的审美观是值得称赞的。灿烂的文学审美观之花，必然结出丰满的文学创作之果。我们希望并且相信曾心这颗文坛新星在21世纪的华人文坛上会放射出更耀眼的光芒。

1995年9月于曼谷

# 从不全中求全*

## ——谈曾心的微型小说

古远清

1996年春天，我再次和曾心相遇。他继1994年昆明会议，又于1996年来南京参加第八届世界华文文学国际研讨会。

在我的印象中，他虽然穿西装，脸庞黝黑，但他那和蔼的谈吐和平易近人的作风，却使我觉得他就是一位与我们朝夕相处的中国作家。

他的微型小说《蓝眼睛》曾在“春兰·世界华文微型小说大赛”中获奖，他无疑是泰国创作微型小说取得优异成绩的作家之一。但与他在石头城散步，他却很少谈到这些光荣的经历，谈得较投机的，倒是泰华文坛的现状和曼谷的人情风俗。他谈起别人的创作，眉飞色舞，而一旦涉及自己，却话语不多，活像一个腼腆的大姑娘。

我第一次读他的作品，是发表在泰国《亚洲日报》上的《琼花何处寻》。我一口气读完这篇很有艺术魅力的散文，边读边反省：“怎么我和他一起游扬州寻琼花，就没有这种感受?”紧接着我又拿了他的微型小说来读。读了这些作品后，我对曾心不能不刮目相看。

这是一个很有才气的，然而并未引起中国华文文学研究界广泛重视的泰华作家。

《头一遭》给我的印象就像标题那样新鲜。这篇微型小说把中国实行改革开放后人民开始富裕起来的情况，写得那样出人意料之外，然而又那样合乎情理之中。作品中的“我”活了大半辈子，只看到人们寄钱资助故乡亲友，而像汉平那样从中国拿钱赞助泰国的哥嫂，“还是头一遭呀!”结尾“风水轮流转”的感叹，说明世界变了，中国变得富强了。

为写好《头一遭》，作者在构思上动了些脑筋。只读前半段，你还不知作

---

* 原载泰国《亚洲日报》1996年9月21日。

品究竟要表现什么。哥嫂不来接机的悬念也设置得异常有吸引力。如果要挑剔的话，汉平南征北战的身份不一定需要。因为“老八路”“下海”的年龄大了一些，与中国的实际有些不符。

《蓝眼睛》也写海外来客。但这回来客不是中国人，而是儿子从美国带来的“红毛媳妇”。作品写老伴的守旧心理显得非常真实，思想转变过程也写得合情合理。黑眼睛、黑头发、黄皮肤的孩子唱的全是英文歌和泰国歌，而蓝眼睛、高鼻梁的李密唱的却是中国歌《龙的传人》，这种对比写得非常有生活情趣。红宝石戒指的细节亦设计得巧妙。通过一门亲事来反映中西文化的交融和老年人观念的改变，其笔力可以和一些微型小说大家相埒。

曾心是一位富有社会责任感的作家。他注意通过文学作品来宣扬美好的情操，去表彰那些大公无私的人。《捐躯》便是写生前慈爱、博学，死后把身躯捐赠给医学解剖的玛妮老师。虽是写解剖尸体，但一点也不给人恐怖之感。玛妮老师的死因只有短短一句话：“死于拯救溺水的学生”，而对如何拯救，拯救后学生的家长又如何感恩戴德或听到拯救者不幸牺牲的消息后如何痛哭流涕统统略而不写，这非常符合微型小说不蔓不枝的特点。

曾心的小说不少取自他当医生的亲身经历。《寂寞病》大概是他在行医过程中遇到的一种无药可医的疑难杂症，即一个家庭几乎不见人影，小孩出嫁的出嫁，去美国的一去不复返，丈夫又心脏病发作去世，老太太只好整天和依偎在身旁的波斯猫度日，要么“装病”请医生来聊天。这里提出的社会问题司空见惯，但人物和事件不与他人重复，给医生起的绰号“聊天医生”也独一无二。总之，这篇小说无论在内容或者形式上均有新意。

微型小说的艺术，从某种意义上说是情节的艺术。微型小说的情节虽然不求完整，但要把它安排得波谲云诡、引人入胜，却是不容易办到的事。曾心的微型小说很注意这一点。如《锁匙》，李伯到底有什么伤心事，作品一直引而不发，使读者对故事情节发展的趋势和主人公命运的可能性产生一种异常关注的心理状态。那一把一把钥匙的“丢失”，使读者体会到在泰华社会老人“三宝”（老妻、老友、老钱）的重要性。虽仍是写老人的社会问题，又和《寂寞病》不同，这不但是因为主人公身份、性别不同，还牵涉前妻孩子抚养的社会问题。它所反映的生活深度比《寂寞病》更胜一筹。

曾心微型小说情节安排的另一个特点是注意戏剧性。这戏剧性主要通过碰巧、凑巧、巧遇、巧合体现。如《如意的选择》，写“我”的车半路抛锚了，前来助人为乐的竟是未过门的女婿，这该多巧！这篇小说要不是由这些体现未来女婿美好情操的巧合情节构成，作品的艺术感染力就要受到极大的削弱。《种子》写胖妈妈的老师竟是她四十年前李老师的女儿，也是够巧的。这种巧不使人感到人为的安排，是因为这偶然情节是生活现象的概括，是一种必然过程的集中体现。

曾心的微型小说题材广阔，既有生活光明面的赞歌，也有生活阴暗面的揭露，如《社会的眼睛》，是写管车员如何与偷车集团串通一气作案。作品有头无尾——只写出破案线索未写出破案经过，更没有将案犯捉拿归案。这种从不全中求全，是为了不对生活亦步亦趋，也是为了给读者留下联想的余地。

《社会的眼睛》的另一个特点是情节的结合多用“电影镜头”。下巴有黑痣的人的诡秘对话和粿条伯的心理变化，均获得一种跳动跌宕的效果。另一篇《漏水》的结构也有轻捷灵动之妙。但这种以动作性取胜的镜头在曾心的微型小说中用得有限，我猜作者为的是使人物的心理描写更为完整。

曾心的微型小说精品还有《巷口转弯处》。这种正面表彰的小说是最难写的。为化难为易，作者首先选取了有象征意义的“巷口转弯处”作为小说的场景，再配上误把信封内的便条当红包的心理描写，使这篇小说读来不觉枯燥。但也有个别小说写得一般。希望作者再接再厉，在微型小说创作上更上一层楼。

# 曾心的医学散文*

古远清

曾心是泰华文坛近年创作成绩显著的作家。他写的《洋媳妇趣拾》与《蓝眼睛》脍炙人口。他的散文《琼花何处寻》亦充满了艺术魅力。他的勤奋与成绩，已得到泰华文坛乃至国外文坛（如中国华文文学界）的公认。他的小说散文集《大自然的儿子》在中国出版后获得好评便是明证。最近，我又看到他即将在鹭江出版社出版的《曾心文集》的部分样稿，感到他的散文和他的微型小说一样，具有独特的艺术个性。

曾心毕业于厦门大学中文系。他当时所受的文学教育，使其坚信文学创作的源泉是生活而非心灵这一真理。这就难怪他的散文创作常常出现医生的形象或含有医学常识，如《一坛老菜脯》，便是写“我”为冯大妈治病不计报酬，对方便送来一坛自制菜脯作为报答的故事。这个故事的人物、情节，大部分是作者在行医过程中“拾”来的，真实性使人毫不怀疑。然而这真实又不是生活事实的照录，而是经过加工、提炼，即对素材做了合理的改造和组合，从而比生活本身更集中和更富典型性。以老菜脯这一细节设计为例，它不仅有助于体现冯大妈的身份、年纪和个性（城里的阔妇是不会送这些“土里土气”的东西的），而且应为作者宣传中医——老菜脯治腹胀肚痛起了“广告”作用。

《一坛老菜脯》是典型的医学散文。这“医学散文”是我杜撰的一个词，过去有没有人使用过我不知道，曾心是否有心倡导过我也不得而知，但他的确在实验这一文体，有意无意地通过散文传播中医知识。在《一坛老菜脯》中，作者就借与冯大妈对话之机，讲了莱菔子消食导滞的功效与应用，后面还配上自己在春节饮食过量后服用此“药”，结果“腹部一切症状消失”的细

---

* 原载泰国《新中原报》1997 年 4 月 18 日。

节，使这篇散文宣扬的医学知识得到进一步强化。

如果读者由此认为曾心写散文是在写医学讲义，那就大错特错了。上面讲的一切，均是通过人物、情节自然流露出来，而不是像黑痣使人觉得是硬贴上去的。用作品中的话来说，是“顺嘴”说出，而非掉书袋式。曾心写过医学随笔《杏林拾翠》、传记《名医治学录》，只要一对照，就可见《一坛老菜脯》无论是篇名还是作品中的主人公冯大妈、慕曾，都具有文学作品的独特魅力。此外，该文的开头和结尾也安排得独具匠心。用倒叙手法交代老菜脯的来历，引出了悬念，使读者产生想看下去的念头。结尾仍是悬念作结：“她已将近90岁了，不知还健在否？”以及萝卜的腌制方法未完全弄清，均给读者思考的余地。这种不连汤带水端出的写法，很耐人寻味。

曾心散文中完全以医事贯穿全篇的并不是很多，更多的是在一篇作品中穿插一些医学细节。如《我的一天》，写吃早饭时，儿子、老伴批评“我”狼吞虎咽，很不合卫生，并认为“慢吞细嚼，才像个医生呢！”这里用吃饭的速度衡量一个人像不像医生乍看起来有些怪，但从“三句话不离本行”这点来说，又很合乎医道之理，尤其是通过日常生活写出又多了一层亲切感。

这篇散文还提到两个“怪”病号，其中一个是出身于西医世家、本人还到外国学过西药的高尔夫球迷。可他打球扭伤了腰不看西医、拒绝吃西药。仅凭这一点，这个人物就有了反讽性，写到作品中就有了趣味，而这趣味又蕴含了“中医有独特的疗效，西医无法取代”这一医学常识。这个细节看似随意道出，其实同属“顺嘴”说出。由于作者在布局前下了一番构思功夫，所以才使人感到无斧凿痕迹。另一个找医生聊天的老病号则反映了心理治疗在医学上的作用。曾心作品中的这些人物、细节，处处有医理，只不过不细加推敲不易看出罢了。

曾心还有两类散文不出现任何医学细节。第一人称叙述者也不以医生面貌出现，但作品中体现的中庸之道、所流露的中正和谐，仍与医学分不开。如《刘扬和他的动物朋友》写到狗与它的主人间既奇妙而又有趣的世界——主人爱狗，唤之为“好兄弟”，而狗也爱主人，当他的安全保镖，还有那“很听话，也很守纪律”的牛，都是作为一位医生充满爱心的表现。作者有意将人与动物的关系亲善化，视大自然的一切动物和植物为朋友。这里体现的是更深的医学常识：治疗人的肉体首先得从治疗人的心灵开始。

在世界文学史上，既是医生又是作家的情况常有。日本作家渡边淳一就是一例。他当过医生，后来写了《光和影》，曾被人称为“医学小说”。俄国作家契诃夫读过莫斯科大学医学系，当过医生，但他写悬壶济世的篇章并不多。中国现代文学史上的鲁迅，虽然写过《药》，但其小说取材医学的毕竟占少数。曾心的散文，写医生与病人的关系也不占很大比例，但只要他的作品涉及医学，均写得出色。这类散文是他行医的副产品，作者并不刻意经营，只是偶尔为之。也正因为如此，才给人以艺术享受。

# 激浊扬清显真心*

## ——泰国曾心微型小说浅析

凌鼎年

泰华作家曾心，给我最深的印象是真心。在物欲横流的商业社会中，真心是最可贵的品质之一。

1996年去泰国之前，我与曾心并无接触，不过这个名字倒是知道的，在泰国的华文报纸上，我读过他的隽永诗文。他的名字与人对起来，是来泰国后的第一个收获——曾心是那次航班的接机人。曾心的出现，使我与我的文友都没有了踏上异国他乡的陌生感，曾心的热情、亲切、随和、厚道，使我们有宾至如归之感。

在第二届世界华文微型小说研讨会期间，因曾心忙于会务，我们之间的接触并不算太多，但他对文学的执着、对华文的热爱、对朋友的真诚，已使我们成为彼此心灵相通的朋友。

我回国后，曾心来过几封热情洋溢的信，最近又寄来了他的新著《大自然的儿子》，捧读曾心的集子，不知为什么，我想起了“一片冰心在玉壶”的诗句。

或许是我偏爱微型小说的缘故吧，一收到书，我先把集子中的11篇微型小说细细拜读了一遍。

读曾心的微型小说，首先感觉文字流畅。他的华文很纯正，没有某些海外华文作家文字上“隔”的感觉，也没有那种半生不熟的欧化式语言，与杂糅得令人费解的方言。看得出，曾心的中文受过极正规的学习与熏陶，不是那种半路出家的可与他相比的。

读曾心的微型小说，第二个感觉是他字里行间漫溢的人文主义精神。他的不少作品关注着底层百姓、底层小人物，他把他的关爱、他的同情心都倾

---

* 原载泰国《亚洲日报》1997年10月14日。

注在他的笔尖。

读曾心的微型小说，第三个感觉是他的正义感。他在为弱小者、为孤寡老人说话的同时，也敢于揭露、抨击一些社会上的歪风邪气，试图唤起读者的注意与警醒，以起到疗救的作用。

曾心是位中医，这使我想起鲁迅的弃医从文来。当年鲁迅弃医从文是试图用笔来医治国人心理上的毛病，我不知曾心先生是否想治生理疾病与治心理疾病并重，但从他的作品看，他有一颗仁爱之心，有一种治病救人的态度。他扬清也好，激浊也罢，皆源于一颗爱心、一颗真心。

这 11 篇作品中，我比较喜欢的有《捐躯》《蓝眼睛》《三愣》《寂寞病》《老泪》等。

《捐躯》是侧写玛妮老师，却把玛妮老师这个人物写得栩栩如生。中国的大诗人臧克家有一首脍炙人口的短诗："有的人活着，他已经死了；有的人死了，他还活着。"玛妮老师就属于人死了，灵魂还活着的那一类人。是的，她的肉体甚至已不完整了，但她的精神，升华到一个永生的境界。或许是因为微型小说这种文体的限制，曾心无法展开笔墨去正面描写玛妮老师如何因拯救溺水学生而牺牲的悲壮场面，但从她愿把遗体献给医学作解剖的遗嘱来推测，即可知道玛妮老师是一个多么慈祥、仁爱的人。只有像她这样的人，才可能在危难时刻不顾个人安危挺身而出。曾心塑造的玛妮老师是一个值得泰国人民、值得各国人民尊重的人，因为玛妮老师的精神是人类共同的美德。

玛妮老师永远活在读者心中。

玛妮老师安息吧。

感谢曾心写活"这一个"——因为微型小说写人最难，写活一个人更难。

《三愣》也是一个写人的作品，不同于《捐躯》的笔法，这篇是正面描写，在写作技巧上，曾心采用了先抑后扬的手法。小说一开始，张亚牛出现在读者面前的形象实在不敢恭维，你看：干瘦佝偻、步履蹒跚，还是个独眼龙，呆滞的眼睛发出直勾勾无神的目光。更让人不舒服、让人小瞧的是他为了区区 100 泰铢的诊费，还与李医生讨价还价。总而言之，读到这里读者自然而然都会得出这样一个结论：这是一个斤斤计较、活得窝窝囊囊的男人。其实，这是曾心的第一个层次。他耍了一个小小的花招，用文学术语来说是铺垫、是渲染，以便达到他立体写出这位张亚牛的目的。因此，行文进入第二个层次时，曾心笔锋一转，原来这位其貌不扬的老人竟是华文小学的捐款人。他不但倾尽自己的财力支持华文小学复办，还立志要当一名胡子学生。

文章至此，曾心算是完成了对张亚牛的精心塑造。一个有血有肉、对华文小学充满感情的普通老人的形象高大了起来，闪光了起来。这样，老人就医时的讨价还价也就可以理解了。由于有了前半部分的“抑”，就更显出了后半部分的“扬”，应该说，曾心在塑造这个人物的笔法上是成功的。

曾心给这篇文章起名为《三愣》，是写李医生始愣于张亚牛的外貌，二愣于张亚牛看病还讨价还价，三愣于张亚牛为华文小学复办慷慨解囊。而我们读者，面对张亚牛这个人物的外貌与内心的立体推进，则始而惊，继而怜，再而喜。这最后一个喜，既为张亚牛的义举惊喜，也为李医生的行为欣喜。中国有句俗话：“榜样的力量是无穷的。”《三愣》一文，是为印证。

《蓝眼睛》是为曾心带来荣誉，也是广受读者与评论家好评的作品。这篇作品好在艺术性与思想性相统一。从艺术角度而言，这篇作品讲述的故事一波三折有变化。先是设置一悬念，未来的媳妇到底是黑眼睛还是蓝眼睛，结果一见面竟是个蓝眼睛的洋媳妇。这样，矛盾无形中就产生了，但出人意料的是这位蓝眼睛的洋媳妇不但会汉语，还对中国历史、中国文化大有兴趣、大有研究呢，用中国流行的话说：她有一颗中国心。

从思想性来说，洋媳妇有中国心这样一个主题毕竟是令人高兴的事。这不仅仅是娶回一个洋媳妇，更深的内涵是中华文化的博大精深。它像一块巨大的磁铁一样，吸引了不少黄头发、蓝眼睛的外国人走近它、研究它，这是令华夏儿女高兴的事、自傲的事。

如果说上面三篇作品都属于正面题材，都属于弘扬真善美的题材，那么我们再来看一看曾心笔下的另外一类题材，即所谓暴露社会负面的作品，如《寂寞病》《钥匙》《老泪》等，都是作者抨击社会不良风气的作品。试以《老泪》为例，陈五的老泪来自儿子与媳妇对他残忍的一击。陈五万万没有想到当他把家业交儿子管理后，儿子、媳妇会只认金钱不认爹。华人的传统是“积谷防饥，养儿防老”，可现实生活中，这些老传统早已烟消云散。华人尊老的美德受到了冲击。曾心写这篇小说，一是在为道德的滑坡忧心忡忡，二是希冀通过文学作品唤起某些人的良知，真可谓用心良苦。

《钥匙》一文与《老泪》有异曲同工之妙。李伯发功时的哭，发功时的泪，其实是源于心底的苦闷与忧愁，也是一种老泪。老年人问题已成了一种社会问题，并不是谁说一句就能解决的。曾心虽然有治病济世之心，也只能开帖精神药方，送李伯一把开精神境界的钥匙。

可能由于曾心是医生的缘故，他笔下常有病人出现。在《寂寞病》中，他索性描写了一种现代都市病——寂寞病。作为医生，治疗病人生理上的疾病要比治疗心理上的疾病容易。钟医生虽自嘲为“聊天医生”，但他毕竟在勉力而为，在为解除病人内心的寂寞而寻求良策。这样的医生，与曾心一贯的为人与行医作风是有某种相似之处的。只要能为病人减少痛苦，医生个人的一切又算得了什么。

读曾心的微型小说，我还发现他笔下多次出现老年人题材、老年人形象，这也可看出曾心的关爱面。曾心是个有善良之心的人。

曾心的微型小说常常既有可读性，又有底蕴，这可能与他医生职业容易接触人、了解人不无关系，当然主要还是他善于观察生活、观察人。如果说有不足的话，曾心的微型小说写得还少了些。按他目前的中文水平、文字修养，以及社会洞察力，是可以在微型小说创作上有一番作为的。

# 讴歌美的心灵　追求诗的魅力*

## ——初评曾心的散文

李润新

### 一、深深地扎根于大地之中

曾心真不愧是一位多产的作家，在他的第一本文集《大自然的儿子》（云南民族出版社 1995 年版）问世后，他的创作热情似乎发生了“井喷”，一发不可收拾，不论小说，还是散文，也不论诗歌，还是文艺评论，都时见报端，可谓连连丰收。有人称他是“三多”：新作多，精品多，参加华文文学研讨会多。这并非溢美之词。看了他新近出版的第二本文集《曾心文集》（鹭江出版社 1998 年版）和第三本文集《心追那钟声》（泰国泰华文学出版社 1999 年版）之后，人人都会肃然敬服。

如果说《大自然的儿子》奠定了他文学创作生涯的基石的话，那么《曾心文集》和《心追那钟声》则奠定了他在泰华文学之林的较重要的地位，也可以说是他健步走上世界文坛的里程碑。

曾心不但散文作品量多质高，小说、诗歌、文艺评论也多有佳作，以文学体裁分，均可出专集了。泰华作家，文学创作多面手颇多，曾心是其中品位较高、较突出的一位。泰华文学界的征文比赛，他往往都荣获奖牌；中国大学的教材，选其佳作作为范文；海外华文文学作品选集，选其代表作入册；海内外有日益多的文学研究者开始研究他及其作品，这都说明他是一位有才华、有造诣、有成就的作家。

总观曾心的创作历程，总览他众多作品的题材范围，分析他的创作倾向，我们可以看出一个最明显、最重要的特点：他一直自觉地把自己文学的“生命之根”，深深地植根于劳动人民之中，扎根于现实生活之中，滋养于大地母

---

* 原载泰国《新中原报》1999 年 9 月 8 日。

亲的怀抱里。

曾心的散文名篇中，有三篇可称为“姊妹篇”，即《大自然的儿子》《再访“大自然的儿子”》《三访“大自然的儿子”》。作者何以不顾路途之遥，偕自己的太太，去一访、二访、三访“大自然的儿子”呢？作者又何以把自己的第一本文集名偏偏叫《大自然的儿子》呢？在1998年第二届冰心文学奖（小说奖）征文中，作者有那么多题材不写，何以又把《大自然的儿子》改编成短篇小说《在水乡栖居处》呢？

要解析曾心这“大自然的儿子”的情结，还得从他的作品中寻找答案。在短篇小说《在水乡栖居处》中，作者虚构了父子相认、团聚的动人故事。这个情节是意味深长的。作品中的那个陈医师似乎有某些作者的影子。在获奖散文《农村旧事情趣》中，作者以无限深情的笔触，追忆了母亲的逸闻趣事，称母亲是“不认字的大自然的女儿”。作者深有感触地说：

> 她给我们的是生命的教育。平日，她在自己子女的心灵里，潜移默化地播下了美德与性格的种子，让幼小生命之根，一开始，就在农村土壤里，得到善良、勤劳、淳朴的滋养。纪伯伦在《沙与沫》中说：“在母亲心里沉默的诗歌，在她孩子的唇上唱了起来。”我应当给妈妈唱支歌。

曾心这个“大自然的女儿”的儿子，他给母亲唱的歌，不是一支，而是一支接一支，已唱了许多支，还将唱许多支。他幼小时就把“生命之根”植于大地之中，生活的多次变故、大学时代的深造、时代风浪的吹打、商场竞争的磨炼，都丝毫没有动摇他又深又牢地扎于大地之中的生命之根。

人民，唯有人民，才是文艺工作者的母亲。生活，唯有生活，才是文艺创作者的源泉。从三访“大自然的儿子”，并虚构了“陈医师”与“大自然的儿子”久别团聚的父子关系，到纪实地讴歌母亲为“大自然的女儿”，我们不仅可以看出曾心的文学“生命之根”，也可以看出他为母亲唱歌的“创作之源”。很明显，曾心笔下的“大自然的儿子”和“大自然的女儿”，既有鲜明的个性，跟作者有“父子”、母子关系，同时也有着劳动人民的共性，也可以说是根据生活的原形而创作的具有典型性的艺术形象。这位“大自然的儿子”的形象，在泰华文学乃至世界华文文学的人物形象的画廊中将永放光彩。可以断言，没有对“大自然的儿子”——劳动人民典型形象深如父子、母子般的热爱，没有把“生命之根”深深扎于人民及现实生活之中，没有“三访”

的热忱，到大地母亲怀抱中汲取营养，是绝不能塑造出“大自然的儿子”的光辉形象的。

深深地把“生命之根”扎于大地之中，不仅使曾心从“取之不尽，用之不竭”的创作源泉中源源不断地汲取营养，滋养其文艺生命，使其具有旺盛的创作力，获取创作的一个又一个丰收；而且也决定了其作品在思想上和艺术上的特点。

## 二、讴歌美的心灵追求诗的魅力

曾心总是以真挚、淳朴的感情，热情讴歌普通劳动者，讴歌他们的高贵品德，讴歌他们美好的心灵。这是他的散文创作在思想方面的突出特色。

曾心笔下的人物，大都是平凡的普通劳动者，他们没有惊天动地的英雄业绩，也没有石破天惊的豪言壮语，而是在平凡的岗位上，不知疲倦地劳动着。作者善于描摹他们的形象，善于发掘他们的美好心灵。

三篇“大自然的儿子”的散文，可以说对“大自然的儿子”进行了连续的、情思飘溢的歌唱。主人公二十几岁从唐山来到这“水乡栖居处”，“在方圆二十几莱的果林里”，几十年如一日勤奋不息地劳动，把难以计数的水果送往城乡。作者满怀深情地赞颂说：

> 我仰望着这位站在我眼前的九十岁老人，虽然他身上还在散发泥巴味，但我觉得十分可敬。他的可尊可敬，在于热爱大自然，熟悉大自然，了解大自然，领受大自然的赐予，成为大自然的真正的儿子。

作者正是怀着这样的敬仰之情，讴歌了这位“大自然的儿子”的默默耕耘，埋头苦干，把劳动视为第一需要的勤劳美；讴歌了他热爱大自然，抚养子女乃至家犬，关心亲朋胜于自己的心灵美；讴歌他牢记自己的民族传统，沿袭祖先习俗的道德美；讴歌他与大自然圆融相合，“天地与我并生，而万物与我为一”的和谐美。在作者心目中，“大自然的儿子”是平凡而又伟大的劳动英雄。

在《农村旧事情趣》中，作者以充满亲情的笔触，歌颂母亲是“不识字的自然的女儿”。这位生育了“一打孩子”的母亲，是那样的慈爱、善良，是那样的吃苦耐劳，是那样的淳朴而富有正义感和同情心。透过母亲那一件件趣闻逸事，读者可以看到这位普通母亲的情怀何等博大，心灵何等美好，品德何等高尚。

曾心是一个善于刻画人物的高手，不论是写人的抒情散文，还是记事的记叙散文，往往是人物神态宛然、性格鲜明、风貌活现。《刘扬和他的动物朋友》中的“像农村土壤那样朴实的乡土作家”刘扬；《石林和她的儿女》中的那位美若天仙，有着“坚实有力”“劳动人民的手”的“阿诗玛”；《洋媳妇趣拾》中的那个洋相百出，让人捧腹的洋媳妇；《倩影铃声》中的那个灵秀开朗的小姐陈倩等，作者都着意揭示他们的内心美、灵魂美、情愫美。作者赞美这些普通人美丽而高尚的心灵，使读者在潜移默化中受到精神的陶冶、灵魂的净化。

执着地追求诗的魅力，是曾心散文思想方面另一个鲜明特色。他自学生时代就饱受中国古代诗词的熏陶。那一首首诗词的意境美、韵味美，似乎把他的美学观浸透了，加上他善于想象的文学天赋，使他习惯于用诗人的眼光和情愫来感受生活。他总是将自己对生活的感受和情思，渗透到自己描写的画面之中，达到情景相融、物我互会的艺术境界，使作品充满了耐人寻味的魅力。

《心追那钟声》可算是这方面的代表作。这真是一篇让人百读不厌的美文！开篇即写自己“年轻时，总是多些幻想与执着，读了李白的《早发白帝城》，就很想去身临‘两岸猿声啼不住，轻舟已过万重山’的境界；读了张继的《枫桥夜泊》，又很想去领略‘姑苏城外寒山寺，夜半钟声到客船’的情景……”从年轻时一直追寻到现在，真够执着的了。接着，写自己不辞路遥，专程赶到寒山寺，亲身体验《枫桥夜泊》那美妙的意境。作者以近似神圣的心情，敲了三下大钟，“这三声，仿佛穿过时代的隧道，把我拉回到一千多年前《枫桥夜泊》诗中去”。他又写短诗，意味深长地发问：“不知此三声，能否与千年的钟声共振?”

若把“敲钟”看作是作者梦寐以求的“一追”的话，那么接着就是“追”那“枫桥”和“客船”了。作者身临其景，情融其境，完全沉醉在《枫桥夜泊》的美妙意境中了。他诗情绵绵地写道：

> 桥形是弯弯的，但中间的空洞，倒是圆圆的。半个“圆”浮在碧粼粼的水面上，半个“圆”倒影在清清的水流中。远远望着这个圆圆的“洞”，在“洞”中的远处又摇来一只小船，那莫非是张继诗中的“客船”！那“客船”，在夕阳斜照下，也影影绰绰地出现两只小船：水上一

只船，水底一只船，两只船形影不离，迎着习习的晚风，同时向我们“飘”来。我的心，似乎一下子跳出了我的胸膛，落到“客船”里去了。

这段描写，真是“画中有诗，诗中有画”，虚实结合，古今相系，画面美、对称美、诗情美、朦胧美、韵味美都交融在一起，无限美感，溢于言外。

类似《心追那钟声》这样充溢诗的魅力的作品还有《琼花何处寻》《四面鸣沙半月泉》《登武当山极顶》《与心灵接轨的阳关道》《石林和她的女儿》《高山的幸福花》《菊花山的风景》《护城河的桨声》等，尽管各篇的题材内容不同，却都似明似暗有一个“寻”字或“追”字。我们不妨把这些作品统称为“追寻篇”吧。

在《琼花何处寻》中，作者怀着“打破砂锅问到底”之情，不辞辛劳，不怕周折，寻觅名贵奇葩琼花，为寻到真正的琼花其情之急切，让人为之动情。

在《四面鸣沙半月泉》中，为了亲身感受“四面鸣沙”“古今中外奇观”，他独闯沙山，不畏“翻筋斗”，不怕吃“一嘴细沙”，非要“壮烈一试”不可。这位成了“沙人”的“探险家”，其志其勇，令人叹服。不受那“沙人”之苦中苦，哪得饱览“四面鸣沙”奇观之甜上甜呢。

在《登武当山极顶》中，为了寻觅那“无限风光在险峰”雄险美、奇特美，作者怀着“人生难得几回搏，此时不搏何时搏”的豪情，登越了226级险陡的石阶，终于攀上“天下第一仙山”天柱峰，饱览“一柱擎天”之胜景，喜赏金殿之壮美，幸瞻真武大帝之圣颜。这位“雨水与汗水混合体的‘水人’”得“不老松奖”，当之无愧，让人赞佩，艳羡不已。

在《高山的幸福花》中，作者不远千里寻赏樱花，踏遍深山，不见樱花，倒有幸得见比樱花更美之花——“幸福花”。他不禁“陶醉在姹紫嫣红的幸福花之中”，感到他自己的“生命也化成一朵花似的，陶陶然、欣欣然地融入这理想花的大自然之中”。

在诸如此类的“追寻篇”中，作者孜孜不倦、寻寻觅觅、求求索索，除了那万千景象之外，除了那奇特美、雄壮美、人情美、青春美都一饱眼福之外，飘溢在篇章之中的，还有一种可意会不可言传的诗的魅力。其诗意竟是那样的盎然，意境是那样的深邃，韵味是那样的浓郁。这种诗的魅力是这样的迷人，使你在赏析之时不由得想跟他一起去追寻那诗的意境，去追寻那艳丽的琼花，去体验那“四面鸣沙”的奇观，去攀登那雄险的武当山顶峰，去赞美那幸福之花朵。赏析之余，会有一种饱餐艺术盛宴之快感，掩卷后，仍会久久沉醉于这种诗的魅力之中。

此外，讴歌“龙文化”也是曾心散文思想方面一个较突出的特点。他像众多泰华文友一样，一直密切关注泰国华文文学和华文教学的发展情况。在他心目中，“龙”即为中华民族，“龙文化”即为中华文化，华校即为“龙文化的摇篮”，学华语的学生即为“龙子龙孙”，是“龙的文化种子”；他把学生演出的有关中国的文娱节目称为“龙的歌”“龙的舞”“龙的诗”“龙的寓言”“龙的话剧”，称华语教师是“龙文化的传播者”“华教中的火凤凰”。从这“龙”的系列称谓中，可见曾心对泰国华语教学是何等赤诚，对“龙文化”是何等忠贞。

华语教学和华文文学历来是同步发展、同兴同衰的。曾心不愧是一位有前瞻意识和忧患意识的作家。为了使泰华文学和华语教学联系起来，他已做了许多有益的工作，诸如送作协作家的书上门，应邀出席学校的文娱活动和学术讲座，发现和培育文学的苗子等。他的《华教中的火凤凰》《龙文化的摇篮》《舞台上的万紫千红》等，都是难得的宣扬华教业绩、促进华教兴旺的好文章。

曾心对泰华文学乃至中国当代文学、世界华文文学的前途和命运也是倍加关注的。近几年来，他在这方面写的评论文章是相当多的，也是相当引人注目的，诸如《老牛，也当加把劲》《泰华散文苑里的蓓蕾》《且看文人相亲的晴朗天》《给泰华文学把脉》《泰华年轻女性的微型小说》《“三容”变奏曲》《文艺天空的“风”》《朦胧诗之树的凋零——从顾城之死谈起》《摇着小船来相会——第二届世界华文微型小说研讨会拾零》《观察员手记》《评奖的杠杆——从泰华“征文比赛”说起》《散文名篇“真迹”》《作家自杀的现象——从三毛之死说起》《思考民族天性之美——谈赛珍珠的〈中国之美〉》《借他的阳光照诗坛的冷处——从艾青的太阳陨落谈起》《黎毅和他的“苦命小说”》《一幅幅热带现实农村图景——刘扬的创作结晶与心路》《在记忆的天幕里》《生命在笔尖下消磨的跋涉者——送别魏登先生》《凝聚硬性格的作品》《琴思钢与他的叙事诗》《年轻，而果实成熟——序马凡的〈蝶恋花〉》等。之所以罗列这么多篇名，就是想从“量化”和“理化”、从广度和深度两个方面，展示作者的文学视野多么宽广、文学造诣多么精深、忧患意识多么深重。在泰华文学界，文学评论一直是较为薄弱的部分，曾心能发表这么多高水平并有独到见解的评论文章，是很难能可贵的。

## 三、结构曲折有致语言清新明快

曾心很注重散文的结构艺术和语言艺术。他选材力求精简、典型，构思力求新颖、深邃，人物形象力求鲜明、逼真，布局力求精巧、曲折，语言力求清新、明快，从《大自然的儿子》到《曾心文集》再到《心追那钟声》三部文集中，可以看出他已开始形成了自己的艺术风格。

曾心散文的结构，大多曲而不直、藏而不露，大都峰回路转、柳暗花明、曲折有致。许多篇目，他从讴歌美的心灵、追求诗的魅力出发，紧紧围绕立意这个“凝聚点”，起承转合，层次跌宕，使文章多具有引人入胜的魔力。

结构曲折有致，大致有如下几个特点。

其一，善用悬念，引人探秘。

悬念，是吸引人的魔力棒。曾心在散文构思中很善于运用悬念，吸引读者跟着他的文思一口气读完其文，并探明其中的秘密。以《琼花何处寻》为例，作者以辨真琼花还是假琼花为疑点，先用“琼花盛开的美景”，将人们的“兴奋点转移”到琼花之上，调动起读者跟他一起去寻觅琼花的兴趣。接着，又用“隋炀帝乘龙舟来扬州看琼花而亡国的故事”，引得读者非跟他一起去寻觅琼花不可。古代皇帝那么爱看的花，谁会不爱看呢？而后，作者又写了自己购得《历代诗词咏琼花》“孤本”之喜，这更“引发”人们“观赏琼花的兴趣”，历代文人都“咏”之花，哪能不去寻看呢？至此，寻花之兴趣、之急切都已按捺不住了，都着迷入魔了。

赏琼花，作者以“真”“假”为引线，写了“三寻”。一寻山丘之花，作者写其花之美：

> 爬上丘坡，只见朵朵巴掌大的雪白奇葩，滚动着晶莹的水珠，散溢着沁人的香气，随风摇曳，好像欢乐地为我这个远方而来的客人而起舞。

作者在“一寻”中设置了一个悬念：这奇葩是真琼花吗？为了“不自欺欺人”，当然应问个明白，于是引出了“二寻”：在茶馆喜得八朵五瓣的琼花，经小姐和那文人赞花之渲染，让人都认定这琼花是真的。读者正跟作者分享寻得名花之喜时，不料张教授判定它为“假琼花”，寻花人怎能不为之惊疑呢？于是又设下了到底是真还是假的悬念，并引出“三寻”，找到一位小姐考问，又确认手中之花是真琼花。至此，似乎疑虑尽释。谁知到结尾处，经人

“有凭有据”地论说，所寻得的花乃是“聚八仙”，不是正宗，而是“变种”，真正的琼花早已绝种。这真是惊人之笔，让人不禁坠入诗一般的无限美好的想象之中。

《高山的幸福花》与《琼花何处寻》可称是“姊妹篇”。作者在一个“寻”字上做文章，先写寻樱花之急切，续写寻不到之遗憾，最后写发现幸福花之惊喜。悬念的锁链拉着读者非跟他去寻樱花不可，情思也会伴着他急、憾、喜地起伏变化，从赏花之兴到找到“幸福花”之喜。作者那“先天下之忧而忧，后天下之乐而乐”的情怀，也会使读者的精神境界为之升华。

这样巧设悬念、引人探寻的“凝聚点”之谜，或辨真伪，或觅虚实，或解疑团，或卒章显志，或文尾掩谜，使文章曲折多变，引得读者欲罢不能，甘愿寻寻觅觅，终得其美的境界而沉醉其中。

其二，善用诗情，引人入迷。

曾心常以诗人的情怀来构思散文，在作品中创造出抒情诗或叙事诗所要求的那种美的艺术境界。那些平常的人、事、景、物，经他以诗人的眼光细致观察、反复思考，从中发掘出诗意。这诗意与他的诗情相融合，便形成诗的意境、诗的魅力，引得读者欣然入迷。

就以《心追那钟声》来说吧，作者真是以蘸满诗情的笔触，把千古绝唱《枫桥夜泊》的意境美写得令人陶醉。作者年轻时就想亲身领略“姑苏城外寒山寺，夜半钟声到客船”的美好心愿，谁能不产生共鸣，谁能不借这个机缘也去身临该诗的美妙意境呢？紧跟着作者“一追”那“钟声”，“二追”那“枫桥”，“三追”那“客船”。作者在写出古诗的诗情画意之时，又把其心、其情、其诗融入其间，使千年的钟声与今人之诗情汇融，其诗情之浓烈，如甘醇的美酒，令人醉醺醺，其无限美妙的意境，让人流连忘返。

《庭园的天趣》也是一篇诗意盎然的好文章，没有对园林艺术的挚爱，没有诗人的审美情趣，是写不出如此诗情洋溢、哲理深邃的作品的。作者对园林的一景一物、一草一木，不是客观临摹，而是把自己的心血、感受和情思都渗透其中，给庭园的每一景物都赋予感情的色彩、性格的力量、哲理的意蕴，使庭园里充满了内情与外境的和谐，“天人合契”、物我互会的诗的意境美。如此富有诗意的庭园，谁不想去一赏为快呢？

其三，善写其观，引人入胜。

曾心是位写游记的高手，他的散文作品中，游记约占五分之一，其中有不少篇目是以写奇观险景取胜的。这些奇观险景都给人“无限风光在险峰”

的感染，读者往往会怀着好奇和探险的情致，与作者一起神游其境。

就以《登武当山极顶》来说吧，该篇可谓是这方面的代表作。他先写人们如何“神往”武当山这座“仙山”“圣地”，然后写登上主峰之难、之险，不少旅游者畏难惧险，说“风景诚可贵，生命价更高”，望而却步。而曾心却抱着“不到金殿非好汉”的雄心，不怕风雨，不雇轿子，勇登“百步梯”，艰攀“数千级石阶”，险爬“九连登”，终于“跃上峰顶”，站在“光辉顶点”，尽览无限风光。作者在描写爬山之难之险的同时，不但表达自己不畏艰难险阻的勇气和意志，而且还表露出自己的豪情壮志：

> 我们文人不仅能爬格子，而且还能爬山，是具有“山的性格”的顽强的跋涉者、勘探者！殊不料，我竟成为这支跋涉登山队的“老大”，更有意思的是，大家还戏授予我“不老松奖”呢！

好一棵“不老松”！把“爬山”和“爬格子”相提并论，抒发自己的豪情壮志，不禁让人拍案叫绝！难怪编辑黎毅在《编后余墨》中称赞说：“读曾心先生的《登武当山极顶》，极觉耳目一新……文人不但能爬格子，而且还能爬山，斯言妙哉!”编者的话，道出了读者共同的读后感。

《百胜滩记险》称得上是“惊险篇”，作者把“惊险”渲染得淋漓尽致，让人屏住呼吸，禁不住跟着连声惊叫“哎哟哟”。这种“惊险篇”，让读者一起享受“一搏”惊险万状的痛快，是独具艺术魔力的。

其四，善用对比，发人深省。

曾心的散文中，用巧妙对比来谋篇布局的作品也颇多，他的对比手法用得十分自然，简直是天衣无缝，毫无斧凿痕迹。通过对比，形象更鲜明，立意更突出；读者在正与邪、美与丑、真与假、善与恶的种种对比中，引发思考，从中受到启迪。

就以《距离》来说吧，作者写父母与儿子一同到华欣海滨旅游，妈妈自认为对儿子脑子里“想的是什么”都很了解，结果在路上从儿子开快车到遇见车祸，两代人都大有距离；到了华欣，父母与儿子的“高消费”和交女友之道，更是大相径庭。透过对周围事物的不同看法，把两代人不同的价值观、人生观摆在读者面前，让读者在比较中有所鉴戒、有所省悟。

《洋媳妇拾趣》也是一篇耐人寻味的对比之作。作者只写了洋媳妇在接受结婚纪念品、买东西分开付款和交辅导费三件事，就把洋媳妇与公婆截然不同的生活观念生动地表现了出来，让人忍俊不禁，洋媳妇的形象也跃然纸上。

曾心在《只能开心锁的人》一文中，自谦在写作时“不知道有‘转弯子的艺术’，只是凭着当时寻琼花的事实，再加以艺术的再现，根本没有考虑到用什么艺术手法”。这“根本没有考虑”是对的，说明他艺术上已趋于成熟。如果在写作前先想如何“转弯子”，那就会重蹈“以法役意”的“八股文”俗套。古今中外的文论名家，都注重“自然天成”的美学观点，都把“以意役法”“工夫在诗外”视为艺术造诣的最高境界。因此曾心“根本没有考虑到用什么艺术手法”是他艺术造诣已趋精深的表现。

曾心在文学语言艺术造诣上也较为精深，已形成了清新明快的语言风格。这主要表现在以下四个方面。

第一，善于描摹。一个作家描摹功力的强与弱，对语言的形象性和生动性是至关重要的。作家用语言描摹人生、描摹景观、描摹心态，竭力达到绘声绘色、穷形尽态、活灵活现，使每段文字都构成一幅或几幅活动变化的人生图画、自然风景画、心理解剖画。

曾心有一支描摹的“钢笔”。他是一位业余摄影爱好者，他描摹的笔力，如同他的摄影技巧一样，各种人生、景观、心态都惟妙惟肖地再现于读者眼前。先来看一看《大自然的儿子》里的主人公的“劳动图”吧：

> 我顺着所指的方向远望，只见斜垅旁有一个像小人国里的人，头上戴着竹斗笠，遮去他的脸和上半身，下半身的一条腿踩在斜垅上，另一条腿浸在泥沟里，身旁停着小小的手推船，船上放着一个竹箩筐，时不时露出一只手，将一把把杂草丢到箩筐里去。

这一幅水田劳动图，仿佛一幅彩色照片，劳动者、竹斗笠、两条腿、手推船、竹箩筐、绿杂草，组合成一幅充满田园美的画面，给人留下了难忘的印象。

再看《石林和她的女儿》中作者是如何描摹撒尼姑娘的：

> 我们走在石板连接而成的羊肠小道，突然姑娘忽闪向前跨去：“当心，石头掉下来!”我抬头一看，惊见在两石峰之间，一块倒悬的巨石岌岌可危。走没几步，姑娘伸腿往石壁一踢：“你看，这是阿黑当年愤怒时踢成的洞!”我跟她穿过洞，她又侧身向天上一指：“那像雄鹰展翅吗?”

> “真像！”我点头。她又指着两块相含的奇石说：“那像不像双鸟哺喂?”我故意挑逗说：“不像，那是双鸟接吻！”她向我乜斜一眼。

这段石林导游图中，有景、有情、有声、有色，那撒尼姑娘的轻盈、活泼、多情，都活生生地现于眼前，既富有立体感，又有流动感，读者不禁也有身在石林中游之感。

第二，善用比喻。选用生动、新颖的比喻，是增强语言形象性和清新度的特效之法。中国著名语言艺术大师老舍先生指出，一句精到的比喻，要比拖泥带水地形容一大片简洁有力省事得多。从比喻的运用上，可见作家的语言功力。

曾心的比喻大都很新鲜、很精当。我们随便举几个例子：

> 白嫩椭圆的秀脸，两汪清水般的眼睛，好像一朵清晨洁白而含着露水的茶花……（《石林和她的女儿》）

这相连的两个比喻句使姑娘的眼睛及其面容十分鲜活耀眼地呈现跟前。又如：

> 我回转头，瞧见车后那俏姑娘撑起一把红色小伞，逸云轻风一般飘然地跟着走来。（《石林和她的女儿》）

这个比喻让美丽的撒尼姑娘那轻盈敏捷的身姿跃然眼前。把前文的形象描写和这一比喻连起来，更有仙女下凡之美感。

再如：

> 一路上，心中像开了一朵洁白的琼花。看人人笑，看湖水绿，看花艳丽……（《琼花何处寻》）

好不容易寻到了琼花，心中的欣喜无以名状。用怒放的琼花来比喻，最鲜明最传神，真是再贴切、再生动不过了。一个比喻，胜于大段心理描写，跟全篇连起来读，确有余味无穷之意蕴。再如：

> 每每看着，用自己的手，自己的汗水，自己的脑汁，营造了庭园，

就觉得有如母亲生下自己的婴儿……（《庭园的天趣》）

用伟大的母爱来比喻自己用辛勤的汗水营造的庭园，这比喻一下子就把自己对庭院的爱最充分地表现了出来，真可谓一喻胜千文，使全文为之生色。类似的比喻在曾心的散文中俯拾即是，大大强化了文章的形象性和清新感。

第三，善用古诗和熟语。曾心有较深厚的中国古典文学修养。他在散文中常常十分恰当地引用一些古诗词，使文章锦上添花，有胜似千言万语之妙，收到“一以当十”的艺术效果。

在《琼花何处寻》一文中，作者借“一肚子古诗词”的“汉子”之口，把赞美琼花的名句连引三句：

千点真珠擎素蕊，一环明玉破香葩。
四海无同类，唯扬一枝花。
疑是八仙乘皓月。

这三句古诗把琼花之艳丽、洁白、稀奇都绘形绘色地描画了出来，言尽而意无穷，而在结尾时，作者引古诗“琼花玉树属仙家，未识人间有此花”来印证真琼花已“绝种”之说，真是令人叫绝之笔，给人无限的想象空间。

曾心在《大自然的儿子》中引陶渊明的《归园山居》，在《心追那钟声》引张继的《枫桥夜泊》，在《与心灵接轨的阳关道》中引王维的《渭城曲》，以及以旧诗名句作篇名的《四面鸣沙半月泉》等，其中的名诗名句，几乎可以说是全文的灵魂。他使文章“诗化”，使之充满诗的优美意境，使诗的魅力飘溢字里行间，从结构到语言到意境都笼罩着诗的氛围和诗的情韵，极富艺术感染力。

曾心善用熟语，这也是其文学语言的一大特点。熟语包括成语、谚语、俗语、歇后语、惯用语和格言。这些词语在其散文中用得多而不滥，大大增强了语言表现力。像成语“岿然不动”“老态龙钟”“小桥流水”“心诚则灵”“天方夜谭”，歇后语“兔子尾巴——长不了”“碟子里扎猛子——不知深浅”“风筝点火——飘飘然（燃）”“打破砂锅问到底”，惯用语“耳边风”“脚皮钱”“电话粥”，等等，这些熟语用得恰当，使语言简洁而生动，朴实而清新。

第四，基调明快，趣味盎然。曾心散文作品的基调是明快的。除了像《猴面鹰哀思》等个别篇目因受题材限制而蒙有“哀思”色彩外，大都明快、乐观、风趣。他是一位“脸上常带笑容，创作积极而从容，对待朋友要多多宽容”（司马攻）的“三容”作家之一。读他的作品，我们从中感受到欢快向上、幽默风趣的审美趋向和审美情趣，就可以想见他是常带着笑容来写作的。他在《洋媳妇露馅》中说：

> 做文章本来是件严肃的事，但当脑子贮足了生活的原始东西的时候，倒可以不必太严肃，也别太拘谨，信手拈来，随意写去轻轻松松，让经过提炼的真实生活在笔端下重现，则往往可以倾倒出自己心灵的“纯品”来，使行文跳跃，有了滋味和情趣。

曾心这段创作经验之谈，把他写作的心态和盘托出。这“倾倒出自己心灵的‘纯品’来”的经验，对写作人是很有启示的。

就说《洋媳妇拾趣》这篇充满情趣的散文吧，看着作者笔下既可爱又可笑的洋媳妇的一件件趣事，再严肃的人也会忍俊不禁。而读者在欢快的氛围中，也会受到“地球村思想”的启发，联想到东西文化碰撞与融合的问题。

《农村旧事情趣》中写了一件又一件母亲和自己童年的趣事，那浓郁的生活气息和乡土气息简直醉人。作者从贫苦、劳累的农村旧事中发掘出内在的美好的情趣来，让人深深地感受到母爱的情怀是那样的博大、品德是那样的高尚、意志是那样的坚强。读者不会因农村的穷困而悲观，而是从母亲的趣事中得到积极向上的力量，得到热爱生活、热爱人生的教诲。

曾心的散文常常选“趣”字入题，如《洋媳妇拾趣》《庭园的天趣》《灭蚊趣记》《营造志趣天地者》《农村旧事情趣》等，从题目上就可见是同绕一个“趣”字做文章的。这些“拾趣”“天趣”“趣记”“志趣”“情趣”都是很明快的、很健康的、很纯朴的；许多篇名，虽然无“趣”字入题，但文中也都趣味盎然。即使是以惊险、奇特取胜的游记，也常用或风趣，或幽默的笔调和语句，让人在惊险之余，也轻松一下、欢快一下。比如，在《百胜滩记险》中，写到最险处，他着笔写了自己“不得不乖乖地”“任凭屁股‘吃’着水”的一幕，让人捧腹；在《心中有座母校》中，作者在记述母校的生活中着笔写了自己“破例”参加游泳比赛的一幕：几次“‘冲’到边线”，结果得倒数第二名，羞得“恨不得一头钻进水里去”。看到这样的乐趣图，读者怎会不笑呢？

在作者笔下，生活总是洋溢着情趣。当他以自己的审美情趣来提炼题材时，情趣相生，从笔端倾泻纸上，使作品飘溢着趣味性，吸引读者不忍释卷。

# 美：对永恒的趋近*

## ——读曾心散文集《心追那钟声》

龙彼德

当我写下这个题目的时候，我自然而然地想到两位外国诗人、哲学家的论述。

帕斯卡尔说："对于人，没有什么比他自己的状态更为重要的了，没有什么比永恒更能使他惊心动魄的了……"（《思想录》）

罗素说："追求一种永恒的东西乃是引入研究哲学的最根深蒂固的本能之一。它无疑的是出自热爱家乡与躲避危险的愿望；因而我们便发现生命面临着灾难的人，这种追求也就来得最强烈。"（《西方哲学史》）

读泰国华裔作家曾心的散文集《心追那钟声》，给我最突出的印象，就是他对美的追求。而美是什么？美就是对上述永恒的趋近。

这本集子是曾心继小说散文集《大自然的儿子》之后的又一本散文集。按题材划分为"心追那钟声""高山的幸福花""一坛老菜脯""营造志趣天地者""心中有座母校""观察员手记"六辑，分别收入中、泰山水游记散文，忆旧、写人抒情散文，记事、议论叙述散文等29篇，可谓题材广泛，种类繁多。但最使我感兴趣的，还是作为书名的那篇《心追那钟声》。

> 年轻时，总是多些幻想与执着，读了李白的《早发白帝城》，就很想去身临"两岸猿声啼不住，轻舟已过万重山"的境界；读了张继的《枫桥夜泊》，又很想去领略"姑苏城外寒山寺，夜半钟声到客船"的情景……
>
> 但心追的东西，往往会在岁月流逝中成为梦幻泡影。也有少数，或许由于有"缘"，偶尔有一天实现了。

---

* 原载泰国《曼谷时报》1999年11月19日至25日。

这是文章的开头。很显然，“钟”便是作者要追寻的美。为此，他借到南京开会这个缘分，专程赶到苏州郊外的寒山寺，看到了钟楼上悬着的那口大钟，并敲了三下，写了一首短诗，还买了一口雕刻精致的石钟、一张刘海粟书写的《枫桥夜泊》拓片。不料，春节期间他在一张报纸上看到中国作家金建楷写的文章，得悉寒山寺高僧夸耀的那口钟，早在明朝嘉靖年间就被日本人抢走了。

> 这件事，又令我已“知足”的心“动”了起来，心中所追寻的那钟声又继续延伸下去……

这说明：得到的不是真品，真品不容易得到，追寻始终没有停止，追寻将永远延伸下去。（即使到了日本，能不能找到那口钟？找到那口钟又岂能找到张继诗的意境？）美就产生在这种追寻中，不是对永恒的占有（也不可能占有），而是对永恒的趋近。

《琼花何处寻》一文，也有“似近犹远得而复失”的描写。作者到了扬州，听说当年隋炀帝乘龙舟来此地观赏琼花，引发了他寻找琼花的兴趣。他到处打听，苦苦寻找，好不容易得到了一朵“像八仙女散花”似的琼花，却被行家告知：“现在扬州的琼花是聚八仙，与琼花有亲缘关系。正宗的琼花，原来只有一棵，长在后土祠前……现在此琼花已绝种了。”

> 我一时陷入茫然，心想：“我苦苦寻求到的倒是一种变了种的琼花，如写成文章，有什么意思！”在旁的诗人翁奕波却高兴拍着我的肩膀说：“好呀！到此你的文章可写成了！题目就叫作《琼花何处寻》！”
>
> 经“明师”一点，我突然醒悟：琼，玉之美者。古诗词所写的“琼楼玉宇”都是指天上的月中宫阙。人间也许从来就没有此花。它是属于天上的花。
>
> 有诗云：“琼花玉树属仙家，未识人间有此花。”

这种“属于天上的花”不就是理想境界、永恒与无限吗？对它的寻求也是无限的，死亡会打断这一过程。我们除了期望在有限中靠拢无限，在过程中趋近永恒，使有限的过程显示出无限的意义，还能要求什么呢？

曾心之所以一心求美，除了生命本体的原因外，是与他对人生的理解分不开的。在写作上述两篇散文的同时，他写了一首诗《雨花石》，在“大如雀卵/圆滑滑/溜溜圆”的雨花石上“有高山/有流水/有乌云/有彩虹/有残叶/有红花/有冰川/有雪飘……”这使他豁然开悟：

哦！我读懂了
它似人生
人生就似一枚雨花石
——一个圆
“圆”里有各种图案

正因为如此，曾心散文中所涉及的山与水都完整而不残缺，写到的人与事都完满而无遗憾。如《菊花山的风景》，菊因山而耸翠，山因菊而亮丽，特别是在夕阳的照耀下，“万绿山中一山黄”，几疑人间仙境。《护城河的桨声》，将彩灯、船影、桨声糅合在一起，谱成了一支别有风味的小夜曲，使一条普通的护城河升华为迷人的河。《农村旧事情趣》中根本看不出儿女多母亲苦的窘境，但听得勤劳节俭相濡以沫的笑声。尤其是“跳水沟比赛”“放风筝”“赶鸭子”“看谢神戏”“系鞋带”几件小事的描写，将母子的亲情表现得淋漓尽致，一家大小活脱脱蹦跳在眼前。《灭蚊趣记》中，虽然状尽蚊子叮咬之苦，但重点在如何查漏堵塞上。从补漏洞到换纱窗、修厨房，再到堵塑料板裂缝，终于大功告成，且得到了一篇《灭蚊趣记》的副产品，其中不乏诙谐、幽默与乐天，结局总是圆满的。

然而，笔者仍要发问：难道人生真的就这么圆满吗？在商品经济大潮冲击传统价值取向的现代，在战争的阴影依然存在，环境污染、生态失衡、人口膨胀的今天，人生的负面暴露殆尽，遗憾、残缺、畸变甚至丑陋在所难免，一个有才华有潜力的作家是否也应该考虑另一面呢？圆，不该是平面的，而应是立体的。因为平面只能从起点回到终点，立体则是螺旋式上升或螺旋式下降。起点与终点不可能重合，命运不可能完全一帆风顺。

对人生的另一面，曾心并非没有认识，他在这本散文集的自序中谈道：

《一千零一夜》中有一句格言：“人生有两面：这一面是幸福，那一面却是痛苦。”在我的笔下，不管是写他人还是写自己，总是比较乐于写“幸福”的一面，因而颂歌式的文章比较多。

这种“乐于”、这种倾向无可厚非，我们的文坛也确实需要带着微笑看待生活的有个性的作家。但是，从更高的要求，从美是对永恒的趋近出发，还是有必要提醒曾心去关注并表现一下痛苦。正如文首所引罗素的论述：“因而我们便发现生命面临着灾难的人，这种追求也就来得最强烈。”人因为生命的短促、欲望的难以实现，不可能不痛苦。然而，痛苦磨炼了意志、解放了心灵、激发了生命力。幸福正是在与痛苦打交道并战胜痛苦中产生的。所以，尼采鼓吹：“从生存获得最大成果和最大享受的秘密是：生活在险境中！在维苏威火山旁建筑你们的城市！把你们的船只驶向未经探测的海洋！在同旗鼓相当的对手以及同你们自己的战争中生活！”（《尼采全集》）

也正因为如此，曾心在《心追那钟声》这本散文集中，特别讲究悟的功夫，点、线的艺术。

首先，论悟的功夫。

曾心如是说：“情感似乎可燃烧、可燎原！但我习惯于‘坐禅’，在‘入定’时，让这种情感沉淀沉淀再沉淀！沉淀是冷的，情感是热的，冷热相碰与融合，有时会‘悟’出一些超出情感的‘理’来，在表层里有更深层的东西。但每每‘悟’之‘悟’之，呈现一片空白，一切归于‘无’，在方格子里没写下文字，即使写下了，也又弃之纸篓。”

成功的例子不少。如《失去野性的虎》是写是拉差龙虎园里的虎，由于几代笼养，又食猪奶长大，野性消失殆尽。“在狗虎追逐戏玩时，比狗大的虎，老是被狗追咬得哇哇叫，拼命跑。”真是合了那句古语：虎落平阳被犬欺。这情感是热的。“离开老虎园，脑子倒在转着一个问题。”这是作者谓之的“沉淀”，当然是冷的。冷热相碰并融合，便产生了以下的悟——

> 事物的正面也往往有它的负面。人工养育的虎，论其虎性，真是一代不如一代了。那些形是虎，性似羊，哪还将是虎？毕竟虎是属于大自然的。对于养虎，可否部分存栏作为“稀罕物”供人观赏外，其他的应当进行野化训练，放虎归山，让它在广袤的大森林中恢复野气、野性，让人类的子孙后代能见到“声吼如雷，风从而生，百兽震恐”的虎。

如说以上之悟还有些直露、“着相”的话，那么《登武当山极顶》之悟就比较含蓄、“不着相”。这是在精力耗尽，又过了极限，摆脱抬轿子的兜揽生意，也排除了一切俗念的干扰，冒雨登高诚心朝拜真武大帝的报偿。

> 冒着细雨，我站在“光辉顶点”凭栏观望，既见不到“七十二峰朝大顶”的壮景，也望不到“会当凌绝顶，一览众山小”的景观，“但见万壑空烟霏”，一个云雾茫茫的清凉世界，心里头便有几许“来不逢时”的缺憾！但在云封雾锁中的我，又觉有人间未有的绝妙，似有“山顶白云千万片，时闻鸾鹤下仙坛”的境悟。此时，又不知道从哪里飘来“颇有远古巫觋乐舞之遗韵”的道教音乐——《澄清韵》。飘飘欲仙的我也跟着诵起“琳琅振响，十方肃清。河海静默，山岳吞云。大量玄玄也”来了。

在这里，情、景、理达到了美妙的融合，甚至有些“不可言说”的味道。作者在这一瞬间与永恒打了一个照面。

“着相”与“不着相”比较，尽管散文也可以议论，笔者还是倾向于提倡后者。

其次，看点、线的艺术。

曾心亦有夫子自道：“在选材上，我偏爱写大自然的景观、人间的仁爱、亲友的情结等。写游记，喜欢在诸多的‘景点’中，寻找与追求最引起兴奋的‘点’。也喜欢带有较浓厚的个人的主观色彩，一面写外景，一面写自己的内心的景，使内外两景同时交叉进行，并用心灵的思绪穿成一条线，绕着文中的‘内核’，让内外景达成‘光合作用’。”

《与心灵接轨的阳关道》最典型。作者与泰华七位文友结伴同游。他写了戈壁滩，其中的骆驼草与芨芨草是“点”，“它们的‘精血’都被烈日‘吸’干了。怪可怜的！一株株长得又细又瘦又矮，好像患了‘先天不足，后天失调’，病久失养，元气亏耗的虚损病者”，给读者印象颇深。他还写了“千年沉睡党河畔”的睡佛，写了变幻无穷的海市蜃楼与绿洲中的葡萄园，最后才写到此次旅行的目的地——阳关：

> 在长廊左方的沙滩上，竖着一块长方形的水泥牌，横刻着“阳关故址”四个红色隶书大字；而右方的沙滩上，在离长廊约一百米的沙岗上，有一堵半坍废了的黄色土墩，这土墩就是被称作“阳关耳目”的烽燧。四周围铁栏栅圈围，不许游人踏进。

这就是诸多“景点”中作者寻找与追求最引起兴奋的“点”（较前面那些点更胜一筹）。只这么淡淡几笔，便引发读者不尽的思古之幽情。

外景之线已如上述，内景之线也已分明，那便是从文首有人说阳关没什么好看的，他们八位却坚持要看——开始牵线，经过跋涉（实乃铺垫），到此全部敞开。“望着这苔痕斑驳的历史‘遗迹’”，思绪恰似潮涌。他想到了文人之“傻”：“‘傻’在对精神‘偶像’的追求，‘傻’在对一个诗境执着地追求。”悟到“此次之来，与其说是来寻‘景’，毋宁说是来寻诗的‘真迹’!”画龙点睛出题旨：

> 故此，那“土墩”对读过《渭城曲》的文人来说，那不只是“烽燧”，而是一团不灭的诗魂呀！

内外两景便在此聚焦（我觉得用这个词比“交叉”更生动），穿透读者的思维，引起强烈的共振。这也便是曾心所谓的“光合作用”。

像这样选点准确、拉线传神的篇章还有《心追那钟声》《四面鸣沙半月泉》《石宫沉思录》等。点连成线，线组成面，面就是整篇文章。

相对而言，“观察员手记”一辑中的作品偏重记叙，有的还未脱去报道的痕迹，也缺少其他五辑灵动的手法，艺术水平要低一些。

1999年9月1日至26日写于杭州

# 追求主题思想的深化*

## ——读曾心的微型小说

林承璜

泰国华文作家曾心十分热衷于微型小说的创作，他的微型小说主题思想比较深刻，富有积极意义，能起到教育作用。

微型小说，篇幅虽小，但它却可以表现重大主题，也可以有深度，关键在于选材与开掘主题。这犹如挖井，井口不大，但选好地脉，越往下挖，井水就越甘洌。曾心的微型小说就有这方面的长处。

### 一

《头一遭》，透过“我”的眼光，看到了离开泰国到中国参加抗日战争已过五十年的华侨汉平，今日回泰国探亲，恰逢其哥哥汉祥去躲债而不遇，他挺身而出为哥哥还清债务，引发了“我”的无限感慨。

这篇作品反映出的主题思想相当深刻。在作品中发生的仅仅是一对兄弟间的事，但它却折射出了中国发生的历史性变化，改革开放政策带来了社会主义建设的巨大成就——强了国、富了民。就是在这种背景下，在中国的弟弟汉平拿钱给在泰国的哥哥还债。众所周知，过去海外游子寄钱寄物接济国内亲友的事屡见不鲜。曾几何时，世道来了个翻天覆地的变化，这怎不令人感慨万千？作者便借汉平之口道出心声：“这可能到了风水轮流转的时候了!”如果说 1993 年这种情况还比较稀罕的话，到了今天，类似情况却大大多了起来。

话说回来，汉祥和汉平所表现出的兄弟之情真乃可歌可颂。重亲情是中华民族的优良传统，也是一种美德。在动乱年代，哥哥汉祥远在泰国，可是他两次晓行夜宿，到江西看望弟弟汉平，当然会有一番亲情表露。汉平离开

---

* 原载《世界华文文学论坛》2001 年第 1 期。

泰国已经有半个世纪了，但时间不能割断他们的兄弟之情，他并没有忘记在泰国的亲人。尽管两地相隔万水千山，但他却不顾自己年事已高，还是赴泰国去看望哥哥。人的思想和行为总是与经济条件联系在一起，汉平解囊资助哥哥，这不仅是物质文明的表现，而且还是精神文明的展示。

汉平身上更加可贵之处是，在1944年日本侵华时期，他毅然决然地回到祖国参加抗日战争，表现了高度的爱国主义精神。他从普通一兵，成为指挥千军万马的将军。这一方面说明他的聪慧和才干，另一方面也说明了他对抗日战争贡献之大。作品虽然没有提及他在社会主义建设中的情况，但按事物发展的逻辑来看，今天祖国建设的辉煌成就，也有汉平的一份功劳。随着国家的富强，像汉平这样的“功臣”的经济收入会不断提高。但老革命、老干部都有一个特点，就是生活上十分俭朴，他们都注意储蓄，以备急需之用，如赈灾、捐献希望工程、参与公益事业等。汉平接济在异国的哥哥算是极为平常的事。这给我们的联想是十分丰富的，这也是这篇微型小说主题思想的深刻性所产生的效应。

## 二

《蓝眼睛》是通过一位母亲对洋媳妇态度的转变，反映了中西文化的交融。

西方人能不能认同中国文化，能不能融入中国人的生活，这是不能一概而论的，应该说有不少西方人是可以做到上述两点的，现实生活中不乏其例。《蓝眼睛》就是这方面的真实写照。

母亲生怕在美国哈佛大学求学的儿子将来讨回个洋媳妇。一天儿子寄来女朋友的照片，母亲端详一番，黑头发，高鼻梁，但不知眼睛是黑还是蓝的，无法辨别，从整体看，似乎有点像西方人。因此母亲焦急、忧虑、不悦，显然这是传统观念所囿而缺乏现代意识所致。对现代人来说，爱情与婚姻是无国界的，也是不分种族的。两种不同的思想，就会产生两种不同的态度。但随着时间的推移，人际关系不可能是一成不变的，母亲固有的传统观念也是可以改变的。那天儿子要带洋媳妇回来，母亲与老伴、女儿到机场接机。第一眼看到洋媳妇的眼睛是蓝的，她大失所望，心里便凄楚起来，讲话也哽咽了。情况虽然如此，但很快就有了转机，事态的发展慢慢地改变了母亲的看法和态度。老伴劝她说，当今世界变了，情人眼里已没有国家与民族的界限了。老伴的劝说和安慰，应该说是有一定作用的，但更主要的是洋媳妇的温馨与柔情，对母亲的转变起了决定性作用。洋媳妇取了中国名字，叫李密，在母亲听来十分顺耳。为儿子和洋媳妇接风洗尘的酒会上，身着红色的中国旗袍的洋媳妇李密见公婆时，微笑合十为礼，并用汉语喊爹妈。一问之下，原来她的父母都是汉学专家，母亲是美籍华裔，她自己学中国历史，博士论文研究的是太平天国。席间唱卡拉 OK 助兴时，李密唱的是中国歌《龙的传人》，唱得十分投入，歌声悠然悦耳。母亲进一步动了心，对老伴耳语："真想不到，她却有一颗执着的中国心。"总而言之，李密虽然是美国人，但她取中国名字，穿的是中国服装，行的是中国礼，学的是中国文化，唱的是中国歌。她的心如此向往着中国。这一切使母亲关闭的心扉打开了，高兴地接纳了这位洋媳妇。她原先买了红宝石戒指，曾下决心如果等来的是蓝眼睛媳妇的话，那就留着自己戴。这时她彻底改变了主意，决定把它送给未来的洋媳妇李密。

这篇微型小说给我们以很大的启示：中国有五千年的文明史，它不仅被中国人民引为自豪，而且也让各国不少有识之士钦佩和向往。他们对此都以各种不同的形式做出了回应，而洋媳妇李密回应的形式是十分完满的，令人赞赏。作品以小小的篇幅反映如此重大的主题思想，给人以回味与思索，这是作品思想的深刻性的表现。

## 三

《互考》是通过公公海伯和孙女小妮对故国万里长城的互相考问，反映出他们对故国的情和爱，也反映了公公、父亲和孙女小妮三代人的不同际遇。这篇作品主题思想相当深刻。万里长城是中国古代劳动人民的智慧结晶，也是中华文明的象征。海内外人士对她无不向往。林海伯不久前赴北京旅游，在万里长城拍了一张昂首挺立的照片。毛主席曾在一首词中写道："不到长城非好汉"。林海伯端详着照片，似乎自己也成了"好汉"，自豪感不禁油然而生。海外游子到北京旅游，都要去爬万里长城，游览长城内外风光。林海伯游长城，并留了影，他的高兴劲自不待言，他想让孙女小妮也来分享他的这份欢乐，于是把照片拿给孙女看。先问相片照得如何，一个夸，一个喜；然后公公考小妮，问这张照片的背景在哪里？那万里长城的背景小妮可熟悉呢，她马上就说了出来。反过来她也问公公：万里长城有多长？公公只能凭感觉说很长很长，而小妮穷追不舍。长城到底有多长，小妮是知道的，因为她念的课本中有一课是《万里长城》，有详细的介绍。公公小时候没钱念书不识字，无法接触到课本。这时刚好小妮的父亲进来，由于他当年上学时，华校被封，无法学习华文，与华文课本无缘，所以他也不知道答案。小妮适逢华校复办，有了学习华文的机会，所以她“得天独厚”，心中有数。最后她揭开了谜底，这使祖孙三代皆大欢喜。

作品中作者营造了十分热烈的气氛，让祖孙三代都沉浸在欢悦之中，万里长城成为他们心目中的吉祥地。公公以到此一游为荣，小妮希望有朝一日也能去，以实现心中的理想。

这篇微型小说主题思想的深刻性在于：其一，通过祖孙三代人对万里长城的态度——从思想到行动，表现出了他们对故国情深意长，把中华文化看作人类文明的光荣和骄傲。虽然他们身处异域，也许他们已加入了所在国的国籍，但他们的中国心和民族情永远不变。这是难能可贵的。其二，通过三代人认识与不认识华文，反映了三个年代的背景，揭示了时代的发展变化深深影响着人们的命运。这一家三代人的不同际遇，究其原因，我们可以得出这样的结论，所在国从封闭华校到重办华校，与整个国际形势有着密切的关系，特别是与改革开放以后，中国日益兴旺发达，成为海外游子的有力后盾有很大关系。许多国家的中国侨民原来遭受过所在国政府的偏见和歧视，但在中国日益强大的情势下，所在国都改变了态度、调整了政策，使他们的政治地位大大提高。华校的开禁也是他国对中国的一种友好的表示和回应。

从以上三篇微型小说的剖析中，我们可以看出曾心在微型小说的创作上，十分注意题材的选择和主题的开掘，追求主题思想的深度，这是他的微型小说的一大长处。今后他如能继续发扬长处，他的微型小说就会获得更大的成果，这是毫无疑义的。

2001年10月2日

# 对自由的行使与设限*

## ——论曾心的散文艺术

龙彼德

散文的长处是什么？

答曰：自由。

散文的短处是什么？

亦答曰：自由。

两个答案，看似矛盾对立，实际上是既辩证又准确地道出了散文这一与诗歌、小说、评论相并列的文学体裁的审美特征。对自由的态度与处置，乃是判断散文作品得失的标尺。泰华作家曾心的散文之所以引人注目，被多部选集收入，被多位评论家评介，在多次征文大赛中获奖，就在于他对自由的行使与设限。

曾心的散文除在泰国与中国的报刊上发表外，几乎都集中在《大自然的儿子》（云南民族出版社 1995 年版）、《曾心文集》（鹭江出版社 1998 年版）与《心追那钟声》（泰国泰华文学出版社 1999 年版）三本书中，重复收入的不算，共计 69 篇。数量虽不太多，但有一半以上写得情真意切、文采斐然，其精品率之高是惊人的。

曾心对自由的行使与设限，表现在以下四个方面。

其一，随意而为，又自觉控制。

曾心不仅是散文家，而且是诗人、小说家、评论家，他常常将抒情、叙事、思辨三者随意地结合在一起，或各有侧重，从而使他的作品兼具诗歌、小说、评论的特色。如《蝴蝶泉边》《四面鸣沙半月泉》《心追那钟声》等，在写景中抒情，情景交融，诗意盎然；《猴面鹰哀思》《一坛老菜脯》《百鹤图》等，在叙事中写人，细节生动，形象鲜明；《失去野性的虎》《礼品》《石

---

* 原载《香港文学报》2000 年 2 月 6 日。

宫沉思录》等，在咏物中言志，思路清晰，富有创见。尽管随意而为，但曾心却不放任自流。因为他深知：散文就是散文，虽然可以从诗歌、小说、评论那里找到借鉴，但绝不能写成诗歌、小说、评论。所以，他在抒情时适切地抑制感情的直露与宣泄，在叙事时并不一味地追求情节和故事，在思辨时努力避免说教与堆砌……而在这三者之间突出抒情、突出自我，以情寓事，以事生论，做到感性与知性的统一。且以《百胜滩记险》为例，加以分析与说明。

时间：曾心到千岛之国——菲律宾参加第四届亚细安华文文艺营的第二天，即1994年7月18日。地点：百胜滩，“离马尼拉市约100公里，旅游车行程近两小时”。全文记录了从出发到返回的全过程，这是叙事；曾心与“来自新加坡、马来西亚、泰国、印尼、文莱代表团员”，“每两人乘坐一小舟”去漂滩，“一路上，天时刻要下大雨，舟又时刻‘欲沉’。我整个心胸笼罩着‘惊险’两字”，这是抒情；在“终站”，“在深潭旁边停着特制的‘竹排’，载着游客，攀援着绳索，往瀑布下‘一淋’。淋者有如‘洗礼’般的淋漓痛快”，这是思辨。无论叙事，还是抒情，抑或思辨，都组织在惊心动魄的历险中，很难将它们人为地分开。文中的风景描写，说明作者是一个以文学语言为工具的“丹青高手”。

> 当我把视线从椰子林移到水面时，原来结串成行的木舟，已脱离小汽艇，各自独自划行了。继之扑面而来的是暗礁乍现，滩窄水急，两边崖岩耸立，峭壁连片。望天，且不圆，只像一条长长的蚯蚓似的“一”字形。在急流处，尽管两位舟夫拼命地划，小舟依然有倒行之势！忽而舟夫一蹬脚力，离开舟身，一个斜飞的身姿，双脚熟练地蹬在露出水面尖而滑的礁石上，而双手紧紧撑着舟沿，拼着吃奶力，几步便出现一个摔跌地推着缓行。

真是绘声绘色，情景交融，读者的心弦一下子就绷紧了。接下去，写瀑布生风，舟停浅滩，陈先生买烤鸡腿与汽水赠给舟夫，宕开一笔，刚刚松弛，又“地势蓦变”，“屁股浸到水了”……经过一个多钟头的紧张，才相继抵达“终站”。在这里，情随景变，景为情驭，情始终占主导地位，但又极为简省，不直露，不煽情，只在文末归途，引用了团长胡惠南先生的一首诗来加浓气氛，赋予诗味。

作品虽有曲折，但不同于小说的情节；文中虽有思辨，也不同于一般的评论。笔者极为欣赏“往瀑布下‘一淋’”，作者生发为“去进行人生富有‘野性’之‘一搏’”。他这样写道：

“竹排”渐渐靠近瀑布“淋处”。一股股强劲的山风伴着浓烈的水雾，刮得几乎人人难于坐得稳。我遮在头上的塑料薄膜被掀掉了。刹那间，“哎哟哟”的喊声乱成了一片。我睁不开眼睛，顿时似有深到海底的窒息感。在挣扎中，竹排瞬间进到山洞里去。我们还来不及看清洞里的奇观，船夫又攀着绳子把“竹排”拖出洞口，又是铺天盖地的“一淋”，又是一阵“哎哟哟”的喊声。经过这样一进一出的“雨淋”，个个变成落汤鸡。坐在“竹排”上的七八个人，相视而笑。我自己一时也说不清，那是欢笑，还是苦笑。

我望着自己一身淋湿，既感到人生有此一“搏”的痛快，又有怕淋出一场大病来的忧虑！

这个场面极富有象征性，它既是现场纪实，又是人生感喟；既有痛快，又有无奈，还有忧虑。但它又不是枯燥的说教、概念的演绎、术语的堆砌，可以说是形象化的议论，议论的形象化。创作就是克服困难，困难是限制，是王国维所说的“隔”；克服了困难，就获得了自由，是王国维所说的“不隔”。曾心的这篇文章就达到了“不隔”，亦即自由。

随意而为，又自觉控制，并不是那么容易的。曾心的有些散文如《心中有座母校》《龙文化的摇篮》《华教中的火凤凰》就不成功，近乎访问记、报告文学；《给泰华文学把脉》《思考民族天性之美——读赛珍珠的〈中国之美〉》等纯属评论，应该列在严格意义的散文之外。

其二，转化主体，又协调客体。

黑格尔认为：“自由首先就在于主体对和它自己对立的东西不是外来的，不觉得它是一种界限和局限，而是就在那对立的东西里发现它自己。”那对立的东西就是客体。黑格尔还说：“人必须在周围世界里自由自在，就像在自己家里一样，他的个性必须能与自然和一切外在关系相安，才显得是自由的。”①这是说，主体和客体由相互对立转化为相互协调一致，由相互限制转化为像

---

① ［德］黑格尔：《美学》第一卷，朱光潜译，商务印书馆，1979，第322页。

回到了自己家里一样自由自在。曾心十分明白这一道理，他的散文既转化主体，又协调客体，并正确处理了二者的关系。其方法是："一面写外景，一面写自己内心的景，使内外两景同时交叉进行，并用心灵的思绪穿成一条线，绕着文中的'内核'，让内外景达成'光合作用'。"①

例如《心追那钟声》，写他与文友去姑苏城外寒山寺追寻唐朝诗人张继笔下的钟声。"心追"是主体，"钟声"是客体，二者原本不相干，甚至对立，但由张继的一首诗《枫桥夜泊》而联系在一起并协调一致了。

> 到这里的旅客，几乎都是为了亲手敲响那能传出"十里远"的钟声，亲身品味那首诗的意境。因而，游人一到，都集中在钟楼的进口处，上楼敲钟与购票都要排队。
>
> 二楼悬着那口大钟，近乎占据所有的空间，只有四周墙角，可以容站一人。

这是外景。接下去写"那口大钟"的特点，轮到他撞钟的情况，以及他从寒山寺带回泰国的两件"古迹"：一口石钟、一张刘海粟书写的《枫桥夜泊》拓片，可谓不虚此行。然而，他听到的钟声，真的是唐代的那口古钟发出来的吗？"今年春节期间，我在一张报纸上看到中国金建楷写的《除夕的钟声》"，方才得知：唐代的那口古钟，早在明朝嘉靖年间就让日本人抢走了。

> 这件事，又令我已"知足"的心"动"了起来，心中所追寻的那钟声又继续延伸下去……

这是内心的景，接着写他的想象："隐隐约约地听到那被'禁锢'在东洋的那口古钟，似幽幽地发出'思乡'的悲鸣……"他怅然若失，一腔热爱中华之情溢于言表。

内外两景同时交叉进行，在文末聚焦，达成"光合作用"：

> 然而，回头一想，又感到自己依然多些幻想与执着，甚至还渗着些傻气！那被窃去的钟，日本人岂敢让它出来"亮相"？即使"亮相"了，

---

① 曾心：《心追那钟声》，泰国泰华文学出版社，1996，第10页。

那么孤零零的一口“老态龙钟”的钟，没有寒山寺，没有枫桥，它已失去原来的神韵，没有“夜半钟声到客船”的诗情画意了！寻找到了又有什么意思？

这是历史的遗案，也是时代的结论，它还同时道出了这样一个哲理：时过境迁，物是人非，那古典的意境是永远也追不回来的。

中国台湾著名诗人罗门解读柳宗元的诗“独钓寒江雪”的“雪”字，既非“第一自然”山顶上的雪，也非“第二自然”电冰箱里的雪，而是冰结在内心“第三自然”中已1000多年永远化不掉的雪，一直在说着人存在于时空中的荒寒与孤寂感。它在诗中伴随着人与大自然走了1000多年，还要走下去，并成为“前进中的永恒”存在。“枫桥夜泊”一诗中的钟声我们是否也可作如是观？

像《心追那钟声》这样的佳作，还有《与心灵接轨的阳关道》《登武当山极顶》《琼花何处寻》《高山的幸福花》等。有学者称这类作品为“追寻篇”不无道理，但都是“追寻”也值得警惕！不要老是从头到尾，按时间顺序，按部就班写来，那会形成一个套路，不利于创新。另外，曾心写旅游的文章总喜欢提到是开会期间或会议之后安排的，这也显得多余，不一定要提到会议，甚至“旅游”二字也可以从略。

其三，追求规范，又打破规范。

规范化是当代散文一个不容忽视的趋势。因为过分松散、过分自由，使得散文混同或附庸于其他文学体裁，从而失去了单独存在的意义。规范化就是对这种倾向的纠正，并进一步探讨散文的艺术规律，以建立更加科学、更加完备的散文文体。然而，规范一旦形成，又会成为新的束缚与不自由，文体也需要不断地迁徙与流变，这时打破规范冲决限制便成为当务之急。文学就是在这种追求规范又打破规范的循环中前进的。

曾心的创作正是如此。他一方面，正如何其芳所言：“我愿意以微薄的努力来证明每篇散文应该是一种独立的创作，不是一段未完篇的小说，也不是一首短诗的放大。”（《还乡杂记》代序）对现代散文因概念过于宽泛而造成的流弊予以纠正（举例如上）。另一方面，又不拘于一人一事甚至一细节的真实，而对某些题材做了必要的调整、移位与加工。突出的例子是《洋媳妇趣拾》，通过新西兰媳妇西蒂的几件小事，如订婚仪式中接受金项链的发言（“假如今后我与小坚离婚了，我会把这项链还给你们!”），请公公补习中文一定要按钟头付钱（“不收钱，就会不认真学，不认真学，就学不懂嘛!”）……将不同文化不同习惯所导致的差异表现得妙趣横生，给众多读者留下了难忘的印象，包括笔者在内均以为曾心家里真的有这么一位既通情达理又活泼可爱的洋媳妇。直到读了他的另一篇散文《“洋媳妇”露馅》，才知道其中也有虚构的成分。

> 原来，我有位莫逆之交的好朋友，男孩到日本留学，结识新西兰的留学生——西蒂。订婚时，他到日本去，所见所闻许多令人发笑的趣事，回来后都绘声绘色讲给我听。第二年，他的洋媳妇独自要来探亲。如何安排她的住宿问题？我的朋友看中我在郊外的别墅。当然，朋友有“求”，我岂能不答应呢！
>
> 于是，洋媳妇住在我家里，叫我作“爸爸”，叫我太太作“妈妈”，诚然像我家的媳妇了。在相处的日子里，我发现她与东方人有许多不同的“洋味”言行，既好笑，又可爱！当她走后，我把我的朋友所讲的，以及自己所观察到的“笑料”，进行适当的剪裁与艺术加工。为了写得更为亲切，直抒内心感受，我用了第一人称。因此，在《洋媳妇趣拾》一文中，我居然当起洋媳妇的爸爸来了。哦，如果按中国的传统，应当说当起“公公”来了。

这是曾心的告白，笔者看了并不以如此处理为忤，反而感到必要、亲切、可信。

关于散文可否虚构，中国作家协会创联部和《散文选刊》联办的1999中国当代散文创作研讨会有过争议。会议的纪要是这样的：“就文学本质来说，既然散文是自由的文体，本应不存在虚构非虚构的问题，而大家又约定俗成地认为散文不应虚构。散文的‘真’是心灵的真、艺术的真，若以此来衡量，就不存在虚构与非虚构问题了。”① 从打破规范行使自由考虑，笔者认为，部分或适切的虚构——在不违背心灵真实与艺术真实的前提下——是可行的、应该的。想象比虚构更加重要，它给文章插上了翅膀，在真挚性的基础上具有超越性。曾心在这方面尚嫌拘谨了一点，收束有余，放任不足，缺乏必要的潇洒感，今后需要加强。

---

① 《文学报》1999年4月22日。

其四，重视本色，又吸收杂色。

无论抒情，还是叙事，抑或思辨，都需要通过语言来体现；主体与客体的关系，亦包含在语言之中；即使规范与打破规范，也必须通过语言来进行。因此，可以这样说，对语言的态度，也就是对自由的态度。

曾心散文的语言以朴素见长，讲究生活的原生态、新鲜感，这是他的本色，所谓“清水出芙蓉，天然去雕饰”。同时，他也注意运用比喻、象征、暗示、拟人等修辞手法，广泛吸收民谚、俗语、成语、歇后语、古汉语和诗词，以增加文化味与表现力。这是他的杂色。二者的结合，使他对自由的行使与设限恰到好处。

就拿《大自然的儿子》来说吧，这篇散文记述了一位90岁的老人，如何“热爱大自然，熟悉大自然，了解大自然，领受大自然的赐予，成为大自然的真正的儿子”，探讨了人与大自然的关系，提出了大自然是人类的本源，人必须与大自然保持和谐的命题。请看下面一段：

> 星期天一早，我们驾了私家轿车到万昌一个码头，把车停在一安全处。表嫂熟悉地雇了一艘长尾电动船。我们尚未坐稳，船便迫不及待“嘟嘟”地开动机器了。船驶得快时，船头翘得老高，整个船好像要离开水面，向天上飞去似的。坐在船头的我，迎着伴有野草花气息的大自然的风，和渗着浪花溅起而飘流的水雾，好像服了一剂芳香清窍的苍耳散加味，平时常不顺畅的两只鼻孔，顿觉通窍开塞了。

朴实如话，又含蕴如诗。没用什么形容词，却比用一打形容词还要生动。特别是后面一句，写气息是嗅觉，写浪花是触觉，写药剂是味觉，加上前面几句的听觉、视觉，真可以说是五官齐开，诸觉连通，把一个长期隔绝于城市乍然回归大自然的人的欣喜之情表现得淋漓尽致！这里有比喻，且是医学术语，但一点儿也没有生涩之感。作者本来就是医生，正好又是去看病的，十分切合他的身份。下文还谈到长寿的奥秘，谈到艾叶热敷消肿的药理，显示出作者不同于其他散文家的特殊修养，故有不少评论家称曾心为医学散文的高手。再看下面的文字：

> 在回家路上，表嫂的阿爸跳过一条几尺宽的水沟，走到那垅头的矮种的椰子旁，用他别在腰间的利刀，“唰”地剁下一串椰子，提着跳过水

沟来："这是香椰子，拿回家吃！"

我接过这串椰子，大约有六七个，不禁惊叫起来："好重啊！"

"让我来！"阿爸又抢着过去，把它驮在肩上，"噔噔"地走在前头。要是不知道他的实际年龄，只看他的举止，俨然还像年轻的小伙子。

这是白描语，堪称神来之笔。简单的几个动作，简短的几句话，就使老人的神态跃然纸上，呼之即出。这里用得上宋代王安石的话："看似寻常最奇崛，成如容易却艰辛。"没有深入水乡的实际，没有对生活的细致观察，没有去粗取精的语言功夫，是根本写不出来的。

除了医学术语，这篇文章还用了方言——"阿公都要子孙咀（说）唐话。如果唔（不说），阿公就会骂他们"；用了俗语——"奴仔（小孩）跌大，老人跌死"；用了口语——"日头已到头壳顶了"；用了古汉语——"《本草汇言》云……"；用了装饰语——"在椰风蕉雨中奋斗超过一个甲子的特殊性格的老人"；用了象征语——"我回头眺望着那立在溪旁的高脚屋，一时真叫我感动，那一老一少依然站在门口目送我们"……正是这些杂色烘托了曾心的本色，而曾心的本色又明亮了这些杂色。

与这篇散文比较，《再访"大自然的儿子"》《三访"大自然的儿子"》就写得比较刻板、比较生硬，像人物专访，重复过多，缺少变化。自由是对必然的认识，曾心要真正从必然王国进入自由王国，还应不断地创造、不倦地攀登。

1999年12月7日至13日写于杭州

# “一气如云自卷舒”*

## ——论泰华作家曾心的诗歌创作

赵　朕

泰华作家曾心是一位多才多艺的作家，散文、微型小说和诗歌都有所涉猎，而且每个文学门类都取得了令人羡慕的成绩。读了他的诗歌作品，不由得想到清人张问陶的“一气如云自卷舒”，也联想到著名诗人郭小川的诗歌风格，曾心在中国就学时可能受到过当红诗人郭小川的影响，虽说他的诗在内容上不像郭小川那样注重政治功利性，但在艺术形式方面，如形象、技法、韵味、格律及节奏等方面都做到随物赋形，寓情于物，变化自如，铿锵有声，犹如天上的白云随风舒卷一样，给人以生动活泼、自然流畅、平易朴实之感。

诗歌作为诗人的心声，是触物感怀的结晶，也是诗人思想品德的体现，更是诗人感情意向的晴雨表。诗人的爱与憎、褒与贬、赞颂与鞭挞，以及某些事物的启迪或某些生活的感悟，无不体现于诗行之间，也无不勾画出诗人的心灵影像。纵观曾心的诗，总的创作倾向是积极、向上，对社会与人生有着关怀和参与意识，但其表现的题材，除《还家的歌》写香港回归祖国的重大历史事件外，其余的都是面向朴实的社会生活，着眼于生活的感悟、启迪，捕捉诗人情感爆发的瞬间感受，来映照其道德观、审美观，进而表现对美的讴歌，如他的《庭前的石榴》《屋后的木瓜》《椰子树》等诗作，都是讴歌奉献精神。那“庭前的石榴”，谦虚、朴实，“尽管人们对你类似‘图腾崇拜’/但你始终采取沉默无言的态度”，“只有待到真正果熟红透时/才咧嘴一笑，报以颗颗晶莹的红珠”；那“屋后的木瓜”，像是一位慈祥的母亲，无论付出多少从不讲回报，“不管烈日的曝晒，风雨的吹打/一顶绿伞总把腋下的瓜儿呵护”，“从绿到黄的瓜儿不必为生活而挣扎/朝朝暮暮吮着母亲身上的奶乳”；至于那“椰子树”，更是品德高尚，无与伦比，“热天/给人以‘绿’的阴凉/

---

* 原载泰国《新中原报》2001 年 8 月 22 日。

雨天/给人撑起一把‘碧’的伞∥客人来了/送给一个‘圆’。剖开一个口/请，水香肉甜！∥别瞧/它高高瘦瘦/却敢孤直顶天！∥别看/它高挂的一个个/确凿真情盈腔”。这首不长的小诗所表现的椰子树的奉献精神，不仅可以和“石榴”“木瓜”的品格相媲美，而且兼具了它们的优点，对人更为热情、周到，几乎成了最完美形象的化身。诗人借“石榴”“木瓜”“椰子树”等事物，触物联想，缘物生情，塑造了一个个光彩照人的形象，深情地赞颂了品德高尚、刚直不阿、体恤爱护、谦虚朴实、热情奉献的人生观和人格魅力。同样是借物抒怀，讴歌“物”的美好品格，他的《绿竹》则在更为宽裕的“诗性空间”，多层次地渲染了绿竹的品格魅力。诗人首先从“绿竹”“惹得群芳妒”起笔，写“垂柳”“椰树”“玫瑰”“茉莉”，以己之长来挑剔“绿竹”之“短”；写“古藤”“杂草”“污染”“狂雨”，妄图将“绿竹”置于死地。而面对这些嫉妒与憎恨，“绿竹”却“始终未曾进行申诉”，“因为它深深地懂得/与朋友相处必须具有宽宏大度”，“它所立足的并非是一块无瑕的净土”。这就在外在“攻讦”和内在“谅解”的对照中，突显了“绿竹”宽宏大度的品格。接着又在一片朋友的赞扬声中多侧面地表现了“绿竹”朋友的关照与爱护，以及“竹的光荣谱”，进一步与前面的“攻讦”之词形成对比，突显了“绿竹”的虚怀若谷、淡化名利的思想境界。此外，《兰颂》《枯树》《题在盆景上的诗》《开着的窗》等诗作也都是借物抒怀，以这些“物”为媒介，触物生情，通过歌颂其美好品格来表达诗人的爱憎感情和理想期冀。

曾心诗歌的另一思想特色是善于捕捉瞬间感受，来写人生的感悟或启迪。平时诗人写诗并非总是肩负着沉重的社会使命及道德评判的重荷，像李商隐的“无题”诗那样“楚雨含情皆有托”，而是由于某事某物引发诗人的联想，有所感悟或启迪，发而为诗的。如《赏月思》，写诗人在皓月当空之夜，面对皎洁的满月，产生联想，既表现了诗人平静安适的心态，又寄予了对未来的祈望。《贺年片》从每年新年邮寄的贺年片落笔，诗人“从去年冬想到今年春”，终于悟出应该“把点点的笔力凝在一起/汇成大海般的力量”，表达了诗人希望朋友之间摆脱形式的客套，真正地心连心地团结起来，以便“汇成大海般的力量”的渴望。《大理石》写诗人在造访云南大理时，买了一些各种类型的天然的大理石片，到家时赫然发现自己带回了“中国壁壁的锦绣河山”。这种顿悟也表现了诗人对祖籍国锦绣河山的热爱与钟情。再如《钟声》《南京行》《上海滩的傍晚》《死水》等诗都写得短小精粹，感觉敏锐，表达了诗人对人生的感悟和对美好社会的期盼与向往。

诗歌是一种凝练而高超的艺术。任何有追求的诗人，不仅在思想上善于进行严肃的思考，而且在艺术上也总是努力探索和追求。曾心的诗歌作品虽然不多，但也显示出他在诗歌艺术形式上的探索，形成了属于他自己的个性化的艺术追求。这首先表现在他善于运用明快的节奏、流畅的旋律、和谐的韵律，将诗歌写得声调铿锵、朗朗上口。他的诗歌节奏几乎体现于每行诗句、每个顿挫之中。如“皎洁的—月色—星光—夜夜—为它—照明，晶莹的—露水—朝朝—为它—挂满—明珠”(《绿竹》)，每行诗句达13个字，可称为“长句”，每个诗句都分为六顿，化长为短，显得旋律奔放、悠扬、流畅，便于铺陈、渲染生动的艺术形象。有些诗采用短句的形式，显得节奏明快，驰骋自如，有助于表现激越的感情。如《灭蚊灯》：

从阴沟里，
从暗缝中，
　　　嗡嗡营营钻出来，
　　　　　　　飞呀，
　　　　　　　　　扑呀！

刹那间，
一个，有一个小不点儿，
在火光中
火
葬！

近似阶梯式的形式，诗句短小、节奏轻快，尤其是把“火葬”这个词排成两行，节奏鲜明地突显和加重了要表现的对象，强调了灭蚊灯的效果，也突出了一切害虫的必然归宿。

旋律流畅往往与诗的和谐韵律密不可分。曾心的诗都是押韵的，每首诗都押大体相同的韵。为了押韵他甚至将一些常用词的词序颠倒，别开生面地向韵律靠拢。如在《小树之泪》中，为使全诗的偶数句押“姑苏韵”，将“孤单”，用为“单孤”，将“抚慰”，用为“慰抚”，这并没有影响读者理解，而且让人读起来上口，听起来和谐、流畅，突出了诗的音乐美。

曾心的诗歌语言通俗晓畅、简洁生动，善于运用多种修辞技巧，赋予其语言很强的雕塑性和摹拟性。他描绘形象很注意运用比喻，他不仅从形似上做比喻，还从神似上做比喻，甚至还以诗人的主观感受做比喻。如“人生就似一枚雨花石/——一个‘圆’/‘圆’里有各种图案”（《雨花石》），将“人生”喻为“雨花石”，这是从神似上作喻，继而将“人生”与雨花石的“圆”联系起来，显得突兀。实际上这是从诗人的主观感受出发来做比喻，显得新奇、确切，不落俗套。又如“时间/把我的泪滴/凝化成斑斓的琥珀”（《还家的歌》），“琥珀”之喻也是如此，言外之意是虽然外观美丽诱人，却窒息了生命，从而折射出香港的百年沧桑、游子的情怀。曾心的比喻使不具形的事物形象鲜明，使无生命的事物活灵活现，对提高诗歌的表现力多有裨益。此外，像“我迷恋那风之清/清之纯/纯之洁/洁之净”（《夜宿》）运用了顶真的修辞手法，突出了清纯洁净的优美环境；《兰颂》以拟人手法，名为颂“兰”，实则讴歌屈原的浩然正气，都是匠心独运、“纵笔横诗见高情”的。

# 精妙的叙事艺术*

## ——评曾心的微型小说

龙彼德

微型小说，或称“小小说”“极短篇”，是一种既古老又新颖的文体。称其“古老”，是因为中国古代早已有之，如先秦诸子的寓言，魏晋南北朝时期的《搜神记》《世说新语》，唐宋文人笔记小说等。“一笔作百十来笔用”，金圣叹的概括正是这一美学的圭臬。谓其“新颖”，是由于科技的发展、商品经济的繁荣、人类社会的激变，需要一种能迎合现代人快速的生活节奏与速食心理的文体；加上报纸副刊的提倡、新闻媒介的鼓吹，沉寂多年、几乎断代的微型小说应运而生，并蔚然成风，且有蔓延、滥觞之势。

微型小说的审美特征是什么？笔者以为：第一是小说，具有小说的本质（叙事）与要素（环境、人物、情节）；第二是微型，篇幅短小，字数极少。从表面看，这两个特征是矛盾的、互不相容的，这也是这类文体易写难工的主要原因。怎样在螺蛳壳里做道场，“纳须弥于芥子”，以少胜多，以小见大？这是对每一位作者才华与能力的严峻考验。较之长篇、中篇与短篇，微型小说更需要精炼与巧妙，从这个意义上我们可以说，微型小说是一种精妙的叙事艺术。

曾心是1993年开始写微型小说的，尽管数量不多，只写了40篇，但多数写得不错，质量上乘，并已形成了属于他自己的艺术特色。

微型小说究竟以多少字为限？至今尚无定论。笔者倾向于新加坡黄孟文的意见：最理想的是2000字以内，最长的不得超过3000字。曾心的40篇作品，有10篇在1000字以下，28篇在2000字以下，2篇在3000字以下。这40篇均应算作微型小说。

切近现实、关注人生，是微型小说的长处。这在曾心的作品中体现得最

---

* 原载泰国《世界日报》2002年9月7日至8日。

为充分。正如他在《蓝眼睛》自序中所言："我偏重在自己的现实生活中、家族和亲友的经历中，去找创作素材的'胚胎'。"在他写的微型小说中，涉及社会问题的有10篇，如《社会的眼睛》《流血》《断臂》《一桶水》《巷口转弯处》等；涉及家庭问题的有14篇，如《家庭内部》《生日》《啊！人心》《家规》《走山巴》等；涉及教育尤其是华文教育的有6篇，如《捐躯》《蓝眼睛》《种子》等；直接写经济危机的有4篇，如《躲债》《窟》等；突出写城市综合征的有6篇，如《寂寞病》《品茗谈天》等。曾心通过以上5类题材，着重探讨了人性、道德、传统与根4个母题。曾心认为，诚实人在基层，人性中更多的是真诚、善良与美。由于物欲的横流，也由于经济危机的冲击，"礼崩乐坏"，道德出现了严重的错位与沦丧，需要引起全社会的注意。他并不一味地固守传统，只是肯定那些有价值的部分，"喜欢写些有民族意识的，或由民族意识生发出世界意识与国际意识的东西"，但绝不容忍丑恶、欺骗与愚昧。曾心虽生于泰国曼谷，但祖籍却是广东普宁，因而视中国文化为他生命的根，关爱故国就像关爱泰国一样，不肯有丝毫的减少与须臾的分离……这些都是颇有见地的，值得称道的。

曾心的叙事，一般都有头有尾，"默守小说三要素——环境、人物、情节"①，显得相对完整，易于读者接受。如《蓝眼睛》，写大儿子考上美国哈佛大学，全家喜不自禁，唯有母亲担忧，怕日后娶个"红毛妻子"回家。几年后，儿子真的带了个洋妞回来，头发是黑的，眼睛是蓝的，让母亲伤心极了。然而，这个洋妞有一个中国名字，博士论文是研究太平天国的历史，讲的是中国普通话，唱的是中国歌《龙的传人》（而黑眼睛、黑头发、黄皮肤的孩子们唱的全是英文歌和泰国歌），使母亲转悲为喜，赠送红宝石戒指，接纳了这个未来的洋媳妇。这里，有环境：美国、泰国、机场、家；有人物：父亲、母亲、大儿子、洋妞李密、其他儿女；还有情节：收信、看照片、到机场接机、在大酒店用餐、唱卡拉OK……全篇不过1100余字，却有两次感情起伏、一次强烈对比，特别是那两段话："当今世界变了，情人眼里已没有国家和民族的界限了。""真想不到，她却有一颗执着的中国心！"如同画龙点睛，思想境界全出，可谓"尺幅千里"！

有头无尾的也有，如《古董》，写雄财过60岁寿辰，约几位老友到家里小聚，从楼上搬出一件30年前父亲遗下的"古董"请大家鉴赏，被古玩专家

---

① ［泰］曾心：《蓝眼睛》，泰国时代论坛出版社，2002，自序。

D君认出，乃是“四十年前家严失窃的隋唐鎏金‘四不像’，怎么会‘落’到这里……”作品至此戛然而止，留下一堆疑问供读者猜想：D君会不会与雄财发生冲突？这件宝物是怎样失窃的？有无可能回归原主？给人广阔的思索天地，艺术魅力也特强。可惜这样的作品只此一篇，未免过于孤单！曾心兄不妨多写几篇，还可尝试一下无头有尾与无头无尾只有腰等多种形式，使作品更加丰富多彩。

故事对微型小说的重要性是不言而喻的。故事由情节与细节排列而成，排列的技巧在很大程度上影响到作家叙事艺术水平的高低。

正如《伏线》一文的标题，曾心擅长以伏线的方式选取情节与细节，并进行排列组合，造成悬念与戏剧性，让读者急欲了解、欲罢不能。这是一个普通的有关孝道沉沦的故事。李嫂在清理房间时发现了一个旧椰子壳，“顿时，她的心仿佛被一只小手抓破了似的”。小说先用倒叙，交代了这个椰子壳——也是作品的细节，一个相当成功的细节——的来历：那是20年前，李嫂虐待婆婆，用以盛粥给老人吃的食具。婆婆死后，李嫂要把椰子壳扔掉，却被儿子小虎阻止：“留着，等以后我盛饭给你吃!”真是出语惊人，匪夷所思，普通的故事变得极不普通。接着，再用顺叙，小虎到酒楼庆祝生日，让母亲李嫂在一楼吃糯米糕，他与老婆、孩子则在二楼吃鱼翅。“这情景，在李嫂眼里看来，比她当年用椰子壳盛粥给婆婆吃更为‘狠毒’”，气得她回家就要上吊。在倒叙与顺叙之间，作者加上了一段议论：

> 这个椰子壳，看似平常，但它却蕴藏着家内一种特殊的烦恼。正如鲁迅先生所说：“将来的运命，早在现在决定，故父亲的缺点，便是子孙灭亡的伏线，生命的危机。”

这既是触目惊心的点题，也是意味深长的伏笔：李嫂可以受到报应，小虎难道就不会受到报应吗？上梁不正下梁歪，如此一代代下去，如何是个了结?！更妙的还在结尾：

> 当她的脖子套上绳环的时候，忽然想起银行里还有一本定期存折，刹时，垫在脚下的凳子，却无力踢开……

这不是“人为财死，鸟为食亡”最生动的注解吗？840字的小小篇幅竟将人的性格写得如此鲜活、如此深刻，不能不让我击节赞叹。

曾心的微型小说，多数都有一个精妙的标题（这对篇幅短小的文体尤为重要），或为主要事件的提示，如《丧礼上的陌生人》，写郑默之去世，其妻与三个未出嫁的女儿哭丧，半道中杀出个程咬金，来了个叫“爸爸”的男孩及男孩的妈妈，那妈妈还持有正式的结婚证，可以堂而皇之地争夺郑家财产，让人莫名惊诧；或为人物性格的概括，如《三愣》，写59岁的张亚牛找医生看病，愣头愣脑，对100泰铢诊费还讨价还价，听说华文小学即将复办，竟慷慨解囊，卖了地皮捐助学校，前后对比，反差强烈，也感人至深；或为基本动作的呈现，如《三个指头》，写被人誉为“朱半仙”的老中医朱一新，在切病者脉搏时，忽觉胸闷胸痛，知大限将至，仍坚持为病人把脉。作者有一段精彩的描述：

> 这时候，诊所只剩下三名病号，便请他们到他卧室去。躺在床上的他，伸出三个指头，把完第一个病号的脉；又伸出三个指头，颤抖地把完了第二个病号的脉；再伸出三个指头把最后一个病号时，他的三个指头再不会动了，僵硬地停在病人跳动的脉搏上……

真是“鞠躬尽瘁，死而后已”！“三个指头”是朱一新医德、医术的全面展示，也是震撼读者心灵的神来之笔！

曾心刻画人物有许多高明的手法，以语言、动作表现性格是用得最多的一种。如《老泪》，写年迈的陈五将经营一生的小店交给儿子接管，开始在钱的问题上还不分彼此，像父子公司，平时陈五照常在钱柜里拿些零钱买烟买酒，甚至应酬亲友。久而久之，却发生了变化：

> 一天傍晚，陈五打开钱柜，正要伸手拿钱去买烟酒时，站在店前的陈雄斜视着他，儿媳蓦地捅了自己丈夫，努着尖尖的嘴唇暗示着：“那老头子又拿钱了！”陈五思想毫无准备，伸出的手一时僵在那里。在嗡嗡作响的脑袋里，响起儿子战栗而哆嗦的声音：“爸！现在生意竞争，钱难赚，今后拿钱也得先说一声！”陈五把眼睛一瞪，那两道光波似两把利刀，刺得儿子垂下头来，儿媳却把脸朝外看。这时三副脸孔都很难看。最难看是陈五，整个神色即刻似枯萎了，脸型只剩下巴掌般大。

神态各异，性格不同，惟妙惟肖，撕肝裂肺！难怪作者曾试用叙述表达方式改写，也无法把这三者的内心、举止和纠葛关系表达出来。他自责“思想过于传统”，我则要大声称赞这是最佳方法、最佳效果！

白描，也是曾心常用的一种手法，即抓住对象的主要特点，以极其简洁、单纯的笔墨，勾勒出生动、传神的形象。如《窟》写一位产业倒闭的老人，就用了这种手法。

> 他呆呆地在镜子前坐着看自己，也不禁吓了一跳：“怎么变得这样瘦了呢？”本来他就削瘦，现在仿佛缩了水，整个肩膀塌拉下来，几乎担不起那颗光秃干瘪的脑袋。

为什么会是这个样子？那是不堪经济危机之巨大压力所致，他已经搬了三次家：别墅—陶豪①—公寓，真是“王小二过年，一年不如一年”；也是不堪儿女不孝之突然袭击所致，儿女都被他送去美英深造，但一个写信告诉他“在美国独居的老人多的是”，一个打电话劝他“最好进养老院”。他本来谋划狡兔三窟，结果“死到连一个窟也无”。真是一个十足的悲剧！为什么曾心那么喜欢写老人，从此篇可以找到答案：因为老人问题就是社会问题，老人的悲况直接反映出世风日下、道德沉沦、人心不古。对老人的深切同情，便是对社会的有力批判。

常言说得好：“无巧不成书。”对于写微型小说的作家来说，设置悬念、抖包袱，在“巧”字上做文章并不是很难，难的是“以繁复的思想、深驰的想象、纵横的情感，来调整因短小而可能带来的浮面流弊”②。曾心的对策是“留白”与“跳跃”。如《捐躯》，写一位死于拯救溺水学生的女教师玛妮，死后还将自己的尸体捐出来给学生解剖实习用。然而，通篇并未提到她是怎样死的。作者留了两处空白，设置了三次跳跃，极大地调动了读者的想象力与再创造力。一处空白是女儿记起“今天我们上第一节人体解剖课时……那尸体好像是玛妮老师”，但立即被父母否定：一个看到她发表文章（《与学生灵犀相通》，题目显示出匠心），另一个亲见她扶盲人过马路（专做好事），女儿的疑云顿时消散。第二处空白是在女儿的房间“看到一张复印的遗嘱”，上面

① 陶豪：townhouse 的泰语音译，指的是一种独立的小别墅。

② 痖弦：《“掌上小札特辑”的联想》，台湾《联合文学》1983 年 1 月号。

有医生的签字："死于拯救溺水的学生"。其泰文草得像英文，有一个字很像"妮"，似乎更靠近了一点，但仍难确定。前两次跳跃均尾随两次空白：第一次是彻底否定，第二次是似是而非。直到第三次学校举行尸体集体火化，父母发现了玛妮老师的遗像，欲告诉女儿，女儿正陷入回忆。不是女儿不知道，而是女儿不忍心将真相告诉父母，以免引起伤痛。悬念与包袱就是这样一步步解开的，既出乎意料，又在意料之中。玛妮老师一直没有出现，而她的高大形象却永远活在我们的心里。全文不过1500字，却将深刻的思想、丰富的想象与真切的情感融汇在一起，不是大手笔，根本写不出来。

曾心在作品的语言上也下了一番功夫，总体风格是清新、淡雅、简练、自然。既有文学用语，如"她的性格变得有点古怪，喜欢用毫无表情的眼睛'打'人。如果能坐禅入定化空一切，那将是一个抓回失去平衡心态的网……"（《家庭内部》）凝练、雅致，富有表现力。也有民间口语，如"她三个女儿却以为这男孩，是'拜佛走进吕祖庙——找错了门'"（《丧礼上的陌生人》）。"而他也许由于一时太突然，思想毫无准备，如蜡像人'僵'在冷室的真空里"（《品茗谈天》），比喻新！"李佳坤只好'帘子脸儿——撂下来了'说：'别叫我爸爸，你们去叫银行作爸爸好了！'"（《生日》）"美国有句谚语说：'婚前睁大眼睛，婚后半睁半闭。'"（《盯线》）……新鲜、风趣，具有生活气息。当然，也有必要指出，有的篇目如《老两口》，用歇后语过多，稍嫌堆砌，让人感觉有点卖弄；有的篇目如《漏水》，内容一般，缺少深意，语言也较乏味；有的篇目如《墨宝》，构思不新，引证过多，文字拈酸……需要作者今后加以注意。

2002年2月28日至3月3日写于杭州老和山北

# 论曾心的文学创作*

翁奕波

中庸之道，是中国儒家人文思想的基本观点之一，也是中华传统文化最为重要的基本特征。长期以来，它一直是中国知识分子安身立命，修齐治平的立身之本。孔子的“君子中庸，小人反中庸”① 思想，奠定了中国知识分子立身处世与治国安邦之道。曾心在他的作品集《大自然的儿子》自序中称“中庸之道是正道”，正体现了他具有传统的中国知识分子的立身处世态度和文学创作的审美倾向。

所谓中庸之道，是后人根据孔子的言论概括的，其着重点在于掌握“中”的原则。朱熹在《中庸章句》题下注中说的“中者，不偏不倚”，指的是“把握事物矛盾的中节即关节点、规律性”②，而非调和矛盾，搞折中主义。清代焦循在《论语补疏》中就说得很明白：“盖凡事皆有两端……而皆有宜，得所宜则为中。”曾心谙熟此道，在创作中更是十分推崇以此为哲学基础的中国传统“思无邪”“温柔敦厚”的中和之美的审美观。他的“‘圆’是完满的象征，最美丽，最极致”③ 的观点正是源于这种中和之美的审美倾向。有趣的是，曾心的这一观点与古希腊毕达哥拉斯学派的“美是和谐与比例”和“一切立体图形中最美的是球形，一切平面图形中最美的是圆形”④ 的美学观点也是如此的不谋而合。可见曾心的审美追求既有华夏民族传统的文化心理基础，又符合人类追求美的普遍倾向。

曾心，原名曾炳兴，学名曾时新，另笔名田日。1938 年生于泰国曼谷，

---

* 原载《近现代潮汕文学·海外篇》(上册)，中国戏剧出版社 2006 年版。

① 《中庸》第二章。

② 韦感恩：《“中庸”——孔子的矛盾方法论》，《汕头大学学报》1996 年第 1 期。

③ 曾心：《大自然的儿子》，云南民族出版社，1995，第 9 页。

④ 北京大学哲学系美学教研室编《西方美学家论美和美感》，商务印书馆，1980。

祖籍中国广东普宁圆山。厦门大学汉语言文学专业毕业，后分配到广州中医学院任中国医学史教师，再深造于广州中医学院。回泰国后从商兼行医，现为泰华作家协会理事。出版有《名医治学录》(与叶岗合编，1981年)、《杏林拾翠》(1983年)、《评琴书屋医略》(与黄吉棠、周敬平合作点注，1984年)；小说散文集《大自然的儿子》(1995年)、《曾心文集》(1998年)，散文集《心追那钟声》(1999年)、《一坛老菜脯》(2000年)，微型小说《蓝眼睛》(2002年)，诗集《曾心短诗选》(2003年)，文论集《给泰华文学把脉》(2005年)。部分作品收入《泰华文学五人作品选》,《大自然的儿子》一文被复旦大学选入海外华文教材。1988年以来，有多篇作品获奖。

由于悬壶济世是曾心的主要职业，因而他有机会去广泛地接触社会、体验生活，了解百姓疾苦与心态，感悟人生，把他“不忘济仁心”的宽容敦厚爱心化为一篇篇温和淡雅的文学作品。曾心的作品，无论是小说、散文，还是诗歌，都充分洋溢着人性美的极致——中和之美。

在人类社会中，人与人之间的关系是非常复杂的，往往因各种利益因素而呈现出矛盾的对立状态。如何把这种尖锐复杂的对立关系化为温馨和谐之人性美，靠的就是人类之爱。这就是事物矛盾两端的“宜”，即关节点。在长期的人生体验中，曾心深深地悟出这一真理，并融汇于他的文学创作之中，因而，他的文学作品处处滋润着他的“济仁心”。

首先，对于下层人民与弱者，曾心给予他们真诚的理解与同情。典型的例子为小说《过时的种子》《寂寞病》。《过时的种子》描写一位头发花白，一生从事繁重体力劳动，没有多少知识和教养的普通劳动者。当他老了，几乎对人生没有多少希望的时候，却萌生了学中医的强烈愿望。一般的医生，也许对他这种不现实的愿望会不屑一顾，或者持嘲讽态度，而曾心则把一腔真诚倾注于小说中的大夫身上，让大夫尽力帮助他，使他终于学有所成。一颗过了时的种子在一种执着的求知精神支持下和大夫的悉心指点下，终于抽出了迟到的新芽。《寂寞病》选取的是当今文明社会中常见的典型病例——老年寂寞病。李太太不时打电话来请大夫看病，其实李太太并没有病，她患的是“寂寞病”，尽管是个社会流行病，然而中医力不能及，不过曾心小说中的那位大夫却十分善解人意，并且对李太太倾注了极大的同情与理解。每当接到李太太请他看病的电话，他总是欣然前往，热心为社会排忧解难。看完病后，他不禁自嘲道：“我将要成为一个聊天医生了。”作者正是借这无可奈何的自嘲，唤起社会上更多热心人的关注，唤起更多的同情心，理解并给予这些老年人更多的爱，使整个社会上人与人之间的关系更加融洽、更加和谐。

其次，对于人性的弱点和生活中的阴影，曾心虽然也深恶痛绝，但他不是以直面人生、针砭时弊、愤世嫉俗的态度予以鞭挞，而是以善意的讽劝以及同情理解的爱心给予宽解，努力使矛盾缓和，人心向善。例如《捻耳记》《半夜鸡叫》《钥匙》《老泪》《猴面鹰哀思》等。这些作品或揭露社会上恶势力、骗子的欺骗手段，如《捻耳记》；或为杀害大自然的杰作——猴面鹰等珍禽异兽的民众素质痛心；或对不肖子孙见利忘义，视父子、母子之情为赤裸裸金钱关系予以讽谏，如《老泪》《钥匙》；或描绘剑拔弩张的邻里关系，其主旨都在于引起社会的警醒，唤起社会的爱心，以循循善诱的宽解之情去点燃被商品经济泯灭了的人类纯朴善良的本性，以共同保护自己的家园，维护人与人和睦相处的生活。在曾心看来，爱是人生诗意的升华，爱能使生活变得更美好，也能使被扭曲的人性恢复正常。因而，对于人性的弱点，对于生活的阴暗面，作者并不大张挞伐，而是更多地对他们投注理解、同情与尊重的目光，力图以爱心去化解矛盾。

再次，在曾心眼里，爱更是生活中的闪光点，是人性善良一面的自然流露，无私的奉献更具有一种崇高的人性的光辉。于是，赞颂无私奉献的篇章就自然而然地成为曾心文学创作的主旋律。在小说《捐躯》中，曾心描绘了一位为拯救溺水学生而献出了生命，死前又留下遗嘱，自愿捐出自己的躯体，供学生解剖实习用的女教师；小说《三愣》则塑造了一个干瘦、佝偻、身患残疾的穷苦人，在看病时他会为医疗费而讨价还价，可是为了恢复当地的华文小学，为了“当个胡子学生”，他却毅然卖掉地皮，捐出了满满一箱崭新的纸币。对于这样的人，尽管他们有这样那样的缺陷，但作者始终充满着崇敬的感情，始终用满腔热情去歌颂他们，把自己的爱和他们的爱交汇成一曲人性美的崇高乐章。同时，作者对历经磨难相濡以沫的男女爱情，如《命运》；对款款情深的母子之爱，如《母子情》；对互助互爱的人间美德，如《杏林曲》《头一遭》等，也大为赞颂，把一颗赤诚的“济仁心”倾注其中，把对人性美的深深祝福也倾注其中。

现代经济的大潮，不仅带来东西方经济的交汇，也带来东西方文化的碰撞。这种交汇和碰撞不仅表现在社会交流之中，而且逐渐进入寻常百姓家，并由此演绎出许许多多生动有趣的故事，曾心的散文《洋媳妇趣拾》、小说《蓝眼睛》表现的就是这样的题材。难能可贵的是，曾心在他的作品中，把自己立身处世的中庸之道也自然而然地渗透其中，以互相尊重、互相理解来融合不同的文化，使之呈现出和谐融洽的中和之美。叙事性散文《洋媳妇趣拾》写新西兰籍洋媳妇西蒂从日本到泰国探望公公婆婆，在短暂的共同生活中，虽然洋媳妇出现了种种有趣而不随俗的言行，公公婆婆却能理解她，尊重得自然而真诚，因而相处得十分融洽。特别是在结婚仪式上，当公公婆婆把一条贵重的金项链挂在洋媳妇颈上时，她除了感谢之外，又说："假如今后我与小坚离婚了，我会把这项链还给你们!"这句话对于东方人，尤其是具有华夏文化传统的海外华人来说，是难以接受的，而她的公公婆婆却接受了，这就在于"真诚"二字上。洋媳妇的率真，是出于对公公婆婆的感激之情；公公婆婆的宽容，是出于对洋媳妇的理解和尊重。于是，东西方文化的冲突在这里成了一幅"其乐亦融融"的和谐生活图景。在《蓝眼睛》中，作者则更为意味深长地描绘了一幅不管是黄皮肤的脸、黑皮肤的脸，还是白皮肤的脸，都笑得露出一副洁白的牙齿来的"家庭联合国"的欢乐动人画面。曾心正是力图以他的爱心去构筑一个"没有国家和民族的界限"，人人相爱的国际大家庭。

在曾心的作品中，另一个重要方面就是表现人与自然的关系。今天，现代工业文明已经把田园牧歌式的农业文明远远地抛在后头，工业文明带来了巨大的物质财富，但也使人类逐渐地远离自然，人与大自然之间渐起隔阂。然而，在曾心的作品中，我们却分明看到曾心已经在人与自然这两端中找到了契合的关节点，这就是真爱。他就是以真爱二字去努力追求一种天地万物之间互相热爱和谐相处的天人合一的最高境界。在散文《大自然的儿子》《再访"大自然的儿子"》中，他以朴实、清新的语言，描绘了一幅优美的水乡田园风光，描画出一种人美、情美、心美、景美的人与自然和谐统一的共生状态。而在这弥漫着淳朴之美、天籁之美的环境之中，一位年逾九十却如年轻人一样健步如飞的老人，每日劳作不息，与大自然为伴，领略着大自然的风风雨雨，也享受着大自然的慷慨赐予，大自然与他成了形影不离、相依为命的共同体。曾心追慕的天人合一的理想境界在这里已变成了现实。在作者的那些记游散文中，他同样以全身心的爱融入大自然之中，如《深深岩洞别有天》《百胜滩记险》《在那密密的森林里》《在洪泛的湄南河上》等。曾心寄情山水，寓意山水，与大自然浑然一体，以至于"我笑景也笑，我哭景也哭"，沉浸在天人合一的忘我境界之中。作者对大自然的一草一木、一山一水、一花一鸟都怀有真挚的感情，在他的田园诗、山水诗中也有淋漓尽致的抒发，如《庭园草》《血红的凤凰花》《屋后的木瓜》《庭前的石榴》《绿竹赞礼》《桂林的山》《瀑布》《石钟乳》《小树之泪》等。曾心正是以一颗对万物皆有情的赤诚爱心去获得大自然回报，达到心与自然互相感应的天人合一的境界。

曾心是泰华文坛的后起之秀，作品数量虽然不算多，但品种较为齐全，小说、散文、诗歌都有一定数量的尝试，更兼有较为深厚的文学修养与人生体验，厚积薄发，因而作品的艺术品位还是颇高的。曾心以“圆”为圭臬，以中庸之道为人生的价值取向，中和之美就自然成为他的审美取向。这一点在他的作品中有突出的表现。首先，在小说中，其结构形式与情节发展的处理往往采取以爱心为内核，以“圆”为外在形式的方法，大多数作品都以美好、和谐、光明为结局。正如司马攻在他的小说散文集《大自然的儿子》序言中所说：“他的作品处处流露出中正与和谐。在他的小说中，极少有各走极端，势不两立，冰炭永不相容的结局。在情节的发展方面，往往采取人性美好的高尚情操来化解冲突，从对立状态走向和谐。”例如，在小说《半夜鸡叫》中，作者把互相对立、以毒攻毒的邻里通过互相忏悔，最后取得喜剧式的重归于好作为结局。在《命运》中，作者则让一对原先各有家室的中年男女历经天灾人祸的劫难，在各自失去亲人的患难之中相濡以沫以至于终成眷属，倾注了作者满腔的美好愿望和祝福。

其次，白描手法是中国文学创作传统的艺术手法，它体现了以少胜多、以简胜繁的艺术辩证法。由于它最能抓住事物矛盾的规律性、关节点，因而它最能凸显人物、事物的本质特征。从这一点上说，它也最能体现中庸之道的哲学思想与审美观。曾心作品的一个突出特色，就是善于运用白描手法来塑造人物、展开情节。微型小说《一块小小的青草地》中的一段描写，颇能见出曾心白描手法的艺术功力。某房地产公司郑经理与黄映澄是老同学、旧日恋人，当郑经理得知她患了晚期肝癌，想得到有一块小小的青草地的屋子的夙愿将成泡影时，他到医院去看望她，见面时的一段描写就十分精彩：

> 只见病床上躺着他的同学，脸色枯萎如同一张干瘪的黄菜叶，深凹的眼窝似停放着两颗变了血色的眼珠，鼻孔里插着氧气筒。
>
> 郑经理轻叫了一声。她眼珠缓缓移动，伸出干瘪的左手来，两只手轻轻地握着，传递了心灵的问候。她嘴角颤抖的动，她像说了些什么，但总听不出来她说些什么。

作者善于抓住人物的外貌特征，通过对脸色与眼睛的简单几笔的刻画，一个绝症病人的形象便栩栩如生地浮现在读者眼前。“两只手轻轻地握着”，这一极为平常的动作，不仅“传递了心灵的问候”，而且重温了昔日的恋情，让人回味无穷。“此时无声胜有声”，作者运用白描手法的娴熟、老到，于此可见一斑。

此外，曾心的作品在选材的典型性与语言的锤炼上都有独到之处。他的小说大多为短篇或微型，这就要求选材一定要有典型性，开掘一定要深。曾心的每一篇作品都能较好地把握住这一点。他像淘金者一样，从大千社会中选取自己熟悉而又最有典型意义的题材，然后生发开去，以小见大，让读者窥一斑而见全豹。如《寂寞病》，就是他从悬壶济世的生涯中选取的典型一例。这种病是现代社会的通病，作者把它表现出来，意在引起社会的警醒。《钥匙》也是颇为典型的一例，在以金钱为支柱的现代商业社会中，上了年纪的老人一旦把象征着财产拥有权的“钥匙”完全交给子孙，往往会变成毫无价值的废物。曾经拥有九把钥匙的李伯，已把八把钥匙分给前妻的儿子，而今李嫂又吵着要最后一把钥匙，叫李伯如何不伤心落泪呢？“他”声泪俱下地说：“这钥匙再让出去，今后谁来养活我呢？”循着这句话的余音，我们似可依稀见到当今社会上多少孤苦无依的老人背后的辛酸经历。

曾心昔年在中国就学，深深地浸润着中国文学语言的精华。“清水出芙蓉”的自然美是中国古典文学语言追求的至高境界，也是中和之美的具体体现，因而，语言的精炼、朴实就自然成为曾心追求的极致。上述的白描手法，就是一种平朴的自然之美。这里再举《老泪》中的一段文字，以见作者语言锤炼的功力：

> 一天傍晚，陈五打开钱柜，正要伸手拿钱去买烟酒时，站在店前的陈雄斜视着他，儿媳蓦地捅了自己丈夫，努着尖尖的嘴唇暗示着：“那老头子又拿钱了！”陈五思想毫无准备，伸出的手一时僵在那里。

简单几笔的动作描写，陈五和儿子、儿媳三人的心态便活灵活现地展现在读者面前，“斜视”、一“捅”、一“努嘴”以及一“僵”，便恰到好处地勾勒出人物各自的形态。接管商店后儿子的尖酸、儿媳的刻薄、老人的窘态，以及未来可以想见的悲伤，全由这几个词而凸显出来，矛盾冲突也潜藏于这些词之中。写得虽然朴实无华，艺术张力却不小。曾心文学作品风格的淡雅朴素、自然真挚，很大程度上得益于他对语言的这种追求和锤炼。

曾心的诗歌和文学评论文章也写得不少，造诣颇深，《曾心短诗选》和《给泰华文学把脉》就是他在泰华诗歌与文论园地辛苦耕耘的结晶。曾心的诗有着深沉的忧患意识，他关注人类社会的发展，关注民生的疾苦，既要揭露现实社会的弊端，又要秉承自己一以贯之的中庸之道，于是便十分鲜明地呈现出一个“忍”字。司马攻先生曾经这样评价曾心的诗：“句中有余味，篇中有余意。‘忍’，是曾心小诗创作的主要题材之一，更是他内心的涌动。”① 这个评价是十分中肯的。曾心的诗借景托物，拟人抒情，短小精练，内涵深邃，都得益于一个“忍”字。由于“忍”，使诗人和抒情对象有了一段审美距离，情感和艺术表现得到了合理的浓缩，于是诗便常常能充满哲理，余味无穷。例如《扁担》一诗：“一肩挑着太阳/一肩挑着月亮∥夜以继日/弯弯的扁担/挑不完人间的苦难!”再如《三根笔》：

树
是根笔
把大地画绿
把天宇画蓝

烟囱
是根笔
把地球涂乌
把天空涂黑

我
也有根笔
在天壁一挥
“拯救地球，
还我蓝天!”

曾心是泰华文坛文学批评的主将之一，他对泰华文学的“把脉”，从“点”到“线”到“面”，都下了一番功夫，都有准确的分析和评论。司马攻

① ［泰］司马攻：《句中有余味　篇中有余意——序曾心小诗集〈凉亭〉》，泰国《世界日报》2006年6月10日。

先生同样有比较中肯的评价："曾心给泰华文学把脉。他关注文坛，也阅读了很多泰华作品，并从感性的欣赏提升为理性的批评。曾心的评论文还是'和谐敦厚，质朴清新'，并自出机杼，可称'弥纶群言''师心独见'。"① 司马攻先生的评价是很有见地的，也是恰如其分的，这里就不赘述了。

总之，曾心以其立身处世的中庸之道，化而成为对文学创作中和之美的审美追求，并在创作实践中取得了可喜的成果，成为泰华文坛中稳健出色的后起之秀，其后劲从他的这种"中气"十足而可见一斑。假以时日，曾心必能成为泰华文坛的重要台柱。然而，中和之美或和谐之美毕竟只是文学审美的一个范畴，由于文学与生活的密切关系以及文学的前瞻性，现实生活往往更加迫切地呼唤悲剧之美，呼唤着震撼人心、叩击天地充满着悲天悯人的忧患意识的悲剧之美，而这却正是曾心文学创作所缺，这不能不说是一种遗憾。不过，以曾心的生活阅历和体验，补上这一不足并非难事。相信他不久一定会有一个新的飞跃。这既是我们的期待，也是我们的祝愿。

---

① ［泰］司马攻：《厚重——序曾心的〈给泰华文学把脉〉》，泰国《泰华文学》2005年3月号（总第33期）。

# 对自己的表现与开掘*

## ——再论曾心的散文艺术

龙彼德

关于散文的审美特征，一直是散文界特别是散文理论界争论不休的话题，但有一点是比较一致的，即这种体裁更适合对作者自己的表现与开掘。例如，鲁迅译介日本厨川白村的文艺论集《出了象牙之塔》，在论到“随笔”时写道：“在 Essay 比什么都紧要的要件，就是作者将自己的个人底人格的色彩，浓厚地表现出来，从那本质上说，是既非记述，也非说明，又不是议论。”胡梦华发表《絮语散文》，指出这种散文的“特质是个人的，一切都是从个人的主观发出来，所以它的特质又是不规则的，非正式的。”郁达夫在《中国新文学大系散文二集·导言》中强调：“现代的散文最大特征，是每一个作家的每一篇散文里所表现的个性，比以前的任何散文都来得强。”朱自清认为散文的好处，正在于写“人类的大生命分配于他的式样”（人性中的个人性），其可爱和可贵之处“正是这个‘自己’，因此，写散文即意在表现自己”。林语堂也有“以自我为中心，以闲适为格调”的提法。今人余光中说：“散文家无所凭借，也无可遮掩，不像其他文类可以搬弄技巧，让作者隐身在其后。”林非概括散文的本质是：“自由自在抒发自己的真情实感，表露自己充满个性色彩的心灵世界。”

泰华作家曾心对此也有深切的体认。在《灭蚊趣记》中，他借老两口的对话这样写道：“文章就要写自己日常生活，引起心灵一亮一震的东西。写自己生活的故事，往往最好写，也最动人！”因为熟悉自己比熟悉他人容易，突出个性也就突出了个人的有别于他人的特色，如果能以自己沟通人类、以个性折射共性，其作品肯定会引起强烈的反响、普遍的共鸣。综观曾心的几本散文集，尽管也有一些平庸之作，但多数都写得清新隽永、真切感人，在泰

---

* 原载《曾心散文艺术》，泰国留中大学出版社 2007 年版。

华文学界的影响与日俱增，原因就在他对自己的表现与开掘。我们可从以下几个方面进行考察。

第一，对趣的追求。

“趣”，在诗歌鉴赏中使用十分广泛。南北朝时期的刘勰、钟嵘，宋代的苏轼、严羽都使用过这一概念。明人高启认为：“诗之要：有曰格，曰意，曰趣而已。格以辨其体，意以达其情，趣以臻其妙也。”清人徐增也说：“作诗之道有三：曰寄趣，曰体裁，曰脱化。今人而欲诣古人之域，舍此三者，厥路无由。”曾心既是散文家，也是诗人，故对“趣”的追求十分执着。《洋媳妇趣拾》《农村旧事情趣》《庭院的天趣》《灭蚊趣记》……这些篇什的题目都有一个“趣”字，可谓明求。《捻耳记》《四面鸣沙半月泉》《石林和她的女儿》《距离》……这些篇什的内容都有一些趣味，可谓暗求。无论明暗，曾心所求之“趣”不仅仅是一种审美概念，更是一种生活的情趣、精神的意味。

如《农村旧事情趣》写自己第一次穿鞋（按：由于贫困，家里大小从来都是赤脚走路），不会系鞋带，叫妈妈来帮忙。

> 妈妈针活样样行，就是不知道鞋带怎样系，蹲在那里绑了老半天，也绑不出一个样子来；最后，算勉强绑好了，但鞋子一穿进我的两脚，一看，两边打的绳带结和纹路不一样。妈妈安慰说：“等一下，到了学校看看同学怎样绑！”我站起来，试步给妈妈看，一只鞋索系得不紧的鞋子，差点脱了出来。妈妈笑我，我也笑妈妈，一时母子俩僵在一个既好笑又笑得颇尴尬的局面中。

这是生活情趣，尽管贫困，但母子情深，乐从苦出，趣自情来！

又如《四面鸣沙半月泉》，重点不在写景而在记趣。其中，有童趣：离队“钻进无人影的树丛里，把身上带来的‘水肥’施还大自然”。有奇趣：

> 我不死心，想来鸣沙山，无论如何也得领略一下“沙岭晴鸣”千古回响的滑沙滋味。我望着高高的山岭，正有人坐在滑沙板上呼叫飞奔滑下，好像“飞天”姿势，好不刺激，好不浪漫！我想，这种滑法，一定能听到“鸣沙”之声了，甚至还有“滑沙听雷”的感觉呢。于是，我想无论如何也得上去，即使翻筋斗，也不惜“壮烈”一试。

这使人想到苏轼之语："诗以奇趣为宗，反常合道为趣。"散文亦然！还有谐趣：

> 我虽有惊无险，但却在那阵沙浪中"吃"了一嘴细沙。
>
> 文友们见到我欣欣然地跑来都很高兴，问我听到"鸣沙"之声没有。我笑眯眯地看着他们，还来不及张口回答，却惹来一阵笑声。原来我满脸满头尽是沙，简直成为一个汗水拌成的"沙人"了。

乐观幽默，使人忍俊不禁。三趣相加，景（鸣沙山、月牙泉）活了，作者的个性凸显在我们的眼前，整篇文字也有了精神的意味。

周作人认为，好的散文必定是有"趣味"的。而趣中之趣是作品的"人情物理"，是直接流露的或蕴含在描写之中的作者的性情品格。按此要求，《龙文化的摇篮》《心中有座母校》《在那走过的小路上》就显得趣不足了，需要曾心加以改进。

第二，与心灵接轨。

这五个字取自《与心灵接轨的阳关道》一文。"心灵"是人，属于主观的；"阳关道"是物，属于客观的。将二者"接轨"，人与物相通，主观与客观便融汇在一起了，"人与物"的关系也就转化成了"人与人"的关系。曾心的这一创意与德国哲学家、存在主义的创始人之一海德格尔的论点何其相似。海德格尔说："雕像和庙宇在敞开中立于与人作无言的对话之中。"他简明生动地说明了艺术品是人与物融为"一体"、把"人与物"的关系转换成了"人与人"的关系的产物。其实，在西方现当代哲学家中，把主客融合体作为自己思想最高原则的，不仅仅是海德格尔，还有尼采鼓吹的人与存在相沟通的"酒神"状态；雅斯帕斯提倡的超主客的领域即"大全"的领域；蒂希利认为自我寓于他所属的世界之内，主体—客体模式以存在的基本结构"自我—世界"为前提。中国当代哲学家张世英在《天人之际——中西哲学的困惑与选择》一书中也指出："本我即是整体"，每一个人的"本我""既有我性又超出我性而为宇宙整体"，"正因为如此，我与他人、他物才融为一体，无有隔碍，而又能同时保持我自己的独立性、创造性和自由"。

就拿《与心灵接轨的阳关道》来说吧，它记录了曾心在甘肃阳关道上的所见、所闻、所感、所思。表面上，它是一篇旅游札记，因为"与心灵接轨"，便成了融主、客为一体的心路历程。

> 由于此诗（笔者按：指唐代王维的《渭城曲》）的意境，印在脑壁上，在心头便自行搭起一座与阳关道接轨的桥。这“桥”不因几十年的光景过去而消失，而时不时在想：趁脚力尚好时，能亲自对诗境实地的踏访。因此，此次之来，与其说是来寻“景”，毋宁说是来寻诗的“真迹”！
>
> 故此，那“土墩”对读过《渭城曲》的文人来说，那不只是“烽燧”，而是一团不灭的诗魂呀！

在这里，风景直通心灵，烽燧化为诗魂。联系上下文可知，作者思慕和召唤的是一种久违的人文精神。

在散文集《心追那钟声》的自序中，曾心有一段自白：

> 写散文，常常离不开一个“我”，而原生形态的“自我”不能当成艺术，艺术中的“自我”都是“人格的自我提炼、自我突破和自我净化”。在这个集子里，除了《距离》一文用第三人称外，其他的也都用第一人称，即写我所见所闻，所思所想所得的东西。在选材上，我偏爱写大自然的景观、人间的仁爱、亲友的情结等。写游记，喜欢在诸多的“景点”中，寻找与追求最引起兴奋的“点”。也喜欢带有较浓厚的个人的主观色彩，一面写外景，一面写自己内心的景，使内外两景同时交叉进行，并用心灵的思绪穿成一条线，绕着文中的“内核”，让内外景达成“光合作用”。

这不就是“与心灵接轨”的具体化和操作法吗？

《石宫沉思录》是曾心参观帕侬隆石宫的作品，用第一人称写成。

> 也许第一次见到的东西，在脑子里引起兴奋点更强烈。虽然帕侬隆石宫比披迈石宫晚建，规模也较小，但它是建在海拔三百多米的高山上，显得比其他石宫，更富有一条长长的神秘而深层的历史河流可寻。

这是“最引起兴奋的‘点’”。外景与内景便从这个点展开，如鸟之双翼。“一路上大雨滂沱”，无意间加强了其历史氛围。面对戴在山峰上的“一顶大大的高帽”，面对石宫主座周围的“残垣颓壁”与“石柱”“青苔”，面对“雕镂着些神像与佛像以及兽类的图腾，如猴、牛、象、马等”的石雕……这些外景，怎能不使人发思古之幽情、生历史之慨叹呢？于是，“蛇神”应该是几个头，为什么它是所有石宫前卫的图腾？石水池有什么象征性的作用等疑问产生了。关于废墟群的保留与修葺，关于历史艺术长廊的设想，关于修建者吉篾人的历史等意象呈现了。间以“静立在海拔三百多米的最高点上”的“石葫芦”之玄境，“每年五月十一日这一天，初升太阳的光线，能从正门直射到后门”之奇景……一幅幅主观色彩极浓的内景电影般放映开来。内景外景同时交叉进行，主观客观分离重组，最后都集中到“内核”——对“脚下这块曾是真腊国的故土”之沉思上。其中，有对亡国毁家的战乱的控诉，有对一个民族不知去向的关切，还有对当年石工巧匠高超技艺失传的惋惜，充分显示了作家的爱国之心、人格力量。结尾，曾心如此写道：

> 我一步一步地走下来，踏着四五百年前遗留下来的石阶，既湿又滑，我还得小心走自己的路！

一语双关，韵味无穷。既是对民族的提醒，也是对自己的告诫。我与他人、他物融为一体，情、景、理三者完美结合。

第三，美，在追寻中。

罗丹说：“美是到处都有的。对于我们的眼睛，不是缺乏美，而是缺少发现。”按照曾心的理解，这个“发现”就是“追寻”。在创作谈《散文路上的回眸》中，他说得很清楚：“我觉得游山玩水是一种眼见之乐，这是可得之乐；还有一种想得之而不一定能得的内心之乐，则是‘追寻’之乐。这种心境，正如本生所说：‘人生最大的快乐不在于占有什么，而在于追求什么的过程。’”

近十余年来，曾心走了不少地方。他去泰北看樱花，写了《高山的幸福花》。由于朋友的误传，他们到达芳县泰王开发山区时，樱花尚未开放。“在寻找投宿的沿途中，我总从汽车窗口探出一个头来”，希望有个别生物钟失灵而独自提早开花的“那么一两朵”也好。第二天早上，曾心惊讶地看见自己身陷花海之中，“有桃树、梨树、苹果树的‘实验田’，还有梅树、葡萄树等‘实验田’”。它们以白、红、紫、黄等多种色彩，“开在原来长满罂粟花的边陲深山里”，给穷乡僻壤的人民造福，“是一种比樱花更美之花——幸福花”。真所谓失此而得彼！“我的生命也化成一朵花似的，陶陶然、欣欣然地融入这理想花的大自然中。”他去昔日被称为泰国的“西伯利亚”——夜丰颂府，写了《菊花山的风景》。先见菊花林："此地的菊花有两人高，冠顶开的黄花，朵朵如向着生命之光的小太阳。"他误以为此地就是菊花山。在问路寻找住处时，另一个奇景突然出现了："一座耸立在两旁山峦中间的孤山，像一座金光万道金山，在夕阳的照耀下，竟然染黄了半壁天!"这才是真正的菊花山！前面的误会，更衬托出它的灿烂、它的神奇。"两旁的山岭皆是绿色，唯有这座菊山是黄色的，从山脚到山顶几乎每寸土地都被野菊的子孙占领了。多么的壮观！真是万绿山中一山黄呀!"作者禁不住欢呼起来。"追寻之乐"并未到此为止，"我的思绪随着车轮向菊山走去而飘得很远"。他从三千年的菊花史推断眼前的黄菊花，"是属于最古老的那一种，是正宗之种"。其特征是："以'黄'显示它们的成熟，以'黄'显示它们不变的'族谱'，以'黄'显示它们自甘寂寞的宁静心境!"这哪里是咏菊花，分明是在咏黄皮肤的泰国人乃至东亚人！由实入虚，由表及里，作者接着写道：

> 苏东坡有词云："琼楼玉宇，高处不胜寒"。这里虽没有"琼楼玉宇"，但我仿佛已离开了人间，置身于一个黄花似锦的天堂，获得"一念清闲似在仙"的佳境，享受到一种宁静和平与纯净天然之美!

这便是"人生最大的快乐"，是英国诗人济慈所说的"一种永恒的愉快"，也是南宋词人张孝祥所谓"悠然心会，妙处难与君说"。可惜这篇散文后半部写得过于琐碎、驳杂，偏离了花的主线，缺少自己独特的发现。

属于追寻的尚有《观葵花记》，是曾心因五弟邀约"到洛武里府观葵花"之作；《在那密密的森林里》，是带孩子们去考艾野生动物保护区春游的纪实；《郑王庙随想录》，是由艾县越亚仑区的郑王庙生发出的哲思和随想；《护城河的桨声》，仰仗夜游与听歌进入历史；《放冰灯三境》，沿着童年—中年—老年的线索过渡到小我—大我—无我的境界。这些篇章，既呈现了自然和超自然之美，也流露了他对泰国的深情和热爱。

除此之外，特别要提到的是曾心的中国之行及散文创作。对此，他有深刻的体会：

> 在处理国与国的感情上，我出生于泰国，属泰籍华裔，但祖籍的根又在中国。自己不仅体内有龙的血液，而且又曾到龙国读过书，那种"曾饮龙国水，不忘养育恩"的思想，不因岁月的流逝，总深深地埋藏在

自己的灵魂深处。因而，我虽然不是双重国籍，却似乎有双重感情，双重分忧。如《心追那钟声》，正反映我这种心绪。一旦获悉寒山寺的古钟被日本人窃走，就有如自己祖国的“国宝”被窃走那样怅然若失，总巴望能早日完璧归赵！（散文集《心追那钟声》自序）

读着这发自肺腑、情真意切的文字，谁能不受到强烈的震撼呢？

《琼花何处寻》，从题目上就可以看出是一篇典型的“追寻”之作。扬州的琼花因隋炀帝乘龙舟观花亡国而名垂青史，对它的寻找自然成为全文的主线。作者先是询问（对象众多而不同），次是鉴别（饱含着争论），继而得到（来自茶馆小姐的馈赠）。正当他“沾沾自喜”之时，手中的“琼花”却失去了香味。第二天请教权威学者，原来真正的琼花早已绝种了，他寻到的是与琼花有亲缘关系的“聚八仙”。曾心在感叹真正的琼花无处可寻之余，顿然开悟：“琼，玉之美者。古诗词所写的‘琼楼玉宇’都是指天上的月中宫阙。人间也许从来就没有此花。它是属于天上的花。”整个文章也因此上升到一个新的高度：所谓“寻”，不仅是人寻，更是心寻；所谓“琼花”，不仅是扬州的市花，也是一种人间罕有、举世无匹的美。作者是在朝觐美，趋近永恒。

《黄鹤楼的神韵》，记录了他、武汉大学中文系教授黎山峣与笔者三人同游黄鹤楼的情景。其中，有写江（长江）、天、楼（黄鹤楼）、树的外景，也有写历史文化与哲理思索的内景，曾心的重点恐怕还在后者，这从他下面的一段文字即可见出：

面对这些“死”的一座座历史模型，倒叫我的脑子“动”了起来，像滚滚东流去的长江水，想得很多、很远……

比如说，中国在历史上有许多名楼，为什么有的倒了，毁了，便一直没有再重建？而黄鹤楼为什么屡毁屡建？我想其中虽然与黄鹤楼的传说有关，但主要还是由于历代的名人崔颢、李白、白居易、贾岛、夏竦、陆游等来这里游览，并写下了首首千古流传的黄鹤楼的诗赋，可谓属于精神上的黄鹤楼。因为精神的黄鹤楼是不朽的，不倒的，它无形中支撑了毁坏的黄鹤楼的重建。从这点看，物质黄鹤楼是短暂的，只有精神的黄鹤楼才是永恒的，千古不倒的，是一种“万岁，万万岁”的东西！

这便是“黄鹤楼的神韵”，是曾心所渴慕和追求的既似有迹可循，又似难以捉摸的“神”。它近乎一种散文心的升华，一种“传达出生命的不息运动，灵魂的顽强拼搏和内心的深沉呼唤”。遗憾的是这篇散文写得不够凝练，缺乏剪裁，理性色彩过浓了。

对中国山水人事的追寻篇，尚有《登武当山极顶》《石林和她的女儿》《蝴蝶泉边》《猴面鹰哀思》等，一种叶对根的感恩，一种对华夏文明的孺慕，一腔同为亚裔的赤子之情在这些篇什中流露无遗。这里需要指出的是，曾心以笑眼看人生，正面多于负面，写美多于写丑，像《猴面鹰哀思》那样揭示动物保护主题、鞭挞人性卑劣的作品太少了。如果有条件，今后不妨多写一些。因为触及时弊的作品，解剖国民性的作品，以及悲剧性的作品，更接近生活的本质，更具有震撼人心的力量。

第四，朴素、自然。

曾心的创作风格，可以用“朴素”“自然”四字概括。“朴素”是与“华艳”相对的。在中国美学史上，一直就存在着“芙蓉出水”与“镂金错采”两种不同的美学理想；而自从六朝以来，人们就把“芙蓉出水”看得比“镂金错采”更高，也就是把“朴素”看得比“华艳”更美。“朴素”的奥秘全在于自然。所谓“自然”，按照王国维的说法，“以自己之眼观物，以自然之舌言情”。主张自然，并不是反对精雕细刻，而是指虽然经过刻意经营，却丝毫不露斧凿痕迹。

从选材看，曾心散文写的多是眼前景、身边事，来源皆为自己的经历。由于他当过医生，交了许多朋友，现在虽然没开诊所了，但联系仍然不断，有的朋友还带来自制的“手艺”，包括小礼品相赠。曾心认为这是对自己劳动的尊重，也是人间难以用金钱买到的爱。他便用笔记下这些交往和情谊，全是不加修饰，如实道来，由于自己首先被感动了，所以写来特别感动人。如《一坛老菜脯》，记载了自己的一次行医，鉴于病者的贫困，他没有收取酬金，“连车费还自己掏，但却有一种‘一方济之，德逾于此’的满足感”。一年后，母女来曼谷答谢，送给他一坛老菜脯。尽管女儿认为“这样的东西，不像礼物，太小气！很难看”，母亲全不理会，继续向曾心谈了“老菜脯治腹胀肚痛的几个病例”……一个鲜明的性格，一腔浓浓的情意，就这样一泻无余。该文用了不少医学术语，甚至药方，这也构成了曾心散文不同于旁人的一大特色。

从语言看，曾心的散文确如王国维所称，“以自己之眼观物，以自然之舌言情”。他喜欢用第一人称，讲真话、抒真情，直截了当，很少用形容词，虽简明扼要，却极具感染力。如《猴面鹰哀思》，写国家二级保护动物猴面鹰被非法宰杀的一段：

> 由于好奇心的驱使，我擅自走进店后看看。只见一个穿着白长衫套着灰色毛线背心的汉子，独自蹲在炭黑般的墙角，像杀鸡似的，倒提着猴面鹰；手上那把利刃已在颈上切了一道小口，鲜血正如注地喷出。开始它还有拼命挣扎的翼力，叫出怪可怜的惨声。声声惨叫，像根根的针，扎痛我的心。碗里的血渐渐多了，惨叫声渐渐地小了。最后它拍打着坚硬的翅膀，作了垂死的挣扎。终于它把不屈的头垂下了，“咯”的一声，它……已死了！面对此时此景，我不禁产生怜悯的同情心，觉得人有时也不可思议，为了腹中食、口中福，竟然把一只好端端的珍禽奇兽宰了，吃了，于心何忍?!

具体、传神，痛切、揪心！谁读了不会寒毛直竖？谁见了又不会义愤填膺呢？

作品的力度还在于作者的悔恨和反思。他明明可以从镇边“老头子”那里买下另一只猴面鹰去放生的，却因为亲戚的劝告而作罢。亲戚说：“这么黑的天，你放它走，它也飞不远。等一下，又被他们抓来卖了。”不是没有道理，但他总是不安心。经过一番思想斗争，他决定去救那只猴面鹰。然而，“只见剩下一个空笼”，那只猴面鹰“刚被人买去了”，又在那个“没挂招牌的饭店”被宰杀。其悔恨之情可想而知。妙在没用一个“悔”字，却悔意全出。所以，时间过了将近一年，武夷山碧水丹山的天然美景早已淡化，而对那晚偶尔见到的两只猴面鹰的不幸遭遇仍在反思，心潮难平。提高国民素质，拯救珍稀动物，保护生态平衡，是多么紧迫、多么重要啊！

这也是曾心对自己的表现与开掘最成功的一篇，不仅得力于视角，更得力于语言。如果能沿着这条路子继续前进，曾心的散文将登上一个更高的台阶。

2006年4月4日至7日、4月29日至5月1日写于杭州

# “压缩的才是精华”*

## ——读曾心小诗漫笔

赵　朕

有一次参加一个晚辈的婚礼，见到新娘亭亭玉立、身材高挑，而新郎却比新娘矮半个头。大家都暗自为新娘感到遗憾。可是在新郎与新娘互致祝词时，新娘却满脸灿烂地说：“压缩的才是精华。”一句话说得大家立时感受到一种热融融的爱。据说新郎才艺过人，是位杰出的才俊。由此我想到曾心的小诗。他的小诗每首五六句，如同中国古典诗词中的“绝句”或“小令”一样，短小精悍、内涵丰富、意境深邃，真应了那位新娘的话：“压缩的才是精华。”

曾心近年致力于小诗的创作，已发表近两百首。最近他把这些小诗编为《凉亭》出版。这本诗集的出版是泰华文坛值得庆幸的事，它标志着泰华小诗创作进入了一个新的创作时期，如同20世纪后期的泰华微型小说的崛起一样，将会给泰华文坛注入新鲜血液，使得泰华文坛更加焕发生机。

曾心的这本小诗集，内容丰富，题材广泛多样，诸如山川景物、鸟兽花虫、咏史怀旧、友谊情爱、哲理箴言等，都有所涉猎。从这些题材看，诗人是一位热情关注生活、热爱生活的人。他置身于生活的现实之中，现实生活的每一变化，都会激发他的灵感，发而为诗，抒写情绪，表达爱憎，以及对生活的思考与识见。像《万年青》所表现的华侨生活艰辛，《暗礁》所表现的生存无奈，《蝉》所表现的浅薄无知，《木瓜》所表现的奉献精神，《思念》所表现的缠绵情意，《芦苇》所表现的立身处世哲理等，可见诗人对生活的关注是全方位的，是充满激情的。当然这并不是他的小诗独具的特色，他的小诗的可贵之处，在于能以短短的五六句诗句，表达出丰富的生活内容，真可谓尺水兴波，小中见大，承载的内涵令读者回味无穷。譬如《网鱼》：

---

* 原载泰国《世界日报》2006年7月23日。

桨声处
飞出一曲非常渔歌

船头的渔夫
赶着落日
撒向江心
打捞最后一网希望

这是一首忧患于环境污染的“环保诗”，江水受到污染，鱼类减少，这位渔夫辛辛苦苦地撒网打鱼，直到黄昏时分还舍不得离去，希望最后一网能有所获。短短的六句，没有一个字提到江水受到污染，可是诗的字里行间却又洋溢着渔夫捕鱼的辛酸和悲苦情绪，透过这层诗的纱幔，将江水的严重污染表现得深刻而生动。尤其是“打捞最后一网希望”一句，是这首诗的诗眼。它是这首诗的点睛之笔，将读者引向诗的主旨，促使读者思考更多的内容，达到了“以一目尽传精神”的艺术境界。

按照著名美学家朱光潜先生的说法，“每个诗的境界都必须有‘情趣’和‘意象’两个要素”。“情趣”是诗人的主观感受和情绪，即“情”；“意象”是诗中描写的景物，即“景”，它是诗的基本构件，只有在一个统一主题和构思的前提下组合起来，它才能生发成意境。或者说，这种意象只有与情趣有机结合才能构成意境，因此唐代诗人刘禹锡说“境生于象外”。曾心创作的小诗深得此中“三昧”，他善于将自己的内在之情，融于外在之象，并通过采撷典型的意象来组构成或优美，或含蓄的意境。如《风车》：

自由的风
一旦忘乎所以
也会迷失方向

唯有风车
不倦地旋转
给予指明去路

这里选用的“风”和“风车”两个比喻性意象，实际上都是以物喻人，“风”喻指“忘乎所以”的人，“风车”喻指踏实沉稳的人。诗人赋予这样的比喻意象以形象的内涵，再通过人的联想、想象，就构成了耐人寻味的意境。

读这样的诗，会使读者领悟到，尽管“风”有着自由的品格，但是如果把握不好自己，反而会“聪明反被聪明误”；而“风车”踏实沉稳，按部就班，忠心耿耿，却能取得杰出的成就。这些弦外之音是诗人所寄寓的，也是读者从诗的文本中领悟到的。

曾心的小诗创造意境的方式是托物言志和借景抒怀。他“言志”或“抒怀”的指归是表达某种人生哲理或理想的人格境界，也就是说追求诗的“理趣”。他的这种“理趣”，显然受到了中国传统诗歌的启迪和影响。诗人善于捕捉具体的意象，并透过这些意象，追求一种情、理、形、神融合统一的境界。譬如，《峰》表达的是人的进取向上的奋进精神、高瞻远瞩的开阔胸襟；《楼梯》《暗礁》揭示的是任劳任怨的奉献精神；《老车》表现的是锲而不舍的顽强性格；《思念》述说的是“驱不散，剪不断”的情爱情怀；《雷声》展示的是“万马齐喑”的局面；等等。曾心的这类小诗都做到了将诗人内在之情趣诉之于外在之意象，读者在欣赏这些诗作时，再根据这外在之意象，还原为诗人当初的内在之情趣。这就使得诗人的主体意识与读者的审美意识达到了统一，构成了情、理、形、神融合为一的诗歌境界。如《萤火虫》：

平凡的一生
只求做好一件事：
提着灯笼
给行人照明

这首小诗虽说只写了“灯笼”这么一个比喻意象，但它却是这首诗的思维过程中的主要符号元素，贯穿于诗的形象思维。这个比喻意象，启动读者的联想与想象，从“灯笼”联想到萤火虫，既生动地勾画出萤火虫的形象，又揭示出它“给行人照明”的尽职精神和甘于奉献的高尚品格。这首小诗寄情于物、融情入理，形神兼备、情理交融。之所以能达到这种境界，是由于诗人在命意时，注意到“咏物固不可不似，尤忌刻意太似，取形不如取神”。诗人选择的“灯笼”意象，符合事物的本质特征，做到了“形似”，但是它又不是“刻意太似”，而是取其“神似”，这就使得形神结合，在似与不似之间；物人结合，既咏物又咏人；咏物抒情结合，寓情于其中。因此，这首小诗物寓乎情，情寓乎理，意境深远，耐人寻味。

曾心小诗的语言也是值得称道的。既然小诗以短小精悍、尺水兴波见长，那么这种艺术形式就容不得冗长的诗句，容不得像戴望舒的《雨巷》那样反复的铺排与渲染，这就要求诗的语言必须短小精悍。诚然，曾心的小诗语言达到了质朴而典雅的境界。其质朴如同口语，富于生活气息；其典雅则表现为精粹、简洁，用字准确，颇含逸韵。譬如《桥的埋怨》：“弯脊哈腰/驮你过河/背你过海//到达彼岸/你反转过头来/责备这　叱呵那”。这首诗的语言可以说是雅俗共赏、精炼简洁。诗中既有“驮你过河/背你过海”这种晓畅通俗的口语，也有“到达彼岸”那样典雅的诗句，特别是“弯脊哈腰/驮你过河/背你过海”等诗句，每个诗句的“动词”后面都省略了个表示动作持续的“着”字，如“弯（着）脊哈（着）腰/驮（着）你过河/背（着）你过海”。这种省略不影响诗意的表达，却又显得诗句简练精粹。正是这些细微之处才显现出诗人的艺术功力。

# 从曾心的小说谈起*

张振兴

庄钟庆老师给我寄来一本《曾心文集》（鹭江出版社 1998 年版）。我一有时间就读着，回想着庄老师的关爱，经过四十多年之后，重新燃起对文学的喜爱，自有一番新鲜的感触。

我尤其喜欢《曾心文集》里的微型小说和短篇小说。即使是短篇小说，也很短小。这些小说，让我们跳出了大主题、大道理的束缚，以及所谓深刻思想的框框，没有了沉重的伦理压迫；看到的都是人间常态、凡人小事，并不会让你感动得热泪盈眶，或让你愤慨得摩拳擦掌。其实，这才是芸芸众生的真实生活。因此，我是带着非常轻松的、欢愉的，甚至可以说是一种休闲的心情，读完这些小说的。掩卷深思，我发现就是在这些很短小的小说里，每一篇都诉说了作者对人生的一片真情，告诉人们一个做人的道理，字里行间透着广泛的爱、家庭的爱、父母的爱、夫妻的爱、兄弟的爱、朋友的爱。爱，这是小说的一个永恒的主题，还需要怀疑吗？这就是曾心小说给我们所叙述的，非常非常普通的道理。

短篇小说，尤其是微型小说，一般来说有两个特点：一是没有复杂的情节，二是语言都很简单。曾心的小说也有这两个特点。曾心小说的语言用词平淡而不华丽，句子简短而不冗长，这种语言特点是适合于叙说一件简单的事情，描写一种单纯的情节的，对于一篇微型小说或短篇小说来说，这已经足够了。但是，能够得心应手地把这种语言特点始终如一地贯彻到底，并不是一件简单的事情。这需要作家的语言修养。我读曾心的小说，能够体会到他的语言修养，就是把泰国的华文小说，写得像泰国的华文小说，而不是别的地方的小说，或别的地区的华文小说。其中很重要的一点，就是在华语的

---

* 原载《曾心作品评论集》，泰国留中大学出版社 2009 年版。

背景之下，把泰国地方的华语方言词和泰语的音译词，恰如其分地融合在他的小说里。现在简单说说。

所谓华语背景，是说曾心小说是用通用华语写的，这种华语就是通行于海外华人地区的普通话。按照中国普通话的标准来衡量，我们还能找到一些语用上的毛病。例如：

这所学校已被封闭近半个世纪，最近又即将复办。(《三愣》，《曾心文集》第 222 页)

看着捐献台上叠叠紫色钞票，李医师……(《三愣》，《曾心文集》第 223 页)

六万铢，我付给。(《一块小小的青草地》，《曾心文集》第 235 页)

翻了一个懒身的钟明，从被窝里发出闷声。(《漏水》，《曾心文集》第 239 页)

尤其在湄南河畔遇到了阔别十年的你，更叫我久久不能入眠。(《杏林曲》，《曾心文集》第 303 页)

李密身着红色的中国旗袍，一双娇滴滴、滴滴娇的蓝水眼……(《蓝眼睛》，《曾心文集》第 220 页)

这句话，虽半开玩笑的，但它一直储存在我的心版上。(《佛缘》，《曾心文集》第 274 页)

以上句子中，“又即将复办”的“又”是多余的；“叠叠紫色钞票”的“叠叠”是量词重叠，不能单独修饰后面的名词，只有数量词才能作为名词的修饰成分；“我付给”也不合语法，口语里可以说“我给”“我付”，说“我付给”就犯了动词语义成分重叠的毛病了；四、五两句就是所谓欧化的语法格式了，用一个很长的修饰成分来修饰一个很简单的主要成分，“翻了一个懒身的钟明”说成“钟明翻了一个懒身”，“尤其在湄南河畔遇到了阔别十年的你”说成“我们阔别了十年，这次在湄南河畔意外地遇到了你”，这也许就完全符合华语的习惯用法了。另外，可以说“娇滴滴”，很少有人说“滴滴娇”；“心版”显然不是口语里常用的说法，应该说“心坎”。如果上面说的这些语用毛病，是出现在中国中小学生的作文里，老师是要扣分的，但出现在以泰国为生活场景的华文小说里，却构成了小说的有机组成部分。我们要知道，小说要恰如其人，要像小说里的角色，要像作者。小说不用推广普通话，不要把小说当成规范作品。

再来说说泰国地方的华语方言词和泰语的音译词。据我所知，泰国境内的华语，包含有多种华语方言，如闽南话、粤语、客家话等等，尤其以闽南话为大宗，有的说厦门地区的闽南话，有的说潮汕地区的闽南话，还有说海南一带的闽南话。从小说里透露出来的方言成分来看，曾心先生平时说的是闽南话，他的通用华语里带有浓厚的闽南方言色彩，有很多闽南一带通行的方言词语。例如：

红毛妻子（《蓝眼睛》，《曾心文集》第 219 页）：红毛是旧时对具有社会主义思想信仰的人的称呼。

阿舍（《盯线》，《曾心文集》第 228 页）：先生，也可以指游手好闲的花花公子。

公公、阿公（《互考》，《曾心文集》第 236 页）：爷爷，或是妇女对丈夫之父的称呼。

老妈生（《种子》，《曾心文集》第 247 页）：年纪很大的女学生。

粿条伯（《社会的眼睛》，《曾心文集》第 258 页）：街边摆摊卖粿条的人。

先生金（《寂寞病》，《曾心文集》第 266 页）：付给私人医生或老师的酬谢费。

肥滚（黛萍携着她那肥滚的手说）（《从广州来的小肥女》，《曾心文集》第 288 页）：胖乎乎的样子。

肥（越吃越肥）（《从广州来的小肥女》，《曾心文集》第 289 页）：胖，闽南话说人说动物都用“肥”，普通话说人用“胖”，说动物用“肥”，但“减肥”不能说成“减胖”。

行（慕钟要我天天学行。人家一生只有一次学行，我吃老了还要第二次学行）（《杏林曲》，《曾心文集》第 297 页）：走，闽南话“行”是“走”，“走”是“跑”。

还有一些根深蒂固的方言语法成分。例如：

没有一处会舒服。（《三愣》，《曾心文集》第 222 页）

做人真工（辛）苦，过去爱（要）吃无好吃（没得吃），现在有好吃

唔（不）敢吃！（《三愣》，《曾心文集》第222页）

李医生……问："有消渴病吗？"（《三愣》，《曾心文集》第222页）

哦！这么大的书店，无卖吗？（《过时的种子》，《曾心文集》第283页）

只知第二天一早，儿媳"脸黑黑"回娘家去了。（《老泪》，《曾心文集》第225页）

一天，小虎的儿子生日……踏进S楼，食客满满。（《伏线》，《曾心文集》第226页）

我几回骗过你？（《漏水》，《曾心文集》第240页）

在以上的句子中，"会""爱""敢"都是能愿动词，这一类动词跟其他动词的结合在语义和语用层面上是要受到一定制约的。这里所说的句子，在通用的华语里一般都不能说，可是闽南话可以说。在通用华语里，"有""无"不能直接放在动词、形容词之前，可是，在闽南话、客家话、粤语里，这种用法却是非常通行的。说这几种方言的人，说话、作文很自然就流露出这样的语言习惯，"有好吃""有消渴""无卖"之类张口就来，习以为常。"脸黑黑"就是台湾校园歌曲里面的"面乌乌"，"食客满满"说成通用华语该是"坐满了食客"，"我几回骗过你"该是"我什么时候骗过你"。这些说法都是根深蒂固的方言语法成分。

小说里有一些本地泰语的音译词。例如：

波立（《头一遭》，《曾心文集》第250页）：警察，英语police的泰语音译。

哒叻（《捐躯》，《曾心文集》第252页）：农贸市场，泰语。

汶（不能收，收了就没"汶"了）（《如意的选择》，《曾心文集》第256页）：功德，泰语。

多腰打（《社会的眼睛》，《曾心文集》第258页）：日本丰田牌汽车Toyota的泰语音译。

慕（《寂寞病》，《曾心文集》第264页）：医生，泰语；慕钟，就是钟医生。

添汶（儿子便用自己平时积存的钱去"添汶"）（《佛缘》，《曾心文集》第275页）：做功德。

陶豪（这是一间二层陶豪，床上躺着一个吃佬叶的老亚婆，年近百岁）（《过时的种子》，《曾心文集》第285页）：一种独立的小别墅，是townhouse的泰语音译。

好了，在篇幅不大的华语小说里，同时包含着看来有些毛病的通用华语，又有华语的方言成分，还有泰语的成分，表面上看似乎很不和谐。但当看完全部小说之后，你得承认，这是再自然不过了。除了小说背后的泰国社会人文背景之外，正是这几种语言因素，构成了曾心的泰国华文小说的整体。假设不是这样，假设我们把上面所说的有“毛病”的通用语、方言词语和语法成分，还有泰语的音译词，都修改成标准的华文通用语，那么会是一种什么小说呢？可以肯定的是，起码不再是泰国的华文小说，当然也不再是曾心的小说。

说到这里，我们很自然就会联想到一个很重要的学术问题：什么是文学语言？文学语言是什么？鲁迅认为文学语言“应该比口语简洁，然而明了”（《且介亭杂文·答曹聚仁先生信》）。茅盾认为“文学语言应当是形象化的、富有表现力的、准确的和精练的”（《新的现实和新的任务》，转引自庄钟庆《略谈茅盾文学语言论及研究》）。二位文学大师的说法没有错，可是并没有真正回答我们的问题。吕叔湘认为文学语言的研究就是修辞学、风格学的研究（《把我国语言科学研究推向前进》），季羡林在为李润新《文学语言概论》所作的序言里，也有类似的表述：“所谓文学语言……不出两途：一是修辞，二是风格……两者相较，风格尤重于修辞。”两位语言学大师的话没有错，但同样也没有真正回答我们的问题。所以这个问题还需要研究，还需要进行文学语言的研究。

这种研究其实有两个层次。一个是广义的文学语言研究，要讨论文学体裁与语言的关系，讨论什么样的语言形式更适合表现某种文学类型；还要讨论文学主题跟语言的关系，讨论什么样的语言风格更适合于表现某种文学思想；同时还应该研究文学思想的潜在意识跟语言表达的关系；等等。例如，邢公畹的《“红楼梦”语言风格分析上的几个先决问题》就是这样的作品。另一个是狭义的文学语言研究，它着力于研究某一个具体作家、某一个具体文学作品的语言表达、语言特点、语言风格等。例如，杨怡的《丁玲文学语言风格的形成》就是这样的作品。不过，无论是广义的文学语言研究，还是狭义的文学语言研究，它们都是修辞学和风格学的核心部分，这就是语言修辞学和语言风格学。从这个意义上说，文学语言研究才是文学与语言学相结合的产物，只依靠文学家不行，只依靠语言学家也不行。这是因为文学家的语言思维可能更多地偏向于形象性和浪漫性，而语言学家的语言思维可能更多地偏向于逻辑性和语法性。同时研究文学和语言学的学者才会发现，把形象性、浪漫性、逻辑性和语法性统一于一体，这才是文学语言。

最后，我们还得回到曾心的小说语言上来。从曾心的小说里可以看出，小说的语言要多样化，这就跟文学的主题要多样化是一样的道理。小说的语言除了明显的语汇和语法错误之外，在很多情况下是无所谓对与错的，这跟人们日常口语的表达无所谓对的与错的是一样的道理。所以文学语言的多样化是形成作家风格、作品风格、形象特征的最重要因素之一。在这个问题上，我们需要有灵活的思维。

# 人文视野下的小人物书写*

## ——曾心的小说世界

戴冠青

泰国华文作家曾心的小说世界里几乎都是一些平凡得在我们的现实生活中随处可见的小人物，如寂寞孤单的老人李太太和李伯（《寂寞病》《钥匙》）、卖地捐款给学校的病人张亚牛（《三愣》）、自愿捐赠遗体的玛妮老师（《捐躯》）、有中国情结的洋媳妇李密（《蓝眼睛》）、被儿子遗弃的老店主陈五（《老泪》）、富有正义感的小摊贩粿条伯（《社会的眼睛》）、坚持学华文的老学生"胖妈妈"和她的华文老师李文静（《种子》）、先是虐待婆婆后又被儿子虐待的李嫂（《伏线》）、对丈夫没有信任感而安插"盯线"的妻子（《盯线》）、因经济危机破产而四处躲债的小业主顺通和通财（《躲债》）、被老板抛弃的不幸女人娘田（《流血》）等等。这些小人物基本上都生活在泰国华人社会的底层，他们有男的也有女的，有老的也有少的，有正义的也有丑陋的，有哭的也有笑的，一个个活灵活现地在曾心的小说世界里扮演着鲜明动人的角色，由此构成了一幅泰华社会的独特生活画卷，在让我们深入认识泰华社会现实的同时，也给我们提供了新的丰富的审美经验。

### 一

纵观曾心笔下的小人物书写，我们不难发现其鲜明的形象特征。

1. 在动荡时世中苦苦挣扎的悲剧形象。

如上所说，曾心笔下的小人物大多生活在泰华社会的底层，是一群在社会底层苦苦挣扎的小人物群像，因此他们在面对 20 世纪 90 年代后期泰国爆发的严重经济危机时十分焦虑却又无能为力，字里行间弥漫着一种无奈而又无助的感伤情绪。例如《躲债》一文，缝衣厂小老板顺通向布行主人通财赊

---

* 原载《曾心作品评论集》，泰国留中大学出版社 2009 年版。

布制作成衣批发到外府商店零售，然而经济危机导致批发款无法收回，资金周转不灵，缝衣厂终于倒闭。而缝衣厂的倒闭又导致通财布行的赊账无法清还。无奈之下，两人只好分头躲债，却又导致了家里老婆出走孩子生病无钱医治的悲剧。尽管两人最终惺惺相惜互相扶持，但那种小生意人在经济危机面前猝不及防终遭灭顶之灾的痛苦不能不让人心痛不已。在《窟》中，一位在经济危机中产业倒闭的老人为了支付两个孩子出国学习的费用变卖了两处房产却得不到国外孩子的慰藉终致孤寂而死，“死到连一个窟也无”！也许作者是想借此批判受到西方教育的孩子对父母的不孝，但我们不难看到经济危机给底层老百姓带来的深重影响。在《家庭内部》一文中，这种影响就更直接了。泰国的经济危机使王经理的女儿失业两年，又遭遇三次失恋，导致性格变得古怪，最后居然离家出走到寺庙当尼姑。上述小人物都是因为经济危机的直接或间接的影响导致了悲惨的结局，或逃难，或死去，或出家。生意人尚且如此，一般民众的痛苦就更不用说了。《断臂》中就写了一个在经济危机中失业的工人“为了养活一家五口人，在走投无路的情况下，当了乞丐”。为了讨到钱只好把手臂藏在衣服中装作断臂来博取同情，却在与劫匪搏斗中被砍去一只手臂成了真正的断臂人，字里行间所透露的那种沉痛真的是深入骨髓令人唏嘘。可见，曾心笔下在社会底层生活的小人物是多么艰难和无奈，每一次经济动荡都可能使他们陷入灭顶之灾。由此我们不仅深入体察到了泰国社会动荡不安的真实面貌，也捕捉到了作家对底层小人物深沉的关注和关切之情。

2. 在平凡世界中活出光彩的善良形象。

在曾心的小说中，我们也看到了小人物的善良、诚实和正义感，看到了很多既平凡又可爱，富有人格光彩值得敬重的人物形象。例如，《头一遭》中那个从南征北战的老革命下海经商成为富翁慷慨资助泰国兄嫂的汉平；《三愣》中那个干瘦佝偻浑身是病为诊费讨价还价却卖地皮捐资助学的张亚牛；《如意的选择》中那个义务拉车助人为乐的未来女婿；《社会的眼睛》中那个机智地告知丢车人偷车贼地址的“率直与诚实”的粿条伯；《好好先生传》中那个“一生坦荡荡，凡事都能看得破，看得透彻”，“既能宽恕自己，又能宽恕别人”的李好先生；《断臂》中那个假装断臂乞讨却能见义勇为与劫匪搏斗的失业工人；《老店主》中那个诚实守信不但如实退回顾客多给的钱财而且因受冤枉被人担保出来后还坚持要还清担保金的老店主；《复明》中那个因长相丑陋而自卑又因赞助过盲人大学生而得到爱情却毅然签字让盲妻手术并在妻子复明后给她留下巨款自己悄然离开的好人刘三；等等。应该说，这一类形象在曾心的小说世界中占了绝大多数，可见作家本人对小人物善良品格的认可、喜爱和褒扬之情，甚至在好几篇作品中作家还情不可抑地进入小说中直接宣示自己的澎湃激情。如《捐躯》中，作家动情地描写了一位热爱学生扶盲人过马路为拯救溺水学生而死的玛妮老师，她生前就留下遗嘱把遗体捐献给医院作为学生人体解剖课使用。从生到死，她的一生都在做好事，这个让人心动的善良形象使作家也情不自禁地跳出来抒发道："在这名缰利锁的世尘，还有这么一些在生命的天平上富有重量的人们。我默默地向他们合十敬拜!"在《老店主》中，当作者接过老店主找回的上次自己误给的钱时，他真切地写道：

> 不知怎么的，接过这钱，我的手有点颤抖，也许是心灵的颤抖。四百五十泰铢，本是区区的钱，却叫我大半辈子苦苦寻找"诚实人在哪里?"有了较清晰的答案：在底层。

在这里，我们不难发现作家用心去书写底层小人物善良品格的情感态度，也把握到了作家对美好形象意在弘扬的鲜明的价值取向。

3. 在晚景寂寞中艰难度日的凄凉形象。

曾心小说世界中还有一类分量颇重的小人物形象，这类形象大多是一些老年人，他们中有儿女留洋丈夫去世只能依赖与医生聊天来排遣晚年寂寞的李太太（《寂寞病》）；有财产被儿女瓜分，到头来自己落得个形单影只度日艰难而终日痛苦伤心的李伯（《钥匙》）；有儿子接管生意后限制了自己的用钱自由终致精神崩溃老泪横流的老店主陈五（《老泪》）；有年轻时虐待婆婆，年老时被儿子虐待而深受打击"想以一绳子，了却人间一切烦恼"的李嫂（《伏线》）；有儿子们只知道伸手要钱却忘记他的生日而让他备感心痛的老父亲李佳坤（《生日》）；还有指望留美回国开会的儿子拿钱修房救急却没有得到回应而深感受挫导致双双生病昏倒的陈育才老两口（《老两口》），以及呆呆地守望老妻坟墓的老伍（《品茗谈天》）、孤单寂寞死了三天才被发现的无名老人（《窟》）等等，都是属于这一类型的人物形象。虽然这些老人身份地位不同，晚景凄凉的原因也不同，但有一点相同的是，长大成人的子女都不关心他们，甚至不赡养他们，这是导致这些泰华老人晚年孤单寂寞终致精神崩溃甚至走向死亡的最重要原因。而这些子女从小得到父母无微不至的关心和照顾，甚至变卖房产送他们到国外留学，但是儿女受到西方教育的影响，已经背离了赡养孝敬父母的传统美德，正像《老两口》中的陈育才老人在送别儿子后的喃喃自语："孩子呀！你可知道，过去给你的，总是一切先给你。家里没有的，你有；你有的，家里没有。样样都想到你，样样都寄给你。心里只有你！可现在你一成家立业，翅膀硬了，就飞啦。你……你说说，你心中还有你的父母吗？你说说，你……这样做，对得起生你养你的父母吗？"在这里，作者借老人之口喊出了对不孝子女的怨愤和谴责，可以说是句句含泪、声声泣血啊！但我们也分明读出了作家对泰华社会传统文化式微、道德沦丧的悲叹和无奈。可以说作家通过这些泰华老人的凄凉形象不仅有力地批判了年轻一代背弃传统美德的不良行为，同时也热切地呼唤泰华社会传统美德的回归，其中所透露的人文关怀精神十分感人。

4. 在华文情结中守望故国的赤子形象。

曾心小说世界中还有一类十分独特的人物形象，这就是具有浓浓的华文情结，热衷于学习华语教授华语，甚至为了华文教育的薪火相传而执着工作无私奉献的赤子形象。在这里，我们可以看到，不管是《蓝眼睛》中那个热衷于中国文化、研究中国历史、唱中国歌、有着"一颗执着的中国心"的洋媳妇李密，还是《李嫂》中那个六十多岁还坚持到华文夜校学中文、学普通话，并定下家规，在家都得讲汉语的摆水果摊的李嫂，还有《互考》中通过对万里长城具体长度的互考来认知中国文化的林海伯一家三代，《种子》中坚持学华文的老学生"胖妈妈"和她的华文老师李文静，以及《三愣》中卖地捐款资助华校办学的张亚牛，等等，都折射出泰国华人华侨对祖籍国文化和语言的热爱和守望，对民族之根的追寻和确证，以及那种强烈与执着的民族归属感，同时也独特而又动人地揭示出作家心中那个百缠千绕的民族文化情结。

## 二

曾心之所以在他的小说世界里更多地把关注目光投向这么一大批平凡的小人物，我想这与他独特的人生经历，和具有医生及中国高校中文专业毕业生的双重身份是分不开的。

曾心原名曾时新，生于泰国曼谷，祖籍中国广东普宁。年轻时就读于厦门大学中文系，毕业后又去中医学院深造，成为泰国知名的医生。作为一个在祖籍国受过中国传统文化的系统教育又远离祖籍国的泰国华人，对中华文化不仅具有比较深厚的积淀，而且难免会有一种独特的向往和归属感。正是这种向往和归属感，使他在用笔捕捉泰华社会的风物人情时，不由自主地去表现那些具有浓浓的华文情结，热衷于中华文化，甚至为了华文教育的薪火相传而执着工作、无私奉献的赤子形象。从某种意义上说，这一类形象其实正是作家自己那种故国情怀赤子情结的生动演绎。

作为一个具有悬壶济世的医生身份的作家，曾心几乎每天都要与各种各样的病人打交道，这就使他有机会走进社会底层，对底层民众的生活起居、喜怒哀乐也比别的华文作家多了一层了解和熟悉。在他的小说中，我们可以发现，有不少篇章的叙事者都是以医生的身份出现的，如《三愣》《寂寞病》《品茗谈天》等；在一些叙事者不是医生的小说中，如《捐躯》《巷口拐弯处》《三个指头》等，主要人物也是医生。这一方面是因为他自己就是医生，对医生的生活工作比较熟悉，所以他所表现的对象有不少是病人，包括如《三愣》中的张亚牛那样身体有病的病人和《寂寞病》中的李太太那样精神有病的病人。另一方面则是艺术处理的需要。因为运用医生这一特殊的身份进行叙事有助于表现社会底层各色人等，尤其是经济危机影响下小人物的真实生活状态，也有助于作家去发现小人物的善良品格、优秀美德，去深入揭示现代泰华社会的各种病状是如何严峻地影响着无助而又无奈的小人物的生存和发展的。再一方面，从医生到作家，这一转换过程本身就传达了作家希冀从拯救肉体到拯救精神的理想和愿望，正像他在《钥匙》一文的结尾中所说的："我不能帮助李伯解决物质境界的钥匙，只能送给一把打开精神境界的钥匙。"其中所透露的对底层民众的人文关怀深沉而厚重，具有一种打动人心的艺术力量。

总之，泰华作家曾心在他的小说世界中，通过其用心刻画的一个个鲜明而生动的小人物形象，不仅为我们打开了一扇认识泰华社会真实现状的独特窗口，也让我们深切领略到了作家独特而博大的人文胸怀和美学视野。

# 泰华文学的发展及其文化取向*

陆卓宁

斯坦利·苏和德拉德·苏的《华裔美国人的性格和精神健康》一文认为华裔的文化身份构成，受中国传统文化的价值观、美国文化价值观和种族主义三大因素之间相互制约和冲突的影响而最终形成“边缘人”“华裔美国人”和“传统的中国人”三种认同观。① 笔者以为，这也大体适用于描述在两种或多种文化并存下的精神模式、价值观念、情感和追求本真生活的华文文学（如泰华文学）的价值阐释和审美判断。

泰华作家和评论家曾心被称为泰华文坛的“主将”，在小说、散文、诗歌等方面创作甚丰，并且尤以文学评论为其“十八般武艺中的一个强项”（泰华文学领军人物司马攻语），他将近年来发表的59篇文章结集出版。诚如其文集的命名，“给泰华文学把脉”，作者的立意与忧思跃然纸上。而由于“在泰华文学中，文学评论是个很薄弱的环节，写评论的人少，文章也少见，能出文学评论专集的，更是凤毛麟角，寥若晨星”②。曾心既为泰华文坛批评的主将，那么，《给泰华文学把脉》无疑便具有了泰华文坛风向标的意义；同样的，透过曾心的视线，我们不难把捉到泰华文坛的脉象。

《给泰华文学把脉》既涉笔泰华文学发展的脉络、泰华诗文的风景、泰华文坛的纷繁，又用情于对泰华文学先贤故旧的忆念，坦见于对他人或自己文稿的序跋，以一种从容沉稳的姿态，对泰华文学的历史流变及其现实发展进行了一次颇为广泛而深入的“望、闻、问、切”。如果说，文学评论一个重要

---

* 原载《文学评论》2008年第6期。

① 李贵苍：《文化的重量：解读当代华裔美国文学》，人民文学出版社，2006，第41—42页。

② 李润新：《评曾心的〈给泰华文学把脉〉》，见曾心：《给泰华文学把脉》，厦门大学出版社，2005，第1页。

的现实价值和文化功能就在于梳理和指点当下的文学创作和走向，推进文学的发展，甚至引导和提升社会的精神品质和审美素质，那么，作者当有其所秉持的价值理性和文化立场。我们注意到，《给泰华文学把脉》的核心价值理念是贯穿始终的。

对于泰华文学的发展与文化取向，曾心或者直言，或者认同："泰华文学受到中国轰轰烈烈的五四新文化运动的波及与影响"①；"但不管新移民、老移民，甚至是他们的后裔，在他们的文化、文学磨合后，并不是完全'无根'的。在他们作品中还会或明或暗，或深或浅，隐埋着一条不随时光推移而消失的'根'；'中国人无论被西风吹到天涯海角，那片华山夏水还是永远留在心中，人往往是文化的人，对于新移民来说，纵然是失落文化身份，也总逃不脱中国性执念。"中国情结"已作为一种集体无意识不停地唤起飘零游子心灵深处的家园记忆和乡土情感'。这是因为文化是血液里面的东西，任何输血的办法都改变不了它的血质与血型"②。

而随着"进入 20 世纪 90 年代，由于政治转向开明，经济快速发展，泰中友好往来，泰华文学创作环境宽松自由，原来改行从商，或封笔多年的老中作家，纷纷'上岸'与'出山'。……手中那管笔，还能较自如地以笔写心，以笔写大世界"③。于是，这近一二十年来活跃于泰华文坛的作家几乎都进入了曾心的"诊域"：司马攻、梦莉、陈博文、姚宗伟、征夫、黎毅、林蝶衣、岭南人、老羊、白令海、庄牧、刘扬、佟英、黄重先、马凡……透过作者的牵引，我们触摸到了泰华文学的寸口脉搏，但无论"洪脉""细脉"，流贯其间的，根本上说无不是"美善统一"这一中国传统的审美价值观。

"美"与"善"分别属于艺术和道德这两个不同的范畴，经由孔子统一在礼乐之中，始终强调艺术要与"善"统一，要受"善"的检验；始终强调艺术对人格的修养，有助于人心的向善，进而有助于对社会的教化，这就开创了艺术为人生、为道德教化，甚至为社会政治服务的先河，甚至对后来我国文艺理论体系及其审美思维都产生了极其巨大和深远的影响。曾心 20 世纪 40 年代出生在泰国，但却在 60 至 80 年代初这个特定的历史时期，也是其人生思想价值体系建立的重要时期，在祖国接受教育、工作和生活。经历了祖国进入一个整体性的民族反思和价值重构的初期，他回到了泰国，业已形成的

---

① 曾心：《给泰华文学把脉》，厦门大学出版社，2005，第 4 页。
② 曾心：《给泰华文学把脉》，厦门大学出版社，2005，第 43 页。
③ 曾心：《给泰华文学把脉》，厦门大学出版社，2005，第 15 页。

思想价值体系也在与异文化的碰撞和交融中不断获得省思与扬弃，但就审美理念而言，却始终坚持在中华传统价值体系“美善统一”这一“元点”。

例如，他从司马攻“脸上常带笑容，创作积极而从容，对待朋友要多多宽容”[①] 的“三容”变奏曲中读出了作为泰华文学的领军人司马攻有容乃大这一典型的中国传统文士的胸襟和大善；读泰华著名作家梦莉，“不禁为她对中国‘一片赤子之心’而赞叹不已!”[②] 读出了“她的整个内心世界——对中国传统文化的醉心”[③] 的大美。论泰华小说，对反映社会历史现实，阐扬伦理道德，表现出“极强的社会悲剧意蕴”的创作，曾心给予了充分的社会历史价值的确认和感佩。如对黎毅的“苦命小说”、陈博文的“金笔小说”、刘扬的“从平凡的农村和农场生活中，创造出不平凡的作品”、苏醒笔下“商场中的华侨、华裔的挣扎、浮沉的求生史与艰苦的创业史”而“拍案叫绝”[④]；直至对于征夫“选择了历史遗留有待于解决的现实题材”，“选择了农村黑势力坑害贫苦人民的肉和灵的题材”，认为“令人叹服地”，“不得不竖起大拇指”[⑤]。由泰华诗坛，曾心还自觉地关注祖国诗歌的发展，对市场经济意识下祖国诗坛的边缘处境表现出了“铁肩道义”的情怀。他说，“中国自古是有《诗经》、楚辞、唐诗、宋词……中国是个诗国，炎黄子孙的血液里是有诗的基因的”[⑥]，那么，“问题在哪里呢？我想，主要在于现代新诗远离群众，拒绝多数群众的观赏，只满足少数人孤芳自赏。……胸中缺乏那种对祖国和民族乃至全人类的责任感”。他深情呼唤：“我相信，当群众拥抱诗之时，就是诗走向群众，走向群众心灵之日。那时，诗的火山就真正爆发啦!”[⑦] 至于品赏诗文，曾心对于中华传统诗学更是熟稔于心，信手拈来。他推崇“诗品出于人品”，讲求“炼字、炼句、炼意”，强调“文贵乎情”。而情节的引人入胜、人物的栩栩如生、结构的环环相扣这些中国传统小说的章法更是他解读小说的基本要素。跟随曾心对泰华文学的把脉，刘勰的《文心雕龙》、司空图的《诗品》、刘熙载的《艺概》、王国维的《人间词话》等等，这些中国传统诗学的重要著作构成了他审美价值谱系的重要基石。

---

① 曾心：《给泰华文学把脉》，厦门大学出版社，2005，第 56 页。
② 曾心：《给泰华文学把脉》，厦门大学出版社，2005，第 213 页。
③ 曾心：《给泰华文学把脉》，厦门大学出版社，2005，第 216 页。
④ 曾心：《给泰华文学把脉》，厦门大学出版社，2005，第 162 页。
⑤ 曾心：《给泰华文学把脉》，厦门大学出版社，2005，第 152—153 页。
⑥ 曾心：《给泰华文学把脉》，厦门大学出版社，2005，第 109 页。
⑦ 曾心：《给泰华文学把脉》，厦门大学出版社，2005，第 141—142 页。

由此及彼，根本上说，泰华文学深刻地蕴藉着中国传统文化价值体系及其审美意识的历史积淀；“诗，可以兴，可以观，可以群，可以怨”，“文章经国之大业，不朽之盛事”，仍然为泰华文学所恪守，并在整体上成为其价值理性的共同表征。如此，泰华文学在根本上作为“传统的中国人”的文化认同的历史征象便成为一个饶有意味的文化事实。

历史地看，20 世纪上半叶，尤其是 1932 年泰国变为君主立宪的国家而开创了泰国军人干政的先河之后，泰国政府开始实施抑制华文教育以及排挤华侨的政策。但这在造成泰国华侨政治处境更为艰难的同时也强烈地激发了华侨的民族认同感，“叶落归根”意识强势地成为他们社会生存的生命原动力。1955 年 4 月，万隆会议上周恩来总理大力倡导和平共处五项原则，国家鼓励华侨加入居住国国籍，这一有利于保护海外华人华侨利益的明智之举，也带来了华人华侨在居住国政治身份和社会身份的变化和对居住国的国家认同感的加强。进入 20 世纪 80 年代，随着中泰睦邻友好关系的健康发展，第三、第四代华人华侨与泰族人在血缘、民俗、宗教、文化等方面日益融合，国家认同也已基本明确，进而开启由“叶落归根”转向“落地生根”的生命迁徙。

然而，从根本上说，认同是不同的政治话语系统对话、斗争和妥协的结果，政治意义层面的国家和社会身份认同的解决并不表明文化认同的根本解决。具体到泰华文学，曾心所以坚持认为“文化是血液里面的东西，任何输血的办法都改变不了它的血质与血型”，这里，至少应该包含两层既有关联但又有着明显区别的文化心理和价值取向的意义。

一方面，或许随着由于接受国家认同（加入泰国籍成为泰国公民）而在实际上获得了作为公民的社会权力的法律保障，并在经济层面的意义上进入了或者富庶，或者自得的中上层社会——泰华文学的作家主体大都由此构成，但是，他们永远不可能在根本上完全进入社会的主流。同理，与居住国多重文化的交融随着代际的不断繁衍和社会历史而不断延展，从祖根文化传统那里继承的文化因子也会逐渐流失和减弱，这是不可抗拒的同化力量的必然结果，但是这无法在根本上改变这一群体仍然是居住国的少数族群的历史文化事实。所有这些尴尬处境往往会或隐或显地激起他们越过政治意义上国家认同的层面而进入对祖根传统文化的忆念。对他们而言，当生存被文化错置或重置之时，人生难免无所适从，而此时，留存在生命深处的文化传承也许能让他们的生存获得一定程度的方向感和些许确定性。这应该也具有海外移民文化心理的普遍意义。

另一方面，也是泰华文学文化认同区别于其他国家移民的文化认同的突出所在。诚如曾心所言：“由于我从小喝过湄南河之水，年轻时又喝过‘龙国’之水，加上血液里流动着炎黄子孙的基因。因此，我虽身在泰国，是泰国的公民，热爱这里的一草一木，一山一水，一丘一壑，腔里那颗跳动的心，时时系着这块热带温润的黑土地上，但中国的锦绣山河，温馨的友情，浓烈的亲情、乡情，也不时像个‘恋人’，‘偷’去我一瓣的心。”① 可以说，这些无限温润的话语无不是泰华文学文化认同集体无意识的事实外化。诚如《给泰华文学把脉》作为泰华文学文化认同的一种范型，其对中国传统文化价值体系及其审美意识这一价值理性和文化立场的坚持，无不表明其主体意识始终深刻地蕴藉着根深蒂固的“中国结”。在他们看来，中华文化是世界优秀文化的重要表现，具有不可替代的丰富的人文思想和价值传统。他们即便热爱泰国这片已经可以称为自己的国家的黑土地，但是他们不可能忘却和离弃一种源远流长的伟大文明，而出于某种功利的目的去追求被另一种文化的完全同化。因此，他们甚至可以坦然地面对异文化下的文化失衡或种族的不平等，更通过文学叙事在意识形态和无意识文化心理中呈示出来。从这个意义上说，他们是一批居住在泰国这个“自己的国家”，却以中国传统文化价值观作为行为准则的特定意义的“传统的中国人”。

然而，对于泰华文学的创作现状，泰华文坛本身则弥漫着普遍的忧虑。司马攻曾坦言：泰华文坛“多是人间六十翁”，“他们苦苦地拉着一条历史的绳，绳的一头是时势的现实。‘老黄忠’苦拉着一头是古老的文化。全心全意苦心拉着，恐怕把绳头一放，七十年来的‘泰华文学’就要中断了”②。曾心也直言不讳，“泰华作家队伍中尚未形成能够接班的年轻作家群。新移民虽有一些，……但是他们的作品多数就写这些个人复杂的精神世界，较少有泰国本土的特色”；“要是对泰国社会和各阶层人物没有深入了解，就无法写出具有泰国文学特色的作品”，“由于历史政局的因素，华教整整‘中断’了一代人，造成目前未有本土年轻作家群来接班”③。显然，这些表面看来是关乎泰华作家队伍、创作传承、作品题材等文学现状的忧虑，从根本上说，不能不是作为少数族裔的主体间性及其身份认同与文化坚守的精神困扰。

国族身份与文化认同的悖谬，势必带来居住国主流话语的接纳态度、程

① 曾心：《给泰华文学把脉》，厦门大学出版社，2005，第258页。

② 曾心：《给泰华文学把脉》，厦门大学出版社，2005，第10页。

③ 曾心：《给泰华文学把脉》，厦门大学出版社，2005，第11页。

度如何，作家本身的价值理性如何建构，以及文化心理积淀的祛魅等多重精神缠扰。而在文化错位与话语权未能获得充分实现的状态下生存，是否存在建构“理想的华裔认同观”的可能性?[①] 后殖民主义理论家霍米·巴巴拒绝本源性的民族文化认同，而选择矛盾、混杂、协调和双重身份的观念所以产生深远的影响，无异于表明在全球化异民族意识与文化碰撞呈混杂和胶着状态、中心与边缘不再泾渭分明的态势下，所谓“理想的华裔认同观”也只能是一个语焉不详的“伪问题”。

直言之，以少数族裔的身份参与到居住国的文化发言，无论居住国主流话语接纳与否，这已经在事实上使本身的文化发言——泰华文学构成了泰国文学的一个组成部分。因此，就创作主体而言，无论你流淌着怎么样的与生俱来的祖根文化的血液，无论你如何地敬畏和热恋自己的民族，但是，如何因应全球化态势并在认同与坚守间构筑起“跨越边界”的现代意识和叙事维度，这应该是当今泰华文坛对于创作队伍的传承问题所应有的集体省思，也是泰华文学发展的现实状态所给出的历史命题。唯其如此，或许能够促进对泰华文坛“多是人间六十翁”的现状的改变，促使生长于异文化交流频繁的后现代的泰华第三、四代，随着华教的恢复和活跃，而成为“本土年轻作家群来接班”，并经由他们承继和担当起祖根文化与“自己的国家”的文化交流与发展的现代使命。这应该是可望亦可及的“文化想象”。

同样，由“落叶归根”进而“落地生根”的生命迁徙，从某种意义上讲，它解决的恐怕只是现实生存的基本问题，而并不意味其主体已经完全寻找到了“灵魂的栖息地”。不错，在荣格看来，人的文化基因的惯性与力量，或者说绝对统治力，有时是强大到无法想象的。但是，如果以为这就可以成为一种深信不疑的理由，而安然于自顾自地演绎着一个单一的历史空间、一个单一的族群的“故事”，且这样的“故事”也只是在一个单一的族群里自顾自地自行消费；乃至如同有的人以为的，被边缘化的少数族裔，继承自己的文化传统，坚持自己的文化习俗反而是更好的选择，因为只有那样才会使人类的多样性得以形成并获得保持[②]。且不说在当今全球化语境下的任何一个民族，即便是以绝对的主流状态生活在“自己的国家”而企图想保全自己完全纯粹的民族文化思维与社会文化心理的可能性有多大，更不用说生活在异文化下

① 李贵苍：《文化的重量：解读当代华裔美国文学》，人民文学出版社，2006，第43页。

② 李贵苍：《文化的重量：解读当代华裔美国文学》，人民文学出版社，2006，第49页。

的少数族裔对祖根文化的纯粹性的保全。只能说，我们无从想象，这种所谓的为了“多样性”而付出的“坚守”，除了继续被迫充当扮演“他者”的角色而仍然“被看”之外，还可能对“人类的多样性”提供多少价值？在话语中心者看来，少数族裔的奇异、神秘，甚或虽然已经成为物质的富有者但仍然处于话语边缘的尴尬和焦虑，这些都只是验证其强大神话的工具而已。“他者”视角的确定，实质上是一种霸权文化的产物，是对话语中心者理性文化的补充。著名后殖民主义批评家萨义德曾说：“我是个巴勒斯坦的阿拉伯人，也是美国人，这所赋予我的双重角度即使称不上诡异，但至少是古怪的。此外，我当然是个学院人士。这些身份中没有一个是隔绝的；每一身份都影响、作用于其他身份。……因此，我必须协调暗含于我自己生平中的各种张力和矛盾。然而值得注意的是，这种身份认同的设定并不是为了排除异己（‘异’于自‘己’的他者），而是为了更宽广的人道关怀。”① 这无疑彰显出异文化下少数族裔如何“坚守与认同”的价值立场，其应对“残酷”的当下世界文化世相而充满体验的“现身说法”，或者说“策略”。这对于泰华文坛的主体及其理性建构当然具有很强的启示性。而且，文学作为人的本质力量的对象化，它无疑要在根本上透视人类的共同性，这与坚守族性文化传统并无矛盾。与其把主流话语视为一种“异己”，或者一种挑衅和威胁，莫如看作是多元文化态势所提供的又一个机遇。某种意义上，这未尝不是文化错置下少数族裔的一种“宿命”。

当然，对于曾心对泰华创作“对泰国社会和各阶层人物没有深入了解”的批评，对有更多的“本土年轻作家群来接班”的希冀，我们更愿意相信，这表明泰华文坛已经开始自觉或不自觉地意识到，在世界多元文化语境下作为居住国的少数族裔对“传统的中国人”的反省及其价值理性重构的必要性，从而实现跨文化建构的根本意义，对于泰华文坛后继乏人的普遍忧虑。我们也愿意认为，这恰恰表明其主体也已经在自觉或不自觉地“协调暗含于我自己生平中的各种张力和矛盾”，努力在实现对“传统的中国人”的扬弃的过程中，以跨文化的姿态通达“更宽广的人道关怀”的“彼岸”。这既具有海外华文文学“生存策略”的普遍意义，也同样应该是泰华文坛获得进一步发展和提升的可望亦可及的“文化想象”。

---

① ［美］爱德华·W. 萨义德：《知识分子论》，单德兴译，陆建德校，生活·读书·新知三联书店，2002，第 2 页。

# 寓万于一，以一驭万*

## ——漫说曾心

吕　进

小诗是汉语新诗的重要品种。

1919年到1922年，冰心、周作人、康白情、汪静之、冯雪峰、宗白华他们掀起小诗的第一波。冰心的《繁星》和《春水》奠定了小诗在新诗发展史上的地位。朱自清说："到处作者甚众。"

初期的新诗主要是从西方诗歌寻求出路，小诗开辟了向东方诗歌借鉴、向唐诗的绝句小令继承的新路。道路越多，诗歌就越繁荣。

20世纪80年代，小诗再掀高潮。这既是对冰心他们遗产的珍视，也是对新诗冗繁风气的反拨，和外国诗歌的关系不大。那个时代，除了流行的三五行、七八行诗以外，有的小诗小到甚至只有一行：

少女心爱的镜子，把少女弄丢了。（方鸣）

碑上的字都能经住历史的风雨吗？（纪鹏）

青蛙！一年又一年，你就总重复着一个调子的歌么？（孙立洁）

这些小诗，审美价值可不小，诗学价值可不小，辗转模仿的人群可不小。今天的中国，小诗也在继续活跃。

近年在泰华文坛上小诗也开始露头。

最先是台湾诗人林焕彰在他主编的泰国《世界日报》"湄南河"副刊推出刊头诗，篇幅在六行以内的刊头诗其实就是小诗。经过几年的跋涉，2006年，

---

* 原载《中外诗歌研究》2008年第3期。

岭南人、曾心、博夫、今石、杨玲、苦觉、蓝焰，再加上林焕彰，在曼谷组成“小诗磨坊”，泰华小诗诗人就吹响集结号了。

诗磨不停，诗香遍地。

正是在这样的语境下出现了曾心，他的《凉亭》是泰华文坛的第一部小诗集。

曾心的小诗写社会，写大自然，写爱，写同情。在他的笔下，小诗不小，真是“一花一世界，一叶一佛来”。读读《卵石》：

本来有棱有角
被岁月磨成
滑滑圆圆

无论走到哪儿
只是一个“0”

说卵石没棱没角，这样的诗句好像是常见的。但是圆滑的卵石只是一个0，就是曾心的发现了。对现实的形象把握，对人生的情感评价，对世界的诗意裁判，尽在笔墨之外。

小诗有它的文体可能，也有它的文体局限。世界上没有万能的诗体。曾心的诗告诉我们，小诗的基本特征是它的瞬时性：瞬间的体验，刹那的感悟，一时的景观。给读者一朵鲜花，让读者去领悟春天的喧闹；给读者一片落叶，让读者去悲叹秋天的寂寞。瞬时性不是对小诗的生命的描述。瞬时性来自长期的情感储备和审美经验的积淀。“蚌病成珠”。优秀的小诗正是这样的情绪的珍珠。

跳出母亲的怀抱
追风逐雨

咯咯的笑声
突然撞到山脚
碎了
洒下尽是泪

——《浪花》

恐怕没有见过浪花的人绝无仅有吧！但是这样看浪花的，只有曾心。好像是一时的景观，但是又蕴涵了多少经历，蕴涵了多少情感？这是属于曾心的浪花。好的小诗是开放式存在，它在等待读者的介入与创造。它在多义性、多感性、多时性里获得永无终结的美学效应。聪明的读者会从有限的浪花里领受无限，从瞬时的浪花里妙悟永恒。

小诗是多路数的。有一路小诗长于浅吟低唱，但需避免脂粉气；有一路小诗偏爱哲理意蕴，但需避免头巾气；还有一路小诗喜欢景物描绘，但需避免工匠气。从诗人来说，艾青是天才，以气质胜；臧克家是地才，以苦吟胜；卞之琳是人才，以理趣胜；李金发是鬼才，以奇思胜。

无论哪一路数，小诗都不好写。或问，制作座钟难，还是制作手表难？答曰：各有其难。但是制作手表更难，原因就是它比座钟小。

因为小，所以小诗的天地全在篇章之外。工于字句，正是为了推敲字句。海欲宽，尽出之则不宽；山欲高，尽出之则不高。无论何种路数，小诗的精要处是：不着一字，尽得风流——

本来软绵绵
熬煎后
赤裸裸
紧紧相抱

不管外界多热闹
此时，只有他俩
——《油条》

诗人在议人生，诗人在谈爱情。他议了吗？他谈了吗？他只给了我们一根最普通不过的油条啊！

曾心的小诗我觉得是偏于理的。他的许多给我留下深刻印象的作品都有哲理。不管何种小诗，尤其是以理趣胜的小诗，切记要忌枯。

无象则枯。

诗之理是有诗趣之理，忌直、忌白、忌空、忌玄。小诗要与格言划出界线，要同谜语分清门庭。

春之精神写不出，以花朵写之。秋之精神写不出，以落叶写之。诗人要善于以“不说出”代替“说不出”，以象尽意。

曾心为读者创造了多少意象！他的诗好读，又耐读。他的那些意象“寓万于一”，又“以一驭万”，很明白，但又饱含暗示，意象之外，有好开阔的天地啊！

本是心中一团火
要为人类事业燃烧

无奈受到压制
使我一直处于
忍与爆之间
——《火山》

忍字是心上一把刀。这是火山，这不是火山。

自见到了天日
便一股劲儿往上长

等到满头皆白
始悟：
挺立遭风险
灵活“摇摆”的重要
——《芦苇》

势利是世人所鄙所恨的。这是芦苇，这不是芦苇。

长大了
越来越看清楚
天空比不上土地

越老越把头低下
——吻自己的根
吻养育的土地
——《老柳》

老，是成熟，是彻悟。这是老柳，这不是老柳。

由曾心的老柳，我想到了小诗诗人。说来奇怪，在中国，染指小诗的年轻人不太多见。小诗的诗人群往往年龄偏大，诗龄偏长。在海外好像也如此。林焕彰和我同年。通过信，相互关注，但我访问过台湾三次，可以说几乎认识所有台湾的知名诗人，居然至今与他没有见面之缘。曾心长我一岁，所以我老称他“诗兄”。

为什么更多的老诗人倾心小诗？这是老诗人对漫漫人生路的领悟，这是老诗人对诗的“个中三昧”的领悟。所谓“删繁就简三秋树”，所谓“繁华之极，归于平淡”。“就简”是诗艺的高端，“平淡”是人生的高端，所以，小诗实在是高端艺术。

“代有偏胜”。在生活节奏大大加快的当代世界，小诗将会引领新诗风骚吗？无论在中国，还是在泰国，这也许并不是痴人说梦吧？

# 略论曾心语言的艺术风格*

李润新

参加第十五届世界华文文学国际学术研讨会和第七届东南亚华文文学研讨会，我们都为海内外华文文学研究的日益繁荣而感到欢欣鼓舞，也为海外华文文学研究队伍日益壮大而欣喜振奋。

但是，纵览两个研讨会的论文内容提要和众多海外作家作品后，尽管论文研究的广度和深度都已有所拓展，尽管作品的思想和艺术性都有所提高，而华文文学语言研究和文学语言修养却仍显薄弱。

主要表现在以下三个方面。

1. 论作少：论及华文文学语言的论著，只是凤毛麟角。各家论述作家及其作品时多着重从思想内容和形象塑造方面来阐述，很少有专论其文学语言的章节，即使偶有论及，差不多也都是在一章的末尾概述一小段，或三言两语，一带而过。

2. 语言旧：不少作品的语言，仍是二十世纪五十、六十、七十年代的语言，甚至有读五四时期现代文学作品的语感。这好像一个当代青年男女不入时，穿着一身过时、陈旧的衣服一样，有失美感。尽管语言有相对的稳定性，但它也必须与时俱进，有新鲜感和时代特色。语言上不能让人有代沟的隔膜感。

3. 不规范：各国不少华文作品语言不够规范，掺进过多的方言土语和所在国的音译词语，让人难以顺畅地读懂，使作品平添了语言障碍，既影响读者的阅读效果，也影响作品走出本国，登上世界文坛。可见，文学语言规范化是华文文学在信息时代所急需的，是实现国际文学交流的必由之路。

诚然，海外华文作家要克服以上三点，比生活在母语大环境中的中国作

---

* 原载《曾心作品评论集》，泰国留中大学出版社 2009 年版。

家要难得多；但是只要注重文学语言修养，经常阅读海内外当代名家名作，从中吸取文学语言营养，自觉锤炼自己的语言，是会使自己的文学语言艺术造诣“芝麻开花节节高”的。

泰华著名作家曾心先生作品的语言就既规范又富有鲜明的民族特色、时代特色和个人的艺术风格，在文学语言修养上达到了较高的艺术水平，堪称一位文学语言运用的楷模。他在文学语言艺术造诣上，具有博采百家，汇其所长；千锤百炼，锲而不舍；风格朴素，风趣幽默等特点。赏析曾心作品的语言，宛如品尝艺术盛宴，言有尽而味无穷。

## 一、博采百家　汇其所长

曾心在文学创作上，是一位有着充分准备的作家。他是厦门大学中文系的高才生，除了在课上学习中国古代文学、现代文学、当代文学、外国文学、文艺理论、文学写作、现代汉语、古代汉语等中文基础理论、基础知识和基本技能的课程外，还于课下如饥似渴地阅读了许多古今中外的文学名著，特别是中国古代诗词和古典小说，给他潜移默化的影响更是深入骨髓。他的文学生命之根深深地扎在中国文学广袤的沃土中，从中吸收取之不竭的营养。

学生时代的曾心，在美丽的厦门大学校园里，已是一棵茁壮成长的文学幼苗。他开始进行文学创作，其短篇小说《展翅飞向光明》获得了《鼓浪》征文比赛小说奖（每文种只一名）。

博览群书，是作家走上文坛，攀登文艺高峰的阶梯。曾心读书、买书、藏书成癖，他是泰华作家中有名的藏书家之一。中国古今文学名著和畅销不衰的文学作品，他几乎都千方百计地买入书库，并先睹为快。他很注意中国图书出版的信息，注意哪位作家及其作品又脱颖而出，在文坛引起了热评。中国文艺界出现了什么重大事件，乃至又刮起什么文艺风潮，他都十分关注，并仔细思辨。他与中国当代文学保持着息息相关的联系，从研读新作品、新文论中不断吸收新鲜的文学营养。曾心曾写出《朦胧诗之树的凋零——从顾城之死谈起》《借他的阳光照诗坛的冷处——从艾青的太阳陨落谈起》《文艺天空的“风”》等文论性的散文，从中可见他对著名诗人艾青、对朦胧诗及顾城、对中国文艺界的风潮，都有所研究，有所辨析，否则是写不出那样有真知灼见的文章的。即使中国一般作家也难于写出如他那般有见地的文论。从中亦可见曾心阅读当代文学作品的范围多么广博。正是在这样长年不断的博览群书的过程中，曾心如鱼得水，博采众长，充实自己，他的文学造诣日益提高，他的文学语言功底也日益深厚。

曾心对海外华文文学发展态势也很关注。多年来，他不辞辛劳，到东南亚各国、中国各省市参加华文文学研讨会，以文会友，互赠作品，切磋技艺，交流经验，从中学到了各国新老文友的长处。人们常说："多一个朋友，多一条路。"一个作家，多一个文友，也会多学一种创作技艺，多增长一些见识，使自己的文学视野日益扩展。在第十五届世界华文文学国际学术研讨会和第七届东南亚华文文学研讨会上，我与曾心同住、同吃、同参会，深感他结识的各国新老文友简直是遍天下。他对许多文友都有所认知，对他们的作品都有所研读，研究曾心的学者也与日俱增。我为好友曾心正在以矫健步伐从泰华文坛迈上世界华文文学文坛而高兴。

曾心对本国的泰华文学更是倍加关心。司马攻、梦莉、黎毅、陈博文、倪长游、吴佟、白翎、老羊、饶公桥、岭南人等众多文友的作品，六家华文报副刊上的新作，以及青年文学爱好者的作品，他都认真阅读，有的写出读后感，有的应求写出序言，像《散文名篇"真迹"》《"三容"变奏曲》《黎毅和他的"苦命小说"》《一幅幅热带现实农村图景——刘扬的创作结晶与心路》《琴思钢与他的叙事诗》《泰华年轻女性的微型小说》《泰华散文苑里的蓓蕾》等文论，都是他研读文友作品写出的论作。他还写了两篇为泰华文学"把脉"的论文，并以《为泰华文学把脉》为书名出了一本文学评论集。从中可见他与泰华文学同命运、共发展的赤胆忠心，也可看出他善于从周围的文友及其作品中取其所长来充实自己的谦逊美德。

"为文者，富于万篇。"曾心是一位文学写作的多面手，他在文学语言上的高超造诣和深厚功底，在小说、散文、诗歌、文学评论等作品中都多有明显的表现。近年来，曾心的小说、散文、诗歌、文学评论均获丰收，获得广泛的好评，连连荣获大奖，跟他博采百家、汇其所长是分不开的。

## 二、千锤百炼　锲而不舍

中国伟大诗人杜甫的名句"为人性僻耽佳句，语不惊人死不休"千古传诵，已成为许多海内外华文作家在文学语言修养上的座右铭，并早已形成了源远流长的在语言上千锤百炼的优秀传统。诸如"吟安一个字，捻断数茎须"（卢延让）、"两句三年得，一吟双泪流"（贾岛）、"形骸已与流年老，诗句犹争造物功"（陆游）、"看来字字皆是血，十年辛苦不寻常"（曹雪芹）等传诵不已的名句，就是诗人炼字的心血结晶。

曾心继承和发扬了这种优良传统，他不愧是一位在语言上千锤百炼的华文作家。他曾写过一篇《炼字·炼句·炼意——我的读书笔记》，这在泰华文坛乃至世界华文文坛实属难得的专论文学语言的论文。曾心在文章中，提倡华文作家应以此“三炼”的精神来要求自己，不断提高自己运用语言的功力。他是这样说的，也是这样做的。写作时，他确实是以此“三炼”来严于律己的。每篇小说、散文，每首诗，他都千锤百炼、精益求精、锲而不舍，努力做到“捶字坚而难移，结响凝而不滞”（翟灏《通俗篇》卷上）。我们可从以下三方面来看曾心在文学语言上的锤炼功底。

（一）善选动词

众所周知，在各语种中，动词都是其基础。汉语因是形、音、义三位一体的表意文字，是“以字为本位”的，所以在炼字过程中善选动词就更为关键。动词选准确了，会使作者描摹的对象神采飞动、活灵活现。

曾心在善选动词上有着不凡的功力。我们不妨略举三例。

> 他嘴唇发紫，手脚颤抖，钱与书都掉在地上。回到家里，便一命呜呼！（《窃名》）

这是写老文人发现窃名者剽窃了自己毕生心血写成的《国脉日夜流》时，尽管已“服了四颗活心丹”，但是他还是气得“嘴唇发紫，手脚颤抖，钱与书都掉在地上”。这里一个动词“掉”，就把这个一向逆来顺受的老文人气极状、悲苦状、崩溃状、无奈状都显现出来了。作者选用这个“掉”字，而不是用气极的“摔”字，或“砸”字、“抛”字，既符合老文人的懦弱的性格逻辑，更能神情毕肖地表现他一命呜呼的悲惨命运，也让同情老文人的读者心存“哀其不幸，怒其不争”之慨，并激起富有正义感的读者对窃名者的入骨之恨。

> 突然老陈霍地站起来鼓掌：“猜哟！我们赢了！”
>
> 刹那间，荧光屏上出现北京城一片欢腾。一条大横幅亮出：“我们赢了！”（《三杯酒》）

> 孩子们一听都乐了，即刻把酒杯举得高高：“爸爸，干杯！”“干杯！”爆起一阵“猜唷”声。（《三杯酒》）

这三段中选用的动词都是很精确的，可说是一字不易。特别是那个“亮”字和“爆”字，真是传神、出彩之极。一个“亮”字，把奥运欢腾之喜、圆梦之喜都最充分、最圆满地彰显出来了；一个“爆”字，把全家奥运之喜庆、学汉语之志向、三代人之欢欣鼓舞的热烈气氛，无须再多一字，都淋漓尽致地表现了出来了。

> 顿时，她整个的心，好像被那女人的“柔声”掏走了似的。（《盯线》）

作品是写太太怀疑丈夫有婚外情。在结婚一周年纪念日，丈夫买了一瓶法国香水给太太，太太却买了一部“大哥大”给丈夫。买个“大哥大”给丈夫，意在监控丈夫的行踪。果然她在第三次打电话中，就听到一个女人与人去卡拉 OK 约会的“柔声”。而这“柔声”立刻“掏”走了她的心。作者选用了动作性、可见性很强的“掏”字，来形容她的别人看不见的无形的心理状态，真是妙极了，一个“掏”字胜似细腻入微的心理描写的千言万语。

（二）善于提炼大众口语

文学语言和现实生活的关系是密不可分的。语言艺术大师老舍先生说：“到生活中去，那里有语言的宝库。”又说：“语言脱离了生活就是死的。”这话十分精辟，也十分深刻。一个作家，应既有生活的宝库，又有语言的宝库。曾心就是一位拥有较丰富生活和语言双宝库的华文作家。

曾心的语言宝库来源有三。

其一，直接来自生活，“将活人的唇舌作为源泉”（鲁迅语）。

曾心是自觉地博采口语的作家。读过他的散文《农村旧事情趣》《大自然的儿子》《再访“大自然的儿子”》《从广州来的小肥女》等作品的读者，都会赞叹他在深入生活的同时，采集活在人物唇舌上的口语的功夫。写农村老妈妈，其叙述语言和口说语言，完全是经过提炼加工的口语，散发着农村浓浓的乡土气氛；写“大自然的儿子”，其行、其言、其体、其情，无一不充满农村特色，其语言也是透着泥土芳香的口语；写广东来的小肥女，一言一行无不显出小肥女机灵、活泼、顽皮的性格特征，其语言也都洋溢着现代儿童口语的特点。这样随人而异的提炼并运用口语的本事，没有充足的口语库，没有运用自如、千锤百炼绕指柔的功力，是做不到的。

其二，间接来自阅读现当代文学作品。

中国是汉语的故乡。当代中国作家在博采口语上有近水楼台先得月之便，其作品语言一般说来都直接来自大众的口语。海外华文作家应多多阅读中国的优秀作品，从中间接吸收大众口语。曾心在海外华文作家中，是阅读中国作家作品较多的一位作家，这也是他语言宝库得以不断充实的途径。

其三，间接来自古典文学名著。

曾心自青少年时代就酷爱读书，中国的《诗经》、《楚辞》、唐诗、宋词、唐宋八大家散文、明清小说如《三国演义》《水浒传》《西游记》《儒林外史》，以及大量古代短篇小说等，他都百读不厌，从中汲取的古词语，丰富了他的语言宝库。

（三）善于选用有生命力的古汉语词语

中国现代汉语是从古代汉语发展、演变而来的，古汉语中许多生生不息的词语、佳句，是现代人应传承并运用下去的。伟大的文学家、语言艺术大师鲁迅先生曾说："没有相宜的白话，宁可引古语。"

曾心深谙此理，他的古文修养也较为突出。在不少小说、散文中，他都很恰当地引用一些古诗词、古词语和成语，或融入自己的叙述语言中，或插入人物语言中。由于这些古诗词、古词语和成语都是汉语的精华，具有很强的概括力和表现力，往往寥寥一两个词语、一两句诗就胜似一百个字的客观描述。

如在散文《琼花何处寻》中，曾心借一个人之口，连引了四句赞美琼花的佳句：

千点真珠擎素蕊，一环明玉破香葩。
四海无同类，唯扬一枝花。
疑是八仙乘皓月。
琼花玉树属仙家，未识人间有此花。

这些诗句把琼花的艳姿丽质都绘形绘色地描画了出来，含有无穷的情韵，比用直白的描写确有"一以当十""一字千金"之妙。

又如在《大自然的儿子》《心追那钟声》《三杯酒》《窃名》等散文、小说中，曾心都引用了不少名诗名句，大大增添了作品的艺术感染力，也给作品带来了意味深长的、优美的诗情画意。

曾心善于选用成语、谚语、俗语、歇后语、惯用语、人生格言等，几乎每篇散文和小说中，他都恰当地选用一些熟语，诸如“岿然不动”“心诚则灵”“天方夜谭”“兔子尾巴——长不了”“打破砂锅问到底”“耳边风”等。这些熟语皆凝聚着劳动人民的智慧，他都运用得很合适，大有锦上添花之妙。

## 三、朴素自然　风趣幽默

曾心早已形成了独特的语言艺术风格，这是他艺术上成熟的标志。他的作品的叙述语言和人物语言，都很精炼、朴素、自然。初看，似乎平淡无奇，不滥用修饰，毫无斧凿痕迹，一切都自自然然、朴朴素素、直直白白、平平淡淡，像是脱口而出，宛如行云流水；细品，越品越香，越看越美，“清水出芙蓉，天然去雕饰”。正如著名词人苏轼所说：“凡文字少小时，须令气象峥嵘，彩色绚烂。渐老渐熟，乃造平淡。其实不是平淡，绚烂之极也。”曾心的朴素自然的语言风格表明他语言艺术造诣已达“绚烂之极也”。

曾心提倡“以情御言”，他在《泰华散文苑里的蓓蕾》一文中，深有体会地说：

> 当我们写得入神时，就会完全进入我们所要写的境界，顺其生活的真实，充分地表现情绪，自然而然地流露出纯真的语言。那种“以情御言”的语言，不仅在自然中显出修辞的技巧，而且往往荡漾着一种飞动的灵气！

这段话，是曾心几十年写作经验的结晶，对青年作家乃至所有华文作家在语言运用上都很有借鉴和指导意义。

他的作品都可说是“以情御言”的范文。如《我的一天》中，作者从早晨起床写到晚上入睡，饶有兴致地相继写了日常生活、工作、创作，看似流水账，实则句句充溢着乐观向上、热爱生活、家庭和美、追求高尚的情趣。而这种情趣顺着生活的真实，从作者笔端顺畅地流淌在纸上，生活、情绪和语言水乳交融地合而为一，生活美、艺术美、情趣美、语言美合成美味佳肴的盛宴。请品赏如下一段：

> 下午，有些商事要办，驾着轿车出去。不料在半路上车子抛锚了。怎么办？我急中生智：雇出租车拉车！我频频举手，一辆辆出租车都坐着人。过了十分钟，我急得像热锅上的蚂蚁。骤然有一辆红色轿车急刹

车，停在我的车前，走出一位文静的青年，说：“来！我帮你拉去修理！”我愕然望着他，连说：“谢谢！”他把我的“死”车拉到一间车坞修理。我马上把一张500泰铢的钞票塞进他的口袋里。谁知他把钱退还我说：“只做了一点小事，如收了钱，就没功德了！”回家后这件事老在脑海里转，觉得在现今的金钱社会里，这样的好青年，真是百里难挑一。假如我有个女儿，就嫁给他吧。因而我坐在案上，凭着这一灵感来潮，很快动笔写成一篇小小说《如意的选择》的初稿。写完后，对着挂在墙上的全家福，相片中只有我老伴是女的，其他都是男的，不禁自笑：“我只有一个儿子，哪有女儿可嫁呢？”（《我的一天》）

这段描写，宛如朴素自然的素描连环画儿，顺着作者车抛锚后“急得像热锅上的蚂蚁”，到对青年相助的“愕然”、致谢，再到由感动而到“灵感来潮”，最后面向全家福趣味深长的“自笑”，作者的情绪如潺潺泉水，浸透在现实的生活中，“以情御言”，语顺情出，很自然、很流畅、很贴切，毫无雕饰，毫无枝蔓，读者顺其情而共鸣，顺其语而释其意，而后又沉醉在那创作后“自笑”的乐趣之中，有一种妙不可言的美感享受。

擅长白描，是曾心语言艺术的一个突出特点。

白描，是中国传统的绘画技法，其特征就是用简练的线条，勾勒出形象来，不点染，去烦琐，不重形似，而重神似。古今语言艺术大师据文画相通的原理，使之成为一种刻画人物、描写事物的艺术表现手法，去粉饰、减烦琐、多动态、少静止，住往“寥寥几笔，神情毕肖”。

我们不妨举《农村旧事情趣》的两段白描的画面欣赏一下。

我喜欢放风筝，中午一有空，就往田野里跑。风来，风筝被我一跑，就拉上天空去了。而没有风，我就吹口哨。哈！口哨往往似仙笛，一吹，树梢就摇动了，风真的吹来了。

我们一听到“得笃得笃”的摇鼓声，就如一群喜鹊，奔出家去，在半路上拦住他，便大姑丈长，大姑丈短，叫得好甜啰；而大姑丈就像弥勒佛那样乐得合不拢嘴，“呵呵”地把担子放下，从衣袋里掏出一把糖果，每人两粒。我们一群孩子接过糖，合掌一拜：“谢谢大姑丈！”

这两幅农村风俗画，作者用简洁、明快的词语和一系列富有动感的动词，把人物、情景都形象鲜明地展现在我们眼前，我们如见其人、如睹其景、如闻其声，仿佛身临其境一般，其形、其神、其情毕肖。

曾心的作品中大都荡漾着一种乐观、风趣、幽默的情调，读者常从字里行间看到作者自娱自笑的神情，被引得也跟着笑了起来，在艺术的美感享受中更加乐观向上。

如在《三杯酒》中，当老陈夫妇得知奥运会赢了的特大喜讯时，老伴儿听了老头子“赢”字怎么解释后，说：“哎哟！看你平时像头蠢猪，怎么今天变得这么聪明?”“我也不知怎么的，脑子会这样豁然开悟。”这句老伴儿骂老头子“平时像头蠢猪”的话，真是典型的“打是稀罕骂是爱”，此处听来，真让人忍俊不禁，为这老两口以笑骂示爱的语言而受感染，内中的情趣真是余味无穷。

又如：

> 小妮托着下巴，凝神地听着。当公公讲到长城的长度时，小妮的黑眼珠滴溜溜地转动着：“公公，长城有多长呀?”她也想考一考公公。
>
> “哦！很长！很长！长到见不到边。”
>
> “公公，究竟有多长呀?”小妮故意再追问。
>
> “这个……这个……”林海伯霎时脸皱成大疙瘩，老半天“这个这个”，就是讲不出具体长度来。最后，他勉强作了一个手势：“那长嘛！努！长到佛统府呢！”
>
> 小妮噗哧一笑，张着鬼脸，也作了一个手势。
>
> 林海伯瞪眼一看，嗨！是个“大鸭蛋”。他脸上露出难为情的憨笑。(《互考》)

这段文字，简直是个相声表演的片段，逗得读者笑出声来，那对话、表情、动作，都堆满了情趣之乐。而爷孙二人的亲密关系及可爱的形象也凸显在眼前。此情趣的内涵也很深长。

曾心作品中的主人公，大都是华人，都充满了他提倡的“华人味”。即使偶尔出一个蓝眼睛的“洋媳妇”，也有一颗“中国心”。他在文学语言上，也几十年如一日地执着地追求民族化。老舍先生在《青年作家应有的修养》中指出：

所谓民族风格，主要是表现在语言文字上。我们的语言文字之美是我们特有的，无可代替的。我们有责任保持并发扬这特有的语言之美，通过语言之美看到思想感情之美。

曾心创作的正是用富有中华民族特色的语言文字之美，来表现华人思想感情之美的作品。除了已论述的上述民族性的特点之外，他还是全面运用汉语的高手。汉语的特点是单音节、字本位，有平仄和四声，便于构成整齐的音节和格式，声调抑扬，优美动听。曾心充分利用汉语富于音乐美、绘画美、韵律美的优点，常常运用叠词、双声叠韵、象声、双关、谐音、对偶等多种手法，生动曲折地表现美好的思想感情，绘声绘色地描绘美丽多彩的自然环境，使情美、人美、景美和言美达到完美的统一。其例子在作品中如满天星斗，目不暇接。

总之，曾心的华文文学之树及其文学语言之树都深深植根于华人民族社会的土壤之中。他像辛勤的蜜蜂，广采百花酿佳蜜；他像技艺高超的能工巧匠，使汉语在他笔下千锤百炼绕指柔。他的个人风格和民族风格是协调一致的，血肉相连的。他虽然也注重学习吸收外国文学中有益的东西，包括外来词语，但他总是洋为华用，保持民族化的本色。因此他的文学语言具有浓郁的民族风格。

2009年3月初

# 汉语新文学的“外国群落”*

## ——以泰国诗人曾心为例

吕　进　周　婷

如果说20世纪80年代提出的“二十世纪中国文学”打通了中国近代、现代、当代文学的话，那么“汉语新文学”的理念就打通了全世界的汉语新文学。第一个“打通”强调的是时间上的连贯性，第二个“打通”强调的则是空间上的连接性。经过两个“打通”，汉语新文学就以它的整体性丰富地有机地呈现在世人面前。

汉语新文学的提出，绝不止于对编写文学史具有学术意义，它更是方法论的一个突破，而方法论的每一次提升都会给学术和学科的发展带来启示与生机，为学术和学科的推进展现一个更加广阔的天地，任何学术和学科概莫能外。朱寿桐讲得很对：“汉语新文学作为学术概念和学科名称的确立或应用，简洁明快地克服了原先各种概念和名称的混乱、夹缠和模糊，为这门学术和学科的未来发展争取了更高的理论空间。”①

汉语新文学在空间上打通的，是国家的疆界、民族的隔离、政治的分割。这是很大的“言语社团”。这个理念从事实性存在出发，赋予汉语新文学以最辽远的疆界：不仅是海峡两岸暨香港澳门，不仅是海外华人文学，还包括全世界外国人用汉语写出的文学。

汉语，而不是国家，不是民族，不是地域，不是政治制度，被认定为汉语新文学唯一的划分依据，这样，我们的新文学就从华人新文学走向了华文新文学，即汉语新文学。

汉语新诗也同样如此。

汉语新诗是覆盖我们星球的诗歌现象：写作汉语新诗的，既有中国的诗

---

* 原载《星星》2010年第10期。

① 朱寿桐：《“汉语新文学”概念建构的理论意义和实践价值》，《学术研究》2009年第1期。

人，也有侨居海外的诗人，同样，还有外国诗人。

汉语，是汉语新诗的身份标志，无论诗人属于哪个国家和民族。汉语是目下世界上 1/3 以上人口运用的语言，也是世界上至今唯一的仍在使用的古老语言。如果从仰韶文化算起，汉语的历史可以追溯到四五千年以前。这是人类的骄傲：我们的星球竟然拥有生命力、延续力、更新力如此强大的语言。

同时，从诗学的角度考察，汉语完全是天赋的诗的语言。汉语的文字不是表音文字，而是表意文字，这就具有很强的营造意象的功能，有的文字本身就是意象。汉语的文字不是音素语言，而是音节语言。一般而言，一个汉字就是一个音节。丰富的单音词，再加上汉语语法不像其他语言那样繁杂和严密，比较松散，这就使汉语具有十分灵活的组合功能：虚实相融，语序自由，词类变换，犹如万花筒。

毫无疑义，汉语新诗的发生地在中国，汉语新诗的主体也在中国，在代代相传“不学诗，无以言”古训的中国，在曾经写下“以诗取仕”历史的中国。

中国的新诗对全世界的新诗拥有强大的影响力和穿透力，它的基本文体特征和审美理想、语言理想，它的探索与变革，直接地在全世界的汉语诗歌那里得到表达。虽然全世界的汉语新诗理所当然地存在差别（正是这种差别才有汉语新诗的丰富性、多元性），但是却在主要的诗学领域存在着共同点。像韩国诗人许世旭说的那样：“韩国现代诗坛上，与中国所遭遇的问题是相通的，比如，主题的明朗与晦涩、传统的继承与断绝、艺术的纯粹与参与等问题也一直是吵闹不休的，但韩国诗坛仍普遍地呈现蓬勃气象。”①

别有魅力的汉语新诗漂洋过海，在异邦生根发芽，焕发光彩。

不说侨居在外国的华人诗人（数量很多，而且越来越多），单说外国的汉语诗人，目下就已经有了一个可观的队伍。随意地举出一些姓名吧：马来西亚有吴岸、苏清强、杰伦、王涛、晨露、孟沙、彼岸和方昂；新加坡有贺兰宁、秦林、方然、周粲、陈剑、长瑶、简笛、希尼尔、南子、适民、史英、沈壁浩和曦林，这两个以华族为主的国家被称作今日地球村的汉语新诗重镇。此外还有菲律宾的云鹤、月曲了、明澈，印度尼西亚的顾长福、旭阳，越南的林小东，韩国的许世旭，日本的岩佐昌暲，文莱的海庭、法国的黄玉顺，

① ［韩］许世旭：《韩国新诗之鸟瞰》，载《韩国诗选》，生活·读书·新知三联书店，1994，序。

以及泰国的曾心。他们可都是土生土长的外国诗人。而且这是一份随意性很强的很不完备的名单。

对外国的汉语诗人来说，用汉语写诗是一个难度相当高的艺术创造。用汉语写作已经不易，何况是诗。情感化、心灵化、内视化很高的诗是以形式为基础的纯度很高的文学。语言决定一切。每个民族的语言都有独特的音乐性、独特的词汇学与修辞学，都有独特的文化背景。因此，在文学的诸品种中，从散文的角度看，诗是说废话的艺术，走弯路的艺术，没有人物、情节、故事的艺术。诗只能背诵、朗诵或阅读，难以转述，也难以翻译。

但是，外国诗人写作的汉语新诗却在不断地取得成就。在自己祖国的文化语境中，在汉语诗学的熏陶下，全世界出现了一些优秀的写作汉语新诗的诗人和诗篇。这是汉语新诗，扩而言之，这是汉语新文学的一个不可或缺的组成部分。

这里提出泰国诗人曾心作为个案，对外国诗人的汉语新诗做一点考察。

曾心，泰名坚谐·塞他翁，生于泰国曼谷，但是他毕业于中国厦门大学中文系。其实有类似经历的外国的汉语新诗人不止他一位。韩国诗人许世旭的硕士和博士学位都是在台湾师范大学获得的，日本的岩佐昌暲是北京大学的访问学者。所以，曾心是泰国留学中国大学校友总会的办公室主任，也担任厦门大学东南亚华文文学研究中心的兼职研究员。他从 20 世纪 80 年代开始汉语新文学创作，涉猎的领域比较多，除诗歌外，还有散文、小说、评论等，但主要成就在诗，诗的主要成就在小诗。

曾心的小诗不是首首皆佳，有些篇章还是生活的本然样态，没有得到诗的升华，好像还是五谷，没有去酿出美酒。然而，曾心小诗的总体水平是相当可以的，可谓随处佳篇。

外国诗人用汉语写诗的时候，诗歌无国界，但诗人有祖国。这就是外国诗人与中国诗人的不同。本土性是基本特性。

从泰国国父拍坤兰甘亨创制泰国今天的文字起，泰国就有了文字的文学。泰国文学有自己的成就，舜通蒲（1786—1855）就是拥有长远影响的诗人，他的根据民间故事写成的长诗《拍阿派玛尼》是泰国文学的精品。近几十年，泰国的诗歌也取得了进展，除了泰语诗歌，也包括汉语新诗。

泰国是一个“黄袍佛国”。佛教是国教，90%的泰国人都信奉佛教。三色国旗中的白色就象征着宗教，象征着宗教的纯净。因此，泰国文学与诗歌总是在佛光的沐浴下，在佛祖的怀抱中。曾心的小诗就显示了这一特征。他的诗，许多感悟方式和表达方式都有佛的光亮。曾心还有一些直接写佛的诗：

在半闭半开的佛眼前
我一无所求

从心灵的书架上
掏出珍藏的佛经
念诵再念诵

我也是一尊

这首诗题目就叫《佛》。我曾评说这诗："以无念为宗，即心是佛，见性成佛。"

不妨再看一首《入定》：

盘腿静坐

坐到肌肤
骨骼躯干
五脏六腑
归于无

空

"空"是诗眼。一心正持以入定，正观明了以开慧。"空"了，就进入境界了。人生中，一切"好"就是"了"，一切"实"就是"空"。

在曾心的小诗里，"佛"是常见的题材。在他的小诗里，崇尚忍让，呵护安宁，爱好和平的心态完全可以触摸。这其实就是信仰佛教的泰国人的普遍心态。

外国诗人的立足点当然在本土。曾心像他们一样，向着自己的国度，向着自己的同胞，披露着向往与沉思，倾吐着欢喜与忧愁。读曾心，就会感到蕉风扑面，就会感到东南亚风韵，就会感到佛光普照。这是汉语写的诗，但是你又会感觉到这不是汉人写的汉语诗。

外国诗人的汉语新诗既然用的文字媒介是汉语，就必然和中国新诗在"汉语"上交融，必然有共同的文化渊源。既然是汉语新诗，就必然要从汉语新诗那里吸收养分，必然要遵从汉语诗学。这里就出现了母土诗学的问题。本土情结与母土诗学的融合，这就是外国诗人的汉语新诗的基本美学特征。

“中国现代文学在新旧之争、人我之分、中西之辨中逐步站稳脚跟。在现代文学中，叙事文学逐渐走向中心，但是，诗美仍然是普遍存在，诗魂仍然是作家最高的审美理想和语言理想。诗的建设仍然牵动着整个文学的建设。”①诗仍是中国文学的皇冠，抒情诗仍然是这顶皇冠上的一颗珍珠。对于包括汉语新文学在内的汉语文学从来都是诗性文学，诗是文学中的文学，文学的一切品种都具有诗化特征。这是母土诗学的前提，外国诗人写作汉语新诗时是有这种文学的层次感的。

母土诗学有一个基本理念：诗是形式第一的艺术，对于诗来讲，形式就是内容。因此没有形式制约感的诗人绝对不是好诗人，甚至根本不是诗人。尤其是自由体诗人，要懂得“自由”与“束缚”、“自由”与“规则”、“自由”与“形式”的辩证关系。形式是诗的生命。失去了形式，也就失去了诗。对于诗而言，从来没有郭沫若在狂飙突进时期说的那种“绝端的自由”。“绝端的自由”只能带来美好诗情的恶劣表现。当一些诗人获得了他认定的“自由”的时候，他也失去了写诗的自由。格律体像跳舞，自由体像走路，跳舞有舞步，走路有走姿，世界上没有“自由”得什么艺术规范都没有的艺术。

曾心的六行以内的小诗，就承继了母土诗学的一脉，注重形式。和中国近年兴起的“诗体重建”相呼应，曾心的诗在小诗的诗体建设上做出了贡献：篇幅简约，字字必争。

《一尾鱼的发现》：

当走投无路时
便向水面一跃
竟发现
一个比海更宽阔的天

那晚他做了个奇怪的梦：
自己的鳃换成了肺

---

① 吕进、周婷：《闻一多：新诗史上的杜甫》，《西南大学学报（社会科学版）》2010年第1期。

六行，四十二个字，增一字便多，减一行则少。但是诗人说了多少话啊！这就是汉语新诗。想想北岛的那首《生活》，就是一个字：“网”。想想孔孚的《大漠落日》：“圆/寂”。这些是范本。

汉语诗学还讲究意象。《周易》说：“书不尽言，言不尽意。”首先，抽象的情思只有转化为意象才能具有艺术有效性。直接说破情思的名称是一位诗人艺术能力贫弱的可靠标志。无象则枯。所谓“山之精神写不出，以烟霞写之；春之精神写不出，以草木写之。”（刘熙载《艺概》）其次，情感世界里有许多音韵是用一般语言说不清，道不明的。“尽意莫若象”（王弼《略例明象篇》）。诗人立象，以“不说出”去战胜“说不出”，“立象以尽意”（王弼《略例明象篇》）。

曾心笔下诸多成功意象，这是母土诗学的发扬。他有一首我们很欣赏的《卵石》：

本来有棱有角
被岁月磨成
滑滑圆圆

无论走到哪儿
只是一个“0”

写卵石的诗不少，无非是说它没有棱角、圆滑。但是曾心说它走到哪里都只是个0，这就有了新意。这是诗人的发现，令人惊叹的发现。

“诗人将外在现实化为主观情思，尔后又需要将主观情思化为意象，再将这意象通过特殊的媒介传递给读者。”① 这就是一首诗创作的全过程。

曾心的诗，蕉风与华韵交织，这正是泰国甚至东南亚写汉语新诗的外国诗人的共同点。

本土与母土，这就是外国诗人的汉语新诗的基本美学品格。

汉语新诗中的“外国群落”是汉语新诗的一个组成部分。可以预期，随着中国的崛起，随着汉语的全球普及与扩散，这个群落会有所发展壮大，乃是题中之意。当我们讨论汉语新文学的时候，一定不要忘记他们。

---

① 吕进：《中国现代诗学》，重庆出版社，1997，第40页。

# 浅谈曾心的小诗与小诗的中国风格*

曹丙燕

小诗作为新诗史上一种重要的诗歌形态，兴起并流行于20世纪20年代，百年新诗几经兴衰起落，小诗也经历了兴盛—衰落—复兴的曲折道路，尤其是从诗歌日益边缘化的90年代开始，面对或是诘牙拗口，或是粗俗不堪的新诗创作，小诗以其清新、自然、持重的风格受到读者的青睐和喜爱。我们欣喜地看到，自20世纪90年代以来，在中国以及东南亚华人诗坛，刮起了一阵清新的小诗之风，曾心便是其中的佼佼者。

“诗”的前面加了一个“小”字，总给人一种难以担当诗歌重任的感觉，但是艺术成就的高低并不以篇幅的长短而论，优秀的小诗无论是在情感的抒发上还是在哲思的表达上，丝毫不逊色于长诗。“短”是小诗的形式特点，凝练才是它的本质特征。小诗在寥寥数行中，常常包含让读者触目难忘的独特意象和让读者心灵震颤的睿智哲思。读曾心的作品就给我这样的感觉。曾心的小诗是一个独特的艺术世界。在众多的小诗中，我觉得曾心的作品有三点特别突出：一是内容丰富；二是以理取胜；三是意象独特。

曾心的小诗是一个丰富的艺术世界，或抒情，或写景，或议论，其细微之处能够表达内心深处最幽微的感受，其宏观处也可延伸到大自然和社会生活的方方面面。他可以用最平淡的笔墨抒写轻松愉悦的日常感受，如《大自然的儿子》：

天空下
在地球一方耕耘

---

* 原载《美丽的中文把我们连在一起——东南亚华文诗歌及其研究》，泰国留中大学出版社2011年版。

闲时
看看地上的花木

累了
瞧瞧天外的飞鸟

其怡然自得的心态让人想起"采菊东篱下，悠然见南山"的陶渊明。他也可以用冷峻的笔触书写严肃的社会与时事问题，例如《严冬》：

地球犯病
四季失控

漫天飞雪
成群结队的瘦企鹅
把曲颈伸向高空

"?"伸成"!"

诗人极富创意地使用标点符号，使得诗歌对环境问题、生态问题的追问格外醒目，虽无一字描写环境与生态的严峻形势，其艺术效果却让读者触目惊心。曾心还可以在他的小诗中写情爱，如《两个影子》：

长发和短发
一前一后地走着

渐渐地手牵手
渐渐地身贴身

渐渐地
贴成一棵笔直的槟榔树

作者巧妙运用几个剪影，用蒙太奇手法组合在一起，从"一前一后地走着"到"手牵手""身贴身"，再到"贴成一棵笔直的槟榔树"，一方面巧妙地表现了两个恋人相爱的过程，另一方面也生动表达了他们对爱的坚定信念。曾心还在他的小诗里写乡愁，写山水，写风俗，写人生百态，写生活感悟，写念经参禅，等等。总之，他把笔触伸向了生活的各个层面、角角落落，只要是被曾心所观照的生活，都可以化为小诗，真是“青青翠竹尽是法身，郁郁黄花无非般若”。可见，小诗虽短，其艺术容量和表现力却不容质疑，在这一方面，曾心做出了贡献。我们完全有理由相信小诗具备进一步繁荣的广阔空间。

读曾心的小诗很亲切，不太费神却余香袅袅。我想这也是小诗在当下流行的一个重要原因。并非看不懂的诗才有哲理，曾心小诗的哲理是从他的生命中流淌出来的，自然、朴素、厚重。曾心作为一名年逾古稀的老诗人，以其丰富的阅历、敏感的诗心、深邃的思考、凝练的笔触、质朴的风格，为读者建造了一个丰富的充满哲理的诗歌世界。例如《云的软功》：

漂浮的生活
练就了我一身软功

高山挡路
一层又一层

我轻轻地绕过
一程又一程

对于这首诗，吕进先生有两次精到的点评：“柔弱胜刚强，这是老庄的重要智慧。”“中国文化的生存智慧，柔弱胜刚强。此是中国人的半夜传灯语。”①以柔克刚的中国智慧，是生存的智慧，是中华传统文化的历史积淀。在诗中它却来自诗人自身的人生经验和生命感悟，诗人把这感悟转化为柔软的“云”的意象，生动贴切，让这个并不新鲜的“以柔克刚”的道理，获得了全新的艺术感染力。再如《树的哲学》：

在山林里
我能伸
成为一棵大树

在盆栽里
我能屈
成为一道靓景

---

① 曾心：《曾心小诗点评》，泰国留中大学出版社，2009，第96页。

刚正不阿、不屈不挠是我们的民族精神；能屈能伸、随缘自适是我们的民族智慧。前者是悲壮的，能唤起人的崇高感；后者是旷达的，能给人一份洒脱。悲壮是一种完成，旷达是一种启示，它更适合生活，更加意味深长。这是曾心在生活中感悟到的人生真谛，通过树的意象生动地表达出来，不深奥、不晦涩，却耐人咀嚼。

曾心的小诗大多都是咏物的，例如《卵石》《老缸》《油条》等等，一个题目就是一个意象。但是无论是写景写情，他都在意象中熔铸了人生感悟。这感悟不是瞬间的，而是诗人七十多年人生经历的思考与沉淀。瞬时性是小诗的基本特征，这几乎是从小诗诞生以来的共识。周作人曾说："我们在日常生活中，随时随地都有感兴，自然便有适于写一地的景色，一时情调的小诗的需要。"① 小诗的发生是和日常生活的瞬时感兴相关的，但这瞬时性指的是"心象"与"物象"刹那间契合的灵感，并非哲思的稍纵即逝。优秀小诗的哲思理趣，不仅来自诗人良好的悟性，更来自诗人长期的人生经验积累和情感储备。曾心小诗的哲理是感悟的，是源自生活的，而非抽象的、冥想的，正是这一点让曾心的小诗获得了老成持重、朴素旷达的独特风格。

由于篇幅的限制，小诗对意象的要求特别高，它比长诗更强调意象的创新性、集中性和包容性，要小中见大，简单中见丰富。曾心小诗意象的独特性不是来自于意象的新奇，而是他能从最普通的物象中发现诗意。例如《油条》：

本来软绵绵
熬煎后
赤裸裸
紧紧相抱

不管外界多热闹
此时，只有他俩

"油条"这个物象不仅普通而且不美，把它用到诗中实在是一个冒险的实验，但是曾心去实就虚，弃形写神，抓住物象最典型的特征，赋予深层内涵，在华人最司空见惯的"油条"上悟出了百折不挠、坚贞不渝的爱情，其结果是形神兼备、寓意深刻，这不得不归功于诗人独特的艺术眼光和巧妙的构思能

---

① 周作人：《论小诗》，《觉悟》1922年第6期。

力。再如《卵石》：

本来有棱有角
被岁月磨成
滑滑圆圆

无论走到哪儿
只是一个“0”

吕进先生对这首诗的点评：“说卵石没棱没角，这样的诗句好像是常见的。但是圆滑的卵石只是一个0，就是曾心发现了。”① “圆滑”仅仅是对“卵石”习惯性的、表层性的把握，如果诗歌仅止于此便平淡无奇，但是曾心能从习惯中发现深刻，“无论走到哪儿/只是一个‘0’”，诗人为了强调卵石圆滑的形象，把它形象化为数字“0”，不仅生动、醒目，而且赋予了深刻的内涵，挖掘出这类圆滑之人在精神和人格上的空洞与空乏。这样的意象真可谓形神兼备、入木三分。类似的意象和构思在曾心的小诗中比比皆是，多年艺术历练赋予诗人娴熟的表现技巧，丰富的人生阅历又赋予诗人独到的眼光和深邃的思想，这让曾心的小诗的意象虽独特却不花哨，朴素中见新奇，平淡中见厚重。

读曾心的小诗还有一个可喜的发现，就是鲜明的中国风格。在小诗的初创期，周作人就曾指出：“中国的新诗在各方面都受欧洲的影响，独有小诗仿佛是在例外，因为它的来源是在东方的……”② 冯文炳更是明确指出小诗的“来源有三：一是日本的俳句与和歌，二是印度泰戈尔的《飞鸟集》，三是中国古代的小诗”③。中国的古诗本来大都属于这种短诗型，例如《诗经》的大部分作品、唐诗、散曲、小令和古代民歌等等。因此小诗在文体上首先具有了传统风格，符合中国人的阅读习惯。但是形式远远不止形式这么简单，它是特定思维方式、表现手法和审美方式的集合。所以，我认为小诗的中国风格不在于体制上，而在于感悟式的思维方式和“意”“象”结合的表现手法，并由此形成了中国诗歌特有的情调与韵味。

---

① 曾心：《曾心小诗点评》，泰国留中大学出版社，2009，第93页。

② 周作人：《论小诗》，《觉悟》1922年第6期。

③ 冯文炳：《谈新诗》，人民文学出版社，1984。

“感悟是在具有丰厚的文化资源的中国土地上，借助印度佛教内传而在中国化的行程中滋生出来的一种诗性哲学。它融合老庄之道、儒学心性论，尤其是禅宗以及理学的终极理念，形成了宇宙万象与心之本原互照互观、浑融超越而有得于道的本体参证的智慧生成过程。”[①] “感悟”作为中国式的哲学和思维方式已经日常生活化和审美化。在艺术领域，尤其是诗学领域，感悟成了中国诗学中几乎无所不在的思维方式。它无须借助分析、推理、阐释的逻辑思维便能直接达诗境的彼岸。朱光潜说：“诗是最精妙的观感表现于最精妙的语言。”[②] 小诗尤其如此。小诗由于体制的约束，更加强调语言、意象和哲理的精妙，所以感悟是最恰当的思维方式。它能使诗人在观照客观物象时，瞬间实现精神主体与物象客体情感与意义的双向交流，达到精神契合。在这个过程中，任何归纳、演绎、分析、思辨都会破坏这种体验的整体性，从而导致韵味的消失。无论是五四运动时期还是在当代，我们都看到了小诗创作重感悟的特点，还是以曾心的小诗《在佛寺里》为例：

笃笃木鱼声
袅袅三烛香

在冥冥中
缩短
人——佛
距离

“笃笃木鱼声，袅袅三烛香”，在如此浓郁的宗教氛围里，诗人慧心忽启，瞬间顿悟，实现了主体精神的骤然升华。对此种创作境界，曾心有过明确的表述：“只有从‘外视’转向‘内视’，从停留在意识层次的‘感觉’，进入潜意识层的‘感悟’，才能进入心灵世界精微的创设的审美境界。”[③] 感悟式的思维方式，直接影响诗歌的表达方式。诗悟的境界是虚实相生的境界，大自然中的一花一草，都可以成为诗人感悟兴会的机缘。心象与物象合一，形成凝聚着诗人情思哲理的“意象”。这种诗歌意象似实而虚，虚实结合，言有尽而

---

① 杨义：《“感悟”的现代性转型》，《学术月刊》2005 年第 11 期。

② 朱光潜：《诗论》，生活·读书·新知三联书店，1998。

③ 曾心：《自传小诗与点诗眼——〈曾心小诗点评〉自序》，载曾心《曾心小诗点评》，泰国留中大学出版社，2009，第 12—13 页。

意无穷，达到一花一世界、一叶一如来的境界。在小诗创作中，无论是抒情、写景还是哲理表达基本都是通过意象来完成的。诗人将自己对生活的体验，以及由此产生的情感哲思，在外物的感发下，加以审美熔铸，创造为意象。这种意象凝聚了诗人对自然物象的感兴、对人生的思考、对生命的体悟，使诗人处在“表现与隐藏”之间，避免了情感的泛滥，使诗歌的暗示性增强。这样创造出来的小诗，不仅给人思想上的启迪，而且耐人寻味，给人一种悠远的艺术美。

2000多年来，感悟的思维方式和意象交融的表现方式，使中国诗歌获得了独特的艺术美，取得了至今难以企及的艺术成就。五四运动以后，在西方科学理性精神的冲击下，传统的思维方式、审美观照、表现方式都受到挤压，新诗的中国风格也被淡化。中国风格的成熟是新诗成熟必不可少的表征，从这一角度讲，小诗中国风格在新诗的建设与发展上具有重要意义。在今天，小诗所取得的成就足以使我们相信，它完全能够达到更高的艺术境界。尤其是进入新世纪后，新媒体的出现、人们的生活节奏不断加快，使短小的艺术作品趋于流行，例如手机文学、微博的广泛兴起。这也给小诗创作的再度繁荣提供了新的历史契机。我们期待着小诗的进一步繁荣。

# 偏重现实，追求“结晶儿”*

## ——论曾心的微型小说艺术

龙彼德

微型小说，作为小说中的一员，以其篇幅短小、内容浓缩、叙事精妙、刺激迅猛而独具特色，为实现福克纳“我想在一个大头针的针头上把一切都说完”的理想提供了可能。进入新世纪以来，这种文体更得到了发展，被赋予“文学启蒙”“文化传播”和“普及教育”等意义。在中国兴盛的同时，也在东南亚、欧美等华人文化圈里遍地开花，涌现出一大批优秀的微型小说作家，泰国的曾心就是其中突出的一位。

曾心，原名曾时新，1938 年生于泰国曼谷，祖籍广东普宁。毕业于厦门大学中文系，后深造于广州中医学院，并在该院从事教学多年。1982 年返回出生地。现为厦门大学东南亚华文文学研究中心兼职研究员、泰华作家协会秘书长、泰国留学中国大学校友总会办公室主任。他的文学创作兼及散文、诗歌、微型小说、评论，出版专著 16 本，几种文体均有可喜的成就。司马攻曾这样评价：“曾心是泰华文坛一位主将，他十八般武艺都要得，短篇小说、散文、新诗、微型小说、文论都写得多，也写得好。”① 本文仅就其微型小说艺术作一考察与论述。

### 一

曾心是 1993 年开始写微型小说的，至今已发表微型小说 100 余篇，出版过 2 本微型小说集，作品在国内外多次获奖，并被选入教材、收入多种选本。例如，《蓝眼睛》获“春兰·世界华文微型小说大赛”鼓励奖，收入《春兰·世界华文微型小说大赛作品集》（上海文艺出版社 1994 年版）、李宏编著的汉

---

* 原载《华文文学》2015 年第 2 期。

① ［泰］司马攻：《厚重——序曾心的〈给泰华文学把脉〉》，载曾心：《给泰华文学把脉》，厦门大学出版社，2005。

语普通教程《课本阅读》第二册（北京语言文化大学出版社 1998 年版）；《三杯酒》获全球华人迎奥运征文一等奖，收入《华盛·盛世华文　喜迎奥运："国家电网杯"全球华人迎奥运征文活动文字作品选》（中国电力出版社 2008 年版），2009 年又获第七届中国微型小说年度评选二等奖；《窃名》获 2008 年第六届中国微型小说年度评选二等奖；《屠鳄》获 2013 年黔台杯·第二届世界华文微型小说大赛三等奖，收入《黔台杯·第二届世界华文微型小说大赛获奖作品集》（上海文艺出版社 2013 年版）；《卖牛》获 2013 年泰华闪小说有奖征文比赛冠军；《三个指头》收入《世界华文微型小说双年选（2000～2001）》（上海文艺出版社 2002 年版）和《世界中学生文摘》，2004 年 11 月成为浙江义教版九年级语文统练试题，2005 年又被用在苏科版初二语文期中考试试卷中；《三愣》先后被收入黄孟文、孟沙、司马攻主编的《世界华文微型小说名家名作丛编·新马泰卷》（上海文艺出版社 1996 年版），郑允钦主编的《外国微型小说三百篇》（百花洲文艺出版社 2001 年版），江曾培主编的《微型小说鉴赏辞典》（上海辞书出版社 2006 年版），王大潮编著的《星空点灯——世界经典文学故事法律趣味案例荟萃》（中国文联出版社 2007 年版），郑允钦主编的《世界微型小说经典·亚洲卷》（百花文艺出版社 2009 年版），2012 年先后成为"2012 语文全新教程精品练习"单元综合检测题、辽宁省大连市 2012 届高三双基测试卷语文试题、广东省珠海市 2011—2012 学年高二下学期期末语文试题，2012 年 5 月 31 日《语文报·高考版》发表了《淡妆浓抹总相宜——现代小说阅读"人物形象"》，以《三愣》为典型例文；《如意的选择》收入泰国皇家微型远程教育电台汉语教程《实用汉语教程》第六册；《剪报》收入古远清编选的《2005 年世界华语文学作品精选》（长江文艺出版社 2006 年版）；《巷口转弯处》《头一遭》《蓝眼睛》入选《世界华文微型小说名家名作丛编·新马泰卷》（上海文艺出版社 1996 年版）。从以上成绩不难看出，曾心的微型小说数量不多，但质量高、影响大，业已成为世界华文文学界关注的重要对象，不少小说评论家特别是微型小说评论家的首选之一。

关于微型小说的写作，曾心在 2002 年 7 月于泰国时代论坛出版社出版的第一本微型小说集《蓝眼睛》的"自序"中，如此写道：

> 写"微型"，我不擅长"无中生有"。我偏重在自己现实生活中、家族和亲友的经历中，去找创作素材的"胚胎"。这些素材，有的似陨星，稍纵即逝；有的像金子，闪亮不灭，甚至渐渐擦亮储存在我脑海里某些

类似记忆的火石；通过想象，调动自己的视觉、听觉、嗅觉、味觉、触觉等全部的感受以及与此相关的全部想象力，有如滚雪球，越滚越大，重新唤起另一种相互渗透而改头换面的具体感受，从而进入一个似曾见过又未曾亲身体验过的真实。在这过程中，往往由表及里，由注入情感到疯狂追求，甚至随着人物酸甜苦辣的经历，情不自禁泛起自己喜怒哀乐的心绪。若是写到了关键处，突然心灵一亮，好像见到文中的“眼睛”，即主题思想坐标的显露。那时往往有一种自信与惊喜——“结晶儿”即将诞生了。

“偏重现实”和“追求‘结晶儿’”，乃是曾心微型小说艺术中的两大重点。

## 二

先论“偏重现实”，主要体现在作品取材与写作策略两个方面。

作品取材，除了“自己的生活”及“家族和亲友的经历”之外，重大的自然灾害与社会事件也是曾心关注的内容和灵感的源泉。2011年岁末，泰国中部和曼谷遭受百年罕见的洪水，曾心家周围几乎成为一个孤岛，哪儿也去不了，他只好终日守着电视，收看洪水泛滥的信息，一有感受，便敲击电脑的键盘，写起小说来。被困二十余天，他写了二十篇抗洪救灾闪小说，各篇虽有差距，但总体保持在一个较高的水平。2013年与2014年之交，泰国政局动荡，游行示威不断，民众诉求不一，曾心也有闪小说反映。曾心曾自谦地说：“也许我的选材太注重社会效能了。”笔者认为，只要不违背艺术规律，并且能很好地发挥微型小说的文体特点，这不仅不是一个缺点，反而是他的长处。这些作品在泰、中两国都受到欢迎，便是有力的明证。

按题材划分，曾心的微型小说大致有以下九类——

1. 人生际遇。如《捐躯》《古董》《三个指头》《啊！人心》等。

2. 华文教育。如《蓝眼睛》《三愣》《互考》《李嫂》《种子》等。

3. 经济危机。如《躲债》《一桶水》《家庭内部》《好好先生传》《断臂》等。

4. 老年问题。如《钥匙》《老泪》《品茗谈天》《窟》《退休心情》等。

5. 道德沉沦。如《伏线》《流血》《丧礼上的陌生人》《剪报》《窃名》等。

6. 思想代沟。如《家规》《生日》《老两口》等。

7. 抗洪救灾。如《国旗》《沙包》《猫犬诗人》等。

8. 社会事件。如《哔哔哨子声》《临场画画》《串钱的绳子》等。

9. 人兽关系。如《屠鳄》《卖牛》。

写作策略，包括多种视角、人性焦距、中文情结。

多种视角。这使曾心能够反映不同社会阶层人物的不同命运及日常生活。在他的笔下，有从中国拿钱来救济泰国哥嫂的退休将领（《头一遭》）；有请医生看病，实际是请医生来聊天的阔太太（《寂寞病》）；有为了躲债落发为僧的阿弟（《剃度礼上》）；有被人始乱终弃，只能搂着从未见过父亲的女儿哭泣的农妇（《流血》）；还有盼望叶落归根伏在手稿上去世的作家（《土地》），视盆景为生命、洪水来袭不愿撤退的老园主（《与榆同归》），尝名成瘾、不择手段弄虚作假的董事长（《剪报》）等，组成了一个经历各异、色彩斑斓的人物画廊，再现了当代人的生存状态。

人性焦距。曾心坦言："在现实生活中，我觉得多重性格的人比单重性格的人多。然而，在有限文字的'微型'中，如何展现多重性格的人物，倒是我近年苦寻的焦距。"他寻到的焦距就是人性。通过分析与开掘，曾心发现人性有好的一面，如《捐躯》中的女教师玛妮，因拯救溺水学生而牺牲，嗣后——根据她的遗嘱——还将自己的躯体捐出做解剖实习用；《复明》中的刘三，赞助盲姑娘五年学费而不留地址，当盲姑娘即将复明，而成了丈夫的他因为自己貌丑悄悄地离开，只留下两本数字都在七位数以上的存折，以保证母子二人的幸福。他对这些美德都给予了热情的歌颂。曾心也洞察人心有坏的一面，如《伏线》中的李嫂用椰子壳盛粥给婆婆吃，"以示与猫狗相待"，婆婆死后，李嫂要扔掉椰子壳，却遭到儿子小虎的阻拦："留着等以后我盛饭给你吃。"表明孝道沦丧，长辈难辞其咎。《窃名》中的李旺，是一个"赚到了钱，就想出名"的人，从捐款求名到出书扬名，再到剽窃霸名，甚至惹出了人命！这一量变到质变的过程，充分显示了"金钱万能"、贪得无厌的危害性。他对这些丑行均进行了无情的批判。比较而言，曾心更重视人心的复杂性与可变性，如《啊！人心》塑造了一个虚荣心盛的书法家许安，由于婚外情招致老婆离婚，带着女儿走了。不久，母女遇上车祸，许安却怎么也打听不到她俩的下落。由于朋友带来一副残疾女的书法，他见到了嘴咬大笔为外宾写字的女儿。"五个宽朗端丽的大字'身残志不残'，在宣纸上腾飞而起。"许安的心胸受到了猛烈的撞击，难受、忏悔、亢奋交杂在一起，亲子之情改变了一切。"他好久好久叫不出那带泪的一声。"小说结尾似未完成，但我们的感觉已经完成。不只是庆幸父女乃至一家人团聚，还乐见人心的补缺、人性的回归。人类社会虽经灾历劫仍能兴旺发达、繁衍至今，这就是原因之一。

中文情结。正如泰华著名作家司马攻先生所言："中文情结紧紧地系住曾心的心，责任感重重地压在曾心肩上。"① 所以，他十分热心华文教育，写了一系列以华教为主题的微型小说。如《三愣》回顾了华教的式微，《种子》记叙了华教的传承，《互考》展现了华教的深入，《李嫂》描摹了华教的兴旺。"读书的人，那是无法理解没读过书的人的痛苦。我右眼瞎了，是痛苦的事。左眼虽能看见东西，但不识字，也好像瞎了一样。"张亚牛的感触很有代表性，那些孝道沉沦的故事，不少都与未受华教、丢掉中国优秀传统有关，难怪六十多岁的李嫂也赶到华文夜校去读书，还带动全家学中文，并定了一条家规："在家都得讲汉语。"中华文化是曾心生命的根，他受到中国小说的影响远比西方小说的影响要大，喜欢用描写的表达方式，尤其喜欢用"白描"勾勒人物，如《老泪》中的一段：

> 一天傍晚，陈五打开钱柜，正要伸手拿钱去买烟酒时，站在店前的陈雄斜视着他，儿媳蓦地捅了自己丈夫，努着尖尖的嘴唇暗示着："那老头子又拿钱了！"陈五思想毫无准备，伸出的手一时僵在那里。在嗡嗡作响的脑袋里，响起儿子战栗而哆嗦的声音："爸！现在生意竞争，钱难赚，今后拿钱也得先说一声！"陈五把眼睛一瞪，那两道光波似两把利刀，刺得儿子垂下头来，儿媳却把脸朝外看。这时三副脸孔都很难看。最难看是陈五，整个神色即刻似枯萎了，脸型只剩下巴掌般大。

没有对话（虽然有陈雄的话，但陈五没有回答），胜过对话；没有议论，强似议论（对"人亲不如钱亲"的批判很有力度）；虽然写了三人，重点仍在陈五，较之儿子的懦弱、儿媳的尖刻，他受伤最重！此外，成语的妙用（《窟》中的"狡兔三窟"）、道具的巧设（《伏线》中的"椰子壳"）、留白与跳跃（《捐躯》）、反常与合道（《卖牛》）、情趣与理趣（《一桶水》）等，处处都是中国文学艺术的技艺。曾心坚持中文写作多年，其语言的中国味（口语、谚语、歇后语及古诗词引用）自不待言，由于他兼有两个国度的生活，不仅

---

① ［泰］司马攻：《中文情结赤子心——序曾心微型小说集〈蓝眼睛〉》，载曾心：《蓝眼睛》，泰国时代论坛出版社，2002。

会用两国的语言与文字，还加上一种方言——潮州话，所以在用方块字浇铸心影时，还流露出一些“杂色”来，这是别人所缺少的。

## 三

再论“结晶儿”。

曾心在接受作家、记者访谈时，曾多次提到这一艺术追求，并以《三个指头》为例，回顾当时（2000年7月7日）的写作动机是有感于中医在泰国的式微：“中医很难找到‘徒弟’，传承似乎到了‘绝路’。当年，我看到几位老中医，‘硬挺着一把老骨头，死挑着这古老中华国宝的行当’，心里既感动也不好受。因此，我很想写一篇围绕着这个主题的微型小说。”由于他熟悉这个行业，脑子里有不少老中医的形象，写得很顺利，越写越入神，在写到被人誉为“朱半仙”的老中医朱一新切病者脉搏时，忽觉胸闷胸痛，自知大限将至，仍坚持为病人把脉，出乎意料地跳出一个这样的结尾：

> 这时候，诊所只剩下三名病号，便请他们到他卧室去。躺在床上的他，伸出三个指头，把完第一个病号的脉；又伸出三个指头，颤抖地把完第二个病号的脉；再伸出三个指头把最后一个病号时，他的三个指头再不会动了，僵硬地停在病人的跳动的脉搏上……

曾心接着说：“这个结尾的出现，好像见到了文中的‘眼睛’，即主题坐标的显露。当时我有一种自信和惊喜——‘结晶儿’诞生了。”①

“结晶儿”高度概括了曾心对微型小说文体的认识与运用，它兼具“结尾”与“诗眼”两重意义。作为“结尾”，它出乎意料（突然转折），又水到渠成（前有铺垫），给读者一种瞬间惊讶与猛烈刺激，让我们联想到美国欧·亨利、罗伯特·奥佛法斯特，日本星新一等作家关于微型小说的主张。作为“诗眼”，乃是一首诗（在这里是一篇小小说）中最能开拓意旨（“主题坐标”）和表现力最强的关键字、词、句，在中国古典诗词中，其位置或前或中或后是不固定的，因作者因作品而异，有时等于细节，有时不等于细节，包容性、灵活性都很大。笔者以为，这既是曾心对中外传统的继承，也是他

① 陈勇、曾心：《厚积薄发，后劲与日俱增——泰国曾心访谈录》，香港《文综》2011年6月夏季号。

个人的创造。

将访谈的表述与曾心在《蓝眼睛》一书的自序结合在一起研究，还可以看到“结晶儿”形成的过程。它来自现实生活，经过了酝酿，调动了“视觉、听觉、嗅觉、味觉、触觉”的全部感官，依靠想象、虚构、技巧，进行了真实化、典型化的加工，从而在情与理完全交融的基础上得到那一种“自信与惊喜”。

结合作品分析，曾心的上述理论又可以具体化为综合型与技艺型两条路径，且以他的另外两篇代表作予以说明。

《三愣》：虚构·想象·推理。

小说与散文最大的区别是虚构，但曾心的虚构是以生活的真实为出发点。他在开诊所时，遇到过讨价还价的病人，也遇到过戴黑眼镜的独眼龙病人，他把二人合并为张亚牛一人，再将泰国华文学校从被查封、被迫转入“地下”到开禁复办、华人华裔热情捐款的全过程作为背景，想象出其人的外貌、性格及言行；后从李医师这个人物的角度推理——见其貌丑一愣，闻其讨价还价二愣，得知其卖掉地皮捐款给华文学校三愣，一个兼有吝啬与慷慨、冷漠与热心之多重性格，外表虽丑却灵魂美丽的人物形象跃然而出。此作尽显作者的综合能力。

《三杯酒》：拆字·数字·用典。

欢庆北京申办2008年奥运会成功，无疑属于“主旋律”作品，曾心以泰国一华人家中发生的趣事来反映，可谓独辟蹊径。将“赢”字拆开为“亡”“口”“月”“贝”“凡”五个字，分别解释为，拼死才能赢，宣传才能赢，要日夜工作，要花钱，赢了也别趾高气扬，要以平常心对待，既具体生动，又有很强的说服力。中国的数文化丰富多彩，有“数成于三，三生万物”之说，老陈与儿子们祝酒三杯，许愿三个，使欢乐情绪、中泰情结均达到高潮。作品中用了一明一暗两个典故，增强了排险克难夺取胜利的信心与勇气。特别是第二个暗典，那是老陈于2007年12月7日病逝前留下的遗嘱：“家祭时，千万别忘记告知泰国和中国获得的奖牌。”这让人联想到宋代诗人陆游的诗《示儿》：“死去元知万事空，但悲不见九州同。王师北定中原日，家祭无忘告乃翁。”显示了老陈的中泰之爱、强国之志，感人至深！此作属技艺型。

在访谈中，曾心还有这样一段话，可以视作对“结晶儿”的补充：

写作需要冲动，但更需要“冲动”之后的沉思，需要沉淀后的“冲

> 动”。一个喜欢拿笔杆子的人，对人对物对事对景，容易“冲动”，容易生情，甚至有如点了某个穴位，产生了连锁反应。冲动的情感似可燃烧、可燎原！但我习惯于“坐禅”，在“入定”时，让这种冲动的情感沉淀沉淀再沉淀！沉淀是冷的，冲动是热的，冷热相碰与融合，有时会“悟”出一些超出情感的“理”来，于是表层里有了更深层的东西。[①]

通过“冲动”与“沉淀”，这种“热”与“冷”的相碰与融合，曾心提出了“结晶儿”的最高境界——“有时会‘悟’出一些超出情感的‘理’来，于是表层里有了更深层的东西。”这多少有些禅的味道。这使笔者想到日本著名的禅学思想家铃木大拙（1870—1966）的两句话：“没有悟就没有禅，悟是禅学的根本，禅没有悟，就等于太阳没有光和热。”[②]“悟是突然来到一个人身上的一种刹那间的体验。”[③] 仅就“刹那间”而言，微型小说与禅宗的开悟有相似之处，但要像禅宗那样对人类的智能做深沉的开发，获得心灵的自由和净化，实现人的自我解放，是难以做到也不必如此要求的。凭借两篇写人兽关系的小说，曾心倒是向这个方向有所接近。

一篇是《卖牛》。善良、勤劳的乃仑像爱护自己的子女一样爱护小公牛，小公牛也曾救过主人。人会老，牛也会老，这是大自然的规律，谁也违抗不了。难得的是乃仑预作安排，宣布卖牛，要买主出价并说明买牛的用意。反常的是，对出价 3 万、5 万泰铢的不卖，对“说明干农活的牛病死了，还把它埋了”的乃宽却主动降价 1 万泰铢并成交，以至于“引起村头一片哗然”。更大的反常还在结尾：

> 乃仑病危时，乃宽去探望他，只见他颤抖的手掏出一张纸条便撒手人间。乃宽看了纸条：“你那一万铢，我还没用，藏在枕头里，取回去好好养我的牛。牛老了，千万别牵去屠宰场。”

好一个“临终托孤”！这张纸条就是“结晶儿”！通过它，曾心将乃仑对牛的爱护之情表达到了极致；也是通过它，曾心悟出了一些超出情感的“理”

---

① 陈勇、曾心：《厚积薄发，后劲与日俱增——泰国曾心访谈录》，香港《文综》2011 年 6 月夏季号。

② ［日］铃木大拙：《禅风禅骨》，耿仁秋译，中国青年出版社，1989，第 102 页。

③ ［日］铃木大拙：《禅风禅骨》，耿仁秋译，中国青年出版社，1989，第 125 页。

来——人与动物应和谐相处，人与自然应相依相护；更重要的是，没有爱，便没有人类和地球。爱，在曾心的微型小说中，甚至在他的生命中是一个最美丽的方块字。

另一篇是《屠鳄》。一场特大洪水冲走了乃岛的妻子，他在灾后收留的一条小雌鳄填补了家庭的空缺，乃岛以为是妻子投胎转世，女儿格玛则把它当成“妈妈”朝夕相伴。日子久了，动物也生情，起到了“保安”（吓跑小偷）、“护院”（击伤大蟒蛇）的作用。及至小鳄长大，格玛削芒果不慎伤手，“鳄鱼闻到血腥味，本性发作”，一口咬断了格玛的食指。乃岛拔刀屠鳄，女儿却求父亲“别杀它”。兽性的难以捉摸和人性的宽容形成了强烈的对比。小说的结尾这样写道：

乃岛愕住，那把锃亮的尖刀停在半空中……

为了保护女儿的生命，他必须砍下去；为了维护家庭的和谐，他不能砍下去。乃岛的两难状态显示了人类的两难状态，虽然只有一句话16个字，却胜过了千言万语！如此的“结晶儿”，也让我们悟出了文字以外的一些“理”。希望曾心多写几篇像这样短小精悍（前一篇296字，此一篇不过1000字）、这样反常合道、这样具有张力与含量的作品。

## 结　语

英国散文家、批评家德·昆西说：“世界上最小的东西可能是大东西的镜子。”中国作家谢志强将这句话变成：“小说中最小的小说可能是大世界的秘密的镜子。”笔者以为，泰华作家曾心的微型小说——不是全部，而是其中的一部分——凭借“微型”这面“镜子”折射出了大世界的秘密，表现在对经济危机、老年问题等世界性话题的关注与反映，更表现在对“偏重现实”和“追求‘结晶儿’”的艺术手法的传承与创新，让我们对微型小说这一文体充满信心。

2014年3月8日至3月20日写于杭州信鸿花园

# 论曾心小诗的文体价值*

王 珂

近年华语新诗界涌现出小诗创作热，出现了林焕彰、白灵、傅天虹、黄淮等多位优秀的小诗诗人，曾心是其中的佼佼者。2006 年，林焕彰在《六行，天地宽广——序曾心小诗集〈凉亭〉》中说："从 2003 年元旦起，'刊头诗'在泰国、印度尼西亚《世界日报》副刊版同时出现，迄今已有三年七个多月；每日一首，是从未间断过。作为'小诗'的一种新形式（限六行以内）的尝试，已通过时间的考验，证明泰华、印华诗人对诗创新形式的要求，以及在六行以内的有限篇幅中，要展现个人内在蕴含的能量，存在着极大的可能性，而大多数诗人也都乐于接受挑战，纷纷尝试，主动投入'刊头诗'的写作行列。……在泰华、印华'刊头诗'写作群中，曾心不仅是率先响应者之一，而且也是一位健将。三年多来，他已创作了近二百首，且已积极凝集泰华'刊头诗'写作群，成立一个具有激励性、研讨性的'小诗磨坊'（似沙龙式的俱乐部），在固定场所，做不定期的聚会，研讨六行以内'小诗'写作的种种艺术性的议题，为'小诗'写作者探讨理论基础，以期再扩大影响，更上一层楼。"① 2009 年，台湾秀威资讯科技股份有限公司出版的《玩诗，玩小诗——曾心小诗点评》的封二这样介绍曾心："曾心，生于泰国曼谷，祖籍广东普宁。毕业于厦门大学中文系，深造于广州中医学院。返泰后，从商、从医。著有《大自然的儿子》《心追那钟声》《蓝眼睛》《一坛老菜脯》《曾心文集》《曾心短诗选》《凉亭》《给泰华文学把脉》等 12 部。作品在国内外多次获奖，多篇被选入中泰教材。"该书的封底这样介绍这本书："小诗是汉语新

---

* 原载《二十三诗论家论小诗——国际小诗暨小诗磨坊作品研讨会论文集》，泰国留中大学出版社 2017 年版。

① 林焕彰：《六行，天地宽广——序曾心小诗集〈凉亭〉》，载曾心：《凉亭》，泰国留中大学出版社，2006。

诗的重要品种。初期的新诗主要是从西方诗歌寻找出路，小诗开辟了向东方诗歌借鉴、向唐诗的绝句小令继承的新路。其行数在十行以内，以至一行都属于小诗范畴。本书收入泰华作家、诗人曾心六行以内小诗159首。这些小诗为读者创造了许多意象，具有理趣和饱含暗示。每首诗都是经过中国现代诗歌评论界大家、西南大学博士生导师吕进教授精心的筛选和言简意赅的评点。全书分六卷，既有写社会、写大自然、写情爱、写生的渴望、写人的心态，又有写风花雪月、写日常生活、写念经坐禅等。”诗评家吕进在序中也高度评价了曾心小诗创作的成就：“近年在泰华文坛上小诗也开始露头。最先是台湾诗人林焕彰在他主编的泰国《世界日报》‘湄南河’副刊推出刊头诗，篇幅在六行以内的刊头诗其实就是小诗。经过几年的跋涉，2006年，岭南人、曾心、博夫、今石、杨玲、苦觉、蓝焰，再加上台湾的林焕彰，在曼谷‘7＋1’组成‘小诗磨坊’，泰华小诗诗人就吹响集结号了。诗磨不停，诗香遍地。正是在这样的语境下出现了曾心，他的《凉亭》是泰华文坛的第一部小诗集。曾心的小诗写社会，写大自然，写情爱，写同情。在他的笔下，小诗不小，真是‘一花一世界，一叶一佛来’。”①

曾心小诗的成就也得到了华语诗界的公认。2009年11月，西南大学中国新诗研究所举办第三届华文诗学名家国际论坛，曾心提交了论文《论六行内的小诗》。共有四位重要专家在论坛开幕式上做主题演讲，曾心就是其中之一。2014年2月25日，小诗磨坊召集人曾心的《曾心自选集——小诗三百首》诗集，荣获首届国际潮人文学奖诗歌奖，颁奖评语如下：“《曾心自选集——小诗三百首》诗集以短诗形式，意象诠释千姿百态的存在镜像，以此表达对生活乃至生命的热爱。其语言精简、质朴，有情趣，可归类为老诗人借物抒情言志的咏怀诗。”

以上这些评价都比较公允准确，曾心的小诗创作在当今小诗热潮中，甚至在百年新诗史上的小诗史中，都颇具特色，尤其在小诗的文体功能和文体特征上颇有创意。吕进对此也做了较高的评价。“小诗有它的文体可能，也有它的文体局限。世界上没有万能的诗体。曾心的诗告诉我们，小诗的基本特征是它的瞬时性：瞬间的体验，刹那的感悟，一时的景观。给读者一朵鲜花，让读者去领悟春天的喧闹；给读者一片落叶，让读者去悲叹秋天的寂寞。瞬时性不是对小诗的生命的描述。瞬时性来自长期的情感储备和审美经验的积

① 吕进：《寓万于一，以一驭万——漫说曾心》，《中外诗歌研究》2008年第3期。

淀。‘蚌病成珠’。优秀的小诗正是这样的情绪的珍珠。”①

曾心的小诗冲破了小诗的“文体局限”，创造出小诗的“文体可能”。小诗的文体局限主要有以下几点。1. 篇幅太短，字数太少，无法展开情节和抒写细节。2. 小诗是外国诗体，来自印度和日本，在草创期主要受到泰戈尔和日本俳句的影响，过分追求哲理性和空灵感。新诗史上最早的两位小诗代表性诗人的诗作——冰心的《繁星》《春水》与宗白华的《流云》都过分追求哲理。3. 小诗的诗体单一，通常只有一个诗节，无法利用诗的分节来造成诗意的起伏和诗形的美丽，严重缺乏诗歌应该有的“排列美”。4. 小诗重在说理，缺少抒情，导致语言直白、单调，过分朴素，缺乏诗歌语言应该有的“辞藻的美”。5. 近年小诗写作主要变成了老人写作，暮气太重，朝气不足，沉思有余，热情不够，缺乏现代汉诗应有的现代精神和现代意识。如吕进所言：“说来奇怪，在中国，染指小诗的年轻人不太多见。小诗的诗人群往往年龄偏大，诗龄偏长。在海外好像也如此。林焕彰和我同年。通过信，相互关注，但我访问过台湾三次，可以说几乎认识所有台湾的知名诗人，居然至今与他没有见面之缘。曾心长我一岁，所以我老称他‘诗兄’。为什么更多的老诗人倾心小诗？这是老诗人对漫漫人生路的领悟，这是老诗人对诗的‘个中三昧’的领悟。所谓‘删繁就简三秋树’，所谓‘繁华之极，归于平淡’。‘就简’是诗艺的高端，‘平淡’是人生的高端，所以，小诗实在是高端艺术。”②

吕进是中国新诗文体学研究的开拓者，出版过《新诗文体学》《现代诗歌文体论》等十多部新诗文体学研究著作，对新诗的各种诗体颇有研究。在20世纪80年代，他给诗下的一个定义曾影响了一代诗人：“诗是歌唱生活的最高语言艺术，它通常是诗人感情的直写。”③ 30年前，他认为诗是最高的语言艺术，30年后结论说小诗是“高端艺术”，说明他对小诗诗体的重视甚至敬畏。因为越来越发现小诗“难”写，所以他说：“小诗是多路数的。有一路小诗长于浅吟低唱，但需避免脂粉气；有一路小诗偏爱哲理意蕴，但需避免头巾气；还有一路小诗喜欢景物描绘，但需避免工匠气。从诗人来说，艾青是天才，以气质胜；臧克家是地才，以苦吟胜；卞之琳是人才，以理趣胜；李金发是鬼才，以奇思胜。无论哪一路数，小诗都不好写。或问，制作座钟难，还是制作手表难？答曰：各有其难。但是制作手表更难，原因就是它比座钟

---

① 吕进：《寓万于一，以一驭万——漫说曾心》，《中外诗歌研究》2008年第3期。
② 吕进：《寓万于一，以一驭万——漫说曾心》，《中外诗歌研究》2008年第3期。
③ 吕进：《新诗的创作与鉴赏》，重庆出版社，1982，第20页。

小。因为小，所以小诗的天地全在篇章之外。工于字句，正是为了推敲字句。海欲宽，尽出之则不宽；山欲高，尽出之则不高。无论何种路数，小诗的精要处是：不着一字，尽得风流。”①

曾心小诗的成功就在于他克服了以上所列的小诗的五种文体局限，让小诗文体有了新的可能。吕进也指出曾心小诗的两大优点是文体功能上追求“理趣”，文体特征上重视“意象”。“曾心的小诗我觉得是偏于理的。他的许多给我留下深刻印象的作品都有哲理。不管何种小诗，尤其是以理趣胜的小诗，切记要忌枯。无象则枯。诗之理是有诗趣之理，忌直，忌白，忌空，忌玄。小诗要与格言划出界线，要同谜语分清门庭。春之精神写不出，以花朵写之。秋之精神写不出，以落叶写之。诗人要善于以‘不说出’代替‘说不出’，以象尽意。曾心为读者创造了多少意象！他的诗好读，又耐读。他的那些意象‘寓万于一’，又‘以一驭万’，很明白，但又饱含暗示，意象之外，有好开阔的天地啊！”② 吕进慧眼识珠，理趣与意象确实是曾心小诗最成功之处。

梁实秋在1930年12月12日给徐志摩的信中说：“我一向以为新文学运动的最大的成因，便是外国文学的影响；新诗，实际上就是中文写的外国诗。”③ 从形体到内容，新诗确实受到了外国诗，尤其是以英语诗歌、法语诗歌为代表的西方诗歌的巨大影响，如两行分节、四行分节的分节方式，都是西方诗歌的“横的移植”的结果。西方的浪漫主义诗歌更是影响了中国诗人，尤其是浪漫主义诗歌的革命精神极大地鼓舞了中国新诗诗人，胡也频、黄药眠、郭沫若、艾青、何其芳等很多人都走上了“革命道路”。郭沫若说蒋光慈在“浪漫”受到攻击时，公开宣称：“我自己便是浪漫派，凡是革命家也都是浪漫派，不浪漫谁个来革命呢？……有理想，有热情，不满足现状而企图创造出些更好的什么的，这种情况便是浪漫主义。具有这种精神的便是浪漫派。”④ 在那一代诗人眼中，“革命”与“浪漫”两个词语几乎是可以互换的。1927年，成仿吾在论文《从文学革命到革命文学》中认为：“有人说创造社的特色为浪漫主义与感伤主义，这只是部分的观察。据我的考察，创造社的特

---

① 吕进：《寓万于一，以一驭万——漫说曾心》，《中外诗歌研究》2008年第3期。

② 吕进：《寓万于一，以一驭万——漫说曾心》，《中外诗歌研究》2008年第3期。

③ 梁实秋：《新诗的格调及其他》，载杨匡汉、刘福春编《中国现代诗论》（上编），花城出版社，1985，第141页。

④ 郭沫若：《学生时代》，人民文学出版社，1979，第244页。

色是代表着小资产阶级的革命的‘印贴利更追亚’。浪漫主义与感伤主义都是小资产阶级特有的根性，但是在对于资产阶级的意义上，这种根性仍不失为革命的。”①

1930年，茅盾在著作《西洋文学通论》中说：“浪漫主义则尊重自由，要打破那些束缚个人自由的典则。……浪漫主义则注重内容，打破那形式的桎梏。……浪漫主义则为情热的理想的。”② 新诗草创期过分追求浪漫主义，影响了新诗的现代性建设，导致新诗没有建立起“现代语言”和“现代诗体”，更没有培养出“现代情感”和“现代精神”。

“小诗随新诗一同诞生，在早期白话诗歌中，就有胡适、周作人、俞平伯等写的小诗。不过，那时小诗的声音还很微弱。但到了1921年，诗人们几乎不约而同地写起小诗来了。……其中成绩最好、影响最大的是冰心和宗白华。是他们把小诗创作推向高潮，奠定了中国新诗这种独特形式的艺术基础。”③小诗与散文诗一样，诗体资源主要是外国诗歌，来源却不同。在20世纪20年代，中国诗坛大量译介法国的波德莱尔和俄国的屠格涅夫的散文诗。小诗的译介主要来自世界东方，作品被翻译得最多的是印度的泰戈尔。“1921年到1924年前后，在日本小诗和印度泰戈尔小诗影响下，中国新诗坛掀起了一阵小诗热。这种小诗，少至一两行，多至四五行，也称为‘短诗’‘繁星体’‘春水体’。除冰心出版过小诗集《繁星》《春水》，宗白华出版过《流云》外，刘大白、王统照、朱自清、徐玉诺等也都创作过不少小诗，《时事新报·学灯》《文学旬刊》《晨报副刊》《小说月报》《诗》等报刊都为小诗的繁盛创造了条件。”④

小诗主要有日本小诗和印度小诗两大诗体资源，两者都重视哲理，尤其印度小诗更强调哲理性。1921年8月1日，《新青年》第9卷第4号刊发了周作人译的《杂译日本诗三十首》，其中有多首的诗体形式被后来的中国的小诗诗人借鉴。千家元麿的《小诗》中的第二首全诗如下：“黄莺啼着/静静的远远的听到。/我想这静，/甜的静呵！/静即是美。”野口米次郎的《小曲》的第一首也如同后来的中国小诗，全诗如下：“生命是什么：一个声音，/一个思想，黑暗上的光明，——/看呵！空中的鸟一只。”周作人借鉴了这些诗的

---

① 余飘、李洪程：《成仿吾传》，当代中国出版社，1997，第96页。

② 茅盾：《西洋文学通论》，书目文献出版社，1985，第73页。

③ 龙泉明：《中国新诗流变论》，人民文学出版社，1999，第110页。

④ 潘颂德：《中国现代新诗理论批评史》，学林出版社，2002，第105—106页。

写法。1921年9月1日，《新青年》第9卷第5号的“诗”栏目发表的《山居杂诗》，都是六行左右，共七首。1922年，周作人还写出了小诗史上第一篇理论文章《论小诗》，强调小诗的“世俗化”和“当代性”，认为小诗是现代人抒写现代情绪的“最好的工具”。“如果我们‘怀着爱惜这在忙碌的生活之中浮到心头又复随即消失的刹那的感觉之心’，想将它表现出来，那么数行的小诗便是最好的工具了。”① 小诗是周作人竭力鼓吹的“平民文学”中的一种诗体。他的“平民文学”的概念是：“所以平民文学应该着重与贵族文学相反的地方，是内容充实，就是普遍与真挚两件事。第一，平民文学应以普通的文体，写普遍的思想与事实。……平民文学应以真挚的文体，记真挚的思想与事实。”② 小诗就是这样的“普通文体”，应该写“普遍的思想与事实”。但是周作人又不愿意小诗沦落成打油诗那样的粗俗文体，所以他要求在写法上有“贵族”的提升。他说：“我想文艺当以平民的精神为基调，再加经贵族的洗礼，这才能够造成真正的人的文学。”③ 他甚至强调平民文学的目的是“将平民的生活提高”。他说：“平民文学决不是通俗文学。白话的平民文学比古文原是更为通俗，但并非单以通俗为唯一之目的。因为平民文学不是专做给平民看的，乃是研究平民生活——人的生活——的文学。他的目的，并非要想将人类的思想趣味，竭力按下，同平民一样，乃是想将平民的生活提高，得到适当的一个地位。凡是先知或引路的人的话，本非全数的人尽能懂得，所以平民的文学，现在也不必个个‘田夫野老’都可领会……第二，平民文学决不是慈善主义的文学。在现在平民时代，所有的人都只应守着自立与互助两种道德，没有什么叫慈善。”④

但是小诗并没有按当时小诗最重要的译介者和理论家周作人的设想发展，在内容上没有“平民化”，在形式上，尤其是技法上也没有贵族化，甚至向相反方向发展，内容越来越贵族化，哲理性越来越强，形式上越来越平民化，越来越粗糙。所以朱自清在《中国新文学大系（1917—1927）·诗集》的导言中称：“民十二宗白华氏的《流云小诗》，也是如此。这是所谓哲理诗，小

① 仲密：《论小诗》，载杨匡汉、刘福春编《中国现代诗论》（上编），花城出版社，1985，第62页。

② 仲密：《平民文学》，载《文学运动史料选》第一册，上海教育出版社，1979，第114—115页。

③ 周作人：《贵族的与平民的》，载《周作人批评文集》，珠海出版社，1998，第49页。

④ 仲密：《平民文学》，载《文学运动史料选》第一册，上海教育出版社，1979，第116页。

诗的又一派。……《流云》出后，小诗渐渐完事，新诗跟着也中衰。”①

新诗草创期的小诗过分追求哲理主要有两大原因。一是东方民族格外推崇哲理，影响中国小诗最大的诗人泰戈尔甚至被称为“诗哲”。1915 年 10 月，《青年杂志》第 1 卷第 2 期登载了陈独秀从英文《吉檀迦利》中译的泰戈尔的四首短诗，题为《赞歌》。译者在作者介绍中把泰戈尔称为“先觉”：“达噶尔，印度当代之诗人。提倡东洋之精神文明者也。曾受 Nobel Peace Prize，驰名欧洲。印度青年尊为先觉。其诗富于宗教哲学之理想。”② 在 20 世纪 20 年代，“甚至连一般的中学生都以能背诵几首诗人的英文诗为荣”③。“泰戈尔对中国新诗能够产生较大影响的原因至少还有两点：一是用英语写作（印度当时是英国殖民地，他有的作品用孟加拉语写成后自己再译成英语），新诗初期英语诗歌影响最大，他的诗被当作了英语诗的一部分。二是他获得过诺贝尔文学奖，为东方人争了光，自然成为中国作家诗人效仿的偶像。中国文化很早就受到印度文化的影响，如佛教的传入，使有的人也想到印度取‘经’，泰戈尔便被视为‘诗哲’了。”④ 1924 年，以“诗哲”身份来中国的泰戈尔受到各界的热烈欢迎，《小说月报》还专门出了一期“泰戈尔专号”，孙中山也给泰戈尔发出了邀请信：“亲爱的泰戈尔先生：先生来华，如得以亲自相迎，当引为大幸。尊崇儒者，乃我古道，我之所以恭迎先生者，不徒以先生曾为印度文学，踵事增华，亦且以先生之尽力寻求人类前途之幸福，与精神文化之成就，为难能可贵也。专此奉邀，希即能前来广州为幸。孙逸仙。”⑤

小诗是“诗哲”泰戈尔创造的，追求哲理自然是小诗的主要功能，所以小诗成了“哲理诗”的代名词，小诗诗人成了哲理诗人，小诗的创作过程便是诗人追寻哲理的精神历程，而不是宣泄情感的生活历程。如宗白华在《我和诗》中回忆他创作小诗的过程：“1921 年的冬天，在一位景慕东方文明的教授夫妇的家里，过了一个罗曼蒂克的夜晚；舞阑人散，踏着雪里的蓝光走回

---

① 朱自清：《导言》，载《中国新文学大系（1917—1927）·诗集》，上海文艺出版社，2003，第 4 页。

② 张光璘：《中国现代文学史上的一次“泰戈尔热”》，载张光璘编《中国名家论泰戈尔》，中国华侨出版社，1994，第 188 页。

③ 张光璘：《中国现代文学史上的一次“泰戈尔热”》，载张光璘编《中国名家论泰戈尔》，中国华侨出版社，1994，第 189 页。

④ 王珂：《新诗诗体生成史论》，九州出版社，2007，第 162 页。

⑤ 张光璘：《泰戈尔在中国（代序）》，载张光璘编《中国名家论泰戈尔》，中国华侨出版社，1994，第 5 页。

的时候，因着某一种柔情的萦绕，我开始了写诗的冲动，从那时以后，横亘约摸一年的时光，我常常被一种创造的情调占有着。……似乎这微渺的心和那遥远的自然，和那茫茫的广大的人类，打通了一道地下的深沉的神秘的暗道，在绝对的静寂里获得自然人生最亲密的接触。我的《流云小诗》，多半是在这样的心情中写出的。往往在半夜的黑影里爬起来，扶着床栏寻找火柴，在烛光摇晃中写下那些现在人不感兴趣而我自己却借以慰藉寂寞的诗句。《夜》与《晨》两诗曾记下这黑夜不眠而诗兴勃勃的情景。"[①]

二是中国小诗的创始人冰心不但受到了泰戈尔的哲理性小诗的影响，而且她并没有把小诗当诗写，而是通过记录"思想"来"教育"三个弟弟，因而她的小诗具有中国诗歌特有的"诗教"功能。1921年，冰心在《繁星自序》中说："1919年的冬夜，和弟弟冰仲围炉读泰戈尔（R. Tagore）《迷途之鸟》（*Stray Birds*），冰仲和我说：'你不是常说有时思想太零碎了，不容易写成篇段么？其实也可以这样的收集起来。'从那时起，我有时就记下在一个小本子里。1920年的夏日，二弟冰叔从书堆里，又翻出这小本子来。他重新看了，又写了'繁星'两个字，在第一页上。1921年的秋日，小弟弟冰季说，'姊姊！你这些小故事，也可以印在纸上么？'我就写下末一段，将它发表了。是两年前零碎的思想，经过三个孩子的鉴定。《繁星》的序言，就是这个。"[②]《繁星》最早的读者是冰心的弟弟。1932年，冰心在《我的文学生活》中说："《繁星》《春水》不是诗，至少那时的我，不在立意做诗。我对于新诗，还不了解，很怀疑，也不敢尝试。我以为诗的重心，在内容不在形式。同时无韵而冗长的诗，若是不分行来写，又容易与'诗的散文'相混。我写《繁星》，正如跋言中所说，因着看泰戈尔的《飞鸟集》，而仿用他的形式，来收集我零碎的思想。所以《繁星》第一天在《晨报》副刊登出的时候，是在'新文艺'栏内。登出的前一夜，伏园从电话内问我：'这是什么？'我很不好意思地说：'这是小杂感一类的东西。'"[③] 冰心认为："我终觉得诗的形式，无论如何自由，而音韵在可能的范围内，总是应该有的。"[④] 1959年，冰心在《我是怎样

---

① 宗白华：《我和诗》，载《宗白华全集》第二集，安徽教育出版社，1994，第154—155页。

② 冰心：《繁星自序》，载《冰心全集》第一卷，海峡文艺出版社，1994，第233页。

③ 冰心：《我的文学生活》，载《冰心全集》第三卷，海峡文艺出版社，1994，第9—10页。

④ 冰心：《我的文学生活》，载《冰心全集》第三卷，海峡文艺出版社，1994，第11页。

写〈繁星〉和〈春水〉的》中说："'五四'以后，在新诗的许多形式中，有一种叫作'短诗'或'小诗'的。这种诗很短，最短的只有两行，因为我写过《繁星》和《春水》，这两本集子里，都是短诗，人家就以为我是起头写的。现在回忆起来，我不记得那时候我读过多少当代的别人的短诗没有，我自己写《繁星》和《春水》的时候，并不是在写诗，只是受了泰戈尔《飞鸟集》的影响，把自己许多'零碎的思想'，收集在一个集子里而已。"① 她还回忆说："现在，我觉得，当时我之所以不肯称《繁星》《春水》为诗的原故，因为我心里实在是有诗的标准的，我认为诗是应该有格律的——不管它是新是旧——音乐性是应该比较强的。同时情感上也应该有抑扬顿挫，三言两语就成一首诗，未免太单薄太草率了。因此，我除了在二十岁前，一口气写了三百多段'零碎的思想'之外，就再没有像《繁星》和《春水》这类的东西。"② 冰心的小诗出现后，马上就有评论者认为这些作品哲理性太强、情感性太弱。梁实秋在《创造周报》第十二号发表的《〈繁星〉与〈春水〉》中认为："冰心女士是一个散文作家，小说作家，不适宜于诗，《繁星》、《春水》的体裁不值得仿效而流为时尚。"③

尽管冰心的《繁星》和《春水》已经成为新诗史上的经典作品，也堪称汉语小诗的代表作。但是冰心写作这些小诗时严重缺乏文体自觉性，尤其是诗体自觉性，这导致小诗这种文体并没有真正成为新诗的"现代性文体"。曾心的小诗在新诗文体现代性建设，尤其是小诗的诗体现代性建设上做出了较大的贡献。曾心有文体自觉性，仍然继承了小诗诗体的说理传统，却打破了小诗"理"大于"情"、"理"大于"事"的文体局限，对小诗的文体功能做了较大的改进，将"理"变成了"理趣"。所以他用"玩诗，玩小诗"来当书名。"玩"的目的既是"玩"出"理"来，如同"寓教于乐"，也是为了"玩"出"趣"来，追求玩味的乐趣，玩出味道来，享受味道的鲜美，从"味"中悟出"道"。

这一点在曾心的创作中非常重要，是判断他的小诗写作是否具有现代性，他的小诗作品是否是"现代小诗"的重要标志。西方现代诗追求的正是诗意

---

① 冰心：《我是怎样写〈繁星〉和〈春水〉的》，载《冰心全集》第五卷，海峡文艺出版社，1994，第 126 页。

② 冰心：《我是怎样写〈繁星〉和〈春水〉的》，载《冰心全集》第五卷，海峡文艺出版社，1994，第 127—128 页。

③ 梁实秋：《〈繁星〉与〈春水〉》，《创造周报》1923 年 7 月 29 日。

的世俗性和诗歌写作的自主性。如现代诗歌的鼻祖波德莱尔所言："只要人们愿意深入到自己的内心中去，询问自己的灵魂，再现那些激起热情的回忆，他们就会知道，诗除了自身外并无其他目的，它不可能有其他目的，除了纯粹为写诗的快乐而写的诗之外，没有任何诗是伟大、高贵、真正无愧于诗这个名称的。"① 波德莱尔非常重视世俗生活和写诗自身的快乐。他曾说："这不是那种喜欢训诫的道德，那种因其学究的神气、教训的口吻能够败坏最美的诗的道德，而是一种受神灵启示的道德，它无形地潜入诗的材料中，就像不可称量的大气潜入世界的一切机关之中。道德并不作为目的进入这种艺术，它介入其中，并与之混合，如同融进生活本身之中。诗人因其丰富而饱满的天性而成为不自愿的道德家。"② "事实上，在这个普遍的错误中，有一种很容易澄清的混乱。某一首诗是美的和正派的，但是它并非因为正派才美。某一首诗是美的和不正派的，但它的美并非来自它的不道德，更准确地说，美的东西并不比不正派更正派。我知道，更为经常的是，真正美的诗把灵魂带向天堂，美是一种强有力的品质，不能不使灵魂变得美好，然而，这美是一种全然没有条件的东西，可以打一个很大的赌，诗人们，如果你们想事先担负一种道德目的，你们将大大地减弱你们的诗的力量。和这种强加给艺术品的道德条件同样可笑的是，有些人想让艺术品接受另一种条件，……科学观念，政治观念，等等……这就是那些错误思想的出发点。那些人说，……观念是最重要的东西（他们应该说：观念和形式是合二为一的东西）自然而然地，不可避免地，他们心中立刻想到：既然观念是最重要的东西，不那么重要的形式就可以被忽视而没有什么危险。结果是诗的毁灭。"③

曾心的小诗具有林以亮所言的"现代诗的精神"。他说："中国旧诗词在形式上限制虽然很严，可是对题材的选择却很宽：赠答、应制、唱和、咏物、送别，甚至讽刺和议论都可以入诗。如果从19世纪的浪漫派的眼光看来，这种诗当然是无聊，内容空洞和言之无物，应该在打倒之列。可是现代诗早已扬弃和推翻了19世纪诗的传统而走上了一条康庄大道。现代英国诗人，后入

---

① ［法］波德莱尔：《波德莱尔美学论文选》，郭宏安译，人民文学出版社，1987，第205页。

② ［法］波德莱尔：《波德莱尔美学论文选》，郭宏安译，人民文学出版社，1987，第101页。

③ ［法］波德莱尔：《波德莱尔美学论文选》，郭宏安译，人民文学出版社，1987，第107页。

美国籍的奥登（W. H. Auden）曾说：'诗不比人性好，也不比人性坏；诗是深刻的，同时却又是浅薄的，饱经世故而又天真无邪，呆板而又俏皮，淫荡而又纯洁，时时变幻不同。'最能代表现代诗的精神。"① 《油条》一诗是这方面的代表作。全诗如下：

本来软绵绵
熬煎后
赤裸裸
紧紧相抱

不管外界多热闹
此时，只有他俩

这首诗如同周作人所说的平民文学，"以真挚的文体，记真挚的思想与事实"，也如同周作人所说的小诗，"怀着爱惜这在忙碌的生活之中浮到心头又复随即消失的刹那的感觉之心"，写出了日常生活的一个场景——油条被油炸的形态，一个生活中常见的事实，然后从中寻找出某种思想，写出诗人见到炸油条的刹那间的感觉。这首诗可以说很雅，也可以说很俗，如奥登所说的"淫荡而又纯洁"。吕进也给了这首诗高度评价："不着一字，尽得风流。诗人在议人生，诗人在谈爱情。他议了吗？他谈了吗？他只给了我们一根最普通不过的油条啊！"② 吕进的这一番感慨"意味深长"。曾心总结他的小诗创作过程的这段话非常精彩，《油条》这首优秀之作正是这样创作出来的。他说："我觉得一首小诗的形成，往往是在日常生活中，或由视觉、听觉，或触觉、味觉、嗅觉等外在感官有所触动。这种'瞬间'或'刹那'的'触动'，会立刻'转向''内在的感官''内在的眼睛'。因为最高的美不能靠肉眼而要靠心眼，要靠'收心内视'（普洛丁语）。只有从'外视'转向'内视'，从停留在意识层的'感觉'，进入潜意识层的'感悟'，才能进入心灵世界创设的审美境界。"③ 柯勒律治在《文学传记》中论述天才诗人的特质时说："保持儿时的

---

① 林以亮选编《美国诗选》，香港今日世界社，1976，第4页。

② 吕进：《寓万于一，以一驭万——漫说曾心》，《中外诗歌研究》2008年第3期。

③ 曾心：《自传小诗与点诗眼——〈玩诗，玩小诗——曾心小诗点评〉自序》，载曾心：《玩诗，玩小诗——曾心小诗点评》，台湾秀威资讯科技股份有限公司，2009，第14—15页。

感情，把它带进壮年才力中去；把儿童的惊奇感、新奇感和四十年来也许天天都惯常见的事物：日、月、星辰，一年到头，男男女女……结合起来，这个就是天才和才能所以有区别的一点。因此，天才有首要价值，它的最明白不过的表现形式，就是他能把见惯的事物如此表达出来，使它们能够在人们心目中唤起同样的感觉——即一种经常伴随着肉体与精神健康的恢复而来的那样清新的感觉。谁没有看见过雪落水面一千次？然而读过彭斯以官能快感作比拟的诗句：就像雪片落在江上/一刹那间的白——随即永远的消失！谁又能够看见下雪而不体验到一种新的感觉呢？”[①] 曾心创作小诗《油条》不仅具有老年的睿智和沉思，也具有儿童的热情和好奇，他才“能把见惯的事物如此表达出来，使它们能够在人们心目中唤起同样的感觉”。他善于在日常生活中发现诗，赋予世俗平民生活浓郁的诗意，使自己能够“诗意地栖居”。

曾心在新诗诗体的现代性建设上也做了一定的贡献。“对于小诗的外在形式，说法不一，周作人认为应是一至四行，罗青主张十六行之内，张默主张十行之内，洛夫主张十二行之内，林焕彰主张六行之内，也有主张三行之内的，如四川重庆诗人提倡的微型诗。泰华小诗由于林焕彰的倡导其基本形式控制在六行之内。”[②] 曾心受林焕彰的影响，格外青睐“六行诗”。但是他没有只把小诗写在六行以内，克服了小诗的诗体形式的单调乏味。尽管写的是小诗，他却采用了多种诗体形式。《局势》《老树的身影》《水布》《月亮》《老相册》等多首六行诗都采用了中外诗歌都非常流行的“双行体”，一首诗分为了三个诗节，暗合“举一反三”的哲理。如《树的轮回》的诗形如下：

从土地长出来
活在蓝天底下

日月是我的父母
星辰是我的兄弟

风雨最了解：
我永久的家在何处

① ［英］柯勒律治：《文学传记》，载伍蠡甫主编《西方文论选》下卷，上海译文出版社，1979，第32页。

② 计红芳：《六行之内的奇迹——湄南河畔的“小诗磨坊”》，载林焕彰主编《小诗磨坊》第二集，香港世界文艺出版社，2008，第8页。

曾心对“双行体”的重视也证明他作为一个小诗诗人，具有文体自觉和“工匠精神”。“工匠精神”是当今诗坛最缺乏的，推敲之功曾是古代汉诗诗人的基本功，已被现代汉诗诗人抛弃，所以才流行口语诗甚至口水诗。诗人是最具有语言智能的人，诗是人的语言智能的典型范例。一位优秀的诗人不仅具有含蓄美和辞藻美的“诗家语”的诗歌文体的“语体”敏感，还具有排列美和音乐美的“诗家体”的诗歌文体的“诗体”敏感。柯勒律治强调诗的“整体的快感”。“诗是一种创作类型，它与科学作品不同，它的直接目的不是真实，而是快感。与其他一切为目的的创作不同，诗的特点在于提供一种来自整体的快感，同时与其组成部分所给予的个别快感又能协调一致。……良知是诗才的躯体，幻想是它的衣衫，运动是它的生命，而想象则是它的灵魂，无所不在，贯穿一切，把一切塑成一个有风姿、有意义的整体。”① 奥登强调语言技巧的重要性。奥登论述说：“一位年轻的作家，他的前途并不存在于他观念的独创性，也不存在于他情绪的力量之中，而存在于他的语言技巧中。当然，到了最后，将成为大诗人的作家必定会找到表达自己的语言和思想框架。诚如诗人卡尔·夏皮乐曾经说过的那样：‘诗的天才也许只是一种对形式的直觉知识。字典里含有所有的字，诗的教科书里含有所有的节拍，但除了诗人自己对形式的直觉知识之外，哪儿都不能指导诗人，不可能告诉他应选用什么字，应该让这些字落在什么样的节奏上。’”② 艾略特也认为诗人有语言天分。“（诗人）在发展其语言、丰富其文字的方面为其他人创造出更广泛的情绪与知觉范畴的可能性，因为他向他们提供了能表达更多东西的言谈。”③ 曾心使用双行体及对诗的排列形式的重视，显示出他是具有较好的语言智能及语言天分的优秀诗人。

小诗是在百年新诗史上建立起来的两大准定型诗体之一，强调诗的音乐美、排列美和辞藻美的现代格律诗比小诗更定型，甚至强调诗的节的匀称和句的均齐。曾心的小诗借鉴了现代格律诗的这些优点，在小诗的文体建设，尤其是诗体建设上做出了较大的贡献。吕进是近年倡导“新诗诗体重建”的领军人物，坚决反对“新诗就是自由诗”的观点。诗人曾心与诗论家吕进能够合作出版小诗评论集，说明两人惺惺相惜，都主张新诗的文体重建。在关

---

① ［英］柯勒律治：《文学传记》，载伍蠡甫主编《西方文论选》下卷，上海译文出版社，1979，第 32 页。

② ［美］H. 加登纳：《智能的结构》，兰金仁译，光明日报出版社，1990，第 93 页。

③ ［美］H. 加登纳：《智能的结构》，兰金仁译，光明日报出版社，1990，第 93 页。

系主义流行的时代，他们都是本质主义者，都主张给新诗及小诗确定基本的文体规范。黑格尔曾说："凡是写过论诗著作的人几乎全都避免替诗下定义或说明诗之所以为诗。事实上如果一个人事先没有研究过什么才是一般艺术的内容和表象方式，一开始就谈诗之所以为诗，就想确定诗的真正本质，那确是很困难的。这种困难会显得更大，如果从一些个别作品的特殊属性出发，就想根据这方面的认识去确定可以适用于各种诗的一般原则，这样做就会把许多性质极不相同的作品都算作诗了。如果人们接受了这种办法，然后再追问有什么理由要承认这些作品是诗，马上就会碰到上文所说的困难了。"① 惠特曼也说："我认为，没有哪一个定义能把诗歌这一名称容纳进去，任何规则和惯例也不会是绝对可行的。只会有许多的例外出现不顾定义，推翻定义。"② 尽管给诗下定义很难，尤其是给以自由诗为垄断诗体的新诗下定义更难，但是在过去百年中，始终有人给新诗下定义。宗白华在 1920 年 1 月认为："诗的定义可以说是：'用一种美的文字……音律的绘画的文字……表写人的情绪中的意境。'"③ 郭沫若也在 1920 年 1 月认为："诗＝（直觉＋想象）＋（适当的文字）。"④ 这两个定义奠定了新诗基本的文体特征：形式的美、内容的美和技巧美。何其芳在 1954 年 4 月认为："我们说的现代格律诗在格律上就只有这样一点要求：按照现代的口语写得每行的顿数有规律，每顿所占时间大致相等，而且有规律地押韵。"⑤ 笔者也给新诗下过两个定义。2000 年 10 月下的定义是："诗是艺术地表现平民性情感的语言艺术。"⑥ 强调新诗内容上的平民性和写法上的艺术性。2010 年 8 月下的定义是："新诗包括内容（写什么）、形式（怎么写）和技法（如何写好）。内容包括抒情（情绪、情感）、叙述（感觉、感受）和议论（愿望、冥想）。形式包括语言（语体）［雅语：诗家语（陌生化语言）、书面语；俗语：口语、方言］和结构（诗体）（外在结

---

① ［德］黑格尔：《美学》第三卷（下册），朱光潜译，商务印书馆，1981，第 17—18 页。

② ［美］惠特曼：《惠特曼散文选》，张禹九译，山西人民出版社，1984，第 28 页。

③ 宗白华：《新诗略谈》，载《宗白华全集》第一集，安徽教育出版社，1994，第 168 页。

④ 宗白华、郭沫若、田汉：《三叶集》，载《宗白华全集》第一集，安徽教育出版社，1994，第 217 页。

⑤ 何其芳：《关于现代格律诗》，载《何其芳文集》，四川人民出版社，1979，第 153 页。

⑥ 王珂：《诗是艺术地表现平民性情感的语言艺术——论现代汉诗的现实出路》，《东南学术》2000 年第 5 期。

构：句式、节式的音乐美、排列美；内在结构：语言的节奏）。技法包括想象（想象语言、情感和情节的能力）和意象（集体文化、个体自我和自然契合意象）。……可以用一句话来概括这个新诗观：新诗是采用抒情、叙述、议论，表现情绪、情感、感觉、感受、愿望和冥想，重视语体、诗体、想象和意象的汉语艺术。”① 2008 年 6 月，笔者还给新诗和新诗诗人确立了标准：“目前新诗标准建设已成当务之急，一定要重视诗体、想象与意象。新诗标准应该分为‘写什么’的标准与‘怎么写’的标准两大部分，但是后者远比前者重要。好的新诗应该是艺术地表现平民性情感的语言艺术。新诗应该在内容（写什么）上放开，实现真正的多元，形式（怎么写）上做适度限制，必须重视诗家语和诗体等诗的基本文体特征，重视诗的艺术性。没有好诗人就没有好诗，与其对新诗提出标准不如对新诗诗人提出标准，应该适度提高新诗行业的‘准入’难度，新诗诗人应该过语言关、诗的知识关和技巧关，诗人要重视学养、技巧、难度和高度。诗人写作需要重视‘想象’和‘意象’。”② 曾心很好地过了诗的语言关、知识关和技巧关，他的小诗写作是有难度和高度的写作，不仅重视写什么和怎么写，更重视如何写好。

小诗磨坊的诗人们建立磨坊就是为了“磨”出好诗，这个名称正好体现出这群诗人对“工匠精神”的推崇。曾心还主张瞬间生成的小诗应该有“怀胎期”。他说：“‘小诗的特征是它的瞬时性；瞬间的体验，刹那的感悟，一时的景观’（吕进语）。这是一般小诗的特征。但一首带有浓厚的自传性质的小诗，它并不像人的‘十月怀胎，一朝分娩’。它的‘瞬时性来自长期的情感储备和审美经验的积淀’（吕进语）。有的诗‘怀胎期’很长，如我写了一首练功的‘悟境’诗，仅仅六行，共 20 个字，却‘怀胎’了二十余年，才在瞬间中‘分娩’。”③ 这首诗就是他 2003 年 7 月 25 日写的《入定》，全诗如下：

盘腿静坐

坐到肌肤

---

① 王珂：《今日新诗应该守常应变》，《西南大学学报（社会科学版）》2010 年第 4 期。

② 王珂：《“一体”、“两象”、“三关”和“四要”——新诗“标准”的现实构建策略》，《海南师范大学学报（社会科学版）》2008 年第 3 期。

③ 曾心：《自传小诗与点诗眼——〈玩诗，玩小诗——曾心小诗点评〉自序》，载曾心：《玩诗，玩小诗——曾心小诗点评》，台湾秀威资讯科技股份有限公司，2009，第 15 页。

骨骼躯干
五脏六腑
归于无

空

“文体自觉”说明曾心谙熟古今中外诗体，他所有的创新都有源可考。“现代性的动力首先是在一个拥有传统和固定信念的世界里开始动摇传统和信念的。它们在催生一种现代社会格局上是有帮助的。但它们仅仅有一次成功地完成了这一任务，在它出现在所谓的世界舞台上之后2000年。在它们最初出现的时候，现代性的动力遇到了一种非常暧昧的接受。”① 曾心“是在一个拥有传统和固定信念的世界里开始动摇传统和信念的”，他是在传统的基础上改进小诗诗体的。“在这个新的社会环境中，人类所拥有的非攻击性的、爱欲的和感受的潜能，与自由的意识和谐共处，致力于自然与人类的和平共处。在为达到此目的而对社会的重新建构中，整个现实都会被赋予表现着新目标的形式；这种新形式的基本的美学性质，会使现实变成一件艺术作品。不过，由于这个形式出现于社会的生产过程，所以艺术就应相应地改变它在社会里的传统地位和功用。艺术应当不仅在文化上，并且在物质上都成为生产力。作为这种生产力，艺术会是塑造事物的‘现象’和性质、塑造现实、塑造生活方式的整合因素。这将意味着艺术的扬弃：既是美学与现实分割状态的结束，也是商业与美、压迫与快乐之间的商业联合的终止。艺术将会重新把握住它自身的某些更原初的‘技术’内蕴：即作为调制（烹饪!）、培植、促进事物生长的‘艺术’，也就是说，给予事物以既不破坏它们的内容，又不破坏它们的感觉的‘形式’。这样，就把形式上升为一种必然性的存在，上升为超越了趣味和通感等所有主观多样性的普遍性东西。”② 曾心的小诗，也正是这样的艺术，他把小诗的诗体形式“上升为一种必然性的存在，上升为超越了趣味和通感等所有主观多样性的普遍性东西”。这也是曾心小诗的文体性的重要意义。

---

① ［匈］阿格尼丝·赫勒：《现代性理论》，李瑞华译，商务印书馆，2005，第65页。

② ［美］赫伯特·马尔库塞：《审美之维》，李小兵译，广西师范大学出版社，2001，第105页。

# 游目骋心*

## ——简论曾心小诗的形式特征与文化溯源

初清华

拿到新近由东南大学出版社出版，精选曾心创作于 2002 年底至 2016 年底间的小诗集——《曾心小诗 500 首》，颇为欣喜。一直以为评判诗歌好坏的标准，应该是能被多少人记住，正如唐诗主要是因其格律清晰易记而被世代传颂，才成为中国古典文学的高峰之一。至于中国现代新诗，新格律诗则主要是由于徐志摩的创作实绩而广受褒扬。《再别康桥》虽被视为他的代表作，但由于离情缠绵而导致行文拖沓。窃以为《雪花的快乐》和《沙扬娜拉》更胜一筹。特别是小诗《沙扬娜拉》，寥寥数笔就精准地摹画、传达出日本女人离别瞬间的情态。所以，对于当代海内外某些华语诗人的写作，或是诗评家评论中的"史诗"情结，向来是颇不以为然的。以致在某次"诗魔"洛夫《漂木》诗歌研讨会上，笔者提出这一观点：在求长的路上走得太远了，是否可以尝试短诗的创作？

这样的希冀，当然也是出于对中国现代文学中小诗创作实绩的不满。虽然早在 1921 年，尚在中国现代新诗草创期，为了反拨现代诗越写越长且言之无物、言之无趣的现象，周作人发表《日本的短歌》《论小诗》，介绍、倡导小诗创作，1922 年在郑振铎所翻译的泰戈尔《飞鸟集》的影响下，一度出现了小诗创作的热潮，也开创了中国现代小诗的两个传统：或抒情，或哲理。这些小诗，在形式上，大都采用感叹句或疑问句，只分行不分节，构思则基本先设景，以显情或求理，其中虽不乏情景交融、景理天成的力作，胜在瞬间所得的意绪、思想，而缺乏对形式艺术的探索，因此，也很难有持久的创造力。

---

* 原载《二十三诗论家论小诗——国际小诗暨小诗磨坊作品研讨会论文集》，泰国留中大学出版社 2017 年版。

正是基于曾心对小诗形式艺术的探索，才更凸显出这本诗集的与众不同。尽管已有论者看到曾心小诗对“双行体”的重视，并将之视为文体自觉和“工匠精神”①，对其文体价值给予极高评价，但目前研究者对曾心小诗的文体特征还缺乏更精准细致的分析。纵观整本诗集所选的500首小诗，或许可以用诗人曾心2007年所作小诗《寻找》所直接表达出的“由眼及心”（或者称之为“游目骋心”）的创作思维逻辑来概括其诗体构思的基本特征。

在黑夜行走
我用眼寻找
——旷野中的萤火

在黑夜行走
我用心寻找
——流动的诗行

具体表现为：题材广博，目之所及均可入诗，题目基本均为名词和动宾短语，诗体则以六行为主，兼有五行或四行，且分节为两节或三节不等，已然形成属于自己的艺术风格。

题目如诗眼、诗魂，没有题目就不能称其为诗，前阵一度流行的截句，只能称为诗句，而不能称为诗。曾心小诗中，喜用名词或名词性短语为题，有些是单纯词，如萍、鸟、蝉、锚、红豆、石榴、水、烟花、椰子、石磨、脸、龟、照片等；有些则是偏正或并列结构的名词性词组，如孤岛、老树、老车、甜梦、春牛、老人话、两个影子、盆景、陨星、拦路石、诗魔、牵牛花、行囊、竹筏等。这些名词或名词性的题目，通常就是整首小诗所要营构的意象，正如诗人自己所言：意象就是诗的本质。于是，在他的小诗世界中，是一个生机勃勃的新世界。这里有欢乐的《蝉》：“发现复杂的天地/只由‘阴阳’建构/便鼓动薄翼/欢乐喊叫：/知了！知了！”不同于以往通常把夏蝉没完没了的叫声与吵闹、烦躁联系起来的抒情基调，诗中充满因发现而有所得的喜悦；贵为水果之王与王后的榴莲和山竹却充满了警惕、防御心理，如《榴莲》：“散发芬芳/受人妒嫉/沁透香味/被人臭骂//算了/干脆化作无数尖

① 王珂：《论曾心小诗的文体价值》，载曾心：《曾心小诗500首》，东南大学出版社，2017，第22页。

刃”，《山竹》：“不喜欢点头哈腰/也不爱阿谀奉承∥营造一个属于自己的黑球/防备洁白的心肝受损伤”。以己心度彼腹，用拟人化的叙述手法，设身处地揣摩其意，从而赋予芸芸众生以真性灵，可见，化用心理描写，无疑是曾心小诗创作的一大特色。

从2003年，因林焕彰当了泰国《世界日报》副刊主编，而在“湄南河”副刊开辟了一个“365刊头诗”专栏，曾心为响应其“六行诗”的倡导而开始小诗创作至今，或许可以2007年为界，将曾心小诗创作分为前后两期：前期六行诗创作虽也有分为三节的“双行体”，但大多以两节为主；后期则主要探索分为三节的可能。前期分为两节的六行诗，两节间形成转折、解说、递进等不同关系，用分节实现小诗意义的跳跃性，从而实现意象内涵的丰富性。如《萍》：“我的归宿，/是由风还是由水决定？∥水，/要送我到达大海，/风，/却一再让我搁浅在河边。”第一节提出疑问，第二节则是用对比方式完成解说。又如《鸟》：“往日/芒果树上/鸟鸣松鼠跳∥今日/只见松鼠/独啃着早春苦涩的青果”。两节间用往日与今日作对比，形成转折关系，以有写无，虽题为鸟，然并不多着墨，而是用松鼠的独啃苦涩，来写鸟对自由的贪恋，四处留情却又决绝无情。表转折关系的还有《芭蕉叶》：“多情的绿扇/招来风/迎来雨∥岂知风雨翻了脸/把它打得遍体鳞伤”。这首诗中，第二节的转折略带戏谑的笔调，在不经意间流露出一点儿对绿扇因“多情”而致悲剧下场的幸灾乐祸。小诗《龟》和《脸》则可视为递进关系的代表，如《龟》：“遭受欺压/把头缩成一块硬石∥过后/继续走路”，一个坚忍的形象跃然纸上；《脸》：“对着纷繁的人与事/读不出他的/喜怒哀乐∥他的心已千疮百孔”，诗人无意从社会学的角度给“脸”赋予面具的意义，反而写出了麻木的痛感。

从上面的结构形式分析，可以折射出诗人曾心小诗创作构思的脉络，尽管小诗只有六行以内的局限，他也尽力用分节来造成内容上的跳跃性，挖掘六行诗所能表现情感意绪的最大可能。在“两节”六行诗中，通常一节为描述性的，另一节则为议论或抒情，由于抒情主体“我”的缺席，而更容易描摹出该意象的形象，并从容跳跃到心理描写的部分，形成客观冷静的外在词语结构和充满张力的内在情感结构，纵横其间的是联想思维，而非单纯的想象思维。联想思维是一种发散性思维，由于某种诱因而使不同表象之间建立联系的思维方式，包括接近联想、相关联想、相似联想、对比联想、因果联想等。正是因为有了相似联想，才有了小诗《万年青》：“不管红土黑土/贫瘠肥沃/只给半勺土/就能活着/拌着血汗活着……∥它的别名叫华侨”，把植物万年青与华侨作比，卒章显志，点出华侨不屈不挠的顽强生命力。《立体交叉桥》则是用相关联想，把视觉、触觉和听觉相结合："高空中——/悬挂着一幅立体画//纵横东南西北/背负千万辆/一首现代歌曲嘭嘭响"。静动结合，以动写静，繁忙而重要的交通枢纽也因此似乎有了生命。联想思维在修辞上表现为对比、比喻、拟人、起兴、通感等，正是联想思维的熟练运用，使得曾心的小诗意趣盎然，形成了"诗中有画"的艺术风格。

由于诗人曾心着力于"意象"的营构，而"意象"原本就是唐以后中国古代文论中的一个重要概念，可见其小诗创作的中国传统文化根源之一斑。如果单看诗人现在作为泰国华侨和医生的身份，对于这一点是很难理解的，甚至我也曾一度有点儿怀疑自己的判断，直到看到诗人简介：1938 年生于曼谷，祖籍广东普宁，1965 年毕业于厦门大学中文系，1982 年返回出生地，才有了自信。虽然其中没写诗人是何时回到老家广东，但可以初步断定其在大学期间受到了专业的学术训练，有一定的中国古典文学修养。古人以为，意是内在抽象的心意，象是外在具体的物象；意源于内心并借助于象来表达，象其实是意的寄托物，"意象"实指寓情于景、以景托情、情景交融的艺术处理技巧。如此看来，曾心小诗形成"诗中有画"的艺术风格就不足为奇了，而画中又或有情趣，或有意绪。

当然，曾心小诗并不是完美无瑕的，虽然他在形式上继承了中国诗歌传统的"意象"手法，并以此对中国现代白话新诗中的小诗文体进行了诸多有益探索，形成了自己的风格特色，但中国传统诗是用来歌咏的，从《诗经》开始的中国古诗的音乐性传统，在他的小诗中并没有得到传承和发展。曾心小诗在声律方面还缺乏探索实践，另外，在意境的开拓和发掘上，也稍嫌不足。或许可以期待，诗人曾心先生的小诗创作可以在这两方面进行更多的可资借鉴的有益尝试。让我们拭目以待吧！

# 在写作中修炼*

## ——读《曾心小诗 500 首》

苏永延

曾心先生是著名泰华作家。他的创作领域十分广泛，在散文、小说、诗歌、评论等领域均有独到的建树，研究者对他的散文、小说等方面已有颇为深入的研究，即使是他涉足不久的小诗创作，诗评家吕进教授也给予很高的评价，称其为“泰华诗圣”。近日王珂教授编选了《曾心小诗 500 首》，就是对曾心先生小诗创作的集中呈现。2006 年，泰华作家岭南人、曾心、博夫、今石、杨玲、苦觉、蓝焰等 8 人自发组成了小诗磨坊。他们着力于创作六行以内的小诗，经过十年来的不懈努力，小诗磨坊以其鲜明的特色，成为泰华乃至世界华文文学界一个有影响力的诗派，小诗创作也因他们的辛勤耕耘而焕发异彩。

泰国是个佛国，小诗磨坊的诗歌具有很强的佛禅意味，这是无须赘言的。但在“磨坊八子”之中，曾心先生的作品不仅禅味极浓，而且在创作中，融进了他本人修禅过程中的独特体会。如果说其他诗人诗中亦有禅味，是长期文化影响下的一种不自觉的表达与流露，那曾心的禅味，则是他数十年亲身体验的外化，因而倍受瞩目。禅一般是通过静修而体悟到的。但日常生活中，禅又是无处不在的。静坐是禅，写作也是禅；静坐是修炼，写作自然也是修炼的一部分。从这个意义上讲，现实生活中处处都是修炼，亦为借事炼心。因而曾心先生的小诗创作，本身就是其修炼的一个不可或缺的组成部分。关于修炼的几个层次与境界，古人有过十分简明扼要的概括。本文结合创作过程，也套用相应的概念，大体有凝气成精、炼精为气、炼气化神、炼神还虚等几个层次，最高境界就是还虚入道。如果我们用这些境界层次来看待曾心

---

* 原载《二十三诗论家论小诗——国际小诗暨小诗磨坊作品研讨会论文集》，泰国留中大学出版社 2017 年版。

先生的小诗创作，就会发现别具洞天的境界，体察到不为人知的另一番景象来。现将这几个方面举例说明。

## 一、凝气成精

修炼的过程与文学创作的过程虽然不能简单地画等号，但其本质又有某些相类。对修炼来说，“炼精为气”是第一阶段，但在入门之前，还有一个纳气填精的准备过程，所以本文把这种准备过程称为“凝气成精”，作为文学创作的准备阶段。所谓“凝气成精”，是修炼过程中吸纳、收集大自然之气或自身体内涣散之气，使之变成自身一个有机的、能共同起作用的组成部分，则人会显得精力充沛、精神饱满，精气旺足后才有下一步发展的可能。零碎、散乱的内气或外气，则需通过一定的加工淬炼，方能成为身体的原动力。如果从这个角度来看，曾心先生的创作，其小诗所凝之气既有自身藏匿各处的散乱之气，也有来自外部世界的诸多信息，经过特殊的加工处理之后，变成一首首趣味盎然的小诗。

外部世界纷繁的信息，犹如一股股大大小小的涣散之气，它们能引起人们高度的关注。伊拉克战争、“非典”期间的诸多大事，无不牵动着人们关注的目光。作家创作时，就得把它们凝为一个可感的整体。《把脉》：“圆圆的地球/被打破一个洞/流出一个民族的血∥伸出三个指头把脉/地球阴阳失调/——病了”。作者有个附注，指出所写的是伊拉克战争。中东以盛产石油著称，为全世界各国工业发展源源不断地提供能源，石油号称现代化工业的血液，战争是流血的政治，是各国的政治利益不均衡而出现的后果。诗人以“阴阳失调”说明本来的世界及自然的力量均衡被打破了，就出现这样的症状与结果。地球的“病”，是全世界的灾难。此后中东局势越来越不稳定，许多国家都处于动荡不安的状况之中。埋下这个祸根的，正是美国人所引发的战争。《送行》是以肆虐世界各国的“非典”为题材来写的，为了抢救患者的生命，许多医生、护士奋战在第一线，有的甚至付出了宝贵的生命。“SARS 夺走她的生命/身上没覆盖什么旗/只披着一袭天然的白云∥素不相识的人们/流着泪/高高把她托起……”这些牺牲的医务人员，他们的名字是否为人们所铭记并不重要，重要的是他们的英雄义举，救死扶伤的感人精神，深深打动了广大民众，在广大民众的心目中占有崇高的地位，感人至深。

以社会重大事件为题材的创作，因其贴近时事，容易引起人们强烈的共鸣，但时过境迁，当诗歌创作的氛围消失，有些人对此不熟悉时，其效果就难以真正体现出来。因此，如果说这些“外气”，进入体内能凝成为“精”的话，它又是变动最快，易于消失，带着很强的时效性，就像人体阴阳之气也要时时与四季之气相谐一样。不过，有一些社会现象是恒常的，就像爱情是文学的永恒话题一样，因历来写的人多，要写出新意就很不容易。曾心先生的《股票市场》就是对此类题材的大胆涉足：“一串数字进去/买个笑/一串数字出来/买个哭∥哭—笑—哭的重叠/脸上竟成热带的雨季”。股票是工业社会催生的产物，随着电子化时代股票交易的快捷，股票价格的变动也就瞬间万变。股市投资者碰到有利自己时，就会心满意足地笑；碰到不利之时，则是哭。变化越频繁，则对人的情绪影响也就越厉害。如此重叠的哭和笑，在笑里哭，在哭里笑，倘非疯子，谁会做出如此疯狂之事？但这个世界的怪异之处就在这里，说明他们的心已经被外物牵着走了，这外物也不是外来的，正是他们的贪欲之心，自迷本性，怪不得别人。脸上呈现变幻莫测的热带雨季的景观，既是匪夷所思，又是习以为常。作家敏锐地抓住数字与哭笑的关系，生动地还原出股票与人心的微妙复杂的互动状况，可谓举重若轻，又如云舒风卷般自然流畅，这是作家凝外气而成精，化为思想结晶的成果，类似的还有《那只手》《品位》等。

不仅社会现象能化为作家之“气”，动物乃至无情之物作家亦能淬取自如，体现出人心强大的渗透与感应能力。或者说曾心先生的视野极为广阔，不拘题材，无一不可入诗。《蜘蛛》写一蜘蛛织网捕虫，却屡遭破坏，它依然毫不气馁，不断缀补，“尽管抽出的是血丝/还是次次编入希望”。于人而言，卑微的蜘蛛是令人讨厌的，因它到处结网，给人不便，且形象丑陋，但作家以强大的感应力将它拟人化，塑造出一个顽强、坚韧的个体形象，卑微的蜘蛛尚有如此强大的生命意志，何况是一个万物之灵的人呢？生命有高下尊卑之别，然精神意志无别，卑微者有伟大处，伟大者亦有平凡处。这种诗歌的强烈震撼力可见一斑，它不是浮光掠影式的描绘，而是直指人心，逼近人的心魂进行严肃的审视。

曾心先生业余喜好园艺，他的住所简直是微型的盆栽展览馆。泰国天气炎热，阳光毒辣，在旱季之时，他几乎每天都要给心爱的盆栽浇水，岁久年深，对它们自然也有了感情，这些不会言语的“无情物”甚至也借曾心先生之口得到心灵的坦露，或者说曾心先生借植物之口抒发心绪，形成颇有意义的气场交流。他的《盆景》《树的哲学》《天台上的树》等小诗精品都与盆景密切相关。如《天台上的树》，写树的孤寂、苦闷、痛苦的生活状况，因为它的根“老是触摸不到大地”，这是违反自然生存状态的境遇，偏偏有些树荫差阳错落到了这种田地。《盆景》讲的是如何在狭小的天地里活得更加精彩。《树的哲学》指出在不同的环境下都要学会生存，在盆中要活得精彩，在大地中就会变成参天大树。如果我们把这三种“气”结合起来看时，就会看到其蕴含之“精”：人必须要适应自己生存的环境，而且要尽量活出精彩与活力，在不同的环境中又要善于改变自己，而不是固守陈见，自伤自怜。从这个意义上说，树的哲学就是人的哲学，尤其是对泰华而言，更是如此。泰华族群作为泰国社会的一个微小的组成部分，在某些社会环境里会遇到如同盆栽植物一样的处境，对这种无形的壁障，人们得想方设法绕过它，才能开辟出一片广阔的天地。在有利之时，就要尽快壮大发展。数百年的泰国华族史，就是这样一种哲学的注脚。这都是人生智慧的总结与提炼，值得重视与探索。

作家在创作之时，除了从社会、自然等环境中汲取创作之气外，更多是从自己的生活经历中汲“气”提炼，为时或短或长，感受或浅或深，情感或浓或淡，不一而足。《炊烟》所写的就是诗人一刹那的感觉，令人浮想联翩：“在城市住久了/袅袅炊烟/已成为陈年记忆//蹲在灶边生火的那小姑娘/她的长辫子/不知被烟云卷走否?”作者由炊烟联想到岁月更迭，人世沧桑，唯有童年的记忆清晰可辨，其中的感受，或许真切，或许模糊，其实这并不重要。“此情可待成追忆，只是当时已惘然”，留给读者以广阔的联想空间。如果从凝气成精的角度来看，这首诗集了大半个世纪以上的精气，才铸成这样短短的几行文字，饱含人世更迭、岁月不居之情。《行囊》则盛满了作者苦乐年华的酸甜苦辣诸味：“年轻时/捡一囊方块文字/中年时/装一囊酸甜苦辣的果实/年老时/修一囊澄澈的宁静”。这是对自己创作感受最为鲜明凝练的概括。在不同的人生阶段，人的审美情趣往往会发生改变，但从文学史的角度来看，删繁就简、洗净铅华则是共同的趋势。以其至简，其意乃深。杜甫称赞“庾信文章老更成”“暮年诗赋动江关”，对自己的创作也自信地说“晚节渐于诗律细”。当然，年龄大并不一定代表水平高，而是见识更为开阔，所见愈发深邃。年纪大也不能代表诗歌作品会自然涌现，有时诗人也要为题材的短缺而痛苦，“身心憔悴/雕刀已钝/尚未雕出一首真诗”（《雕刀》）。这些创作上的痛苦，如不置身其中，是很难体会得到的。

## 二、炼精为气

如果说第一阶段的凝气成精是创作的准备阶段的话，那么炼精成气则是修炼的开始，以修炼而言，那就是沉心静虑，使气流贯周身无碍，经脉尽通，无所不至。若以此来观察创作状态，则体现为作者创作已经能意到笔随，笔墨随兴而至，随心所使，达到了较为灵活、自如的阶段。

“炼精为气”之说，若嫌太玄的话，则以事例为证。恰好曾心先生有一首名为《修炼》的诗：“收起行囊/横渡彼岸/面壁青山绿水/与天地融合”。从字面意思上看，作家用旅行来比喻修行，并无甚深意。但如果从修行的角度看，意义就大不相同了，里面所涵容的世界渐次清晰展开。“行囊”喻为身体，肉体经过修炼过程中的种种磨难，作家以“收起”来形容，诸多生理欲望、感受等，在修炼过程中皆须一一克服，其目的就是达到理想的境界——彼岸，最高境界即为“涅槃”，最次者亦有轻安之喜。在此境界之中，修行者的体会如同面对青山绿水般的舒畅，心与天地融合，所去随愿，来去自由。若指创作，又可视为此时的境界里，听心所使，文字如听话的士兵一样，随意遣使，皆各得其宜。如《囚萤火》，作家将捕捉萤火虫的行动，与诗歌创作经历巧妙地融合在一起：“黑夜　屋前屋后/捕捉到的萤火/一个个囚进心房里//十年八载后/把它放出/飞成一行行闪烁的诗行”。这首诗中，有两个意象层次达到完美融合，一是捕萤虫，一是创作诗，二者若实若虚，忽隐忽现，在真幻虚实之间进行切换，终于落脚于诗歌的创作，其间并无任何雕琢的痕迹，仿佛诗歌自行流出一样，这就是把思想之“精”化为流动之“气”，无论遇到什么场合，皆能顺物成形，变幻万千。

当然，修炼过程并不总是充满快乐，有时是要有忍辱功夫的。佛教之中有一种修炼法名为“忍辱行”，只要这一点做得好，就相当了不起了。《日记》《忍功》皆有关于这方面体会的反映，从中也可以一窥修行境界的层次。

> 翻开页页日记/才发现自己/已铸成一个汉字/——忍//可缩短——拉长/压扁——搓圆（《日记》）
>
> 屋外风雨/屋内惊雷/指责声逐浪高……//心中的水银柱/依然在/——0度（《忍功》）

这两首诗分别创作于2004年和2005年，依曾心先生自己介绍，当他从行医转为社团工作时，面对工作上的一些事务，常常遇到一些不愉快的事，他都一一耐心地应付过去，其修炼提升亦可窥一端倪。《日记》里面描述自己能够随时变化，可长可短，可圆可扁，好像应付自如的样子。这自然是不错的境界，但并非真正的好的境界，因为他是有意识地用“忍”字来处理。心有“忍”字，说明“我执”尚在，不能自如地随物赋形。但在《忍功》中，“忍”字已经消失了，无论狂风暴雨，还是惊雷闪电，“我自岿然不动”，这才是真正的好的境界。因为作家的心中，已无“忍”字，这才是达到了自在的程度。《楞严经》卷六云：“有人捶詈，同于称赞，必使身心二俱捐捨。”这才是真得佛三昧的修行者。当然，“忍”字做标题，是不能去掉的，因为没有这个字眼，整首诗将令人不知所云。因此，它才是真正的画龙点睛，这也是作家创作的巧妙之处。气不运于身，而聚于顶，并在此中大放异彩，着实令人赞叹。

在此境界中，文学创作的表达亦达到了自如无碍的地步，作家的落笔与收笔令人目不暇接，来无踪，去无迹，尽量炼精为气之妙。且看他的《老柳》：“长大了/越来越看清楚/天空比不上土地/越老越把头低下/——吻自己的根/吻养育的土地”。写一棵柳树的形态，标题以“老”字示意，形体虽老而其心不老。“老”，乃是其思想的老成与深沉，是功夫上的老成。事物大体如此：成熟的谷子是低垂的，空瘪的则是昂首挺胸的；谦虚的人是低调的，无知浅薄者往往是高调的。曾心先生写老柳低垂，吻着生育它的大地，这不仅是一种深厚的故土情结，更多的是一种返归本源的行为。人若忘本，则所行不远。因此，《老柳》更多的是强调谦虚的态度，即修行过程中戒“妄”。禁戒所有的妄言、妄行、狂妄等不良习气，人心才是充实的。否则，妄心占据之时，真心如何能出来呢？“一口古井/跌落一弯残月//抛下水桶/打上祖祖辈辈的沧桑//沉重地拉——/一条古老文化的根”（《老井》）。这首诗包含了好几重意象，每一个意象的出现，又往往出乎阅读者的审美期待。在短短的六行诗里，作家巧妙地设置了多重转折：古井、残月，这是第一层意象，古代早有水中捞月一场空的说法，以此心理预期读下去，却发现所捞者并非空，也非水，乃是祖辈的沧桑。如果在这个意象上细加品味的话，就会发现老井里蕴藏着许多先人的秘密，他们的喜怒哀乐、酸甜苦辣尽汇于此，此中所藏并非水，而是丰富的历史遗痕，这是第二层次。第三层次是水桶绳的突变，它变成了文化之根。唯有通过这条沉重的根，我们才有可能触摸到先人的历史，感受先辈的气息。这首诗一层层地铺展，犹如水波层层漾开，井然有序而不落痕迹，大大突破了人们的审美预设，最后落于文化之根上。西方形式主义语言学鼓吹诗歌创作的“陌生化”，这本来是不错的主意，但问题在于如何达到陌生化，理论家的创作体现不出他们的主张，接受此理论的作家创作又往往失于偏颇。其实真正的陌生化，必须出人意料又合乎情理，既不夸张，也不呆板僵硬，这才是真正的陌生化艺术创造。话又说回来，看到老井、残月，有谁会想到维护传统、保存历史的重要性呢？自古以来的文学创作意象是不会有这方面的联想与发挥的。但曾心做到了，他在不可能中创造出可能，此无它，达到炼精为气的境界时，语言就会成为作家笔下的“奴仆”，任凭驱遣，所到皆得随性之任。

《跳绳的感觉》在写作上也很能体现这种气之所至，无所不能的境界。“离开地面/跳出一个童年/数一数/老来还能跳几下？/摸着胸口/一颗童心激荡”。诗意很简单，就是诗人自己童心大发跳绳时的感觉，并没有什么太深的哲理，但又流露出蓬勃的生命力。“童心激荡”，可以从两个方面来理解。一是童心未泯，那种兴奋快乐的感受充盈全身，这是可能的。二是童心依然，身老难从。毕竟诗人已是古稀之年，偶尔学六七岁孩童跳绳，心脏的负荷非同寻常，故而形成心狂跳不止的“激荡”感受。从两种不同的角度去阐释，得出来的结论与感受大相径庭。古人认为诗贵含蓄曲折，“激荡”二字涵容着多少复杂的感情，任由读者去体会。无论是童趣，还是充满历史沉重感的文化根源的追溯，这种“气”韵贯注之后，自然就会呈现出不同的面目。

## 三、炼气化神

气流周天，生生不息。修炼者在此中感受着修炼过程的愉悦，但炼精成气虽然快乐，却并非修炼的目的，往上走，还有更多、更美好的风光，那就是炼气化神。按道家的说法，就是“补离中之阴而成乾也”。离卦，离为火，然非纯阳，欲化乾阳，这种纯阳之境界，方为比较理想的状态。由阴而化阳，那就是以修炼调整内气运行，使之进一步升华通过。故称为炼气化神，神即通神。“吾心即宇宙，宇宙即吾心。”长久以来，陆象山的这句话被指为“唯心主义”论。其实如果从修炼过程来看，我们可以知道他达到什么程度，那是物我两忘。此时已不存在什么气了，万念存乎一心。若从创作来看，臻此境界者的特征，是其作品达到随心所欲，收放自由，且皆有令人可观、赞叹之处，已不是一般的陌生化效果了。

曾心先生有一首诗《入定》：“盘腿静坐∥坐到肌肤/骨骼躯干/五脏六腑/归于无∥空”，描绘自身与茫茫太虚融为一体，类乎非想非非想状态、似空非空境界的禅定状况。作为一首描绘修炼过程的文学作品，这是将自身的体验如实描绘出来，跟一般作家用联想、想象的方式来写的空无状态是有相当大差别的。一个是亲身体验过，一个是凭空想象落笔为文，自是不同。现举另一例来说明。《月的情绪》："掉到水里的心/化作一个月亮//心宽，月圆/心窄，月弯/心动，月随之荡去"。乍一看，该诗似乎没有什么亮点，类似为人处世的格言警句。其实这没有亮点的语言，恰恰是用最平白的文字来描述定中的心态与所见境界的变化，没有任何的夸张与修饰。处于定中的状态，如月映水中，起心动念都能纤毫毕现，一个人若能长久处于此中，会变得十分敏锐。他的心也将如明镜一样，能迅速映出世间的万象，不仅是己心变动，甚至他人的心思无须言语已能毕知，因为这是一种极为微细体察的功夫。所以心宽、心窄、心动，境界即时随之变化，一旦心动，这个禅定的境界自然就消失了。可以说，曾心先生这一类的创作，根本不是他苦思冥想得来，或是犹如贾岛一般苦吟硬熬写出来，而是如同口述事件一般自然涌现，这又与其他作家的有意大众化、平民化的语言观念也有所不同。

炼气化神的感觉微细到什么程度，我们来看看《黑瓜子》："黑——白/阴——阳//阴的是月亮的女儿/阳的是太阳的儿子//一枚宇宙初始的胚胎"。作家把黑瓜子与白胚芽喻为阴、阳之间的关系，把平时许多玄妙、不可言说的深奥哲理，用黑瓜子这样人们熟视无睹的物品展现出来，不能不令人叹为观止。现代新诗写作，常常往哲理的方向发展，这是一个潮流，本无可厚非，但如何把深奥的哲理以深入浅出的方式表达出来，这才是问题的关键，这首《黑瓜子》可谓神来之笔。若从逻辑角度来推演，这首诗也是合乎情理的。万事万物皆是矛盾的集合体，它们的每一个存在，皆是大自然法则的体现：姜性热，但姜皮寒；当归头补血，当归尾败血；毒蛇牙髓有毒，其肉无毒；榴梿果肉性热，榴梿壳性凉……作家只不过用小小的黑瓜子作为比喻，就道出如此深邃的哲理，这便是其微细体察的结果。

其实，这种微细的极致还能改变一切物体的外象，使之化为他象为己心所用，犹如通神一般奇妙。《跳水》就是极为生动的事例。"从云端跳下//在半空中，出现/几个惊险翻滚的'?'/落下一个'!'//溅起青春雪白的水花"。跳水运动是一种观赏性很强的运动，尤其是高台跳水更是引人入胜。此诗的奇妙之处在于它不是一般性地描写运动员的优美姿态，而是让充当辅助意义的标点符号来担负描述性的任务。这种事情在文学创作上并非没有，只是极为罕见而已。更重要的是反客为主的文学运用方式，居然在描述跳水运动时也能惟妙惟肖，远胜万语千言。也就是说，作者以独特的智慧将不可能化为可能，在文学创作上可谓险棋一招。其实，若从创作上来看，本来就没有什么可能，也没有什么不可能，它们都是人们心目中的固有成见。炼气化神者智慧自出，选择最为恰当的方式将其完美表现出来，才是最好的选择，也是最真实的表达。

有些诗歌主要突出某种特别的神韵，意象则十分独特。《啊！诗人》《绝壁》就是此类创作。任何事物，若要在不那么尽如人意的环境中，活出亮点和精彩来，就要有其独特的精神支撑。

被丢在路边的草/在人流的践踏中/弯了腰　又挺直/啊！不死的精魂/深沉地哼着生命之歌（《啊！诗人》）

蚂蚁/爬不上/鸟儿/飞不过//绝壁顶上/扒着一棵古老松（《绝壁》）

这两首诗所写的内容不一样，但其精神取向是一致的。悬崖上的松树，这是傲然自立于世，与清风明月游戏的强者形象，也是中国数千年来倔强生命与纯净无瑕境界的体现；路边草，饱受践踏，依然“哼着生命之歌”，这更加令人动容，但却以诗人为题，表面上是冲突的，但当社会没有诗意，或者诗歌氛围淡漠时，诗人的存在不就像没有人理睬的野草吗？正因为诗人背负着延续文化传统的重担，这种以天下苍生为己任的强烈使命感，使他们不计任何代价，承受一切痛苦的蔑视甚至打击，犹如不死的精魂。野草与诗人在这一点上又有某种契合，出人意料。这就像鲁迅在一篇杂文里写一个卖戏杂耍的情景，当讨够钱之后，大家解散，却命名为《现代史》。这种标题与内容的相悖相合、巧妙结合，可以视为作家的神来之笔。这种神来之笔，表面上是灵感所至，其实质乃是智慧的强大穿透力，牢牢把握住二者的共性，完美发挥到了极致，可谓化神矣。

## 四、炼神还虚

修炼之事，在没有大彻大悟之前，是不能停止探寻脚步的。炼气化神固然奇妙，令人欣喜，但它并不是目的和归宿。炼神还虚，指的是大定状态，此时的行为看似活动，心无所动，明心见性，大地山河如在掌中，这是修炼的更高境界。当然，文学创作境界与此还略有不同，也就是作品似乎又返回原本的状态，然而性质却发生巨大的改变，那就是玄奥没有了，但淳厚深沉增加了，华丽风不见了，语言的澄澈明净明显了，这种状态可谓创作的佳境。

《灵感》：“脑中一片空白/突然/灵犀一点心中来//笔端/与日月星辰对话/

与天地之神对话”。这是诗人以诗歌的形式描绘灵感出现时的状态，缕缕分明。在文学创作中，不时都有灵感出现，许多作家只能介绍灵感来临时的各种感觉，如郭沫若介绍创作《凤凰涅槃》缘起时，也是灵感触发，马上从床上起来，抓起笔狂写的情景，至于灵感又是怎么出现的，他就语焉不详了。曾心先生的这首诗则不同，他能够清晰地看到灵感是怎么来的，自己又是处于一种什么样的状态，犹如有第三只眼在看着自己的一举一动，“与日月星辰对话”“与天地之神对话”，那就是打开了自己与天地万物间的种种隔阂，自然生出无穷的智慧与奇思妙想，那就是明心见性之作，精品诞生的可能性也会大大提高。现就此举数例说明。

《抱春》是写温馨美好的亲情：“春天来，大地笑了/孙子来，我笑了//抱着孙子/如抱着春天//满眼花朵/天地人间灿烂”。用看到孙子来了，抱起孙子，犹如抱着春天一样快乐。一般来说，文学作品描述快乐的事，常常很难写好，每个人的出发点都不一样，对快乐的感觉定义也不同，众口难调，但作家能够从一个最简单的拥抱动作中，发现人世间最美好的情愫，这是非常了不起的。从动作设计来看，则是化繁为简，且达至极简，朴素得简直令人难以置信，诗歌的生命活力在这朴素的情境中骤然迸发。唯有根植于深厚的生活土壤之中，诗歌才会有生生不息的强大力量；高高在上、晦涩难懂的作品，虽能暂时博得某一类人的青睐，然终非长久之计。巴金晚年的《随想录》就提出无技巧就是最高的技巧，此言得之矣。虽然很多人可能不同意他的主张，但他从自己数十年的创作经历得出来的结论，其真实可靠性远胜于理论家的千言万语。在锤炼得近乎口语的文字中，世间美好温馨的天伦之乐跃然纸上，可谓穷形尽相，且无任何斧凿痕迹，浑然天成。

《碗的哲学》也与此接近。“天空是个碗/东半球是个碗/西半球也是个碗/我捧着小碗渐渐长大/大碗慢慢把我吃掉/生生灭灭在碗中”。这首诗，每一句都不离一个“碗”字，可谓铺垫得极为厚实，前五句是铺垫与变化，最后一句才是升华。要说明世界生灭的缘由和话题很多，为什么偏偏寻找一个“碗”字呢？这可不仅仅是民以食为天的简单解释，而是世界万物的普遍状态。一切众生皆依食住，无食则不能自全，只不过“食”的方法与内容有所不同罢了。“碗”恰恰就是代表生灭状况的中间物，有碗之食，则生；反之，则灭。所以，从这个角度来看，通篇诗歌讲的都是“生”的问题，有生则自然有灭，“捧着小碗”“长大”，“大碗”又把我吃掉，这是一个生与灭的过程。众生食他物，亦为他物食，如此循环，轮转不止，而世界亦因此而显得丰富生动而又恐怖惊险，这才是常态，亦为“生生灭灭”。如此深奥的人生哲学，读起来却如同顺口溜，从读者的口中自然而出，毫无生涩违和感，这便是作家处理题材与使用技巧达到炉火纯青，看起来显得举重若轻。

当然，并不是好的作品都必须写得像顺口溜那样才算是佳作，有时它也会化成其他的面貌出现，起到摄人心魄的作用。古人云，文无定法，摄心为上，即是此理。《家史》就是典型的一例。“三代沧桑/藏存于尘封的老烟斗//岁月的过滤/待我吐出时/依然是一缕缕的血丝/如烟似雾”。诗歌写的是一个家族的沧桑巨变，作家选取的角度非常独特，意象也极其惊悚，从烟斗里冒出来的烟居然都带着“血丝”！烟斗是祖传之物，它所包含的信息量极大，从中可以体察出这家族成员的爱好、习惯乃至个性特征。这个烟斗自身就是一部无字天书，唯有心人方能读懂。“血丝”并不是实指，而是象征，它象征着这个家族一代代鲜活的生命旅程——历史其实不是用文字写成的，它是用鲜活的生命一段段铸就的，说它是“血史”也不为过，它给读者带来的是沉重厚实的冲击力与震撼感，这才是“史”的精魂。《蛙》：“才叫醒春雷/又擂动战鼓//舌尖/如刀/追杀天敌！”蛙是文学作品中常见的意象，但把青蛙置于崇高地位的诗歌并不多。近人流传的毛泽东少年时所写《咏蛙》：“独坐池塘如虎踞，绿荫树下养精神。春来我不先开口，哪个虫儿敢作声？”颇有睥睨天下，唯我独尊的气象，被称为将来成就大业的先兆。有人考证说那是清末名士程正鹄的作品，毛泽东只是化用了一下。但不管怎么说，这是“蛙”获得崇高地位的开始。曾心先生笔下的“蛙”并无帝王之气，但也不乏征战杀伐的威猛气魄。“叫醒春雷”“擂动战鼓”“舌尖如刀”，每一句都充满杀气腾腾的力量。作为庄稼害虫的克星，蛙在某种意义上成为人们心目中正义力量的象征，疾恶如仇，所向披靡，令人眼睛为之一亮。

如果说“蛙”是与人们生活息息相关的动物，对它投以赞美之情，还是情有可原，曾心先生对与人们生活关系不大的动物，也能赋予它深情绵邈的韵致，达到了出神入化的境地。《海螺》就是这样一种代表。“大海是它母亲/在风浪里成长/在海中老去/飘到沙滩上的躯壳/始终张大一只眼睛/遥望生它养它的地方”。这首诗的主题很明确，那就是表达感恩和乡土情怀。关于该主题的作品可谓汗牛充栋，要写出新意殊为不易，但诗人寻找了一个看似不可能的突破口，完美地诠释了这一主题。海螺本来无眼，它是低级的软体动物，只有触手而已，然而它有一个巨大的藏身之洞，正是这样，形成了巨眼，仿佛深情地回望着它曾经生活过的世界，赋予无生命的螺壳以丰富的情感。这对于长年在海外生活的华人而言，更多地唤起了他们对生养自己的故国的深深怀念，年纪愈大，而情感愈浓。这不仅是作家借海螺来表达自己的感情，更多的是传达出众多相类似的心灵呼唤。

修炼过程有艰辛，也有快乐，不寻求个人解脱而求大众解脱者才是崇高和伟大的。文学创作所传达的不仅是个人的刹那所得、所思，更须传递出众人的共同心声，引起的共鸣越大，那么作品的影响也就越强，这就是炼神还虚的真正旨归。

修行的境界无有止境，最高的境界则是还虚入道，那是开悟者重入凡尘中，以世间法为人处世，时时处于道中，一切所行皆是道，尽合道，无差无错。对于文学创作来说，能达到随意创作又能尽为精品的作家极少，大概只有寥寥数位伟大的作家才能臻于此境。曾心先生尚在这个追寻的道路上修炼，大彻大悟之时，一切所为尽是道，这也是可以预计的。

# 论曾心小诗“入世”与“出世”的调谐*

邱志武

21世纪以来，泰华文学中的小诗一跃成为一颗耀眼的明星，一时间受到众人的追捧。曾心是小诗磨坊的发起人之一，他的小诗创作不像传统小诗那样更多地偏重对爱和美的即兴感悟，而是以表现现实生活为主，凸显“入世”情怀。曾心既是一个小诗的创作者，同时也是一个佛教徒。我们知道，佛教思想的核心是主张超度现实，主张“出世”情怀的。那么，这样一来，曾心小诗表现出来的现实性和“入世”情怀与他作为佛教徒本义中所应具有的超度性和“出世”情怀是如何调谐的呢？这种矛盾在彼此的碰撞中是否使曾心的内心涌动着巨大的痛苦呢？

## 一、曾心小诗中的“入世”

小诗是在20世纪初兴起的文体。刘福春认为，小诗“主要指‘五四’以后，1921年至1924年前后出现在我国诗坛上的少至一两行，多至四五行的这样一种短小的诗体等”。① 这里强调的是一个“小”字，既指字数少，又指容量小，基本上概括出了小诗的特点。小诗是一种即兴式表达，表现出刹那间的感兴，寄寓一种人生哲理或美的情思。这种感悟和情思是一种凝练，是去掉了凝练的过程而将其中的精华直接呈现出来。比如，冰心的《繁星》和《春水》、宗白华的《流云》、卞之琳的《断章》等都具有这样的特点。这样，小诗就存在一个现实性表现不足的问题。

然而，我们说小诗的现实性表现不足，并不是说小诗决然地拒绝现实。

---

* 原载《二十三诗论家论小诗——国际小诗暨小诗磨坊作品研讨会论文集》，泰国留中大学出版社2017年版。

① 刘福春：《小诗试论》，载《中国现代文学研究丛刊》1982年第一辑，北京出版社，1982，第213页。

冰心在20世纪50年代对自己的小诗曾经有一个反省:“在轰轰烈烈的反帝反封建的伟大斗争时代,却只注意到描写身边琐事,个人的经验与感受,既没有表现劳动群众的情感思想,也没有用劳动群众所喜爱熟悉的语言形式。”[①]冰心在这里想强调的是自己的小诗没能表现出整个“大时代”,但她客观上承认了自己的小诗描写了“身边琐事”。也就是说,冰心的小诗不仅仅是爱和美,还有生活,还有现实。当我们回望小诗的发展历史可以发现,尽管小诗难以容纳纵横捭阖的鸿篇巨制,但并不是说小诗与大事件是决然隔绝的。历史的事实已经证明,尽管小诗受格局的限制,但是仍然能够从“侧翼突围”来表现历史的大事件,以小见大,滴水见太阳,表现出一些大体裁和一些具有重大社会意义的主题。如20世纪30年代田间的《假如我们不去打仗》、新时期韩瀚的《重量》等,这些小诗点中了时代的要害,从而与整个时代的潮流相契合,最终受到广泛的呼应和好评。小诗的发展证明,如果小诗重在表现现实,就会具有强大的生命力;如果小诗沉醉于自我的“孤芳自赏”,就可能萎靡。

随着小诗的不断发展,小诗的现实容量得到强化。罗振亚梳理小诗发展谱系后认为:“后来者大都能注意突破‘小诗’表现个人感触的局限,拓展视野,在‘小诗’的静思、玄想与秀丽气息的基础上,兼容雄浑、硬朗之风,实现了一次又一次的艺术超越,使‘小诗’不再是小摆设、小饰物的代名词。”[②] 这里主要是着眼于风格来对小诗进行评判的。而实际上,正是因为小诗的现实容量不断地得到强化,相应地在风格上实现了“雄浑”和“硬朗”。

曾心是21世纪初泰华文学中小诗的主要旗手之一,发起和推动了小诗磨坊的发展,使小诗在新的时代焕发出勃勃生机。从题材来说,曾心的小诗是围绕着现实而进行的,表现出一定的“入世”性。曾心在《曾心自选集——小诗三百首》中,将小诗分为“政局篇”“人生篇”“情爱篇”“咏物篇”“怀旧篇”等,表现出面向现实、关注现实、表现现实的倾向性,现实成为他的小诗关注的重点。正如有人指出:“曾心的小诗写社会,写大自然,写爱,写同情。在他的笔下,小诗不小,真是‘一花一世界,一叶一佛来’。”[③]

曾心的小诗创作和冰心的小诗创作一样注重表现“身边琐事”,曾心的小诗关注现实的“面”较宽,辐射的范围也较广。如《打太极拳》《老椅子》

---

① 冰心:《我是怎样写〈繁星〉和〈春水〉的》,《诗刊》1959年第4期。

② 罗振亚:《日本俳句与中国“小诗”的生成》,《中国社会科学》2010年第1期。

③ 吕进:《寓万于一,以一驭万——漫说曾心》,《中外诗歌研究》2008年第3期。

《冰箱》《裱书画》《锁头》《筷子》《粽子》等，从题目上便可知晓，这些小诗所表现的都是一些与作者的日常生活息息相关的事物，它们经过作者的点化而成为一首首晶莹剔透的小诗。同时，抗洪、股票市场、悼念杰克逊等，这些生活中的事件和事物也被曾心纳入他的小诗之中。除此之外，他还创作了《补地》《网鱼》等表现生态问题的小诗，表现范围之广，超过了以往的小诗。

同时，曾心的小诗也不乏许多具有时代意义的大事件和大题材。从某种意义来说，这些大事件在历史发展中都已成为一种不可或缺的存在和见证，比如，泰国政局、中东战争、神舟七号上天、世博会、汶川大地震等等。当然，由于曾心坚持小诗应该限定在六行之内，于是他的小诗在表现大事件的时候，往往是采用侧面切入的方式进行的。比如，在《局势》一诗中，由于"黄衫军"和"红衫军"两大派的对立，导致了政治的动荡，于是诗人通过对洪灾后留存无数的"沉渣"的描写表现出对家国命运的忧思。还有《哭诉》这首小诗表现的是对于中东战争、金融海啸这样错综复杂的全球性大问题的关注，曾心巧妙地选用两只逃难的"蚂蚁"的对话来表现这些重大事件。《严冬》一诗作者在最后标注写于 2008 年 12 月 20 日金融海啸时期，他将这场严酷的金融海啸比拟为一场严冬。《月亮日记》主要聚焦的是中国载人航天历史上具有里程碑意义的神舟七号上天，其他的还有《珠穆朗玛峰——盛世中国 60 周年庆》表现出对中国崛起的欣喜，《世博神鸟》是作者游览上海世博会后创作的。这些小诗集中展现出对时代热点问题和大事件的关注，表现出曾心小诗强烈的现实性。

曾心小诗的"入世"，也就是指曾心小诗的现实性，实际上展现出的是小诗中的现实主义。这种现实主义不单纯是对客观现实的表现，更关键的是其中所展现的鲜明的批判力量。比如，曾心注意到泰国社会中常见有的"侨领"出钱出力，这固然可歌可敬，但是另一方面这些人往往财大气粗，家长作风很重，咄咄逼人，只许自己滔滔不绝，不许人家讲话，搞"一言堂"。曾心在《雷声》这首小诗中巧妙地借用"雷声"的意象来书写这种"霸气"，给予了强烈的批判，表现出现实主义强大的批判力量。

从以上的讨论可以看出，曾心小诗的现实性比较强，"入世"的情怀是比较深厚的。这种"入世"既表现于对日常生活的"摄入"，又表现为对于重大题材的关注。曾心的小诗告诉我们，小诗可以和其他诗歌文体一样轰轰烈烈地表现时代；虽然有自身容量的限制，但是小诗完全可以通过侧面来展现。对于曾心而言，他的价值和意义在于他扩大了小诗的题材，不仅表现了日常生活琐事，而且将大事件纳入小诗的表现领域，并且打破了小诗内部的和谐，开始利用小诗来进行批判。

## 二、曾心小诗中的“出世”

曾心是泰华小诗的代表人物之一，他出生于泰国曼谷，毕业于厦门大学中文系。他从 20 世纪 80 年代开始着手汉语文学创作，涉猎的文体非常广，包括诗歌、散文、微型小说等，但他的主要成就在于汉语小诗。众所周知，泰国是一个佛教之国，佛教是国教，大多数泰国人信奉佛教，佛教徒几乎占全国人口的九成以上。丹纳曾认为种族、时代和环境是艺术品生产的三大要素，可见，文学的生产环境对于文学作品的审美形态与艺术特征的形成具有重要的影响。别具一格的文化环境对于独特的诗歌面貌具有决定性的影响。因此，泰华文学中许多作品和诗歌的感悟方式和表达方式也都有着佛的光亮。

曾心所生活的这种文化环境和文化生态对于他的小诗的形成具有重要的影响。他在接受访谈的时候曾经指出：“泰华小诗磨坊的同仁都信奉佛教。虽没有当过和尚或尼姑，也没到寺庙参加修禅、学佛，但他们都到寺庙或在家里烧香拜佛。其佛教思想主要是受社会环境、家庭环境、学校环境影响，修读佛书及个人禅修中潜移默化而形成的。”① 由此可见，包括曾心在内的泰华小诗的作者受佛教的影响甚重。可以说，佛教的影响在泰国无所不在，渗透到每个人的生活方式、行为模式、价值观念、人生趣向等方面。所以，曾心所创作的小诗中，“佛”是常见题材。忍让虚静，呵护安宁，爱好和平成为他的小诗的一种基调。实际上，这也反映出信仰佛教的泰国人的普遍心态。

曾心的小诗以佛教作为表现题材的比比皆是。无论是从外在形态上，还是从内在心灵上，曾心的小诗都表现出对佛的关注、理解和与佛的沟通、交流。比如，他在《和尚》一诗中写道：“把亲身骨肉/交给佛祖当儿子//用佛经陶冶灵魂/铸成一尊与世无争的慈悲//遇事总念：/阿弥陀佛”。作者既没有表现出对和尚的美化，也没有将当和尚看作人生的悲剧，而是用恬淡冷静的笔触进行描写。“在半闭半开的佛眼前//我一无所求/从心灵的书架上/掏出珍藏的佛经/念诵再念诵//我也是一尊”（《佛》）。在佛面前，作者感受到了灵魂的净化，一切之物皆是身外之物，充分地表现了作者对佛教那种超度精神的理

---

① 计红芳、曾心：《磨心磨诗　耀眼十年——关于泰华“小诗磨坊”的再次对话》，《世界华文文学论坛》2016 年第 2 期。

解。在佛面前，作者感受到的是一种“心灵的佛经”。作者在《玉佛》这首小诗中这样写道：“本是无形无色/众生铸我一身翡翠∥盘坐天地间/静听膜拜者的祈求∥心，在彼此中‘上网’”。它既表现出对玉佛那种冰清玉洁的高贵品质的尊崇，又表现出与佛心有灵犀的默契。还有曾心在《化缘》一诗中写道：“袈裟、赤脚/踏开晨曦的朦胧∥化缘钵/装满善男信女的慈心∥在通往佛门的路上/虔诚地走近佛祖身旁”。这里通过对化缘和尚的外形、神态和心态的描绘，表现出佛教弟子对于佛教的虔诚和敬重。总之，曾心在他的小诗中不断地展现佛，一方面将佛教的神秘面纱揭下来而凸显日常化，另一方面表现出对于佛的理解和感悟。

禅宗是中国的佛教宗派。“禅”是梵语“Dhyana”的音译，完整的音译为“禅那”，“禅”是“禅那”的简称，它的原意是“静虑”或“思维修”。[①] 实际上，禅宗所讲的“禅”是一种思想方法、一种哲学理论。曾心喜欢坐禅，他在很多小诗中表现出一种佛家心境，禅意悠远，充溢着“黄袍佛国的宁静和明澈”。比如，他在《入定》一诗中写道：“盘腿静坐∥坐到肌肤/骨骼躯干/五脏六腑/归于无∥空”。盘腿打坐、闭目念诵、心灵澄澈，作者将坐禅的那种神态和心境淋漓尽致地揭示出来，寥寥数语却蕴含无限禅机，把佛意、哲理、睿智融为一体，将读者带入一个澄净空明的境界。曾心创作的以佛和禅宗为主题的小诗还有许多，诸如《菩提》《佛眼》《念经》等等，这些小诗都呈现出一种虚空和静穆的特点，侧重于对佛教和禅宗的描述和理解。

总体来看，曾心创作的表现佛教、禅宗的小诗在他所创作的小诗中占有很大的比例，而且这些小诗表现的重点在于对佛教和禅宗的理解，诗歌中不时地闪现出空寂、轻盈和智慧的火花。当我们细心品读曾心的这些与佛教、禅宗有关的小诗时，有一种超脱的感觉。于是，我们不由得认为，曾心是一个与世无争的修行者，一个两耳不闻窗外事一心沉浸于自己“空寂”世界的出家人。可以说，对于曾心而言，佛无论在他的日常生活中，还是在他的小诗作品中，都占有无可比拟的地位。曾心的小诗由于佛教、禅宗的渗入和影响，从现实世界中似乎超脱出来，有一种决然“出世”的情怀和境界。这种“出世”的情怀，尽管使他的小诗有远离现实的趋向，但也使他的小诗表现出智性的光芒。

---

① 方广锠：《中国佛教文化大观》，北京大学出版社，2001，第76页。

## 三、曾心小诗中“入世”与“出世”的调谐

曾心的小诗关涉现实，无论是日常生活琐事，还是影响历史的大事件，统统纳入到他的小诗视野中，表现出一个现实主义者的“入世”情怀。同时，曾心作为一个来自佛国的诗人，他的小诗中也不时地闪耀着佛教的光芒。那么，曾心小诗中这种浓郁的现实性和佛性的“空寂”是如何协调的呢？

一方面，曾心的小诗表现出强烈的“入世”情怀。正如前文所述，曾心的小诗不仅关涉日常生活，而且重于表现大事件。应该看到，曾心的小诗在表现大事件的时候和其他小诗的表现方式有很大的不同。田间在20世纪30年代曾创作《假使我们不去打仗》，全诗共六行，揭示出如果我们不去同日本侵略者战斗，敌人不仅要消灭我们的肉体，而且还要从精神上侮辱我们，在抗战大背景下正面回答了我们为什么必须抗日的大问题。可以说，田间这首表现重大题材的小诗充溢着一股“狠”劲，给读者带来了巨大的心灵撞击。而曾心的小诗在表现重大题材的时候，往往不是直接表现而是从侧翼突围，呈现出一种四两拨千斤的巧妙。比如，曾心有一首小诗叫作《补地——赈灾短歌之二》：“天无情/把地球撕裂//人有情/在女娲补过的蓝天底下/中华儿女昂起不屈的头/大喊一声：‘我来了！’”这首诗是对汶川地震后人们克服万难抗震救灾的描写，但是诗人并没有从正面描写，而是通过“我来了”的呐喊予以表现。曾心对于现实的描写，并不是一种“实打实”的描写，而是飘逸着一种轻盈、浪漫和美好。曾心在一次访谈中指出：“凭我的个性、经历、观念与爱好，还是偏重于写诗时，多多少少能把人类的抱负、理想、雄心、梦想等大浪漫注入诗内，同时也喜欢注入人类心灵美好的因子，让诗中氤氲着淡淡的心灵美好的笑声和泪光。”① 可见，曾心在进行小诗创作的时候，虽然是从现实的视角出发，但是他注重将“人类的抱负、雄心”以及“人类心灵美好的因子”这些浪漫的因子注入小诗中，因此他的小诗充满了飘逸的因子，透露出一股轻盈的灵气。可以说，曾心并不是一个彻底的现实主义者，他的小诗中萌动着一种对于生命力的顿悟和觉醒，有一种超脱现实的努力，这样一来他的小诗表现得就不那么沉重和压抑，而是变得轻巧和澄明起来。而这一点，恰好和曾心小诗中所展现出来的佛家的光芒重叠起来，使二者有所勾

---

① 计红芳、曾心：《磨心磨诗　耀眼十年——关于泰华“小诗磨坊”的再次对话》，《世界华文文学论坛》2016年第2期。

连，缓和了小诗中的现实性和“空寂”思想的矛盾，从而使曾心的小诗在“入世”和“出世”之间取得了一定的和谐。

另一方面，曾心的佛教思想并不彻底，他对佛教的信仰并非绝尘而去，而是难断尘缘，时刻与现实社会保持着密切的联系。尽管曾心在日常生活中像其他泰国人一样烧香拜佛，但是严格来说，他并不是一个纯粹的佛教徒，只能说他是一个长期浸染于佛教世界，受其影响至深的尘世之人。即便是他在日常生活中与佛教建立起深厚的感情，但他并非是一个对世俗之事充耳不闻的佛家。况且，他的小诗中所表现出来的佛教，在某种程度上，只是在这种特定环境中的一种被动选择，他像被别人抽打而旋转的陀螺一样，即便自己没有加力，也会在惯性的作用下不停地旋转。佛教对曾心来说，可能并非一种坚贞的信仰，只不过是他的一种生活方式，他在佛教“空寂”的世界中徜徉的时候，并没有忘却尘缘，而是经常跳出来回望现实的世界。“是睡，是醒/一种猜不透的睡姿//天下太平时睡着，心醒着/天下大乱时醒着，心也醒着//只有在‘空境’中/睡得千年打鼾”（《卧佛》）。这首小诗体现出曾心对佛的理解，在天下太平时，佛的心醒着，牵挂着浑然的世界；在天下大乱时，佛的心也是醒的，可见曾心所指的佛并不是一个完全超然的佛，仍然在为世上的苍生而忧心忡忡。说到底，曾心对佛的这种追求，着意于表现出一种恬淡、闲适和隐忍，这种心境有些像林语堂的闲适小品文，自由自在地与现实生活关涉产生意义。

另外，曾心不是单纯地青睐于佛道、禅宗，在他的小诗创作中，道家的无争、虚静也成为他表现的一个主题。他写了许多以“忍”为主题的小诗，譬如《忍功》《火山》《日记》等，据不完全统计达 20 首之多，可以说这些小诗是曾心题材不同、心绪不同的隐忍之歌。司马攻曾经指出：“‘忍’，是曾心小诗创作主要题材之一，更是他内心的涌动。……‘忍之一字，众妙之门’，曾心的‘忍诗’写得很含蓄，极耐咀嚼，妙在其中。”[①] 通过这些隐忍之歌，可以看出曾心的宗教意识中的现实性，这种隐忍在表面上看是一种寂静和平和，但是背后却是具有强大的现实力量。这种力量一旦爆发，将给现实带来难以挽回的冲击力。

从总体上来看，曾心的小诗在对现实的关涉上，既是一种实实在在的现

① ［泰］司马攻：《句中有余味　篇中有余意——序曾心小诗集〈凉亭〉》，泰国《世界日报》2006 年 6 月 10 日。

实表达，同时又时不时地透露出空灵寂静的飘逸情怀。曾心在对佛教、禅宗热切关切的同时，又时刻对现实表现出一种冷静的观察，将对现实的观照融入对佛教、禅宗的理解之中。应该说，曾心所表现出的不同理路的趋同性，使得他的小诗能够在“入世”和“出世”之间自由地切换，并不断地随时调试以达到一种和谐，从而将他的小诗在现实和佛教的“空寂”之间的矛盾缝隙弥合起来，使其彼此之间能够更好地兼容。

曾心的小诗在这种调谐的过程中，并没有表现出巨大的碰撞与痛苦，他在对现实聚力关注的同时能够注意从中升腾出轻盈；同时，他将对佛教的关注作为自己的生活方式而非决然的信仰，并且将这种生活方式时刻与现实保持着密切的联系。由此，曾心的小诗能够在“出世”和“入世”之间自由地出入，从而最终取得“出世”和“入世”的平衡。他好像兼具自由切换的两手笔墨，能够画出一幅幅“淡妆浓抹总相宜”的水彩画。

# 闪小说的弄潮儿——曾心论*

龙彼德

## 一

关于闪小说的走势，我想用“闪亮登场，风行天下”八个字来形容。尽管这种身量、形式的小说古已有之、外亦有之，但以“闪”命名，追求超短、新颖、巧妙、精粹，并标榜其当代性，则是在 2007 年中国天涯社区“超短小说征文”活动中提出的。2008 年 1 月，马长山和程思良主编的汉语第一本闪小说集《卧底——闪小说精选 300 篇》在百花文艺出版社出版，海内外几十家平面媒体和数不清的网络媒体做了转载、评介，一场阅读和创作闪小说的热潮迅速掀起，范围广及海外华文文坛，特别是东南亚，不仅得到了广大华文作家的响应，众多团体、报刊乃至出版社也纷纷配合，还形成了泰国、新加坡两大创作重镇。泰华作家协会名誉会长司马攻其功至伟，于 2011 年发表了一大批优秀的闪小说，并在泰国《泰华文学》2012 年第 3 期上提出了关于闪小说的完整理论，尤其是“闪小说有四闪”的创见（闪电、闪避、闪跳、闪点），让泰华作家们眼睛一亮，脑洞大开，纷纷挥笔跟上，佳篇力作层出不穷。也是在 2012 年的 7 月 26 日至 9 月 15 日，中国闪小说学会组织了司马攻的闪小说集《心有灵犀——闪小说 140 篇》网上研讨会。正如程思良所言：“该书是海外第一部华文闪小说集，也是海外第一部华文闪小说个人专集，在华文闪小说史上具有开创意义。”泰华作家协会会长梦莉则称此书为“智慧的闪光”。在老一辈作家的言传身教和热情支持下，泰华作家协会先后举办了“闪小说、小诗研讨会”“闪小说写作讲座会”“2013 年泰华闪小说有奖征文赛”，出版了《泰华闪小说集》等作品，涌现出不少优秀的作家与写手，曾心就是其中杰出的

---

* 原载泰国《新中原报》2017 年 10 月 16 日至 17 日。

一位。

闪小说之所以持续走红，大受欢迎，已然成了小说家族中的一员，与长篇、中篇、短篇、微型鼎足而立，构成了“五大家族”的新格局。究其根源，是它顺应时代发展的需要，符合文体嬗变的规律。就时代而言，互联网引发了一场革命，创造了资源共享、超越时空（不分地点、不分昼夜）的奇迹。竞争知识和速度，成为这个时代的最显著的特点，信息的传播方式、当代的生活节奏、日常的工具运用、人们的阅读习惯……都发生了很大的改变。以超短、快捷、触及现实为特征，以手机及平板电脑等为工具，可随时随地做碎片化阅读的闪小说应运而生，迅速成长，就是一件很自然的事。就文体而论，它是特定的艺术把握生活的方式，往往受到社会外部的因素（政治、经济、文化、宗教、习俗等）和文体自身的因素（形态、语言、结构、手法、风格等）的制约和影响，其嬗变则是这两方面所产生合力的结果。例如，一般的小说，即使千字为宜、上限不超过 2000 字的微型小说，也有记叙、议论、说明、抒情、描写等手法，唯独闪小说特别强调记叙。因为记叙文为时空型，说明文为程序型，抒情文为情感型，描写文为情节型。当然，后几种手法也不是不能用，但用时必须控制、收敛，不能喧宾夺主。否则字数势必增加，为评论家所欣赏的“小身段，大能量”的优点便难以保存，与微型小说就没有什么区别了，这也许是此种新文体上限为 600 字的缘由吧。其实，闪小说之“闪”，较之记叙更为重要，可谓一字值千金！既点明了文体的质的规定性，也显示了小说的新、妙与魅力。闪出灵犀（“灵犀一点闪出来”），闪出智慧（“方寸之间见智慧”），闪入心灵（“心灵的闪电”），闪入大众（接受美学“必须是有雷鸣的”）……总之，它可以收到“一针见血”的“速效刺激”，甚至“醍醐灌顶”的启发开悟。

展望闪小说的前景，我以为也不能脱离时代与文体两大层面的考虑，为此，特提出下列三条建议，以求教于广大作者与方家。

其一，将知识转化为智慧。知识，是对有限认识的理解和掌握；智慧，是对无限与永恒的理解和推论。知识，具有经验性，但若不经过实践的检验，越多反而越会成为身心的负担；智慧，富于创造性，只有将知识转化为智慧，才能有真正意义上的心智活动。闪小说挑战文字的极限，也挑战作者的智慧。仅从结构分析，中外那些成功的范例可谓五花八门：故布疑云者有之，绕来绕去又回到原点有之，出谜面无谜底求多解亦有之……完全称得上是一场高智商的智力游戏。不转知为智并学习新知，提高自己的智慧水平，就很难加入，这便是“闪小说易写难工”，“入门容易，出精品难”的原因。

其二，创新永远是硬道理。有志者敬畏大师，但不重复大师。美国欧·亨利的作品风靡世界，给了后学者许多启示。久而久之，他的小说结尾成为一种故事模式：它注重情节的铺垫、渲染，全力为了那个突转的结尾。中国小说家谢志强在《小小说讲稿》一书中指出："那是显形故事的讲法，概括现实的方式有限。线条是直线，直奔那个结局，主题往往单一。那个结尾……代替了读者的思维，好像世界都在他的把握之中，其实，世界难以把握。"他提倡"隐形故事"，即不单纯讲一个故事，叙事方式是多种多样的，它的内涵是多解多义。谢志强身体力行，写出了不少好的作品。小小说即微型小说如此，闪小说更应该如此，因其篇幅更小，对一与多、显与隐、正与反、平与奇、淡与浓、浅与深、疏与密、俗与雅等辩证关系的要求更严，处理的难度更大。好在前面提到司马攻先生关于"闪小说有四闪"的主张，为我们指明了道路，关键在于实践了。例如，"闪电"怎样划过页面的时空？"闪避"如何避掉那些可有可无的情节、文字？"闪跳"的火候怎么掌握？"闪点"是否只限一个，除了篇尾能不能放在篇中或篇头？这些都可以创新，至于创新的程度与效果，就看个人的修为与历练了。

其三，持守文体的当代性。"当代"即当下这个时代，它是在过去、现在、未来中顾后瞻前的一个词；"当代性"强调的是当下性而非过去性，它要在现实与未来的关联中发现和发展自己的价值标准与文学规律。"一切历史都是当代史"，一切文学其实都是当代文学，因此要以当下现场中的问题为出发点和归宿，去进行选择、批判、探索、研究，并最终解决全球化与本土化这两种力量的碰撞与交互。闪小说是新时代的产物，当代性是它与生俱来的鲜明色彩，闪小说作家更应该保持当代的那种即时的新鲜感与活力，通过既快且准的闪小说，对当代社会中的敏感问题和重大事务做出积极的回应，对当代文学发展的小说艺术课题做出积极的回答。与此同时，鉴于社会的复杂性，要明确处理与官方、与市场的关系，不做虚假的吹捧而掩盖问题，也不以经济指标为创作的风向标而丧失自律；对低级、庸俗之风和一味地商业性复制予以警惕。我们既有悠久的汉语文学传统可以继承，又有优秀的汉语诗歌、散文（尤其是寓言、杂文、小品文）、小说、戏剧等多种文体，音乐、绘画、建筑等多门艺术足资借鉴，加上日益频繁的国内外文化交流，日趋鲜亮的作家风格个性，假以时日，华文闪小说必将在世界闪小说界、世界小说界产生重大而深远的影响。

## 二

长忆观潮，满郭人争江上望。来疑沧海尽成空。万面鼓声中。
弄潮儿向涛头立。手把红旗旗不湿。别来几向梦中看。梦觉尚心寒。

这是北宋词人潘阆（？～1009）《酒泉子·长忆观潮》一词，用其状当代闪小说之盛似无不可，而泰国作家曾心便是这一壮观景象中的弄潮儿。司马攻先生说得好："曾心是泰华文坛一位主将，他十八般武艺都要得，短篇小说、散文、新诗、微型小说、文论都写得多，也写得好。"正因为如此，他的闪小说也写得出色。

曾心是从写微型小说自然而然地过渡到写闪小说的，这使他不必改弦更张、另起炉灶，而是严格律己、精益求精，在选材、结构、意蕴、境界、语言上狠下功夫。难怪他初试身手，便以《卖牛》一篇，在2013年泰华闪小说有奖征文中一举夺得冠军，并被多家报刊及闪小说作品集选载。

曾心至今已发表闪小说近70篇，评他的闪小说势必要与他的微型小说加以比较。我曾经写过一篇《偏重现实，追求"结晶儿"——论曾心的微型小说艺术》，发表在《华文文学》2015年第2期，收入拙著《曾心微型小说艺术》（泰国留中大学出版社2014年版）中。可以说，"偏重现实"和"追求'结晶儿'"既是曾心微型小说艺术中的两大重点，也是他闪小说创作的两大特色，而且更加敏锐、更加复杂、更加空灵、更加跳跃，这不仅与篇幅限制有关，更与智力增进有关。

我们先看"偏重现实"。曾心是一个具有强烈的社会责任感与自觉的历史使命感的作家，他对现实的关注与介入是一贯的，当代社会中的突出问题和重大事件他都做出了积极的回应。突出问题有：价值颠倒，如《走向净地》写刚大学毕业的宋盛发现厂里有人偷电，主动汇报却被厂长罚款；为了灭火身负重伤，反被诬为纵火犯蹲了监狱……这使他看穿一切，走进佛寺落发为僧。道德沉沦，如《屋内屋外》写李叔打死王嫂心爱的黑狗，导致王嫂受伤住院、8只小狗均饿毙。作者忍无可忍，借过路老太婆叹息："当今人的良知到哪里去了?"以示谴责。家庭危机，如《底线》中的李嫂给丈夫画了一条识时务的"底线"：不允许把那些红灯区的女子带回家。事出偶然，偏偏让她撞见丈夫的违规，特别让她受不了的是——那被丈夫带回家的女子竟是她的小妹！这个家还维持得下去吗？老年处境，如《致命一击》中73岁的陈五自店里生意由儿子“接管”后，用钱不方便了，亲情也失去了，而后者对他的打击是致命的。他儿子、儿媳都没有明白这个道理，就把他送进养老院，岂能让老人宽心？造假盛行，如《假》，陈阳夫妇的独生子从假鸡蛋中得出结论：“现在的世界什么都是假的，只有父母是真的。”他压根儿没有想到，他是陈阳夫妇当年从农村买回来的。这层窗户纸没有捅破，反而扩大了作品的内涵。人工智能，如《鉴别家》，药品有假，燕窝有假，都是经过阿明这个鉴别家鉴别出来的，其权威自无人怀疑。但当大家议论“现在的假人（机器人）跟真人一模一样”，既能给家庭当保姆，还能为贸易公司鉴别真伪，阿明却“猝倒”“中风”，原来他就是个假人（机器人）！这不能不让我们深思：人工智能如何塑造未来？人工智能会不会毁灭人类？著名物理学家斯蒂芬·霍金为什么说人工智能是人类最大的灾难？这是出现在曾心作品中最新的问题，其敏锐性与深刻性令人赞叹。重大事件有：2014 年 2 月泰国稻农在曼谷集会，要求政府尽快归还稻米典押计划的欠款，曾心用《稻农潮》《“哔哔”哨子声》等数篇作品纪实，反映了国家政局的动荡；2015 年 8 月 17 日，曼谷市中心的著名景点四面佛发生爆炸，造成众多人员伤亡，曾心在《生日蛋糕》中，从“李三的六十大寿”这个特殊的角度出发，以喜衬悲，歌颂了一家三代急公好义、为国分忧的高尚品质；2011 年底，泰国中部和曼谷遭受百年一遇的洪水，曾心家周围几乎成为一个孤岛，哪里都去不了。他终日守着电视新闻，看洪水汹涌的来势，一有感受，便坐近电脑，敲击键盘。被困在家二十多天，他写了二十篇抗洪救灾闪小说。题材几乎全部取自电视新闻，加上一点灵感，进行虚构，大胆想象和推理，将社会百态、人性差异表现得栩栩如生、淋漓尽致。例如，面对特大洪水的突然袭击，有的人恐惧伤心、哀歌绝命（《消失的曲声》），有的人守财如命（《与榆同归》），有的人失声痛哭（《哦！我的锦鲤》），有的人“趁水打劫”（《扯开蒙面巾》），有的人冒险画旗（《国旗》），有的人找到工作（《舢板机遇》），有的人觅得爱情（《竹筏情》），有的人死而复生（《超度时刻》），有的人声名鹊起（《水利专家》），有的人公而忘私（《改婚期》），有的人捐赠巨款（《一笔特殊赈款》），有的人写诗救灾（《猫犬诗人》），有的人让位新屋（《新别墅》），有的人经灾成长（《后方》）……反映现实之快、之广、之深都是惊人的。可贵的还在于曾心闪小说的主要人物形象没有简单化、模式化，作者分岔出少量新情节，隐含着一些潜台词，指向的是世界的复杂性、人性的可能性与宇宙的无限性。例如，《水利专家》中的社里·比尼教授，因分析哪些地方属于高危区而声名鹊起，偏偏漏掉了自己住的地区，结果家被水淹，代价惨重，公信力大减。可他并未引退，仍旧“在荧光屏出现”，知情观众都会反语取笑：“水利专家，保不住自己的家。”细心的读者除了莞尔一笑之外，是否也应思考一下：这位水利专家虽然没有保住自己的家，却仍在努力保更多人的家呢。作者隐去了的，我们可不能忽略！再如《猫犬诗人》，因写《哀猫》《哭犬》等诗，赢得成千上万粉丝的眼泪，名声大振。“几位有钱有权的粉丝脑筋一动，捉住机遇，成立一个全球猫犬诗人协会，特聘他当会长。”此作的奥妙就在这个结尾，那是另一个镜头，也是第二个“闪点”。商业利益欲绑架名人，引起更大的悬疑，存在更多的可能，深化我们的思考。

再看“追求‘结晶儿’”。“结晶儿”是曾心从他的小说创作实践特别是微型小说创作实践中总结出来的，它兼具“结尾”与“诗眼”两种意义。作为“结尾”，它突然转折，又水到渠成，给读者以瞬间惊讶与猛烈刺激；作为“诗眼”，乃是一首诗中最能开拓意旨（“主题坐标”）和表现力最强的关键字、词、句，可供读者不时地咀嚼与玩味。它与闪小说之“闪”有异曲同工之妙，但也极易混淆、等同。曾心的做法有二：一是控制字数，变换位置。他的闪小说，短的200余字，如《母鸡与老虎》281字、《底线》290字；长的500余字，如《四莱地》582字、《致命一击》575字；多数在三四百字，如《沙包》305字、《超度时刻》424字；没有一篇超过600字，当然有的文字尚可压缩，文约义丰方为理想。“变换位置”主要是指变换“闪点”的位置。大多数闪小说的作者都将“闪点”放在结尾，导致闪小说艺术成了结尾艺术。曾心是诗人，懂得“诗眼”的审美性，在中国古典诗词中，其位置或前或中或后，是不固定的，因作者因作品而异。所以，在他的闪小说中，“闪点”有的放在篇头，如《底线》，李嫂的丈夫“欢喜带客户到红灯区寻花问柳”，她于是给丈夫画了一条底线：“不允许把那些女人带回家。”偏偏事与愿违。“闪点”有的放在篇中，如《为了纪念》，华人孤儿院里有孩子生病，女教师总坐在其床头唱《好人一生平安》，均转危为安。女教师病了，孤儿们轮流给她唱这支歌，“结果唱了83天，她走完了‘一生’，享年83岁”，呼应其女“为了纪念”母亲，“每期买一张尾字83的彩票”，连续三年未中，今年得了头奖，如数捐给孤儿院。“83”成了大爱无疆的密码。“闪点”有的放在篇尾，如《纹身》，西方阔佬理解不了东方佛教的真谛，反而将难得的正能量化作负能量，在他的国家他周围的文身迷中，“刮起一股‘看谁有能耐在泰国纹佛祖的赌风’”。以上三种位置比较，“闪点”放在篇尾的仍嫌多了一点。

二是智力设计，诗性思维。前者，如《佛塔的背后》，曼仑滴寺欲建佛塔，久而不能如愿，由于寺中的一尊古佛失而复得终于建成。依靠“古佛”这个意象，曾心完成了智力设计。“佛爷显灵”使“宝物归还”，香火鼎盛促佛塔矗立；独余一桩悬案：窃者为谁？是留下纸条未署姓名的忏悔者？还是答应为建塔“想想办法”的素装人？后者似乎有所暗示（特写他在佛塔前留影），很难说不是一条迷径……一尊古佛竟衍生这么多的内容（还包括报纸媒体的威力、善男信女的虔诚），作者就是在这个“一”与“多”的矛盾统一中，展开了他的哲理思考，演绎了世界的丰富、美幻与可能，做了一场智力游戏。后者，如《一尊胸前的金佛》，批判的是假货泛滥的社会现象，却不受逻辑思维、定势思维等思维方式的拘禁，选择新的思维角度、思维意象来呈现。黎明胸前的金佛已失而复得过两次，两次的过程均略去，独跳跃到第三次在红灯区被偷，恰闻一个游客尖叫：“抓小偷！”黎明奋力追赶相助，小偷弃钱包逃走，钱包中没有那人的钱和物，只有黎明所失的金佛。此事的悖常性让那人惊讶：“现在黄金很贵，怎么小偷不要呢？莫非佛真的显灵！”黎明的体悟更令我们震撼：“贼眼很厉害，过眼就能辨出真金还是镀金。”情节出于虚构，靠的是诗性的想象力，这使我想到意大利学者维柯在《新科学》中的一段话：“因为能凭想象来创造，他们就叫诗人。诗人在希腊文里就是创造者。”将智力设计与诗性思维结合得更好的，是《四莱地》，不仅写了两个勤劳的和尚，还重点塑造了一个“不可说”的高僧。“不可说”三个字就是一道智慧的闪电，通过“高僧入定，不言不语”；只言片语，“自力修行”；默许“旨意”，“禅坐不语”三种状态，深入浅出地表达了“不可说”与“说”的辩证关系，让我们领略了佛家寂照明觉的高妙境界。三种状态也是三个阶段、三次闪跳，使作品更空灵、更诗性、更智慧。可惜这样的精品还太少。曾心为人忠厚、热情，注重禅修、学养，创作上走的是现实主义路子，浑朴中出苕秀，平淡处求颖悟，在保持长处的同时，不妨借鉴一下超现实主义、意识流、及物等手法，在魔幻、侦破、科技、太空等题材领域做些尝试，今后的成就将会更大。

2017年6月4日至27日写于杭州信鸿花园

# 篇章之外，诗心之内*

## ——《曾心小诗点评》的别样魅力

刘婉仪

20 世纪 20 年代，小诗作为一种受到域外诗歌影响而产生的诗歌文体，在中国现代文坛掀起了一阵意简而曲、清新隽永的创作潮流。从冰心、周作人、冯雪峰、宗白华，到 20 世纪 80 年代的顾城、孔孚等等，小诗的审美价值和诗学价值不断被阐发、被创新，而近年来，在泰华文坛上小诗也开始崭露头角，尤其是由曾心先生召集而成的小诗磨坊表现更是引人瞩目，以小诗磨坊为中心的华文小诗创作成为海外华文文坛中具有代表性的文学创作现象。

本文所探讨的正是小诗磨坊发起人曾心先生的小诗代表作《曾心小诗点评》，全书分为二十辑，收录曾心先生小诗作品百余首，并由中国新诗研究界著名学者吕进教授一一点评。曾心先生小诗创作的特色在全书中得到了淋漓尽致的展示，无论是丰富的意象还是超脱于意象之外的广阔诗意世界，正如吕进先生代序题目“寓万于一，以一驭万”一样，都颇令读者叹服。本文就曾心先生在诗集中展现的“内外兼修”的创作功夫进一步解读，探讨这样的小诗作品在当今华文文学世界中的宝贵之处。

## 一、外之独特——言有尽意无穷的小诗意象

打开曾心先生的诗集，第一眼总是被数量众多而又形态各异的意象震撼。曾心先生擅长发现身边细小的事物，短短几句就将普通的意象变得不凡，形成了含蓄难忘的诗歌意境。这一点，吕进先生在序言中也给予了高度的评价：“曾心的小诗我觉得是偏于理的。他的许多给我留下深刻印象的作品都有哲理。不管何种小诗，尤其是以理趣胜的小诗，切记要忌枯。无象则枯。”① 在

---

* 原载泰国《新中原报》2017 年 12 月 17 日。

① 吕进：《寓万于一，以一驭万——漫说曾心》，载曾心：《曾心小诗点评》，泰国留中大学出版社，2015，第 5 页。

笔者看来，曾心先生诗歌最为突出的外部特征就在于此，意象之独特丰富带来了无限的理趣，而品味这些独特的意象，对于了解泰华诗歌的创作特色也有重要的意义。

《曾心小诗点评》一书中，诗歌意象正如春之花园一般百花盛放，品曾心先生意象之妙，首先就在于意象选取视角的与众不同。正如吕进先生评价曾心先生的意象是"'寓万于一'，又'以一驭万'"①，曾心先生选取的意象往往就是日常生活中的小物，像风铃、风车、股票、油条、火车、火柴等等，可以说充满了生活的"烟火气"。这样的"烟火气"并不意味着小诗流于俗套，反而更能展现出诗人把握文字的高超能力，于庸常之中发现理趣，也正是一种哲人诗心所在。代表作如这首《油条》："本来软绵绵/熬煎后/赤裸裸/紧紧相抱∥不管外界多热闹/此时，只有他俩"。乍一看，油条并非一般诗人会关注的意象，难免会觉得它太过普通。而在曾心先生的小诗中，烈火烹油、鲜花着锦的爱情又何尝不能发掘于早餐餐桌呢？再如《火柴》："自有电灯后/我的名字渐渐被淡忘了∥名字是过眼风云/我不在乎∥怕只怕/保不住那点火种"。文明的更迭和传统文化的危机，这样宏大的主题被诗人寄予一根小小的火柴，这个意象可以说既丰富又简单，正如吕进先生在这首诗下的点评："好诗'至苦而无迹'。"②

不仅是意象独特、理趣丰富，曾心先生小诗的意象选择更有着华文文学特有的文化融合的印记。许多意象无意间流露出诗人浓浓的中国情怀，而又饱含佛国的人文自然特色，可以说将这两种相异的文化特质进行了巧妙的融合。这种融合，充满了诗人对于中和之美、温和包容、和谐共生的审美取向。比如《树的轮回》："从土地长出来/活在蓝天底下∥日月是我的父母/星辰是我的兄弟∥风雨最了解：/我永久的家在何处"。树木这种相对常见的意象，在这里与"轮回"这一经典的佛教词语结合在一起，却令读者品出了一丝怅惘，"家在何处"的家国乡愁和轮回流转、生死相续的佛家思考交相呼应，令这愁绪更有了属于两种文化融合的特殊意味。而像是粽子、月饼、汨罗江、炎黄子孙这些中华传统文化意象，在曾心先生的诗集中和佛寺、佛经、佛眼这一类佛教意象相互交织、和谐共生，营造出了奇妙的诗歌意境。面对中、泰两种截然不同的文化，诗人着意展现的是这两种文化的和谐共通之处，而并非

---

① 吕进：《寓万于一，以一驭万——漫说曾心》，载曾心：《曾心小诗点评》，泰国留中大学出版社，2015，第5页。

② 曾心：《曾心小诗点评》，泰国留中大学出版社，2015，第105页。

冲突之处，从中也可以看出曾心先生选择意象时的良苦用心。

泰华文学作为东南亚华文文学的重要分支，与其他海外华文文学的创作有着非常相似的地方，故土情结是绕不开的创作题材。曾心先生的小诗创作从“外”之意象来看，不仅具有独特性、理趣性，也有着一份作为华人难割难舍的情与念，而这也正是在海外中国文化与异域文化相互交融的最好例证。

## 二、内之关注——“童心”“自然”“神性”的内核构建

儿童，一直以来都是小诗以及诗歌创作非常关注的创作题材，而对儿童问题的关注，本质上需要诗人有着成年人所不具备的童心和儿童视野。正如英国浪漫主义代表诗人威廉·华兹华斯在其短诗《我心欢跳》（*My Heart Leaps Up*）中所称颂的“儿童乃是成人的父亲”[①] 一样，此句作为浪漫主义运动宣言的核心之一，强调儿童视野往往意味着对自然万物保持惊奇之感和灵性体悟，这种视野往往可以超越一般的成人视野，获得更为纯粹、虔诚、独特的艺术感受。

而当“童心”“自然”“神性”这三个要素紧密结合在一起，就会使文学作品大放异彩。笔者认为，曾心先生的小诗实现了“童心”“自然”“神性”三个要素的共生共长，而这三者也构成了曾心先生小诗的“内”之魅力——一种对外部世界充满儿童式的关注，一种带有佛性的悲悯之态。

比如这首《捉蝴蝶》：“一对蝴蝶飞入心扉/——在原野追逐/在蓝天共舞//我伸出无限长的手/捉到的只是一个童梦”。短短几句，描述的其实是孩童时期极为常见的“捉蝴蝶”游戏。儿童在原野上追逐蝴蝶，蝴蝶却飞入了诗人的心扉。不同于日常生活的平淡无聊，诗人用短短几句构建出一个动态的、色彩斑斓的画面。而“无限长的手”却“捉到的只是一个童梦”，某种程度上带着成人世界的怅然若失与无可奈何，但这种悲伤也并非灰色，而是带着“爱”与“情”的淡然的怅惘。正如曾心先生本人所说，“有爱对世界才有情，情是从爱中漫溢出来的琼浆”[②]，这首小诗的内核，正是对于消逝的童梦的爱与眷恋。不同于《捉蝴蝶》淡淡的惆怅，曾心先生在其他一些诗作中展现出了独属于儿童顽皮、可爱的特质，童真的欢乐充满了感染力。像是《钓童真》：“一竿钓丝/在记忆湖泊垂落//不在钓得多少鲜鱼/而在钓得多少童真”。

---

① ［英］华兹华斯：《华兹华斯诗歌精选》，杨德豫译，北岳文艺出版社，2000，第2页。

② 张长虹编《曾心作品评论集》，泰国留中大学出版社，2009，第648页。

诗人将童真比作湖泊中的鲜鱼，垂钓就成了回归孩童的游戏。在所有记忆中，诗人最为关注的就是童真，而将鲜鱼与其类比，颇具一种自然主义的灵性。童真于诗人之宝贵，正如鲜鱼之于垂钓顽童一样，是不可忘不可弃的珍宝。同样的顽童形象也出现在这首《瀑布》："X个水孩子/从奇特绝壁奔出∥一级又一级/欢乐地跳水∥浪花飞溅四季"，以及《大象》："一辈子吃素，/谁敢跟它比力气？∥身一动，/拉走一座森林；/鼻一卷，/把地球当球玩！"中。不论是瀑布流水还是大象，在诗人的儿童视野中都是顽童形象，在自然世界中尽情玩乐、无拘无束。

通过以上的论述，不难发现曾心先生笔下的孩童都是与自然融为一体的，孩童在自然中欢乐成长，而自然万物也如孩童一样充满灵性，也就是笔者前文提到的"童心"与"自然"合为一体。这样的相合相融，不能离开的是更高层次的"神性"，或者说"佛性"。曾心先生的小诗总是充满了泰华文学独特的对于佛性和佛理的思考。诗集的第一辑题名一个"佛"字，可见曾心先生对于这一主题的重视。儒家"天人合一"的思想与佛教的禅理相结合，在曾心先生的小诗创作中完成了一种形而上的哲学诉求，转而通过一种轻松、欢乐、顽皮的方式实现了童真的、别致的艺术表达。"童心""自然""神性"三者的紧密结合与相互影响，构成了曾心先生别具风格的艺术内核。这一内核具有深厚的泰华文学背景与时代背景，在当今华文文学世界中可以说是独树一帜。

## 三、内外相通——吕进先生"诗中点诗"之妙

曾心先生的这本小诗集，有另一个特殊之处，那就是采取了"诗＋评"的模式，每一首小诗下都由中国新诗研究所创始人、诗歌研究著名学者吕进教授做了点评。吕进教授作为中国现代诗歌评论界的大家，在这本诗集中完成了对曾心先生的作品的"诗内谈诗""诗中点诗"，"如'点穴法'，'点'醒了诗中的眼睛，给人以理论的启示和美的享受"①。这样"诗＋评"的模式总让人联想起脂砚斋评《红楼梦》，作者与点评者实现了双向互动，不仅使读者能更好地理解作品，也能使读者了解到点评者的艺术思想和文学观念。

本文前两部分由浅入深地讨论了曾心先生诗歌"外"之意象独特，"内"

---

① 曾心：《自传小诗与点诗眼——〈曾心小诗点评〉自序》，载曾心：《曾心小诗点评》，泰国留中大学出版社，2015，第11页。

之自然童心，这“内”“外”兼修的功夫在诗集点评中更加明确。吕进教授的点评仿佛是一条沟通的纽带，沟通了诗人的外在意象和诗心内核，也联结了诗人和读者，可以说是一种宝贵的创作。

像是《大自然的儿子》：“天空下/在地球一方耕耘//闲时/看看地上的花木//累了/瞧瞧天外的飞鸟”。吕进教授就在诗后引用了唐代诗人李白《独坐敬亭山》中的一句“相看两不厌，只有敬亭山”。吕进教授的援引点评让两位诗人沉醉于自然的姿态跃然纸上，贯穿古今而遥相呼应。曾心先生自己也在自序中提到自己养花种树、安享晚年的悠然心态，正与吕进教授所点评的非常一致，可以说充满了默契。再如《雨如是说》：“雨下着//风说：/我把你带到天边//雨说：/不行/我的归宿——土地”。吕进教授四字点评：“化心为物。”《变色》：“蔚蓝的海洋/突然翻个身//滚动的浪花/一片白”。吕进教授四字点评：“以心观物。”无论是“化心为物”，还是“以心观物”，都是吕进教授在《中国现代诗学》提出的诗歌的存在方式。在点评的过程中，吕进教授着重关注审美观点，也就是“诗人和现实的美学关系，更进一步说，就是诗人和现实的反映关系，或者说，诗人审美地感受现实的心理方式”①。

这种试图沟通诗人与现实、诗人与读者之间的点评方式，一方面更加提升了小诗的审美价值，另一方面也是一个更加了解评论者文学观点的重要途径。而曾心先生和吕进教授这种相互交流、点评的方式，又何尝不是海外华文文学与国内华文文学研究者相互学习、相互促进的典范呢？诗人与点评者，这种既相互分离又相互交融的关系，也为之后的诗歌出版提供了一种新的范式。

泰华文学的不断发展和前进，离不开其经济、政治环境，更离不开像曾心先生这样笔耕不辍的作家和像吕进教授这样热情的研究者、点评者。无论是“内”之精神内核，还是“外”之笔端特色，泰华作家已经形成了独一无二的创作风格。而针对这种创作风格的研究，对于了解泰华文学、文化，包括推动下一步泰华文学建设，都有着非常重要的意义。

---

① 吕进：《中国现代诗学》，重庆出版社，1991，第68页。

# 作诗禅中总轻盈*

## ——论泰华诗人曾心小诗的“禅”

谢露露

古代中国是一个诗歌的国度，从《诗经》《楚辞》，到唐诗宋词，越来越成熟的律诗绝句，无不体现了以诗抒情的特征。海外华裔学者陈世骧曾以“抒情传统”一词概括了中国文学的特质，以抒情言志为主的东方诗歌，区别于西方叙事诗，最鲜明的特点便是短小精悍。通常只需要言一物，写一景，几个词语的排列组合之间，便可以窥探诗人内心的大世界。中国小诗的传统在新诗史上绵延至今，也影响了海外华文诗坛。近年来，东南亚华文诗坛对小诗创作情有独钟，泰华小诗显得尤其热闹。

小诗磨坊发起人之一的泰华作家曾心，便是践行六行小诗的创作者。曾心原名曾时新，1938 年 10 月生于泰国曼谷，祖籍广东普宁圆山。1965 年毕业于厦门大学中文系，后在广州中医学院深造与执教。20 世纪 80 年代初返回泰国。20 世纪 90 年代初，曾心开始进行文学创作，在散文与微型小说写作上崭露头角，《大自然的儿子》《蓝眼睛》的出版，奠定了曾心在泰华文坛的地位。新世纪以来，曾心创作的类型更加多样，除了散文、小说以外，也涉及诗歌、文学评论等等。曾心深受中国古典诗词的影响，尤其是王维、孟浩然和白居易的诗词，学习古代诗人创作画面简洁、词语简单却蕴含着丰富意象的特长。泰华小诗通常只有五六行，却可以写天下万物、人间百态，一口井，一个感叹号，皆可以成为诗的主题。泰国又是佛的国度，素有“黄袍佛国”和“千佛之国”的美称，佛教在泰国享有国教的地位和尊荣。小诗磨坊中的成员生活在这种环境之中，也多少受到佛教思想的影响，因此小诗具有佛学的意蕴也就不足为奇了。就如曾心所言，泰华小诗磨坊同仁在个体创作中所受到的“禅”的影响和体验不是一致的，但同处在佛国这个大背景下，并信

---

* 原载《泰华小诗磨坊诗选研究》，泰国留中大学出版社 2021 年版。

奉佛教，有相当部分小诗蕴含着禅心、禅理、禅意、禅味、禅趣。[①] 曾心笔下就有大量的“禅”诗，一类直接写“佛”，一类不言佛却皆有“禅意”。在这纷杂的尘世里，只有洗去昏沉俗心，才能获得精神上的解脱，让人生过得轻盈。这轻盈便是小诗的观照，因此写诗的过程便也是禅心的不断体验与修正。唯有修得一颗平常心，才能见天地、见众生，最后见自己。诗人的创作也可以归纳成三类：见佛是佛，见众生是佛，见自我之佛性。

## 一、见佛是佛

禅诗，顾名思义，是指与念佛、参禅相关的诗。泰国是个佛的国度，因此诗人们耳濡目染，小诗中有相当数量写“禅”的内容。这些内容往往体现人们日常的修禅生活，或念经，或拜佛，或打坐。这些描写以“佛”为主题，因此也是最直白的禅诗。曾心常在他家的菩提树下打坐，享受清凉境界。因此许多小诗直接就是以“禅”为主题，比如《在佛寺里》：

笃笃木鱼声
袅袅三烛香

在冥冥中
缩短
人——佛
距离

“木鱼”“烛香”，这些都是佛寺中常见的东西，木鱼是一种法器，其音含义十分复杂，不但表示一种节奏，也是一种对人心灵的警醒与引导；上香是一种敬佛仪轨，其香亦不仅只是物理的香气，也是心香的表达。这两句简短的诗，通过展示视觉、听觉和嗅觉，让人仿佛置身于寺庙之中，和佛的距离也拉近了。人是没有开悟的佛，佛则是开悟了的人，人与佛之间其实就是这样一点差距而已，诸多的仪轨，就是为了架设由人到佛的转化过程的手段。该诗没有太多的语句铺陈，仅仅是简单的两三句话，却能让人在文字之中感受佛寺特殊氛围的洗礼，心灵在此中受到强烈的触动。这样的禅诗还有不少，

---

① 曾心：《泰华六行小诗的“禅”——以“小诗磨坊”的诗为例》，《华文文学》2015 年第 1 期。

又如《念经》：

千遍万遍地重复
渐渐地万物寂静

只有一种梵音
在九重霄外回荡

“千遍万遍”地念经，普通人乍一听觉得似乎是一种“吵闹”，但因为是学佛的人在念经，它有着特别的节奏，给人的感觉是一种清净的体验。人们在念经过程中，也会把自己的各种杂念逐渐消除，荡涤各种烦恼，心灵也在此中得到自在与舒适。念经是一种手段，是使人心达到禅定般寂静的方式，所谓的重复与“吵闹”，都是外象而已。这首小诗以动写静，烘托出一种静谧的氛围。这里“静”也有两层意思，一是指环境安静，念经的场所在安静的寺庙，因此“梵音”也有了回声；二是指内心宁静，人们心中只有经书和梵音，没有外界的打扰，因此也是一种内在的宁静。在九霄外回荡的梵音，粗看是一种想象，细察又极为真实微细。如投石水中，水波荡漾于极其遥远的他方，又会次第回返，如此反复乃至无穷，世界诸物就是这样互相影响并建立起联系的。这种微细的感觉，只有心境平和者方能察觉。再看《佛前》：

十双手百双手
做着同一个动作
——合十膜拜

佛说：众生皆有如来种性
把心带回家吧
——禅坐净化

这是诗人日常生活中常见的拜佛场景。佛本不会说话，但诗人借佛之口说话了——把心带回家吧。“众生皆有如来种性”，这是大乘佛法关于根本问题的解答，释迦佛在菩提树下悟道，说：“一切众生，皆具如来智慧德相，只因妄想执着，而不征得。”一切众生都有成佛的可能性，如果保持一颗清净心，那么佛不必外求，就在自己的心中。“禅坐净化”就是通往佛性的一个重要途径。当我们通过静坐修行去除一切妄想分别，真心就能显现出来，因此拜佛也是在拜自己，是自己清净的自性本心。就如《入定》写道：

盘腿静坐

坐到肌肤
骨骼躯干
五脏六腑
归于无

空

静坐是修养身心的重要方法，可以让我们排除各种杂念，身心释然，与宇宙的巨大能量相连接。佛法认为，一切法是无自性的，一切法是指世上的每一样事物，一切从本质上看是不实在的，这当然也包括人本身。世界上没有一个真实的“我”，“我”只是来自自己心中的意念，因此可以通过静坐修行，使我们转凡为圣、转迷成悟。正因为所有的众生、所有的事物都是无常的，佛性对一切众生才可以说是平等的。要让自己的佛性显露，就要通过修行，诗人在静坐的过程中进入禅定，体会到“色空”。这种“色空”就是观照自己的肌肤、骨骼归于空无，对自我的执着也就涣然冰释，此中的心灵自在也就得到显现。再看《佛》里写道：

在半闭半开的佛眼前
我一无所求

从心灵的书架上
掏出珍藏的佛经
念诵再念诵

我也是一尊

色与空是佛教里非常重要的概念，《心经》里面讲道：“色不异空，空不异色；色即是空，空即是色。受想行识，亦复如是。”色为物质存在之总称，我们通过身体感官得到的视、听、触、嗅、味五觉，都可以统称为色，而空即是非有、空无，也就是说任何物质都是虚幻的、无常的。佛教认为，人在意识之外的世界是不断变化的，因此是“空性”的，万物都是暂时的因缘和合，但人往往执着于眼前的幻想，追求种种身外之物，过于执着于“自我”和“色”，就会滋生许多烦恼。因为诗人“一无所求”，所以他的内心是平静的、清澈的。学佛的过程就是修心的过程，诗人通过念经打坐，破除妄想执着，在不断重复佛经的同时，思想见识也得到不断提升。经为佛所说的记载，人读经，亦类佛言，虽然自己不是佛，但在读经过程中，自己的思想与佛的思想渐渐重合，因此感到自己“也是一尊”佛。

## 二、见众生是佛

“一花一世界，一叶一菩提”，微尘之中却能映照大千世界无量巨细。“佛”无所不在，一花一叶就是每个人的内心世界，是人人皆有的菩提自性，因此我们的“心”是什么样子，看到外物就会是什么样子。曾心的小诗通常只有短短几行，所表现的也是世俗生活中的万事万物，可以是柴米油盐，可以是花鸟虫鱼，也可以写一枝一叶，甚至连最不起眼的油条也可以成为诗的主题，如《油条》：

本来软绵绵
熬煎后
赤裸裸
紧紧相抱

不管外界多热闹
此时，只有他俩

由没有感情的静态的油条，联想到油条在未炸之前的状态，以及它们在油中煎熬的情形，“紧紧相抱”——将油条拟人化，仿佛变成了两个相依为命的人。就好比一对普通的恋人，他们在柴米油盐中过着平淡的生活，但面对生活中的困难，却能够互相扶持，共同抵抗外界的残酷。外界的打击反而让他们的感情变得坚不可摧，不管外界有多么热闹，他们却满足于自己构建的小世界，因为他们已经足够强硬，能扛得住外在压力的煎熬。同样的道理，本来微不足道的凡夫俗子，经历艰难困苦的考验后，也会迸发出惊人的精神伟力。又如《卵石》：

本来有棱有角

被岁月磨成
滑滑圆圆

无论走到哪儿
只是一个“0”

以卵石静态的形状，联想到它被岁月磨合的动态过程，圆圆滑滑又仿佛一个没有棱角的成年人，随遇而安，却少了个性。“0”既是圆的形状，也是一种否定。人的成长也是逐渐变成卵石的过程，少年总是锋芒毕露、无知无畏，等到成年，才知道自己的渺小，就如同千千万万颗石头一般没有什么特别之处。渐渐适应了外界的打磨，将自己变成了光溜溜的如同“0”一般的卵石。一个被岁月打磨得没有棱角的人，就像“0”一样没有自我。修行的众生，就像这些圆滑而没有棱角的卵石一样，在不断的磕碰摩擦之中，除去各种不良习气，归于精神圆满的人生状态。再看《湖边垂柳——〈柳三景〉之一》：

孤独
站在湖边
饮水

一阵清风
爽一身

垂柳在古典诗词中本是常见的意象，因枝条细长，随风飘舞，常常引人遐想。如王维有诗“渭城朝雨浥轻尘，客舍青青柳色新。劝君更尽一杯酒，西出阳关无故人”，柳永的“今宵酒醒何处？杨柳岸，晓风残月”，都借岸边的杨柳抒写惜别之情。杨柳长在初春，因此也常被用来赞美风光无限好的春景，如唐朝诗人贺知章的《咏柳》：“碧玉妆成一树高，万条垂下绿丝绦。不知细叶谁裁出，二月春风似剪刀”，韩愈的《早春呈水部张十八员外》：“天街小雨润如酥，草色遥看近却无。最是一年春好处，绝胜烟柳满皇都”，都借杨柳歌咏美好春光，广为传唱。杨柳的意象非常丰富，但在曾心的诗中，它却变成孤独的静默者。但这“孤独”不是哀伤的孤独，从后两句“一阵清风/爽一身”，可以看出诗人享受着孤独静寂的状态，在清风中体会寂静，聆听大自然的脉搏。

另外，我们也可以从诗中看到杨柳与诗人之间形象的同构性。诗歌乍一看是写杨柳的形态，其实也是写诗人自己的感受。那种卓然独立、自享清凉的情状，仿佛飘逸的柳条一般轻松自在，充满着飘逸、流动的感觉。

见众生，不是用“眼”见，而是用“心”见，诗中描写众生，唯独不见“我”的存在，其实又处处都是“我”。诗人将每一样静态的、无感情的事物，赋予他们在岁月中流逝的想象，以及代入自己的情感。用慧眼来看，大地万物皆是禅机，山水景物与“我”同在，和“我”一体，物我合一，相入无碍，这种超然禅心，让诗人见万物皆有禅意。

## 三、见自我之佛性

六祖惠能有一首流传至今的偈语：“菩提本无树，明镜亦非台。本来无一物，何处惹尘埃。”只有见到了自己的本来面目，从而放下“我执”和“法执”，才能打破生命的局限，看见世界的本来面目。见众生，到最后才发现见的都是“自己”，因为是用己“心”去“见”，所以所见之物都是内心的写照和显现。曾心谈到自己的创作都离不开一个“自我”，诗人写的不管是静物还是动景，都是调动了视觉、听觉、嗅觉、味觉等外在感官，经过内心的转化，升华为对这个世界的认识，因此不一定带着与“禅”有关的意象才算是禅诗，就如王维的“行到水穷处，坐看云起时”“人闲桂花落，夜静春山空”等佳作，虽然没有直接写打坐烧香拜佛的场面，却带有禅宗自空即自性的境界。“自我”虽然没有出现在诗中，却无处不是“我”。比如曾心的《老缸》：

老屋后那口老缸
何时坐禅入定？

张着嘴本想说话
顿悟：
还是不说为好

由缸的形状联想到了“口”，但这“口”虽然张开，却不言不语，是沉默的，像一尊佛坐禅入定。佛说世界，即非世界，是名世界，意在告诉我们不要执着于文字相。佛经用语言文字来讲法，但也劝解世人不要执着于文字和语言。心意便是一切。人只有开动智慧，才有可能认识更高的佛法真理。而能够言说之“法”，都不是真正的法。一开口，就是“空”。因此，就如张口不说话的“老缸”一样，说即是不说，一切尽在不言中。再看《窗》：

众人睡了
我还醒着……

日夜睁大眼睛
因为我不放心这个世界

我们经常将窗户比喻成“眼睛”，作者将自己代入“窗户”，由窗的形态联想到是自己“日夜睁大眼睛”，因为不放心这个世界。这种始终睁开的眼睛，类似佛陀造像。寺庙中的如来坐像皆为一双似闭非闭的双眼，这是表明他时时处于深深禅定的境界，似闭非闭，似见非见，所作所为，其心不住，是为大定。普通人的眼睛，看到的只是表层的景象，而只有“觉悟”才能看到更广阔的世界。诗人在此处表明自己“睁大”双眼，越是睁大，越是“忧虑”这个世界。这里诗人的“入世”之情使他远离了内心的平静，也体现了诗人在禅意生活之外却又伴随着对现实世界的一种挥之不去的责任感。又如《云的软功》：

漂浮的生活
练就了我一身软功

高山挡路
一层又一层

我轻轻地绕过
一程又一程

在这首小诗里，作者把自己的情感寄托于天边飘浮的白云。飘浮是云的特点，风一吹云就散，意味不执着，诗人却将它比作自己的生活状态。“高山挡路”意为人生路上挫折重重，都被“我”轻轻绕过。“我”观万物，万物亦皆是“我”。就如同前面的《卵石》，万物皆有两面性。像“卵石”一般圆滑未尝不好，但也总是若有所失。像“云”一样的“软功”，一样的不执着，能够带领人穿越高山一般的挫折，但却“一吹就散”，散后复聚，继续下一个旅程。这样的人生，才是轻松自在，不会有沉重包袱的。诗人把云的性质，与心的千变万化而又不失本性做了相当巧妙的连通，饶有趣味。佛法也是如此，“空”讲得多，也就是“无自性”，像云一样，聚了又散。世间万物，莫不如此。再看《石的惊觉》：

仰卧
见天边的水滴
飘落在身上

不知不觉地睡去

千年醒来
惊觉自己竟成了湖泊

这首诗将自己想象成湖底的石头，因为经历沧海桑田，最终变成了湖泊。自己既是石头，又是湖泊，在不知不觉间，时间已经过去了千万年。一瞬万年，人生又能几何？背后是诗人对“空”的感悟。就如陆游所说，“欲学诗，功夫在诗外”。只有用心去见世界，才能体察到万物的情感，才能认识和创造自我。小诗彰显心与物的沟通、主观与客观互相融合，因此见自己便是见佛性。

曾心的小诗由于短小，一首诗里包含的意象往往不多，很多都是只写一物，虽然语言简洁，却可以触及人生、社会、时代的某些重大问题，背后也包含着某些哲思。由视觉、听觉、触觉、味觉、嗅觉的触动而“心动”，往往将自己代入某物某景某情当中，收集那一刻的所思所想，到最后又回归到“自我”的抒写，不言佛却也带着禅意。因为写作的本身就是一种“自观”，离不开“禅定”。只有心灵澄清，才能观照万物、观照自身，小诗才能鲜活灵动，线性的文字承载着流动的、跳跃的情感。它的体量虽小，却可以自由表达，哲思也不失活泼轻盈。这也是小诗的魅力所在。

# ·曾心文学年表和评论资料索引·

# 曾心文学创作与活动年表

曾心（笔名），原名曾炳兴，学名曾时新，尚有笔名田日，泰籍，祖籍广东普宁。

## 1938 年

10 月 19 日出生于泰国曼谷郊外的老韭菜园。祖父四有，祖母冯春木。祖父从广东普宁逃荒到泰国，以种菜、种青草药为生，育有二男三女。父亲曾德梅，半文盲，但喜欢在咖啡店听人讲故事，回家也给孩子讲关公忠厚、武松打虎等故事。母亲李兰香，虽然不识字，但给孩子生命的教育。她在子女的心灵里，潜移默化地播下了美德与性格的种子，让他们得到善良、勤劳、淳朴的滋养。父母在泰国结婚，跟着祖父从事农业，育有一打子女，男女各一半，曾心是男孩中的老四，起名炳兴。

## 1947 年

“由于我是出生在农民家庭，父母不识字，孩子又多达一打，我到了八岁，还不识一字，只懂得耕地、锄草、戽水，养鸡、养鸭、养鹅、养猪。”9 岁时，进入联侨华文学校学习。两个月后，学校被封闭，曾心只好回家帮父母干各种农活。

## 1949 年

中华人民共和国成立，泰国华人社会出现“红”“白”两派，都在争夺青年学生。曾心参加卢老师到村里免费开办的华文班，听他讲了许多“红故事”。卢老师教了几个月就不见了，听说被抓走了。

## 1950 年

12 岁，到曼谷的正规学校——光华学校读书，每天往返需走两个多钟头的路。该校虽名为华校，但实际上以学泰文为主，每天只有两节华文课。曾心对华文情有独钟，每次考试都名列前茅。

## 1953 年

全家随大哥从农村搬到曼谷城里做生意，主要买卖兼批发烘干的葱蒜头。曾心白天在家里帮忙，晚上和三哥炳正到黄魂夜校读中学。当时这个学校有几位从中国来的教师，聚集着许多好学华文的青年。学生中也涌动着两股势力，一股鼓动学生到台湾留学，一股号召回祖国大陆学习。曾心的二哥是后者的铁杆子，与一部分进步青年学生组织地下学习小组，曾心也参加。老师不仅为学生做好回国升学的辅导，也讲了新中国的建设成就。同学间热衷传阅着两本书：《牛虻》和《钢铁是怎样炼成的》；最流行的一句话是："人最宝贵的是生命。生命每个人只有一次。人的一生应当这样度过：当回首往事的时候，他不会因为虚度年华而悔恨，也不会因为碌碌无为而羞愧。在临终的时候，他能够说：'我把整个生命和全部精力，都献给了世界上最壮丽的事业——为人类的解放而斗争。'"

## 1956 年

8 月 20 日，适逢中元节，在三哥炳正的鼓励和筹备下，曾心瞒着父母，改名曾时新，偷偷乘着泰国当局驱逐一批政治难民出境的"大伟健"货轮离开泰国。七天七夜后，到达汕头。几天后，曾心进集美侨校补习，考上初一乙班。

## 1958 年

考进集美中学，读初三。

## 1959 年

考上厦门一中，读高中，当班长。每年春种冬收，学校组织学生到第一线劳动，曾心总是带着本子，写下劳动心得和许多民歌式的诗歌，以田日为笔名，多数发表在学校的板报和编印的油报上。曾心的作文也时常被语文老师当范文读给同学们听。有一次，学校开“树雄心，立壮志”的演讲比赛，曾心被推荐为班上的代表。他在演讲中誓言要当“中国的鲁迅”，获得第三名。从此，曾心一心扑在文艺书籍里，开始有了“文学梦”。

## 1962 年

考上厦门大学中文系，为实现文学梦打下专业基础。

## 1963 年

担任厦门大学中文系系刊《鼓浪》编委，主编是刘再复，编委包括林兴宅、包恒新、陈慧瑛、张诗剑等。

## 1964 年

《鼓浪》举办征文比赛，曾心的短篇小说《展翅飞向光明》，以自己为“模特儿”，写如何“偷”跑到中国读书的经历，获得小说奖。当时征文比赛设小说、散文、诗歌各一奖。

半真实半虚构地写成第一篇微型小说《回国日记》，原载《厦大侨生文集》1964 年第 2 期。陈勇在《复杂的人性与变幻的世情——泰国曾心论》中，谈到《回国日记》时说：“灵魂仿佛被笛声带走，此刻的心呀，早已寄着北上的天云，飞到日夜盼望的祖国的怀抱等句子，令人拍手称快，过目不忘。”

## 1965 年

秋季，正当全校师生到农村搞“四清”运动时，上级来了调令，因工作需要，曾心提前毕业，分配到广东省外事办工作。

## 1966 年

“文化大革命”开始后，曾心把自己多年写的日记、读书心得和散文、小说、诗歌统统烧毁，“文学梦”化作一缕青烟消失了。

## 1968 年

因海外关系，曾心被下放到开源县桂头五七干校劳动。在两年“劳其筋骨，磨其心志”的劳动中，曾心成了全干校的劳动标兵——犁耙手。

## 1970 年

调到广州中医学院政治部宣传办工作。

## 1974 年

改行从事中国医学史研究与教学。在这期间，经常到广州各大图书馆翻阅古典医籍。“没想到，在医史领域里，我却发现在‘医’与‘史’之间，存在一个中间地带，尚少有学者去进行‘开垦’。这地带既涉及‘医’，也涉及‘史’，还涉及‘文’，可谓‘边缘学科’。”

## 1981 年

1 月，论文《岭南名医何梦瑶》刊登于《新中医》1981 第 1 期。

2 月，论文《晋代女名医鲍姑》刊登于《中华医史杂志》1981 年第 2 期。

4 月，论文《王仲宣之死质疑》刊登于《中华医史杂志》1981 年第 4 期；与叶岗合编《名医治学录》，由广东科技出版社出版。曾心在后记中说：“在这本书里，我们写了三十五个名医治学事迹。由于考虑到地方性问题，特选了几位岭南医家。这三十多位医家分别在内科、外科、妇产科、小儿科、针灸科、药物学等方面做出了贡献。尽管他们生活在不同的时代，个人经历也各有不同，但都有一个共同的特点，就是淡于名利，刻苦钻研，不耻下问，重视实践，勇于创新。”“为了适应广大医务人员阅读、参考，我们编写时既考虑到科学性，又重视通俗化，力求在科学性的基础上通俗化。”

## 1982 年

6 月，与黄柳泉合撰论文《广州越秀山炼功碑（一）》，刊登于《新中医》1982 第 6 期。

7 月，与黄柳泉合撰论文《广州越秀山炼功碑（二）》，刊登于《新中医》1982 第 7 期。

8 月，因母亲病重，返回泰国。父亲已经去世，母亲瘫痪在床。曾心用针灸和药物精心治疗，母亲的病情有很大的好转，左邻右舍不少病人慕名前来求治，从此开始与病人打交道。

## 1983 年

5 月，医学随笔集《杏林拾翠》由广东科技出版社出版。曾心在前言中说："本书收集的近四十篇短文，是笔者利用工作的余暇，逐年积累写成的。内容庞杂面广，题材林林总总，但基本上是围绕着探索中医五千年史中一些饶有意义和有趣的问题。""以较多的史实为基础，选择一些小题目，或写一件事，或写一个人，穿插一些妙趣横生的故事、神话、轶事、趣闻，使严肃庄重的历史性、学术性题材，寓于通俗易懂的闲话、随笔之中。"

## 1984 年

3 月，与黄吉棠、周敬平合作点注清代岭南医家潘名熊的《评琴书屋医略》，由广东科技出版社出版。

## 1985 年

4 月，论文《〈华佗神方〉考证》刊登于《安徽中医学院学报》1985 年第 1 期。

继续从医兼从商。

## 1986 年

7 月，作为泰国中医药代表团成员参加马来西亚第二届亚细安中医药学术大会，会上宣读论文《"清帝汤"加味治疗哮喘初验》。

## 1987 年

2 月 27 日，与同仁在曼谷素里翁路中国旅行社二楼成立"泰中医疗服务中心"，任董事兼副总经理。

7 月 7 日，特写《共栽杏树开花结果——为"泰中医药学术交流会"而写》，刊登于泰国《星暹日报》。

9 月，特写《来自历代名医辈出的地方——记南京中医专家代表团》，刊登于泰国《星暹日报》。

12 月 7 日，特写《神奇的痔疮疗法》，刊登于泰国《新中原报》。

## 1988 年

1 月 8 日，特写《坐以待毙，不如让中医一试锋芒——记刘志民教授防治艾滋病引人瞩目的推理》，刊登于泰国《星暹日报》。

3 月 15 日，特写《共育杏苗满苑春——写在泰中医疗服务中心成立一周年之时》，刊登于泰国《京华中原联合日报》；30 日，特写《世界上最先进的痔疮疗法——记北京广安门医院肝肠专家医用“消痔灵”治疗痔疮》，刊登于泰国《新中原报》。

5 月 28 日，短篇小说《杏林曲》刊登于泰国《新中原报》，12 月 4 日获泰国《新中原报》举办的泰华短篇小说创作金牌奖征文比赛优秀奖。5 月，加入泰华作家协会。

## 1989 年

2 月 22 日，诗《晨跑道上的梦幻》，刊登于泰国《新中原报》。

4 月 3 日，诗《铸了姓名的地契》，刊登于泰国《新中原报》。

7 月 4 日，诗《三代人听歌》，刊登于泰国《新中原报》。

11 月 3 日，诗《白乌鸦的揭示》，刊登于泰国《新中原报》。

12 月 27 日，诗《选票的重量》，刊登于泰国《新中原报》。

## 1990 年

9 月 7 日，散文《北飞的南燕》，刊登于泰国《新中原报》。

11 月 28 日，《可登大雅之堂的小小说——读征夫的〈八莱地〉》，刊登于泰国《新中原报》。

12 月 21 日，《当今的孔乙己——夜读司马攻的〈世情〉而出现的“内景”》，刊登于泰国《新中原报》。

## 1991 年

7 月 10 日，诗《挽不回的梦》，刊登于泰国《新中原报》；26 日，随笔《老人十痛歌》，刊登于泰国《新中原报》。

8 月 14 日，诗《一个打高尔夫球者》，刊登于泰国《新中原报》；24 日，诗《一片冰心在玉壶——献给售鲜虾的老妇》，刊登于泰国《新中原报》；28 日，诗《为孩子苦于塞车而长叹》，刊登于泰国《新中原报》。

9 月 7 日，《夜空与人生的幻影》，刊登于泰国《新中原报》；24 日，长诗《绿竹赞礼》，刊登于泰国《新中原报》。

## 1992 年

2 月 26 日，诗《藕颂》，刊登于泰国《新中原报》。

3月21日，随笔《万年青》，刊登于泰国《新中原报》。

4月3日，诗《缸里的睡莲》，刊登于泰国《新中原报》；9日，短篇小说《半夜鸡叫》，刊登于泰国《星暹日报》。

5月2日，诗《游厦门短诗一束》四首（《鼓浪屿》《古榕树》《盆景》《胡里山炮台》），刊登于泰国《新中原报》。

6月2日，诗《庭前的石榴》，刊登于泰国《星暹日报》；18日，随笔《应加富感情色彩的词——重谈〈葬花吟〉》，刊登于泰国《星暹日报》。

7月21日，诗《屋后的木瓜》，刊登于泰国《星暹日报》。

8月20日，诗《枯树》（外一首《凤凰木》），刊登于泰国《星暹日报》；31日，《血红的凤凰花》，刊登于泰国《新中原报》。

9月17日，诗《游大自然放歌》三首（《瀑布》《避风海港》《石钟乳》），刊登于泰国《星暹日报》。

10月9日，诗《书香之家》，刊登于泰国《新中原报》；13日，论文《试探小说与小小说的特点》，刊登于泰国《星暹日报》；16日，评论《落其华芬，然后可造平淡之境——读岭南人诗集〈结〉》，刊登于泰国《新中原报》。

11月7日，诗《庭园草》，刊登于泰国《新中原报》；9日，诗《榕的气根》刊登于泰国《中华日报》，诗《安全岛上的小树》刊登于泰国《新中原报》；19日，诗《戒烟的故事》，刊登于泰国《星暹日报》；22日，评论《欣赏·磋商·建议——读〈泰国琐谈〉及〈忍之一字众妙之门〉》，刊登于泰国《新中原报》。

12月3日，诗《爸爸与爸爸》，刊登于泰国《星暹日报》。

## 1993年

1月8日，诗《股市》，刊登于泰国《新中原报》；19日，散文《且看文人相亲的晴朗天》，刊登于泰国《星暹日报》；20日，随笔《精神财富万岁》，刊登于泰国《华商日报》。

2月3日，诗《护照》，刊登于泰国《新中原报》；8日，评论《试造从形象通往意境的桥——评析林牧先生的两首诗》，刊登于泰国《新中原报》；17日，评论《用自己心血调配的色彩画——读老羊的〈心花〉》，刊登于泰国《华商日报》；28日，散文《“一飞冲天”的人——造访中国当代散文家陈慧瑛》，刊登于泰国《星暹日报》。

3月2日，评论《从细节流淌出来的真情——读饶公桥的〈老伙〉》，刊登于泰国《星暹日报》；10日，《“明志”与“意境”——与林牧先生商榷》，刊登于泰国《新中原报》。

4月9、12日，读书笔记《炼字·炼句·炼意——我的读书笔记》（上、下），刊登于泰国《新中原报》；14日，评论《〈红粉忠魂〉中的牡丹——读征夫的〈裸女〉》，刊登于泰国《新中原报》；27日，散文《洋媳妇趣拾》，刊登于泰国《星暹日报》。

5月7日，评论《试探一囊中的朦胧》，刊登于泰国《新中原报》；12日，文论《基调与辨析》，刊登于泰国《新中原报》；13日，《一朵海花——喜读〈华欣〉》，刊登于泰国《星暹日报》；20日，散文《捻耳记》，刊登于泰国《星暹日报》；23日，诗《凤凰木》，刊登于泰国《新中原报》。

6月24日，诗《兰颂——为念屈原而写》，刊登于泰国《星暹日报》。

7月3日，微型小说《头一遭》，刊登于泰国《新中原报》；9日，评论《题材在文艺天平上的重量——试探征夫小说的题材》，刊登于泰国《新中原报》。

8月3日，散文《展翅飞向文艺的蓝天》，刊登于泰国《中华日报》；9日，评论《窥到下层人物心灵的作品——读〈黎毅短篇小说集〉》，刊登于泰国《新中原报》；24日，诗《电话》，刊登于泰国《星暹日报》。

9月2日，诗《冬眠》，刊登于泰国《星暹日报》；6日，散文《猴面鹰哀思》，刊登于泰国《亚洲日报》；13日，微型小说《蓝眼睛》，刊登于泰国《新中原报》；30日，诗《赏月思》，刊登于泰国《星暹日报》。

10月12日，诗《铁轨道上的列车》，刊登于泰国《星暹日报》。

11月9日，诗《题在盆景上的诗》，刊登于泰国《中华日报》；11日，散文《大自然的儿子》，刊登于泰国《亚洲日报》；19、22日，评论《情感·纯真及爱情的题材——读梦莉的散文》（上、下），刊登于泰国《新中原报》。

12月22日，评论《朦胧诗之树的凋零——从顾城之死谈起》，刊登于泰国《新中原报》；28日，散文《深深岩洞别有天——游帕塔洞》，刊登于泰国《星暹日报》。

## 1994年

1月11日，诗《落叶》，刊登于泰国《亚洲日报》；20日，评论《一幅幅热带现实农村图景——刘扬的创作结晶与心路》，刊登于泰国《亚洲日报》。

2月5日，诗《贺年片》，刊登于泰国《亚洲日报》；16日，诗《晨鸟》，刊登于泰国《新中原报》；22 日，诗《凤——观古壁雕》，刊登于泰国《亚洲日报》；24 日，诗《龙的文化种子——博仁大学中文系春节联欢会》，刊登于泰国《星暹日报》。

3 月 6 日，被选为泰华作家协会理事，并担任文学研究组主任；8 日，诗《蜡相馆》，刊登于泰国《亚洲日报》；11 日，诗《灭蚊灯》，刊登于泰国《新中原报》；17 日，诗《窗》，刊登于泰国《中华日报》；28 日，诗《夜宿》，刊登于泰国《新中原报》。

4 月 7 日，诗《我心中的净土》，刊登于泰国《亚洲日报》；19 日，评论《一篇颇有深度的小说——读黎毅的〈多加一点〉》，刊登于泰国《亚洲日报》；22 日，诗《一群修补心灵的人们——参加“第七届世界华文文学国际研讨会”而作》，刊登于菲律宾《联合日报》；27 日，微型小说《捐躯》，刊登于泰国《新中原报》。

5 月 10 日，诗《自嘲》，刊登于泰国《中华日报》；19 日，评论《给〈今夕何夕〉以掌声——致黄重先生》，刊登于泰国《亚洲日报》；20 日，散文《小巷人家》，刊登于泰国《亚洲日报》；30 日，诗《失眠之夜》，刊登于泰国《新中原报》。5 月，散文《大自然的儿子》《猴面鹰哀思》《洋媳妇拾趣》，收入泰华作家协会编印的《亚细安散文集》。

6 月 27 日，短篇小说《母子情》，刊登于泰国《新中原报》；28 日，散文《“梦”诗趣记》，刊登于泰国《星暹日报》；30 日，短篇小说《两对爱侣的命运》，刊登于泰国《亚洲日报》。6 月，短篇小说《杏林曲》，诗《绿竹赞礼》《落叶》《小树之泪》《庭前的石榴》《晨鸟》，散文《猴面鹰哀思》，评论《朦胧诗之树的凋零——从顾城之死谈起》，读书笔记《炼字·炼句·炼意——我的读书笔记》，收入泰国文学艺术会丛书《风铃》。

7 月 9 日，短篇小说《过时的种子》，刊登于泰国《亚洲日报》；14 日，诗《人生的故事》，刊登于泰国《诗刊》第 22 期；15 日，评论《另一种眷念的乡情——读冬英的〈湄南河之恋〉》，刊登于泰国《新中原报》；16 日至 19 日，参加在菲律宾马尼拉举办的第四届亚细安华文文艺营大会，提交论文《老牛，也当加把劲》，后刊登于泰国《新中原报》。7 月，短篇小说《杏林曲》《母子情》，读书笔记《炼字·炼句·炼意——我的读书笔记》，评论《朦胧诗之树的凋零——从顾城之死谈起》，散文《大自然的儿子》《猴面鹰哀思》《捻耳记》《小巷人家》《“梦”诗记趣》，诗《龙子龙孙的摇篮》《小树之泪》《绿竹礼赞》《血红的凤凰花》《落叶》《晨鸟》《庭前的石榴》《凤》《灭蚊灯》《睁开眼睛的窗》《夜宿》《失眠之夜》《贺年片》，收入《泰华文学五人作品选》（泰国晨耕文艺出版社 1994 年版）。

8 月 19 日，散文《惊魂未定峰回转——菲律宾的百胜滩》，刊登于泰国《新中原报》。

9 月 22 日，诗《桂林的山》，刊登于泰国《亚洲日报》；26 日，诗《钟声》，刊登于泰国《新中原报》；29 日，诗《钟声》（外一首《与诗人游洱海》），刊登于《云南日报》。

10 月 1 日，散文《与诗人游洱海》，刊登于泰国《星暹日报》；4 日，诗《大理石》，刊登于泰国《星暹日报》；6 日，《泰华青年作者座谈会讲稿：散文园里的蓓蕾》，刊登于泰国《亚洲日报》；7 日，评论《泰华散文苑里的蓓蕾》，刊登于泰国《新中原报》；11 日，散文《惊魂未定峰回转》，刊登于菲律宾《联合日报》；27 日，诗《桂林的山》，刊登于《云南日报》。

11 月 8 日至 11 日，出席在云南召开的第七届世界华文文学国际学术研讨会，提交论文《泰华散文苑里的蓓蕾》。

12 月 12 日，微型小说《三愣》，刊登于泰国《新中原报》；15 日，诗《一群修补心灵的人们——参加“第七届世界华文文学国际研讨会”而作》，刊登于泰国《星暹日报》；20 日、21 日，诗《心灵聚首之歌——参加“第七届世界华文文学国际研讨会”而作》三首（《心灵的长城》《心灵之交》《心灵赠言》），分别刊登于泰国《亚洲日报》《新中原报》。12 月，诗《钟声》，刊登于《香港文学报》；微型小说《蓝眼睛》获“春兰·世界华文微型小说大赛”鼓励奖，收入中国微型小说学会编《春兰·世界华文微型小说大赛获奖作品集》（上海文艺出版社 1994 年版），江曾培在《序二：微型小说将走向辉煌》中指出：“泰国作者曾心的《蓝眼睛》，写一位泰籍华人老妇，希望在美国读书的儿子能娶一个中国姑娘，可是带回来的却是一位洋媳妇。老人失望后，竟发现这位黄头发、蓝眼睛的姑娘，能讲汉语，用汉语唱中国歌《龙的传人》，而她的黑眼睛、黑头发的子女，唱的却是英文或泰文的歌。作品从民族意识中生发出世界意识与国际意识，是吻合时代的发展的。”

## 1995 年

1 月 6 日，诗《一群修补心灵的人们——参加“第七届世界华文文学国际研讨会”而作》，刊登于泰国《新中原报》；18 日，诗《送报人》，刊登于泰国《新中原报》；26 日，诗《春之晨》，刊登于泰国《亚洲日报》；27 日，诗《噪音》，刊登于泰国《新中原报》。

2月4日，诗《椰子树》，刊登于泰国《亚洲日报》；6日，微型小说《钥匙》，刊登于泰国《新中原报》；17日，诗《果王与果后》，刊登于泰国《新中原报》；18日，微型小说《未来的女婿》，刊登于泰国《亚洲日报》；23日，散文《再访“大自然的儿子”》，刊登于泰国《亚洲日报》；28日，微型小说《蓝眼睛》，刊登于菲律宾《联合日报》。

3月3日，诗《湄江短笛》，刊登于泰国《新中原报》；10日，散文《在那密密的森林里》，刊登于泰国《新中原报》；14日，《从广州来的小肥女》获暨南大学泰国校友会与泰国星暹日报社联合举办的“第二届泰华短篇小说征文比赛”优秀奖，刊登于泰国《星暹日报》；16日，诗《花之魂》，刊登于泰国《亚洲日报》；25日，《鸽子群》获泰国华侨崇圣大学征文比赛现代诗佳作奖。3月，散文《猴面鹰哀思》，刊登于《萌芽》第3期；评论《一幅幅热带现实农村图景——刘扬的创作结晶与心态》，刊登于《台港与海外华文文学评论和研究》1995年第1期。

4月7日，微型小说《老泪》，刊登于泰国《新中原报》；15日，评论《商场角落的一面镜子——苏醒其人与短篇小说的特色》，刊登于泰国《亚洲日报》。

5月3日，评论《保持一颗年轻的心——读庄牧的诗》，刊登于泰国《新中原报》。

6月1日，诗《猴与泉——施永成的画〈幽谷清泉〉》，刊登于泰国《亚洲日报》；7日，散文《不凋的山茶花》，刊登于泰国《新中原报》；16日，微型小说《巷口转弯处》，刊登于泰国《新中原报》；28日，微型小说《钥匙》，刊登于菲律宾《联合日报》。

7月8日，散文《蝴蝶泉边》，刊登于泰国《亚洲日报》；15日，诗《纯净的文声》，刊登于泰国《世界日报》。

8月2日，评论《写景状物荡着心灵的浪花——读姚宗伟的游记散文》，刊登于泰国《新中原报》；5日，诗《戏风兰》，刊登于泰国《亚洲日报》；23日，微型小说《一块小小的青草地》，刊登于泰国《新中原报》；8月25日，短篇小说《从广州来的小肥女》，刊登于菲律宾《联合日报》；30日，诗《冬树颂——曾春朝的画〈太子神峰图〉》，刊登于泰国《新中原报》；31日，微型小说《家规》刊登于泰国《亚洲日报》，诗《鸽子群》获泰国华侨崇圣大学征文评选佳作奖，短篇小说《焚稿》获泰国华侨崇圣大学征文比赛短篇小说佳作奖。

9月9日，诗二首《地基柱》《节日的灯》，刊登于泰国《亚洲日报》；10日，微型小说《头一遭》，刊登于菲律宾《联合日报》。

10月4日，散文《击电脑键盘的姑娘》，刊登于泰国《新中原报》；12日，短篇小说《鱼苗塘里的漩涡》，刊登于泰国《亚洲日报》；24日，杂文《嫉妒心态的另一面》，刊登于泰国《亚洲日报》。

11月3日，散文《郎静山与他的百鹤图》，刊登于泰国《新中原报》。

12月13日，微型小说《社会的眼睛》，刊登于泰国《新中原报》；21日，微型小说《种子》，刊登于泰国《亚洲日报》；12月，评论《写景状物荡着心灵的浪花——读姚宗伟先生的游记散文》，刊登于《台港与海外华文文学评论和研究》1995年第4期；小说散文合集《大自然的儿子》，由云南民族出版社出版。

## 1996年

1月19日，诗《死水》，刊登于泰国《新中原报》；23日，短篇小说《焚稿》，刊登于菲律宾《联合日报》；29日，短篇小说《焚稿》，刊登于泰国《新中原报》。

2月10日，散文《龙腾虎跃——是拉差龙虎园所见所思》，刊登于泰国《亚洲日报》；28日，诗《鸽子群》，刊登于泰国《新中原报》。

3月18日，特写《舞台上的万紫千红——博仁大学中文系春节联欢会侧记》，刊登于泰国《新中原报》；19日，散文《石林和她的女儿》，刊登于泰国《亚洲日报》。

4月6日，评论《文艺天空的“风”》，刊登于泰国《亚洲日报》；22日至24日，参加在南京召开的第八届世界华文文学国际学术研讨会，提交论文《黎毅和他的“苦命小说”》，收入会议论文集《世纪之交的世界华文文学》，刊登于泰国《亚洲日报》（1996年4月27日）、《新中原报》（1996年5月20日）、《福建论坛》1996年第3期。4月，《心灵聚首之歌》三首（《心灵的长城》《心灵之交》《心灵的赠言》），收入查大林等主编《玉溪行》（云南大学出版社1996年版）；论文《泰华散文苑里的蓓蕾》，收入杨振昆等主编《世界华文文学的多元审视——第七届世界华文文学国际学术研讨会论文集》（云南大学出版社1996年版）。

5月7日，《〈大自然的儿子〉自序》，刊登于泰国《亚洲日报》；8日，

《〈大自然的儿子〉自序》，刊登于泰国《新中原报》；11日，散文《我的一天》，刊登于泰国《世界日报》；13日，诗《弃》，刊登于泰国《新中原报》。5月，散文《在那密密的森林里》，收入新加坡文艺协会出版的《亚细安散文选》。

6月11日，散文《琼花何处寻》，刊登于泰国《亚洲日报》；15日，诗《上海滩的傍晚》，刊登于泰国《新中原报》；21日，诗《南京行》三首（《奉献——参加"第八届世界华文文学国际学术研讨会"而作》《诣中山陵》《雨花石》），刊登于泰国《新中原报》；26日，诗《寒山寺的钟声》，刊登于泰国《新中原报》；27日，散文《石林和她的女儿》，刊登于菲律宾《联合日报》。

7月15日，诗《坐禅》，刊登于泰国《新中原报》；18日，《年轻，而果实成熟——序马凡的〈蝶花恋〉》，刊登于泰国《亚洲日报》；24日，微型小说《漏水》，刊登于泰国《新中原报》。7月，微型小说《蓝眼睛》《一块小小青草地》《互考》，收入泰华作家协会编印的《泰华微型小说集》。

8月5日，《年轻，而果实成熟——序马凡的〈蝶花恋〉》，刊登于泰国《新中原报》；6日、8日，评论《陈博文"金笔小说"的闪光点》（上、下），刊登于泰国《亚洲日报》；9日，微型小说《一个椰子壳的故事》，刊登于泰国《新中原报》；21日，评论《以爱为圆心的诗——读印华晓彤文集〈哑弦〉的诗歌》，刊登于泰国《新中原报》；31日，散文《刘扬和他的动物朋友》，刊登于泰国《亚洲日报》。8月，《凝聚着"硬性格"的作品——序叶树勋的〈迷失鸟〉》《题在文艺天平上的重量——试探征夫小说的题材》《〈红粉忠魂〉中的牡丹——读征夫的短篇小说〈裸女〉》，收入叶树勋的《迷失鸟》（泰国泰华文学出版社1996年版）。

9月5日，散文《生命在笔尖下消磨的跋涉者——送别魏登先生》，刊登于泰国《亚洲日报》；9日，微型小说《疑》，刊登于泰国《新中原报》；13日，评论《借他的阳光照诗坛的冷处——从艾青的太阳陨落谈起》，刊登于泰国《新中原报》。9月，《家中事》获"南湖杯·世界华人'我的一天'征文"入选奖，收入郭瑞、王霄鹏主编《我的一天》（中国国际广播出版社1996年版）；《〈大自然的儿子〉自序》，刊登于《台港与海外华文文学评论与研究》1996年第3期；散文《猴面鹰哀思》，获第一届冰心文学奖散文入围奖；散文《猴面鹰哀思》，选入叶松英编的第一届冰心文学奖散文参赛文选《千花集》。

10月5日，评论《凝聚着"硬性格"的作品——序叶树勋的〈迷失鸟〉》，刊登于泰国《亚洲日报》。10月，微型小说《三愣》《蓝眼睛》《巷口转弯处》《头一遭》，收入黄孟文、孟沙、司马攻主编《世界华文微型小说名家名作丛编·新马泰卷》（上海文艺出版社1996年版）。

11月14日，散文《农村旧事情趣》，刊登于泰国《亚洲日报》；23日，诗《一艘方块字铸造的小船》，刊登于泰国《新中原报》。

12月4日，微型小说《墨宝》，刊登于泰国《新中原报》；28日，散文《摇着小船来相会——第二届世界华文微型小说研讨会拾零》，刊登于泰国《亚洲日报》。

## 1997年

1月1日，微型小说《头一遭》，刊登于《深圳侨报》；4日，散文《"洋媳妇"露馅》，刊登于泰国《新中原报》；15日，微型小说《古董》，刊登于泰国《新中原报》；29日，散文《友谊的力量——与杨振昆教授5次相会侧记》，刊登于泰国《新中原报》。

2月10日，短篇小说《佛缘》，刊登于泰国《亚洲日报》；散文《心中的天平》，刊登于泰国《新中原报》；17日，散文《在记忆的天幕里》，刊登于泰国《新中原报》；18日，散文《"洋媳妇"露馅》，刊登于菲律宾《联合日报》。

3月10日，散文《庭园的天趣》，刊登于泰国《新中原报》；12日，散文《龙腾虎跃——游是拉差龙虎园》，刊登于《深圳侨报》；21日，散文《一坛老菜脯》，刊登于泰国《新中原报》；28日，随笔《"三容"变奏曲》，刊登于泰国《新中原报》。3月，评论《泰华年轻女性的微型小说》，刊登于《台港与海外华文文学评论与研究》1997年第1期。

4月9日，散文《心追那钟声》，刊登于泰国《新中原报》；28日，散文《寻找散文名篇的"真迹"》，刊登于泰国《新中原报》。

5月14日，散文《泼水——祝福的爱心》，刊登于泰国《新中原报》；21日，散文《谒中山陵记》，刊登于泰国《新中原报》。5月，《琼花何处寻》，收入泰华作家协会出版的《还愿》（泰国新时代出版社1997年版）。

6月1日至3日，出席在中南财经大学召开的新加坡华文作家作品国际研讨会；20日，评论《琴思钢与他的叙事诗》，刊登于泰国《新中原报》；22日，随感录《失窃后的心境》，刊登于泰国《新中原报》；27日，散文《心追那钟声》，刊登于菲律宾《世界日报》。6月，评论《以爱为圆心的诗——读印华晓彤文集〈哑弦〉的诗歌》，刊登于印尼《印尼与东协》1997年第6期。

7月1日，诗《还家的歌》，刊登于泰国《亚洲日报》（庆香港回归中国特辑之三)；18 日至 21 日，前往菲律宾华文文学研究会参加文学研讨，以“观察员”身份撰写《观察员手记》；22 日，诗《在炎帝像前》，刊登于泰国《亚洲日报》；25 日，散文《登武当山极顶》，刊登于泰国《新中原报》；26 日，诗《黄鹤楼》，刊登于泰国《亚洲日报》。

8 月 14 日，诗《在孔明石像前》，刊登于泰国《亚洲日报》；22 日、25 日，散文《观察员手记》(上、下)，刊登于泰国《新中原报》。

9 月 1 日，散文《捕捉黄鹤楼的神韵》、诗《永恒的黄鹤楼》，刊登于泰国《新中原报》；22 日，散文《礼品》，刊登于泰国《新中原报》；29 日，散文《灭蚊趣记》，刊登于泰国《新中原报》。

10 月 9 日，随笔《作家自杀的现象——从三毛之死说起》，刊登于泰国《亚洲日报》；16 日，散文《只能开心锁的人》，刊登于泰国《亚洲日报》；20 日，短篇小说《老两口》，刊登于泰国《新中原报》；24 日，诗《画中虎》，刊登于泰国《新中原报》。

11 月 3 日，微型小说《生日》，刊登于泰国《新中原报》；11 日，短篇小说《躲债》，刊登于泰国《亚洲日报》；12 日，短篇小说《好好先生传》，刊登于泰国《新中原报》；23 日至 25 日参加在泰国曼谷召开的第二届世界微型小说研讨会，提交论文《泰华年轻女性的微型小说》；28 日，随笔《评奖杠杆——从泰华“征文比赛”说起》，刊登于泰国《新中原报》。11 月 28 日至 12 月 4 日，短篇小说《宝贝》，刊登于《曼谷时报》。11 月，散文《寻找散文名篇的“真迹”》，刊登于泰国《华风》11 月号。

12 月 3 日，散文《一坛老菜脯》，刊登于《深圳特区报》；15 日，散文《高山的幸福花》，刊登于泰国《新中原报》。12 月，散文《大自然的儿子》，收入吴欢章、沙似鹏主编的《20 世纪中国散文英华(海外游子卷)》(复旦大学出版社 1997 年版)。

## 1998 年

1 月 15 日，散文《龙文化的摇篮》、评论《百花齐放，皆大欢喜——1997 年〈大众文艺漫巡〉》，刊登于泰国《新中原报》。

2 月 3 日，微型小说《老两口》，刊登于《深圳特区报》；6 日，散文《护城河的桨声》，刊登于泰国《新中原报》；12 日，诗《护城河》，刊登于泰国《亚洲日报》；28 日，散文《琼花何处寻》，刊登于菲律宾《世界日报》。

3 月 4 日，散文《观察员手记》，刊登于菲律宾《世界日报》；6 日至 12

日，散文《距离》，刊登于泰国《曼谷时报》；13日，散文《三访“大自然的儿子”》，刊登于泰国《新中原报》；15日，文学通讯《曾心致黎毅》，刊登于泰国《新中原报》；25日，散文《心中有座母校》，刊登于泰国《新中原报》；27日，散文《礼品》，刊登于菲律宾《联合日报》；28日，散文《观察员手记》，刊登于菲律宾《菲华时报》。

4月3日，短篇小说《老两口》，刊登于菲律宾《联合日报》；12日，散文《登武当山极顶》，刊登于菲律宾《联合日报》；17日，诗《六十自吟》，刊登于泰国《新中原报》；18日，诗《我泣——笼中虎的独白》，刊登于《亚洲文艺诗苑》；19日，参加泰华作家协会举办的“林蝶衣文学创作70年座谈会”，提交论文《林蝶衣的〈破梦集〉及其“忧愁诗”的价值》，刊登于泰国《亚洲日报》（1998年4月23日）；29日，散文《消失野性的虎》，刊登于泰国《新中原报》。4月，《曾心文集》由鹭江出版社出版；散文《大自然的儿子》，刊登于《华文文学》1998年第2期。

6月5日，微型小说《一桶水》，刊登于泰国《曼谷时报》；6日，散文《农村旧事情趣》、短篇小说《佛缘》，获《亚洲日报》和泰华作家协会联合主办的1996年泰华短篇小说金牌奖征文比赛散文优秀奖、短篇小说优秀奖；6日至8日，参加在曼谷召开的第六届亚细安华文文艺营，提交论文《给泰华文学把脉》，刊登于泰国《亚洲日报》（1998年6月11日）、《新中原报》（1989年6月22日），菲律宾《世界日报》（1998年10月31日），《世界华文文学论坛》1998年第3期；10日，散文《华教中的火凤凰》，刊登于泰国《新中原报》；12日，短篇小说《好好先生传》，刊登于菲律宾《联合日报》；19日，散文《高山的幸福花》，刊登于菲律宾《联合日报》；27日，诗《诗的家》，刊登于泰国《京华中原联合日报》。6月，散文《高山的幸福花》，收入泰国华文作家协会编印的《第六届亚细安华文文艺营文集》。

7月5日，短篇小说《宝贝》，刊登于菲律宾《世界日报》。7月，微型小说《蓝眼睛》，选入李宏编著的《汉语普通话教程：阅读课本》第2册（北京语言文化大学出版社1998年版）。

8月12日，评论《长在中国大地的诺贝尔文学奖获得者——读赛珍珠的〈中国之美〉的感悟》，刊登于泰国《亚洲日报》；15日，诗《蝴蝶》，刊登于泰国《京华中原联合日报》；17日，微型小说《品茗谈天》，刊登于泰国《新中原报》；24日，散文《石宫沉思录》，刊登于泰国《新中原报》。

9月，短篇小说《水乡栖居处》获冰心文学奖短篇小说入围奖，收入叶松英编的第二届冰心文学奖短篇小说参赛文选《玫瑰花集》。《玫瑰花集》编后语指出："1997 年初，总会文教组通过各种媒体发出第二届冰心文学奖（短篇小说奖）征文通知，至 1998 年 6 月 30 日截稿，反应热烈，计收到世界各地稿件 527 篇，经过反复筛选，入围 34 篇，最后于 9 月 3 日由名作家萧乾老担任评委主任，在北京进行终审，评出得奖作品 7 篇。"

10 月 10 日，散文《四面鸣沙半月泉》，刊登于泰国《亚洲日报》；12 日，散文《营造志趣天地者》，刊登于泰国《新中原报》。10 月，散文《心追那钟声》，刊登于《写作》1998 年第 10 期。

11 月 18 日，散文《与心灵接轨的阳关道》，刊登于泰国《新中原报》；28 日，散文《猴面鹰哀思》，刊登于菲律宾《世界日报》；30 日，诗《题在丝绸之路的诗》三首（《骆驼草》《阳关》《月牙泉》），刊登于泰国《京华中原联合日报》；11 月 30 日、12 月 2 日至 4 日，短篇小说《在水乡栖居处》（上、中、下），刊登于泰国《新中原报》。

12 月 8 日，评论《陈雨作品的"三片天"》，刊登于泰国《亚洲日报》；18 日至 24 日，散文《同根生》，刊登于泰国《曼谷时报》；24 日，诗《文友情》（写与中国作家诗人雷抒雁、陈喜儒、刘征、韩瀚等同船夜游湄南河），刊登于泰国《亚洲日报》。

## 1999 年

1 月 3 日，微型小说《品茗谈天》，刊登于菲律宾《世界日报》；29 日，散文《大自然的儿子》，刊登于菲律宾《世界日报》。

2 月 8 日，诗《我的小船》，刊登于泰国《京华中原联合日报》；2 月 27 日至 3 月 1 日，参加由新加坡作家协会和新加坡国立大学艺术中心联合主办的"人与自然—环境文学"国际研讨会，提交论文《存亡绝续的野生动物》。

3 月 5 日，评论《存亡绝续的野生动物》刊登于泰国《新中原报》，散文《石宫沉思录》刊登于菲律宾《联合日报》；8 日，诗《挽起手来——为厦门大学泰国校友会成立一周年暨联欢大会而作》，刊登于泰国《京华中原联合日报》。

4 月 3 日，散文《绿色文化之旅——第二届"人与自然—环境文学"国际研讨会散记》，刊登于泰国《亚洲日报》。

5 月 22 日，微型小说《蓝眼睛》《老泪》，刊登于《沿海侨报》；29 日，散文《见到了正宗的国花》，刊登于泰国《世界日报》；31 日，微型小说《流血》

刊登于泰国《新中原报》，诗《三根笔》刊登于泰国《京华中原联合日报》；5月，微型小说《寂寞病》《蓝眼睛》，刊登于《看世界》1999 年第 5 期。

6 月 14 日，《〈心追那钟声〉自序》刊登于泰国《新中原报》，《诗的凝聚力》刊登于泰国《京华中原联合日报》；15 日，《〈心追那钟声〉自序》，刊登于泰国《中华日报》；18 日，散文《同根生》，刊登于菲律宾《联合日报》。6月，散文集《心追那钟声》，由泰国泰华文学出版社出版。

7 月，微型小说《蓝眼睛》，刊登于《微型小说选刊》1999 年第 14 期；微型小说《丧礼上的陌生人》，刊登于泰国《泰华文学》第 1 期。

8 月 11 日，《一头拉车不止的“牛”倒了——怀念方思若先生》，刊登于泰国《新中原报》；27 日，微型小说《品茗谈天》，刊登于菲律宾《世界日报》。

9 月 1 日，散文《郑王庙随想录》，刊登于泰国《泰华文学》第 2 期；24日至 30 日，散文《汉·约逊的纹身》，刊登于泰国《曼谷时报》。9 月，《诗的家》《我的小船》《题在丝绸之路的诗》，收入周天晓主编“泰华新诗学会”丛书、泰华新诗第一辑《诗潮》。

11 月 8 日，诗《在大城的废墟上》，刊登于泰国《京华中原联合日报》；26 日至 29 日，参加在吉隆坡举行的第三届世界华文微型小说研讨会，提交论文《泰华微型小说的步履》，刊登于泰国《新中原报》（1999 年 12 月 3 日）；27 日，评论《泰华年轻女性的微型小说》，刊登于菲律宾《联合日报》；29日，诗《有一棵老树吐新芽——写在大城强华学校新大楼落成时》，刊登于泰国《京华中原联合日报》。11 月，微型小说《三愣》，收入朵拉、小黑编选的微型小说精选《走出沙漠》（马来西亚先辟企业有限公司 1999 年版）。

12 月 10 日，散文《方块字浇铸的心影》，刊登于泰国《世界日报》；27日，诗《担子》，刊登于泰国《京华中原联合日报》。

## 2000 年

1 月 1 日，散文《废墟的启示》，刊登于泰国《泰华文学》第 4 期；4 日，诗《心愿》，刊登于泰国《世界日报》；8 日，微型小说《流血》，刊登于泰国《世界日报》；19 日，散文《人生完满的句号——怀念姚宗伟先生》，刊登于泰国《京华中原联合日报》《新中原报》。

2 月 16 日，当选为泰华作家协会第十届理事会理事兼图书主管；26 日，散文《观葵花记》，刊登于泰国《世界日报》。

4 月 7 日，散文《也“叭”一子来了个立正》，刊登于泰国《新中原报》。

5 月，朗诵诗《陈嘉庚星》，刊登于泰国《泰华文学》第 6 期。

6 月 6 日，诗《汨罗江》，刊登于泰国《世界日报》；16 日，散文《观葵花记》，刊登于菲律宾《联合日报》；6 月，《存亡绝续的野生动物》，刊登于新加坡《新华文学》第 49 期。

7 月 7 日，微型小说《三个指头的职业》，刊登于泰国《新中原报》；29 日，微型小说《窟》，刊登于泰国《京华中原联合日报》。

8 月 9 日，散文《郑王庙随想录》，刊登于《深圳特区报》；30 日，评论《吹一点写短篇小说的外来风》，刊登于泰国《新中原报》。

9 月 5 日，《一点写短篇小说的外来风》，刊登于泰国《京华中原联合日报》；15 日，《爱在心中　也在作品中——序学无涯〈寄意天涯〉》，刊登于泰国《新中原报》；18 日，诗《较量》，刊登于泰国《京华中原联合日报》；26 日，《爱在心中　也在作品中——序学无涯〈寄意天涯〉》，刊登于泰国《京华中原联合日报》。9 月，散文《三进蝎子洞》，刊登于泰国《泰华文学》第 8 期；散文《琼花何处寻》，收入《名作欣赏》2000 年第 5 期。

11 月 18 日，评论《从著作书目看泰华文学发展的脉络》，刊登于泰国《世界日报》，附录《泰华文学著作书目》，从 11 月 28 日起在泰国《世界日报》连续刊登 15 个版面；25 日至 27 日，参加在汕头举行的第十一届世界华文文学国际研讨会暨第二届海内外潮人作家作品国际研讨会，提交论文《从著作一览表看泰华文学发展的脉络》，收入第十一届世界华文文学国际研讨会暨第二届海内外潮人作家作品国际研讨会论文集《期望超越》（花城出版社 2000 年版）。11 月，诗文集《一坛老菜脯》，由泰国泰华文学出版社出版；微型小说《家庭内部》，刊登于泰国《泰华文学》第 9 期。

12 月，散文《一坛老菜脯》，刊登《散文海外版》2000 年第 4 期；《方块字浇铸的心影》，收入《丰硕的果盘》（泰国世界日报社 2000 年版）。

## 2001 年

1 月，诗《圆了回乡梦》，刊登于泰国《泰华文学》第 10 期；微型小说《蓝眼睛》，收入郑允钦主编《外国微型小说三百篇》（百花洲文艺出版社 2001 年版）。

3 月，小传《曾心》，收入朱崇实主编《南强之光——厦门大学知名校友传略》（厦门大学出版社 2001 年版）。

4月9日，散文《祭鳄亭遐想》，刊登于泰国《新中原报》；30日，诗《游厦门短诗一束》（《鼓浪屿》《古榕树》《盆景》《胡里山炮台》），刊登于泰国《新中原报》。

5月29日，诗《写在武夷山的诗》，刊登于泰国《京华中原联合日报》。5月，诗《人生美丽的驿站》，刊登于泰国《泰华文学》第12期。

8月，诗歌《天上有颗星》，获中华“八喜杯”诗歌征文比赛优秀奖，收入《中华“八喜杯”诗歌征文大奖赛获奖作品选（上卷）》（中国文艺出版社2001年版）。

9月，微型小说《三杯酒》，刊登于泰国《泰华文学》第14期；微型小说《三愣》《蓝眼睛》，收入郑允钦主编《世界微型小说经典·亚洲卷》（百花洲文艺出版社2001年版）。

10月12日，微型小说《一长照片的风波》，刊登于泰国《新中原报》；13日，微型小说《断臂》，刊登于泰国《世界日报》。

11月3日，微型小说《老店主》，刊登于泰国《世界日报》。11月，报告文学《鳄鱼密码》获世界华文报告文学奖，收入《世界华文报告文学奖作品集》（香港明报出版社2001年版）。该书指出：“本书收集了经过审慎评选的18篇得奖作品，这些作品，正如金戈女士所说：‘真实呈现了华侨、华人生存状态的喜剧、正剧和悲剧’，从不同方面描写了华人在世界各地艰辛奋斗的历程，感人肺腑。曾敏之先生许以‘一束蓓蕾之花’，可视为报告文学的范文。”微型小说《啊！人心》，刊登于泰国《泰华文学》第15期。

12月13日，微型小说《李嫂》，刊登于泰国《世界日报》；17日，泰华作家协会举办文学研讨会，提交论文《泰华文学的交接期》，刊登于泰国《世界日报》（2001年12月19日、21日）；报告文学《鳄鱼密码》（上、下），刊登于泰国《新中原报》。

## 2002年

2月24日，微型小说《老店主》，刊登于菲律宾《联合日报》；30日，散文《在那走过的小路上》，刊登于泰国《新中原报》。

3月9日，当选为泰国华文作家协会第十一届理事会理事兼图书管理；13日，微型小说《走山巴》，刊登于泰国《新中原报》。3月，《泰华文学的交接期》，刊登于《世界华文文学论坛》2002年第1期。

4月13日，小小说《蓝眼睛》，刊登于《厦门日报》。4月，微型小说

《三个指头》，收入《世界华文微型小说双年选（2000～2001）》（上海文艺出版社2002年版）；散文《心中有座母校》，刊登于《厦门大学美洲校友会校友通讯》第43期。

7月，微型小说集《蓝眼睛》，由泰国时代论坛出版社出版；诗《红头船》（外一首《石心》），刊登于泰国《泰华文学》第19期；《造志趣天地者》，收入泰国奇石馆编印的《学者谈石》；《老店主》，收入香港华文微型小说学会编的《做脸》（香港获益出版社2002年版）。

9月22日，微型小说《土地》被塔军宋翻译成泰文，刊登于泰文报；27日，散文《感受散文》，刊登于泰国《世界日报》。9月，微型小说《复明》，刊登于泰国《泰华文学》第20期；微型小说《第一百零一例》，收入海庭、煜煜编的《第八届亚细安华文文艺营诗文集》。

10月，微型小说《第一百零一例》，收入刘国祥主编的《小小说作家》（长江文艺出版社2002年版）；微型小说《复明》《第一百零一例》，刊登于香港《青果》2002年第21号；《照片风波》，刊登于《杉乡文学》2002年第10期。

11月3日，歌曲《留学中国校友之歌》（陈汉涛、曾心作词，赵一平作曲）、《杰出的泰中好使者》（曾心、盖旺·坤哇塔娜作词，盖旺·坤哇塔娜作曲），刊登于《泰国留学中国大学校友总会“特刊”》第1期，并在2004年7月3日泰国中华总商会、泰国留学中国大学校友总会联合主办的“泰中友谊颂——泰中建交29周年庆典文艺晚会”上演出。此后，《留学中国校友之歌》（陈汉涛、曾心作词，赵一平、李辉作曲）成为泰国留学中国大学校友总会会歌。

12月6日，诗《放水灯》（外一首《放烟花》），刊登于泰国《新中原报》；19日至25日，诗《那只手》《风与树》，刊登于台湾《公论报》；24日至27日，参加在南京召开的第七届“今世缘·周庄”国际诗人笔会，会后参观江苏“今世缘”酒厂和苏州周庄古镇等；30日，散文《在那走过的小路上》，刊登于泰国《新中原报》。12月，诗《祭奠广场上》《酿》《周庄是首诗》，刊登于《香港文学报》。

## 2003年

1月3日，诗《一瞥惊心》（外三首《放工乐》《放生》《移山参》），刊登于泰国《新中原报》。1月，《第三个圆》《曼谷的鸽子》，刊登于泰国《泰华文学》第 22 期。

2 月 16 日，微型小说《断臂》被塔军顺翻译成泰文，刊登于泰国《曼谷商报》。

3 月 28 日，诗《酿》《周庄是首诗》，刊登于泰国《新中原报》。3 月，中英对照《曾心短诗选》，由香港银河出版社出版；微型小说《如意的选择》，选入泰国中华总商会编辑出版的泰国皇家卫星远程教育电台汉语教程《实用汉语教程》第六册；微型小说《三个指头》，收入《世界中学生文摘》2003 年第 3 期。

4 月 24 日，评论《移民意识在泰华文学的取向》，刊登于泰国《新中原报》。

5 月，《回到生他养他的黑土地——悼念庄牧先生》，刊登于泰国《泰华文学》第 24 期。

6 月 5 日，刊头诗《送行》，刊登于泰国《世界日报》；6 日，刊头诗《春天》，刊登于泰国《世界日报》；9 日，评论《诗，要走向群众》，刊登于泰国《世界日报》；13 日，刊头诗《老井》，刊登于泰国《世界日报》；15 日，刊头诗《把脉》，刊登于泰国《世界日报》；21 日，刊头诗《跳高》，刊登于泰国《世界日报》；26 日，诗《祭奠广场上》《画》，刊登于泰国《世界日报》；27 日，诗《献给》，刊登于泰国《新中原报》。

7 月 2 日，刊头诗《牛》，刊登于泰国《世界日报》；4 日，刊头诗《风铃》，刊登于泰国《世界日报》；7 日，刊头诗《绝壁》，刊登于泰国《世界日报》；11 日，刊头诗《一线天》，刊登于泰国《世界日报》；22 日，刊头诗《雄鸡》，刊登于泰国《世界日报》；26 日，刊头诗《蛙》，刊登于泰国《世界日报》。7 月，《极短诗五首》（《万年青》《风与石鹰》《握手》《入定》《树叶独语》），刊登于泰国《泰华文学》第 25 期；微型小说《复明》，刊登于《微型文学》2003 年第 7 期。

8 月 8 日，刊头诗《海螺》，刊登于泰国《世界日报》；10 日，刊头诗《年轮》，刊登于泰国《世界日报》；15 日，刊头诗《立体交叉桥》，刊登于泰国《世界日报》；18 日，刊头诗《茶叶》，刊登于泰国《世界日报》；21 日，刊头诗《刊头诗》，刊登于泰国《世界日报》；22 日，刊头诗《佛眼》，刊登于泰国《世界日报》；24 日，刊头诗《暗礁》，刊登于泰国《世界日报》；26 日，刊头诗《在佛寺里》，刊登于泰国《世界日报》。

9 月 1 日，诗《梦中的月亮》，刊登于泰国《世界日报》；15 日至 20 日，参加在珠海举行的第八届国际诗人笔会；22 日，微型小说《土地》被塔军宋翻译成泰文，刊登于泰国《曼谷商报》；9 月，散文《杜惠大姐》，刊登于《香港文学》2003 年 9 月号。

10 月 8 日，诗《渔女命根》（外一首《栽树寄语》），刊登于泰国《新中原报》；25 日，诗《与月亮之恋》，刊登于泰国《世界日报》；10 月，微型小说《断臂》《土地》，收入《泰华短篇小说选》（泰国语言文化出版社 2003 年版）。

11 月 3 日，刊头诗《桂河桥》，刊登于泰国《世界日报》；6 日，刊头诗《风车》，刊登于泰国《世界日报》。11 日，刊头诗《火山》，刊登于泰国《世界日报》；15 日，刊头诗《大象》，刊登于泰国《世界日报》；20 日，刊头诗《主人与笼鸟》，刊登于泰国《世界日报》；23 日，诗四首《扁担》《酒后》《秋》《人生的品位》，刊登于泰国《世界日报》。11 月，《在那走过的小路上》，收入泰国留学中国大学校友总会编《留中岁月》（泰国留中大学出版社 2003 年版）；诗《圆了回乡梦》，收入任泽主编《潮汕文学读本（第 1 册）》（汕头大学出版社 2003 年版）。

12 月 1 日，散文《杜惠大姐》，刊登于泰国《新中原报》；11 日，诗《轰炸后……》（外一首《一张画》），刊登于泰国《世界日报》；22 日，参加新加坡国立大学艺术中心与新加坡作家协会主办的“当代文学与人文生态——2003 年东南亚华文文学国际学术研讨会”，提交论文《移民意识在泰华文学的取向》，收入吴耀宗主编《当代文学与人文生态——2003 年东南亚华文文学国际学术研讨会论文集》（台湾万卷楼图书股份有限公司 2003 年版）。

## 2004 年

1 月 13 日，刊头诗《草》，刊登于泰国《世界日报》；16 日，刊头诗《卵石》，刊登于泰国《世界日报》；18 日，小诗《日记》《雕刀》《雷声》《乌鸦》《萤火虫》《蝉》，刊登于泰国《世界日报》。1 月，小诗五首（《鹰》《路》《秋》《脚印》《扭曲》），刊登于泰国《泰华文学》第 28 期。

2 月 3 日，刊头诗《渡口》，刊登于泰国《世界日报》；5 日，刊头诗《火石》，刊登于泰国《世界日报》；26 日，刊头诗《吃斋》，刊登于泰国《世界日报》。

3 月 5 日，刊头诗《观企鹅》，刊登于泰国《世界日报》；7 日，朗诵诗《天上有颗嘉庚星》，在厦门大学成立 83 周年联欢大会上由张琦朗诵；12 日，刊头诗《黑与白》刊登于泰国《世界日报》，散文诗《蝉鸣》刊登于泰国《新中原报》；15 日，刊头诗《人工雨》，刊登于泰国《世界日报》；26 日，刊头诗《国脉》，刊登于泰国《世界日报》；30 日，刊头诗《龟》，刊登于泰国《世界日报》。

6 月 9 日，刊头诗《钓》，刊登于泰国《世界日报》；10 日，刊头诗《女神》，刊登于泰国《世界日报》；16 日，刊头诗《椅子》，刊登于泰国《世界日报》；19 日，刊头诗《芭蕉叶》，刊登于泰国《世界日报》；20 日，刊头诗《萍》，刊登于泰国《世界日报》；25 日，诗歌《还有眼——题张致平的木刻〈负伤的头〉》，刊登于泰国《世界日报》；26 日，刊头诗《行囊》，刊登于泰国《世界日报》；28 日，刊头诗《株连》，刊登于泰国《世界日报》。

7 月 1 日，刊头诗《鸟》，刊登于泰国《世界日报》；3 日，歌曲《泰中友谊颂》（陈汉涛、曾心作词，李辉、赵一平作曲），在泰国中华总商会、泰国留学中国大学校友总会联合主办的“泰中友谊颂——泰中建交 29 周年庆典文艺晚会”上演出；4 日，刊头诗《红玫瑰》，刊登于泰国《世界日报》；5 日，小诗六首（《庭园》《盆景》《石头》《锚》《老菜脯》《石榴》），刊登于泰国《世界日报》。

8 月 8 日，刊头诗《木瓜》，刊登于泰国《世界日报》；10 日，短诗六首（《网鱼》《照片》《拦路石》《大自然的儿子》《伤疤诗》《墙——观诗》），刊登于泰国《世界日报》；11 日，刊头诗《雨与树》，刊登于泰国《世界日报》；14 日，刊头诗《向日葵》，刊登于泰国《世界日报》。

9 月 11 日，评论《泰华文学的交接期》，刊登于菲律宾《联合日报》；17 日，刊头诗《感悟莲花》，刊登于泰国《世界日报》；20 日，刊头诗《丰收》，刊登于泰国《世界日报》；23 日，刊头诗《楼梯》，刊登于泰国《世界日报》；24 日，刊头诗《啊！诗人》，刊登于泰国《世界日报》；25 日，刊头诗《鸡冠花》，刊登于泰国《世界日报》；29 日，短诗三首（《野鸭》《油条》《窗》），刊登于泰国《世界日报》。9 月，游记《农家餐》，刊登于泰国《泰华文学》第 31 期。

10 月 4 日，刊头诗《游泳》，刊登于泰国《世界日报》；6 日，刊头诗《昙花》，刊登于泰国《世界日报》；13 日，刊头诗《诊病》，刊登于泰国《世界日报》。10 月，游记《农家餐》，刊登于《香港散文诗》第 13 期。

11 月 18 日，微型小说《三个指头》，收入浙江九年级语文统练试题；25 日，《放水灯三境》，刊登于泰国《世界日报》；11 月，《一尊石质的雕像》，收入泰国留学中国大学校友总会编的《湄南情怀》（泰国留中大学出版社 2004

年版）。

12月7日，刊头诗《放水灯》，刊登于泰国《世界日报》；14日，刊头诗《峰》，刊登于泰国《世界日报》；17日，刊头诗《苍穹》，刊登于泰国《世界日报》；31日，刊头诗《剑兰花》，刊登于泰国《世界日报》。12月，《走调》，刊登于泰国《泰华文学》第32期。

## 2005年

1月11日，刊头诗《观花》，刊登于泰国《世界日报》。

2月1日，刊头诗《路灯与黑夜》，刊登于泰国《世界日报》；4日，刊头诗《三角梅》，刊登于泰国《世界日报》；16日，刊头诗《唐人街》，刊登于泰国《世界日报》。

3月3日，刊头诗《山竹》，刊登于泰国《世界日报》；7日，刊头诗《狗》，刊登于泰国《世界日报》；15日，刊头诗《与缪斯相约》，刊登于泰国《世界日报》；25日，刊头诗《蒲公英》，刊登于泰国《世界日报》；30日，刊头诗《鹅》，刊登于泰国《世界日报》。3月，《推荐〈一个坤銮的故事〉》，收入小说《一个坤銮的故事》（泰国泰华文学出版社2005年版）；文论集《给泰华文学把脉》，附录《泰华著作书目一览表（1927—2003）》，由厦门大学出版社出版；评论《泰华文学的交接期——“三起二落”的分期》，收入庄钟庆等主编《新世纪初的东南亚华文文学（上卷）·菲华文学在茁长中》（厦门大学出版社2005年版）。

4月5日，刊头诗《吸尘器》，刊登于泰国《世界日报》；16日，刊头诗《电风扇》，刊登于泰国《世界日报》；22日，刊头诗《老缸》，刊登于泰国《世界日报》；24日，朗诵诗《大爱闪亮——写南亚大海啸》，刊登于泰国《世界日报》；26日，小诗《太阳哭了》《赈灾潮流》《和约》，刊登于泰国《世界日报》。

5月2日，刊头诗《蚯蚓》，刊登于泰国《世界日报》；4日，刊头诗《造屋》，刊登于泰国《世界日报》；12日，刊头诗《腊肠花——泰国国花》，刊登于泰国《世界日报》。

6月2日至3日，评论《泰华小诗的崛起》（上、下），刊登于泰国《世界日报》；14日，刊头诗《凉亭》，刊登于泰国《世界日报》；16日，刊头诗《登高》，刊登于泰国《世界日报》；22日，刊头诗《老树三棵》，刊登于泰国《世界日报》；26日，刊头诗《郑王》，刊登于泰国《世界日报》。

7月10日，刊头诗《错时》，刊登于泰国《世界日报》；21日，刊头诗《老缸》，刊登于泰国《世界日报》。

8月3日，刊头诗《水泡》，刊登于泰国《世界日报》；8日，刊头诗《天台上的树》，刊登于泰国《世界日报》；15日，散文《百胜滩记险》，刊登于泰国《世界日报》；16日，《〈给泰华文学把脉〉自序》，刊登于泰国《世界日报》；19日，刊头诗《鹦鹉》，刊登于泰国《世界日报》。

9月2日，刊头诗《错时》，刊登于泰国《世界日报》；10日，刊头诗《季节》，刊登于泰国《世界日报》；20日，刊头诗《老屋》，刊登于泰国《世界日报》；21日，刊头诗《冰》，刊登于泰国《世界日报》；23日，刊头诗《错案》，刊登于泰国《世界日报》；26日，刊头诗《忍功》，刊登于泰国《世界日报》；27日，刊头诗《休闲》，刊登于泰国《世界日报》；28日，小诗《树——悼诗人饶公桥》，刊登于泰国《世界日报》。9月，《腊肠花——泰国国花》《郑王》《老树三棵》《登高》，刊登于台湾《乾坤诗刊》2005年秋季号。

10月11日，刊头诗《问题》，刊登于泰国《世界日报》；20日，刊头诗《感触》，刊登于泰国《世界日报》；27日，刊头诗《放生（龟/鱼）》，刊登于泰国《世界日报》。

11月1日，刊头诗《175号列车》，刊登于泰国《世界日报》；13日，微型小说《三个指头》，收入江苏初二语文期中考试试题；28日，刊头诗《老柳》，刊登于泰国《世界日报》。

12月3日，刊头诗《思念》，刊登于泰国《世界日报》。

## 2006年

1月16日，刊头诗《老路》，刊登于泰国《世界日报》；22日，刊头诗《芦苇》，刊登于泰国《世界日报》；24日，刊头诗《友谊》，刊登于泰国《世界日报》。1月，微型小说《剪报》，收入古远清编选的《2005年世界华语文学作品精选》（长江文艺出版社2006年版）。

2月8日，小诗四首（《窥世》《眼镜》《雨如是说》《悔过》），刊登于泰国《世界日报》；12日，刊头诗《老车》，刊登于泰国《世界日报》；25日，小诗五首（《老树》《灵感》《喜悦》《佛教城》《牵牛花》），刊登于泰国《世界日报》；26日，当选为泰华作家协会第十三届理事会理事兼图书管理。

3月1日，散文诗《龟》，刊登于泰国《泰华文学》第37期；9日，小诗四首（《孤岛》《盆景》《退休即景》《画画》），刊登于泰国《世界日报》。3月，散文《心中有座母校》，收入陈福郎主编的《凤凰树下——我的厦大学生时代》（厦门大学出版社2006年版）。

4月9日，刊头诗《门》，刊登于泰国《世界日报》；12日，刊头诗《石榴》，刊登于泰国《世界日报》；16日，刊头诗《脸》，刊登于泰国《世界日报》。4月，小说《三愣》，收入江曾培主编的《微型小说鉴赏辞典》（上海辞书出版社2006年版），凌鼎年撰写鉴赏文字。

5月3日，刊头诗《鸟歌》，刊登于泰国《世界日报》；11日，刊头诗《烟花》，刊登于泰国《世界日报》；23日，刊头诗《石磨》，刊登于泰国《世界日报》；28日，小诗三首（《陨落》《问花》《残荷》），刊登于泰国《世界日报》；31日，应邀出席福建省台港澳暨海外华文文学研究会主办的东南亚华文诗歌国际研讨会，与会的14位东南亚华文诗人明澈、云鹤、莎萍、顾长福、史英、郭永秀、岭南人、曾心、吴岸、杰伦、陈扶助、海庭、吴天霁、秋山，在福州发起成立东南亚华文诗人笔会，并筹划出版诗刊。5月，微型小说《剪报》，刊登于《台港文学选刊》2006年第5期；诗歌《汨罗江》《移山参》《圆了回乡梦》《开着的窗》《梦中的月亮》《泛筏九曲溪》《轰炸后……》《云看·风说——给曼谷》，收入东南亚华文诗歌国际研讨会论文集《蕉风华韵》（中国文化出版社2006年版）。

6月5日，刊头诗《甜梦》，刊登于泰国《世界日报》；9日，被厦门大学东南亚华文文学中心聘为兼职研究员。

7月1日，和林焕彰共同策划，在泰国成立小诗磨坊，担任召集人，成员有8位，即泰国的岭南人、曾心、博夫、今石、苦觉、杨玲、蓝焰（漠凡），中国台湾的林焕章，因七位在泰国，一位在中国台湾，故称“7+1”，象征着“八仙过海，各显神通”。此后，小诗磨坊成员不断扩大，晶莹、温晓云、澹澹于2013年加入，范军、杨棹于2017年加入，2020年又增加一位新成员张永青。小诗磨坊每年出版一本小诗集，至2023年已出版17本，收入3000多首小诗；《泼水节》（外四首《伏睡》《水》《红豆》《椰子》），刊登于泰国《泰华文学》第38期；12日，刊头诗《沙》，刊登于泰国《世界日报》；15日，刊头诗《诗魔》，刊登于泰国《世界日报》；17日，刊头诗《鼓浪屿》，刊登于泰国《世界日报》。

8月6日，刊头诗《登山》，刊登于泰国《世界日报》；16日，诗《石与松——为光中公学60周年校庆而作》，刊登于泰国《新中原报》；20日，刊头诗《调位》，刊登于泰国《世界日报》；26日，评论《人生的诠释——读林焕彰的〈翻来覆去〉》，刊登于泰国《世界日报》。

9月13日，刊头诗《变色》，刊登于泰国《世界日报》。9月，小诗集《凉亭》自序、小诗三首（《闹钟》《竹筏》《探海》），刊登于泰国《泰华文学》第39期。

10月26日，散文《百鹤图》，附龙彼德《由图出人 由人归图——评曾心散文〈百鹤图〉》，刊登于泰国《世界日报》。10月，评论《泰华小诗的崛起》、诗《与月亮之恋》，收入吴心钿等主编的《第10届亚细安华文文艺营诗文丛》（菲律宾华文作家协会编印）。

11月1日，《船——赞泰华文学走过80年历程》（外两首《农夫——赞泰华作协成立二十周年》《甘露醇——赞〈泰华文学〉出版40期》），刊登于泰国《泰华文学》第40期；9日，刊头诗《海潮》，刊登于泰国《世界日报》；10日，评论《点亮了走进商场的路灯——致刘助桥》，刊登于泰国《世界日报》；11日，刊头诗《树叶》，刊登于泰国《世界日报》；13日，刊头诗《底片》，刊登于泰国《世界日报》；17日，刊头诗《球》，刊登于泰国《世界日报》；19日，刊头诗《筷子》，刊登于泰国《世界日报》；25日，刊头诗《浪花》，刊登于泰国《世界日报》；30日，刊头诗《影子》，刊登于泰国《世界日报》。11月，散文《放水灯三境》，收入泰国留学中国大学校友总会编《窗内窗外》（泰国留中大学出版社2006年版）。

12月10日，中英对照小诗集《凉亭》，由泰国留中大学出版社出版。12月，散文诗《龟》，刊登于《香港散文诗》第21期；《小诗一束》（《大自然的儿子》《丰收》《老柳》《老缸》《老井》《老路》《峰》《调位》《凉亭》《盆景》），刊登于泰国《东南亚诗刊》2006年12月创刊号。

## 2007年

1月7日，刊头诗《黑玫瑰》，刊登于泰国《世界日报》；8日，刊头诗《鳄鱼眼睛》，刊登于泰国《世界日报》。

3月17日，微型小说《窃名》，刊登于新西兰《先驱报》。3月，《凉亭》书讯，引《窗》一诗，刊登于台湾《创世纪诗杂志》第150期；小诗《雨中》（外三首《临池》《拱桥》《种树》），刊登于泰国《泰华文学》第41期；“忍诗十首”（《忍功》《日记》《入定》《楼梯》《暗礁》《蚯蚓》《老缸》《火山》《石头》《龟》），刊登于台湾《乾坤诗刊》第41期。

4月3日，评论《“磨”与“魔”的延伸》，刊登于泰国《世界日报》。

6月14日，“曾心小诗一束”（《龟》《影子》《雨中》《红玫瑰》《油条》《黑玫瑰》《筷子》《鳄鱼的眼泪》《拱桥》《临池》），刊登于菲律宾《世界日报》。6月，小诗《老缸》《领带》《红头船》，刊登于台湾《创世纪诗杂志》第151期；小诗《鸟歌》《伏睡》《筷子》《底片》《暗礁》《火山》，刊登于泰国《东南亚诗刊》第2期；小诗与诗话《领带》《红头船》《炊烟》《角力》《跳绳》《小舟三境》《火柴》《陀螺》，刊登于泰国《泰华文学》第42期；随笔《感受散文》《方块字浇铸的心影》，收入龙彼德《曾心散文艺术》（泰国留中大学出版社2007年版）。

7月，法国作家Lisa Carducci到小诗磨坊专访曾心，撰写的纪实散文，刊登于《今日中国》法文版2007年第7期；诗《在炎帝像前》，刊登于美国《诗天空》（双语季刊），后收入绿音主编《诗天空当代华语诗选（双语版）》；小诗三十首（《雨中》《临池》《小舟三境》《火柴》《陀螺》《炊烟》《角力》《跳绳》《笋》《领带》《红头船》《闹钟》《竹筏》《探海》《唐人街》《诗魔》《鸟歌》《伏睡》《筷子》《底片》《暗礁》《火山》《老缸》《盆景》《鳄鱼的眼睛》《芦苇》《孤岛》《丰收》《老柳》《大自然的儿子》），收入《小诗磨坊》第一集（香港世界文艺出版社2007年版）。

8月7日、9日，《佛缘》（上、下），附龙彼德《朴素之美——评曾心散文〈佛缘〉》，刊登于菲律宾《世界日报》。

10月7日，诗《老缸》《老井》，刊登于越南《西贡解放日报》；24日，微型小说《窃名》，获中国微型小说学会主办、金山杂志社承办的第六届全国微型小说（小小说）年度评选二等奖；26日至29日，出席厦门大学举办的第七届东南亚华文文学研讨会，发言稿《一部泰国学生留学中国史雏形——读〈留中岁月〉〈湄南情怀〉〈窗内窗外〉》，刊登于《华文文学》2007年第5期。10月，评论《泰华小诗的崛起》，收入厦门市东南亚华文文学研究会、厦门大学东南亚华文文学研究中心编的《新世纪初的东南亚华文文学（下卷）·回顾与展望：东南亚华文文学研究20周年》（厦门大学出版社2007年版）；诗《峰》《湄南河》《冰》《水》《风铃》《万年青》《树叶独语》《渡口》《凉亭》《榴莲》，收入东南亚华文诗人作品评论集《热风吹雨洒江天》（香港国际炎黄文化出版社2007年版）；微型小说《三愣》，收入王大潮编著的《星空点灯：世界经典文学故事法律趣味案例荟萃》（中国文联出版社2007年版）。

11月，《闪现一道文学的斑斓——序〈花车文集〉》，收入《花车文集》（泰国留中大学出版社2007年版）；评论《一部泰国学生留学中国史雏形——

读〈留中岁月〉〈湄南情怀〉〈窗内窗外〉》，收入泰国留学中国大学校友总会编的《平台试步》（泰国留中大学出版社2007年版），收入庄钟庆主编的《东南亚华文文学研究（第十辑）》（泰国留中大学出版社2007年版）。

12月，小诗《炊烟》，刊登于台湾《创世纪诗杂志》第153期。

## 2008年

1月，小诗《伞》《月饼》《蚂蚁》《围炉》《我与书》《一颗星》《诗国梦》《笋》《炊烟》，刊登于泰国《东南亚诗刊》第3期。

2月24日，当选为泰华作家协会第十四届理事会理事兼图书管理。2月，小诗《赈灾短歌》四首（《心祭》《补地》《连心锁》《默哀时刻》），刊登于《中外诗歌研究》2008年第2期；小诗《柳三景》（《湖边垂柳》《柳与湖》《自然友邦》），刊登于《香港文学》2008年2月号。

3月，小诗《一尾鱼的发现》，刊登于台湾《创世纪诗杂志》第154期；小诗六首（《记事本》《佛》《龟的决心》《股票市场》《寻找》《云的软功》）、《闪现一道文学的斑斓——序〈花车文集〉》，刊登于泰国《泰华文学》第45期。

4月18日，诗《猜唷！2008奥运圣火》，刊登于泰国《新中原报》。4月，小诗《云的软功》《龟的决心》《寻找》《股票市场》《记事本》，刊登于《香港文学》2008年4月号。

5月，短诗《我的小船》（中译英），刊登于香港《当代诗坛》（汉英双语诗学季刊）第49—50期。

6月，《曾心小诗15首》（《记事本》《佛》《龟的决心》《股票市场》《寻找》《蟑螂的大腿》《风的软功》《蛤蟆的真实》《苦瓜》《树的身影》《鸟》《一尾鱼的发现》《价值》《花语》《春来了》），刊登于泰国《东南亚诗刊》第4期；小诗《记事本》《龟的决心》，刊登于台湾《创世纪诗杂志》第155期；诗《圣火来了》（外一首《盆景》），刊登于泰国《泰华文学》第46期。

7月，《曾心的诗》（《记事本》《佛》《龟的决心》《股票市场》《寻找》《云的软功》《心祭》《补地》《连心锁》《默哀时刻》），收入李国春主编的《本土与母土——东南亚华文诗歌研究》（香港银河出版社2008年版）；小诗三十首（《石磨飞转》《围炉》《鸟的自由》《知足》《老树的身影》《佛》《瀑布》《一尾鱼的发现》《龟的决心》《螳螂的大腿》《记事本》《无缘》《月饼》《蚂蚁》《一颗星》《诗国梦》《花语》《寻找》《价值》《看夜》《股票市场》《窝牛》《春来了》《湖边垂柳》《柳与湖》《自然友邦》《云的软功》《蛤蟆的真实》《苦瓜》《油条》)，收入《小诗磨坊》第二集（香港世界文艺出版社 2008 年版）。

8 月 4 日，《三杯酒》获“国家电网杯”全球华人迎奥运征文一等奖；22 日，《三杯酒》刊登于《光明日报》“文荟副刊”。8 月，《三杯酒》，收入《华盛·盛世华文 喜迎奥运：“国家电网杯”全球华人迎奥运征文活动文字作品选》（中国电力出版社 2008 年版）；散文《礼品》，收入骆明主编的《亚细安散文》（新加坡文艺协会出版）。

9 月，微型小说《三杯酒》，刊登于泰国《泰华文学》第 47 期；小诗《记事本》，刊登于台湾《诗报》。

10 月 2 日，微型小说《三杯酒》，刊登于《文学报·微型小说选报》，主编荐语：“以奥运为背景的故事并不少，但这个发生在普通泰籍华人家庭的奥运故事却有特别意义——它是无数海外华人家庭的缩影。老陈一家朴素真挚的祝酒词，道出了海外华人心系祖国的赤子情怀，同时也从另一个角度，诠释了中华民族日益强盛所产生的强大凝聚力。”15 日，《六行以内小诗十首》(《家史》《天心》《雨中品茶》《听觉》《描红》《老椅子》《猫眼》《树的轮回》《局势》《跳水》)，刊登于泰国《新中原报》；27 日至 28 日，参加在广西南宁举行的第十五届世界华文文学国际学术研讨会，提交论文《再给泰华文学把脉》，收入陆卓宁主编的第十五届世界华文文学国际学术研讨会论文集《和而不同》（广西人民出版社 2008 年版）；28 日、31 日，评论《一部泰国学生留学中国史雏形》，刊登于泰国《新中原报》。

12 月 1 日，《越南行短歌》四首（《星星树》《打靶》《泡泥浆》《竹帽》），刊登于泰国《新中原报》；19 日，微型小说《窃名》，刊登于泰国《新中原报》。12 月，微型小说《三杯酒》，刊登于新加坡《锡山》；小诗《铜像——题吕进》，刊登于《中外诗歌研究》2008 年第 4 期；小诗《家史》《天心》《雨中品茗》，刊登于台湾《创世纪诗杂志》第 157 期；小诗《老椅子》（外一首《寻找》)，刊登于台湾《乾坤诗刊》第 48 期；评论《立意高远 比拟贴切——赏析张九桓〈附仰集〉的咏物诗》》，刊登于香港《文综》2008 年第 5—6 期合刊 。

## 2009 年

1 月，新版医学随笔集《杏林拾翠》由百花文艺出版社出版。

2 月，《越南行短歌》(《星星树》《打靶》《泡泥浆》《竹帽》)，刊登于《香港文学》2009年2月号；《曾心小诗八首》(《描红》《老椅子》《猫眼》《树的轮回》《局势》《跳水》《月亮日记》《花语》)，评论《谈小诗情景“零距离”》《再给泰华文学把脉》，刊登于新加坡《新世纪文艺》第2期。

3月11日，小诗《春牛》《裱画》《石的警觉》《岸石》《跳水》《静观》，刊登于泰国《新中原报》；28日，《〈杏林拾翠〉新版自序》，刊登于澳大利亚《先驱报·先驱教育》。3月，《〈杏林拾翠〉新版自序》、微型小说《窃名》，刊登于泰国《泰华文学》第49期。

4月，《小诗四题》(《老柳》《老井》《榴莲》《龟》)，收入熊国华选编的《海外华文文学读本·诗歌卷》(暨南大学出版社2009年版)；小诗《小舟三境》(外二首《炊烟》《角力》)，刊登于香港《世华文学家》第21期。

5月9日，诗《阿爽树——赠阿爽文友》(外一首《祝劳动节日快乐》)，刊登于澳大利亚《先驱报·先驱教育》；23日，小诗《粽子》，刊登于澳大利亚《先驱报·先驱教育》。5月，《越南行短歌四首》(《星星树》《打靶》《泡泥浆》《竹帽》)，刊登于泰国《东南亚诗刊》第5期。

6月，小诗《砚边觅诗》五首(《墨迹》《临帖》《行笔》《出师》《挥毫》)，刊登于《香港文学》2009年6月号；小诗《哈达》(外五首《悲伤》《哭诉》《贪官》《严冬》《领悟》)，刊登于泰国《泰华文学》第50期。

7月31日，小诗《燕窝》《苦诉》，刊登于泰国《新中原报》。7月，张长虹编《曾心作品评论集》，由泰国留中大学出版社出版；小诗《春牛》《裱书画》《石的惊觉》《岸石》《跳水》《静观》《家史》《雨中品茗》《冰箱》《写在月光里》《挑担子》《叶的感恩》《老椅子》《说旧事》《图章·印泥》《燕窝》《哭诉》《严冬》《两个影子》《打太极拳》《曲调》《黑瓜子》《水缘》《捉蝴蝶》《锁头》《补地》《泡泥浆》《吕进塑像》《种子》《夜明珠》，收入《小诗磨坊》第三集(香港世界文艺出版社2009年版)。

8月，小诗《龟》(外一章《蝉鸣》)，收入泰国留学中国大学校友总会编的《河边风景》(泰国留中大学出版社2009年版)；《曾心小诗选》(《春牛》《裱书画》《石的惊觉》《岸石》《哈达》《静观》《家史》《雨中品茗》)，刊登于新加坡《新世纪文艺》第3期；《严冬》《伤悲》《哈达》，刊登于香港《世华文学家》；小诗《铜像》，收入《吕进文存》(第四卷)(西南师范大学出版社2009年版)。

9月，小诗《伤悲》《行星》《哈达》，刊登于台湾《创世纪诗杂志》第160期；微型小说《三愣》(凌鼎年点评)，刊登于香港《夏声拾韵》第2期。

10 月 16 日，小诗《家史》（外八首《围炉》《季节》《老人话》《老树》《老缸》《老相簿》《说旧话》《老椅子》），刊登于美国《风笛诗社・南加专页》“越柬寮周报”；吕进点评的《曾心小诗点评》，由泰国留中大学出版社出版，该书于 2015 年再版两次，销售近万册，打破了近一百年来泰华新诗的销售纪录，创造了一个奇迹。

11 月 6 日至 10 日，参加在西南大学举办的第三届华文诗学名家国际论坛，提交表论文《谈六行内的小诗》；15 日，小诗《家史》《围炉》《季节》《老人话》《老缸》《老相册》《说旧话》《老树》《老椅子》，刊登于菲律宾《世界日报》；26 日，微型小说《三杯酒》获第七届全国微型小说（小小说）年度评选二等奖；29 日，出席泰国华侨崇圣大学现当代文学方向研究生座谈会，座谈会的主题为“泰华文学创作现状及未来发展”。曾心在座谈会上指出：“现在同学们的研究以研究个案居多，多是某作家的研究，大家不妨把眼光放大一些，研究泰华文学的某个时期。第一个时期从 1933 年第一本诗集出版到 50 年代。此期诗歌为强项，代表有林蝶衣。第二个时期从 20 世纪 50 年代至 60 年代，这段时期以长篇小说为特色，代表作有《风雨耀华叻》《三聘姑娘》《座山城之家》《一个坤銮的故事》等。第三个时期是 20 世纪 70 至 80 年代，以散文为主，代表作家有司马攻与梦莉两位大家。第四个时期是 20 世纪 90 年代，微型小说开始兴起，有司马攻、陈博文、老杨、黎毅、倪长游、马凡、郑若瑟等。2003 年以后小诗崛起，‘小诗磨坊’的成就引人瞩目。同学们可以研究某个时期、某个文种在泰国华文文学史上的地位。”

12 月 11 日，诗《槟榔——为金沙先生饯行》，刊登于泰国《新中原报》；26 日至 29 日，参加在厦门召开的第十一次丁玲学术研讨会。12 月，《自传小诗与点诗眼——〈曾心小诗点评〉自序》，刊登于泰国《泰华文学》第 52 期。

## 2010 年

1 月 11 日，论文《论六行内的小诗》，刊登于泰国《新中原报》。1 月，诗《槟榔——为金沙先生饯行》，收入《悼念魏亚屏先生逝世一百天》；《玩诗，玩小诗——曾心小诗点评》（吕进点评），由台湾秀威资讯科技股份有限公司出版。

2 月，小诗《挑担子》《叶的感恩》《老椅子》《说旧事》《图章・印泥》《燕窝》《哭诉》《严冬》，刊登于新加坡《新世纪文艺》第 4 期；散文诗《龟》，收入《中外华文散文诗作家大辞典》（香港日月星出版社 2010 年版）。

3 月 21 日，担任泰华作家协会第十五届理事会理事公关兼图书管理。3 月，小诗《中秋》(外八首《珠默朗玛峰》《蛤蟆的真实》《黑瓜子》《苦瓜》《蛤蟆想念尾巴》《说旧事》《沙滩三景》《鲨鱼》)，刊登于泰国《湄南河诗刊》；小诗《墨迹》(外七首《九皇斋》《捉月》《稻》《听春》《秋叶》《黄龙》《岷山》)，刊登于泰国《泰华文学》第 53 期；《世界文学家个案——泰国·曾心》(包括曾心简介、吕进的《寓万于一，以一驭万——漫说曾心》、曾心著作书目、有关曾心论著等)，刊登于《世界文学家》第 24 期；散文《在那密密的森林里》，收入于立极、张怀存主编的《100+1 位课文作家教你写作文·名篇全赏析》(中国少年儿童出版社 2010 年版)，特级教师点评："作者写了猴子、瀑布、展览馆、广场等景物，用了比喻、排比等修辞手法，读来生动、亲切。"《写游记的"秘诀"》，收入邱易东主编的《100+1 位课文作家教你写作文·作文无难题》(中国少年儿童出版社 2010 年版)。论文《谈六行内的小诗》，刊登于香港《文综》2010 年春季号；小诗《珠穆朗玛峰》，刊登于台湾《创世纪诗杂志》第 162 期。

4 月 15 日，诗《四川行》四首(《九寨沟》《黄龙》《岷山》《杜甫草堂》)，刊登于《越南华文文学》第 8 期；16 日，小诗《月亮》《一颗星》《垂钓的喜悦》《捉蝴蝶》《钓童真》(吕进点评)，刊登于美国《风笛诗社·南加专页》"越柬寮周报"。4 月，小诗《春牛》《石的惊觉》《裱书画》《岸石》《哈达》《家史》《静观》《雨中品茗》，刊登于泰国《东南亚诗刊》第 6 期。

5 月 21 日，散文《写游记的"秘诀"》，刊登于泰国《新中原报》。5 月，评论《一部泰国学生留学中国史雏形——读〈留中岁月〉〈湄南情怀〉〈窗内窗外〉》，收入庄钟庆主编的《东南亚华文文学研究(第十一期)》(泰国留中大学出版社 2010 年版)；微型小说《蓝眼睛》《三个指头》，收入江曾培主编的《世界华文微型小说精选·海外卷(下)》(上海外语教育出版社 2010 年版)。

6 月 1 日，《小诗一束》(《玉佛》《和尚》《卧佛》《化缘》)，刊登于印尼《棉兰早报》；11 日，吕进点评小诗五首(《一尾鱼的发现》《池鱼》《池鳄》《龟》《龟的决心》)，刊登于美国《风笛诗社·南加专页》"越柬寮周报"。6 月，小诗《田螺》，刊登于台湾《创世纪诗杂志》第 163 期；《曾心小诗二十二首》(《玉佛》《卧佛》《和尚》《化缘》《九皇斋》《秋叶》《盼雨》《蝉鸣》《归雁》《鱼的命运》《一幅活的壁画》《田螺》《风筝》《行人道》《问路》《钟楼》《歌谣》《钓相思》《捉月》《第一枝》《稻》《帐篷夜宿》)，刊登于《香港文学》2010 年 6 月号。

7 月，诗《莲》四题（《莲叶》《莲花》《莲蓬》《莲藕》），刊登于香港风雅颂诗歌学会《夏声拾韵》第 3 期；《一星萤火闪烁——序秦林〈短笛之歌〉》，收入《短笛之歌》（泰国留中大学出版社 2010 年版）；小诗三十首（《玉佛》《卧佛》《和尚》《化缘》《九皇斋》《秋叶》《盼雨》《蝉鸣》《归雁》《鱼的命运》《一幅活的壁画》《田螺》《风筝》《问路》《行人道》《钟楼》《歌谣》《钓相思》《捉月》《第一枝》《稻》《帐篷夜宿》《黄龙》《九寨沟》《杜甫草堂》《打靶——〈越南行短歌〉之三》《清明》《墨迹》《铸诗》《缪斯和我》），收入《小诗磨坊》第四集（香港世界文艺出版社 2010 年版）；散文《猴面鹰哀思》，刊登于香港《华夏纪实》第 29—30 期；散文《好人一生平安——怀念刘助桥兄》，陈伟林中译泰《曾心小诗十首》（《红头船》《湄南河》《一颗星》《油条》《雨如是说》《老树》《老井》《秋叶》《茶叶》《万年青》），收入泰国留学中国大学校友总会编的《椰林放歌》（泰国留中大学出版社 2010 年版）；小诗三十首（《临池》《小舟三境》《火柴》《陀螺》《炊烟》《角力》《跳绳》《笋》《领带》《红头船》《闹钟》《竹筏》《探海》《唐人街》《诗魔》《鸟歌》《伏睡》《筷子》《底片》《暗礁》《火山》《老缸》《盆景》《鳄鱼的眼睛》《芦苇》《孤岛》《丰收》《老柳》《大自然的儿子》《雨中》），收入《小诗磨坊》（泰华卷）第一集（台湾秀威资讯科技股份有限公司 2010 年版）；《蓝眼睛》，选入文昊主编的《外国小小说精选》（新疆美术摄影出版社、新疆电子音像出版社 2010 年版）。

8 月，《一星萤火闪烁——序秦林小诗集〈短笛之歌〉》，刊登于泰国《泰华文学》第 54 期。

9 月 12 日，参加在厦门举办的第八届东南亚华文文学研讨会，提交论文《当前泰华文学文坛三个“亮点”初探》，刊登于泰国《新中原报》（2010 年 10 月 15 日）、《泰华文学》第 55 期。9 月，《曾心小诗六首》（《卵石》《海螺》《椰子》《芦苇》《鸟的自由》《入定》），刊登于美国《珍珠港》第 62 期；小诗《一幅气候画》，刊登于台湾《创世纪诗杂志》第 164 期；《龟》，刊登于《香港散文诗》第 36 期。

10 月 10 日，获第八届亚细安华文文学奖（1988—2010）。10 月，微型小说《三个指头》、《曾心小诗选》（《家史》《记事本》《浪花》《老井》《一尾鱼的发现》《老柳》《佛》《卵石》），收入司马攻主编的《第十二届亚细安华文文艺营文集》（泰国泰华文学出版社 2010 年版）；小诗《玉佛》《卧佛》《和尚》

《化缘》《九皇斋》《秋叶》《盼雨》《蝉鸣》，刊登于泰国《《东南亚诗刊》第7期；论文《论六行内的小诗》，刊登于吕进、熊辉主编的《诗学》第二辑（巴蜀书社2010年版）。

11月，《泰国曾心小诗五首》（《寻找》《漓江》《曲调》《冰箱》《记事本》），刊登于《世华文学家》第26期；小小说《三愣》，收入《最好的小小说大全集》（中国华侨出版社2010年版）。

12月，小诗《一棵树的处世》，刊登于《香港散文诗》第37期；小诗《啼血》（外六首《学禅坐》《红云》《浮生》《针》《树自语》《念珠》），刊登于泰国《泰华文学》第56期；小诗《卵石》《记事本》《油条》《龟》《佛》，刊登于美国《诗天空》2010年年刊；《第十二届亚细安华文文艺营在曼谷举办》，刊登于《世界华文文学论坛》2010年第4期；《亚细安华文文艺营——第十二届亚细安华文文艺营圆满落幕》，刊登于香港《文综》2010年冬季号。

## 2011年

1月28日，吕进点评小诗七首（《卵石》《忍功》《打太极拳》《云的软功》《雷声》《石的惊觉》《调位》），刊登于美国《风笛诗社·南加专页》“越柬寮周报”。1月，诗《相约湄南河畔》（《握手》《掌声》《余韵》），收入《余韵》（泰国华文作家协会出版）。

2月，小诗《墨迹》《捉月》《稻》《秋叶》，刊登于新加坡《新世纪文艺》第6期；诗《梅花自语——花、根、性》，刊登于香港《夏声拾韵》第4期；散文《大自然的儿子》，刊登于香港《华夏纪实》第33期。

3月14日，小诗《刊头诗》，刊登于泰国《亚洲日报》；28日，小诗《化缘》《九皇斋》《秋叶》《盼雨》《蝉鸣》《归雁》《鱼的命运》《一幅活的壁画》，刊登于泰国《新中原报》。3月，《奇思＋童真揉成的诗——苦觉诗集〈风车〉序》，刊登于泰国《泰华文学》第57期；小诗《祭祖》《修道》《时间》，刊登于台湾《创世纪诗杂志》第166期；小诗《竹筏》《稻》《墨迹》刊登台湾《葡萄园诗刊》2011年春季号。

4月6日，陈汉涛、张永青、曾心作词，鲍元恺作曲的《厦门大学校友之歌》，在厦门大学庆祝建校90周年文艺晚会上演出。厦门大学校长朱崇实说：“由校友会创作如此高水准的《厦门大学校友之歌》，在各高校中还是独一无二的。”厦门大学党委书记杨振斌说：“《厦门大学校友之歌》很动听，词写得好，曲也谱得好，很感人，表达了校友对母校的深厚感情和拼搏精神，不仅适合在泰国校友中传唱，也适合在所有厦大校友中传唱。”

5 月 12 日，小诗《清晨的眼睛》，刊登于泰国《亚洲日报》。5 月，《曾心自选集——小诗三百首》，被列入“中外现代诗名家集萃”，由澳门银河出版社出版。

6 月 13 日，小诗《画日出》，刊登于泰国《亚洲日报》。6 月，散文《书痴者文必工——感受古远清教授》，刊登于泰国《泰华文学》第 58 期。

7 月 12 日，散文《书痴者文必工——感受古远清教授》，刊登于泰国《新中原报》。7 月，《曾心小诗二十首》（《自画牛》《清晨的眼睛》《画日出》《落日》《蜘蛛》《古寺》《省悟》《跷跷板》《竹篱笆》《思念》《留言簿》《临摹〈兰亭序〉》《针》《念珠》《玩沙》《冬三帖》《吊车》《老鹤》《啼血》《学禅坐》），刊登于《香港文学》2011 年 7 月号；小诗三十首（《自画牛》《清晨的眼睛》《画日出》《落日》《蜘蛛》《古寺》《省悟》《跷跷板》《竹篱笆》《思念》《留言簿》《临摹〈兰亭序〉》《针》《念珠》《玩沙》《冬三帖》《吊车》《老鹤》《啼血》《学禅坐》《圆图章》《蝙蝠》《啄木鸟》《树的哲学》《月光酒》《北京鸭》《祭祖》《练功》《交棒》《赛跑的心情》），收入《小诗磨坊》第五集（香港世界文艺出版社 2011 年版）；《当前泰华文学文坛三个“亮点”初探》、陈伟林中译泰《曾心小诗十首》（《圆图章》《凋零》《蝙蝠》《树的哲学》《浪花》《问花》《入定》《水》《月饼》《老缸》），收入泰国留学中国大学校友总会编的《蕉雨情浓》（泰国留中大学出版社 2011 年版）；小诗三十首（《石磨飞转》《围炉》《鸟的自由》《知足》《老树的身影》《佛》《瀑布》《一尾鱼的发现》《龟的决心》《螳螂的大腿》《记事本》《无缘》《月饼》《蚂蚁》《一颗星》《诗国梦》《花语》《寻找》《价值》《看夜》《股票市场》《窝牛》《春来了》《湖边垂柳》《柳与湖》《自然友邦》《云的软功》《蛤蟆的真实》《苦瓜》《油条》），收入《小诗磨坊—》（泰华卷）第二集（台湾秀威资讯科技股份有限公司 2011 年版）；评论《当前泰华文学文坛三个“亮点”初探》，刊登于《世界文学家》第 28 期。

8 月，曾心小诗选（《大自然的儿子》《严冬》《两个影子》《云的软功》《树的哲学》《油条》《卵石》《在佛寺里》），收入曹安娜、潘文竹主编的《美丽的中文把我们连在一起——东南亚华文诗歌及其研究》（泰国留中大学出版社 2011 年版）；散文《书痴者文必工——感受古远清教授》，收入质贞编的《古远清这个人》（香港文学报社出版公司 2011 年版）；小诗《清晨的眼睛》《落日》《画日出》《老树静观》《蜘蛛》《省悟》《古寺》《跷跷板》，刊登于泰国《东南亚诗刊》第 8 期。

9 月 18 日至 19 日，参加在青岛大学国际交流中心举行的第五届东南亚华文诗人大会。9 月，小诗《杨桃》，刊登于台湾《创世纪诗杂志》第 168 期；闪小说《佛塔的背后》(外四篇《剃度礼上》《一尊胸前的金佛》《枪声》《纹身》)，刊登于泰国《泰华文学》第 59 期；小诗《记事本》，刊登于台湾《诗报》。

10 月 10 日，闪小说《佛塔的背后》(外四篇《剃度礼上》《一尊胸前的金佛》《枪声》《纹身》)，刊登于泰国《新中原报》；15 日，小诗《中秋戏》《粽子魂》《七夕礼物》，刊登于《越南华文文学》第 14 期，评论《当前泰华文学文坛三个"亮点"初探》，刊登于《粤海桥》第 4 期；25 日，诗《杜甫草堂》(外一首《打靶》)，刊登于泰国《新中原报》。

11 月 24 日，小诗《水闸》，刊登于泰国《亚洲日报》。11 月，小诗《化缘》，刊登于台湾《乾坤诗刊》第 59 期。

12 月 22 日，抗洪救灾闪小说六篇（《国旗》《水利专家》《消失的曲声》《水上人家》《后方》《生计》)，刊登于泰国《亚洲日报》；29 日，抗洪救灾闪小说五篇（《舢板机遇》《与榆同归》《竹筏情》《改婚期》《哦！我的锦鱼》)，刊登于泰国《亚洲日报》。12 月，闪小说《国旗》（外七篇《水利专家》《沙包》《打赌》《猫犬诗人》《坐禅的老五》《扯开蒙面巾》《超度时刻》)，刊登于香港《文综》2011 年冬季号；闪小说《佛塔的背后》，刊登于香港《夏声拾韵》第 5 期。

## 2012 年

1 月 8 日，出席泰华作家协会举办的闪小说与小诗研讨会，提交论文《谈六行以内小诗的创作——以"小诗磨坊"的诗为例》。1 月，闪小说《沙包》《国旗》《水利专家》《打赌》《坐禅的老五》《猫犬诗人》《扯开蒙面巾》《超度时刻》，刊登于泰国《泰国风》第 54 期；《〈吕进诗学隽语〉序》，刊登于《重庆文艺》2012 年第 1 期、《中外诗歌研究》2012 年第 1 期、《香港散文诗》2012 年 4 月号、《长江师范学院学报》2012 年第 5 期、泰国《泰华文学》第 62 期、台湾《葡萄园诗刊》2012 春季号、《诗歌月刊》2012 年第 7 期、《越南华文文学》2012 年第 17 期、泰国《栈桥听涛》2012 年第 9 期。

2 月 10 日，小诗《元宵》，刊登于美国《风笛诗社·凤凰专页》；17 日，小诗《情人节》，刊登于美国《风笛诗社·南加专页》"越柬寮周报"；19 日，当选为泰华作家协会第十六届理事会理事兼秘书；23日，小诗《元宵》，刊登于泰国《亚洲日报》。2月，曾心、钟小族主编的《吕进诗学隽语》，由泰国留中大学出版社出版；吕进点评曾心小诗《春来了》《一颗星》《月饼》《月亮的日记》《跳水》，刊登于香港《世华文学家》第30期；微型小说《三愣》被收入“2012语文全新教程精品练习”单元综合检测。

3月22日，小诗《晨鸡》，刊登于泰国《亚洲日报》；26日，闪小说《国旗》《打赌》《猫犬诗人》、微型小说《窃名》刊登于泰国《新中原报》，《一束缪斯灵光的聚焦——序〈吕进诗学隽语〉》刊登于《重庆晚报》，小诗《金鱼的叹息》刊登于泰国《亚洲日报》。3月，汉诗英译《陨星》《渡口》，刊登于泰国《汉诗月报》2012年第1期；散文《在那走过的小路上》，收入厦门大学校友总会编的《南强情怀》（厦门大学出版社2012年版）；论文《谈六行以内小诗的创作——以“小诗磨坊”的诗为例》，“抗洪救灾闪小说”五篇（《沙包》《打赌》《坐禅的老五》《猫犬诗人》《扯开蒙面巾》），刊登于泰国《泰华文学》第61期。

4月9日，小诗《金鱼的叹息》，刊登于泰国《亚洲日报》，“抗洪救灾闪小说”五篇（《沙包》《坐禅的老五》《打赌》《猫犬诗人》《扯开蒙面巾》），刊登于泰国《新中原报》；15日，小诗《砚边觅诗》五首，刊登于《越南华文文学》第16期；19日，《一束缪斯灵光的聚焦——序〈吕进诗学隽语〉》，刊登于《九州诗文》2012年第4期。4月，微型小说《三愣》，收入辽宁省大连市2012届高三双基测试卷语文试题，同年又被收入广东省珠海市2011—2012学年高二下学期期末语文试题（文学类文本阅读）。

5月11日，小诗《古寺》《念珠》《竹篱笆》《针》《圆图章》，刊登于美国《风笛诗社·凤凰专页》；14日，小诗《春雨》，刊登于泰国《亚洲日报》；15日，陈汉涛、张永青、曾心作词，鲍元恺作曲《厦门大学校友之歌》，刊登于《厦门大学报》；17日，《泰华小诗集·后记》、小诗《拜孔庙》，刊登于泰国《亚洲日报》；24日，小诗《登泰山》，刊登于泰国《亚洲日报》；31日，《语文报·高考版》发表《淡妆浓抹总相宜——现代文小说阅读“人物形象”》，以微型小说《三愣》为典型例文。5月，闪小说《佛塔的背后》《剃度礼上》，刊登于《当代闪小说》2012年第3期。

7月，诗五首（《蝙蝠》《念珠》《临摹〈兰亭序〉》《古寺》《树的哲学》），刊登于《诗歌月刊》2012年第7期；小诗《元宵》《边界线》《山中蔬菜》《珠穆朗玛峰》《秋叶》《湖边垂柳》《说旧事》《夜明珠》《雨中品茗》《燕窝》《黑瓜子》《捉蝴蝶》《星星树》《树的轮回》，收入周拥军主编的《世界汉诗协会新马泰访问团诗选》（香港世界文化艺术出版社 2012 年版）；小诗《家史》《盆景》《树的哲学》《浪花》《老井》《老缸》《记事本》《云的软功》《油条》《两个影子》，收入《泰华小诗集》（泰国泰华文学出版社 2012 年版）；《抗洪救灾闪小说 10 篇》（《沙包》《国旗》《水利专家》《消失的曲声》《以船为家》《生计》《后方》《舢板机遇》《与榆同归》《竹筏情》），刊登于《香港文学》2012 年 7 月号；闪小说《底线》《退休心情》，刊登于《当代闪小说》2012 年第 4 期；闪小说《水利专家》《打赌》《猫犬诗人》《坐禅的老五》《扯开蒙面巾》《超度时刻》，陈伟林中译泰《曾心小诗十二首》（《晨鸡》《露》《菩提》《老柳》《水布》《楼梯》《鸟的自由》《萤火虫》《沙鱼》《龟》《珠穆朗玛峰》《风筝》），收入《水过留痕》（泰国留中大学出版社 2012 年版）；闪小说《佛塔的背后》《枪声》《底线》《退休心情》《沙包》《国旗》《水利专家》《打赌》《扯开蒙面巾》《超度时刻》，收入《泰华闪小说集》（泰国泰华文学出版社 2012 年版）；小诗二十二首（《晨鸡》《春雨》《美人鱼》《金鱼的叹息》《露》《那棵椰树》《杨桃》《蕉叶》《我见陶渊明》《赠诗》《呼啦圈》《童年》《英雄》《钓鱼》《色盲》《中秋戏》《元宵》《七夕礼物》《情人节》《粽子魂》《浮生》《龟的行程》），收入《小诗磨坊》第六集（泰国留中大学出版社 2012 年版）。

8 月 6 日，小诗《念珠》，刊登于泰国《亚洲日报》；30 日，小诗《树的哲学》，刊登于泰国《亚洲日报》。8 月，小诗《拜孔庙》《登泰山》《临未名湖》，刊登于泰国《东南亚诗刊》第 9 期；小诗《自画牛》《清晨的眼睛》《画日出》，收入李忆莙主编的《恋念乡愁：2012 亚细安文选》（马来西亚华文作家协会出版）。

9 月，《当前泰华文学文坛三个“亮点”初探》《〈吕进诗学隽语〉序》，收入庄钟庆主编的《东南亚华文文学研究（第 12 辑）》；诗《风兰的真性情》，刊登于香港《夏声拾韵》第 6 期。

10 月 21 日，参加在厦门举办的第九届东南亚华文文学研讨会，提交论文《泰华闪小说的崛起》；25 日，小诗《悼云鹤》，刊登于泰国《亚洲日报》。

11 月 19 日，小诗《撑竿跳高》，刊登于泰国《亚洲日报》；26 日，小诗《钓》，刊登于泰国《亚洲日报》。11 月，小诗《腊肠花》《湄南河》《聆听》《诗岛》《握手》《照片》，刊登于香港《世华文学家》第 32 期。

12 月 7 日至 11 日，在重庆参加由西南大学中国诗学研究中心、中国新诗研究所、文艺研究编辑部、中共巫山县委、巫山县政府共同主办的第四届华文诗学名家国际论坛，提交论文《六行内新诗体“创格”的尝试——以泰华“小诗磨坊”的诗为例》；27日，小诗《和尚》，刊登于泰国《亚洲日报》。12月，曾心、钟小族主编的《吕进诗学隽语》，由台湾秀威资讯科技股份有限公司出版；小诗六首（《跳水》《撑竿跳高》《卵石》《观赏的企鹅》《啄木鸟》《严冬》），刊登于《香港散文诗》第43期。

## 2013年

1月11日，郎酒行短歌二首（《中国郎》《天宝洞》），刊登于《四川日报》；14日，小诗《两个影子》，刊登于泰国《亚洲日报》；15日，小诗《家史》《盆景》《树的哲学》《浪花》，书法“诗意栖居之园”，刊登于《越南华文文学》第19期。1月，郎酒行短歌二首（《中国郎》《天宝洞》），刊登于《中国郎·郎酒品牌杂志》；小诗《冬夜》《李白的月亮》，刊登于新加坡《新华文学》2013年第1期。

2月18日，微型小说《还愿》，刊登于泰国《亚洲日报》。2月，闪小说《底线》，收入蔡中锋主编的《2012年闪小说精选》（情感卷）；《退休心情》，收入蔡中锋主编的《2012年闪小说精选》（官场卷）；《佛塔的背后》，收入蔡中锋主编的《2012年闪小说精选》（幽默卷）。

3月4日、6日，论文《六行内新诗体“创格”的尝试——以泰华“小诗磨坊”的诗为例》（上、下），刊登于泰国《新中原报》；7日，微型小说《屠鳄》《三幅画》，刊登于泰国《亚洲日报》；8日，小诗《华侨意象谱》（组诗），刊登于《世界华文作家》2013年第2期；11日，小诗《红头船》，刊登于泰国《亚洲日报》；15日，散文《永不熄灭的大光环——悼黎毅》，刊登于泰国《新中原报》、《泰华文学》第65期；25日，小诗《圣诞树》，刊登于泰国《亚洲日报》；31日，出席由西南大学中国诗学研究中心、中国新诗研究所联合主办的“《吕进诗学隽语》研讨会”，提交论文《我为什么要主编〈吕进诗学隽语〉》。3月，微型小说《三愣》，收入龚勋主编的《最后一块心智拼图：感悟青春的微型小说》（浙江教育出版社2013年版）。

4月3日，《我为什么要主编〈吕进诗学隽语〉》，刊登于《重庆晚报》；13日，散文《琼花何处寻》，获扬州“瘦西湖杯”全国散文诗歌大奖赛三等奖；15日，闪小说《佛塔的背后》《底线》，刊登于《越南华文文学》第20期。4月，论文《六行内新诗体“创格”的尝试——以泰华“小诗磨坊”的诗为例》，刊登于《香港散文诗》第44期；微型小说集《消失的曲声》，收入

“华文微经典”丛书（四川文艺出版社出版2013年版）。

5月6日，散文《琼花何处寻》，刊登于泰国《新中原报》；20日，小诗《孙子捐款》《伸手的诗刻》，刊登于泰国《亚洲日报》；30日，小诗《雨中》，闪小说《卖牛》《海祭》《走向净地》《为了纪念》《新别墅》，刊登于泰国《亚洲日报》。5月，陈伟林译的《曾心小诗一百首》（中译泰），由泰国留中大学出版社出版，这是首部泰华诗歌译成泰文；曾心、熊辉主编的《诗学体系与话语方式的建构：〈吕进诗学隽语〉评论集》，由泰国留中大学出版社出版；小诗《跳水》《撑杆跳高》《卵石》《观赏的企鹅》《啄木鸟》《严冬》，刊登于《诗歌月刊》2013年第5期；散文诗《龟》，刊登于《散文诗世界》2013年第5期。

6月，小诗《黄山行》外五首（《临未名湖》《见〈荷塘月色〉》《巫山新城夜景》《拜孔庙》《登泰山》），刊登于泰国《泰华文学》第66期；《主编〈吕进诗学隽语〉感受》，刊登于《中外诗歌研究》2013年第2期。

7月，论文《六行内新诗体“创格”的尝试——以泰华“小诗磨坊”的诗为例》，收入向天渊主编的《华文新诗，重建与繁荣——第四届华文诗学名家国际论坛论文选》；小诗《等春》《母爱》《种子》《黄山行》《临未名湖》《见〈荷塘月色〉》《巫山新城夜景》《拜四面佛》《无题歌》《神九》《钓》《奥运奖台上》《撑竿跳高》《宋干即景》《李白的月亮》《海带》《墨鱼》《槟榔》《竹的志气》《鹏鸟》《残荷》《梦境》，收入《小诗磨坊》第七集（泰国留中大学出版社2013年版）；散文《琼花何处寻》，收入《雨后彩虹》（泰国留中大学出版社2013年版）。

8月1日，小诗《金鱼的叹息》，刊登于泰国《亚洲日报》。8月，小诗《无缘》《握手》《相思豆》《岸石》《雨中》《渡口》《两个影子》《雨和树》《油条》《钓相思》，收入白帆主编的《中国当代诗人情诗集萃》（中国文联出版社2013年版）。

9月4日，《自画牛》（外八首《清晨的眼睛》《画日出》《落日》《蜘蛛》《古寺》《省悟》《跷跷板》《竹篱笆》），刊登于《大众文艺》2013年第17期。9月，微型小说《三杯酒》，散文《农家餐》，小诗《清晨的眼睛》《画日出》《落日》《老树静观》《蜘蛛》《古寺》《省悟》《跷跷板》，收入陈荣照总编辑的《亚细安现代华文文学作品选（泰国卷）》（新加坡青年书局2013年版）；《主编〈吕进诗学隽语〉感受》，刊登于泰国《泰华文学》第67期；《金中挑金闪亮的话语——主编〈吕进诗学隽语〉感受》，刊登于台湾《葡萄园诗刊》2013

年秋季号；微型小说《屠鳄》，获黔台杯·第二届世界华文微型小说大赛三等奖，收入《黔台杯·第二届世界华文微型小说大赛获奖作品集》（上海文艺出版社 2013 年版），评委点评："题材新颖，耐人寻味"（蒋子龙），"泰国风情故事"（叶辛），"有寓言般的哲理，耐人寻味"（郦国义），"生动展现了人鳄情"（江曾培），"具体描出兽性的难以捉摸和人性的宽容"（司马攻），"以新闻体小说的方式，叙述了一场水灾后男主角的妻子转世为鳄与女儿相处的故事，情节在情理之中。文末'那把锃亮的尖刀停在半空中'有《空山飞狐》结局般的耐人寻味"（希尼尔）；闪小说《佛塔的背后》，收入蔡中锋主编的《当代中国闪小说精华选粹·幽默卷》（北岳文艺出版社 2013 年版）；闪小说《底线》，收入蔡中锋主编的《当代中国闪小说精华选粹·情感卷》（北岳文艺出版社 2013 年版）。

10 月 14 日，散文《不朽的心血——悼念老羊》，刊登于泰国《亚洲日报》。10 月，诗《巫山行吟》二首（《三峡红叶》《巫山新城夜景》），收入《诗意巫山——第四届华文诗学名家国际论坛诗选》（长江出版社 2013 年版）；散文《名列榜首的凌鼎年》，收入《凌鼎年与小小说》（光明日报出版社 2013 年版）。

11 月 26 日，闪小说《卖牛》，刊登于印尼《国际日报》"2013 年泰华闪小说有奖征文比赛专辑"。

12 月 8 日，参与并负责组织泰华作家协会与泰国留学中国大学校友总会文艺写作学会在泰国曼谷举办的第七届东南亚华文诗人大会。12 月，闪小说《卖牛》，获 2013 年泰华闪小说有奖征文比赛冠军，刊登于泰国《泰华文学》第 68 期；微型小说《三愣》《蓝眼睛》，收入史为昆主编的《世界最好看的微型小说》（百花洲文艺出版社 2013 年版）；小诗十首（《卵石》《浪花》《油条》《海螺》《水》《冰》《鹦鹉》《蝉》《老椅子》《小诗磨坊亭》），刊登于《邯郸文化》2013 年第 12 期；小诗《运动场上》二首（《跳水》《撑竿跳高》），刊登于台湾《葡萄园诗刊》2013 年冬季号。

## 2014 年

1 月 12 日，当选为泰华作家协会第十七届理事会理事兼秘书、图书管理。1 月，闪小说《卖牛》，刊登于《当代闪小说》2014 年第 1 期；诗歌《庭园乐》，获第二届世界华文诗歌新诗大赛荣誉奖，收入《世界华文诗歌精品荟萃》。

2月12日，闪小说《海祭》《走向净地》《为了纪念》《新别墅》，刊登于泰国《新中原报》。2月，散文《大会内外掇拾》，刊登于泰国《泰华文学》第69期；闪小说《卖牛》，刊登于泰国《东盟商界》第41—42期；论文《谈六行以内小诗的创作——以“小诗磨坊”的诗为例》，刊登于《华文文学》2014年第1期；小诗《槟榔》《海带》《墨鱼》《鹏鸟》，刊登于新加坡《五月诗刊》第40期。

3月10日，小诗《那棵椰树》，刊登于泰国《亚洲日报》；14日，小诗《诗的风向球》，刊登于美国《美西侨报》；18日，小诗《诗的风向球》，刊登于印尼《国际日报》。3月，闪小说《为了纪念》《海祭》，刊登于《当代闪小说》2014年3期；小诗《八卦图》《故乡》，刊登于台湾《葡萄园诗刊》2014年春季号；散文《行列榜首的凌鼎年》，刊登于泰国《泰华文学》第70期。

4月6日，《曾心自选集——小诗三百首》荣获首届国际潮人文学奖诗歌奖，评语：“《曾心自选集——小诗三百首》诗集以短诗形式，意象诠释千姿百态的存在镜像，以此表达对生活乃至生命的热爱。其语言精简、质朴，有情趣，可归类为老诗人借物抒情言志的咏怀诗。”4月，闪小说《为了纪念》《卖牛》《海祭》《佛塔的背后》《枪声》，刊登于澳门《华文百花》2014年第1期；小说《古董》《蓝眼睛》《捐躯》《三愣》《三杯酒》《三个指头》《家庭内部》《一桶水》《剪报》《窃名》《如意的选择》《老泪》《窟》《伏线》《老店主》《啊！人心》《复明》《流血》《丧礼上的陌生人》《与榆同归》《屠鳄》《卖牛》《为了纪念》《国旗》《坐禅的老五》《水利专家》《扯开蒙面巾》《超度时刻》《沙包》《打赌》《猫犬诗人》，收入龙彼德《曾心微型小说艺术》（泰国留中大学出版社2014年版）。

5月6日，闪小说《“哔哔”哨子声》（外三篇《稻农潮》《告别“革命”》《国旗下》），刊登于印尼《国际日报》；8日，诗《台湾行》二首（《许愿，在日月潭》《浪漫，在爱河》），刊登于泰国《亚洲日报》；19日，小诗《拜诗神》（外九首《老马》《家乡的路》《钓月》《唐人街》《烹调》《镜框》《一滴露》《距离》《孤独》），刊登于泰国《亚洲日报》。5月，论文《“小诗磨坊”磨出精彩》，刊登于《东南亚华文文学研究（第13辑）》；闪小说《“哔哔”哨子声》（外三篇《稻农潮》《告别“革命”》《国旗下》），刊登于泰国《泰华文学》第71期。

6月12日，小诗《那棵椰树》，刊登于泰国《亚洲日报》；17日至18日，论文《六行内新诗体“创格”的尝试——以泰华“小诗磨坊”的诗为例》，刊登于泰国《新中原报》；19 日，小诗《老马》，刊登于泰国《亚洲日报》。6 月，小诗《诗的风向球》《膜拜诗神》《老马》，刊登于香港《文综》2014 年夏季号；闪小说《并蒂莲》《“哔哔”哨子声》，刊登于《当代闪小说》2014 年第 3 期。

7 月 1 日，评论《泰华闪小说的崛起》，刊登于泰国《泰华文学》第 72 期；8 日，获首届“大使杯”业余中国书画比赛三等奖；29 日，小诗《诗的风向球》，刊登于新西兰《先驱报》。7 月，小诗《诗的风向球》《膜拜诗神》《老马》《家乡的路》《钓月》《唐人街》《烹调冷盘诗》《镜框》《一滴露》《距离》《三个标点》《诗的味道》《与春有约》《那株兰》《一品红》《雨巷》《白沙子》《窗外》《哨声》《八卦图》《望远镜》《得道》，收入《小诗磨坊》第八集（泰国留中大学出版社 2014 年版）；曾心作品六题（《国旗》《假》《新别墅》《临场画画》《扯开蒙面巾》《哼起〈我的 7 月，父亲〉》），刊登于《当代闪小说》2014 年第 4 期；闪小说《串钱的绳子》（外二篇《临场画画》《第九颗子弹》），收入《湄南心语》（泰国留中大学出版社 2014 年版）。

8 月 27 日，论文《泰华闪小说的崛起》，刊登于泰国《新中原报》。8 月，《佛》外十一首（《古寺》《盆景》《一品红》《老柳》《槟榔》《老井》《小舟三境》《浪花》《李白的月亮》《云的软功》《两个影子》），刊登于台湾《乾坤诗刊》2014 年夏季号；闪小说《假》《为了纪念》《卖牛》《海祭》《底线》，收入司马攻、程思良主编的《黄河湄南河上的星光》（泰国泰华文学出版社 2014 年版）。

9 月 22 日，小诗《小舟三境》，刊登于泰国《亚洲日报》。9 月，论文《泰华闪小说的崛起》，刊登于《当代闪小说》2014 年第 5 期；《一尾鱼的发现》，收入张默编著的《小诗・随身帖》（台北创世纪诗社）；小诗八首（《家史》《炊烟》《芦苇》《瀑布》《一尾鱼的发现》《记事本》《老缸》《龟》），刊登于《诗歌月刊》2014 年第 9 期。

10 月 13 日，参加第五届华文诗学名家国际论坛暨印象武隆诗歌采风；24 日，微型小说《消失的曲声》，刊登于《星洲日报》。10 月，微型小说《老店主》《窃名》，收入凌鼎年主编的《亚洲华文微型小说选》（美国环球作家出版社、捷克华文作家出版社 2014 年版）；微型小说《社会的眼睛》，获中国“太仓杯”全球华人网络法治微型小说大赛优秀奖；报道《第七届东南亚华文诗人大会在曼谷召开》，收入古远清编纂的《世界华文文学研究年鉴（2013）》（《华文文学》2014 年增刊）。

11月1日，出席泰华作家协会举办的微型小说座谈会；5日，散文《猜唷！〈湄南河〉帆船再出发》，刊登于泰国《世界日报》；13日，散文《猫诗人在小红楼的日子》，刊登于泰国《世界日报》。11月，《曾心微自传》，收入《世界华文微型小说作家微自传》（美国环球作家出版社、捷克华文作家出版社2014年版）；散文《心追那钟声》，获“文化中国·四海文馨”首届全球华文散文大赛优秀奖，收入《相遇文化原乡：首届全球华文散文大赛作品选》（花城出版社2014年版）；小诗《浪花》《烟花》《万年青》《古井》，收入北塔主编主译《汉英双语版中国诗选2014》（线装书局2014年版）；微型小说《三愣》，收入若水编著的《最好的小小说》（北方妇女儿童出版社2014年版）。

12月2日，闪小说《为了纪念》《卖牛》《海祭》《底线》《佛塔的背后》《枪声》，刊登于《澳门月刊》2014年12月号；24日，散文《亮出武龙的“王牌”》，刊登于泰国《世界日报》。12月，散文《惺惺相惜的文缘——悼念陈小民兄》，刊登于泰国《泰华文学》第74期。

## 2015年

1月，与上海作家俱乐部有限公司、华语文学网签订三部作品，即散文集《大自然的儿子》，微型小说集《三愣》，小诗集《曾心小诗点评》（吕进点评）的电子书授权协议；微型小说《耳聋愈后》，刊登于泰国《泰华文学》第75期；论文《泰华六行小诗的“禅”——以“小诗磨坊”的诗为例》，刊登于《华文文学》2015年第1期。

2月18日，小诗《禅的音符》，刊登于泰国《世界日报》。2月，微型小说《翠玉白菜》，台湾行二首（《许愿，在日月潭》《浪漫，在爱河》），收入《宝岛闪烁——世界华文作家看台湾》（台湾秀威资讯科技股份有限公司2015年版）；闪小说《鉴别家》《永远陪着你》，刊登于《闪小说》2015年第1期。

3月26日，小诗《湄南河的傍晚》《萤火的事》，刊登于泰国《世界日报》；微小说《扯开蒙面巾》，收入凌鼎年主编的《法治与良知：首届中国“太仓杯”全球华人网络法治微小说大赛作品精选》（中国方正出版社2015年版）。

4月7日，担任2014年泰华作家协会有奖征文散文比赛评委。

5月28日，小诗《三圆图》（外十一首《横渡》《搬书》《跳绳的感觉》《题紫薇》《旗杆》《花与诗》《看地图》《垂柳》《搬新家》《钵盂》《苦行僧》），刊登于泰国《亚洲日报》。

6月30日，闪小说《永远陪着你》，刊登于新加坡《锡山》。6月，散文《亮出武龙的“王牌”》《猜啃！〈湄南河〉帆船再出发》，收入《湄南风雅颂》（泰国世界日报社2015年版）；小诗《老马》《唐人街》《距离》《诗的味道》《雨巷》，刊登于美国《新大陆》诗刊第148期。

7月7日，微型小说《象粪咖啡》，刊登于泰国《世界日报》；8日，散文《华南蓬火车站随想录》，微型小说《摘“帽子”》《四莱地》，小诗《垂柳》《诗人啊，诗人》《三人行》，《作者小传》，刊登于泰国《世界日报》“湄南河”副刊；16日，参加第十六届（南宁）国际诗人笔会。7月，散文《华南蓬火车站随想录》，刊登于《香港文学》2015年7月号；散文《猫诗人在小红楼的日子》，收入《岁月写真》（泰国留中大学出版社2015年版）；微型小说《鉴别家》《永远陪着你》，刊登于泰国《泰华文学》第77期；散文《惺惺相惜的文缘——悼念陈小民兄》，刊登于香港《世华文学家》第40期；微型小说《捐躯》，选入2015年普通高等学校招生全国统一考试（新课标全国卷I）语文仿真试题，同年被选入2015年辽宁葫芦岛市普通高中高三年级调研考试语文试卷；小诗《羽毛笔》《天涸》《诗人啊，诗人》《三人行》《蜗牛的家》《农村老屋》《萤火的事》《自然的心事》《千年菩萨》《一朵红棉》《三圆图》《横渡》《搬书》《跳绳的感觉》《题紫薇》《旗杆》《花与诗》《看地图》《垂柳》《搬新家》《钵盂》《苦行僧》，收入《小诗磨坊》第九集（泰国留中大学出版社2015年版）；小诗《膜拜诗神》《老马》《家乡的路》《唐人街》《一品红》《八卦图》，收入谭五昌主编的《国际汉语诗歌（2014年卷）》（线装书局2015年版）。

8月3日，小诗《火柴》，刊登于泰国《亚洲日报》；17日，《悼吴岸诗兄》，刊登于泰国《新中原报》。8月，闪小说《四莱地》《摘“帽子”》，刊登于《闪小说》2015年第3期。

9月16日，《鉴别家》《永远陪着你》，刊登于泰国《新中原报》；17日，《生日蛋糕》《椰树下的咖啡店》，刊登于泰国《亚洲日报》。9月，微型小说《屋内屋外》《安慰》，刊登于泰国《泰华文学》第78期；《象粪咖啡》，获第二届世界华文微型小说双年奖优秀作品奖。

10月14日，小诗《蜗牛的家》《农村老屋》，刊登于泰国《世界日报》。10月，微型《象粪咖啡》《屋内屋外》，刊登于《香港文学》2015年10月号。

11月25日，小诗《萤火的事》《自然的心事》，刊登于泰国《世界日报》。

12月1日，《广西行》小诗五首（《相思湖》《船内船外》《象山》《千年龟》《竹斗笠》，附凌鼎年点评），刊登于泰国《泰华文学》第79期；27日，闪小说《“嘟嘟”菩萨》《九指半》，刊登于泰国《泰华文学》第80期。

## 2016年

1月28日，闪小说《“嘟嘟”菩萨》《九指半》，刊登于泰国《新中原报》。

2月21日，当选为泰华作家协会第十八届理事会副会长。2月，闪小说《生日蛋糕》《椰树下的咖啡店》，刊登于《闪小说》2016年第1期。

4月16日，小诗《砚边觅诗》五首，刊登于新加坡诗刊。

5月，《主编〈吕进诗学隽语〉感受》，收入吕进的《现代诗学：辩证反思与本体建构》（人民出版社2016年版）；散文《放水灯三境》《猫诗人在小红楼的日子》，收入《春色满园——10年散文选（2007—2016）》（泰国留中大学出版社2016年版）。

6月5日，闪小说《鉴别家》，刊登于越南《西贡解放日报》；15日至16日，计红芳、曾心《对话小诗》（上、下），刊登于泰国《世界日报》。6月，散文《往生福地——悼白翎兄》，刊登于泰国《泰华文学》第82期；《中国的诗魂》，刊登于《中外诗歌研究》2016年第2期；小诗《广西行》五首、《砚边觅诗》五首，刊登于新加坡《新世纪文艺》第14期；朴南用译小诗《诗的纤绳》《陀螺》《筷子》《佛》《瀑布》《一尾鱼的发现》《龟的行程》《家乡的路》《唐人街》《看地图》，刊登于韩国《亚细亚文艺》；《广西行》五首（外一组《砚边觅诗》），刊登于台湾《乾坤诗刊》2016年夏季号。

7月，曾心、范军主编的《小诗磨坊研究论文集》，由泰国留中大学出版社出版；诗序《诗的缰绳——为“小诗磨坊”成立10周年而作》，小诗《陀螺》《筷子》《佛》《瀑布》《一尾鱼的发现》《龟的决心》《挑担子》《中秋戏》《元宵》《龟的行程》《撑竿跳高》《槟榔》《诗的风向球》《膜拜诗神》《家乡的路》《唐人街》《羽毛笔》《萤火的事》《看地图》《海带》《舶来的猫》，收入林焕彰主编的《十年，才开始——泰华小诗磨坊十年诗选》（台湾秀威资讯科技股份有限公司2016年版）；小诗二十二首（《诗的纤绳——为“小诗磨坊”成立10周年而作》《山顶等春》《猴年》《碗的哲学》《一盘真话》《邂逅》《荷池图》《窗外窗内》《陪柳宗元钓雪》《陪陶渊明种菊》《基因相同的兰花》《人生》《树的生活》《爬树》《相思湖——〈广西行〉之一》《船内船外——〈广西行〉之二》《象山——〈广西行〉之三）》《千年龟——〈广西行〉之四》《竹斗笠——〈广西行〉之五》《行笔——〈砚边觅诗〉之三》《出师——〈砚边觅诗〉之四》《挥毫——〈砚边觅诗〉之五》)，收入《小诗磨坊》第十集(泰国留中大学出版社 2016 年版)；《从著作书目看泰华文学发展脉络》《泰华著作出版书目一览表》，刊登于泰国《泰华文学》第 83 期；散文《华南蓬火车站随想录》，收入《春华秋实》(泰国留中大学出版社 2016 年版)；闪小说《卖牛》《为了纪念》《鉴别家》《佛塔背后》，收入程思良主编的《聚焦文学新潮流：当代闪小说精选》(安徽文艺出版社 2016 年版)；《广西行》五首，刊登于《邯郸文化》2016 年第 6 期；小说《九指半》，收入王勇主编的《文学同心圆：第十五届亚细安华文文艺营诗文选》(菲律宾华文作家协会出版)。

9 月，潮田央日译微型小说《老主人》，刊登于日本《莲雾》2016 年第 9 号；论文《泰华作家笔下的和尚形象》，收入《第十一届世界华文微型小说研讨会论文集》(泰国泰华文学出版社 2016 年版)；《写诗，小诗情思谈片》，收入谢瑞隆、萧萧主编的《岛与半岛的新诗浪潮》(台湾万卷楼图书股份有限公司 2016 年版)。

10 月，论文《写六行内小诗的“内视”》，收入王列耀主编的《文化传承与时代担当：首届世界华文文学大会文选》(花城出版社 2016 年版)。

11 月 7 日，出席在北京举行的第二届世界华文文学大会，在第一分论坛“‘一带一路’和华文文学的融合发展”提交论文《泰华作家笔下的和尚形象》。

12 月 1 日，散文《联想与沉思——写在曼谷举办“第十一届世界微型小说研讨会”的日子》，刊登于泰国《泰华文学》第 84 期。12 月，小诗《元宵》《油条》，收入《纪念中国新诗百年专号》(光明日报出版社 2016 年版)；诗《放生》《扁担》《一张画》《雨花石》，刊登于香港《当代诗坛》2016 年 12 月号；小诗《老井》《老柳》，收入林焕彰主编的《堆叠的时空——乾坤诗刊 20 周年诗选·现代诗卷》(台湾酿出版 2016 年版)。

## 2017 年

2 月，论文《从著作书目看泰华文学发展脉络》，刊登于《世界文学家》第 45 期；《书法艺术精丹——〈卢山云书法集〉序〉》，刊登于泰国《泰华文学》第 85 期。

4 月 23 日，出席由东南大学汉诗研究所、东南大学中文系、东南大学人文学院主办的国际小诗暨小诗磨坊作品研讨会，被聘任为东南大学现代汉诗研究所兼职研究员，提交论文《写小诗的技巧》。东南大学汉诗研究所所长王珂在《国际小诗暨小诗磨坊作品研究会综述》指出："此次会议主题为：以泰国重要诗社小诗磨访的作品为重点研究对象，研究华语新诗中最有影响的诗体——小诗的文体特性及文体价值。此为新诗史上首次小诗研究研究会，在学术界和创作界都产生了较大的影响。"28日，出席由东南大学佛教文化研究所、东南大学现代汉诗研究所、南京市金陵图书馆、南京历史文化传承和公共文化服务协同创新中心、南京航空航天大学书画研究所主办的中国首届禅诗诗书画研讨会，提交论文《泰华六行小诗的"禅"——以"小诗磨坊"的诗为例》。4月，王珂、曾心主编的《小诗磨坊小诗精选》，王珂编的《曾心小诗500首》，由东南大学出版社出版；小诗《广西行》五首，刊登于《红豆》2017年第4期；闪小说《熊瞎子》《鲤鱼与黑猫》《应聘》，收入《微园》（泰国泰华文学出版社2017年版）；闪小说《乌龟与蚂蚁》《锦鲤与黑猫》，刊登于《吴地文化·闪小说》2017年第4期。

5月，闪小说《乌龟与蚂蚁》，刊登于泰国《泰华文学》第86期。

7月，朱文斌、曾心主编的《新世纪东南亚华文微型小说精选》和《新世纪东南亚华文闪小说精选》，由浙江工商大学出版社出版；微型小说《捐躯》《三愣》（岳寒飞作品赏析），收入《新世纪东南亚华文微型小说精选》；闪小说《为了纪念》《屋内屋外》《椰树下的咖啡店》《不可说》《鉴别家》《走向净土》《卖牛》《海祭》《猫犬诗人》（岳寒飞作品欣赏），收入《新世纪东南亚华文闪小说精选》；小诗《画兰》《悬崖镜头》《伸手的时刻》《舶来的猫》《蚂蚁之志》《"蝴蝶"上网——为中国第一首新诗胡适的〈蝴蝶〉诞生百年而写》《有缘的那滴水》《九皇斋》《素描》《种桃桩》《云》《夕阳自语》《眷恋》《筷子的联想》《上帝与花卉》《天堂鸟的想象》《天堂鸟再想象》《头颅的警示——参观泰北鸦片博物馆》《鸡说》，收入《小诗磨坊》第十一集（泰国留中大学出版社2017年版）；散文《往生福地——悼念白翎兄》，收入《七月赏花》（泰国留中大学出版社2017年版）。

8月，闪小说三十篇（《佛塔的背后》《纹身》《卖牛》《海祭》《退休心情》《假》《为了纪念》《一尊胸前的金佛》《哦！我的锦鲤》《坐禅的老五》《打赌》《沙包》《猫犬诗人》《后方》《新别墅》《超度时刻》《水利专家》《消失的曲声》《鉴别家》《屋内屋外》《乌龟与蚂蚁》《母鸡与老虎》《锦鲤与黑暗》《四莱地》《生日蛋糕》《品酒》《底线》《走向净地》《应聘》《致命一击》），微型小说《老泪》，以及《泰华闪小说的崛起》《泰华作家笔下的和尚形象》，收入龙彼德的《曾心闪小说点睛》（泰国留中大学出版社2017年版）；《谈写小诗的技巧》《泰华六行小诗的“禅”——以“小诗磨坊”的诗为例》，收入王珂、曾心主编的《二十三诗论家论小诗——国际小诗暨小诗磨坊作品研讨会论文集》（泰国留中大学出版社 2017 年版）。

9 月 5 日，闪小说《母鸡与老虎》，获首届全球华语闪小说锦标赛评奖优秀奖。9 月，散文《生命不息 写作不止——悼念李润新教授》，刊登于泰国《泰华文学》第 87 期。

11 月 27 日至 30 日、12 月 2 日至 6 日，参加在厦门和泰国曼谷举行的第十二届东南亚华文文学研讨会暨东南亚华文文学研究三十周年论坛，提交论文《谈“六行体”小诗的实践》。11 月，论文《泰华六行小诗的“禅”——以“小诗磨坊”的诗为例》，收入庄钟庆、郑楚主编的《东南亚华文文学研究（2017）》（厦门大学出版社 2017 年版）。

12 月 1 日，闪小说《还愿》（外二篇《老同学》《错杀》），刊登于泰国《泰华文学》第 88 期。12 月，论文《捕捉“物象”，创造“意象”——谈写小诗的技法》，刊登于《世界华文文学论坛》2017 年第 4 期。

## 2018 年

1 月 3 日，小诗《可燃冰》《电线》，刊登于泰国《世界日报》；9 日，微型小说《还愿》（外二篇《老同学》《错杀》），刊登于泰国《新中原报》。1 月，论文《谈“六行体”小诗的实践》，刊登于《华文文学》2018 年第 1 期。

2 月 25 日，报道《曾心小诗点评——一个奇迹》，刊登于《华西都市报》。

3 月 1 日，论文《泰华“六行体”小诗实践的探讨》，随笔《一本在佛国大地走俏的书》，刊登于泰国《泰华文学》第 89 期。3 月，论文《泰华作家笔下的和尚形象》，收入《语言与文化研究》第 10 辑（光明日报出版社 2018 年版）。

4 月，报道《曾心小诗点评——一个奇迹》），刊登于《中外诗歌研究》2018 年第 1 期；微型小说《蓝眼睛》，收入史为昆主编的《你应该阅读的世界微型小说》（汕头大学出版社 2018 年版）。

5 月 6 日，当选为泰华作家协会第十九届理事会副会长。5 月，诗歌《浪花》，收入夏寒等主编的《现代诗歌精品选粹》（团结出版社 2018 年版）；龙彼德的《泰国曾心闪小说四题点睛》，刊登于《吴地文化·闪小说》2018 年 2 期。

6 月 1 日，获泰国华文作家协会颁发首届泰华微型小说比赛三等奖；微型小说《还愿》，小诗《遗嘱》（外三首《榴莲园》《象岛的雨》《缸里的水》），刊登于泰国《泰华文学》第90期。

7月，德国慕尼黑大学汉学系Rebecca Ehrenwirth（叶霈琪）以论文《当代泰华文学——司马攻与曾心两位代表作家比较》获得博士学位，论文由Harrassowitz Verlag Wiesbaden出版，其中翻译和解读曾心的多篇微型小说和小诗；小诗《灵狗》《春雨》《信鸽》《电线》《蓝血月》《可燃冰》《伟人素描》《一囊萤火》《一年生植物》《不管冬的来去》《咸亨酒店——〈绍兴行〉之一》《百草园——〈绍兴行〉之二》《鹅池碑——〈绍兴行〉之三》《访兰亭——〈绍兴行〉之四》《候鸟——赠吕进》《云游诗人——赠林焕彰》《海鸥——赠陈慧瑛》《心灯——赠白居易驿站》，收入《小诗磨坊》第十二集（泰国留中大学出版社2018年版）；散文《生命不息 写作不止——悼念李润新教授》，收入《春暖花开》（泰国留中大学出版社2018年版）。

8月，小诗《榴莲园》《象岛的雨》，刊登于《中国世界华文文学学会会报》2018年秋之卷。

9月28日，出席中国诗学研究中心和中国新诗研究所举办的吕进先生诗学思想研讨会暨教育思想座谈会，提交论文《我的三个“梦”》。9月，曾心主编的《吕进：诗学隽语与泰华诗歌》，由西南师范大学出版社出版；《〈吕进：诗学隽语与泰华文学〉前言》《吕进诗学隽语·绪论》《主编〈吕进诗学隽语〉的感受》，报道《〈曾心小诗点评〉：一个奇迹》，以及曾心、熊辉主编的《诗学体系与华语方式的建构：〈吕进诗学隽语〉绪论》，收入《吕进：诗学隽语与泰华诗歌》；《〈吕进：诗学隽语与泰华文学〉前言》，刊登于泰国《泰华文学》第91期；《一束缪斯灵光的聚焦》《我为什么要主编〈吕进诗学隽语〉》，收入熊辉主编的《人淡如菊：漫话吕进先生》（西南师范大学出版社2018年版）；文论《轻人之所重，重人之所轻》《小诗点评，创造奇迹》，收入向天渊主编的《吕进诗学思想研究》（西南师范大学出版社2018年版）；小诗《一尾鱼的发现》，刊登于《重庆艺苑》2018年夏季号；小诗《榴莲园》《象岛的雨》，刊登于香港《世华文学家》2018秋之卷；朱文斌、曾心主编的《新世纪东南亚华文小诗精选》《新世纪东南亚华文诗歌精选》，由浙江工商大学出版社出版；小诗《一尾鱼的发现》《老井》（岳寒飞赏析），诗歌《我的小船》（岳寒飞赏析），收入《新世纪东南亚华文小诗精选》。

10月8日，《我的三个“梦”》，刊登于《重庆晚报》。

11月12日，在由西南大学中国新诗研究所等单位主办的“中国新诗百年”全球华语诗人诗作评选活动中，被评为“百位最具实力诗人”。11月，论文《轻人之所重，重人之所轻》，收入吕进、熊辉主编的《诗学》第十辑（巴蜀书社 2018 年版）；11月，小诗《遗嘱》（外三首《榴莲园》《象岛的雨》《缸里的水》），收入王崇喜主编的《东盟文心 骠国诗情——第十六届亚细安华文文艺营文集》。

12月1日，小诗《写在张永青庄园的小诗》（《边界线——访永青庄园之一》《聚灵石——访永青庄园之二》《种榴莲树——访永青庄园之三》《赠张永青——访永青庄园之四》），刊登于泰国《泰华文学》第92期。12月，《〈吕进：隽语与泰华诗歌〉序》、小诗《钥匙》，刊登于《中外诗歌研究》2018年第4期。

## 2019年

1月，主编《公主杯·新世纪泰国留中学子散文征文比赛获奖作品集》，由泰国留中大学出版社出版。

2月，《写在泰国边界线上的小诗》（《边界线——访永青庄园之一》《聚灵石——访永青庄园之二》《种榴莲树——访永青庄园之三》），刊登于《世界华文家》2019年春之卷。

3月，散文《泰国华人“小诗磨坊”的发展与追求》，刊登于《高原文艺》2019年第1期。

4月，担任“大使杯·我的中国缘散文征文比赛”初审和终审评委。

6月，小诗《泪河》《春分》《葡萄》《声音之悟》《老轮椅》《图腾》，刊登于泰国《泰华文学》第95期；散文《崎岖的文学梦》，刊登于《中外诗歌研究》2019年第2期。

7月，小诗《电线》《新月》，刊登于菲律宾《千岛日报》；小诗《春分》《图腾》《龙缸》《老轮椅》《母亲节》《爬壁虎》《葡萄》《声音之悟》《中秋望月》《泪河》《遗嘱》《废墟之梦》《榴莲园》《象岛之雨》《边界线——访永青庄园之一》《聚灵石——访永青庄园之二》《种榴莲树——访永青庄园之三》《赠张永青——访永青庄园之四》，收入《小诗磨坊》第十三集（泰国留中大学出版社 2019 年版）。

9月1日，散文《我的前半生》，刊登于泰国《泰华文学》第96期。9月，《小诗磨坊与小诗创作——在美速智民学校演讲》，《美速边陲元宵小诗二首》（《红灯笼》《倾城之恋》），收入《草长莺飞》（泰国留中大学出版社 2019

年版)。

10 月,《吕进诗学隽语与泰华诗歌·前言》,刊登于《香港文艺家》第 63 期;诗《风铃念经》,刊登于香港《中国流派诗刊》2019 年第 33 期。

11 月,主编《大使杯·我的中国缘散文征文比赛获奖作品集》,由泰国留中大学出版社出版。

12 月,散文《我的前半生》,刊登于《中国世界华文文学学会会报》2019 年冬之卷。

## 2020 年

3 月 8 日,当选为泰华作家协会第二十届理事会副会长。3 月,《小诗路上的回眸——曾心创作谈 》,刊登于香港《文综》2020 年春季号。

4 月,朱文斌、曾心主编的《新世纪东南亚华文文化散文精选》,由浙江工商大学出版社出版。

6 月 1 日,散文《散文路上的回眸》,刊登于泰国《泰华文学》第 98 期;29 日至 30 日,散文《人生得一知己足矣——与龙兄结文缘》,刊登于泰国《世界日报》。6 月,朱文斌、曾心主编的《新世纪东南亚华文生态散文精选》,由浙江工商大学出版社出版;散文《高山的幸福花》《猴面鹰哀思》,收入《新世纪东南亚华文生态散文精选》;文论《泰华文学的小诗》,小诗《抗疫情小诗》(《时序》《铁流》《张仲景来了》《心灯》),刊登于香港《世华文学家》第 53 期;小诗《抗疫情小诗》(《灵猴惊见》《时序》《心灯》《张仲景来了》《铁流》),刊登于《新加坡文艺报》第 98 期;创作谈《微型(闪)小说路上的回眸》,刊登于《世界华文文学论坛》2020 年第 2 期。

7 月 1 日,小诗《抗疫情》五首(《灵鼠惊见》《时序》《心灯》《张仲景来了》《铁流》),刊登于泰国《泰华文学》第 99 期。

8 月,小诗《泰国的佛与菩萨》(《佛》《玉佛》《卧佛》《四面佛》《菩萨》),刊登于台湾《青溪新文艺》第 15 期。

9 月 1 日,创作谈《微型(闪)小说路上的回眸》、小诗《春分》,由陈伟林译为泰文,刊登于泰国《泰华文学》第 100 期。9 月,散文《人生得一知己足矣——与龙兄结文缘》,收入《春回大地》(泰国留中大学出版社 2020 年版);闪小说《买牛》,收入程思良、飞鸟主编的《当代闪小说精选点评本》(百花洲文艺出版社 2020 年版);小诗《泪河》,刊登于《世华文学家》第 54 期。

10 月 1 日，《文论路上的回眸》，刊登于泰国《泰华文学》第 101 期。

11 月，主编的《第二届公主杯 · 中泰建交 45 周年散文大赛获奖作品集》，由泰国留中大学出版社出版；朱文斌、曾心主编的《新世纪东南亚华文幽默散文精选》，由浙江工商大学出版社出版；散文《捻耳记》《灭蚊趣记》，收入《新世纪东南亚华文幽默散文精选》。

12 月 6 日，出席泰国《泰华文学》百期座谈会和泰华作家协会第二十届第二次理事会。

## 2021 年

2 月 4 日，小诗《三牛图》《送个月亮给母亲》《眼珠》《雨中情趣》《隐居之乐》《天画》《推窗》《秋叶之声》《“宅”家乐》《一副担子》，刊登于《乌篷船》；27 日，小诗《缪斯之子——悼岭南人》，刊登于印尼《世界日报》。

3 月 1 日，闪小说《九十九只天鹅》《改行》，刊登于泰国《泰华文学》第 103 期。3 月，闪小说《改行》，刊登于《香港文艺报》第 70 期。

4 月 4 日，闪小说《卖牛》，刊登于越南《西贡解放日报》；15 日，创作谈《散文路上的回眸》，刊登于澳大利亚《中文学刊》2021 年第 3 期；18 日、30 日，闪小说《改行》《九十九只天鹅》，刊登于越南《西贡解放日报》。4 月，曾心、苏永延编著的《泰华小诗磨坊诗选研究》，由泰国留中大学出版社出版；《我的诗观》《一尾鱼的发现》《碗的哲学》《横渡》《看地图》《窗外窗内》《蚂蚁之志》《有缘的一滴水》《头颅的警示——参观泰北鸦片博物馆》《爬壁虎》《送个月亮给母亲》，收入《泰华小诗磨坊诗选研究》。

6 月 1 日，闪小说《乡村萤火闪烁》《二千铢奖金的重量》，刊登于泰国《泰华文学》第 104 期。6 月，《寓言两则》（《乌龟与蚂蚁》《母鸡与老虎》），收入朱运利主编的《疫情文情在热带雨林中——2020 亚细安文选》（文莱华文作家协会编印）。

7 月，小诗《老井》《油条》《一尾鱼的发现》《浪花》，收入《海外华人诗歌精选》（美国芝加哥出版社 2021 年版）；小诗《佛》《玉佛》《卧佛》《四面佛》《菩萨》，收入《2020 世界华语诗歌精选》（美国芝加哥出版社 2021 年版）；论文《泰华“天行体”小诗实践的探讨》，收入《丝路精神与文化传播——东南亚华文文学研究（第十五辑）》（世界图书出版社公司 2021 年版）。

8 月 15 日，创作谈《文论路上的回眸》，刊登于澳大利亚《中文学刊》

2021年第5期。

9月1日，微型小说《庆寿》，刊登于泰国《泰华文学》第105期。9月，《建设一个享誉世界的小诗社——泰华小诗磨坊成立十五周年访问召集人曾心》，刊登于《世界华文文学论坛》2021年第3期；小诗《三牛图》《送个月亮给母亲》《眼珠》《戳洞》《金山寺》《雨中情趣》《星星的个性》《隐居之乐》《天画》《地球的祈求》《推窗》《秋叶之声》《风铃心语》《“宅”家乐》《与小鸟对话》《乌龟共识》《日神》《陨星的尾巴》《缪斯之子——悼念岭南人》，以及《建设一个享誉世界的小诗社——泰华小诗磨坊成立十五年访问召集人曾心》，收入《小诗磨坊》第十五集（泰国留中大学出版社2021年版）；报道《〈曾心小诗点评〉：一个奇迹》，收入吕进的《多少话留在心上》（巴蜀书社2021年版）。

11月，小诗《寻找》《灵感》《绿洲》《诗国梦》《吕进塑像》，刊登于香港《世华文学家》第57期；闪小说《九十九只天鹅》《改行》，刊登于《广西文学》2021年第11期。

12月1日，散文《生命浓缩的两个光环——悼念林太深先生》，刊登于泰国《泰华文学》第106期。12月，小诗《天空》（外二首《见春》《示孙子》），刊登于《香港文艺报》第73期；闪小说《抗疫情闪小说二篇》（《九十九只天鹅》《改行》），以及龙彼德《以庄写悲——曾心微型小说〈九十九只天鹅〉点睛》《一变写人——曾心微型小说〈改行〉点睛》，收入《春风秋雨》（泰国留中大学出版社2021年版）。

## 2022年

2月，小诗《春来了》《春牛》《问花》，附吕进点评，刊登于《香港文艺家》第72期。

3月1日，《迟结的果实更丰硕——余秀兰〈留中岁月　终生无悔〉序》，刊登于泰国《泰华文学》第107期；16日，微型小说《解画》《灵柩前》，刊登于西班牙华文作家协会公众号。3月，《迟结的果实更丰硕——余秀兰〈留中岁月　终生无悔〉序》，刊登于香港《文综》2022年春季号，收入《留中岁月　终生无悔》（泰国留中大学出版社2022年版）；小诗《送个月亮给母亲》《日神》，收入《2021世界华人诗歌精选》（美国芝加哥出版社2022年版）。

5月，小诗《一线天》《复原》《海螺》，收入《世界华人三行诗荟萃》（美国芝加哥出版社2022年版）。

6月1日，微型小说《解画》，刊登于泰国《泰华文学》第108期；9日，微型小说《解画》，刊登于越南《西贡解放日报》；30日，小诗《日神》，刊登于《诗歌周刊》2022年第9期。6月，朱文斌、曾心主编的《新世纪东南亚华文短篇小说精选》，由浙江工商大学出版社出版；短篇小说《在水乡栖居处》，收入《新世纪东南亚华文短篇小说精选》。

8月18日，小诗《柳三景》，刊登于东南亚华文诗网。

9月1日，小诗《心虎》（外五首《天空》《故乡路》《见春》《示孙子》《妈妈的星》），刊登于泰国《泰华文学》第109期。

10月8日，小诗《三牛图》（外四首《眼珠》《金山寺》《送个月亮给母亲》《戳洞》），刊登于《新加坡诗刊》第8期。10月，小诗《心虎》《三个"亮点"》《北京冬奥》《哭秋》《中秋的月亮》《海参自白》《仙人掌的密码》《天空》《故乡路》《见春》《示孙子》《弹琴》《妈妈的星》《两个蜗牛》《心怯》《抗体》《枯叶的异梦》《小溪的寻找》，收入《小诗磨坊》第十六集（泰国留中大学出版社2022年版）。

12月1日，微型小说《灵柩前》，刊登于泰国《泰华文学》第110期；17日，微型小说《庆寿》，刊登于楚天文学网；22日，闪小说《九十九只天鹅》，刊登于楚天文学网。12月，《自然物语》组诗（《天空》《日神》《朝露》《雨滴》《见春》），收入《冬去春来》（泰国留中大学出版社2022年版）；诗歌《湖边垂柳》，收入《2022年中国微信诗歌年鉴》（台湾甘露道出版社2022年版）。

## 2023年

3月1日，寓言二则（《鸟与缸》《风与领带》），刊登于泰国《泰华文学》第111期。3月，小诗《天空》《见春》《示孙子》，散文《高山幸福花》，收入《2020—2022海外华文文学精品集（诗歌散文卷）》（作家出版社2023年版）。

5月，《出世为文与儒商情怀——〈永青文集〉序》，收入《永青文集》（泰国留中大学出版社2023年版）。

6月1日，《出世为文与儒商情怀——〈永青文集〉序》，刊登于泰国《泰华文学》2023年6月第112期。

7月，《曾心小诗点评》（《万年青》《红头船》《茶叶》《记事本》《家史》《围炉》《海的回馈》《老椅子》，吕进点评），刊登于香港《世华文学家》2023年第63期。

8月，《出世为文与儒商情怀——〈永青文集〉序》，刊登于澳大利亚《中文学刊》2023年第4期；《“我的诗只属于我个人的样子”——序杨玲小诗集〈无心的风〉》，收入《无心的风》（泰国留中大学出版社2023年版）。

9月1日，《“我的诗只属于我个人的样子”——序杨玲小诗集〈无心的风〉》，刊登于泰国《泰华文学》2023年9月第113期。

10月，小诗《玉兔值班》《血点》《气球》《湄南河之水新解》《与白居易谈“隐”》《池龟》《三杯功夫茶》《叶脉与血脉》《水仙花》《串诗》《出轨的雨滴》《老人的脚步》《背影》《无梦 有诗》《打捞》《庭园小夜曲》《感觉》《心态》《鞋子》《彗星》，收入《小诗磨坊》第十七集（泰国留中大学出版社2023年版）；《出世为文与儒商情怀——〈永青文集〉序》，收入《春到人间》（泰国留中大学出版社2023年版）。

12月1日，微型小说《一双筷子》《一枚金戒子》，刊登于泰国《泰华文学》2023年12月第114期；7日至10日，参加香港作家联会成立35周年暨世界华文文学联会20周年庆典大会，并在“香港文学与世界华文文学的互动与前瞻”国际学术研讨会上，发表《香港文学推动泰华文学的发展与展望》。12月，散文《我的书房与书籍》，刊登于香港《文综》2023年冬季号；散文集《心的追寻》，收入“‘极光’世界华文散文丛书”（袁勇麟主编，海峡文艺出版社2023年版）。

（袁勇麟整理）

# 曾心作品评论资料目录索引

黎毅：《文学通讯——黎毅致曾心》（之一），泰国《亚洲日报》1993 年 9 月 6 日。

黎毅：《文学通讯——黎毅致曾心》（之二），泰国《亚洲日报》1993 年 11 月 20 日。

黎毅：《文学通讯——黎毅致曾心》，泰国《亚洲日报》1994 年 8 月 6 日；收入《大自然的儿子》（云南民族出版社 1995 年版）、《曾心作品评论集》（泰国留中大学出版社 2009 年版）。

黎毅：《对曾心近作的评介》，泰国《亚洲日报》1994 年 8 月 6 日。

李润新：《根深叶茂——评曾心的小说创作》，泰国《亚洲日报》1994 年 11 月 16 日、18 日、21 日；收入《大自然的儿子》（云南民族出版社 1995 年版）、《河畔赏花》（泰国泰华文学出版社 2004 年版）、《曾心作品评论集》（泰国留中大学出版社 2009 年版）。

谭君强：《文化交汇的图景——读曾心的散文〈洋媳妇趣拾〉》，泰国《新中原报》1995 年 4 月 12 日；收入《大自然的儿子》（云南民族出版社 1995 年版）、《曾心作品评论集》（泰国留中大学出版社 2009 年版）。

司马攻：《和谐敦厚　质朴清新——序曾心〈大自然的儿子〉》，泰国《亚洲日报》1995 年 5 月 4 日、《新中原报》1996 年 5 月 6 日；收入《大自然的儿子》（云南民族出版社 1995 年版）、《司马攻序跋集》（泰国八音出版社 1996 年版）、《曾心文集》（鹭江出版社 1998 年版）、《曾心作品评论集》（泰国留中大学出版社 2009 年版）。

李润新：《好钢使到刀刃上——浅谈微型小说的人物塑造问题》，泰国《新中原报》1995 年 7 月 4 日。

柯清淡：《泰华写的顾城盖棺论——介绍曾心的一文一诗》，菲律宾《世界日报》1995年7月18日；收入《大自然的儿子》（云南民族出版社1995年版）、《曾心作品评论集》（泰国留中大学出版社2009年版）。

李润新：《曾心的美学追求》，泰国《新中原报》1995年10月27日；收入《大自然的儿子》（云南民族出版社1995年版）、《河畔赏花》（泰国泰华文学出版社2004年版）、《曾心作品评论集》（泰国留中大学出版社2009年版）。

大壑：《让世界充满爱　对万物皆有情——读曾心散文小说集〈大自然的儿子〉》，《台港与海外华文文学评论与研究》1995年第4期、泰国《新中原报》1996年5月31日；收入《大自然的儿子》（云南民族出版社1995年版）、《曾心作品评论集》（泰国留中大学出版社2009年版）。

栾文华：《春温笔端——浅谈曾心先生的微型小说》，泰国《新中原报》1995年12月4日；收入《大自然的儿子》（云南民族出版社1995年版）、《曾心作品评论集》（泰国留中大学出版社2009年版）。

李润新《一曲优美的"天人合一"之歌——评曾心的散文〈大自然的儿子〉》，收入《大自然的儿子》（云南民族出版社1995年版）、《河畔赏花》（泰国泰华文学出版社2004年版）、《曾心作品评论集》（泰国留中大学出版社2009年版）。

杨振昆：《朴素淡雅见真心——曾心的作品〈大自然的儿子〉读后》，收入《大自然的儿子》（云南民族出版社1995年版）、《世界华文文学的多元审视》（云南大学出版社1996年版）、《曾心作品评论集》（泰国留中大学出版社2009年版）。

晓雪：《真实·真挚·真诚——序曾心〈大自然的儿子〉》，泰国《新中原报》1996年5月6日；收入《大自然的儿子》（云南民族出版社1995年版）、《晓雪选集6·序跋卷》（云南教育出版社2008年版）、《曾心作品评论集》（泰国留中大学出版社2009年版）。

古远清：《从不全中求全——谈曾心的微型小说》，泰国《亚洲日报》1996年9月21日；收入《台港澳文坛风景线》（上）（国际文化出版公司1997年版）、《蓝眼睛》（泰国时代论坛出版社2002年版）、《曾心作品评论集》（泰国留中大学出版社2009年版）。

古远清：《曾心的微型小说》，《香港文学报》1997年2月4日；收入《曾心文集》（鹭江出版社1998年版）。

古远清：《无中写有，虚中见实——读曾心的〈琼花何处寻〉》，泰国《亚洲日报》1997年2月15日；泰国《新中原报》1997年2月15日；收入

《台港澳文坛风景线》（上）（国际文化出版公司 1997 年版）、《心追那钟声》（泰国泰华文学出版社 1999 年）、《名作欣赏》2000 年第 5 期、《曾心作品评论集》（泰国留中大学出版社 2009 年版）。

蓝雨：《美好的心在升华中闪光——泰国著名华文作家曾心先生印象记》，《深圳侨报》1997 年 4 月 2 日。

古远清：《曾心的医学散文》，收入《台港澳文坛风景线》（上）（国际文化出版公司 1997 年版）、泰国《新中原报》1997 年 4 月 18 日、《武汉卫生报》1997 年 6 月 3 日、《厦门日报》1998 年 1 月 14 日、《曾心文集》（鹭江出版社 1998 年版）、《曾心作品评论集》（泰国留中大学出版社 2009 年版）。

凌鼎年：《激浊扬清显真心——泰国曾心微型小说浅析》，泰国《亚洲日报》1997 年 10 月 14 日；收入《曾心文集》（鹭江出版社 1998 年版）、《蓝眼睛》（泰国时代论坛出版社 2002 年版）、《曾心作品评论集》（泰国留中大学出版社 2009 年版）。

翁奕波：《中庸：人性美的极致——论曾心文学创作的审美追求》，泰国《新中原报》1997 年 12 月 8 日；收入《编余拾论（上）——海外华文文学评论及其他》（汕头大学出版社 2006 年版）。

古远清：《信心·耐心·诚心——读〈登武当山极顶〉》，泰国《新中原报》1998 年 1 月 12 日；收入《心追那钟声》（泰国泰华文学出版社 1999 年版）、《曾心作品评论集》（泰国留中大学出版社 2009 年版）。

龙彼德：《似近犹远，得而复失——评〈心追那钟声〉》，泰国《新中原报》1998 年 2 月 13 日、《写作》1998 年第 10 期；收入《曾心散文艺术》（泰国留中大学出版社 2007 年版）、《曾心作品评论集》（泰国留中大学出版社 2009 年版）。

柳易冰、赖廷阶：《懂得曲径通幽的建筑师——曾心的微型小说〈三愣〉》，泰国《新中原报》1998 年 3 月 11 日；收入《蓝眼睛》（泰国时代论坛出版社 2002 年版）、《曾心作品评论集》（泰国留中大学出版社 2009 年版）。

龙彼德：《由浅入深，淡中见浓——评〈一坛老菜脯〉》，泰国《新中原报》1998 年 4 月 3 日；收入《曾心散文艺术》（泰国留中大学出版社 2007 年版）、《曾心作品评论集》（泰国留中大学出版社 2009 年版）。

龙彼德：《与一生联系在一起——评〈礼品〉》，泰国《新中原报》1998 年 4 月 3 日；收入《曾心散文艺术》（泰国留中大学出版社 2007 年版）、《曾心作品评论集》（泰国留中大学出版社 2009 年版）。

魏先努：《在本源处栖居——曾心的散文〈大自然的儿子〉评析》，《华文文学》1998年第2期、泰国《亚洲日报》1998年7月4日；收入《曾心作品评论集》（泰国留中大学出版社2009年版。）

龙彼德：《好风景在于发现——评〈菊花山的风景〉》，泰国《亚洲日报》1998年7月28日；收入《曾心散文艺术》（泰国留中大学出版社2007年版）、《曾心作品评论集》（泰国留中大学出版社2009年版）。

龙彼德：《似有实无，失此得彼——评〈高山的幸福花〉》，泰国《新中原报》1998年8月10日；收入《曾心散文艺术》（泰国留中大学出版社2007年版）、《曾心作品评论集》（泰国留中大学出版社2009年版）。

龙彼德：《一幅独具特色的风俗画——评〈护城河的桨声〉》，泰国《新中原报》1998年8月22日；收入《曾心散文艺术》（泰国留中大学出版社2007年版）、《曾心作品评论集》（泰国留中大学出版社2009年版）。

龙彼德：《距离缘于矛盾——评〈距离〉》，泰国《曼谷时报》1998年12月3日；收入《曾心散文艺术》（泰国留中大学出版社2007年版）、《曾心作品评论集》（泰国留中大学出版社2009年版）。

龙彼德：《游踪记趣，情从景出——评〈四面鸣沙半月泉〉》，泰国《亚洲日报》1998年12月31日；收入《曾心散文艺术》（泰国留中大学出版社2007年版）、《曾心作品评论集》（泰国留中大学出版社2009年版）。

龙彼德：《散文家的历史感——评〈石宫沉思录〉》，泰国《新中原报》1999年1月8日、菲律宾《联合日报》1999年3月12日；收入《曾心散文艺术》（泰国留中大学出版社2007年版）、《曾心作品评论集》（泰国留中大学出版社2009年版）。

龙彼德：《打破惯性的努力——评〈同根生〉》，泰国《曼谷时报》1999年5月7日、菲律宾《联合日报》1999年6月18日；收入《曾心散文艺术》（泰国留中大学出版社2007年版）、《曾心作品评论集》（泰国留中大学出版社2009年版）。

司马攻：《真心动真情　随缘也随意——序曾心〈心追那钟声〉》，泰国《新中原报》1999年6月11日、泰国《亚洲日报》1999年6月15日；收入《心追那钟声》（泰国泰华文学出版社1999年版）、《文缘有序》（泰国八音出版社2002年版）、《曾心作品评论集》（泰国留中大学出版社2009年版）。

龙彼德：《双线并行，交错成趣——评〈石林和她的女儿〉》，泰国《亚洲日报》1999年6月26日；收入《曾心散文艺术》（泰国留中大学出版社

2007 年版)、《曾心作品评论集》(泰国留中大学出版社 2009 年版)。

梦莉:《以一片真心追来了一束深情——序曾心的〈心追那钟声〉》,泰国《泰华文学》1999 年创刊号;收入《心追那钟声》(泰国泰华文学出版社 1999 年版)、《曾心作品评论集》(泰国留中大学出版社 2009 年版)。

陈贤茂:《曾心》,收入《海外华文文学史》(第二卷)(鹭江出版社 1999 年版)。

龙彼德:《揪心的痛感——评〈猴面鹰哀思〉》,泰国《新中原报》1999 年 8 月 6 日;收入《曾心散文艺术》(泰国留中大学出版社 2007 年版)、《曾心作品评论集》(泰国留中大学出版社 2009 年版)。

水心:《曾心的仁心仁术 老菜脯芬芳传海外》,泰国《亚洲日报》1999 年 8 月 10 日;收入《曾心作品评论集》(泰国留中大学出版社 2009 年版)。

古远清:《诗与散文的联姻——小评曾心〈黄鹤楼神韵〉》,泰国《新中原报》1999 年 8 月 20 日,《湖北经济报》1999 年 12 月 3 日、10 日);收入《曾心作品评论集》(泰国留中大学出版社 2009 年版)。

龙彼德:《幽默来自生活——评〈洋媳妇趣拾〉》,泰国《亚洲日报》1999 年 8 月 21 日;收入《曾心散文艺术》(泰国留中大学出版社 2007 年版)、《曾心作品评论集》(泰国留中大学出版社 2009 年版)。

钟子美:《曾心兄到香港》,泰国《新中原报》1999 年 9 月 7 日。

李润新:《讴歌美的心灵 追求诗的魅力——初评曾心的散文》,泰国《新中原报》1999 年 9 月 8 日;收入《河畔赏花》(泰国泰华文学出版社 2004 年版)、《曾心作品评论集》(泰国留中大学出版社 2009 年版)。

龙彼德:《细节的妙用——评〈捻耳记〉》,泰国《亚洲日报》1999 年 9 月 23 日;收入《曾心散文艺术》(泰国留中大学出版社 2007 年版)、《曾心作品评论集》(泰国留中大学出版社 2009 年版)。

刘华:《浅论曾心微型小说的艺术技法》,泰国《亚洲日报》1999 年 10 月 28 日、菲律宾《世界日报》1999 年 12 月 2 日;收入《蓝眼睛》(泰国时代论坛出版社 2002 年版)、《曾心作品评论集》(泰国留中大学出版社 2009 年版)。

龙彼德:《设计剪裁皆入时——评〈蝴蝶泉边〉》,泰国《新中原报》1999 年 11 月 1 日;收入《曾心散文艺术》(泰国留中大学出版社 2007 年版)、《曾心作品评论集》(泰国留中大学出版社 2009 年版)。

龙彼德:《美:对永恒的趋近——读曾心散文集〈心追那钟声〉》,泰国《曼谷时报》1999 年 11 月 19—25 日);收入《曾心作品评论集》(泰国留中大学出版社 2009 年版）。

龙彼德：《散文篇名的艺术——评〈琼花何处寻〉》，泰国《京华中原联合日报》1999 年 12 月 16 日；收入《曾心散文艺术》（泰国留中大学出版社 2007 年版）、《曾心作品评论集》（泰国留中大学出版社 2009 年版）。

龙彼德：《深度来自哲思——评〈大自然的儿子〉》，泰国《亚洲日报》2000 年 1 月 4 日；收入《曾心散文艺术》（泰国留中大学出版社 2007 年版）、《曾心作品评论集》（泰国留中大学出版社 2009 年版）。

林承璜：《追求主题思想的深化——读曾心的微型小说》，泰国《新中原报》2000 年 1 月 14 日、泰国《世界日报》2000 年 2 月 12 日、《世界华文文学论坛》2001 年第 1 期；收入《蓝眼睛》（泰国时代论坛出版社 2002 年版）、《曾心作品评论集》（泰国留中大学出版社 2009 年版）。

龙彼德：《对自由的行使与设限——论曾心的散文艺术》，《香港文学报》2000 年 2 月 6 日、泰国《世界日报》2000 年 2 月 26 日；收入《新世纪初的东南亚华文文学（上卷）·菲华文学在茁长中》（厦门大学出版社 2005 年版）、《曾心散文艺术》（泰国留中大学出版社 2007 年版）、《回顾与展望：东南亚华文文学研究 20 周年》（厦门大学出版社 2007 年版）、《曾心作品评论集》（泰国留中大学出版社 2009 年版）。

龙彼德：《对生活的选择与提炼——评〈庭园的天趣〉》，泰国《京华中原联合日报》2000 年 3 月 28 日；收入《曾心散文艺术》（泰国留中大学出版社 2007 年版）、《曾心作品评论集》（泰国留中大学出版社 2009 年版）。

龙彼德：《宗教色彩与艺术个性——评〈登武当山极顶〉》，泰国《京华中原联合日报》2000 年 4 月 22 日；收入《曾心散文艺术》（泰国留中大学出版社 2006 年版）、《曾心作品评论集》（泰国留中大学出版社 2009 年版）。

龙彼德：《知性与感性的结合——评〈观葵花记〉》，泰国《世界日报》2000 年 5 月 10 日；收入《曾心散文艺术》（泰国留中大学出版社 2007 年版）、《曾心作品评论集》（泰国留中大学出版社 2009 年版）。

龙彼德：《曾心散文选评》，泰国泰华文学出版社 2000 年版。

刘华：《但写真情与实境——浅论曾心散文集〈心追那钟声〉文情的艺术表达和内在魅力》，泰国《京华中原联合日报》2000 年 9 月 17 日；收入《曾心作品评论集》（泰国留中大学出版社 2009 年版）。

刘忠：《知识分子的人文立场和“彼岸”关怀——读龙彼德新作〈曾心散文选评〉》（上、中、下），泰国《新中原报》2001 年 2 月 26 日、28 日，3 月

2 日。

龙彼德：《感觉的神奇与妙用——评〈郑王庙随想录〉》，泰国《世界日报》2001 年 3 月 4 日；收入《曾心散文艺术》（泰国留中大学出版社 2007 年版）、《曾心作品评论集》（泰国留中大学出版社 2009 年版）。

刘助桥：《两对蓝眼睛》，泰国《泰华文学》2001 年第 13 期；收入《蓝眼睛》（泰国时代论坛出版社 2002 年版）、《路灯》（泰国留中大学出版社 2006 年版）、《曾心作品评论集》（泰国留中大学出版社 2009 年版）。

赵朕：《一气如云自卷舒——论泰华作家曾心的诗歌创作》，泰国《新中原报》2001 年 8 月 22 日；收入《认同文化的结晶》（泰国时代论坛出版社 2002 年版）、《曾心作品评论集》（泰国留中大学出版社 2009 年版）。

程相文：《酒未醉人人自醉——读〈三杯酒〉》，泰国《泰华文学》第 15 期。

李润新：《科学兴业之歌——评曾心的〈鳄鱼密码〉》，泰国《新中原报》2002 年 1 月 23 日；收入《河畔赏花》（泰国泰华文学出版社 2004 年版）、《曾心作品评论集》（泰国留中大学出版社 2009 年版）。

程相文：《病态　内向　亢奋　吝啬　坚强　高尚——〈三愣〉人物形象的复杂性》，泰国《新中原报》2002 年 3 月 22 日。

司马攻：《中文情结赤子心——序曾心微型小说集〈蓝眼睛〉》，泰国《泰华文学》第 18 期；收入《文缘有序》（泰国八音出版社 2002 年版）、《蓝眼睛》（泰国时代论坛出版社 2002 年版）、《曾心作品评论集》（泰国留中大学出版社 2009 年版）。

程相文：《向生活和矛盾的深处挖掘——读〈丧礼上的陌生人〉》，泰国《新中原报》2002 年 6 月 15 日。

李润新：《初论曾心的微型小说》，收入《蓝眼睛》（泰国时代论坛出版社 2002 年版）、《河畔赏花》（泰国泰华文学出版社 2004 年版）、《曾心作品评论集》（泰国留中大学出版社 2009 年版）。

程相文：《方寸天地写人生——曾心微型小说选评（六题）》，收入《蓝眼睛》（泰国时代论坛出版社 2002 年版）、《曾心作品评论集》（泰国留中大学出版社 2009 年版）。

李润新：《华教四歌》，收入《蓝眼睛》（泰国时代论坛出版社 2002 年版）、《河畔赏花》（泰国泰华文学出版社 2004 年版）、《曾心作品评论集》（泰国留中大学出版社 2009 年版）。

龙彼德：《精妙的叙事艺术——评曾心的微型小说》，泰国《世界日报》2002年9月7日至8日；收入《蓝眼睛》（泰国时代论坛出版社2002年版）、《曾心作品评论集》（泰国留中大学出版社2009年版）。

林承璜：《运用艺术技巧追求艺术效果——再谈曾心的微型小说》，泰国《新中原报》2002年9月23日；收入《蓝眼睛》（泰国时代论坛出版社2002年版）、《曾心作品评论集》（泰国留中大学出版社2009年版）。

周萍：《精华生笔端　咫尺匠心难——论曾心微型小说集〈蓝眼睛〉的艺术魅力》，泰国《新中原报》2004年2月6、9日，《文艺报》2004年4月17日；收入《曾心作品评论集》（泰国留中大学出版社2009年版）。

司马攻：《厚重——序曾心的〈给泰华文学把脉〉》，泰国《泰华文学》第33期；收入《给泰华文学把脉》（厦门大学出版社2005年版）、《曾心作品评论集》（泰国留中大学出版社2009年版）。

庄钟庆：《略说曾心的文论》，收入《给泰华文学把脉》（厦门大学出版社2005年版）、《曾心作品评论集》（泰国留中大学出版社2009年版）。

李润新：《评曾心的〈给泰华文学把脉〉》，收入《给泰华文学把脉》（厦门大学出版社2005年版）、《曾心作品评论集》（泰国留中大学出版社2009年版）。

龙彼德：《生命的哲学——评〈放水灯三境〉》，泰国《世界日报》2005年4月25日；收入《曾心散文艺术》（泰国留中大学出版社2007年版）、《曾心作品评论集》（泰国留中大学出版社2009年版）。

落蒂：《想得妙　写得巧　再创新境——试论曾心诗艺表现》，泰国《世界日报》2005年7月7日；收入《曾心作品评论集》（泰国留中大学出版社2009年版）、《六行写天地——泰印华人新诗美学》（台湾文史哲出版社2011年版）。

今石：《山中习静观朝槿——访文友曾心的盆景园》，泰国《世界日报》2006年3月3日。

落蒂：《窥情风景，钻貌草木——读曾心的短诗》，泰国《世界日报》2006年5月29日；收入《凉亭》（泰国留中大学出版社2006年版）、《曾心作品评论集》（泰国留中大学出版社2009年版）、《六行写天地——泰印华人新诗美学》（台湾文史哲出版社2011年版）。

朱双一、陈美霞：《脚踏于实地和飞腾于天际——曾心诗歌特征浅说》，收入《蕉风华韵》（香港中国文化出版社2006年版）、《曾心作品评论集》（泰国留中大学出版社 2009 年版）。

龙彼德：《“世人所难得者唯趣”——评〈灭蚊趣记〉》，泰国《世界日报》2006 年 6 月 9 日；收入《曾心散文艺术》（泰国留中大学出版社 2007 年版）、《曾心作品评论集》（泰国留中大学出版社 2009 年版）。

司马攻：《句中有余味　篇中有余意——序曾心小诗集〈凉亭〉》，泰国《世界日报》2006 年 6 月 10 日、泰国《泰华文学》第 38 期、菲律宾《世界日报》2006 年 11 月 2 日；收入《凉亭》（泰国留中大学出版社 2006 年版）、《曾心作品评论集》（泰国留中大学出版社 2009 年版）。

赵朕：《压缩的才是精华——读曾心小诗漫笔》，泰国《世界日报》2006 年 7 月 23 日；收入《凉亭》（泰国留中大学出版社 2006 年版）、《华文文学》2007 年第 5 期、《曾心作品评论集》（泰国留中大学出版社 2009 年版）。

今石：《心底无私天地宽——读诗友曾心小诗〈凉亭〉》，泰国《世界日报》2006 年 7 月 25 日；收入《凉亭》（泰国留中大学出版社 2006 年版）、《曾心作品评论集》（泰国留中大学出版社 2009 年版）。

林焕彰：《六行，天地宽广——序曾心小诗集〈凉亭〉》，泰国《世界日报》2006 年 8 月 9 日；收入《凉亭》（泰国留中大学出版社 2006 年版）、菲律宾《世界日报》2007 年 3 月 13 日）、《曾心作品评论集》（泰国留中大学出版社 2009 年版）。

龙彼德：《“气”动则“神”出——评〈百胜滩记险〉》，菲律宾《世界日报》2006 年 8 月 12 日；收入《曾心散文艺术》（泰国留中大学出版社 2007 年版）、《曾心作品评论集》（泰国留中大学出版社 2009 年版）。

古远清：《令人深思的哲理诗——小谈曾心的〈芦苇〉》，泰国《世界日报》2006 年 8 月 22 日；收入《凉亭》（泰国留中大学出版社 2006 年版）、《曾心作品评论集》（泰国留中大学出版社 2009 年版、泰国《亚洲日报》2012 年 6 月 11 日）。

苦觉：《首度在磨坊里磨诗》，泰国《世界日报》2006 年 10 月 16 日。

龙彼德：《由图出人，由人归图——评〈百鹤图〉》，泰国《世界日报》2006 年 10 月 26 日；收入《曾心散文艺术》（泰国留中大学出版社 2007 年版）、《曾心作品评论集》（泰国留中大学出版社 2009 年版）。

翁奕波：《论曾心的文学创作》，收入《近现代潮汕文学·海外篇》（上册）（中国戏剧出版社 2006 年版）、《曾心作品评论集》（泰国留中大学出版社 2009 年版）。

李润新：《满天繁星　流光溢彩——评曾心小诗集〈凉亭〉》，收入《凉亭》（泰国留中大学出版社 2006 年版）、《曾心作品评论集》（泰国留中大学出版社 2009 年版）。

落蒂：《曾心小诗点评（25 则）》，收入《凉亭》（泰国留中大学出版社 2006 年版）、《曾心作品评论集》（泰国留中大学出版社 2009 年版）。

赵朕：《曾心山水小诗点评（11 首）》，收入《凉亭》（泰国留中大学出版社 2006 年版）、《曾心作品评论集》（泰国留中大学出版社 2009 年版）。

岭南人：《曾心小诗点评（3 则）》，收入《凉亭》（泰国留中大学出版社 2006 年版）、《曾心作品评论集》（泰国留中大学出版社 2009 年版）。

翁图：《读曾心先生小诗有感》，收入《凉亭》（泰国留中大学出版社 2006 年版）。

龙彼德：《曾心散文艺术》，泰国留中大学出版社 2007 年版。

龙彼德：《对自己的表现与开掘——再论曾心的散文艺术》，收入《曾心散文艺术》（泰国留中大学出版社 2007 年版）。

龙彼德：《关键在于“与心灵接轨”——评〈与心灵接轨的阳关道〉》，收入《曾心散文艺术》（泰国留中大学出版社 2007 年版）、《曾心作品评论集》（泰国留中大学出版社 2009 年版）。

龙彼德：《对话的吸引力——评〈倩影铃声〉》，收入《曾心散文艺术》（泰国留中大学出版社 2007 年版）、《曾心作品评论集》（泰国留中大学出版社 2009 年版）。

龙彼德：《乐从苦出，趣自情来——评〈农村旧事情趣〉》，收入《曾心散文艺术》（泰国留中大学出版社 2007 年版）、《曾心作品评论集》（泰国留中大学出版社 2009 年版）。

龙彼德：《新颖、别致的寻找——评〈散文名篇“真迹”〉》，收入《曾心散文艺术》（泰国留中大学出版社 2007 年版）、《曾心作品评论集》（泰国留中大学出版社 2009 年版）。

龙彼德：《夹叙夹议：散文的一种方式——评〈泼水〉》，收入《曾心散文艺术》（泰国留中大学出版社 2007 年版）、《曾心作品评论集》（泰国留中大学出版社 2009 年版）。

龙彼德：《一种逆向的历史追寻——评〈废墟的启示〉》，收入《曾心散文艺术》（泰国留中大学出版社 2007 年版）、《曾心作品评论集》（泰国留中大学出版社 2009 年版）。

丘千里：《〈凉亭诗集〉读后感》，泰国《新中原报》2007年7月5日。

古远清：《空灵而有余味，自然而又情真——评泰国曾心的〈凉亭〉》，菲律宾《世界日报》2007年7月31日；收入《热风吹雨洒江天》（香港国际炎黄文化出版社2007年版）、《华文文学》2007年第6期）、《曾心作品评论集》（泰国留中大学出版社2009年版）。

龙彼德：《朴素之美——评〈佛缘〉》，收入《曾心散文艺术》（泰国留中大学出版社2007年版）、菲律宾《世界日报》2007年8月9日）、《曾心作品评论集》（泰国留中大学出版社2009年版）。

杨芳青：《泰国华文微型小说研究》，福建师范大学硕士学位论文，2007年6月。

林承璜：《宣扬立身处世之道——读泰华作家曾心小诗集〈凉亭〉有感》，泰国《世界日报》2007年12月23日；收入《曾心作品评论集》（泰国留中大学出版社2009年版）。

李运芳：《泰华作家曾心散文简介》，《华侨大学报》2008年4月29日。

吕进：《寓万于一，以一驭万——漫说曾心》，《中外诗歌研究》2008年第3期；收入《本土与母土——东南亚华文诗歌研究》（香港银河出版社2008年版）、泰国《新中原报》2008年11月14日、《曾心作品评论集》（泰国留中大学出版社2009年版）、《吕进文存》（第四卷）（西南师范大学出版社2009年版）、《香港散文诗》2010年9月、《现代诗学：辩证反思与本体建构》（人民出版社2016年版）、《吕进：诗学隽语与泰华诗歌》（西南师范大学出版社2018年版）、《吕进序跋集》（中国社会科学出版社2022年版）。

刘助桥：《为曾心鼓掌——〈三杯酒〉赏析》，澳大利亚《澳洲先驱报》2008年8月29日、泰国《新中原报》2008年12月15日；收入《曾心作品评论集》（泰国留中大学出版社2009年版）。

陈美霞、朱双一：《民族意识与个人意识的哲理辉映——解读泰华诗人曾心之诗》，菲律宾《世界日报》2008年9月11日；收入《曾心作品评论集》（泰国留中大学出版社2009年版）。

李润新：《三杯酒香溢寰宇》，泰国《新中原报》2008年10月17日；收入《曾心作品评论集》（泰国留中大学出版社2009年版）、《新文学散论》（黑龙江人民出版社2016年版）。

李莉：《五寸铁笔写生活——浅论曾心的散文》，《福建论坛（社科教育版）》2008年第S2期。

陆卓宁：《泰华文学的发展及其文化取向》，《文学评论》2008年第6期；收入《边缘诉求与跨域经验》（花城出版社2016年版）。

刘忠、鲍婷：《散文本体架构：自由、自己、自然——评龙彼德新作〈曾心散文艺术〉》，泰国《新中原报》2009年5月22日；收入《曾心作品评论集》（泰国留中大学出版社2009年版）。

刘淑华：《曾心微型小说研究》，泰国华侨崇圣大学硕士学位论文，2009年6月；收入《泰华文学研究与作品分析》（泰国留中大学出版社2010年版）。

庄秀琴：《多元与融合——曾心笔下女性形象分析》，泰国华侨崇圣大学硕士学位论文，2009年6月；收入《泰华文学研究与作品分析》（泰国留中大学出版社2010年版）。

朵拉：《因为4棵树》，泰国《新中原报》2009年7月3日。

张长虹：《曾心作品评论集》，泰国留中大学出版社2009年版。

庄钟庆：《读〈曾心作品评论集〉》，收入《曾心作品评论集》（泰国留中大学出版社2009年版）。

高伟光：《曾心文学创作的成就》，收入《曾心作品评论集》（泰国留中大学出版社2009年版）。

李润新：《略论曾心语言的艺术风格》，收入《曾心作品评论集》（泰国留中大学出版社2009年版）。

孟建煌：《评曾心的〈给泰华文学把脉〉》，收入《曾心作品评论集》（泰国留中大学出版社2009年版）。

高峰：《心灵映像的透视——浅论曾心的文学评论》，收入《曾心作品评论集》（泰国留中大学出版社2009年版）、《东南亚华文文学研究迈大步——泰华文学新景观》（泰国留中大学出版社2010年版）。

吕进：《评点曾心小诗（30首）》，收入《曾心作品评论集》（泰国留中大学出版社2009年版）。

计红芳：《曾心哲理小诗点评（2首）》，收入《曾心作品评论集》（泰国留中大学出版社2009年版）。

张振兴：《从曾心的小说谈起》，收入《曾心作品评论集》（泰国留中大学出版社2009年版）、《东南亚华文文学研究迈大步——泰华文学新景观》（泰国留中大学出版社2010年版）。

钦鸿：《谈曾心的微型小说创作》，收入《曾心作品评论集》（泰国留中大学出版社 2009 年版)、《世界华文文学论坛》2010 年第 1 期。

戴冠青:《人文视野下的小人物书写——曾心的小说世界》，收入《曾心作品评论集》(泰国留中大学出版社 2009 年版)、《东南亚华文文学研究迈大步——泰华文学新景观》(泰国留中大学出版社 2010 年版)。

柳青:《巧妙的中国式叙事——曾心小说论》，收入《曾心作品评论集》(泰国留中大学出版社 2009 年版)。

李润新:《中泰患难之交的颂歌——再评曾心的〈头一遭〉》，收入《曾心作品评论集》(泰国留中大学出版社 2009 年版)。

李润新:《鞭笞窃名者》，收入《曾心作品评论集》(泰国留中大学出版社 2009 年版)。

刘淑华:《于无声处听惊雷——从曾心的微型小说〈老泪〉看小说中的用情技巧》，收入《曾心作品评论集》(泰国留中大学出版社 2009 年版)。

范军:《读〈三杯酒〉的感受——致曾心的信》，收入《曾心作品评论集》(泰国留中大学出版社 2009 年版)。

甘桃子:《风头·熊腰·豹尾——读曾心〈三杯酒〉有感》，收入《曾心作品评论集》(泰国留中大学出版社 2009 年版)。

刘再复:《致曾心》，收入《曾心作品评论集》(泰国留中大学出版社 2009 年版)。

李莉:《中泰文化的完美交融——浅论曾心的散文特色之一》，收入《曾心作品评论集》(泰国留中大学出版社 2009 年版)、《东南亚华文文学研究迈大步——泰华文学新景观》(泰国留中大学出版社 2010 年版)。

韦爱莲:《泰国华文作家曾心散文之特点分析》，收入《曾心作品评论集》(泰国留中大学出版社 2009 年版)。

张长虹:《编〈曾心作品评论集〉有感》，《厦门大学报》2009 年 10 月 2 日。

倪金华:《曾心新作小诗〈秋叶〉欣赏》，泰国《新中原报》2010 年 3 月 1 日。

计红芳:《泰华文学严冬中一枝独秀的小诗——访泰国小诗磨坊召集人曾心》，泰国《新中原报》2010 年 3 月 31 日、《华文文学》2010 年第 3 期。

高伟光:《泰华主要作家作品评述——曾心》，收入《泰华文学面面观》(泰国留中大学出版社 2010 年版)。

莎萍:《小诗欣赏——曾心〈绝壁〉、〈老柳〉、〈水〉、〈石的惊心〉》，收入《写给未来》(印尼华文写作者协会2010年6月编印)。

周婷：《诗香遍地》，香港《当代诗坛》2010年7月号。

吕进、周婷：《汉语新文学的“外国群落”——以泰国诗人曾心为例》，《星星》2010年第10期；收入《现代诗学：辩证反思与本体建构》(人民出版社2016年版)、《吕进：诗学隽语与泰华诗歌》(西南师范大学出版社2018年版)。

江鸟：《小诗点滴话人生——读泰国华裔作家曾心的小诗有感》，泰国《新中原报》2011年2月21日。

寒山石：《点评曾心〈盆景〉》，泰国《亚洲日报》2011年3月17日。

寒山石：《点评曾心〈浪花〉》，泰国《亚洲日报》2011年3月30日。

岭南人：《曾心与龟——读书笔记之一》，泰国《亚洲日报》2011年4月25日。

东家磨郎：《曾心〈聆听〉》，泰国《亚洲日报》2011年4月28日。

许荣光：《曾心小诗研究》，泰国华侨崇圣大学硕士学位论文，2011年5月。

李明峰：《曾心散文研究》，华侨大学硕士学位论文，2011年5月。

赵朕：《点评曾心〈自画牛〉》，泰国《亚洲日报》2011年5月19日。

吕进：《上善若水——序〈曾心自选集——小诗三百首〉》，《香港散文诗》2011年第39期；收入《现代诗学：辩证反思与本体建构》(人民出版社2016年版)、《吕进：诗学隽语与泰华诗歌》(西南师范大学出版社2018年版)、《吕进序跋集》(中国社会科学出版社2022年版)。

陈勇：《厚积薄发，后劲与日俱增——泰国曾心访谈录》，香港《文综》2011年夏季号、泰国《新中原报》2011年12月2日；收入《世界华文微型小说百家论》(内蒙古人民出版社2011年版)、《消失的曲声》(四川文艺出版社2013年版)。

曹丙燕：《浅谈曾心的小诗与小诗的中国风格》，收入《美丽的中文把我们连在一起——东南亚华文诗歌及其研究》(泰国留中出版社2011年版)、泰国《泰华文学》第60期、香港《世华文学家》第32期。

赵朕：《点评曾心〈落日〉》，泰国《亚洲日报》2011年8月15日。

秦林：《浅析曾心的小诗》，泰国《亚洲日报》2011年8月25日。

赵朕：《曾心的〈芦苇〉》，泰国《亚洲日报》2011年9月26日。

赵朕：《曾心〈画日出〉》，泰国《亚洲日报》2011年11月1日，赵朕：《曾心〈蜘蛛〉》，泰国《亚洲日报》2011 年 11 月 3 日。

陈勇：《复杂的人性与变幻的世情——泰国曾心论》，泰国《新中原报》2011 年 12 月 28 日；收入《世界华文微型小说百家论》（内蒙古人民出版社 2011 年版）。

赵朕：《曾心的〈古寺〉》，泰国《亚洲日报》2011 年 12 月 26 日。

赵朕：《曾心的〈省悟〉》，泰国《亚洲日报》2012 年 2 月 2 日。

赵朕：《曾心〈牵牛花〉》，泰国《亚洲日报》2012 年 3 月 1 日。

赵朕：《〈留言簿〉点评》，泰国《亚洲日报》，2012 年 4 月 26 日。

陈慧瑛：《不老的曾心》，香港《华夏纪实》2012 年 4 月、《厦大校友通讯》2012 年 5 月、泰国《泰华文学》第 63 期、《文艺报》2012 年 10 月 29 日。

赵朕：《曾心临摹〈兰亭序〉》，泰国《亚洲日报》2012 年 5 月 31 日。

郑丽文：《论曾心微型小说的现实意义》，泰国华侨崇圣大学硕士学位论文，2012 年 5 月。

龙金华：《曾心微型小说的老人形象研究》，泰国华侨崇圣大学硕士学位论文，2012 年 5 月。

吴丽萱：《曾心散文创作特色浅析》，华侨大学学士学位论文，2012 年 5 月。

许爱联：《曾心文学创作与 80 年代以来泰华文学思潮》，吉林大学博士学位论文，2012 年 6 月。

赵朕：《曾心〈念珠〉点评》，泰国《亚洲日报》2012 年 8 月 6 日。

岭南人：《点评曾心〈神九〉》，泰国《亚洲日报》2012 年 8 月 6 日。

赵朕：《曾心〈冬三帖〉》，泰国《亚洲日报》2012 年 11 月 5 日。

赵朕：《曾心〈吊车〉》，泰国《亚洲日报》2012 年 12 月 24 日。

凌鼎年：《田螺壳里做道场的灵光——与泰华著名作家曾心对话》（上、下），泰国《新中原报》2013 年 2 月 1 日、4 日，《华文文学》2013 年第 1 期。

赵朕：《曾心〈晨鸡〉》，泰国《亚洲日报》2013 年 2 月 21 日。

赵朕：《曾心的〈春雨〉点评》，泰国《亚洲日报》2013 年 3 月 4 日。

倪金华：《〈曾心小诗一百首〉序》，泰国《新中原报》2013 年 3 月 18 日、泰国《泰华文学》2013 年 3 月第 65 期。

赵朕：《曾心〈金鱼的叹息〉》，泰国《亚洲日报》2013 年 4 月 1 日。

卢玉福：《曾心诗歌意象研究》，泰国华侨崇圣大学硕士学位论文，2013 年 5 月。

吴丽萱：《论曾心散文特色》，泰国《新中原报》2013 年 7 月 27 日、29 日。

赵朕：《曾心〈母爱〉〈宋干即景〉》，泰国《亚洲日报》2014 年 2 月 3 日、9 月 8 日。

赵朕：《曾心〈李白的月亮〉〈黄山行〉》，泰国《亚洲日报》2014 年 2 月 6 日。

龙彼德：《曾心闪小说欣赏二题》，《当代闪小说》2014 年第 3 期。

龙彼德：《曾心闪小说赏析（二篇）》（《反常与合道——评曾心闪小说〈卖牛〉》《数字的功能——评曾心闪小说〈为了纪念〉》），泰国《泰华文学》第 70 期。

龙彼德：《曾心微型小说赏析（上）》，《名作欣赏》2014 年第 10 期。

龙彼德：《曾心微型小说艺术》，泰国留中大学出版社 2014 年版，收入《精妙的叙述艺术——评曾心微型小说》《偏重现实，追求"结晶儿"——论曾心的微型小说艺术》《设计与巧思——评〈古董〉》《悬疑与解疑——评〈蓝眼睛〉》《留白与跳跃——评〈捐躯〉》《虚构·想象·推理——评〈三愣〉》《拆字·数字·用典——评〈三杯酒〉》《"结晶儿"——评〈三个指头〉》《在方寸之地展现多对矛盾——评〈家庭内部〉》《情趣与理趣——评〈一桶水〉》《话题——评〈剪报〉》《意象叠加——评〈窃名〉》《好在自然——评〈如意的选择〉》《残忍的一击——评〈老泪〉》《成语的妙用——评〈窟〉》《道具的巧设——评〈伏线〉》《塑造双重性格——评〈老店主〉》《镜头的选取与连接——评〈啊！人心〉》《引而不发——评〈复明〉》《三种不同的开头——以〈流血〉〈丧礼上的陌生人〉〈与榆同归〉为例》《简单与复杂——评〈屠鳄〉》《反常与合道——评闪小说〈卖牛〉》《数字的功能——评闪小说〈为了纪念〉》《短、精、快——评曾心的抗洪救灾闪小说》，以及凌鼎年《田螺壳里做道场的灵光——与泰华著名作家曾心对话》、陈勇《厚积薄发，后劲与日俱增——泰国曾心访谈录》。

龙彼德：《精妙的叙述艺术——评曾心微型小说》，泰国《新中原报》2014 年 4 月 15 日。

龙彼德：《拆字·数字·用典——评〈三杯酒〉》，泰国《新中原报》2014 年 4 月 24 日。

龙彼德：《简单与复杂——评〈屠鳄〉》，泰国《泰华文学》第 71 期。

龙彼德：《曾心微型小说赏析（下）》，《名作欣赏》2014 年第 13 期。

宋伟：《论泰华作家曾心小诗》，西南大学硕士学位论文，2014 年 5 月。

赵朕：《曾心〈树的哲学〉》，泰国《亚洲日报》2014 年 5 月 29 日。

龙彼德：《“结晶儿”——评曾心微型小说〈三个指头〉》，泰国《新中原报》2014 年 6 月 16 日。

马羚：《半圆彩虹飞起——泰华著名诗人曾心访谈录》，泰国《桐诗文学》第 3 期。

秦林：《浅析曾心小诗》，收入《落帆集》（新加坡书写文学协会 2015 年 3 月编印）。

龙彼德：《偏重现实，追求“结晶儿”——论曾心的微型小说艺术》，《华文文学》2015 年第 2 期。

赵朕：《“天工人巧日争新”——评泰华作家曾心的微型小说创作》，泰国《亚洲日报》2015 年 8 月 3 日、6 日。

赵朕：《“小诗磨坊”小诗点评》，泰国留中大学出版社 2016 年版，收入点评曾心小诗《峰》《绝壁》《一线天》《石头》《网鱼》《自画牛》《画日出》《落日》《蜘蛛》《省悟》《跷跷板》《思念》《临摹〈兰亭序〉》《针》《念珠》《树的哲学》《蝙蝠》《晨鸡》《美人鱼》《金鱼的叹息》《露》《那棵椰树》《蕉叶》《母爱》《宋干即景》《李白的月亮》《黄山行》《家乡的路》《距离》《雨巷》。

计红芳：《磨心磨诗　耀眼十年——关于泰华“小诗磨坊”的再次对话》，《世界华文文学论坛》2016 年第 2 期。

龙彼德：《反常与合道——评闪小说〈买牛〉》《数字的功能——评闪小说〈为了纪念〉》，《名作欣赏》2016 年第 19 期。

陈贤茂、杜丽秋：《曾心小诗与禅》，收入《“小诗磨坊”研究论文集》（泰国留中大学出版社 2016 年版）、《“一带一路”与泰华文学国际学术研讨会论文集》（泰国留中大学出版社 2016 年版）。

岳寒飞、朱文斌：《论曾心小诗中的禅理意识》，收入《“小诗磨坊”研究论文集》（泰国留中大学出版社 2016 年版）、《丝路精神与文化传播——东南亚华文文学研究（第十五辑）》（世界图书出版公司 2021 年版）。

周萍、谢存根：《论小诗磨坊里的意象世界——以曾心小诗为例》，收入《“小诗磨坊”研究论文集》（泰国留中大学出版社 2016 年版）、《“一带一路”与泰华文学国际学术研讨会论文集》（泰国留中大学出版社 2016 年版）。

王珂：《论曾心小诗的文体性》，收入《“小诗磨坊”研究论文集》（泰国留中大学出版社2016年版)、《“一带一路”与泰华文学国际学术研讨会论文集》(泰国留中大学出版社2016年版)、《玉溪师范学院学报》2017年第2期。

黄洁玲:《湄南河畔的“小诗磨坊”——林焕彰、曾心的诗作风格》,收入《“小诗磨坊”研究论文集》(泰国留中大学出版社2016年版)、《“一带一路”与泰华文学国际学术研讨会论文集》(泰国留中大学出版社2016年版)。

范军:《泰华小诗禅趣发微——以岭南人、曾心和林焕章为例》,收入《“一带一路”与泰华文学国际学术研讨会论文集》(泰国留中大学出版社2016年版)。

吕进:《泰国诗人曾心》,《重庆晚报》2016年8月9日。

叶霈琪、刘倡:《“漂泊身份”?——论当代泰华文学中的归属感》,《华夏文化论坛》2016年第2期。

夏婉云:《以高德曼发生学结构主义剖析曾心及杨玲小诗两首》,台湾《创世纪诗刊》2016年冬季号。

古远清:《小诗:一幅令人注目的文学风景》,《名作欣赏》2017第19期。

吕进:《小诗的泰华诗圣——〈曾心小诗500首〉序》,收入《曾心小诗500首》(东南大学出版社2017年版)、《中外诗歌研究》2017年第2期、《诗学》(第九辑)(巴蜀书社2017年版)、《吕进:诗学隽语与泰华诗歌》(西南师范大学出版社2018年版)、《吕进序跋集》(中国社会科学出版社2022年版)。

王珂:《曾心小诗的文体价值》,收入《曾心小诗500首》(东南大学出版社2017年版)。

凌鼎年:《浅评泰国曾心的六行小诗》,《红豆》2017年4期。

周萍:《论泰华诗人曾心小诗的艺术魅力》,《华文文学》2017年第2期。

吕进:《小诗的泰华诗圣——〈曾心小诗500首〉序》,王珂:《曾心小诗的文体价值》,初清华:《游目骋心——简论曾心小诗的形式特征与文化溯源》,苏永延:《在写作中修练——读〈曾心小诗500首〉》,邱志武:《论曾心小诗“入世”与“出世”的调谐》,计红芳:《磨心磨诗　耀眼十年——再访泰华“小诗磨坊”召集人曾心》,收入《二十三诗家论小诗——国际小诗暨小诗磨坊作品研讨会论文集》(泰国留中大学出版社2017年版)。

龙彼德:《曾心闪小说点睛》,泰国留中大学出版社2017年版,收入曾心闪小说30篇(《佛塔的背后》《纹身》《卖牛》《海祭》《退休心情》《假》《为了纪念》《一尊胸前的金佛》《哦!我的锦鲤》《坐禅的老五》《打赌》《沙包》

《猫犬诗人》《后方》《新别墅》《超度时刻》《水利专家》《消失的曲声》《鉴别家》《屋内屋外》《乌龟与蚂蚁》《母鸡与老虎》《锦鲤与黑暗》《四莱地》《生日蛋糕》《品酒》《底线》《走向净地》《应聘》《致命一击》）和龙彼德的“点睛”（《一与多》《正与反》《关键词》《偶然性》《显与隐》《收关之笔》《闪点在篇中》《势》《想象》《对比》《细节》《悬念》《镜头》《角度》《起承转合》《戏剧性》《反讽的复杂性》《重复与变化》《闪电与雷霆》《时间与空间》《实事与实情》《隐喻》《逆向思维》《辩证关系》《以喜衬悲》《异峰突起》《道具》《节奏》《叙事》《精悍》）、微型小说《老泪》，龙彼德《闪小说的弄潮儿——曾心论》，以及曾心《泰华闪小说的崛起》《泰华作家笔下的和尚形象》，《曾心闪小说刊载国内外的报纸杂志篇目》《曾心著作书目》。

龙彼德：《闪小说的弄潮儿——曾心论》，收入《曾心闪小说点睛》（泰国留中大学出版社 2017 年版）、泰国《新中原报》2017 年 10 月 16 日、17 日，《语言与文化研究》（第十二辑）（光明日报出版社 2018 年版）。

夏婉云：《“内/外”、“远/近”——试论泰华诗人曾心、杨玲两首诗》，收入《时间的扰动》（台湾秀威资讯科技股份有限公司 2018 年版）。

刘婉仪：《篇章之外 诗心之内——〈曾心小诗点评〉的别样魅力》，泰国《新中原报》2017 年 12 月 17 日、《中外诗歌研究》2018 年第 2 期。

麦春梅：《论曾心散文创作特色》，泰国华侨崇圣大学硕士学位论文，2018 年 2 月。

叶霈琪：《司马攻与曾心两位代表作家比较》，德国慕尼黑大学博士学位论文，2018 年 7 月。

李钰、龙钢华：《曾心微型小说浅析——以微型小说集〈消失的曲声〉为例》，收入《世界华文微型小说综论》（下册）（中国社会科学出版社 2018 年版）。

张振兴：《关于文学语言问题》，收入《文学语言学科通论》（世界图书出版广东有限公司 2019 年版）。

李璐：《论曾心小诗创作的主体性特征》，泰国《新中原报》2019 年 5 月 6 日、7 日；收入《世界华文文学研究》（第十二辑）（安徽文艺出版社 2019 年版）。

秦林：《曾心小诗浅析》，香港《世华文学家》第 51 期。

张建英、庄莉红：《中医文化浸濡下的曾心华文微型小说创作》，《宜春学院学报》2020 年第 7 期；收入《丝路精神与文化传播——东南亚华文文学研究（第十五辑）》（世界图书出版公司 2021 年版）。

白玛拉诊：《呼唤真情　殊途同归——读曾心与万玛才旦小说有感》，泰国《新中原报》2020年9月12日。

李杨、李辉：《徜徉在湄南河上的生命之歌——兼谈曾心和他的小诗》，收入《春回大地》（泰国留中大学出版社2020年版）。

徐倩：《简论曾心小诗创作特征——以〈曾心小诗500首〉为例》，《陕西社会科学论丛》2020年第4期。

李玫：《时间对生命的唯一意义是淘洗——〈曾心小诗500首〉中的诗质转换》，收入《在我和世界之间：现当代文学的阐释与批评》（东南大学出版社2020年版）。

邱志武：《“入世”与“出世”的调谐：曾心小诗的现代阐释》，《大连大学学报》2021年第1期。

谢露露：《作诗禅中总轻盈——论泰华诗人曾心小诗的“禅”》，收入《泰华小诗磨坊诗选研究》（泰国留中大学出版社2021年版）、《中外诗歌研究》2021年第1期。

麦春梅：《中国传统思想与泰国当代华文文学》，武汉大学博士学位论文，2021年5月。

胡玥：《论曾心诗歌的“平淡之境”》，收入《丝路精神与文化传播——东南亚华文文学研究（第十五辑）》（世界图书出版公司2021年版）。

王珂、曾心：《建设一个享誉世界的小诗社——泰华小诗磨坊成立十五年访问召集人曾心》，《世界华文文学论坛》2021年第3期。

刘静、严晓艾、鲜力黎：《论曾心创作与文化身份的“和谐共生”》，收入《华文文学评论》（第八辑）（四川大学出版社2021年版）。

李敏、韦庆芳、张淑萍：《文化的力量——访泰国著名华裔作家曾心》，收入《春风秋雨》（泰国留中大学出版社2021年版）。

严晓艾：《泰华作家曾心文学创作研究》，重庆师范大学硕士学位论文，2022年6月。

杨文奇：《从集体记忆角度看曾心微型小说中的中国认同建构》，《惠州学院学报》2023年第5期。

（袁勇麟整理）

# 后 记

一个学科的史料建设，不仅是文学史研究的前提和基础，而且在一定意义上标志着这个学科当前理论研究的水平和预示着今后研究发展的方向。作为20世纪80年代初在中国才逐渐兴起的世界华文文学研究，长期以来“巧妇难为无米之炊”，史料问题一直困扰着一代又一代的研究者。我于1997年正式加入这一领域的研究工作，深感史料建设的重要性，不仅在大小会议上极力呼吁重视史料建设，而且多次撰文阐述相关看法，如《第三只眼看华文文学》（《福建学刊》1998年第1期）、《一项刻不容缓的工作——浅谈华文文学研究的资料建设》（《香港作家》2000年第6期）、《一个宏大的系统工程——世界华文文学史料学管窥》（《世界华文文学论坛》2002年第1期、《华文文学》2002年第2期，人大复印资料《中国现代、当代文学研究》2002年第6期转载）、《关于世界华文文学史料学的再思考》（《香港文学》2002年10月号，收入《面向都市丛林——〈香港文学〉文论选（2000.9—2003.6）》《新视野 新开拓——第十二届世界华文文学国际学术研讨会论文集》《福建文艺创作60年选·文学评论》《直挂云帆济沧海——世界华文文学研究三十年论文集》《世界华文文学新学科论文选》等）、《世界华文文学史料学的回顾与展望》（《甘肃社会科学》2003年第1期，人大复印资料《中国现代、当代文学研究》2003年第4期转载）、《创建世界华文文学史料学的思考》（收入《世界华文文学研究》第一辑，百花洲文艺出版社2004年版）、《史料建设与学术规范——以〈台港文学概论〉（修订本）台湾文学部分为例》（收入《多元文化语境中的华文文学——第十三届世界华文文学国际学术研讨会论文集》，山东文艺出版社2004年版）、《〈文讯〉：史料保存与历史建构》（《香港文学》2007年12月号，收入《世界华文文学研究：理论与实践国际学术研讨会论文集》《中原论剑——第二届世界华文文学论坛文集》等）、《台湾文学馆：资料典藏与文学推广》(《香港文学》2008年11月号)、《一个不容忽视的文学谱系——世界华文文学中的旧体诗词》(《香港文学》2014年11月号，收入《两岸发展的文化合力——第二届两岸文化发展论坛文集》《语言寻根 文化铸魂：首届世界华文文学大会论文集》等)、《〈香港文学〉的史料建设》(《香港文学》2015年6月号)、《从最基础的史料出发》(台湾《文讯》2018年7月号)等。这些论文大部分收入花城出版社2016年8月出版的《华文文学的言说疆域：袁勇麟选集》。

我认为，在世界华文文学研究领域，有组织、有计划、全面而系统的史料建设(包括文学思潮、社团流派、作家作品研究等专题性史料，作家辞典、文学大事记、报刊目录索引等工具性史料，创作回忆录、作家访谈等叙事性史料，文学大系和选集、作家全集和文集等作品史料，作家自传、日记、书信等传记性史料，文学活动实物、作家影音录像等文献性史料，以及考辨性史料等)，已是当务之急。我的这些理论呼吁和史料建设实践得到了学术界和华文文学作家的积极回应。2004年5月，山东大学黄万华教授在《多元文化语境中的华文文学——第十三届世界华文文学国际学术研讨会论文集》一书的前言中指出："史料建设显然是世界华文文学这一新兴学科得以科学构建的最重要基石。《史料建设与学术规范——以〈台湾文学概论〉(修订本)台湾文学部分为例》一文的作者袁勇麟近年来对建立华文文学史料学提出了许多很好的思考，而在此文中，作者通过对《台港文学概论》(贵州人民出版社1999年版)一书的客观分析和坦率批评，尖锐指出了相关研究暴露出来的严重问题，将史料建设置于文风学风、学术规范的层面上予以审视，再次呼吁'是世界华文文学研究这一学科应该高度重视史料建设并创立自己独立的史料学的时候了'。"2018年12月5日，菲律宾华文作家王勇在菲律宾《世界日报》上撰文指出："世界华文文学研究专家袁勇麟教授赠我《华文文学的言说疆域：袁勇麟选集》一书，目录中许多文论我都颇感兴趣，诸如《〈文讯〉：史料保存与历史建构》《台湾文学馆：资料典藏与文学推广》《一个不容忽视的文学谱系——世界华文文学中的旧体诗词》等等。尤其是《一个不容忽视的文学谱系》一文，可谓论他人所未论，极具创新观点与见解，非常值得引起菲华文学界重视。"南京大学中国新文学研究中心陈铎的《2019年大陆的台湾文学研究概况》一文，在评论《世界华文文学研究年鉴》时指出："文献史料是学术研究的基石，任何理论问题的探讨都必须基于已掌握的历史事实和文献资料才能有效开展，因此，'凡一门成熟的学科，都应当具备相对稳定的文献学基础。’继现代文学史料学和当代文学史料学相继成为学术界的讨论热点后，华文文学史料学的建设构想也被提上日程，推动着世界华文文学学科的‘历史化’转型。无论是2004年袁勇麟主持的‘世界华文文学史料学研究’课题对陶然、朵拉等作家研究资料的编选与出版，还是2017年‘华文文学的史料建设学术研讨会’的召开，乃至包括本书在内的历年《世界华文文学研究年鉴》的编纂，都是学术界在学科‘历史化’转型过程中重视史料意识的体现。”

2001年开始，我陆续承担教育部第二届高等学校优秀青年教师教学和科研奖励基金项目“世界华文文学研究”、霍英东教育基金会第九届高等院校青年教师基金项目“世界华文文学史料学研究”、福建省首批特支人才“双百计划”之“哲学社会科学领军人才”项目“华文文学史料研究”等，参与饶芃子教授主持的国家社会科学基金重大项目“百年海外华文文学研究”、黄发有教授等主持的“十三五”国家重大出版工程规划“新中国文学史料大系”（担任《台港澳文学史料与研究·台湾卷》主编）、汪文顶教授主持的国家社会科学基金重大项目“两岸现代中国散文学史料整理研究暨数据库建设”（担任第二子课题“中国台港澳地区散文学史料整理研究”负责人）、张羽教授主持的国家社会科学基金重大项目“百年台湾文学中的中华民族叙事研究”（担任第二子课题“‘再中国化’与‘反对西化’：光复至上世纪七十年代台湾文学的中华民族叙事研究”负责人）等的研究工作。

十年磨一剑，我相继推出系列史料编著，深得学界好评。2012年11月，我与王金城教授合作编纂出版《中国当代文学编年史·第十卷·港澳台文学（1949～2007）》（上、下），时为厦门大学中文系博士生的王琨在《还原“台港澳文学”的历史现场》中认为：“《中国当代文学编年史·台港澳卷》为海内外第一部‘台港澳当代文学编年史’，为海峡两岸暨香港、澳门文学史写作提供了新的体例范式和思路，并为该区域文学史建设提供了更多史料支撑，有助于此学科的进一步发展。”“此台港澳文学编年史对于当代文学史料辑录意义重大。该书内容涵盖了1949年7月至2007年台港澳文学的重要事件、作家作品、文学活动、社团流派、理论批评、文学报刊沿革等。编者爬梳原始资料，通过对四百余种报刊，二十余种年表、年鉴、大事纪要、多种会议纪要，在文学史视野内对微观文学生态进行观察。文学相关资讯时间要求之精准、原始报刊运用之丰富，此乃过往当代文学史编纂中罕见的‘大工程’。”“此书弥补了海峡两岸暨香港、澳门文学研究‘史料’匮乏这一缺憾，将会为该领域研究留下浓重一笔，并推动台港澳文学史内容和体例建构的探索进程。”

2013 年开始，我正式推出“世界华文文学史料丛书”，第一本《陶然研究资料》于 2013 年 7 月由福建人民出版社出版，华南师范大学文学院凌逾教授在《近年香港文学年鉴系列》中指出：“《陶然研究资料》分四板块：第一部分陶然创作谈，透析其心路历程、人生经历、作品总体风貌、艺术特质；第二为访问与印象；第三部分为评论文章选辑，研究方法和观点新颖，此外附录‘陶然文学年表和评论资料索引’，袁教授整理的陶然文学创作与活动年表、陶然作品评论资料目录索引和撰写的后记。全书体例详备，资料齐全，选文新锐，将香港文学史研究推上层楼。”

在《陶然研究资料》出版后，我又花了五年时间着手选编《朵拉研究资料》，于 2017 年 8 月由福建人民出版社出版，中国现代文学馆袁媛在《多元互补的华文文学史料建设》中认为：“袁勇麟主编的《朵拉研究资料》，以正侧结合的视角展现了一个真实立体的朵拉，又以雅俗共赏的编排结构系统、完整地梳理了具有代表性的朵拉文本研究，最后以年表和索引的方式，宏观地记录了朵拉文学创作和朵拉研究的脉络，并且与前两部分的作家批评和文本批评互证互补，纵横交错，环环相扣，是一本内涵丰富、意义深刻的资料集。袁勇麟编纂这样一本可靠全面的研究资料，不仅是对海外华文文学史料建设的有益补充，同时也对海外华文文学的学科发展起到了积极的推动作用，为我们带来了深远的启示。”

如今，又过了六年多时间，我完成了《曾心研究资料》的编纂，这是“世界华文文学史料丛书”的第三本，感谢所有选文的作者，没有他们出色的研究，是不可能出版这本资料集的；感谢中国世界华文文学学会名誉会长饶芃子教授赐序，感谢香港诗人秦岭雪题写书名，他们精彩的笔墨，为本书增色不少；感谢曾心先生，选编过程中得到了他的大力支持，他还为本书提供了珍贵的照片。需要说明的是，书中几个部分的选文依写作或发表时间先后为序。限于篇幅，还有众多研究成果未能入选《曾心研究资料》，不免有遗珠之憾。同时，为了尊重原作者的用语习惯，选文尽量保持原有面貌。

2023 年 10 月 19 日是曾心先生八十五岁寿辰，谨以此书作为小小贺礼，恭祝他“庾信文章老更成，凌云健笔意纵横”！

袁勇麟

2023 年 12 月于福州